法治建设与法学理论研究部级科研项目成果
长江学者和创新团队发展计划资助
教育部哲学社会科学发展报告项目资助

中国证据法治发展报告 2012

顾　　问　陈光中　刘　耀　樊崇义

主　　编　张保生　常　林

编写组成员　张保生　常　林　王世凡　张　中　房保国　吴丹红　李训虎　褚福民　鲁　涤　刘建伟　胡纪念　杨天潼　王元凤　袁　丽　刘　斌　郝红霞　于天水　曹洪林　许晓东　程　刚　吴洪淇　冯俊伟　戴　锐　简乐伟　尚　华　张洪铭　黄　石　樊传明　郑　飞　张　伟　李苏林

中国政法大学出版社

2014・北京

Supported by Program for Changjiang Scholars and
Innovative Research Team in University and MOE
Serial Reports on Developments in Humanities and Social Sciences

Report on Evidence and the Rule of Law in China 2012

Chief Editors
Baosheng Zhang and Lin Chang

证据是法治的基石，是实现司法公正的基石，证据制度建设是我国司法改革的首要任务。法治以司法制度为基础，司法制度则以证据制度为基础。司法要摆脱人治的束缚，必须坚持证据裁判原则即实现证据法治。党的十八届三中全会在“推进法治中国建设”的主题下，强调“深化司法体制改革，加快建设公正高效权威的社会主义司法制度，维护人民权益，让人民群众在每一个司法案件中都感受到公平正义”。法治中国建设必定要以证据法治发展和司法文明进步为重要指标。

证据制度建设是一项长期而艰巨的任务，是一项复杂的社会系统工程，需要法学理论界与立法、司法、律师等法律实务界的密切合作、共同创造和不懈探索。本发展报告（蓝皮书）试图从立法、司法和法学研究的全景视角，审视中国证据制度发展的脉络，梳理证据科学研究的成果，总结证据立法和司法的实践经验，记录中国证据法治的实践发展轨迹并预测其未来走向；同时，也为我国法学理论界和法律实务界进一步开展证据科学研究、创新我国证据制度，做一些基础性、资料性和评价性的工作。无论是立法机关、司法机关和法律服务部门的法律实务工作者，还是高等学校、科研机构的教师、学生和研究人员，都能从本书受益。

本蓝皮书（2012卷）论述了2012年中国证据法治发展的全过程，其基本结构如下：

第一篇“2012年中国证据立法与司法进展”，由四部分内容组成：

(1) 证据立法进展综述，从证据立法的五个层面（法律、司法解释、行政法规和部门规章、地方性证据规定以及国际条约），回顾总结了本年度证据立法的进展情况。

（2）证据司法实践发展综述，从公检法三机关入手，分别回顾总结了人民法院、人民检察院和公安机关证据制度建设的实践经验。证据法是侦查、检察和审判实践经验的总结。因此，深入了解证据制度建设在司法实践中的实际进展，对于完善我国证据立法和开展证据科学研究都具有重要意义。

（3）司法鉴定制度建设综述，从以下六个方面描述了司法鉴定制度的发展情况：新诉讼法（指2012年修正的两部诉讼法）对司法鉴定制度的完善；人民法院司法技术管理工作制度建设；人民检察院司法鉴定工作制度建设；公安机关司法鉴定工作制度建设；司法行政机关登记管理与备案登记的司法鉴定工作制度建设；司法鉴定技术相关部门规章与行业规范。

（4）非法证据排除规则适用案例分析，运用案例对非法证据排除规则的实施情况、运行机制，以及侦查人员出庭作证、非法证据与瑕疵证据的界限、被告人翻供的效力等问题，进行分析。

第二篇“2012年中国证据科学的学术进展”，由五部分内容组成：

（1）证据科学研究进展，介绍评价了国内外学者对证据科学的理论研究进展和实践探索情况。

（2）证据法学研究进展，包括对以下十个研究领域学术进展的述评：证据法理论基础和体系、证据属性与事实认定、证据开示、科学证据与司法鉴定、言词证据、证据排除规则、证明责任与证明标准、法院取证与证据保全、质证与认证、推定与司法认知。

（3）法庭科学研究进展，包括以下十二个研究领域：法医病理学、法医临床学、司法精神病学、法医生物学、文件检验学、毒物和毒品检验学、微量物证检验学、痕迹检验学、交通事故鉴定、声像资料鉴定、电子数据鉴定、医疗损害鉴定。

（4）证据科学教育进展，对证据科学基础研究项目和实证研究项目，以及证据科学学科建设和人才培养、课程和教材建设的进展情况进行了述评。

（5）证据科学研究成果选介，对本年度具有代表性的证据法学著作、论文和法庭科学著作进行了介绍。

本书附录部分，收集了2012年发表的证据科学期刊论文目录、证据科学研究生学位论文目录、证据科学学术著作目录，以及证据科学学术会议一览表和研究项目一览表。

本卷研究报告（蓝皮书）坚持了资料整理和评价功能并重的编写原则，在梳理资料的基础上，加强了评论和预测功能在发展报告中的分量。

本书的研究和写作过程受到了“司法部法治建设与法学理论研究部级科研重点项目”资助、教育部证据科学“长江学者和创新团队发展计划”资助、“教育部哲学社会科学发展报告项目”资助，由司法文明协同创新中心、中国政法大学证据科学研究院（证据科学教育部重点实验室）和有关合作单位的34位教师、研究人员和研究生集体编写，体现了证据科学研究创新团队在证据科学教育部重点实验室和教育部、财政部“2011计划”司法文明协同创新中心科研平台上开展交叉学科研究的合作优势，也为今后继续开展证据科学领域的跟踪研究、资料数据库建设打下了基础。上述研究进展情况的回顾和评述，为在这些领域开展更加深入的科学研究提供了重要的参考资料。

全书由张保生、常林修改统稿。课题组成员具体分工详见后记。

本书的错误或疏漏之处，恳请各位识者提出宝贵的批评意见。

张保生　常林

2014年2月15日

2012 年中国证据法治前进的步伐

2012 年，我国证据法治建设继续稳步前行，在证据立法、证据司法和证据科学研究等方面取得许多进展。以下从六个方面作一个简要概括和评述：

一、证据立法不断完善

本年度，《刑事诉讼法》和《民事诉讼法》修订确立了一些重要的证据规则，反映了我国证据法治的重大发展。但从立法条文的内容和结构来看，证据制度固有的理念缺失、逻辑混乱和体系不健全等问题依然存在。

（一）部分确立了不得强迫自证其罪的权利

2012 年《刑事诉讼法》第 50 条规定了“不得强迫任何人证实自己有罪”，这是我国刑事诉讼人权保障的重要进步。但该规定与“不得自证其罪”还有差距。在法治国家，“不得自证其罪的权利”（right against self - incrimination）是刑事被告人或证人的一项诉讼权利，在美国是宪法第五修正案确立的宪法权利。该权利旨在保障一个人不被政府方强迫作证，提供可能导致其受到刑事指控的证言。它与无罪推定原则一起，确保国家承担刑事指控的证明责任。该权利蕴含着沉默权。[1]因此，该权利的完整含义是：不得强迫任何人证实自己有罪或无罪。其一是“不得强迫任何人证实自己有罪”，即犯罪嫌疑人、被告人没有义务为控诉方的有罪指控向法庭提供任何可能对自己不利的陈述和其他证据，控诉方不得采取任何非人道或有损其人格尊严的方法强迫其作出供述或提供证据。其二是不得强迫任何人证实自己无罪，即犯罪嫌疑人、被告人没有证明自己无罪的义务。“在诉讼中，原则上应当由控诉方

---

〔1〕 See Bryan A. Garner ed. , *Black's Law Dictionary*, 8th ed. , Thomson West, 2004, pp. 1324, 1327.

提供证据来证明其所指控的犯罪事实成立，被告人在诉讼中不承担证明自己无罪的责任，既然如此，被告人也就没有义务在针对其进行的查找证据的活动中予以合作，他可以在诉讼过程中保持沉默，也可以明确表示拒绝陈述，即被告人在诉讼中享有反对强迫自证其罪的特权或者说沉默权，不得强迫被告人陈述与案情有关的事实，不能因为被告人保持沉默或拒绝陈述就认定其有罪或得出对其不利的结论。"〔1〕综上，第50条"不得强迫任何人证实自己有罪"的规定，只在第一个含义上确立了"不得强迫自证其罪"的权利，尚未触及第二个含义即不被强迫自证无罪的权利，即被告人在刑事诉讼中拥有沉默权。这是中国证据法治未来发展的一个努力方向。

（二）非法证据排除规则留下"补正"缺憾

2012年《刑事诉讼法》对非法证据排除规则作了系统规定：一是排除范围，包括言词证据和实物证据（第54条）。二是排除程序（第55、56条）。三是证明责任，包括申请排除者的初步证明责任（第56条）和检察院的证据合法性证明责任（第57条），即检察院若不能证明证据收集的合法性，将面临证据被排除的后果。四是证明标准（第58条），"对于经过法庭审理，确认或者不能排除存在本法第54条规定的以非法方法收集证据情形的，对有关证据应当予以排除"，这意味着对非法取证的事实认定有两个证明标准：①优势证据标准，即对法官审查判断来说，只要"不能排除"非法取证的可能性，或者非法取证的可能性大于不可能性，有关证据就应当予以排除；②确信无疑标准，即对检察院来说，对证据收集合法性的证明要达到排除合理怀疑的程度，否则，有关证据将会被法官排除。五是排除方法（第54条），对非法取得的言词证据予以绝对排除；对非法取得的物证、书证采用相对排除办法，即达到严重影响司法公正的程度，且不能补正或作出合理解释的，才予以排除。然而，第54条的"补正"规定是一个致命的立法缺陷。因为，"补正"若以2010年"两院三部"《死刑案件证据规定》第9、14、21、30条以及《排除非法证据规定》第14条为操作依据，那么结果将是：所有非法取得的物证、书证都能通过"补正"而获得合法性；法院若在非法证据排除程序中

---

〔1〕卞建林主编：《刑事诉讼法学》，科学出版社2008年版，第72页。

适用这5条“补正”规定，将会抵消非法物证、书证排除规则的全部效力。[1]因此，根据最佳证据规则预防欺骗性证明以及防止提出篡改过的证据的要求，必须废除这5条“补正”规定，才能防止侦查人员事后造假和作伪证。最高人民法院《关于执行〈中华人民共和国刑事诉讼法〉若干问题的解释》本应纠正这个立法错误，但遗憾的是，其第73、77、82条关于物证、书证收集程序，证人证言瑕疵和讯问笔录的瑕疵的“补正”规定，违背了最佳证据规则的基本原理，重复了“两院三部”《死刑案件证据规定》的概念性错误。这些“补正”规定起到了助纣为虐的作用，给侦查人员、询问人员等通过“补正”程序事后造假留下了空间，可能导致欺骗性证明和窜改证人证言的情况发生。相比之下，最高人民检察院《人民检察院实施〈中华人民共和国刑事诉讼法〉规则（试行）》[2]第66条关于“补正”是对“非实质性瑕疵”进行补救的规定，突破了“补正”乃“补充和改正（文字的疏漏和错误）”[3]的日常语义，纠正了“两院三部”2010年《死刑案件证据规定》、《排除非法证据规定》和最高人民法院2012年《关于执行〈中华人民共和国刑事诉讼法〉若干问题的解释》中关于允许对物证、书证的“实质性缺陷”进行“补正”的错误规定，这具有重要的法治意义。

在审判实践中，非法证据与瑕疵证据的界限模糊已成为阻碍非法证据排除的一个重要因素。在王进德故意伤害案[4]中，王进德的辩护人提出：“案卷中部分证人证言形式不符合法律规定，存在没有2名侦查人员亲笔签名和询问时间记录不清的问题，属于非法证据，应当予以排除。”法官审理后认为：“辩护人所提部分证人证言应作为非法证据予以排除的意见，经查，‘两院三部’《排除非法证据规定》第1条对应予排除的非法证据作了明确界定，即采用刑讯逼供等非法手段取得的犯罪嫌疑人、被告人供述和采用暴力、威胁等非法手段取得的证人证言、被害人陈述，属于非法言词证据。本案中辩护人

---

〔1〕《死刑案件证据规定》第9条第2款完全否定了第1款的法律效力，第14条完全否定了第13条的法律效力，第21条完全否定了第18条和第20条的法律效力，第30条第2款完全否定了第1款的法律效力；《排除非法证据规定》第14条完全否定了《死刑案件证据规定》第6～10条物证和书证合法性审查、第26条勘验检查笔录合法性审查、第34条“毒树之果”排除规定的法律效力。

〔2〕2012年10月16日最高人民检察院第十一届检察委员会第八十次会议通过，2012年11月22日发布（高检发释字［2012］2号），自2013年1月1日起施行。

〔3〕《现代汉语词典》（2002年增补本），商务印书馆2002年版，第101页。

〔4〕参见《甘肃省天水市中级人民法院刑事附带民事判决书》［（2012）天刑一初字第23号］。

所提证人证言，不属于上述规定中以暴力、威胁等手段取得的情形，不属于排除的范围，取证中存在的问题应通过补正等方式，综合全案其他证据综合予以采信。”这里，法官应当分析辩护人是否提出了非法取证的线索或证据，是否履行初步的证明责任，以及本案中是否存在非法取证的可能性；而不应当直接认定这种情况属于瑕疵证据而不是非法证据。而且，非法证据本身与瑕疵证据存在各种可能的竞合，一旦发生竞合，应当按照非法证据审理程序处理。所以，瑕疵证据“补正”规则的实施存在这样一种风险：容易将本应适用非法证据排除规则加以排除的证据合法化，使法官忽视案件中存在的非法取证可能性。

（三）证据合法性调查程序中的侦查人员出庭与困境

2012年《刑事诉讼法》第57条第2款规定：“现有证据材料不能证明证据收集的合法性的，人民检察院可以提请人民法院通知有关侦查人员或者其他人员出庭说明情况；人民法院可以通知有关侦查人员或者其他人员出庭说明情况。有关侦查人员或者其他人员也可以要求出庭说明情况。经人民法院通知，有关人员应当出庭。”该规定确立了我国刑事诉讼证据合法性调查程序中的侦查人员出庭制度，这对保障人权、遏制非法取证行为具有重要意义，是我国司法文明进步的一个标志。然而，上述规定的实施遇到如下三种困境：一是出庭的启动程序，现在只规定了检察院提请的通知程序、法院通知程序、侦查人员要求程序，却偏偏没有赋予辩护方启动权，这违背了控辩双方权利平等原则。在证据合法性调查程序中，检控方负有证明义务，辩护方拥有主张权利。如果没有启动权，辩护方关于存在非法取证行为的主张就无法提供证据而得到证明，同时也剥夺了其对侦查人员质证的权利。二是出庭的身份，目前规定其“出庭说明情况”而非“出庭作证”，暗示了侦查人员出庭拥有作“单向性说明”的特权。然而，根据2012年《刑事诉讼法》第60条关于“凡是知道案件情况的人，都有作证的义务”的规定，警察或其他侦查人员作为案件非法取证情况的知情人，也负有一般证人的作证义务。因此，在法庭的证据收集合法性调查程序中，需要明确：侦查人员是以证人身份出庭，其“说明情况”的行为是出庭作证，必须遵守证人出庭作证的有关规定。三是出庭作证的方式，证据合法性调查程序中的侦查人员如果是以证人身份出庭，那么，根据《刑事诉讼法》第189条和第59条的规定，应采取直接询问、交叉询问和对质等方式进行。但是，目前的立法尚未对质证、直接询问、交叉询问和对质等方法如何实施作出明确规定，这可能会使侦查人员出庭的实际效果大打折扣。

（四）强制证人出庭及其例外规定有得有失

2012年《刑事诉讼法》第188条第1款规定："经人民法院通知，证人没有正当理由不出庭作证的，人民法院可以强制其到庭，但是被告人的配偶、父母、子女除外。"本条规定对我国证据制度建设而言既有进步也有倒退。就其进步而言，本条规定了相应的强制性措施，即第2款规定的"证人没有正当理由拒绝出庭或者出庭后拒绝作证的，予以训诫，情节严重的，经院长批准，处以10日以下的拘留"。可以预期，强制证人出庭制度及相关的证人保护和补助等配套措施，对于改变我国刑事诉讼证人"出庭难"的现状将发挥重要作用。就其倒退而言，本条关于特定亲属不被强制出庭作证的规定，与"亲属作证特免权"并不沾边！就是说，第188条并未在任何意义上确立我国的亲属作证特免权，它只不过是规定被告人亲属不被强制出庭作证，并未免除其作证义务；而且，该条规定还为亲属庭外取证留下了祸根，是一个历史性的倒退。这样说的理由有三点：第一，中国作为"亲属特免权"的发祥地，早在两汉时期就确立了"亲亲相隐"的司法制度，该制度后被西方国家吸纳，但至今仍未被我国《刑事诉讼法》重新确立，这不能不说是一个司法文明的倒退。第二，证据法具有双重功能："一是促进事实真相的发现，即求真；二是维护普遍的社会价值，即求善。这两种功能具有竞争关系。"〔1〕查明事实真相并不是证据法的唯一目的，威格莫尔（Wigmore）认为，作证特免权存在的一个基本理由，是要表明一种法律制度重视这些特殊关系胜过制裁犯罪行为。这种证据制度认为，通过破坏这些特殊关系而获得查明事实真相的价值，不及牺牲查明事实真相而维护这些关系的价值。〔2〕我国政法工作长期奉行"实事求是"、"命案必破"、"有罪必罚"的方针，其对证据制度建设的影响之一便是以牺牲亲属关系为代价而追求事实真相，这偏离了人类司法文明发展的方向。第三，以夫妻特免权为核心的亲属特免权，旨在维护婚姻家庭关系的稳定性。其直接含义是："在刑事诉讼中，被告人的配偶享有拒绝提供对被指控配偶不利证言的特免权。"〔3〕我国台湾地区"刑事诉讼法"第180条规定的证人得拒绝证言的情形之一是："现为或曾为被告或自诉人之配偶、五亲等

---

〔1〕 参见张保生等：《证据法学》，高等教育出版社2013年版，第69页。

〔2〕 参见［美］罗纳德·J. 艾伦等：《证据法：文本、问题和案例》，张保生、王进喜、赵滢译，满运龙校，高等教育出版社2006年版，第906页。

〔3〕 参见《美国统一证据规则》（1999）504（c）.

内之血亲、三亲等内之姻亲或家长、家属者。”这个规定继承了中国古代“亲亲相隐”的传统。《德国刑事诉讼法典》第52条第1款也有类似规定。《日本刑事诉讼法》第147条规定了反对陷配偶于罪的特免权。从证据法的价值基础来看，夫妻作证特免权和父母—子女作证特免权，对于当今中国和谐社会建设具有极其重要的意义。家庭是社会的细胞，家庭关系是社会稳定发展的基础。反思“文革”十年夫妻互相检举、父子“骨肉相残”的野蛮历史，并考虑到中国长期实行独生子女政策的实际，我们认为，我国证据立法应当发扬“亲亲相隐”的文化传统，尽快确立夫妻作证特免权和父母—子女作证特免权。

（五）质证规则的法治意义与其在我国立法司法中的幼稚

质证规则在证据法中居于核心地位，2012年《刑事诉讼法》第59条规定：“证人证言必须在法庭上经过公诉人、被害人和被告人、辩护人双方质证并且查实以后，才能作为定案的根据。”本条规定与1996年《刑事诉讼法》第47条相比，[1]删除了原来“双方讯问、质证，听取各方证人的证言”中的“讯问”和“听取各方证人的证言”，突出了“双方质证”对证据被采纳作为定案根据的决定作用，“必须……才能”的语法结构强调了质证是证人证言被采纳为定案根据的必要条件，应被视为我国《刑事诉讼法》的核心条款，或对其他条款具有制约作用的上位条款。就是说，其他条款若与本条发生冲突，应服从本条的规定。2012年最高人民法院《刑诉法解释》进一步明确了未经质证不得认证的原则，第63条规定：“证据未经当庭出示、辨认、质证等法庭调查程序查证属实，不得作为定案的根据，但法律和本解释另有规定的除外。”

质证规则的法治意义在于：第一，质证方法包括交叉询问和对质，其中，交叉询问“是对抗制的规定性特征之一”[2]；“它取代了我们在中世纪占统治地位的刑讯制度……不容怀疑的是，它仍然是我们曾经发明的揭示事实真相之最伟大的法律引擎”[3]。第二，质证权是一种最重要的诉讼权利，这包

---

〔1〕 1996年《刑事诉讼法》第47条规定：“证人证言必须在法庭上经过公诉人、被害人和被告人、辩护人双方讯问、质证，听取各方证人的证言并且经过查实以后，才能作为定案的根据。”

〔2〕 参见［美］罗纳德·J. 艾伦等：《证据法：文本、问题和案例》，张保生、王进喜、赵滢译，满运龙校，高等教育出版社2006年版，第114页。

〔3〕 参见［美］约翰·亨利·威格莫尔：“论普通法审判中的证据制度”，转引自［美］罗纳德·J. 艾伦等：《证据法：文本、问题和案例》，张保生、王进喜、赵滢译，满运龙校，高等教育出版社2006年版，第114页脚注4。

括两个含义：其一，交叉询问的机会是一种诉讼权利，“两个世纪以来，普通法的法官和律师一直把交叉盘问的机会视为证言准确性和完整性的一种基本保障。他们坚持认为，这种机会是一种权利（right），而不仅仅是一种特权（privilege）”[1]。其二，对质权即被告人与证人对质的权利，是美国宪法第六修正案确立的宪法权利。

在我国证据制度中，质证规则无论在宪法和法律中还是在司法实践中都不够完善，这表现在以下几个方面：第一，2012年《刑事诉讼法》还没有从被告人诉讼权利的高度，对被告人的质证权作出明确规定，没有把交叉询问规定为一种诉讼权利。第二，我国《宪法》还没有将被告人与证人对质的权利规定为一项宪法权利，2012年《刑事诉讼法》中根本没有出现“对质”概念；2012年最高人民法院《关于执行〈中华人民共和国刑事诉讼法〉若干问题的解释》第199条只规定“讯问同案审理的被告人，应当分别进行。必要时，可以传唤同案被告人等到庭对质”，然而，对质权是被告人与证人对质的权利，它比同案被告人的对质权要宽泛得多。第三，质证必须是当庭质证，即“面对面”进行交叉询问和对质，只有这样才能对证人证言的可信性作出判断，这是质证的心理学基础。然而，2012年《刑事诉讼法》第62条关于证人“不公开真实姓名、住址和工作单位等个人信息”，“采取不暴露外貌、真实声音等出庭作证措施”的规定；2012年《民事诉讼法》第73条关于证人可以不出庭而“可以通过书面证言、视听传输技术或者视听资料等方式作证”的规定，都给“面对面”的交叉询问和对质带来了无法逾越的困难，也给我们带来了“真质证乎，假质证乎？”的疑问。第四，更幼稚的是，2012年最高人民法院《关于执行〈中华人民共和国刑事诉讼法〉若干问题的解释》第213条规定了“向证人发问应当遵循的规则”，但该规则中的“②不得以诱导方式发问”却令人啼笑皆非。因为，这个规则只适用于直接询问，而交叉询问的规则恰恰是“以诱导方式发问”——事实上，正是这个特征才成就了其“揭示事实真相之最伟大的法律引擎”的地位和作用。

（六）确信无疑证明标准的意义与其作为公诉标准的忧虑

由于1996年《刑事诉讼法》关于“证据充分确实”的规定过于抽象，人

[1]［美］罗纳德·J. 艾伦等：《证据法：文本、问题和案例》，张保生、王进喜、赵滢译，满运龙校，高等教育出版社2006年版，第114页。

们对刑事诉讼证明标准的理解有很大差异。2012年《刑事诉讼法》第53条第2款对定罪证明标准作了明确界定："证据确实、充分，应当符合以下条件：①定罪量刑的事实都有证据证明；②据以定案的证据均经法定程序查证属实；③综合全案证据，对所认定事实已排除合理怀疑。"这里，"排除合理怀疑"（beyond reasonable doubt）译为"确信无疑"更符合中文习惯。无论如何，这表明我国已承认了这一世界各国通行的刑事诉讼证明标准。其重要意义在于，确信无疑证明标准有助于无罪推定原则的贯彻。相对于合理怀疑而言，"确实、充分"就是确信无疑；证据不足就是"不确实、不充分"或存在合理怀疑；就应该根据"疑罪从无"原则，推定被告人无罪。因此，第195条第3项进一步规定："证据不足，不能认定被告人有罪的，应当作出证据不足、指控的犯罪不能成立的无罪判决"，这体现了无罪推定原则的要求。

2012年《刑事诉讼法》第172条规定："人民检察院认为犯罪嫌疑人的犯罪事实已经查清，证据确实、充分，依法应当追究刑事责任的，应当作出起诉决定，按照审判管辖的规定，向人民法院提起公诉……"这个证明标准与日本检察官的公诉标准大致相同。与美国"合理根据"〔1〕、英国"优势证据"和德国"有足够的事实根据"〔2〕的公诉证明标准相比，我国和日本检察官提起公诉的证明标准是全世界最高的。〔3〕公诉证明标准的高低与起诉率一般成反比，例如，日本检察机关的高公诉证明标准，伴随约为44.6%的低起诉率；美、英、德的公诉标准从低到高，其起诉率则从高到低分别为88%、76%和12%。〔4〕然而，我国公诉证明标准和起诉率却是成正比的"双高"，按

---

〔1〕 参见《美国联邦刑事诉讼规则和证据规则》，卞建林译，中国政法大学出版社1996年版，第22页。

〔2〕 参见《德国刑事诉讼法典》，李昌珂译，中国政法大学出版社1995年版，第72页。

〔3〕 参见［日］松尾浩也：《日本刑事诉讼法》（新版·上卷），丁相顺译，金光旭校，中国人民大学出版社2005年版，第162页。

〔4〕 参见［日］松尾浩也：《日本刑事诉讼法》（新版·上卷），丁相顺译，金光旭校，中国人民大学出版社2005年版，第180页。另参见李喜春："英国起诉自由裁量权之借鉴"，载《国家检察官学院学报》2004年第6期。另参见新华网北京2002年4月3日电：国务院新闻办公室3日发表《2002年美国的人权纪录》，载http://news.xinhuanet.com/newscenter/2003-04/03/content_813867.htm，最后访问日期：2014年1月6日。另参见左卫民等：《中国刑事诉讼运行机制实证研究》，法律出版社2007年版，第233页脚注①。参见该脚注①中的对比数据。

2008～2012年检察院提起公诉人数和不起诉人数计算，[1]起诉率约为95%左右。另有实证研究数据表明："四个检察院从2000年到2005年的酌定不起诉率均不到0.04%"[2]，起诉率高达99.96%。如此高的起诉率，再加上检察院片面追求100%起诉准确率，结果势必是法院无罪判决寥寥无几。要改变这种状况可有两种选择：要么把提起公诉的证明标准降低为优势证据标准，这将使提起公诉变得更加容易，借鉴英美大致相同的公诉标准，起诉率应降低到80%左右；要么，维持目前确信无疑的高公诉证明标准，这意味着提起公诉更难同时也需要更加慎重，但起诉率就更需要大幅度降低至45%左右。无论哪种选择，都要辅之以检察业务考评机制改革，摈弃100%的起诉准确率"神能"标准，并给法院的无罪判决留下充足的空间。

二、证据司法缓步前行

（一）人民法院证据制度建设初见成效

2012年是《人民法院第三个五年改革纲要》（以下简称"三五改革纲要"）实施的第四年。"三五改革纲要"关于证据制度建设的任务有三项内容：一是全面完善刑事证据制度，制定刑事证据审查规则，统一证据采信标准，建立健全证人、鉴定人出庭制度和保护制度，明确侦查人员出庭作证的范围和程序；二是进一步完善民事诉讼证据规则；三是"推进行政诉讼法的修改进程，促进行政诉讼审判体制和管辖制度的改革和完善"。

1. 刑事证据审查规则有内容无灵魂

最高人民法院《关于执行〈中华人民共和国刑事诉讼法〉若干问题的解释》[3]第四章"证据"第69～94条，从审查内容和不能作为定案依据等方面，对物证、书证、证人证言、鉴定意见、勘验和检查笔录、视听资料和电子数据等的审查规则作了详细规定，完善了法官审查判断证据的认证规则，重点强调了对合法性、真实性、原始性、同一性、可信性和关联性等证据属性的审查，具有较强的可操作性。

---

〔1〕参见最高人民检察院检察长曹建明2013年3月10日在第十二届全国人民代表大会第一次会议上作的《最高人民检察院工作报告》。

〔2〕参见左卫民等：《中国刑事诉讼运行机制实证研究》，法律出版社2007年版，第233页脚注①。参见该脚注①中的对比数据。

〔3〕《最高人民法院关于适用〈中华人民共和国刑事诉讼法〉的解释》（法释［2012］21号），2012年11月5日由最高人民法院审判委员会第1559次会议通过，自2013年1月1日起施行。

不过，上述认证规则有一个缺陷，即没有将相关性作为证据的根本属性加以规定。例如，第92条规定："对视听资料应当着重审查以下内容：……⑥内容与案件事实有无关联。"第69条规定："对物证、书证应当着重审查以下内容：……④物证、书证与案件事实有无关联；……"第84条规定："对鉴定意见应当着重审查以下内容：……⑧鉴定意见与案件待证事实有无关联；……"第93条规定："对电子邮件……等电子数据，应当着重审查以下内容：……④电子数据与案件事实有无关联……"在上述规定中，相关性（或关联性）都排在次要的位置。然而，法官如果不首先审查相关性这一根本属性，又怎么能够对证据的其他属性作出正确的审查判断呢？

相关性是证据的根本属性，也是现代证据制度的基本原则。"这个原则禁止接受任何无相关性、逻辑上不具有证明力的东西。"[1]正是相关性，把现代证据制度与古代"神明裁判"和近代"口供裁判"[2]的证据制度区别开来，确立了证据裁判原则。相关性对证据来说是一个门槛性规定，可以说，没有相关性的东西就不能称之为证据。证据的资格是通过最小相关性检验标准来确定的。相关性是采纳证据的必要条件，即"不相关的证据不可采"。因此，证据排除规则的主要功能是排除不相关的证据，以保证事实认定的准确性。法官对证据的审查判断，主要也是审查其是否具有相关性，从而确定其是否能够成为定案的依据。证明力仅仅是指相关性的程度，因而，没有相关性也就没有证明力可言。只有相关证据才有助于法官准确地认定案件事实，作出公正裁判。但上述这些证据法学的基本原理，并没有为我国立法者和司法者所掌握。立法者和司法者都没有把相关性作为"灵魂"或"逻辑主线"来制定和实施具体的证据规则。这也是中国证据法缺乏理论体系的一个重要原因。查遍2012年《刑事诉讼法》和《民事诉讼法》，不但找不到相关性规则，甚至连"相关（性）"或"关联（性）"这样的字眼都没有一个！从这个意义上说，最高人民法院《关于执行〈中华人民共和国刑事诉讼法〉若干问题的解

---

〔1〕［美］约翰·亨利·威格莫尔："论普通法审判中的证据制度"，转引自［美］罗纳德·J.艾伦等：《证据法：文本、问题和案例》，张保生、王进喜、赵滢译，满运龙校，高等教育出版社2006年版，第147页。

〔2〕参见陈光中："刑事证据制度改革若干理论与实践问题之探讨——以两院三部《两个证据规定》之公布为视角"，载《中国法学》2010年第6期。该文提出：证据制度的历史发展，应从传统的神明裁判、法定证据和自由心证的三阶段划分，改为神明裁判、口供裁判和证据裁判的新三阶段划分。

释》出现了“关联性”概念，并将其作为证据审查的一个内容，这是一个令人欣喜的进步；但令人遗憾的是，尚未将相关性作为证据的根本属性加以规定，而是将其排在证据真实性、合法性的后面，或者将其作为证明力审查的一个内容。

2. 初步建立了证人、鉴定人等出庭作证和保护制度

最高人民法院《关于执行〈中华人民共和国刑事诉讼法〉若干问题的解释》如下两条规定具有重要法治意义：一是第78条第3款规定：“经人民法院通知，证人没有正当理由拒绝出庭或者出庭后拒绝作证，法庭对其证言的真实性无法确认的，该证人证言不得作为定案的根据。”二是第86条第1款规定：“经人民法院通知，鉴定人拒不出庭作证的，鉴定意见不得作为定案的根据。”上述两个规定是落实“三五改革纲要”，建立健全证人、鉴定人出庭制度和保护制度的重要措施。

3. 人民法院证据制度建设缺乏理论指导和整体规划

总体来看，人民法院的证据制度建设还存在着理念缺失和忽视证据法体系建设的问题，这表现在以下几个方面：一是对“补正”概念的错误肯定。如上所述，最高人民法院《关于执行〈中华人民共和国刑事诉讼法〉若干问题的解释》第73、77条和第82条对“两院三部”2010年“两个刑事证据规定”中“补正”概念的沿用，重复了其违反最佳证据规则预防欺骗性证明的错误。[1]二是对直接询问和交叉询问规则的混淆。如上所述，最高人民法院《关于执行〈中华人民共和国刑事诉讼法〉若干问题的解释》第213条规定：“向证人发问应当遵循的规则”，无论是直接询问还是交叉询问，都“不得以诱导方式发问”。这显然是不熟悉证据法交叉询问规则的基本原理而造成的错误。三是民事与行政诉讼证据制度建设缺乏整体规划，还是处于修修补补阶段。例如，最高人民法院《关于审理道路交通事故损害赔偿案件适用法律若干问题的解释》，对因道路管理维护缺陷导致机动车发生交通事故造成损害所承担责任的证明标准及“公安机关交通管理部门制作的交通事故认定书”证明力的规定；最高人民法院《关于在审判执行工作中切实规范自由裁量权行使保障法律统一适用的指导意见》对正确运用证据规则，合理分配举证责任，

---

〔1〕详细的理论分析，参见张保生、常林主编：《中国证据法治发展报告（2010）》，中国政法大学出版社2012年版，第42页。

全面、客观、准确认定证据的证明力，严格依证据认定案件事实；上述规定都给人留下了“零打碎敲”的印象，没有完成“三五改革纲要”关于进一步完善民事诉讼证据规则、促进行政诉讼审判体制改革和完善的任务。

（二）人民检察院证据制度建设两个亮点

本年度，面对《刑事诉讼法》与《民事诉讼法》修改重塑后的证据制度，人民检察院积极应对，在证据制度建设方面稳步推进。其中，最高人民检察院《人民检察院实施〈中华人民共和国刑事诉讼法〉规则（试行）》对非法证据排除及其程序的系统规定有两个亮点：

第一个亮点：在规定绝对排除非法言词证据，不得作为报请逮捕、批准或者决定逮捕、移送审查起诉以及提起公诉的依据（第65条）的同时，制定了对非法物证、书证的相对排除规则（第66条）。第66条规定，收集物证、书证不符合法定程序，可能严重影响司法公正的，检察院应当及时要求侦查机关补正或者作出书面解释，否则，对该证据应当予以排除。对侦查机关的补正或者解释，检察院应当予以审查。其中，“可能严重影响司法公正”是指，收集物证、书证不符合法定程序的行为明显违法或者情节严重，可能对司法机关办理案件的公正性造成严重损害；“补正”是指，对取证程序上的非实质性瑕疵进行补救；“合理解释”是指，对取证程序的瑕疵作出符合常理及逻辑的解释。

上述关于“补正”是对“非实质性瑕疵”进行补救的规定，具有重要的法治意义。其一，它突破了补正乃“补充和改正（文字的疏漏和错误）”[1]的日常语义，检察院在审查逮捕和审查起诉阶段，及时要求侦查机关对非实质性瑕疵证据进行补救，这与法院在审判中允许侦查机关对实质性瑕疵证据进行补正，在时间、内容和程序上均有本质区别：前者属于在审查起诉过程中纠正侦查程序中的错误，后者则属于纵容侦查、询问人员在审判程序中事后造假。其二，它纠正了“两院三部”2010年《死刑案件证据规定》第9、14、21条和第30条，《排除非法证据规定》第14条以及最高法院2012年《关于执行〈中华人民共和国刑事诉讼法〉若干问题的解释》第73、77条和第82条，关于允许对物证、书证的“实质性缺陷”进行“补正”的错误规定。①上述允许对物证、书证的“实质性缺陷”进行“补正”的错误规定包

[1]《现代汉语词典》（2002年增补本），商务印书馆2002年版，第101页。

括三类情况：一是勘验、检查笔录等或扣押清单上没有侦查人员等签名，或者对物品的名称、特征、数量、质量等注明不详；二是物证的照片等，书证的副本、复制件未注明与原件核对无异，无复制时间，或者无被收集、调取人签名、盖章等；三是物证的照片等，书证的副本、复制件没有制作人关于制作过程和原物、原件存放地点的说明，或者说明中无签名的。这三类情况显然不属于“非实质性瑕疵”。②最高人民法院2012年《关于执行〈中华人民共和国刑事诉讼法〉若干问题的解释》第77条关于证人证言经补正后可以采用的错误规定包括四类情况：询问笔录没有填写询问人、记录人等姓名以及询问的起止时间、地点的；询问地点不符合规定；询问笔录没有记录告知证人有关作证的权利义务和法律责任；在同一时段，同一询问人员询问不同证人的。这四种情况也不属于“非实质性瑕疵”，而是实质性缺陷！③最高人民法院2012年《关于执行〈中华人民共和国刑事诉讼法〉若干问题的解释》第82条关于讯问笔录经补正后可以采用的错误规定包括三类情况：讯问笔录填写的讯问时间、讯问人、记录人等有误或者存在矛盾的；讯问人没有签名的；首次讯问笔录没有记录告知被讯问人相关权利和法律规定的。这三种情况显然也不属于“非实质性瑕疵”，而是实质性缺陷！这些“补正”规定公然允许询问人员等通过“补正”来提供欺骗性证明，纵容了其通过“补正”程序事后造假和窜改证人证言。

第二个亮点：详细规定了排除非法证据的程序（第68、70条）。一是在侦查、审查起诉和审判阶段，检察院发现侦查人员以非法方法收集证据的，应当报经检察长批准，及时进行调查核实。二是当事人及其辩护人、诉讼代理人报案、控告、举报侦查人员采用刑讯逼供等非法方法收集证据并提供涉嫌非法取证的人员、时间、地点、方式和内容等材料或者线索的，检察院应当受理并进行审查，对于根据现有材料无法证明证据收集合法性的，应当报经检察长批准，及时进行调查核实。三是上一级检察院接到对侦查人员采用刑讯逼供等非法方法收集证据的报案、控告、举报的，可以直接进行调查核实，也可以交由下级检察院调查核实。交由下级检察院调查核实的，下级检察院应当及时将调查结果报告上一级检察院。四是检察院决定调查核实的，应当及时通知办案机关。五是规定了非法证据的调查核实及其处理方式（第70条）：①讯问犯罪嫌疑人；②询问办案人员；③询问在场人员及证人；④听取辩护律师意见；⑤调取讯问笔录、讯问录音、录像；⑥调取、查询犯罪嫌疑人出入看守所的身体检查记录及相关材料；⑦进行伤情、病情检查或者鉴定；⑧其他调查核实方式。对于确有以非法方法收集证据情形，尚未构成犯罪的，应当依法向被调查人所在机关提出纠正意见。对于需要补正或者作出合理解释的，应当提出明确要求。经审查，认为非法取证行为构成犯罪需要追究刑事责任的，应当依法移送立案侦查。六是对公安机关非法证据的监督与审查（第73条）：检察院在审查逮捕、审查起诉和审判阶段，可以调取公安机关讯问犯罪嫌疑人的录音、录像，对证据收集的合法性以及犯罪嫌疑人、被告人供述的真实性进行审查。七是对证据合法性的证明（第75条）：在法庭审理过程中，被告人或者辩护人对讯问活动合法性提出异议，公诉人可以要求被告人及其辩护人提供相关线索或者材料。必要时，公诉人可以提请法庭当庭播放相关时段的讯问录音、录像，对有关异议或者事实进行质证。因涉及国家秘密、商业秘密、个人隐私或者其他犯罪线索等内容，检察院对讯问录音、录像的相关内容作技术处理的，公诉人应当向法庭作出说明。

（三）公安机关证据制度建设循序渐进

为贯彻实施2012年《刑事诉讼法》，公安部出台了一批与实施新刑事诉讼法相关的规章规范。其中，在完善最佳证据规则并规定警察出庭作证，以及规范取证原则和取证方式等方面引人注目。

1. 完善最佳证据规则并规定警察出庭作证

公安部《公安机关办理刑事案件程序规定》[1]完善证据制度的亮点有两个：一是完善最佳证据规则。第61条规定，收集、调取的物证应当是原物。只有在原物不便搬运、不易保存或依法应当由有关部门保管、处理或应当返还时，才可以拍摄或者制作足以反映原物外形或者内容的照片、录像或者复制品，且须与原物核实无误或经鉴定证明为真实的，或以其他方式确能证明其真实的，才可作为证据使用。否则，不能作为证据使用。第62条规定，收集、调取的书证应当是原件。只有在取得原件确有困难时，才可以使用副本或者复制件，经与原件核实无误或经鉴定证明为真实的，或以其他方式确能证明其真实的，才可作为证据使用。否则，不能作为证据使用。二是规定警察出庭作证（第68条）。人民法院认为现有证据材料不能证明证据收集的合

---

〔1〕 2012年12月3日公安部部长办公会议通过，2012年12月13日发布（公安部令第127号），自2013年1月1日起施行。

法性，通知有关侦查人员或者其他人员出庭说明情况的，有关侦查人员或者其他人员应当出庭。必要时，有关侦查人员或者其他人员也可以要求出庭说明情况。经法院通知，警察应当就其执行职务时目击的犯罪情况出庭作证。

2. 规范取证原则和取证方式

公安部《公安机关办理行政案件程序规定》[1]借鉴了刑事证据方面的经验，第4章和第7章从证据资格、取证原则、证明对象、取证方式、证据保全、证据审查等方面对公安机关行政证据作了详细规定。

（1）取证原则，包括法定程序原则、最佳证据原则、保密原则、全面客观原则。其中，第24条第1款规定，公安机关必须依照法定程序，收集能够证实违法嫌疑人是否违法、违法情节轻重的证据。第2款特别规定了违反该原则的两种法律后果：采用刑讯逼供等非法方法收集的违法嫌疑人的陈述和申辩以及采用暴力、威胁等非法方法收集的被侵害人陈述、其他证人证言，一律排除，不能作为定案的根据；收集物证、书证不符合法定程序，可能严重影响执法公正的，应当予以补正或者作出合理解释；不能补正或者作出合理解释的，也应当排除，不能作为定案的根据。

（2）取证方式中的询问方式。根据第7章，公安机关在行政执法过程中可采取询问，勘验、检查，鉴定，辨认等取证方式。其中，第7章第3节对询问违法嫌疑人的方式作出了详细规定：①询问场所限制。第53、57条规定，询问违法嫌疑人，可到违法嫌疑人住处或单位进行，也可将违法嫌疑人传唤到其所在市、县内指定地点进行；如在公安机关询问，应当在公安机关办案场所进行。②询问时间限制。第55、57条规定，对被传唤的违法嫌疑人询问查证的时间不得超过8小时；案情复杂，违法行为依法可能适用行政拘留处罚的，询问查证时间不得超过24小时；询问查证期间应当保证违法嫌疑人的饮食和必要的休息时间，并在询问笔录中注明。③询问程序限制。

（3）取证方式中的辨认方式。根据第7章第6节，辨认需要符合以下要求：①辨认的主体和对象。第85条规定，辨认的主体是违法嫌疑人、被侵害人或者其他证人；辨认的对象是与违法行为有关的物品、场所或者违法嫌疑人；辨认的组织者是办案警察。②辨认的程序。第86～87条规定，辨认由2

---

〔1〕 2012年12月3日公安部部长办公会议通过，2012年12月19日发布（公安部令第125号），自2013年1月1日起施行。

名以上办案警察主持。辨认前，应当向辨认人详细询问辨认对象的具体特征，并避免辨认人见到辨认对象，辨认过程要一对一进行。③辨认的要求。第88条规定，辨认时，应当将辨认对象混杂在特征相类似的其他对象中；被辨认的违法嫌疑人人数不得少于7人；对违法嫌疑人照片进行辨认的，不得少于10人的照片；辨认每一件物品时，混杂的同类物品不得少于5件；并且不得重复使用陪衬照片或者陪衬人。④辨认笔录。第90条规定，辨认的经过和结果，应当制作辨认笔录，并由办案警察和辨认人确认，必要时，应当对辨认过程进行录音、录像。上述辨认规则，如果能够区分人物辨认、物证辨认的话，就可以避免第85条关于辨认主体和辨认对象的混乱。

（四）非法证据排除规则适用案例分析

本年度，司法实践中非法证据排除规则的实施呈现出以下几个特点：

第一，非法证据排除程序频频启动，控辩双方围绕是否存在非法取证行为以及是否应予排除激烈博弈。在马厚亮受贿案、王展保等贩卖毒品案等案件中，辩护律师均提出，侦查机关证据收集程序存在刑讯逼供，应当排除有关证据（主要是犯罪嫌疑人的审前有罪供述）；检察院则通过提交看守所健康检查证明、情况说明、讯问笔录、讯问过程录音录像、通知侦查人员出庭作证等方式给予反驳。总之，主张侦查机关取证程序违法而要求排除有关证据，已成为辩护律师经常采用的辩护策略；与之相应，证明证据收集程序合法则成为控方的重要诉讼活动。

第二，一审法院是否启动非法证据排除程序，成为独立的上诉理由和二审的重要内容。例如，在王展保等贩卖毒品案中，上诉人及其辩护人提出："原判认定事实不清，证据不足，公安人员有刑讯逼供的行为。"湖南省人民检察院也认为："本案部分事实不清，证据不足，同时对部分嫌疑人的口供没有启动非法证据排除，程序违法，建议发回重审。"湖南省高级法院最终判定："本案部分事实不清，且审判程序违法"，撤销原判，发回重审。[1]在该案中，一审法院未启动非法证据排除审理程序成为一个相对独立的上诉理由，最终也成为省高院推翻一审判决的理由之一。

第三，二审或再审法院成为非法证据排除的最终裁决者。在推翻一审法

〔1〕 参见《湖南省高级人民法院刑事裁定书》[(2012）湘高法刑三终字第77号]。

院裁决方面，有两个反例：在章国锡受贿案中，[1]一审法院判定，被告审前供述不得作为定案依据。[2]然而，这个一审判决，在2012年7月宁波市中院二审时却被推翻，尽管该法院并未从侦查机关获得不存在非法取证行为的合理解释，这在中国非法证据排除史上留下一个令人遗憾的记忆。在廖兵等杀人案中，一审法院以故意杀人罪判处被告人廖兵有期徒刑12年。廖兵提起上诉称，自己因公安机关刑讯逼供才作有罪供述。四川内江市中院二审认为，根据《刑事诉讼法》第54条第1款、第58条等规定，一审法院采信的证据无法排除公安机关通过刑讯逼供获取廖兵有罪供述的合理怀疑，应予以排除。[3]此案审理后，最高人民法院于12月颁布的《关于执行〈中华人民共和国刑事诉讼法〉若干问题的解释》第103条规定，具有下列情形之一的，第二审人民法院应当对证据收集的合法性进行审查，并根据刑事诉讼法和本解释的有关规定作出处理：①一审法院对当事人及其辩护人、诉讼代理人排除非法证据的申请没有审查，且以该证据作为定案根据的；②检察院或者被告人、自诉人及其法定代理人不服一审法院作出的有关证据收集合法性的调查结论，提出抗诉、上诉的；③当事人及其辩护人、诉讼代理人在第一审结束后才发现相关线索或者材料，申请法院排除非法证据的。从上述案例看，非法证据排除是二审法院对一审法院监督的一个重要内容。

第四，被告人健康检查表在非法取证行为认定中扮演了重要角色。最高人民法院《关于执行〈中华人民共和国刑事诉讼法〉若干问题的解释》第101条第1款规定："法庭决定对证据收集的合法性进行调查的，可以由公诉人通过出示、宣读讯问笔录或者其他证据，有针对性地播放讯问过程的录音录像，提请法庭通知有关侦查人员或者其他人员出庭说明情况等方式，证明证据收集的合法性。"但在司法实践中，除了上述规定性方法之外，认定非法取证行为还有一些其他方法。例如，在文光跃贩卖、运输毒品案中，被告人在公安局受审时承认贩毒，但在看守所受审时翻供。被告人文光跃辩称："公安干警对我刑讯逼供后，把事先写好的笔录交给我签字，笔录内容不是我讲

[1] 参见《鄞州区人民法院判决书》[（2011）甬鄞刑初字第320号]，载http://blog.sina.com.cn/s/blog_90de409601011yge.html，最后访问日期：2013年3月3日。

[2] 关于章国锡案一审中对非法证据认定的分析，参见张保生、常林主编：《中国证据法治发展报告（2011）》，中国政法大学出版社2013年版，第58~63页。

[3] 《四川省内江市中级人民法院刑事判决书》，北大法宝引证码：CLI.CR.140571。

的。”文光跃的辩护人提出，文光跃的有罪供述是刑讯逼供形成的，属非法证据，不能作为定案依据。由于控方未能提供录音录像以证明讯问过程合法，法院认为无法排除非法取证的可能性。法院调取了文光跃进入看守所时的健康检查登记表。其中记载：“胸部大面积青紫，右小脚踝关节4×5cm青紫，右上臂内侧8×3cm青紫。”侦查机关则出具“情况说明”主张，该伤是抓捕时文光跃反抗形成的。庭审中，警察汤范等三人证明，参与抓捕和审讯文光跃的民警有多人，在审讯过程中没有对其刑讯逼供，文光跃的伤是抓捕时因为他反抗，民警将其按倒，推、拖与地面摩擦形成的。但文光跃当庭指认民警姚某某在审讯时对他殴打，还有其他施暴警察没有到庭。最后法庭认定：“根据以上材料，被告人文光跃有罪供述是在提外讯期间作出的，入看守所经检查全身多处受伤，……虽然侦查机关出具说明材料及办案民警出庭证明文光跃的伤是抓捕时，文光跃反抗，民警将其按倒，推、拖与地面摩擦形成的，审讯中没有对文光跃刑讯逼供，但说明材料是移送起诉以后形成的，办案民警对文光跃受伤未作出合理解释，也未能提供审讯过程的录音录像等相应的证据证明，并且入所健康检查登记表证明的情况，文光跃的伤并非擦伤。现有证据无法完全排除非法取证的可能。”〔1〕本案中，法院根据健康检查表（形成于提外讯问之后）及其所记载的内容（并非与地面摩擦形成的擦伤），认定不能排除非法取证的可能性，这种认定方法是法官审判实践经验的总结。

第五，检察院取证合法性证明应达到确信无疑标准。在证据合法性调查程序中，承担证明责任的控方对于“不存在非法取证行为”应当证明到什么程度？2012年《刑事诉讼法》第58条规定：“对于经过法庭审理，确认或者不能排除存在本法第54条规定的以非法方法收集证据情形的，对有关证据应当予以排除。”这里，“不能排除存在……以非法方法收集证据情形的”，确立了一个由控方对取证合法性的证明必须达到“确信无疑”的标准。从一些案件的判决书的语言来看，法官确实在一定程度上使用着这一标准。例如，在廖兵案中，法官认为“证据无法排除公安机关通过刑讯逼供获取廖兵有罪供述的合理怀疑”，使用了“无法排除……合理怀疑”的表述；在罗煦珍案中，法官认为“侦查机关此次对罗煦珍供述取得的合法性存有疑问，不能排除刑讯逼供嫌疑”，使用了“不能排除……嫌疑”的表述；在文光跃案中，法官认

〔1〕《湖南省益阳市中级人民法院刑事判决书》[（2012）益法刑一初字第19号]。

为“现有证据无法完全排除非法取证的可能”，使用了“无法完全排除……的可能”的表述。上述表述，都是要求对取证的合法性证明应达到“确信无疑”的程度，都要求控方所提供的证据能够排除刑讯逼供存在的可能性。

三、证据科学研究进展

（一）国外学者阐释的证据科学理念

英美学者安德森、舒姆和特文宁著的《证据分析》（第2版）中文版[1]阐释了如下证据科学理念：第一，证据分析是人类的一种基本技能。推论性推理、分析和权衡证据，形成关于过去所发生的事情或未来可能发生的事情的判断，是处理日常生活中各种难题之必不可少的成分。除法官、律师外，历史学家、侦查人员、医生、工程师、情报分析师，都在其专业语境中掌握并应用着这些精致的技能。第二，证据科学研究可以使法学和其他学科的学者相互受益。其他学科有很多证据问题需要向法律学习，但律师也能从跨学科的证据特征的思考中受益。第三，证明逻辑和证据规则在教学中的整合，为分析、论证和解决证据领域的实际问题提供了一种工具。特别是推论性推理的原则、基本概念、分析和整理证据混合体的技能，以及对有关事实争议问题的论证进行建构、批评和评价的技能，是可以而且应当在法学院实际和有效传授的知识性技能。加强证据科学跨学科领域的思维训练，可以使学生为掌握事实分析的必要知识和职业技能打下基础。

（二）国内学者对证据科学的研究

国内学者对证据科学的性质、司法证明的机理、法庭科学与证据法学相结合的必要性进行了研究，并以证据科学为视角对科学证据作了新的审视。有学者认为，证据科学以司法证明领域为核心，放眼于对证据问题领域的宏观审视，着眼于所有涉及证据与证明领域知识与问题的重新排列，涵盖各种学科的所有与证据有关的创新知识。证据科学实际上是综合了所有关于证据与证明的系统性知识，处于相关科学的交汇点。[2]有学者从证据科学角度，对司法证明机理进行了研究，认为应当广泛吸收多学科研究成果，综合运用系统论、逻辑学、心理学、语言学、行为科学等研究方法开展跨学科的证明

---

〔1〕参见［美］特伦斯·安德森、［美］戴维·舒姆、［英］威廉·特文宁等：《证据分析》（第2版），张保生、朱婷、张月波译，中国人民大学出版社2012年版。

〔2〕参见房保国：《科学证据研究》，中国政法大学出版社2012年版。

机理研究，逐步实现我国司法证明的科学化。[1]谭清波阐述了法庭科学技术与证据法律制度相互作用从而服务于现代司法的过程。[2]樊学勇等从法医物证学对司法的辅助作用，强调了法庭科学与证据法学有机结合的重要性。他们认为，法庭科学只有在证据法理论及证据规则的引导下，才能有效实现其支持公诉、准确审理的现代价值。[3]黄瑞亭强调了法庭科学服务于司法和维护司法公正的重要功能，论述了法庭科学与证据法学交叉研究的重要性。[4]山东大学张国亮的硕士学位论文《刑事诉讼中科技证据规制问题研究》[5]，苏州大学章冠宇的硕士学位论文《专家证据的采信标准研究》[6]，以证据科学为视角对科学证据进行了研究。

四、证据法学研究进展

（一）关于证据法理论基础和体系

关于证据法理论基础，仍有“一论”、“两论”、“三论”基础说的分野。“一论基础说”有两种观点：裴苍龄教授认为，辩证唯物主义理论是我国证据法学的理论基础，价值论不能构成证据法学的理论基础。“价值论无非是个价值选择问题。这样的价值选择问题在证据法学中只是个别现象，因此不能把证据法学整体建立在价值选择的基础上。”[7]然而，我们仅举出非法证据排除规则和不得自证其罪的权利这两个例子，就可以证明，价值选择在证据法学中绝非个别现象。随着人权保障意识的不断增强，对质权、沉默权、作证特免权等在证据法中的地位将越来越重要。不承认诉讼证明过程包含着价值选择，或者忽视证据法“求真”与“求善”的统一，在理论和实践上都是站不住脚的。樊崇义教授虽然也主张将诉讼认识论作为证据法的理论基础，但他认为，诉讼认识论的两大理论基础是辩证唯物主义认识论和程序正义论，前

---

〔1〕 参见封利强：“司法证明机理：一个亟待开拓的研究领域”，载《法学研究》2012年第2期。

〔2〕 参见谭清波：“科学技术发展对刑事证据的影响研究”，载《河南科技》2012年第18期。

〔3〕 参见樊学勇、杨涛：“刑事诉讼视野下的法医物证应用研究”，载《证据科学》2012年第1期。

〔4〕 参见黄瑞亭：“法庭科学的真谛——重温林几教授《二十年来法医学之进步》”，载《证据科学》2012年第4期。

〔5〕 参见张国亮：“刑事诉讼中科技证据规制问题研究”，山东大学2012年硕士学位论文。

〔6〕 参见章冠宇：“专家证据的采信标准研究”，苏州大学2012年硕士学位论文。

〔7〕 参见裴苍龄：“论证据学的理论基础”，载《河北法学》2012年第12期。

者保障了诉讼认识具有真理性；后者则保障了诉讼认识具有正当性。[1]从这个意义上说，他实际上已放弃了“一论基础说”，或者说，他所主张的本质上是“两论基础说”。“三论基础说”有一个新的变种，即主张认识论、价值论和程序正义论构成了证据法的理论基础。[2]我们认为，不宜将“道德论”[3]或“程序正义”[4]与价值论相并列作为证据法的理论基础之一。因为，“道德论”或“程序正义”都可以被价值论包含。真与善的关系就是真理与价值的关系，“‘善’是一个应用范围最为广泛的价值概念，……可以大体归纳为功利价值和道德价值两大方面。”[5]因此，道德论、程序正义论仍属于价值论的范畴。在价值论范畴内讨论道德论和程序正义论，也更容易搞清追求真理与维护道德、事实真相与程序正义之间的关系。

关于证据法学理论体系的研究，廖永安、李榕主编的《证据法学》教材，[6]将其分为“证据论”、“证明论”和“证据运用论”。首先，这个体系存在两个逻辑问题：一是“证据运用”和“证明”在语义上存在交叉。证明就是证据运用的过程，这是证据的主要功能。二是“证据运用论”和“证明论”在内容上存在交叉，举证＋质证＝证明，因而属于证明论的范畴，如果把它们放在“证据运用论”中，势必会“掏空”证明论的内容。其次，从举证、质证和认证来探讨证据运用问题，具有重要探索意义。但是，这并未克服传统上将证据法学分为“证据论＋证明论”而割裂证据与证明的缺陷。相比之下，按照“一条逻辑主线”、“两个证明端口”、“三个法定阶段”、“四个价值支柱”，来构建证据法学的理论体系，可能是一个更好的选择。在这个体系中，“两个证明端口”是对证据与证明的静态分析，但并未割裂证据与证明；“三个法定阶段”是对证据与证明之间关系的动态分析，这里不仅没有割裂证据与证明，而且还突破了证明的局限，进入了事实认定这个更宽广的动

---

〔1〕 参见樊崇义主编：《证据法学》（第5版），法律出版社2012年版，第72页。

〔2〕 参见叶青等：《证据法学：问题与阐述》，北京大学出版社2012年版，第46～54页。

〔3〕 参见郭华：《证据法学》，北京师范大学出版社2011年版，第46、52页。

〔4〕 参见陈瑞华、蒋炳仁：“走出认识论的误区——为证据立法重新确立理论基础”，2000年全国诉讼法学研究会年会论文。另参见倪娜、李利青：“证据法学的理论基础”，载《西部法律评论》2009年第5期。

〔5〕 李德顺：《价值论》（第2版），中国人民大学出版社2007年版，第145页。

〔6〕 参见廖永安、李榕主编：《证据法学》，厦门大学出版社2012年版，第1～2页。

态领域，消解了证明论不能容纳事实认定者或裁判者的困境。[1]

（二）关于证据属性

关于证据属性的研究主要有两个问题，一是有学者继续坚持传统的“三性说”（客观性、关联性和法律性），[2]并采用与列宁论证“客观真理”相似的方法[3]来论证证据的“客观性”，即证据中有“不以人们的意志为转移的客观存在”。然而，由于没有判断证据是否具有客观性的检验标准，“客观性”审查既无法实现，也没有实际意义。任何真理都是具体的而不是抽象的。“真理的具体性，是指具体的主观和客观在具体的条件和范围内的一致。”[4]与真理的具体性一样，证据也是具体而非抽象的。相关性是证据的根本属性，法官运用“最小相关性检验标准”[5]来判明一个证据是否具有相关性，然后还要进一步解决证据的真假、可信性等问题。因此，停留在哲学层面的客观性研究对于证据法学来说是没有意义的，有意义的是深入开展证据的真实性、可信性或可靠性等问题的研究。

二是有学者主张，证据审查判断也就是“证据”转化为“定案证据”的过程。如何避免证据被任意采纳为定案根据以及如何为证据转化为定案根据设定必要的条件，属于证据法所要解决的头号问题。因此，学界无需再去关注所谓“证据属性问题”，而应多讨论证据转化为定案根据的条件问题。证据转化为定案根据的两项基本资格要求是：证明力和证据能力。证明力包含着“真实性”和“相关性”两项基本要求，是证据法对证据在事实和逻辑上提出的必要条件；而证据能力则是证据法对证据所提出的法律资格要求，即证据转化为定案根据的法律资格。[6]我们赞同从动态角度讨论证据转化为定案根据的条件问题的主张，但不赞同把这个问题看做证据法所要解决的头号问题，也不赞同关于学界无需再去关注所谓“证据属性问题”的主张。理由有

---

〔1〕 参见张保生主编：《证据法学》，中国政法大学出版社2009年版，第42～46页。

〔2〕 参见樊崇义主编：《证据法学》（第5版），法律出版社2012年版。

〔3〕 列宁说：“有没有客观真理？就是说，在人的表象中能否有不依赖于主体、不依赖于人、不依赖于人类的内容？”参见《列宁选集》第2卷，人民出版社1972年版，第129页。

〔4〕 李秀林、王于、李淮春主编：《辩证唯物主义和历史唯物主义原理》（第4版），中国人民大学出版社1995年版，第355页。

〔5〕 参见［美］罗纳德·J. 艾伦等：《证据法：文本、问题和案例》，张保生、王进喜、赵滢译，满运龙校，高等教育出版社2006年版，第154页。

〔6〕 参见陈瑞华：《刑事证据法学》，北京大学出版社2012年版，第70～71、75～76页。

两点：第一，证据属性以及证据和事实的关系，是证据法学的“本体论”问题，是构建证据制度的理论基础。我国证据法缺乏理论体系，主要是因为在证据属性等基本理论问题上的研究很薄弱。证据转化为定案根据的条件当然值得研究，但它属于事实认定的“认识论”问题，不能代替对证据属性等“本体论”问题的研究。第二，相关性是证据的根本属性，整个现代证据制度就是以相关性为基础建立起来的。相关性是现代证据制度的基本原则，“这个原则禁止接受任何无相关性、逻辑上不具有证明力的东西”〔1〕。只有相关证据，才有助于事实认定者评估要素性事实存在的可能性，从而作出理性的裁判。在证据制度发展史上，非理性的神明裁判、半理性的口供裁判都是无视相关性原则的。我国证据制度之所以落后，主要原因就是没有把相关性作为一条逻辑主线来构建证据法的理论体系。因此，法学家不应回避而应高度重视证据属性的研究，特别是要把相关性这一证据的根本属性、现代证据制度基本原则作为证据法学所要解决的头号问题来加以研究。

（三）关于证据开示

有关研究主要集中于以下问题：谭佳研究了证据开示在辩诉交易制度中的作用。美国辩诉交易广泛适用的一项基础性制度正是证据开示制度，只有经过证据开示，才能使控辩双方在审前了解对方所掌握的证据，明确衡量诉讼中各自面临的风险，以此来决定是否适用辩诉交易。因此，在讨论如何引进这一制度或构建适合我国司法体制的辩诉交易制度时，构建全面、有效的证据开示制度是重要前提之一。〔2〕毛兴勤认为，〔3〕证据开示制度是防控检察官公诉权滥用的主要措施之一。高洁认为，“我国现阶段应以完善辩护律师单向阅卷权、不给辩方施加证据告知义务为宜，刑诉法修改中也应强化辩方权利、制约控方权力，以维系控辩平衡”。〔4〕该观点虽有一定合理性，但证据开示的目的和价值主要是为审前整理争点，使庭审能够形成公平对抗，从而有效地帮助事实认定者查明事实真相。因此，证据开示应当是双向的，从我国刑事诉讼越来越具有当事人主义的发展趋势来说，构建双向证据开示制度势

---

〔1〕参见［美］罗纳德·J. 艾伦等：《证据法：文本、问题和案例》，张保生、王进喜、赵滢译，满运龙校，高等教育出版社2006年版，第147～149页。

〔2〕谭佳：“论中国辩诉交易制度的构建”，载《怀化学院学报》2012年第12期。

〔3〕毛兴勤：“美国公诉权滥用的防控机制及其评价效果”，载《人民检察》2012年第17期。

〔4〕高洁：“辩方不应承担证据展示义务”，载《江苏警官学院学报》2012年第2期。

在必行。万宗瓒认为，“反垄断案件中，由于案件原被告双方在实力和地位上的悬殊，受害人将很难获得能够证明垄断违法行为存在的证据材料，而这样的证据材料往往是受害人能否胜诉的关键”。〔1〕因此，在反垄断诉讼中，没有在证据开示程序中尽到开示义务的一方当事人，应当受到较为不利的裁判后果。这种制度设计，有利于为当事人双方设置平等的对抗环境，弥补弱势一方诉讼能力的天然不足。

（四）关于科学证据与司法鉴定

关于科学证据研究，荷兰莱顿大学Ton Broeders教授认为，科学证据的本质不是绝对性或确定性的，而是概率性的，预期性偏差和认知污染加剧了科学证据结论的不确定性。法庭科学领域的决策，应当是专家在一系列归纳得出的特定假设基础上就研究结果的概率进行恰当的报告，事实审判者承担着对概率作出决断的任务。〔2〕刘晓丹分析英美法系科学证据可采性规则后提出，我国对鉴定意见的审查判断主要限于相关性和合法性的审查，缺少对鉴定意见可靠性的审查，导致了错误裁决的风险。应当建立科学证据可靠性审查规则，将科学证据原理和方法的可靠性确立为科学证据的采纳标准，促进法官对科学证据进行实质审查，限制法官过大的自由裁量权。〔3〕张中等认为，司法实践中经常发生对科学证据证明力的误解或盲从，由于有些科学方法的有效性还有待验证，检材的收集保管、鉴定设备和方法以及专家的知识水平和职业操守对科学证据的证明力均有重要影响，所以“需要给科学证据设立补强规则”，如果补强后仍不能排除合理怀疑，就应当排除该证据。〔4〕房保国认为，从动态看，科学证据的收集、保管、鉴定和提交等各个环节都可能失真；从静态看，DNA证据、指纹证据、笔迹证据等也都可能失真。应当从普遍接受性、充分的适用性和对审判人员的专业帮助性等方面来确定科学证据的可采性，着重审查科学证据的可靠性，完善科学证据的取证、质证和认证等相关制度，防范科学证据的失真。〔5〕有学者认为，社会科学证据在美国法庭已

---

〔1〕万宗瓒：“论反垄断民事诉讼中证据规则的改进”，载《河北法学》2012年第10期。

〔2〕［荷］Ton Broeders：“法政科学领域的决策”，李小恺、王进喜译，载《证据科学》2012年第3期。

〔3〕刘晓丹：“科学证据可采性规则研究”，载《证据科学》2012年第1期。

〔4〕张中、石美森：“论科学证据的证明力”，载《证据科学》2012年第1期。

〔5〕房保国：“科学证据的失真与防范”，载《兰州大学学报》（社会科学版）2012年第5期。

得到广泛应用。我国目前的科学证据还局限于自然科学领域，可把社会科学证据放在科学证据的框架下进行研究和应用。〔1〕

关于司法鉴定理论和制度的研究，郭华教授认为，司法鉴定制度与专家证人制度分别是职权主义诉讼模式和当事人主义诉讼模式下的产物，二者有其特定的生存制度背景，两种制度共存会有难以克服的困难，与职权主义诉讼制度存在着无法化解的冲突，融合模式不适合我国司法鉴定体制改革。〔2〕陈刚教授分析了“鉴定乱”问题，认为其来源于民事诉讼鉴定制度的“双重目的”，即一方面是为了辅助法官的判断能力，另一方面又是充实当事人进行诉讼攻击防御的方法。〔3〕卞建林教授等认为，鉴定人参与刑事诉讼的权利保障需要进一步加强，鉴定人在实施鉴定的过程中还应当享有几项权利：拒绝鉴定权、知情权和在法院指导下进行调查和检查的权利。〔4〕陈光中教授等指出，刑事诉讼法修正案关于鉴定问题的立法模式存在技术问题，当事人在一定情况下有直接启动司法鉴定的权利，建议在鉴定裁量启动外，对人身伤害鉴定、死亡原因鉴定、精神病鉴定、严重犯罪中DNA检材鉴定以及其他必须借助特殊专门知识的情形予以强制鉴定，设定司法鉴定期间，保证诉讼的及时性与案件事实认定的准确性等。〔5〕常林教授认为，专家辅助人只具有辅助当事人有效完成诉讼活动的功能，并不具有在事实发现过程中辅助事实审理者对专业问题作出决定的功能。专家辅助人功能包括技术支持、出庭质证、分析评估和质疑监督。为保障专家辅助人在诉讼实践中能有效发挥功能，应当赋予其独立的诉讼地位，明确其诉讼职责以及享有的权利和承担的义务。〔6〕

（五）关于言词证据

有关言词证据的研究主要集中在以下问题：①被害人陈述的补强。兰跃

---

〔1〕梁坤：“社会科学证据在美国的发展及其启示”，载《环球法律评论》2012年第1期。

〔2〕郭华：“司法鉴定制度与专家证人制度交叉共存论之质疑——与邵劭博士商榷”，载《法商研究》2012年第4期。

〔3〕陈刚：“我国民事诉讼领域有关鉴定的问题与对策”，载《中国司法鉴定》2012年第5期。

〔4〕卞建林、郭志媛：“解读新《刑事诉讼法》推进司法鉴定制度建设”，载《中国司法鉴定》2012年第3期。

〔5〕陈光中、吕泽华：“我国刑事司法鉴定制度的新发展与新展望”，载《中国司法鉴定》2012年第2期。

〔6〕常林：《司法鉴定专家辅助人制度研究》，中国政法大学出版社2012年版。

军博士认为，被害人陈述和证人证言，在取证、举证、质证和认证中被完全混同，这不仅使得“被害人证人化”，而且导致“理论反对实践”。被害人和证人虽然都“身临其境”，但被害人还“身受其害”，因此要求立法从作证适格性、意见证据规则、关联性规则及合法性规则等方面，对被害人陈述的证据能力进行合理限制，同时规定被害人陈述原则上不能作为定罪的唯一根据，其证明力需要补强。[1]欧卫安认为，作为一种当事人证据，被害人陈述具有极大的主观性，在一定程度上削减了其可信性或者证明力。因此，在被害人陈述成为案件定罪的关键证据或者仅有的证据时，应当进行补强。[2]②沉默权的政治学基础。白冬教授认为，口供与案件真相的直接印证关系，决定了暴力扮演的角色就是口供的一个“最后的劝说者”。通过暴力获得的供词，乃是加之肉体上的权力的制造物。惩罚犯罪的集体安全意识，尽管能够使刑讯逼供从道德上、政治上获得某种认同，但有悖保障自由的法治精神。惟有通过法律，将本应属于个人的沉默自由，划归个人，才是消除刑讯逼供之根本。法律回归其保障自由的本性，追究犯罪的国家权力才具有正当性与合法性。[3]③当事人陈述。段文波指出，获得当事人陈述的证据调查方法即当事人询问，应当准用证人询问的方法，甚至可以对质。随着时代发展，当事人陈述作为证据的价值会不断攀升。[4]熊德中、朱健则对《民事诉讼法》修改审议稿将“当事人的陈述”由原来位居证据种类第五提至第一提出异议，认为这违背了证据排序从客观性到主观性的逻辑。当事人陈述不能直接反映案件事实的形成过程，其所涉内容具有补充性、辅助性。[5]④证言的准确性。姜丽娜、罗大华考察了国外证言可信性评估的研究情况，指出其主要是围绕证人的非言语行为、证人的言语行为及证人的生理指标三个方面。[6]陈欢博

---

〔1〕 兰跃军：“被害人作证及其陈述的运用”，载《法学论坛》2012年第3期。

〔2〕 欧卫安：“略论被害人陈述的证据补强——以当事人证据和印证证明为起点”，载《河北法学》2012年第11期。

〔3〕 白冬：“口供的政治学解释：暴力与同意”，载《南开学报》（哲学社会科学版）2012年第3期。

〔4〕 段文波：“《民事诉讼法》修改应当关注作为证据的当事人”，载《西南政法大学学报》2012年第3期。

〔5〕 熊德中、朱健：“‘当事人的陈述’应回归原位”，载《人民法院报》2012年8月22日，第7版。

〔6〕 姜丽娜、罗大华：“国外证人证言可信性评估的研究述评”，载《证据科学》2012年第5期。

士认为，证言准确性研究可从两方面进行，一是自然科学与人文科学结合，提高实验研究的外部效度；二是从本土文化和主导价值取向，寻找广阔的心理来源。[1]王龙、刘洪广指出，认知神经科学应用在探查证人记忆方面有极大作用。[2]⑤证人出庭作证制度。罗海敏认为，证人出庭作证是保障被告人对质权、保证刑事案件审判质量的客观需要。[3]章礼明教授指出，从文化类型学上分析，我国证人出庭难是社会、经济和政治宏观背景下民众观念、司法资源和司法权威等因素共同制约的结果。具体而言，包括社会结构形塑的特殊生活观念（熟人社会），经济基础决定的司法资源有限，政治体制形成的司法权威偏低等因素。[4]有检察官指出，随着刑事案件证人出庭率提升，对于习惯宣读未到庭证人证言的公诉人而言，如何从“间接、书面审理”模式过渡到“直接、言词审理”模式，从朗读书面证言提升到修炼盘询艺术，以应对证人出庭对公诉工作带来的挑战，是当务之急。[5]

（六）关于证据排除规则

证据排除规则研究主要涉及如下问题：①证据排除规则的内涵与外延。艾伦教授在一场演讲中厘清了美国证据排除规则的几个关键问题：一是证据排除规则的内涵要远远大于非法证据排除规则，相关性、偏见、传闻、品性、倾向等都是构成证据排除的理由；二是按目的不同来区分证据排除规则并不容易，因为所有排除规则都包含激励功能；三是证据排除规则的实施由于规则本身的复杂性和执法官员行为的调整而变得困难；四是证据排除并非实施证据规则和程序规则的唯一可取方法，证据排除规则的实施有其内在限制。[6]艾伦上述观点对我们的启示是，一方面，我国近年对排除规则的研究集中于非法证据排除规则，而对其他排除规则缺乏关注。有人甚至认为，证

---

〔1〕陈欢：“证人证言准确性研究的启示及完善”，载《山西省政法管理干部学院学报》2012年第1期。

〔2〕王龙、刘洪广：“证人记忆的影响因素及认知神经科学检测方法探新”，载《证据科学》2012年第5期。

〔3〕罗海敏：“两岸刑事证人出庭作证制度之比较”，载《证据科学》2012年第3期。

〔4〕章礼明：“证人出庭‘难’的文化类型学解释——兼评新《刑事诉讼法》中相关规则的实效性”，载《河北法学》2012年第10期。

〔5〕李爱君：“从朗读书面证言到修炼盘询艺术——公诉视角看新刑事诉讼法对证人出庭制度的完善”，载《刑事诉讼法修改与检察工作：第八届高级检察官论坛论文集》。

〔6〕参见［美］罗纳德·J. 艾伦：“排除证据的困难”，郑飞、强卉译，载《证据科学》2012年第6期。

据排除规则就是非法证据排除规则，将证据排除规则狭义化了。今后的研究应该关注证据排除规则的整体。另一方面，艾伦提醒我们，证据排除之所以会出现困难也许在于这种方式本身，即证据排除不是实施证据规则和程序规则的唯一可取方法，排除规则的实施存在内在的限制。这让我们反思，要注意排除规则本身可能存在的局限性，并以此入手去探讨证据规则实施的其他方式。②非法证据排除规则。艾伦教授在另一场演讲中论述了美国非法证据排除规则，尤其是美国宪法第四修正案有关非法搜查扣押的规则和第五修正案有关非法讯问的规则。他提出，美国非法证据排除规则有很多，是为在不同领域的适用而量身定做的，因而在每一领域都会发现一个有大量例外和限制性条件的规则。就是说，在美国，没有一个排除非法获取证据的简单规则；在强调简单规则与其旨在规制的复杂和动态的社会环境之间有个博弈。〔1〕③非法证据排除规则实证研究。陈卫东等在四个中级人民法院对“两院三部”2010年“两个刑事证据规定”的适用情况进行调研，发现，〔2〕非法证据排除规则整体适用状况不容乐观，非法证据排除程序仅起到“宣言书”的作用，并无实际功效，其原因与刑事司法体制、法官的认识及具体程序规定等都有关系。万毅等进行的一项实证研究，〔3〕重点调研了非法证据的认定、排除程序，瑕疵证据的补正与合理解释，特殊侦查措施的适用、质证，证人出庭作证，翻供、翻证的处理，证据裁判原则的运用。调研发现，非法证据排除规则的整体适用效果欠佳，虽然多数法官都认识到该规则对防范刑讯逼供、冤假错案有重要意义，但由于现行体制本身以及办案指标考核、法官个人素质、仕途晋升等因素影响，法官在排除非法证据时“如履薄冰”、“小心翼翼”，只是在迫不得已时才会动用这一手段，且收效甚微。④非法证据排除规则实施的困境。有学者从刑事诉讼构造来解释这一问题，一方面，因为没有庭前法官和庭审法官的分离与法官和陪审团的分权，会造成非法获取的口供从大门排除又从窗户跳进，而“口供排除”和“宣读口供”的两阶段在质证上

---

〔1〕［美］罗纳德·J. 艾伦：“美国证据排除规则”，郑飞、王磊译，张保生校，载《证据科学》2012年第1期。

〔2〕陈卫东等：“‘两个证据规定’实施情况调研报告——侧重于三项规定的研究”，载《证据科学》2012年第1期。

〔3〕万毅等：“‘两个证据规定’运行情况实证调研——以S省G市地区法院为考察对象”，载《证据科学》2012年第4期。

“叠床架屋”，更有为普遍采纳审判前供述这一传闻证据“背书”的反其道而行之趋势。另一方面，控辩不平等导致庭审最终落入长于法律辩论而轻视事实调查的旧习，法官也陷入积极调查还是消极听审的内在职责冲突。[1]有学者从侦查入手，将非法证据排除作为程序性制裁的一种手段来审视其难题。在目前机制下，由于我国违法侦查的发现几率极低、无法定罪的成本极小和次级制裁机制的乏力，程序性制裁根本无法成为依法取证的“激励机制”。因此，要使程序性制裁发挥威慑作用，必须建立有效的违法侦查行为发现机制，把非法证据排除真正转变为违法侦查的成本，并使法院真正具备作出无罪判决的能力。[2]⑤非法证据排除制度的构建。有学者提出，要把“不得强迫自证其罪”与非法证据排除规则的适用连接起来。前者是“尊重和保障人权”的体现，后者是落实不强迫自证其罪的具体措施，通过约束侦查部门取证行为对侵犯个人权利提供了补救措施。[3]有学者认为，目前确立的非法证据排除规则具有不彻底性（模糊了对威胁、引诱和欺骗取得口供的排除态度），离自白任意性的理想还很遥远。自白任意性被忽视，主要归因于过分倚重口供的司法惯性，作为自白任意性法理基础的正当程序观念没有得到普遍认同。自白的证据能力若不以任意性为条件，冤错案件的病灶就不能祛除。认同自白任意性规则的法律价值，不仅能为发现案件真实提供保障，更是保障刑事司法最终摆脱纠问式特征之所必需。[4]

（七）关于证明责任与证明标准

关于证明责任的研究涉及以下问题：①证明责任的基本理论。艾伦从五个方面探讨了证明责任的基本理论。第一，分析证明责任的五个前提：一是证明责任乃诉讼理论的组成部分；二是诉讼理论本身又是政府理论的组成部分；三是政府理论千差万别；四是争端解决涉及事实认定，以何种最有效和高效的方式获得真相以及当查明真相与其他社会福祉竞争时如何进行价值排

---

〔1〕 陆而启：“从纸上谈兵到水滴石穿——非法口供排除程序的构造反思”，载《证据科学》2012年第2期。

〔2〕 李昌盛：“违法侦查行为的程序性制裁效果研究——以非法口供排除规则为中心”，载《现代法学》2012年第3期。

〔3〕 参见龙宗智：“进步及其局限——由证据制度调整的观察”，载《政法论坛》2012年第5期。另参见杨宇冠：“《刑事诉讼法》修改凸显人权保障——论不得强迫自证有罪和非法证据排除条款”，载《法学杂志》2012年第5期。

〔4〕 张建伟：“自白任意性规则的法律价值”，载《法学研究》2012年第6期。

序等，在这些问题上学术界存在分歧；五是陪审团成员等外行事实认定者，也影响诉讼程序的构建方式。第二，可强加给诉讼当事人且构建了诉讼的三种责任：一是当事人可被要求提出争点，即提出诉讼主张的责任；二是就争点提出证据，即举证责任；三是承担对该争点的说服责任。第三，司法认知提供了一种简化和减少审判成本的方法，但它完全取决于说服责任。第四，司法证明建构于以下五种方式：一是案件裁决规则的创设；二是提出诉讼主张责任的分配；三是举证责任的分配；四是说服责任的分配；五是对推断关键事实之证据分量的影响。其中每一种都基于各种政策理由：施加责任，是为了促进审判或信息发现；裁决规则的创制，是为了促进结果符合政策选择；而赋予证据不同分量，是为了促进得出准确的推论。第五，司法证明的性质从根本上说不是概率性的，而是解释性的，并且是最佳解释推论的一个例证。事实认定者并不受限于当事人明确作出的潜在解释，却可以建构他们自己的解释，或者以多个事实认定者审议案件的方式作出，或者作为他们得出结论的根据。〔1〕有学者认为，目前理论界认为"证明责任"与"举证责任"两者含义基本相同且可以通用、互换，但实际上，两者的内涵并非等同，不能简单地将两者作为相同概念混用。有必要通过对证明责任及其相关概念争议的分析，探究证明责任的具体含义，并反思我国民事证明标准的界定。〔2〕②民事诉讼中的证明责任。有学者认为，我国在强调当事人的举证责任的同时没有赋予当事人充分的调查取证手段，因此，法官为追求个案的实体公正和办案的社会效果就会想办法避开证明责任机制而采取测谎的方式来解决实际问题。尽管赞同在民事诉讼中启动测谎并将测谎结论作为定案参考的观点逐渐占上风，但有必要限制测谎启动的条件。〔3〕有学者认为，《侵权责任法》将医疗责任因果关系的证明责任置于相对弱势的患者一方，难言公平合理。医疗过错责任中因果关系的认定应广泛采取法医学因果关系理论，其中的推定过错责任，应实行因果关系法律推定。医疗产品责任、医院内感染、疫苗接种致害责任等无过错医疗责任也应实行因果关系法律推定。同时，司法解释

---

〔1〕 参见［美］罗纳德·J. 艾伦："证明责任"，蒋雨佳、强卉、张姝丽译，张保生校，载《证据科学》2012年第5期。

〔2〕 参见张家骥："对证明责任和证明标准的理论反思"，载《法制与社会发展》2012年第2期。

〔3〕 参见罗飞云："论民事诉讼中的测谎"，载《当代法学》2012年第4期。

应当授权法官在特殊场合下进行因果关系的事实推定。[1]也有学者认为，《侵权责任法》纠正了医疗损害赔偿纠纷早期立法中的证明责任倒置规则，根据各种情形，将证明责任分配规则具体化，较好地分配了医疗风险，平衡了医患双方的诉讼负担。[2]③刑事诉讼的证明责任。有学者认为，供述排除规则是非法证据排除规则中最重要的组成部分，而目前的规定缺乏可操作性，未来的供述排除规则的建构，被告人审判前供述的合法性证明责任应当由控方承担。[3]有学者认为，刑事诉讼中一般由控诉方承担证明责任，但对于量刑事实、非法证据排除、程序性事实、积极抗辩的事实和证明责任倒置的事实由辩护方证明。辩护方特定情形承担证明责任，没有违反无罪推定原则和不被强迫自证其罪规则。要防止辩护人承担证明责任的两种误区，完善我国的证明责任分配制度和程序性辩护制度。[4]

关于证明标准的研究，主要包括以下内容：①刑事诉讼证明标准。龙宗智教授认为，中国刑事诉讼现行证明标准有五个特点。“排除合理怀疑”与“证据确实充分”在证明程度上既有一致性，也有区别，证据确实充分是排除合理怀疑的充分条件，排除合理怀疑是证据确实充分的必要条件。应当在中国刑事诉讼中建立运用“排除合理怀疑”标准的保障制度。[5]何家弘教授认为，需要明确认定错判的证明标准。考察美、英、德错判证明标准实例可以看到，在认定错判时都不适用刑事诉讼认定被告人有罪的证明标准，而是都低于认定有罪的证明标准。应该重新阐释中国刑事诉讼错判的证明标准，区分启动再审的证明标准、认定错判的证明标准和决定国家赔偿的证明标准。[6]陈瑞华教授认为，我国证据相互印证规则主要在三个领域发挥作用：一是用来确定自相矛盾的言词证据的证明力，二是用来审查案件是否达到法定证明标准，三是用来判断被告人供述是否得到补强。[7]中国证据立法遵循了一种以限制证据的证明力为核心的基本理念，即“新法定证据主义”理念。

---

〔1〕 参见叶名怡：“医疗侵权责任中因果关系的认定”，载《中外法学》2012年第1期。

〔2〕 参见彭浩晟：“医疗损害证明责任分配规则研究”，载《证据科学》2012年第3期。

〔3〕 参见梁欣：“论我国的供述排除规则及其程序配置”，载《证据科学》2012年第1期。

〔4〕 参见房保国：“论辩护方的证明责任”，载《政法论坛》2012年第6期。

〔5〕 参见龙宗智：“中国法语境中的‘排除合理怀疑’”，载《中外法学》2012年第6期。

〔6〕 参见何家弘：“刑事错判证明标准的名案解析”，载《中国法学》2012年第1期。

〔7〕 参见陈瑞华：“论证据相互印证规则”，载《法商研究》2012年第1期。

证据法不仅对单个证据的证明力大小强弱确立了一些限制性规则，而且对认定案件事实确立了一些客观化证明标准。要推动中国证据立法健康发展，需要对“新法定证据主义”及其影响下的证据立法进行理论清理，并创造条件消除促成这一证据理念产生的制度土壤和文化环境。[1]有学者认为，现行逮捕证明标准存在诸多不足，改进办法是把刑法规定的犯罪分为可捕罪与一般犯罪，可捕罪逮捕证明标准为“合理相信”，指有充足证据使人合理相信犯罪嫌疑人涉嫌应捕罪；一般犯罪的逮捕证明标准为“犯罪暂时真实”，且能绝对优势证明可能判处有期徒刑以上刑罚并有逮捕必要。[2]有学者认为，在我国强制医疗程序中的“社会危险性”，应包括“严重的再犯行为”与“极高的再犯可能性”两个要件。在强制治疗的入院、补充原则的适用以及强制治疗解除的证明上，我国应适用“存疑有利于被告”原则与“清楚和有说服力的证明标准”。[3]②民事诉讼证明标准。有学者认为，从最佳威慑与彻底威慑的角度看，惩罚性赔偿实质上处于民事责任与刑罚之间，甚至有时与罚金刑无异，故需要提高对被告人的程序保护，其证明标准应当具有中间性，适用明确而令人信服的证明标准。从诉求正确的可能性、举证成本、风险收益的角度看，反映行为人主观过错程度的侵权行为的异常性的证明负担应当分配给原告。[4]有学者认为，目前民事诉讼法对防止公民“被精神病”设立的保障措施并不充分。为防止该现象发生，认定公民无或限制民事行为能力的程序应实行排除合理怀疑标准。[5]③行政诉讼证明标准。有学者讨论了政府信息披露诉讼中的证明标准。政府信息不存在是指，政府信息自始至终不曾产生，行政机关在诉讼中应当提供进行过合理检索的证据，法院应当在综合考量行政机关工作人员的工作态度、检索载体和检索方法的基础上判断行政机关是否尽到了合理检索义务。[6]有学者认为，我国税务稽查无证明标准，直接导

---

〔1〕参见陈瑞华：“以限制证据证明力为核心的新法定证据主义”，载《法学研究》2012年第6期。

〔2〕参见胡之芳、郑国强：“论逮捕证明标准”，载《湖南科技大学学报》（社会科学版）2012年第3期。

〔3〕参见倪润：“强制医疗程序中‘社会危险性’评价机制之细化”，载《法学》2012年第11期。

〔4〕参见杨春然：“论惩罚性赔偿的证明标准”，载《证据科学》2012年第4期。

〔5〕参见张学军：“‘被精神病’民事诉讼程序保障研究”，载《社会科学战线》2012年第9期。

〔6〕参见殷勇：“‘政府信息不存在’情形下的司法审查”，载《法学》2012年第1期。

致了执法尺度不一。应当确定以明显优势证明标准作为税务稽查的基本证明标准，以优势证明标准和严格证明标准为补充。[1]④国际法领域的证明标准。有学者认为，对于贿赂行为的证明标准，国际投资仲裁庭的倾向是从回避到明确借鉴传统商事仲裁中的“更高证明标准”，但其法律依据不足。中国应当在BIT中将贿赂作为不可仲裁的投资争端事项之一加以规定，或者明确规定应采纳的证明标准。如果中国作为被申请方参加国际投资仲裁程序，应该主动与仲裁庭讨论关于贿赂的证明标准问题，以争取有利条件。[2]

（八）关于法院取证与证据保全

关于法院取证，有学者认为，法官庭外调查不是证明责任的承担。证明责任始终是与诉讼主张和诉讼风险相连的，法院作为中立的裁判者，没有自己的诉讼主张，也不承担败诉的风险。法官进行庭外调查核实证据，是因其审判义务而负担的一种查证责任。通过庭外的亲自调查活动，对控辩双方向法庭出示的证据材料进行核实、取舍的权责。赋予法官庭外调查的权力是为了保证审判权正确行使，使审判职能得到真正发挥。当控辩双方证据存疑、事实难以认定时，法官庭外调查核实证据，可以避免错判，也可以避免过于依赖控辩双方的证据和辩论技巧，使裁判达到实体公正，促进诉讼效率。[3]有学者论述了法官庭外调查权的规制。法官庭外调查的指导原则：一是法官中立原则，二是已穷尽庭内调查手段原则，三是有利于被告人原则。法官通过庭外调查的取得的证据必须经过当庭质证认证、核实后才能作为定案的根据。如果是辩方申请而启动的庭外调查，则可由法官在调取后交由辩方出示，然后按照一般质证程序对该证据展开质证；如果是由法官主动启动的庭外调查，则由法官对证据进行出示。法官庭外调查取证时通知控辩双方到场，如果法院没有通知控辩双方就进行庭外调查取证的，其取得的证据适用证据排除规则，不能作为定案的依据。[4]

---

〔1〕 参见饶立新、饶凌乔：“税务稽查证据证明标准初论”，载《税务研究》2012年第7期。

〔2〕 参见王海浪：“论国际投资仲裁中贿赂行为的证明标准”，载《法律科学（西北政法大学学报）》2012年第1期。

〔3〕 张旭梅、荣国华、陈绪强：“论我国刑事诉讼中的法官庭外调查权”，载《东南大学学报》（哲学社会科学版）2012年第14卷增刊。

〔4〕 熊裴彦、林忠明：“论刑事诉讼中的法官庭外调查权：基于实证研究的讨论”，载万鄂湘主编：《建设公平正义社会与刑事法律适用问题研究——全国法院第24届学术讨论会获奖论文集（上册）》，人民法院出版社2012年版，第690～693页。

关于证据保全，有学者认为，我国应当增设刑事证据保全制度，包括：明确规定检察院为证据保全申请的批准机关；申请证据保全的主体，除辩护律师外，犯罪嫌疑人、被告人、其他辩护人、被害人及其诉讼代理人也属于证据保全申请权的主体；申请证据保全的两个基本条件是相关性和紧迫性；实施证据保全的措施；证据保全申请人的救济权等。[1]有论者提出了完善民事证据保全制度的建议：一是适当扩大证据保全的主体，把公证机构规定为证据保全的主体；二是完善证据保全的程序。[2]有人就如何完善知识产权证据保全制度提出了建议。[3]

（九）关于质证和认证

陈瑞华教授研究证据印证规则认为，其主要在三个领域发挥作用：一是用来确定自相矛盾的言词证据的证明力，二是用来审查案件是否达到法定证明标准，三是用来判断被告人供述是否得到补强。证据相互印证规则强调无论是证据事实还是案件事实，都要根据两个以上具有独立信息源的证据加以认定，注重证据信息的相互验证，避免仅凭孤证定案，这有利于防止伪证、避免冤假错案的发生。然而，在目前以案卷为中心的裁判方式下，证据相互印证规则的适用也会带来一些负面效果。[4]我们认为，上述论述符合我国司法证明的实际情况，但印证规则在实施中还需要一些配套措施。首先，要贯彻直接言词审理原则，如果证人不出庭作证，法庭审理充斥各种笔录和书面证言，印证只能流于形式，难以发现存在的问题。其次，需要有效的法庭对质，被告人充分行使了对质权，才能有效发现笔录证据中可能存在的问题，从而帮助法官去伪存真。最后，法官的推理是影响事实认定准确性的一个重要因素。“一个将证据和某个主张或待证事实联系起来的论证，包括揭示我们认为潜伏于证据和寻求证明的主张之间的所有可疑的或不确定的来源。每一个可疑来源都代表推理链条中的一个环节，我们用这个推理链条建立起证据与我们正试图从中证明的东西之间的联系。”[5]

---

〔1〕参见张泽涛：“我国刑诉法应增设证据保全制度”，载《法学研究》2012年第3期。

〔2〕刘国庆：“试论证据保全制度的完善”，载《天津政法报》2012年4月10日，第3版。

〔3〕梁洁：“知识产权诉讼证据特殊性对证据保全制度的影响”，载《前沿》2012年第24期。

〔4〕参见陈瑞华：“论证据相互印证规则”，载《法商研究》2012年第1期。

〔5〕［美］特伦斯·安德森、戴维·舒姆、［英］威廉·特文宁：《证据分析》（第2版），张保生、朱婷、张月波译，中国人民大学出版社2012年版，第336页。

关于科学证据的认证，张中和石美森“论科学证据的证明力”一文认为，科学的不确定性，决定了科学证据的不可靠性及其证明力的可质疑性。科学技术的“科学性”、检验过程和条件、科学家的知识水平及职业操守等对科学证据的证明力均有重要影响。有人提出组建科学法庭来解决专家争斗和科学研究内在不确定性的问题，这是徒劳的。只要法官或者陪审员能够正确对待科学证据，充分利用常识和经验，就能够对科学证据的有效性作出准确判断。该文运用认知心理学等交叉学科知识研究认证问题，提供了一个新的视角和方法。[1]在认证过程中，还有一点也很重要，即事实认定者不是被动地接受科学证据的知识，对抗双方的证明与事实认定者的推论会形成一种互动关系，互动各方都在努力影响对方的同时自觉不自觉地接受对方推论的影响，事实的最终认定则产生于这种相互作用的合力。[2]有学者研究了实物证据的审查判断及排除问题，认为应主要从其真实性、证据来源、保管和鉴定过程、与案件事实的关联性、是否全面等方面进行。[3]我们赞同用动态的眼光看待证据。物证、书证在收集、保管及鉴定过程中可能会受到破坏或者改变。一是侦查人员的收集过程，可能会污染特定证据或改变其外表形态；二是证据在保管过程中，可能会因保管条件不善或者环境条件发生变化而改变，疏于保管也会使一些检材样本遭到破坏；三是在将检材等物证提交鉴定时，鉴定机构不规范的管理也会使证据的形态或属性发生改变，导致鉴定结论失真。因此，法庭上对于物证、书证等实物证据的审查，必须重视证据的动态变化。控辩双方在法庭上提供物证、书证来证明自己的主张，都必须首先辨认该物证的同一性、该书证的真实性，形成封闭的保管链条。

（十）关于推定

有研究者从犯罪构成要件证明困难的角度讨论刑事推定问题，对法律推定与刑事证明的关系、刑事推定的理论障碍、证明困难解决体系视野下的刑事推定等问题进行描述和解释，对如何规制推定的设置和运用、犯罪构成要件证明困难的解决方式等实践和理论难题进行讨论和回应。[4]有学者认为，

---

〔1〕 参见张中、石美森：“论科学证据的证明力”，载《证据科学》2012年第1期。

〔2〕 参见张保生主编：《证据法学》，中国政法大学出版社2009年版，第97～99页。

〔3〕 参见罗智勇、冯黔刚：“刑事审判中实物证据的审查判断及排除”，载《证据科学》2012年第2期。

〔4〕 参见褚福民：《刑事推定的基本理论》，中国人民大学出版社2012年版。

推定是事实裁判者从基础事实和辅助条件出发，借助推理的形式，对案件事实进行盖然性选择或假定的认定事实的方法；推定的效力不是转移证明责任，而是将具有可能性、假定性的情况认定为案件事实。[1]有研究者提出，推定和证明同为刑事诉讼中的事实认定方式，二者的区别仅在于所要求达到的标准不同。[2]我们认为，将推定与证明的差别仅仅理解为证明标准不同有失偏颇。毕竟，推定与证明是认定案件事实的两种方式。[3]另外，有学者研究了香港特别行政区基本法的合宪性推定问题。[4]有研究者结合香港“郑家纯等诉立法会”案判决，研究了香港特别行政区个案的合宪性推定问题。[5]有学者对合宪性审查的渊源进行了宗教学研究。[6]

五、诉讼法修改对司法鉴定的影响

本年度，我国司法鉴定机构与鉴定人数量与上年持平，办案数量达到150万件，比上年增加10.2%。司法鉴定人年均检案量27.8件，鉴定质量不断提高。但不同鉴定类别的检案数量不均衡，如全国法医临床类检案总数为91万件，每个法医临床鉴定机构平均478.9件，每个法医临床鉴定人平均49.6件；相比之下，司法会计鉴定检案1.68万件，每个鉴定机构平均13.4件，每个司法鉴定人仅2件。

2012年《刑事诉讼法》和《民事诉讼法》有关司法鉴定的规定，产生了一些重要影响，同时也存在着一些无法回避的问题：第一，随着“鉴定结论”修改为“鉴定意见”，以及鉴定人出庭作证和专家辅助人制度的确立，司法鉴定人出庭并接受同行质疑成为常态，因此，司法鉴定群体的风险意识不断增强，学习诉讼法和证据法、模拟出庭训练等在司法鉴定行业蔚然成风。第二，在学习新诉讼法的过程中，司法鉴定人对有关立法条文也提出了一些问题。例如，《刑事诉讼法》第254条第4款关于保外就医鉴定规定不够严谨。该款规定：“对罪犯确有严重疾病，必须保外就医的，由省级人民政府指定的医院

〔1〕参见焦鹏：《诉讼证明中的推定研究》，法律出版社2012年版。

〔2〕参见陈少林：“推定的运用与刑事证明方式”，载《法学评论》2012年第3期。

〔3〕具体论述可参见褚福民：“事实推定的客观存在及其正当性质疑”，载《中外法学》2010年第5期。

〔4〕参见叶海波：“特别行政区基本法的合宪性推定”，载《清华法学》2012年第5期。

〔5〕参见王书成：“从合宪性推定到权力谦抑主义”，载《法学家》2012年第1期。

〔6〕参见侣化强：“合宪性推定与违宪审查的神学起源——以15至18世纪基督教良心的双重义务为视角”，载《清华法学》2012年第3期。

诊断并开具证明文件。”这里仍然保留了“政府指定的医院”，并将罪犯是否确有严重疾病的分析判断界定为“诊断”。又如，强制医疗程序中的“法定程序鉴定”语焉不详。第284条规定：“实施暴力行为，危害公共安全或者严重危害公民人身安全，经法定程序鉴定依法不负刑事责任的精神病人，有继续危害社会可能的，可以予以强制医疗。”但何为“法定程序鉴定”？对此，最高人民法院《关于执行〈中华人民共和国刑事诉讼法〉若干问题的解释》第532条规定：“第一审人民法院在审理案件过程中发现被告人可能符合强制医疗条件的，应当依照法定程序对被告人进行法医精神病鉴定。经鉴定，被告人属于依法不负刑事责任的精神病人的，应当适用强制医疗程序，对案件进行审理。开庭审理前款规定的案件，应当先由合议庭组成人员宣读对被告人的法医精神病鉴定意见，……”但最高人民检察院、公安部的相关司法解释对此却未作任何“修补”，司法实务中可能会引起适用法律的冲突。再如，最高人民法院《关于执行〈中华人民共和国刑事诉讼法〉若干问题的解释》第376条第4项规定，原判决、裁定所依据的鉴定意见，勘验、检查等笔录或者其他证据被改变或者否定，应当认定为《刑事诉讼法》第242条第1项规定的“新的证据”。然而，“改变或者否定”原鉴定意见等的鉴定程序如何启动？由当事人自行委托还是由法院委托？是否必须委托原鉴定机构？刑事案件大量检材均保留在侦查机关鉴定机构，如果委托社会鉴定机构，如何获取这些鉴定材料？

六、法庭科学研究整体平淡

（一）关于法医学

在法医病理学领域，关于外伤性脑损伤（TBI）研究，以往大多依赖大鼠等动物实验，王起等[1]收集174例法医解剖案例TBI标本进行研究，以伤后存活时间和大脑压迫征象（海马钩回疝和Duret继发性脑干出血）为分组条件，以原发性损伤灶远端的顶叶皮质、白质和海马为研究部位，以星形胶质细胞标志物神经胶质酸性蛋白（GFAP）、神经胶质基本成纤维细胞生长因子（bFGF）以及神经元凋亡早期标志物单链DNA（ssDNA）为研究指标，进行

〔1〕 Wang Q. et al., “Quantitative Immunohistochemical Analysis of Human Brain Basic Fibroblast Growth Factor, Glial Fibrillary Acidic Protein and Single – Stranded DNA Expressions Following Taumatic Brain Injury”, *Forensic Sci Int*, (1 ~3) (2012).

免疫组织化学染色，结果发现，星形胶质细胞中bFGF、GFAP和神经元中ss-DNA表达随存活时间规律性改变，并且与海马钩回疝和继发性脑干出血有关。上述三种指标联合引用，有利于评价大脑损伤严重程度和全脑损伤不同机制。李冬日等〔1〕同样对人体脑损伤远端白质和海马CA4区标本进行免疫组织化学染色实验，在脑损伤亚急性期（存活时间6h～3d）和迟发性期无合并症（存活时间>3d）死亡的标本中GFAP和S100阳性星形胶质细胞数量减少，而在迟发性期伴有致命性合并症死亡的标本区中星形胶质细胞的数量明显增加，该细胞数量的变化可能有助于解释脑损伤死亡的原因和过程。

在法医临床学领域，刘子龙等〔2〕根据ERP理论和韦氏智力量表内容建立数字计算ERP范式，探讨正常人与重型颅脑损伤患者数字计算ERP特征及与智商的相关性。刘会等〔3〕阐述固视性质在视力评估中的应用，为法医学视功能评估提供了参考。在此基础上，项剑等〔4〕应用多焦视诱发电位进行视野客观评定，并进行了案例报道。

在司法精神病学领域，郭华〔5〕从分析司法实践中精神病司法鉴定争议较大的20个案例出发，发现当前精神病司法鉴定的启动存在七个问题；郭志媛〔6〕就我国刑事案件精神病鉴定的启动与实施情况等问题，在全国7省共13个市进行了实证调研。章雪利等〔7〕引入、修订了由Wong与Gordon编制的具有评估暴力危险、识别治疗靶目标及评估危险变化功能的暴力危险量表（VRS），并对修订后的暴力危险量表中文版（VRS－C）作了信度检验。曾德志等〔8〕探讨了IQ损伤值评估在智力损伤鉴定中的应用价值。通过对266例智力损伤鉴定资料进行回顾性分析，采用“事前智力水平的估计方法”评估

---

〔1〕 Li DR. et al.，“Quantitative Analysis of GFAP－ and S100 Protein－Immunopositive Astrocytes to Investigate the Severity of Traumatic Brain Injury”，*Leg Med*（*Tokyo*），2（2012）.

〔2〕 刘子龙等：“重型颅脑损伤数字计算ERP特征及与智商的相关性”，载《中国法医学杂志》2012年第6期。

〔3〕 刘会等：“固视性质分析在视力客观评估中的法医学价值”，载《中国法医学杂志》2012年第5期。

〔4〕 项剑等：“应用多焦视诱发电位进行视野客观评定1例”，载《法医学杂志》2012年第3期。

〔5〕 郭华：“精神病司法鉴定若干法律问题研究”，载《法学家》2012年第2期。

〔6〕 郭志媛：“刑事诉讼中精神病鉴定的程序保障实证调研报告”，载《证据科学》2012年第6期。

〔7〕 章雪利等：“暴力危险量表中文版的信度”，载《法医学杂志》2012年第1期。

〔8〕 曾德志等：“IQ损伤值在智力损伤鉴定中的应用价值”，载《中国法医学杂志》2012年第1期。

伤前IQ，按IQ损伤值（伤前与伤后IQ的差值）对智力损伤进行了评定。

法医物证鉴定领域，在遗传标记检测手段上，几个STR复合扩增试剂盒，如Goldeneye™ 20A〔1〕、DNA Typer™15 plus〔2〕的成功研制和产业化，为我国法医DNA分析、数据库建设提供了工具。非CODIS系统STR试剂的研制〔3〕有所进展，性染色体STR遗传标记的发掘和复合扩增体系建立也有长足的进步〔4〕。对这些遗传标记的研究和应用，可以弥补STR检测平台的不足，也为亲缘关系鉴定提供了更多的有效检测手段。

（二）关于物证技术学

在文件检验学领域，方邡〔5〕认为，签名笔迹与字数较多的一般笔迹检验方法完全不同。对签名笔迹，应当少受文字外形影响，注意力不该停留在签名字迹的外形上，而应全力挖掘笔迹的内在和细节特征。李江春等〔6〕通过对签字笔和圆珠笔书写出现的笔痕特征进行观察，以点痕、划痕两大类特征为主要研究对象进行测量和统计分析，统计了同一人使用签字笔和圆珠笔书写时笔痕特征的表现情况。

在微量物证领域，蔡植海等〔7〕使用红外光谱和扫描电子显微镜/能谱技术，对油漆中的主要成膜物质和次要成膜物质进行了分析检验，旨在从有机

---

〔1〕参见李秋阳等："Goldeneye™ 20A－M试剂盒在数据库建设中的应用"，载《中国法医学杂志》2012年第4期。另参见王洁等："国产试剂盒Goldeneye™ 20A在亲权鉴定中的应用评估"，载《中国法医学杂志》2012年第3期。

〔2〕白雪等："DNA Typer™15 plus直扩试剂盒在DNA数据库建设中的应用"，载《中国法医学杂志》2012年第5期。

〔3〕See Hwa HL. et al, "Fifteen Non－CODIS Autosomal Short Tandem Repeat Loci Multiplex Data from Nine Population Groups Living in Taiwan", *Int J Legal Med.*, 2012 Jul, 126（4）：671－675. 另参见袁丽等："10个STR基因座荧光复合扩增体系的研制"，载《中国法医学杂志》2012年第3期。

〔4〕参见彭冬铂等："人类Y染色体36个新STR位点的筛选与鉴定"，载《遗传》2012年第11期。Also see Zhang GQ. et al, "Structure and Polymorphism of 16 Novel Y－STRs in Chinese Han Population", *Genet Mol Res*, 2012 Dec 19, 11（4）：4487－4500. 另参见李莉等："X染色体上16个STR基因座的分型检测和多态性分析"，载《法医学杂志》2012年第1期。

〔5〕方邡："论签名笔迹的检验方法"，载《第八届全国文件检验学术交流会论文集》，中国人民公安大学出版社2012年版。

〔6〕李江春等："签字笔与圆珠笔笔痕特征的比较研究"，载《第八届全国文件检验学术交流会论文集》，中国人民公安大学出版社2012年版。

〔7〕参见蔡植海等："显微红外光谱法和扫描电镜/能谱法检验汽车油漆物证"，载《广东公安科技》2012年第3期。另参见王小波等："利用红外光谱和电子扫描显微镜/能谱仪技术分析案件现场遗留的油漆物证"，载《广东公安科技》2012年第2期。

成分和无机成分两个角度对油漆物证进行全面审视。史晓凡等[1]、龚利斌等[2]分别使用高效液相色谱法，对涤纶纤维上使用的黄色分散染料和红色分散染料进行了分析检验，优化了分析条件并确认了方法的可靠性。

在指纹检验方面，罗亚平等[3]通过深入研究显现原理，考察各组分作用入手，研制出适合我国且效果稳定的物理显影液试剂配方，可提高犯罪现场潜在手印的显出率及显现质量。杨瑞琴等[4]根据文献报道，以Se粉、Na_2SO_3、$Zn(NO_3)_2 \cdot 6H_2O$、$Cd(NO_3)_2 \cdot 2H_2O$为原料，采用巯基丙酸为表面修饰剂，优化了合成条件，制得了未团聚且分散均匀的$Zn_{0.77}Cd_{0.23}Se$量子点溶液并用于手印显现。

声像资料鉴定领域，对于数字图像拼接篡改的情况，孙鹏等[5]提出了一种基于色温估计的鉴定方法。

张保生 常林

2014年2月15日

---

〔1〕 史晓凡、许英健、李洪亮："涤纶纤维上分散染料的液-质分析"，载《刑事技术》2012年第1期。

〔2〕 龚利斌等："高效液相色谱法分析涤纶纺织纤维中分散红染料"，载《警察技术》2012年第2期。

〔3〕 罗亚平、赵雅彬："物理显影液显现潜在手印机理再分析"，载《中国人民公安大学学报》（自然科学版）2012年第3期。

〔4〕 杨瑞琴、王珂、吴明健："$Zn_{0.77}Cd_{0.23}Se$量子点溶液显现手印应用研究"，载《中国人民公安大学学报》（自然科学版）2012年第4期。

〔5〕 孙鹏等："拼接篡改图像的色温估计取证方法"，载《计算机辅助设计与图形学学报》2012年第9期。

全　称	简　称
《中华人民共和国物权法》	《物权法》
《中华人民共和国刑事诉讼法》	《刑事诉讼法》
《中华人民共和国民事诉讼法》	《民事诉讼法》
《中华人民共和国行政诉讼法》	《行政诉讼法》
《中华人民共和国精神卫生法》	《精神卫生法》
《中华人民共和国侵权责任法》	《侵权责任法》
《中华人民共和国职业病防治法》	《职业病防治法》
《中华人民共和国行政强制法》	《行政强制法》
《中华人民共和国道路交通安全法》	《道路交通安全法》
《中华人民共和国饲料和饲料添加剂管理条例》	《饲料和饲料添加剂管理条例》
最高人民法院《关于适用〈中华人民共和国刑事诉讼法〉的解释》	最高人民法院《刑诉法解释》
最高人民法院《关于适用〈中华人民共和国民事诉讼法〉若干问题的意见》	最高人民法院《适用民诉法意见》
最高人民法院、最高人民检察院、公安部、国家安全部、司法部、全国人大常委会法制工作委员会《关于实施刑事诉讼法若干问题的规定》	“两院三部”和全国人大常委会法工委《实施刑诉法规定》

续表

全 称	简 称
最高人民法院、最高人民检察院、公安部、国家安全部、司法部《关于办理死刑案件审查判断证据若干问题的规定》	“两院三部”《死刑案件证据规定》
最高人民法院、最高人民检察院、公安部、国家安全部、司法部《关于办理刑事案件排除非法证据若干问题的规定》	“两院三部”《排除非法证据规定》
最高人民法院、最高人民检察院、公安部、国家安全部、司法部《关于办理死刑案件审查判断证据若干问题的规定》和《关于办理刑事案件排除非法证据若干问题的规定》	“两院三部”2010 年“两个刑事证据规定”
最高人民法院《关于审理因垄断行为引发的民事纠纷案件应用法律若干问题的规定》	最高人民法院《审理因垄断行为引发的民事案件应用法律的规定》
最高人民法院《关于审理买卖合同纠纷案件适用法律问题的解释》	最高人民法院《审理买卖合同案件适用法律的解释》
最高人民法院《关于人民法院赔偿委员会审理国家赔偿案件程序的规定》	最高人民法院《赔偿委员会审理赔偿案件程序规定》
最高人民法院《关于人民调解协议司法确认程序的若干规定》	最高人民法院《调解协议司法确认程序规定》
最高人民法院《关于审理道路交通事故损害赔偿案件适用法律若干问题的解释》	最高人民法院《审理道路交通事故损害赔偿案件适用法律的解释》
最高人民法院《关于民事诉讼证据的若干规定》	最高人民法院《民事诉讼证据规定》
最高人民检察院《人民检察院刑事诉讼规则（试行）》	最高人民检察院《刑事诉讼规则（试行）》
最高人民检察院《人民检察院讯问职务犯罪嫌疑人实行全程同步录音录像的规定（试行）》	最高人民检察院《讯问职务犯罪嫌疑人全程同步录音录像规定》
联合国《公民权利和政治权利国际公约》	联合国《公民权利公约》
第×届全国人民代表大会第×次会议	×届全国人大×次会议
人民代表大会常务委员会	人大常委会
最高人民法院、最高人民检察院、公安部、国家安全部、司法部	“两院三部”

续表

全　　称	简　　称
××省高级人民法院	××省高院
××中级人民法院	××中院
第×审人民法院	×审法院

目 录
Contents

2012 年中国证据立法与司法进展

一、证据立法进展综述

（一）法律

1.《刑事诉讼法》

2012 年 3 月 14 日，十一届全国人大五次会议《关于修改〈中华人民共和国刑事诉讼法〉的决定》[1]，“是完善中国特色社会主义法律体系的重大举措”[2]。作为刑事诉讼制度的基础，证据制度对保证案件质量和准确定罪量刑具有关键作用，因此，本次《刑事诉讼法》修改把完善证据制度作为最重要的内容之一，主要包括：

（1）修改证据概念。2012 年《刑事诉讼法》第 48 条第 1 款将证据概念修改为：“可以用于证明案件事实的材料，都是证据。”用“材料”取代“事实”，意味着承认了证据有真假问题，有利于防止先入为主，减少“结果定格”的错误。

（2）完善证据种类。一是把物证、书证分为两个种类加以规定，从而使证据种类增加为八种，改变了 1996 年《刑事诉讼法》第 42 条把物证、书证作为一种证据种类的规定。二是把“鉴定结论”改为“鉴定意见”。该修改吸收了 2005 年全国人大常委会《关于司法鉴定管理问题的决定》和 2010 年

---

〔1〕《刑事诉讼法》于 1979 年 7 月 1 日五届全国人大二次会议通过，根据 1996 年 3 月 17 日八届全国人大四次会议《关于修改〈中华人民共和国刑事诉讼法〉的决定》第一次修正，本次修正为第二次修正。2012 年 3 月 14 日主席令第 55 号公布，自 2013 年 1 月 1 日起施行。

〔2〕王尚新、李寿伟主编：《〈关于修改刑事诉讼法的决定〉释解与适用》，人民法院出版社 2012 年版，“前言”部分第 1 页。

“两院三部”《死刑案件证据规定》中的表述。这一修改对科学证据的性质给予了更准确的定位，避免了“结论”可能产生的误导作用，打破了对科学证据的迷信。三是新增了“电子数据”证据种类。电子数据与物证、书证、视听资料等证据种类存在一定的区别，主要包括电子邮件、电子数据交换、网上聊天记录、网络博客、手机短信、电子签名、域名等形式。四是确认了“辨认、侦查实验笔录”的证据地位，将其与勘验、检查笔录规定为同一证据类型。

（3）部分确立不得强迫自证其罪的权利。2012 年《刑事诉讼法》第 50 条规定：“严禁刑讯逼供和以威胁、引诱、欺骗以及其他非法方法收集证据，不得强迫任何人证实自己有罪。”在现代法治国家，“不得自证其罪的权利”（right against self - incrimination）是刑事被告人或证人的一项重要诉讼权利，在美国则是宪法第五修正案确立的一项宪法权利。该权利保障一个人不能被政府方强迫作证，提供可能导致该人受到刑事指控的证言。它与无罪推定一起确保国家必须承担刑事指控的证明责任。该权利蕴含着沉默权（right to remain silent）。[1]因此，它有两个含义：一是不被强迫自证有罪，即犯罪嫌疑人、被告人没有义务为控诉方的有罪指控向法庭提供任何可能对自己不利的陈述和其他证据，控诉方不得采取任何非人道或有损被告人人格尊严的方法强迫其作出供述或提供证据；二是不被强迫自证无罪，被告人在诉讼中没有证明自己无罪的义务。“在诉讼中，原则上应当由控诉方提供证据来证明其所指控的犯罪事实成立，被告人在诉讼中不承担证明自己无罪的责任，既然如此，被告人也就没有义务在针对其进行的查找证据的活动中予以合作，他可以在诉讼过程中保持沉默，也可以明确表示拒绝陈述，即被告人在诉讼中享有反对强迫自证其罪的特权或者说沉默权，不得强迫被告人陈述与案情有关的事实，不能因为被告人保持沉默或拒绝陈述就认定其有罪或得出对其不利的结论。”[2]综上，第 50 条“不得强迫任何人证实自己有罪”的规定，只是部分确立了“不得强迫自证其罪”的权利，该权利的完整意义应该是：不得强迫任何人证实自己有罪或无罪，即拥有沉默权。这是中国证据法治未来发展的努力方向。

---

〔1〕 See *Black's Law Dictionary*, 8th, Thomson West, 2004, pp. 1324, 1327.

〔2〕 卞建林主编：《刑事诉讼法学》，科学出版社 2008 年版，第 72 页。

（4）完善非法证据排除制度。2012 年《刑事诉讼法》吸收了“两院三部”2010 年“两个刑事证据规定”的相关条款，对非法证据排除规则作了系统规定，主要内容包括以下七个方面：

第一，非法证据排除范围。第 54 条规定，非法证据包括非法言词证据和非法实物证据，前者有犯罪嫌疑人、被告人供述、证人证言和被害人陈述，后者指的是物证、书证。

第二，非法取证方法。第 54 条规定，非法收集犯罪嫌疑人、被告人供述的方法为“刑讯逼供等非法方法”（这里用“等”取代了 1996 年《刑事诉讼法》的“威胁、引诱、欺骗”），非法收集证人证言、被害人陈述的方法为“暴力、威胁等非法方法”，非法收集物证、书证的方法为“不符合法定程序，可能严重影响司法公正的”。

第三，非法证据排除程序。首先，对非法证据排除程序规定了两种启动方式：①第 54 条第 2 款规定，公安司法机关依职权主动开启排除程序，即“在侦查、审查起诉、审判时发现有应当排除的证据的，应当依法予以排除，不得作为起诉意见、起诉决定和判决的依据”。②第 56 条第 2 款规定，当事人及其辩护人、诉讼代理人申请排除，即“当事人及其辩护人、诉讼代理人申请人民法院对以非法方法收集的证据依法予以排除”。其次，对于非法收集证据的审理，第 56 条只规定了在法庭审理过程中应当对证据收集的合法性进行法庭调查，与“两院三部”《排除非法证据规定》第 5 条规定的“先行当庭调查”不同。

第四，非法证据排除的证明责任。①申请排除者的初步证明责任，第 56 条规定，当事人及其辩护人、诉讼代理人申请排除以非法方法收集的证据的，应当提供相关线索或者材料；②检察院的证据合法性证明责任，第 57 条明确规定，由人民检察院对证据收集的合法性加以证明。这意味着，如果检察院不能证明证据收集的合法性，将面临该证据被排除的后果。

第五，非法证据的证明标准。第 58 条确立了非法证据排除的“优势证据”标准：对于经过法庭审理，确认或者不能排除存在本法第 54 条规定的以非法方法收集证据情形的，对有关证据应当予以排除。就是说，只要“不能排除”存在着非法收集证据的可能性，换言之，只要非法取证的可能性大于不可能性，那么，有关证据就应当予以排除。这意味着，检察院对证据收集合法性的证明要达到“确信无疑”的程度，如果不能达到“确信无疑”的证明标准，便“推定”证据收集非法。这与 2010 年“两院三部”《排除非法证据规定》第 11、12

条的规定是一致的。第11条规定：“对被告人审判前供述的合法性，公诉人不提供证据加以证明，或者已提供的证据不够确实、充分的，该供述不能作为定案的根据。”第12条规定：“对于被告人及其辩护人提出的被告人审判前供述是非法取得的意见，……检察人员不提供证据加以证明，或者已提供的证据不够确实、充分的，被告人该供述不能作为定案的根据。”

第六，非法证据的排除方法。根据第54条的规定，对非法证据采取两种排除方法：①对于非法取得的言词证据，即犯罪嫌疑人、被告人供述、证人证言、被害人陈述，予以绝对排除；②对于非法取得的物证、书证，则采用相对排除的办法，即违法收集物证、书证只有达到严重影响司法公正的程度，且不能补正或者作出合理解释的，才对该证据予以排除。这里，关于“补正”的规定如果以“两院三部”《死刑案件证据规定》第9、14、21、30条以及《排除非法证据规定》第14条的规定为操作依据，那么，这5条“补正”规定便将抵消非法物证、书证排除规则的全部效力。[1]这些规定由于允许通过“补正”来事后造假和作伪证，因而违反了最佳证据规则预防欺骗性证明以及防止提出篡改过的证据的要求。

第七，人民检察院对非法证据排除的监督。第55条规定，一方面，检察院对于当事人的报案、控告、举报，或者发现侦查人员有非法收集证据的行为，应当进行调查核实；另一方面，检察院对非法取证行为享有监督权，可以通过提出违法纠正意见的方式，纠正非法取证行为，排除非法证据。

（5）规定刑讯逼供防范措施。《刑事诉讼法》一直都有严禁刑讯逼供的明确规定，但对解决这个“老大难”问题成效甚微。此次《刑事诉讼法》修改，为遏制刑讯逼供打出一套“组合拳”，除上述不得强迫自证有罪原则和完善非法证据排除规则外，还规定了两项防范措施：一是全程录音录像制度。第121条规定：“侦查人员在讯问犯罪嫌疑人的时候，可以对讯问过程进行录音或者录像；对于可能判处无期徒刑、死刑的案件或者其他重大犯罪案件，应当对讯问过程进行录音或者录像。录音或者录像应当全程进行，保持完整性。”全程录音录像使讯问过程直观暴露出来，对防范刑讯逼供有直接约束作

---

〔1〕《死刑案件证据规定》第9条第2款完全否定了第1款的法律效力，第14条完全否定了第13条的法律效力，第21条完全否定了第18、20条的法律效力，第30条第2款完全否定了第1款的效力，《排除非法证据规定》第14条完全否定了《死刑案件证据规定》第6～10条物证和书证合法性审查、第26条勘验检查笔录合法性审查、第34条“毒树之果”排除规定的法律效力。

用。同时，将侦查人员讯问活动置于阳光下，也能消除怀疑，不给恶意中伤提供机会。二是确立了证据合法性调查程序中的侦查人员或者其他人员出庭制度。第 57 条第 2 款规定：“现有证据材料不能证明证据收集的合法性的，人民检察院可以提请人民法院通知有关侦查人员或者其他人员出庭说明情况；人民法院可以通知有关侦查人员或者其他人员出庭说明情况。有关侦查人员或者其他人员也可以要求出庭说明情况。经人民法院通知，有关人员应当出庭。”该规定确立了我国刑事诉讼证据合法性调查程序中的侦查人员或者其他人员出庭制度，对于保障人权、遏制非法取证行为具有重要意义，是我国司法文明进步的一个标志。但该规定的实施涉及以下问题：一是侦查人员出庭启动程序中控辩双方的权利平等，应当进一步明确控方的证明义务和辩方的主张权利，科学配置法院和检察院的权力；二是要进一步明确侦查人员出庭的证人身份、作证义务和作证方式，加强对侦查人员的交叉询问，保障当事人与侦查人员的对质权，侦查人员须承担拒不出庭而使有关证据被排除的法律后果；三是可借鉴国外有关经验，探索建立我国证据合法性调查的“专家辅助人”制度。

(6) 完善证人出庭作证制度及其保障制度。证人出庭作证对于查明案情、核实证据、正确判决具有重要意义。[1]然而，由于各种原因，尤其是法律制度的缺失，长期以来证人出庭率一直偏低，曾一度被视为我国作证制度的三大怪现状之一。[2]为破解证人不出庭的难题，2012 年《刑事诉讼法》在以下方面完善了证人出庭作证制度：

第一，规范了证人出庭作证的条件。第 187 条第 1 款规定：“公诉人、当事人或者辩护人、诉讼代理人对证人证言有异议，且该证人证言对案件定罪量刑有重大影响，人民法院认为证人有必要出庭作证的，证人应当出庭作证。”

第二，确立了强制证人出庭制度及其例外。第 188 条规定：“经人民法院通知，证人没有正当理由不出庭作证的，人民法院可以强制其到庭，但是被告人的配偶、父母、子女除外。证人没有正当理由拒绝出庭或者出庭后拒绝

---

〔1〕 参见“两会授权发布：关于《中华人民共和国刑事诉讼法修正案（草案）》说明”，载新华网，http://news.xinhuanet.com/legal/2012-03/08/c-111624020.htm，最后访问日期：2013 年 10 月 15 日。

〔2〕 参见龙宗智：“中国作证制度之三大怪现状评析”，载陈光中主编：《诉讼法理论与实践》，人民法院出版社 2001 年版，第 378 页。

作证的，予以训诫，情节严重的，经院长批准，处以10日以下的拘留……”首先，本条规定了相应的强制性措施，即“证人没有正当理由拒绝出庭或者出庭后拒绝作证的，予以训诫，情节严重的，经院长批准，处以10日以下的拘留”。其次，特别需要指出的是，本条关于特定亲属不被强制出庭作证的规定与“亲属作证特免权”并不是一个概念，上述条款并未确立我国的亲属作证特免权，也并非是对作证特免权的认可，它只不过是规定被告人的配偶、父母、子女不被强制出庭作证，但并未免除他们的作证义务。中国作为“亲属作证特免权”的发源地，早在两汉时期就确立了“亲亲相隐”的司法制度，这一制度被西方国家学习吸纳之后，至今未能被我国《刑事诉讼法》所重新确立，不能不说是一个遗憾。

第三，完善了证人保护制度。第62条吸收了“两院三部”《死刑案件证据规定》的内容，加大了证人保护的力度。一方面规定公安司法机关负有保护证人及其近亲属人身安全的职责，同时，又规定证人享有要求公安司法机关保护其本人及其近亲属人身安全的权利；另一方面，明确规定了一些具体的事前保护措施，即对于危害国家安全犯罪、恐怖活动犯罪、黑社会性质的组织犯罪、毒品犯罪等案件的证人，根据案件需要，可以采取不公开真实姓名、住址和工作单位等个人信息，不暴露外貌、真实声音等出庭作证措施，禁止特定的人员接触证人及其近亲属，对其人身和住宅进行专门性保护等措施。这些措施将会降低报复证人的风险，但证人作证后的保护，立法还缺乏应有的具体措施。

第四，规定了证人补偿制度。第63条一方面规定了证人出庭费用的补偿范围，包括证人因履行作证义务而支出的交通、住宿、就餐等费用及误工损失；另一方面明确了证人出庭费用的资金来源，即对证人作证的补助，列入司法机关业务经费，由同级政府财政予以保障。此外，为消除证人的顾虑，该条还要求证人所在单位不得因其作证而克扣或者变相克扣其工资、奖金及其他福利待遇。

（7）强调质证是证人证言作为定案根据的必要条件。第59条规定：“证人证言必须在法庭上经过公诉人、被害人和被告人、辩护人双方质证并且查实以后，才能作为定案的根据。”本条规定用“必须……才能”的立法语言，强调了质证是证人证言被采纳为定案根据的必要条件，所以应被视为我国《刑事诉讼法》的核心条款，即对其他条款具有制约作用的上位条款。其他条款若与本条款发生冲突，应服从本条款的规定。质证包括交叉询问和对质，不仅是查明事实真相的最伟大的法律武器，[1] 而且也是法治国家被告人的一项重要诉讼权利，其中，对质是美国宪法第六修正案确立的宪法权利。目前，我国《宪法》还没有将被告人与证人对质的权利规定为一项宪法权利，2012 年《刑事诉讼法》也并没有从被告人基本诉讼权利的高度对被告人的质证权利作出明确规定，这是我国未来司法文明建设的一个努力方向。

（8）完善鉴定人出庭作证制度。鉴定人出庭作证有利于法庭审查鉴定意见的科学性、准确性和可靠性，体现了科学技术在诉讼中的应用价值。[2] 但是在司法实践中，大多数鉴定人出庭作证只是宣读书面鉴定意见。[3] 虽然 2005 年全国人大常委会《关于司法鉴定管理问题的决定》和“两院三部”《死刑案件证据规定》都明确规定了鉴定人的出庭作证义务，但实施效果并不理想。为防止“垃圾科学”误入法庭，2012 年《刑事诉讼法》对于鉴定人出庭作证制度作了进一步完善，第 187 条除重申鉴定人出庭作证义务外，还规定了鉴定意见的排除规则和强制鉴定人出庭作证及相应的制裁措施，即公诉人、当事人或辩护人、诉讼代理人对鉴定意见有异议的，或者法院认为鉴定人有必要出庭的，经法院通知，鉴定人拒不出庭作证的，鉴定意见不得作为定案的根据。

（9）明确证明责任分配原则。证明责任被称为“诉讼的脊梁”[4]，但我国《刑事诉讼法》一直没有明确规定，2012 年《刑事诉讼法》新增第 49 条专门就证明责任作出规定，即“公诉案件中被告人有罪的举证责任由公诉机关承担，自诉案件中被告人有罪的举证责任由自诉人承担。”这一规定体现了“谁主张、谁举证”的古老法则。

（10）重新界定了证明标准。在过去 10 年中，证明标准是我国诉讼和证

---

[1] 美国证据法学创始人威格莫尔教授谈到交叉询问时指出：“它取代了我们在中世纪占统治地位的刑讯制度……不容怀疑的是，它仍然是我们曾经发明的揭示事实真相之最伟大的法律引擎。”参见［美］约翰·亨利·威格莫尔：《论普通法审判中的证据制度》，转引自［美］罗纳德·J. 艾伦等：《证据法：文本、问题和案例》，张保生、王进喜、赵滢译，满运龙校，高等教育出版社 2006 年版，第 114 页，脚注 4。

[2] 郭金霞：《鉴定结论适用中的问题与对策研究》，中国政法大学出版社 2009 年版，第 262 页。

[3] 樊崇义等：《刑事诉讼法修改专题研究报告》，中国人民公安大学出版社 2004 年版，第 289 页。

[4] 卞建林主编：《刑事证明理论》，中国人民公安大学出版社 2004 年版，第 173 页。

据法学界争议最大的问题。由于《刑事诉讼法》关于“证据确实、充分”的规定过于抽象，造成了人们理解上的差异和理论上的分歧。现在第53条第2款对证明标准作了重新界定：“证据确实、充分，应当符合以下条件：①定罪量刑的事实都有证据证明；②据以定案的证据均经法定程序查证属实；③综合全案证据，对所认定事实已排除合理怀疑。”显然，本条规定的证明标准是“排除合理怀疑”或“确信无疑”。这是目前世界上几乎所有法治国家刑事诉讼通行的证明标准。

（11）关于行政执法证据与诉讼证据的衔接。第52条第2款规定：“行政机关在行政执法和查办案件过程中收集的物证、书证、视听资料、电子数据等证据材料，在刑事诉讼中可以作为证据使用。”该规定明确了行政执法证据在刑事诉讼中的法律地位，解决了侦查机关重复取证问题，也避免了重要证据材料的流失。

2.《民事诉讼法》

根据2012年8月31日十一届全国人大常委会二十八次会议《关于修改〈中华人民共和国民事诉讼法〉的决定》[1]，此次修改有关证据制度的内容主要包括：

（1）完善证据种类。第63条的修改，一是规定了“电子数据”证据种类；二是把“当事人的陈述”从过去排序第五调整到第一；三是把“鉴定结论”改为“鉴定意见”。

（2）完善举证时限制度，促使当事人积极提供证据。为了及时解决当事人之间的纠纷，提高诉讼效率，第65条规范了举证时限制度，即当事人对自己提出的主张应当及时提供证据。人民法院根据当事人的主张和案件审理情况，确定当事人应当提供的证据及其期限。当事人在该期限内提供证据确有困难的，可以向法院申请延长期限，法院根据当事人的申请适当延长。当事人逾期提供证据的，法院应当责令其说明理由；拒不说明理由或者理由不成立的，法院根据不同情形可以不予采纳该证据，或者采纳该证据但予以训诫、罚款。与最高人民法院《民事诉讼证据规定》对举证时限制度“一刀切”的

---

〔1〕《民事诉讼法》于1991年4月9日七届全国人大四次会议通过，根据2007年10月28日十届全国人大常委会三十次会议《关于修改〈中华人民共和国民事诉讼法〉的决定》第一次修正，本次修正为第二次修正。2012年8月31日主席令第59号公布，自2013年1月1日起施行。

做法相比，本条规定对当事人逾期举证的处理更为灵活，增加了更多选择性后果。

（3）明确法院接收当事人提交证据材料的手续。第 66 条规定："人民法院收到当事人提交的证据材料，应当出具收据，写明证据名称、页数、份数、原件或者复印件以及收到时间等，并由经办人员签名或者盖章。"法院对于当事人提交的证据出具收据、登记等程式化的登记制度，能够使经办人员慎重对当事人提交的证据，有助于增强经办人员的责任心。

（4）限制司法认知的范围。与 2007 年《民事诉讼法》第 67 条关于"经过法定程序公证证明的法律行为、法律事实和文书，人民法院应当作为认定事实的根据"的规定相比，此次修订，第 69 条删除了"法律行为"，这有利于减少实践中当事人通过公证干扰法院对案件事实的审判的情况。

（5）完善证人作证制度。首先，修改证人不能作证的条件。第 72 条第 2 款把证人不能作证的条件由过去的"不能正确表达意志"改为"不能正确表达意思"。其次，增加了证人出庭作证的义务以及证人不出庭的条件。第 73 条规定，经人民法院通知，证人应当出庭作证。证人可以不出庭的情形主要有：①因健康原因不能出庭的；②因路途遥远，交通不便不能出庭的；③因自然灾害等不可抗力不能出庭的；④其他有正当理由不能出庭的。对证人不出庭的，经人民法院许可，可以通过书面证言、视听传输技术或者视听资料等方式作证。最后，规定证人出庭费用由败诉方负担。第 74 条规定，证人因履行出庭作证义务而支出的交通、住宿、就餐等必要费用以及误工损失，由败诉一方当事人负担。当事人申请证人作证的，由该当事人先行垫付；当事人没有申请，人民法院通知证人作证的，由人民法院先行垫付。

（6）完善鉴定制度和鉴定人出庭制度。首先，赋予了当事人启动鉴定程序的权利。第 76 条第 1 款规定，当事人可以就查明事实的专门性问题向人民法院申请鉴定。当事人申请鉴定的，由双方当事人协商确定具备资格的鉴定人；协商不成的，由人民法院指定。其次，规定了鉴定人出庭作证义务和出庭条件，以及鉴定人不出庭的后果。第 78 条规定，当事人对鉴定意见有异议或者人民法院认为鉴定人有必要出庭的，鉴定人应当出庭作证。经人民法院通知，鉴定人拒不出庭作证的，鉴定意见不得作为认定事实的根据；支付鉴定费用的当事人可以要求返还鉴定费用。

（7）确立专家辅助人制度。第 79 条规定，当事人可以申请人民法院通知有专门知识的人出庭，就鉴定人作出的鉴定意见或者专业问题提出意见。这一规定有利于强化对鉴定意见的实质性质证，提高对科学证据的准确认证。

（8）完善证据保全制度。首先，限制申请证据保全的权利主体范围。第81条第1款把申请证据保全的主体由过去的“诉讼参加人”改为“当事人”。其次，增加了紧急情况下保全证据的规定。第81条第2款规定，因情况紧急，在证据可能灭失或者以后难以取得的情况下，利害关系人可以在提起诉讼或者申请仲裁前向证据所在地、被申请人住所地或者对案件有管辖权的人民法院申请保全证据。证据保全的其他程序，参照财产保全的规定。

3.《律师法》

2012年10月26日十一届全国人大常委会二十九次会议通过了《关于修改〈中华人民共和国律师法〉的决定》[1]，有关证据制度的内容主要包括：

（1）关于辩护律师调查取证的规定。将第34条修改为：“律师担任辩护人的，自人民检察院对案件审查起诉之日起，有权查阅、摘抄、复制本案的案卷材料。”与旧法相比，将原来的“自案件被人民法院受理之日起”提前到“自人民检察院对案件审查起诉之日起”，这一修改主要是因为《刑事诉讼法》在案卷移送规定上已发生变化，即由起诉时移送“主要证据复印件和照片”，回归到1996年《刑事诉讼法》修改前的“案卷材料和证据”。因为辩护律师到法院查阅案卷的范围与在审查起诉阶段没什么实质性差别了，故删除了上述规定，并简化了法条。

（2）关于律师—委托人作证特免权。严格地讲，我国2012年《律师法》并未明确规定律师—委托人作证特免权，但第38条第2款的律师保密条款体现了这一作证特免权的精神。与2007年《律师法》相比，本款在规定律师保密例外情形时删去了“财产安全”，即按照新法，律师对在执业活动中知悉的委托人或者其他人准备或者正在实施严重危害他人财产安全的犯罪事实和信息，也应当保密。

4.《精神卫生法》

2012年10月26日十一届全国人大常委会二十九次会议通过《中华人民

---

〔1〕《律师法》于1996年5月15日八届全国人大常委会十九次会议通过，根据2001年12月29日九届全国人大常委会二十五次会议《关于修改〈中华人民共和国律师法〉的决定》第一次修正，2007年10月28日十届全国人大常委会三十次会议第二次修订，此次为第三次修正，2012年10月26日主席令第64号公布，自2013年1月1日起施行。

共和国精神卫生法》[1]，有关证据制度的内容主要包括：

（1）规定患者或者其监护人的鉴定申请权和自主委托鉴定权。按照第32条的规定，对于已经发生危害他人安全的行为，或者有危害他人安全的危险，经诊断、病情评估，被认定为患有严重精神障碍，患者或者其监护人对需要住院治疗的诊断结论有异议，不同意对患者实施住院治疗的，可以要求再次诊断和鉴定。对再次诊断结论有异议的，可以自主委托依法取得执业资质的鉴定机构进行精神障碍医学鉴定。

（2）规定了鉴定人回避制度。第33条第2款规定了鉴定人回避制度，即鉴定人本人或者其近亲属与鉴定事项有利害关系，可能影响其独立、客观、公正进行鉴定的，应当回避。

（3）规定了科学、道德、客观和公正的鉴定原则。第34条规定，鉴定机构、鉴定人应当遵守有关法律、法规、规章的规定，尊重科学，恪守职业道德，按照精神障碍鉴定的实施程序、技术方法和操作规范，依法独立进行鉴定，出具客观、公正的鉴定报告。

（4）对鉴定人的人数作出特别规定。按照第32条第3款的规定，接受委托的鉴定机构应当指定本机构具有该鉴定事项执业资格的2名以上鉴定人共同进行鉴定，并及时出具鉴定报告。

（5）对精神病鉴定程序作出规定，即鉴定人应当到收治精神障碍患者的医疗机构面见、询问患者，并规定了医疗机构的配合义务。此外，第34条第2款规定，鉴定人应当对鉴定过程进行实时记录并签名。记录的内容应当真实、客观、准确、完整，记录的文本或者声像载体应当妥善保存。

（二）司法解释

1. 2012年最高人民法院《刑诉法解释》

2012年12月20日，最高人民法院公布了《刑诉法解释》[2]，有关证据制度的内容主要包括：

（1）增加了关于证据原则的规定。充分吸收了"两院三部"《死刑案件证据规定》的相关内容，确立了以下证据原则：一是证据裁判原则。第61条

---

〔1〕 2012年10月26日主席令第62号公布，自2013年5月1日起施行。

〔2〕 2012年11月5日最高人民法院审判委员会第1559次会议通过，2012年12月20日发布（法释〔2012〕21号），自2013年1月1日施行。

规定："认定案件事实，必须以证据为根据。"按照这一原则，只有证据才是认定案件事实的唯一手段，没有证据，就不能认定犯罪事实，也就不能认定被告人有罪。二是程序法定原则。第62条规定："审判人员应当依照法定程序收集、审查、核实、认定证据。"该原则的确立，既有利于司法权的正确行使，又可有效保障当事人的合法权利。三是未经质证不得认证原则。第63条规定："证据未经当庭出示、辨认、质证等法庭调查程序查证属实，不得作为定案的根据，但法律和本解释另有规定的除外。"该原则包括两层意思：一是要求证据必须经过正式法庭调查程序予以查证；二是要求证据必须查证属实，才能作为认定案件事实的根据。这对于增强审判过程的透明度具有重要现实意义。

（2）关于证明对象的修改。按照第64条的规定，证明对象即应当运用证据证明的案件事实，主要修改包括：一是在主体方面，增加了"被害人的身份"，以及"被告人有无刑事责任能力"的规定；二是在客观方面，增加了"案件起因"的规定，同时删除了"其他情节"；三是把"被告人的责任以及与其他同案人的关系"改为"被告人在共同犯罪中的地位、作用"；四是增加了"有关附带民事诉讼、涉案财物处理的事实"的规定；五是增加了"有关管辖、回避、延期审理等的程序事实"的规定。

（3）对证明标准的适用开了"旁门"。第64条第2款规定："认定被告人有罪和对被告人从重处罚，应当适用证据确实、充分的证明标准。"按照这一规定，且抛开无罪推定问题，似乎对被告人从轻处罚就无需达到该证明标准。

（4）增加了行政执法证据的刑事证据能力的规定。第65条规定，行政机关在行政执法和查办案件过程中收集的物证、书证、视听资料、电子数据等证据材料，在刑事诉讼中可以作为证据使用；经法庭查证属实，且收集程序符合有关法律、行政法规规定的，可以作为定案的根据。根据法律、行政法规规定行使国家行政管理职权的组织，在行政执法和查办案件过程中收集的证据材料，视为行政机关收集的证据材料。这里需要指出的是，被赋予刑事证据能力的行政执法证据只限于物证、书证、视听资料、电子数据等客观性较强的证据，在行政执法和查办案件过程中收集的证人证言、当事人陈述、鉴定意见等，在刑事诉讼中仍需重新取证。

（5）规范了法院调查核实证据的权力。按照第66条的规定，法院调查核实证据的主要修改如下：一是将参与法院庭外调查核实证据的主体扩大到“自诉人及其法定代理人”。二是被通知人员不到场的，要求记录在案，以便有据可查。三是对于新证据的处理，规定法院调查核实证据时，发现对定罪量刑有重大影响的新证据材料，应当告知检察人员、辩护人、自诉人及其法定代理人。必要时，也可以直接提取，并及时通知检察人员、辩护人、自诉人及其法定代理人。四是规定了当事人及其辩护人、诉讼代理人使用新证据的权利，即可以查阅、摘抄、复制法院调查核实证据时发现的新的证据材料。

（6）增加了见证人例外情形的规定。根据第 67 条，下列人员不得担任刑事诉讼活动的见证人：①生理上、精神上有缺陷或者年幼，不具有相应辨别能力或者不能正确表达的人；②与案件有利害关系，可能影响案件公正处理的人；③行使勘验、检查、搜查、扣押等刑事诉讼职权的公安、司法机关的工作人员或者其聘用的人员。此外，还明确规定，由于客观原因无法由符合条件的人员担任见证人的，应当在笔录材料中注明情况，并对相关活动进行录像。

（7）修改了不公开审理查证的范围和规则。根据第 68 条，除了原来规定的涉及国家秘密、个人隐私的证据外，还将涉及商业秘密的证据纳入了不公开审理查证的范围。对于不能公开查证的证据，本条增加规定了新的处理方式，即有关证据确与本案有关的，可以根据具体情况，决定对相关证据的法庭调查不公开进行，而不是全部转为不公开审理。

（8）增加对物证、书证审查与认定的规定。在充分吸收“两院三部”《死刑案件证据规定》的基础上，对物证、书证的审查与认定作出以下规定：

第一，审查内容（第 69 条）。对物证、书证应当着重审查以下内容：①是否为原物、原件，是否经过辨认、鉴定；物证的照片、录像、复制品或者书证的副本、复制件是否与原物、原件相符，是否由 2 人以上制作，有无制作人关于制作过程以及原物、原件存放于何处的文字说明和签名；②收集程序、方式是否符合法律、有关规定；经勘验、检查、搜查提取、扣押的物证、书证，是否附有相关笔录、清单，笔录、清单是否经侦查人员、物品持有人、见证人签名，没有物品持有人签名的，是否注明原因；物品的名称、特征、数量、质量等是否注明清楚；③在收集、保管、鉴定过程中是否受损或者改变；④与案件事实有无关联；对现场遗留与犯罪有关的具备鉴定条件的血迹、体液、毛发、指纹等生物样本、痕迹、物品，是否已作 DNA 鉴定、指纹鉴定等，并与被告人或者被害人的相应生物检材、生物特征、物品等比对；⑤与案件事实有关联的物证、书证是否全面收集。

第二，最佳证据规则（第70～71条）。首先，据以定案的物证应当是原物。不过，原物不便搬运，不易保存，依法应当由有关部门保管、处理，或者依法应当返还的，可以拍摄、制作足以反映原物外形和特征的照片、录像、复制品；物证的照片、录像、复制品，不能反映原物的外形和特征的，不得作为定案的根据；物证的照片、录像、复制品，经与原物核对无误、经鉴定为真实或者以其他方式确认为真实的，可以作为定案的根据。其次，据以定案的书证应当是原件。不过，取得原件确有困难的，可以使用副本、复制件；书证有更改或者更改迹象不能作出合理解释，或者书证的副本、复制件不能反映原件及其内容的，不得作为定案的根据；书证的副本、复制件，经与原件核对无误、经鉴定为真实或者以其他方式确认为真实的，可以作为定案的根据。

第三，补充物证（第72条）。对与案件事实可能有关联的血迹、体液、毛发、人体组织、指纹、足迹、字迹等生物样本、痕迹和物品，应当提取而没有提取，应当检验而没有检验，导致案件事实存疑的，人民法院应当向人民检察院说明情况，由人民检察院依法补充收集、调取证据或者作出合理说明。

第四，物证、书证的排除与补正（第73条）。首先，在勘验、检查、搜查过程中提取、扣押的物证、书证，未附笔录或者清单，不能证明物证、书证来源的，不得作为定案的根据。其次，物证、书证的收集程序、方式有下列瑕疵，经补正或者作出合理解释的，可以采用：①勘验、检查、搜查、提取笔录或者扣押清单上没有侦查人员、物品持有人、见证人签名，或者对物品的名称、特征、数量、质量等注明不详的；②物证的照片、录像、复制品，书证的副本、复制件未注明与原件核对无异，无复制时间，或者无被收集、调取人签名、盖章的；③物证的照片、录像、复制品，书证的副本、复制件没有制作人关于制作过程和原物、原件存放地点的说明，或者说明中无签名的；④有其他瑕疵的。最后，对物证、书证的来源、收集程序有疑问，不能作出合理解释的，该物证、书证不得作为定案的根据。上述关于物证、书证收集程序的“补正”规定，继续重复了“两院三部”《死刑案件证据规定》的概念性错误，这些规定给侦查人员、制作人、见证人等通过“补正”程序来事后造假留下了空间，因而违反了最佳证据规则预防欺骗性证明以及防止提出篡改过的证据的要求。

（9）增加了对证人证言、被害人陈述审查的规定。主要内容包括：

第一，证人证言审查的内容（第74条）。对证人证言应当着重审查以下内容：①证言的内容是否为证人直接感知；②证人作证时的年龄，认知、记忆和表达能力，生理和精神状态是否影响作证；③证人与案件当事人、案件处理结果有无利害关系；④询问证人是否个别进行；⑤询问笔录的制作、修改是否符合法律、有关规定，是否注明询问的起止时间和地点，首次询问时是否告知证人有关作证的权利义务和法律责任，证人对询问笔录是否核对确认；⑥询问未成年证人时，是否通知其法定代理人或者有关人员到场，其法定代理人或者有关人员是否到场；⑦证人证言有无以暴力、威胁等非法方法收集的情形；⑧证言之间以及与其他证据之间能否相互印证，有无矛盾。

第二，证人证言排除规则。首先，证人意见的排除。第75条第2款规定，证人的猜测性、评论性、推断性的证言，不得作为证据使用，但根据一般生活经验判断符合事实的除外。其次，程序违法的排除。第76条规定，证人证言具有下列情形之一的，不得作为定案的根据：①询问证人没有个别进行的；②书面证言没有经证人核对确认的；③询问聋、哑人，应当提供通晓聋、哑手势的人员而未提供的；④询问不通晓当地通用语言、文字的证人，应当提供翻译人员而未提供的。最后，非经适当质证的排除，第78条第1款规定，证人当庭作出的证言，经控辩双方质证、法庭查证属实的，应当作为定案的根据。该条第3款进一步规定，经人民法院通知，证人没有正当理由拒绝出庭或者出庭后拒绝作证，法庭对其证言的真实性无法确认的，该证人证言不得作为定案的根据。

第三，证言瑕疵及其补正（第77条）。证人证言的收集程序、方式有下列瑕疵，经补正或者作出合理解释的，可以采用；不能补正或者作出合理解释的，不得作为定案的根据：①询问笔录没有填写询问人、记录人、法定代理人姓名以及询问的起止时间、地点的；②询问地点不符合规定的；③询问笔录没有记录告知证人有关作证的权利义务和法律责任的；④询问笔录反映出在同一时段，同一询问人员询问不同证人的。

第四，证人陈述前后不一致的处理。第78条第2款规定，证人当庭作出的证言与其庭前证言矛盾，证人能够作出合理解释，并有相关证据印证的，应当采信其庭审证言；不能作出合理解释，而其庭前证言有相关证据印证的，可以采信其庭前证言。

第五，关于被害人陈述的审查。第79条规定，对被害人陈述的审查参照对证人证言的有关规定执行。

（10）增加了对被告人供述和辩解的审查规定。主要内容有：

第一，审查的内容（第80条）包括：①讯问的时间、地点，讯问人的身份、人数以及讯问方式等是否符合法律、有关规定；②讯问笔录的制作、修改是否符合法律、有关规定，是否注明讯问的具体起止时间和地点，首次讯问时是否告知被告人相关权利和法律规定，被告人是否核对确认；③讯问未成年被告人时，是否通知其法定代理人或有关人员到场以及他们是否到场；④被告人的供述有无以刑讯逼供等非法方法收集的情形；⑤被告人的供述是否前后一致，有无反复以及出现反复的原因；被告人的所有供述和辩解是否均已随案移送；⑥被告人的辩解内容是否符合案情和常理，有无矛盾；⑦被告人的供述和辩解与同案被告人的供述和辩解以及其他证据能否相互印证，有无矛盾。必要时，可以调取讯问过程的录音录像、被告人进出看守所的健康检查记录、笔录，并结合起来对上述内容进行审查。

第二，供述排除规则（第81条）。被告人供述具有下列情形之一的，不得作为定案的根据：①讯问笔录没有经被告人核对确认的；②讯问聋、哑人，应当提供通晓聋、哑手势的人员而未提供的；③讯问不通晓当地通用语言、文字的被告人，应当提供翻译人员而未提供的。

第三，讯问笔录的瑕疵与补正（第82条）。讯问笔录有下列瑕疵，经补正或者作出合理解释的，可以采用；不能补正或者作出合理解释的，不得作为定案的根据：①讯问笔录填写的讯问时间、讯问人、记录人、法定代理人等有误或者存在矛盾的；②讯问人没有签名的；③首次讯问笔录没有记录告知被讯问人相关权利和法律规定的。

第四，被告人翻供的处理（第83条）。审查被告人供述和辩解，应当结合控辩双方提供的所有证据以及被告人的全部供述和辩解进行。被告人庭审中翻供，但不能合理说明翻供原因或者其辩解与全案证据矛盾，而其庭前供述与其他证据相互印证的，可以采信其庭前供述。被告人庭前供述和辩解存在反复，但庭审中供认，且与其他证据相互印证的，可以采信其庭审供述；被告人庭前供述和辩解存在反复，庭审中不供认，且无其他证据与庭前供述印证的，不得采信其庭前供述。上述关于可采信庭前供述的规定，忽视了庭审对查明供述真实性的关键作用，不仅挑战了庭审中心主义，而且可能会使庭审流于形式。

（11）增加了对鉴定意见的审查规定。主要内容有：

第一，审查的内容（第 84 条）。对鉴定意见应当着重审查以下内容：①鉴定机构和鉴定人是否具有法定资质；②鉴定人是否存在应当回避的情形；③检材的来源、取得、保管、送检是否符合法律、有关规定，与相关提取笔录、扣押物品清单等记载的内容是否相符，检材是否充足、可靠；④鉴定意见的形式要件是否完备，是否注明提起鉴定的事由、鉴定委托人、鉴定机构、鉴定要求、鉴定过程、鉴定方法、鉴定日期等相关内容，是否由鉴定机构加盖司法鉴定专用章并由鉴定人签名、盖章；⑤鉴定程序是否符合法律、有关规定；⑥鉴定的过程和方法是否符合相关专业的规范要求；⑦鉴定意见是否明确；⑧鉴定意见与案件待证事实有无关联；⑨鉴定意见与勘验、检查笔录及相关照片等其他证据是否矛盾；⑩鉴定意见是否依法及时告知相关人员，当事人对鉴定意见有无异议。

第二，鉴定意见的排除（第 85 条）。鉴定意见有下列情形之一的，不得作为定案的根据：①鉴定机构不具备法定资质，或鉴定事项超出该鉴定机构业务范围、技术条件的；②鉴定人不具备法定资质，不具有相关专业技术或者职称，或者违反回避规定的；③送检材料、样本来源不明，或者因污染不具备鉴定条件的；④鉴定对象与送检材料、样本不一致的；⑤鉴定程序违反规定的；⑥鉴定过程和方法不符合相关专业的规范要求的；⑦鉴定文书缺少签名、盖章的；⑧鉴定意见与案件待证事实没有关联的；⑨违反有关规定的其他情形。

第三，鉴定人不出庭的处理（第 86 条）。经人民法院通知，鉴定人拒不出庭作证的，鉴定意见不得作为定案的根据。鉴定人由于不能抗拒的原因或者有其他正当理由无法出庭的，人民法院可以根据情况决定延期审理或者重新鉴定。对没有正当理由拒不出庭作证的鉴定人，人民法院应当通报司法行政机关或者有关部门。

第四，检验报告及其证据效力（第 87 条）。对案件中的专门性问题需要鉴定，但没有法定司法鉴定机构，或者法律、司法解释规定可以进行检验的，可以指派、聘请有专门知识的人进行检验，检验报告可以作为定罪量刑的参考。对检验报告的审查与认定，参照适用对鉴定意见审查的有关规定。经人民法院通知，检验人拒不出庭作证的，检验报告不得作为定罪量刑的参考。

（12）增加了对勘验、检查、辨认、侦查实验等笔录审查与认定的规定。主要内容有：

第一，审查的内容（第88条）。对勘验、检查笔录应当重点审查以下内容：①勘验、检查是否依法进行，笔录的制作是否符合法律、有关规定，勘验、检查人员和见证人是否签名或者盖章；②勘验、检查笔录是否记录了提起勘验、检查的事由，勘验、检查的时间、地点，在场人员、现场方位、周围环境等，现场的物品、人身、尸体等的位置、特征等情况，以及勘验、检查、搜查的过程；文字记录与实物或者绘图、照片、录像是否相符；现场、物品、痕迹等是否伪造、有无破坏；人身特征、伤害情况、生理状态有无伪装或者变化等；③补充进行勘验、检查的，是否说明了再次勘验、检查的原由，前后勘验、检查的情况是否矛盾。

第二，勘验、检查笔录的排除（第89条）。勘验、检查笔录存在明显不符合法律、有关规定的情形，不能作出合理解释或者说明的，不得作为定案的根据。

第三，辨认笔录的审查和排除（第90条）。对辨认笔录应当着重审查辨认的过程、方法，以及辨认笔录的制作是否符合有关规定。辨认笔录具有下列情形之一的，不得作为定案的根据：①辨认不是在侦查人员主持下进行的；②辨认前使辨认人见到辨认对象的；③辨认活动没有个别进行的；④辨认对象没有混杂在具有类似特征的其他对象中，或者供辨认的对象数量不符合规定的；⑤辨认中给辨认人明显暗示或者明显有指认嫌疑的；⑥违反有关规定、不能确定辨认笔录真实性的其他情形。

第四，侦查实验笔录的审查和排除（第91条）。对侦查实验笔录应当着重审查实验的过程、方法，以及笔录的制作是否符合有关规定。侦查实验的条件与事件发生时的条件有明显差异，或者存在影响实验结论科学性的其他情形的，侦查实验笔录不得作为定案的根据。

（13）增加了对视听资料、电子数据审查的规定。主要内容有：

第一，对视听资料审查的内容（第92条）：①是否附有提取过程的说明，来源是否合法；②是否为原件，有无复制及复制份数；是复制件的，是否附有无法调取原件的原因、复制件制作过程和原件存放地点的说明，制作人、原视听资料持有人是否签名或者盖章；③制作过程中是否存在威胁、引诱当事人等违反法律、有关规定的情形；④是否写明制作人、持有人的身份，制作的时间、地点、条件和方法；⑤内容和制作过程是否真实，有无剪辑、增加、删改等情形；⑥内容与案件事实有无关联。对视听资料有疑问的，应当进行鉴定。

第二，对电子数据审查的内容（第 93 条）。对电子邮件、电子数据交换、网上聊天记录、博客、微博客、手机短信、电子签名、域名等电子数据，应当着重审查以下内容：①是否随原始存储介质移送；在原始存储介质无法封存、不便移动或者依法应当由有关部门保管、处理、返还时，提取、复制电子数据是否由 2 人以上进行，是否足以保证电子数据的完整性，有无提取、复制过程及原始存储介质存放地点的文字说明和签名；②收集程序、方式是否符合法律及有关技术规范；经勘验、检查、搜查等侦查活动收集的电子数据，是否附有笔录、清单，并经侦查人员、电子数据持有人、见证人签名；没有持有人签名的，是否注明原因；远程调取境外或者异地的电子数据的，是否注明相关情况；对电子数据的规格、类别、文件格式等注明是否清楚；③电子数据内容是否真实，有无删除、修改、增加等情形；④电子数据与案件事实有无关联；⑤与案件事实有关联的电子数据是否全面收集。对电子数据有疑问的，应当进行鉴定或者检验。

第三，视听资料、电子数据的排除（第 94 条）。视听资料、电子数据具有下列情形之一的，不得作为定案的根据：①经审查无法确定真伪的；②制作、取得的时间、地点、方式等有疑问，不能提供必要证明或者作出合理解释的。

（14）增加了非法证据排除规则和排除程序的规定。主要内容有：

第一，解释了《刑事诉讼法》第 54 条的两个重要概念（第 95 条）。使用肉刑或者变相肉刑，或者采用其他使被告人在肉体上或者精神上遭受剧烈疼痛或者痛苦的方法，迫使被告人违背意愿供述的，应当认定为《刑事诉讼法》第 54 条规定的“刑讯逼供等非法方法”。认定《刑事诉讼法》第 54 条的“可能严重影响司法公正”，应当综合考虑收集物证、书证违反法定程序以及所造成后果的严重程度等情况。

第二，当事人的初步举证责任（第 96 条）。当事人及其辩护人、诉讼代理人申请人民法院排除以非法方法收集的证据的，应当提供涉嫌非法取证的人员、时间、地点、方式、内容等相关线索或者材料。

第三，法院的告知义务。第 97 条规定，人民法院向被告人及其辩护人送达起诉书副本时，应当告知其申请排除非法证据的，应当在开庭审理前提出，但在庭审期间才发现相关线索或者材料的除外。第 98 条规定，开庭审理前，当事人及其辩护人、诉讼代理人申请人民法院排除非法证据的，人民法院应当在开庭前及时将申请书或者申请笔录及相关线索、材料的复制件送交人民检察院。

第四，审前会议排除程序（第 99 条）。开庭审理前，当事人及其辩护人、诉讼代理人申请排除非法证据，人民法院经审查，对证据收集的合法性有疑问的，应当依照《刑事诉讼法》第 182 条第 2 款的规定召开庭前会议，就非法证据排除等问题了解情况，听取意见。人民检察院可通过出示有关证据材料等方式，对证据收集的合法性加以说明。

第五，法庭审理排除程序。首先，第 100 条规定，法庭审理过程中，当事人及其辩护人、诉讼代理人申请排除非法证据的，法庭应进行审查。经审查，对证据收集的合法性有疑问的，应进行调查；没有疑问的，应当当庭说明情况和理由，继续法庭审理。当事人及其辩护人、诉讼代理人以相同理由再次申请排除非法证据的，法庭不再进行审查。对证据收集合法性的调查，根据具体情况，可以在当事人及其辩护人、诉讼代理人提出排除非法证据的申请后进行，也可以在法庭调查结束前一并进行。法庭审理过程中，当事人及其辩护人、诉讼代理人申请排除非法证据，人民法院经审查认定不符合本解释第 97 条规定的，应当在法庭调查结束前一并进行审查，并决定是否进行证据收集合法性的调查。其次，第 101 条规定，法庭决定对证据收集的合法性进行调查的，可以由公诉人通过出示、宣读讯问笔录或者其他证据，有针对性地播放讯问过程的录音录像，提请法庭通知有关侦查人员或者其他人员出庭说明情况等方式，证明证据收集的合法性。公诉人提交的取证过程合法的说明材料，应当经有关侦查人员签名，并加盖公章。未经有关侦查人员签名的，不得作为证据使用。上述说明材料不能单独作为证明取证过程合法的根据。最后，第 102 条规定，经审理，确认或者不能排除存在《刑事诉讼法》第 54 条规定的以非法方法收集证据情形的，对有关证据应当排除。人民法院对证据收集的合法性进行调查后，应当将调查结论告知公诉人、当事人和辩护人、诉讼代理人。

第六，二审程序中排除非法证据的问题（第 103 条）。二审法院对下列情形应当对证据收集的合法性进行审查，并根据《刑事诉讼法》和本解释的有关规定作出处理：①一审法院对当事人及其辩护人、诉讼代理人排除非法证据的申请没有审查，且以该证据作为定案根据的；②人民检察院或者被告人、自诉人及其法定代理人不服一审法院作出的有关证据收集合法性的调查结论，提出抗诉、上诉的；③当事人及其辩护人、诉讼代理人在一审结束后才发现相关线索或者材料，申请人民法院排除非法证据的。

（15）增加了证据综合审查与运用的规定。主要内容有：

第一，对证据真实性和证明力审查与判断（第 104 条）。对证据的真实性，应当综合全案证据进行审查。对证据的证明力，应当根据具体情况，从证据与待证事实的关联程度、证据之间的联系等方面进行审查判断。证据之间具有内在联系，共同指向同一待证事实，不存在无法排除的矛盾和无法解释的疑问的，才能作为定案的根据。

第二，完全运用间接证据定案的情况（第 105 条）。没有直接证据，但间接证据同时符合下列条件的，可以认定被告人有罪：①证据已经查证属实；②证据之间相互印证，不存在无法排除的矛盾和无法解释的疑问；③全案证据已经形成完整的证明体系；④根据证据认定案件事实足以排除合理怀疑，结论具有唯一性；⑤运用证据进行的推理符合逻辑和经验。

第三，关于"毒树之果"的规定。第 106 条规定："根据被告人的供述、指认提取到了隐蔽性很强的物证、书证，且被告人的供述与其他证明犯罪事实发生的证据相互印证，并排除串供、逼供、诱供等可能性的，可以认定被告人有罪。"据此，需要注意的是，如果根据被告人的供述、指认提取到了隐蔽性很强的物证、书证，但不能排除串供、逼供、诱供等可能性的，是不能作为定案根据的，更不能认定被告人有罪。

第四，采取技术侦查措施收集证据的证据效力及其核实（第 107 条）。采取技术侦查措施收集的证据材料，经当庭出示、辨认、质证等法庭调查程序查证属实的，可以作为定案的根据。使用前款规定的证据可能危及有关人员的人身安全，或者可能产生其他严重后果的，法庭应当采取不暴露有关人员身份、技术方法等保护措施，必要时，审判人员可以在庭外核实。

第五，"办案说明"的使用（第 108 条）。对侦查机关出具的被告人到案经过、抓获经过等材料，应当审查是否有出具该说明材料的办案人、办案机关的签名、盖章。对到案经过、抓获经过或者确定被告人有重大嫌疑的根据有疑问的，应当要求侦查机关补充说明。

第六，证据补强规则（第109条）。下列证据应当慎重使用，有其他证据印证的，可以采信：①生理上、精神上有缺陷，对案件事实的认知和表达存在一定困难，但尚未丧失正确认知、表达能力的被害人、证人和被告人所作的陈述、证言和供述；②与被告人有亲属关系或者其他密切关系的证人所作的有利被告人的证言，或者与被告人有利害冲突的证人所作的不利被告人的证言。

第七，被告人自首、坦白、立功的证据材料的使用（第110条）。证明被告人自首、坦白、立功的证据材料，没有加盖接受被告人投案、坦白、检举揭发等的单位的印章，或者接受人员没有签名的，不得作为定案的根据。对被告人及其辩护人提出有自首、坦白、立功的事实和理由，有关机关未予认定，或者有关机关提出被告人有自首、坦白、立功表现，但证据材料不全的，人民法院应当要求有关机关提供证明材料，或者要求相关人员作证，并结合其他证据作出认定。

第八，累犯、毒品再犯证据材料的使用（第111条）。证明被告人构成累犯、毒品再犯的证据材料，应当包括前罪的裁判文书、释放证明等材料；材料不全的，应当要求有关机关提供。

第九，被告人刑事责任年龄的证明及未成年推定（第112条）。审查被告人实施被指控的犯罪时或者审判时是否达到相应法定责任年龄，应当根据户籍证明、出生证明文件、学籍卡、人口普查登记、无利害关系人的证言等证据综合判断。证明被告人已满14周岁、16周岁、18周岁或者不满75周岁的证据不足的，应当认定被告人不满14周岁、不满16周岁、不满18周岁或者已满75周岁。

2. 最高人民检察院《刑事诉讼规则（试行）》

2012年11月22日，最高人民检察院公布的《刑事诉讼规则（试行）》[1]，新增了“证据”一章，主要内容有：

（1）证据原则。充分吸收了“两院三部”《死刑案件证据规定》的相关

---

〔1〕 2012年10月16日最高人民检察院第十一届检察委员会第八十次会议通过，2012年11月22日发布（高检发释字［2012］2号），自2013年1月1日施行。

内容，在第61条中规定了两项证据原则：一是证据裁判原则，即人民检察院在立案侦查、审查逮捕、审查起诉等办案活动中认定案件事实，应当以证据为根据；二是客观公正原则，即人民检察院提起公诉，应当遵循客观公正原则，对被告人有罪、罪重、罪轻的证据都应当向人民法院提出。

（2）人民检察院的举证责任（第61条第2款）。公诉案件中被告人有罪的举证责任由人民检察院承担。人民检察院在提起公诉指控犯罪时，应当提出确实、充分的证据，并运用证据加以证明。

（3）证据的审查认定（第62条）。证据的审查认定，应当结合案件的具体情况，从证据与待证事实的关联程度、各证据之间的联系、是否依照法定程序收集等方面进行综合审查判断。

（4）侦查终结和提起公诉的证明标准（第63条）。人民检察院侦查终结或者提起公诉的案件，证据应当确实、充分，即符合以下条件：①定罪量刑的事实都有证据证明；②据以定案的证据均经法定程序查证属实；③综合全案证据，对所认定事实已排除合理怀疑。

（5）行政执法证据与诉讼证据的衔接（第64条）。首先，行政机关在行政执法和查办案件过程中收集的物证、书证、视听资料、电子数据证据材料，应当以该机关的名义移送，经人民检察院审查符合法定要求的，可以作为证据使用。其次，行政机关在行政执法和查办案件过程中收集的鉴定意见、勘验、检查笔录，经人民检察院审查符合法定要求的，可以作为证据使用。最后，人民检察院办理直接受理立案侦查的案件，对于有关机关在行政执法和查办案件过程中收集的涉案人员供述或者相关人员的证言、陈述，应当重新收集；确有证据证实涉案人员或者相关人员因路途遥远、死亡、失踪或者丧失作证能力，无法重新收集，但供述、证言或者陈述的来源、收集程序合法，并有其他证据相印证，经人民检察院审查符合法定要求的，可以作为证据使用。这里的行政机关包括根据法律、法规赋予的职责查处行政违法、违纪案件的组织。

（6）非法证据的排除及其程序。主要内容有：

第一，非法言词证据的绝对排除规则（第65条）。对采用刑讯逼供等非法方法收集的犯罪嫌疑人供述和采用暴力、威胁等非法方法收集的证人证言、被害人陈述，应当依法排除，不得作为报请逮捕、批准或者决定逮捕、移送审查起诉以及提起公诉的依据。刑讯逼供是指使用肉刑或者变相使用肉刑，使犯罪嫌疑人在肉体或者精神上遭受剧烈疼痛或者痛苦以逼取供述的行为。其他非法方法是指违法程度和对犯罪嫌疑人的强迫程度与刑讯逼供或者暴力、威胁相当而迫使其违背意愿供述的方法。

第二，物证、书证的相对排除规则（第66条）。首先，收集物证、书证不符合法定程序，可能严重影响司法公正的，人民检察院应当及时要求侦查机关补正或者作出书面解释；不能补正或者无法作出合理解释的，对该证据应当予以排除。其次，对侦查机关的补正或者解释，人民检察院应当予以审查。经侦查机关补正或者作出合理解释的，可以作为批准或者决定逮捕、提起公诉的依据。最后，对几个概念进行解释：①“可能严重影响司法公正”是指收集物证、书证不符合法定程序的行为明显违法或者情节严重，可能对司法机关办理案件的公正性造成严重损害；②“补正”是指对取证程序上的非实质性瑕疵进行补救；③“合理解释”是指对取证程序的瑕疵作出符合常理及逻辑的解释。

上述关于对取证程序上的“非实质性瑕疵”进行补救的规定，具有重要法治意义。其一，检察院在审查逮捕和审查起诉阶段及时要求侦查机关对瑕疵证据进行补正，与法院在审判过程中允许侦查机关对证据进行补正，在时间和诉讼程序上是有本质区别的：前者属于在审查起诉过程中纠正侦查程序中的错误，后者则属于纵容侦查、询问人员在审判程序中事后造假。其二，前者纠正了“两院三部”2010年《死刑案件证据规定》第9、14、21、30条以及《排除非法证据规定》第14条和最高人民法院2012年《刑诉法解释》第73、77、82条关于允许对物证、书证的“实质性缺陷”进行“补正”的错误规定。

首先，让我们看一下最高人民法院2012年《刑诉法解释》第73条关于对物证、书证的“实质性缺陷”进行“补正”的规定。按照该条规定，物证、书证经补正可以采用的情况包括：①勘验、检查、搜查、提取笔录或者扣押清单上没有侦查人员、物品持有人、见证人签名，或者对物品的名称、特征、数量、质量等注明不详的；②物证的照片、录像、复制品，书证的副本、复制件未注明与原件核对无异，无复制时间，或者无被收集、调取人签名、盖章的；③物证的照片、录像、复制品，书证的副本、复制件没有制作人关于制作过程和原物、原件存放地点的说明，或者说明中无签名的。上述三种情况显然不属于“非实质性瑕疵”，而是实质性缺陷！如果这些实质性缺陷也可以“补正”[“补充和改正（文字的疏漏和错误）”[1]]，那等于到了审判阶段还允许侦查人员等利用“补正”程序来事后造假，允许其进行欺骗性的证明或提出篡改过的证据。

其次，再来看最高人民法院2012年《刑诉法解释》第77条关于证人证言经补正后可以采用的情况：①询问笔录没有填写询问人、记录人、法定代理人姓名以及询问的起止时间、地点的；②询问地点不符合规定的；③询问笔录没有记录告知证人有关作证的权利义务和法律责任的；③询问笔录反映出在同一时段，同一询问人员询问不同证人的。上述三种情况显然不属于“非实质性瑕疵”，而是实质性缺陷！这些“补正”规定不是明目张胆地纵容询问人员等通过“补正”程序事后造假、提供欺骗性证明和篡改证人证言吗？

最后，再来看最高人民法院2012年《刑诉法解释》第82条关于讯问笔录经补正后可以采用的情况：①讯问笔录填写的讯问时间、讯问人、记录人、法定代理人等有误或者存在矛盾的；②讯问人没有签名的；③首次讯问笔录没有记录告知被讯问人相关权利和法律规定的。上述三种情况显然不属于“非实质性瑕疵”，而是实质性缺陷！这些“补正”规定不是公然允许讯问人员等通过“补正”来提供欺骗性证明吗？

第三，排除非法证据的后果（第67条）。人民检察院经审查发现存在《刑事诉讼法》第54条规定的非法取证行为，依法对该证据予以排除后，其他证据不能证明犯罪嫌疑人实施犯罪行为的，应当不批准或者决定逮捕，已经移送审查起诉的，可以将案件退回侦查机关补充侦查或者作出不起诉决定。

第四，排除非法证据的程序（第68条）。在侦查、审查起诉和审判阶段，检察院发现侦查人员以非法方法收集证据的，应当报经检察长批准，及时进行调查核实。当事人及其辩护人、诉讼代理人报案、控告、举报侦查人员采用刑讯逼供等非法方法收集证据并提供涉嫌非法取证的人员、时间、地点、方式和内容等材料或者线索的，人民检察院应当受理并进行审查，对于根据现有材料无法证明证据收集合法性的，应当报经检察长批准，及时进行调查核实。上一级人民检察院接到对侦查人员采用刑讯逼供等非法方法收集证据的报案、控告、举报的，可以直接进行调查核实，也可以交由下级人民检察

[1]《现代汉语词典》（2002年增补本），商务印书馆2002年版，第101页。

院调查核实。交由下级人民检察院调查核实的，下级人民检察院应当及时将调查结果报告上一级人民检察院。人民检察院决定调查核实的，应当及时通知办案机关。

第五，非法证据的调查核实及其处理。首先，第69条规定，对非法证据的调查核实，在侦查阶段由侦查监督部门负责；在审查起诉、审判阶段由公诉部门负责。必要时，渎职侵权检察部门可以派员参加。其次，第70条规定，人民检察院可采取以下方式对非法取证行为进行调查核实：①讯问犯罪嫌疑人；②询问办案人员；③询问在场人员及证人；④听取辩护律师意见；⑤调取讯问笔录、讯问录音、录像；⑥调取、查询犯罪嫌疑人出入看守所的身体检查记录及相关材料；⑦进行伤情、病情检查或者鉴定；⑧其他调查核实方式。最后，第71条规定，人民检察院调查完毕后，应当制作调查报告，根据查明的情况提出处理意见，报请检察长决定后依法处理。办案人员在审查逮捕、审查起诉中经调查核实依法排除非法证据的，应当在调查报告中予以说明。被排除的非法证据应当随案移送。对于确有以非法方法收集证据情形，尚未构成犯罪的，应当依法向被调查人所在机关提出纠正意见。对于需要补正或者作出合理解释的，应当提出明确要求。经审查，认为非法取证行为构成犯罪需要追究刑事责任的，应当依法移送立案侦查。

第六，对公安机关非法证据的监督与审查。第72条规定，人民检察院认为存在以非法方法收集证据情形的，可以书面要求侦查机关对证据收集的合法性进行说明。说明应当加盖单位公章，并由侦查人员签名。第73条规定，对于公安机关立案侦查的案件，存在下列情形之一的，人民检察院在审查逮捕、审查起诉和审判阶段，可以调取公安机关讯问犯罪嫌疑人的录音、录像，对证据收集的合法性以及犯罪嫌疑人、被告人供述的真实性进行审查：①认为讯问活动可能存在刑讯逼供等非法取证行为的；②犯罪嫌疑人、被告人或者辩护人提出犯罪嫌疑人、被告人供述系非法取得，并提供相关线索或者材料的；③犯罪嫌疑人、被告人对讯问活动合法性提出异议或者翻供，并提供相关线索或者材料的；④案情重大、疑难、复杂的。人民检察院直接受理立案侦查的案件，侦查部门移送审查逮捕、审查起诉时，应当将讯问录音、录像连同案卷材料一并移送审查。

第七，对证据合法性的证明。第74条规定，对于提起公诉的案件，被告人及其辩护人提出审前供述系非法取得，并提供相关线索或者材料的，人民检察院可以将讯问录音、录像连同案卷材料一并移送人民法院。第75条规定，在法庭审理过程中，被告人或者辩护人对讯问活动合法性提出异议，公诉人可以要求被告人及其辩护人提供相关线索或者材料。必要时，公诉人可以提请法庭当庭播放相关时段的讯问录音、录像，对有关异议或者事实进行质证。因涉及国家秘密、商业秘密、个人隐私或者其他犯罪线索等内容，人民检察院对讯问录音、录像的相关内容作技术处理的，公诉人应当向法庭作出说明。

（7）证人保护（第76条）。对于危害国家安全犯罪、恐怖活动犯罪、黑社会性质的组织犯罪、毒品犯罪等案件，人民检察院在办理案件过程中，证人、鉴定人、被害人因在诉讼中作证，本人或者其近亲属人身安全面临危险，向检察院请求保护的，人民检察院应当受理并及时进行审查，对于确实存在人身安全危险的，应当立即采取必要的保护措施。人民检察院发现存在上述情形的，可以主动采取保护措施。具体包括：①不公开真实姓名、住址和工作单位等个人信息；可以在起诉书、询问笔录等法律文书、证据材料中使用化名代替证人、鉴定人、被害人的个人信息，但是应当另行书面说明使用化名的情况并标明密级；②建议法庭采取不暴露外貌、真实声音等出庭作证措施；③禁止特定的人员接触证人、鉴定人、被害人及其近亲属；④对人身和住宅采取专门性保护措施；⑤其他必要的保护措施。人民检察院依法采取保护措施，可以要求有关单位和个人予以配合。对证人及其近亲属进行威胁、侮辱、殴打或者打击报复，构成犯罪或者应当给予治安管理处罚的，人民检察院应当移送公安机关处理；情节轻微的，予以批评教育、训诫。

（8）对证人出庭作证的经济补偿（第77条）。证人在人民检察院侦查、审查起诉阶段因履行作证义务而支出的交通、住宿、就餐等费用，人民检察院应当给予补助。

3.《公安机关办理刑事案件程序规定》

2012年12月13日，公安部发布了《公安机关办理刑事案件程序规定》[1]，完善了证据制度，主要内容有：

（1）修改证据概念。第56条第1款将证据概念修改为："可以用于证明案件事实的材料，都是证据。"这与《刑事诉讼法》证据概念的修改一致。

---

〔1〕 2012年12月3日公安部部长办公会议通过，2012年12月13日发布（公安部令第127号），自2013年1月1日施行。

（2）完善证据种类（第56条第2款）。一是把物证、书证分为两个证据种类加以规定；二是把“鉴定结论”改为“鉴定意见”；三是赋予了“侦查实验、搜查、查封、扣押、提取、辨认等笔录”的证据地位，将之与勘验、检查笔录规定为同一种证据类型；四是增加规定了“电子数据”证据种类，将其与视听资料规定为同一证据类型。

（3）完善证据原则。第57条规定“公安机关必须依照法定程序，收集能够证实犯罪嫌疑人有罪或者无罪、犯罪情节轻重的各种证据”，删除了旧条文中的“严禁刑讯逼供和以威胁、引诱、欺骗或者其他非法方法收集证据”的规定，把相关内容移到了第8条作为整个刑事诉讼的基本原则，表明了公安机关对于保障犯罪嫌疑人的人权以及否定非法取证的坚决态度。

（4）修改证据保密条款。在第58条中把涉及“商业秘密、个人隐私的证据”也纳入了保密的范围；同时把“获取犯罪证据的技术侦查措施”从保密条款中删去，因为2012年《刑事诉讼法》已将技术侦查措施作为刑事侦查措施予以规定。

（5）简化收集证据手续。第59条把公安机关向有关单位和个人调取证据的批准权限由原来的“县级以上公安机关负责人批准”修改为“办案部门负责人批准”，删去了旧法条中的“公安机关向有关单位收集、调取的书面证据材料，必须由提供人签名，并加盖单位印章；公安机关向个人收集、调取的书面证据材料，必须由本人确认无误后签名或者盖章”，增加规定“必要时，应当采用录音或者录像等方式固定证据内容及取证过程”。

（6）完善最佳证据规则。其一，第61条规定，收集、调取的物证应当是原物。只有在原物不便搬运、不易保存或者依法应当由有关部门保管、处理或者依法应当返还时，才可以拍摄或者制作足以反映原物外形或者内容的照片、录像或者复制品。物证的照片、录像或者复制品经与原物核实无误或者经鉴定证明为真实的，或者以其他方式确能证明其真实的，可以作为证据使用。原物的照片、录像或者复制品，不能反映原物的外形和特征的，不能作为证据使用。其二，第62条规定，收集、调取的书证应当是原件。只有在取得原件确有困难时，才可以使用副本或者复制件。书证的副本、复制件，经与原件核实无误或者经鉴定证明为真实的，或者以其他方式确能证明其真实的，可以作为证据使用。书证有更改或者更改迹象不能作出合理解释的，或者书证的副本、复制件不能反映书证原件及其内容的，不能作为证据使用。

（7）规定了侦查终结移送起诉的证明标准。第 66 条第 1 ~ 3 款规定：公安机关移送审查起诉的案件，应当做到犯罪事实清楚，证据确实、充分。证据确实、充分，应当符合以下条件：①认定的案件事实都有证据证明；②认定案件事实的证据均经法定程序查证属实；③综合全案证据，对所认定事实已排除合理怀疑。对证据的审查，应当结合案件的具体情况，从各证据与待证事实的关联程度、各证据之间的联系等方面进行审查判断。

（8）完善非法证据排除规则（第 67 条），主要内容包括：①采用刑讯逼供等非法方法收集的犯罪嫌疑人供述和采用暴力、威胁等非法方法收集的证人证言、被害人陈述，应当予以排除。②收集物证、书证违反法定程序，可能严重影响司法公正的，应当予以补正或者作出合理解释；不能补正或者作出合理解释的，对该证据应当予以排除。③在侦查阶段发现有应当排除的证据的，经县级以上公安机关负责人批准，应当依法予以排除，不得作为提请批准逮捕、移送审查起诉的依据。④人民检察院认为可能存在以非法方法收集证据情形，要求公安机关进行说明的，公安机关应当及时进行调查，并向人民检察院作出书面说明。

（9）规定警察出庭作证。第 68 条规定，人民法院认为现有证据材料不能证明证据收集的合法性，通知有关侦查人员或者其他人员出庭说明情况的，有关侦查人员或者其他人员应当出庭。必要时，有关侦查人员或者其他人员也可以要求出庭说明情况。经人民法院通知，人民警察应当就其执行职务时目击的犯罪情况出庭作证。

（10）规范证人保护措施。第 71 条规定，对危害国家安全犯罪、恐怖活动犯罪、黑社会性质的组织犯罪、毒品犯罪等案件，证人、鉴定人、被害人因在侦查过程中作证，本人或者其近亲属的人身安全面临危险的，公安机关应当采取以下一项或者多项保护措施：①不公开真实姓名、住址和工作单位等个人信息；②禁止特定的人员接触证人、鉴定人、被害人及其近亲属；③对人身和住宅采取专门性保护措施；④其他必要的保护措施。证人、鉴定人、被害人认为因在侦查过程中作证，本人或者其近亲属的人身安全面临危险，向公安机关请求予以保护，公安机关经审查认为符合前款规定的条件，确有必要采取保护措施的，应当采取上述一项或者多项保护措施。公安机关依法采取保护措施，可以要求有关单位和个人配合。案件移送审查起诉时，应当将采取保护措施的相关情况一并移交人民检察院。

（11）增加规定证人经济补偿。第73条规定，证人保护工作所必需的人员、经费、装备等，应当予以保障。证人因履行作证义务而支出的交通、住宿、就餐等费用，应当给予补助。证人作证的补助列入公安机关业务经费。

4. “两院三部”和全国人大常委会法工委《实施刑诉法规定》

2012年12月26日，“两院三部”和全国人大常委会法工委联合发布《实施刑诉法规定》[1]。有关证据问题的规定主要包括两条：

（1）对《刑事诉讼法》第56条第1款的解释。2012年《刑事诉讼法》第56条第1款规定：“法庭审理过程中，审判人员认为可能存在本法第54条规定的以非法方法收集证据情形的，应当对证据收集的合法性进行法庭调查。”法庭经对当事人及其辩护人、诉讼代理人提供的相关线索或者材料进行审查后，认为可能存在《刑事诉讼法》第54条规定的以非法方法收集证据情形的，应当对证据收集的合法性进行法庭调查。法庭调查的顺序由法庭根据案件审理情况确定。

（2）对《刑事诉讼法》第62条的解释。2012年《刑事诉讼法》第62条规定，对证人、鉴定人、被害人可以采取“不公开真实姓名、住址和工作单位等个人信息”的保护措施。人民法院、人民检察院和公安机关依法决定不公开证人、鉴定人、被害人的真实姓名、住址和工作单位等个人信息的，可以在判决书、裁定书、起诉书、询问笔录等法律文书、证据材料中使用化名等代替证人、鉴定人、被害人的个人信息。但是，应当书面说明使用化名的情况并标明密级，单独成卷。辩护律师经法庭许可，查阅对证人、鉴定人、被害人使用化名情况的，应当签署保密承诺书。

5. 最高人民法院《审理因垄断行为引发的民事案件应用法律的规定》

2012年5月3日，最高人民法院发布《审理因垄断行为引发的民事案件应用法律的规定》[2]。有关证据制度的内容主要有：

（1）被告对特定事项的举证责任（第7条）。被诉垄断行为属于《反垄断法》第13条第1款1~5项规定的垄断协议的，被告应对该协议不具有排

---

〔1〕《关于实施刑事诉讼法若干问题的规定》于2013年1月1日实施。

〔2〕2012年1月30日最高人民法院审判委员会第1539次会议通过，2012年5月3日发布（法释〔2012〕5号），自2012年6月1日施行。

除、限制竞争的效果承担举证责任。

(2) 当事人双方的特定举证责任（第 8 条）。被诉垄断行为属于《反垄断法》第 17 条第 1 款规定的滥用市场支配地位的，原告应当对被告在相关市场内具有支配地位和其滥用市场支配地位承担举证责任。被告以其行为具有正当性为由进行抗辩的，应当承担举证责任。

(3) 对特定事实的推定和证明。第 9 条是关于推定的规定，被诉垄断行为属于公用企业或者其他依法具有独占地位的经营者滥用市场支配地位的，人民法院可以根据市场结构和竞争状况的具体情况，认定被告在相关市场内具有支配地位，但有相反证据足以推翻的除外。因为“市场结构和竞争状况的具体情况”，可能不足以证明被告具有市场支配地位，法律中以此认定其具有市场支配地位，实际上是选择了一种可能性，符合推定的特征。第 10 条是关于证明的规定，原告可以以被告对外发布的信息作为证明其具有市场支配地位的证据。被告对外发布的信息能够证明其在相关市场内具有支配地位的，人民法院可以据此作出认定，但有相反证据足以推翻的除外。本条是对证明方法的一个规定，而不是推定或者司法认知。因为，“被告对外发布的信息能够证明其在相关市场内具有支配地位的，法院可以据此作出认定”，其所规定的案件事实认定的方式实际上证明，“相反证据足以推翻”是一种可以反驳的理由。

(4) 证据的保密问题（第 11 条）。证据涉及国家秘密、商业秘密、个人隐私或者其他依法应当保密的内容的，人民法院可以依职权或者当事人的申请采取不公开开庭、限制或者禁止复制、仅对代理律师展示、责令签署保密承诺书等保护措施。

(5) 专家辅助人。①专家辅助人人数。第 12 条规定，当事人可以向人民法院申请 1 ~ 2 名具有相应专门知识的人员出庭，就案件的专门性问题进行说明。②专家辅助人的选任。第 13 条规定，经人民法院同意，双方当事人可以协商确定专业机构或者专业人员；协商不成的，由人民法院指定。③专家意见。第 13 条规定，当事人可以向人民法院申请委托专业机构或者专业人员就案件专门性问题作出市场调查或经济分析报告。人民法院可以参照《民事诉讼法》及相关司法解释有关鉴定结论的规定，对市场调查或者经济分析报告进行审查判断。

6. 最高人民法院《审理买卖合同案件适用法律的解释》

2012年5月10日，最高人民法院公布了《审理买卖合同案件适用法律的解释》[1]，有关证据制度的内容主要有：

（1）出卖人的举证责任（第8条第1款）。出卖人仅以增值税专用发票及税款抵扣资料证明其已履行交付标的物义务，买受人不认可的，出卖人应当提供其他证据证明交付标的物的事实。

（2）对特定事实的推定。①第1条第2款规定，对账确认函、债权确认书等函件、凭证没有记载债权人名称，买卖合同当事人一方以此证明存在买卖合同关系的，人民法院应予支持，但有相反证据足以推翻的除外。②第8条第2款规定，合同约定或者当事人之间习惯以普通发票作为付款凭证，买受人以普通发票证明已经履行付款义务的，人民法院应予支持，但有相反证据足以推翻的除外。

7. 最高人民法院《审理道路交通事故损害赔偿案件适用法律的解释》

2012年11月27日，最高人民法院发布了《审理道路交通事故损害赔偿案件适用法律的解释》[2]。有关证据制度的内容主要有：

（1）证明责任倒置（第9条）。因道路管理维护缺陷导致机动车发生交通事故造成损害，当事人请求道路管理者承担相应赔偿责任的，人民法院应予支持，但道路管理者能够证明已按照法律、法规、规章、国家标准、行业标准或者地方标准尽到安全防护、警示等管理维护义务的除外。

（2）证据的预决效力（第27条）。公安机关交通管理部门制作的交通事故认定书，人民法院应依法审查并确认其相应的证明力，但有相反证据推翻的除外。

（三）行政法规、部门规章

本年度涉及证据规定的行政法规、部门规章有三个特点：一是适用领域较为集中，多涉及行政机关在事故调查中如何收集和使用证据，如《铁路交通事故应急救援和调查处理条例》[3]、《渔业船舶水上安全事故报告和调查处

---

〔1〕 2012年3月31日由最高人民法院审判委员会第1545次会议通过，2012年5月10日公布（法释〔2012〕8号），自2012年7月1日起施行。

〔2〕 2012年9月17日由最高人民法院审判委员会第1556次会议通过，2012年11月27日公布（法释〔2012〕19号），自2012年12月21日起施行。

〔3〕 中华人民共和国国务院令第628号。2012年11月9日公布，自2013年1月1日起施行。

理规定》[1]、《监察机关参加生产安全事故调查处理的规定》[2]、《电力安全事故调查程序规定》[3]。二是规范对象较为相似，主要是从证据规则适用方面对行政执法行为进行规范，细化了执法裁量权，加大了对行政权力行使合法性的证据审查，提高了对行政相对人合法权利的保障力度，如《质量监督检验检疫行政许可实施办法》[4]、《环境监察办法》[5]、《国家知识产权局行政复议规程》[6]。三是根据 2012 年《刑事诉讼法》对部门规章进行调整，如《商务行政处罚程序规定》[7]、《公安机关办理行政案件程序规定》[8]。在推进法治国家建设的背景下，法治政府建设离不开证据制度建设，因此，部门规章已成为行政证据规定的主要来源。

1.《商务行政处罚程序规定》

商务部 2012 年 5 月 12 日发布的《商务行政处罚程序规定》，从证据资格、取证原则、取证方式、证据保全、证据审查等五方面对商务部门行政证据作了较为详细规定。主要内容包括：

（1）证据资格。主要从形式要件和实质要件两方面对商务部门行政证据作了规定。①形式要件。根据第 23 条第 2 款，商务部门行政证据的种类主要有 8 种，即：书证、物证、视听材料、证人证言、当事人陈述、鉴定结论、勘验笔录和现场检查笔录以及其他法律法规认可的证据。②实质要件。根据第 23 条第 3 款，以上证据，应当符合有关法律、法规、规章关于证据的规定，并经查证属实，才能作为认定事实的依据。

---

〔1〕 中华人民共和国农业部令 2012 年第 9 号。农业部第 10 次常务会议 2012 年 10 月 9 日审议通过，2012 年 12 月 25 日公布，自 2013 年 2 月 1 日起施行。

〔2〕 中华人民共和国监察部令第 28 号。中央纪委第 77 次书记办公会议 2012 年 7 月 18 日审议通过，2012 年 11 月 15 日公布，自 2013 年 1 月 1 日起施行。

〔3〕 国家电力监管委员会令第 31 号。国家电力监管委员会主席办公会议 2012 年 6 月 5 日审议通过，2012 年 6 月 13 日公布，自 2012 年 8 月 1 日起施行。

〔4〕 国家质量监督检验检疫总局令第 149 号。国家质量监督检验检疫总局局务会议 2012 年 6 月 27 日审议通过，2012 年 10 月 26 日公布，自 2013 年 1 月 1 日起施行。

〔5〕 环境保护部令第 21 号。环境保护部部务会议 2012 年 7 月 4 日审议通过，2012 年 7 月 25 日公布，自 2012 年 9 月 1 日起施行。

〔6〕 国家知识产权局令第 66 号。2012 年 7 月 18 日公布，自 2012 年 9 月 1 日起施行。

〔7〕 中华人民共和国商务部令 2012 年第 6 号。商务部第 61 次部务会议 2012 年 3 月 9 日审议通过，2012 年 5 月 12 日发布，自 2012 年 7 月 1 日起施行。

〔8〕 中华人民共和国公安部令第 125 号。公安部部长办公会议 2012 年 12 月 3 日通过，2012 年 12 月 19 日发布，自 2013 年 1 月 1 日起施行。

（2）取证原则。主要规定了合法原则、公正公开原则、协助原则、保密原则、最佳证据原则。①合法原则。根据第 2 条规定，商务主管部门开展与行政处罚相关的监督检查、调查取证等活动，应当遵守行政处罚法和有关法律、法规、规章及本规定。②公正及时原则。根据第 12 条第 2 款，商务主管部门实施监督检查，不得妨碍公民、法人或其他组织正常的生产经营活动，不得借机索取或者收受财物，不得谋取其他利益。根据第 23 条，除可以当场作出的行政处罚外，案件承办人员应当及时、全面、客观、公正地调查收集与案件有关的证据，查明事实。③协助原则。主要体现在两个方面：一是部门内的协助。根据第 10 条，商务主管部门办理跨行政区域案件需要其他商务主管部门协查的，可以发协查函。有关商务主管部门应当予以协助并及时书面告知协查结果。二是部门间协助。根据第 11 条，商务主管部门开展行政处罚需要其他行政机关配合或者涉及其他行政机关执法权限的，应主动加强与其联系；发现违法行为涉嫌犯罪的，应当依照有关规定将案件及时移送司法机关。④保密原则。第 13 条第 2 款规定，举报人要求保密的，应当采取保密措施。第 15 条第 2 款规定，执法人员应当为被检查人保守商业秘密。⑤最佳证据原则。第 25 条规定，案件承办人员应当收集、调取与案件有关的原始凭证或原始载体作为证据。获取原始凭证或原始载体确有困难的，可以提取复制件、影印件或者抄录本。

（3）取证方式。商务部门在行政处罚过程中可采取现场检查，查封、扣押，询问当事人及证人，抽样取证、鉴定等五种取证方式。①现场检查。第 15 条规定，商务部门进行现场检查时，可以采取四种取证方式：一是听取被检查人根据检查内容介绍有关情况；二是查验被检查人有关许可证、资格证或备案登记情况；三是查阅、复制被检查人有关记录、票据及其他材料；四是询问有关人员。②查封、扣押。第 16 条规定，采取查封、扣押措施，应当经商务主管部门负责人批准；对重大案件或者数额较大的财物需要采取查封、扣押措施的，应由负责人集体讨论决定，且只适用以下六种特定情形：一是发现违禁物品；二是需要立即制止违法行为；三是防止证据损毁；四是防止当事人转移涉嫌违法财物；五是防止发生损害或扩大损害后果；六是法律、法规规定的其他情形。此外，根据第 17 ~ 18 条，执法人员应当场清点财物，向被检查人出具《商务行政执法查封（扣押）通知书》及财物清单，告知其享有的权利，并在 30 日内作出以下处理决定，否则，到期自动解除：一是对违法事实清楚，依法应当予以没收的非法财物，予以没收，法律、行政法规规定应当销毁的，依法销毁；二是对没有违法行为或者不再需要采取查封、扣押措施的，应当立即解除，送达《解除查封扣押通知书》，将查封、扣押财物或者拍卖、变卖所得及时返还。③询问当事人及证人。第24条规定，案件承办人员询问当事人及证人应当个别进行，制作《商务行政处罚询问笔录》，并交被询问人核对，如有差错、遗漏，在更正或补充之后签名。同时，案件承办人员还可以要求当事人及证人提供证明材料或者与调查事项有关的其他材料。④抽样取证。第26条规定，案件承办人员对证据进行抽样取证，应有当事人或其他人员在场见证，并对抽样取证的物品开列清单，制作《商务行政处罚抽样取证记录》，标明物品名称、数量等事项，由案件承办人员、当事人签名或盖章，交付当事人。⑤鉴定。第28条规定，需要对案件中专门事项进行鉴定的，应当出具载明委托鉴定事项及相关材料的《鉴定委托书》，委托具有法定鉴定资格或其他具备鉴定条件的鉴定机构进行鉴定。鉴定结论应当由鉴定人员签名或盖章，加盖鉴定机构公章。

（4）证据保全。根据第26～27条，商务部门行政处罚过程中采取证据保全需要符合以下要求：①证据保全的条件。在证据可能灭失、损毁或者以后难以取得的情形下，可以采取证据保全。②证据保全的措施。案件承办人员根据情况可以采取两种措施：一是自行决定采取记录、复制、拍照、录像等证据保全措施；二是经商务主管部门负责人批准后采取先行登记保存等措施。③证据保全的程序。采取证据保全措施时应有当事人或其他人员在场见证，并开列清单，制作《商务行政处罚先行登记保存证据通知书》，标明物品名称、数量等事项，由案件承办人员、当事人签名或盖章，交付当事人。④证据保全的后续处理。对先行登记保存的证据，应当在7日内采取以下措施，否则，到期自动解除：一是需要鉴定的，依法进行鉴定；二是依法应当予以没收的，作出行政处罚决定，没收违法物品；三是需要查封、扣押的，依法采取查封、扣押措施；四是违法事实不成立，或者依法不应当予以查封、扣押或没收的，解除保全措施。

（5）证据审查。主要从立案、案件核审、处理决定等方面对商务部门行政证据审查作了规定。①立案的证据审查。第21条规定，商务部门在立案阶段的证据审查主要从以下四个方面进行：一是有明确的违法行为人或危害后果，可能需要给予行政处罚；二是有来源可靠的事实根据；三是属于商务行政处罚的范围；四是属于本部门管辖。②案件核审的证据审查。第 33 条规定，商务部门在案件核审阶段的证据审查主要从七个方面进行：一是本部门对所办案件是否具有管辖权；二是当事人基本情况是否清楚；三是案件事实是否清楚，证据是否充分；四是定性是否准确；五是适用法律是否正确；六是程序是否合法；七是处罚建议是否适当。③处理决定的证据审查。第 36 条规定，商务部门在案件处理决定阶段的证据审查标准是事实清楚、证据确凿。

2.《公安机关办理行政案件程序规定》

公安部 2012 年 12 月 19 日发布的《公安机关办理行政案件程序规定》，借鉴了刑事证据方面的经验，第四、七章专门从证据资格、取证原则、证明对象、取证方式、证据保全、证据审查等方面对公安机关行政证据作了详细规定。

（1）证据资格。主要从形式要件规定了公安机关行政证据的种类。第 23 条规定，公安机关办理行政案件的证据包括七种形式：①物证；②书证；③被侵害人陈述和其他证人证言；④违法嫌疑人的陈述和申辩；⑤鉴定意见；⑥勘验、检查、辨认笔录，现场笔录；⑦视听资料、电子数据。

（2）取证原则。主要规定了法定程序原则、最佳证据原则、保密原则、全面客观原则。①法定程序原则。第 24 条第 1 款规定，公安机关必须依照法定程序，收集能够证实违法嫌疑人是否违法、违法情节轻重的证据。为了保证该原则的实施，第 24 条第 2 款特别规定了违反该原则的两种法律后果：一是采用刑讯逼供等非法方法收集的违法嫌疑人的陈述和申辩以及采用暴力、威胁等非法方法收集的被侵害人陈述、其他证人证言，不能作为定案的根据。二是收集物证、书证不符合法定程序，可能严重影响执法公正的，应当予以补正或者作出合理解释；不能补正或者作出合理解释的，不能作为定案的根据。②最佳证据原则。第 26 ~ 28 条规定，公安机关行政执法收集调取的物证应当是原物，书证应当是原件。在原物不便搬运、不易保存或者依法应当由有关部门保管、处理或者依法应当返还时，可以拍摄或者制作是以反映原物外形或者内容的照片、录像；在取得原件确有困难时，可以使用副本或者复制件。③保密原则。一是保守执法取证过程中得知的秘密，第 31 条规定，公安机关及其人民警察在办理行政案件时，对涉及的国家秘密、商业秘密或者个人隐私，应当保密。二是保守执法取证本身的秘密。第 39 条规定，公安机关调查取证时，应当防止泄露工作秘密。④全面客观原则。第 37 条规定，对行政案件进行调查时，应当合法、及时、客观、全面地收集、调取证据材料，并予以审查、核实。

（3）证明对象。第 38 条规定，公安机关行政执法中需对六种案件事实进行调查证明：①违法嫌疑人的基本情况；②违法行为是否存在；③违法行为是否为违法嫌疑人实施；④实施违法行为的时间、地点、手段、后果以及其他情节；⑤违法嫌疑人有无法定从重、从轻、减轻以及不予行政处罚的情形；⑥与案件有关的其他事实。

（4）取证方式。根据第七章，公安机关在行政执法过程中可采取询问，勘验、检查，鉴定，辨认等取证方式。

第一，询问。第七章第三节规定，询问主要有两种情形：一是询问违法嫌疑人。①询问场所限制。第 53、57 条规定，询问违法嫌疑人，可以到违法嫌疑人住处或单位进行，也可以将违法嫌疑人传唤到其所在市、县内指定地点进行；如在公安机关询问，应当在公安机关办案场所进行。②询问时间限制。第 55、57 条规定，对被传唤的违法嫌疑人询问查证的时间不得超过 8 小时；案情复杂，违法行为依法可能适用行政拘留处罚的，询问查证时间不得超过 24 小时；询问查证期间应当保证违法嫌疑人的饮食和必要的休息时间，并在询问笔录中注明。③询问程序限制。首先，根据第 58 ~ 60 条、第 63 ~ 65 条的规定，询问违法嫌疑人应当个别进行，首次询问违法嫌疑人时，应当问明违法嫌疑人的基本信息，听取并核查违法嫌疑人的陈述和申辩，制作询问笔录并交被询问人核对，询问时，可以全程录音、录像。其次，询问被侵害人或者其他证人。第 66 条规定，询问被侵害人、其他证人，可以在现场进行，也可到其单位、学校、住所、其居住地居（村）民委员会或者其提出的地点进行，必要时还可在公安机关进行。再次，询问要求，根据第 58、60、64、66 条，询问被侵害人或其他证人，应当个别进行，询问前，应当了解被询问人的身份以及其与被侵害人、其他证人、违法嫌疑人之间的关系。最后，询问笔录，根据第 63 条，询问应当制作笔录并交被询问人核对，被询问人有权更正或者补充，询问时，可全程录音、录像。最后，第 61 ~ 62 条还专门规定了被询问对象是未成年人、聋哑人以及不通晓当地通用语言文字的人等特殊群体的具体询问要求。

第二，勘验、检查。①勘验。第 67 条规定，勘验的对象是违法行为的案发现场，目的在于提取与案件有关的证据材料，判断案件性质，确定调查方向和范围。②检查。第68～71条规定，公安机关行政执法检查需要符合以下要求：首先，取证检查的对象限于与违法行为有关的场所、物品、人身，并出示工作证件和县级以上公安机关开具的检查证；对确有必要立即进行检查的，人民警察经出示工作证件，可以当场检查。其次，检查场所或者物品时，应当注意避免对物品造成不必要的损坏，检查违法嫌疑人人身时，应当尊重被检查人的人格尊严。最后，检查情况应当制作检查笔录。检查笔录由检查人员、被检查人或者见证人签名。

第三，鉴定。根据第七章第五节，鉴定需符合以下要求：①鉴定的启动。根据第72条规定，一般情况下，鉴定由行政执法的公安机关自行进行，需要聘请本公安机关以外的人进行鉴定的，应当经公安机关办案部门负责人批准。②鉴定的种类。根据第74～79条规定，公安机关行政执法鉴定主要有伤情鉴定、价格鉴证、吸毒检测、酒精测试等四种。③鉴定的出具。根据第80条规定，鉴定人鉴定后，应当出具载明委托人、委托鉴定的事项、提交鉴定的相关材料、鉴定的时间、依据和结论性意见等内容的鉴定意见。鉴定人对鉴定意见负责，不受干涉。多人参加鉴定，对鉴定意见有不同意见的，应当注明。④鉴定的审查。根据第81～83条规定，办案人民警察应当对鉴定意见进行审查。对经审查作为证据使用的鉴定意见或医疗机构出具的诊断证明，公安机关应当送达鉴定意见复印件或将诊断证以结论书面告知违法嫌疑人和被侵害人。违法嫌疑人或者被侵害人对鉴定意见有异议的，可以在收到鉴定意见复印件起3日内提出重新鉴定的申请，经县级以上公安机关批准后，进行重新鉴定。同一行政案件的同一事项重新鉴定以一次为限。公安机关认为必要时，也可以直接决定重新鉴定；⑤鉴定的费用。第84条规定，鉴定费用由公安机关承担，但当事人自行鉴定的除外。

第四，辨认。根据第七章第六节，辨认需要符合以下要求：①辨认的主体和对象。根据第85条规定，辨认的主体是违法嫌疑人、被侵害人或者其他证人；辨认的对象是与违法行为有关的物品、场所或者违法嫌疑人；辨认的组织者是办案人民警察。②辨认的程序。第86～87条规定，辨认由2名以上办案人民警察主持。组织辨认前，应当向辨认人详细询问辨认对象的具体特征，并避免辨认人见到辨认对象。辨认过程要个别进行。③辨认的要求。第88条规定，辨认时，应当将辨认对象混杂在特征相类似的其他对象中，不得给辨认人任何暗示。被辨认的人数不得少于7人；对违法嫌疑人照片进行辨认的，不得少于10人的照片；辨认每一件物品时，混杂的同类物品不得少于5件；同一辨认人对与同一案件有关辨认对象进行多组辨认的，不得重复使用陪衬照片或者陪衬人。④辨认笔录。第90条规定，辨认经过和结果，应当制作辨认笔录，并由办案人民警察和辨认人签名或捺指印。应当对辨认过程进行录音、录像。上述辨认规则，如果能够区分人物辨认、物证辨认的话，就可以避免第85条关于辨认主体和辨认对象的混乱。

（5）证据保全。根据第七章第七节需符合以下要求：一是证据保全的措施。第91～94条规定，公安机关行政执法过程中经过公安机关办案部门相应负责人批准，可以采取扣押、扣留、查封、抽样取证、先行登记保存等证据保全措施。二是制作证据保全决定书。第95条规定，公安机关采取上述证据保全措施时，应当会同当事人查点清楚，制作并当场交付证据保全决定书，载明法定事项，并附证据保全清单，由办案人民警察和当事人签名后，一份交当事人，一份附卷。必要时，应当对采取证据保全措施的证据进行拍照或者对采取证据保全的过程进行录像。三是证据保全期限。第96条规定，扣押、扣留、查封期限为30日，情况复杂的，经县级以上公安机关负责人批准，可以延长30日，鉴定期间不计入。四是证据保全的解除。第97条规定，以下六种情形，公安机关应当及时作出解除证据保全决定：①当事人没有违法行为的；②被采取证据保全的场所、设施、物品与违法行为无关的；③已作出处理决定，不再需要采取证据保全措施的；④采取证据保全措施的期限已经届满的；⑤被临时查封的危险部位和场所的火灾隐患已消除的；⑥其他不再需要采取证据保全措施的。

（6）证据审查。该规定主要从案件审核审批、案件处理决定两方面对公安机关行政执法过程中的证据审查进行了规定。一是案件审核审批的证据审查。第146条规定，对行政案件审核、审批时，应当审查下列内容：①违法嫌疑人的基本情况；②案件事实是否清楚，证据是否确实充分；③案件定性是否准确；④适用法律、法规和规章是否正确；⑤办案程序是否合法；⑥拟作出的处理决定是否适当。二是案件处理决定的证据审查。第142、144、146条规定，公安机关作出行政执法处理决定的证据标准是“违法事实清楚、证据确实充分”。

（四）地方性证据规定

2012年度，地方性证据规定多以“会议纪要”形式出现，对当地办案机关发挥指导作用。参见下表：

	发布时间	制定单位	名　　称
1	2月28日	海口市中院	《诉讼证据鉴定监督中心司法鉴定工作规程》
2	3月5日	安徽省高院	《关于审理房屋买卖合同纠纷案件适用法律问题的最新指导意见》
3	3月7日	广东省高院民二庭	《民商事审判实践中有关疑难法律问题的解答意见》
4	4月5日	浙江省高院民一庭	《关于审理建设工程施工合同纠纷案件若干疑难问题的解答》
5	5月4日	山西省高院	《关于深化司法拍卖改革工作的通知》
6	5月31日	山东省十一届人大常委会	《山东省突发事件应对条例》
7	8月6日	北京市高院	《关于审理建设工程施工合同纠纷案件若干疑难问题的解答》
8	6月26日	广东省高院	《全省民事审判工作会议纪要》
9	9月7日	浙江省高院、省人民检察院、省公安厅	《关于办理“醉驾”犯罪案件若干问题的会议纪要》
10	9月28日	浙江省高院、省人民检察院、省公安厅	《关于办理危害食品、药品安全犯罪案件适用法律若干问题的会议纪要》
11	11月15日	福建省高院、省人民检察院、省公安厅、省司法厅	《福建省社区矫正实施细则（试行）》
12	12月19日	江苏省人民检察院	《减刑、假释、暂予监外执行同步监督暂行规定》
13	12月20日	江苏省高院	《关于做好修改后的〈中华人民共和国民事诉讼法〉施行后立案审判工作的讨论纪要》
14	12月25日	浙江省高院	《关于审理实现担保物权案件的意见》
15	12月27日	浙江省高院民一庭	《关于审理劳动争议纠纷案件若干疑难问题的解答》
16	12月30日	泰安市中院	《关于审理民间借贷纠纷案件若干问题的指导意见》

1. 广东省高院《全省民事审判工作会议纪要》

2012年4月，广东省高院召开全省民事审判工作会议，通过讨论，形成该指导性会议纪要，其中，涉及证据的内容包括：

（1）医疗损害责任纠纷案件证明责任的分配。①患方主张医疗机构承担赔偿责任的，应证明与医疗机构之间存在医疗关系及受损害的事实，并提供医疗机构及其医务人员有过错的初步证据。但患者能够举证证明医疗机构存在《侵权责任法》第58条规定的情形的，不再就医疗机构及其医务人员有过错承担举证责任。②医疗机构主张具有《侵权责任法》第60条规定的免责事由的，应当承担举证责任。③患者依照《侵权责任法》第59条的规定请求赔偿的，适用最高人民法院《民事诉讼证据规定》第4条第6项的规定。

（2）关于民间借贷纠纷案件证据。审判实践中对于民间借贷纠纷案件的证据，应从各证据与案件事实的关联程度、各证据之间的联系等方面进行综合审查判断。审查判断方法包括：①对于存在借贷关系及借贷内容等事实，出借人应承担举证责任；②对于已经归还借款的事实，借款人应承担举证责任；③对形式有瑕疵的“借条”，出借人应对交付款项给借款人承担举证责任；④对形式有瑕疵的“欠条”或“收条”等，应结合其他证据认定是否存在借贷关系；⑤对当事人主张通过现金交付的借贷，应根据交付凭证、借贷金额大小、出借人的支付能力、资金来源、交易习惯、当事人关系以及当事人陈述的交付细节经过等因素综合判断是否存在借贷关系。

（3）关于执行异议之诉纠纷案件。①案外人对人民法院因先予执行、诉中财产保全而采取查封、扣押、冻结措施的标的有异议的，可依照最高人民法院《关于执行权合理配置和科学运行的若干意见》第17条的规定，参照《民事诉讼法》第204条的规定处理。相关诉讼由采取先予执行或诉讼保全措施的人民法院管辖。②同一执行标的被多个法院轮候查封、扣押、冻结，案外人对该执行标的提起执行异议诉讼的，由起诉时采取查封、扣押、冻结措施生效的法院管辖。③执行异议诉讼案件审理过程中，如执行标的被解除查封、扣押、冻结措施，异议人要求人民法院对执行标的的实体权利作出判定的，人民法院应继续审理。

2. 江苏省高院《关于做好修改后的〈中华人民共和国民事诉讼法〉施行后立案审判工作的讨论纪要》

（1）关于立案审查。①原告提交的起诉状应当符合修改后的《民事诉讼法》第121条的规定，不符合该条规定的，应当要求原告进行补正。原告拒不补正或无法补正又坚持起诉的，人民法院应当裁定不予受理。②公民个人起诉的，人民法院在立案审查时应当要求原告或其诉讼代理人提供原告的身份证原件、联系电话、送达地址。必要时，人民法院应当通知原告本人到场。

（2）关于小额诉讼案件的立案审查。原告提起的金钱给付之诉，经审查属于事实清楚、权利义务关系明确、争议不大、起诉时的诉讼标的额低于全省上年度城镇就业人员年平均工资3%的，适用小额诉讼程序，实行一审终审。

（3）关于公益诉讼案件的立案审查。人民法院在立案受理公益诉讼案件时，除应按照修改后的《民事诉讼法》第119条第2~4项进行审查外，还应重点审查以下事项：①原告是否是法律明确规定可以提起公益诉讼的机关或与起诉事项存在一定关联的有关组织；②原告起诉的事由是否是环境污染、侵害不特定多数消费者合法权益行为损害社会公共利益；③原告是否提供了被告存在污染环境、侵害不特定多数消费者合法权益的侵权行为并损害社会公共利益的初步证据。经审查，符合上述事项的，人民法院应当立案受理。原告的诉讼请求属于有关行政机关行政管理职权范围内的事项或属于行政诉讼受案范围的，法院应当按照修改后的《民事诉讼法》第124条第1、3项的规定处理。

（4）关于案外人撤销之诉的立案审查。人民法院在审查时，除审查案外人的起诉是否符合修改后的《民事诉讼法》第119条的规定外，还应当重点审查下列事项：①案外人有证据证明其符合修改后的《民事诉讼法》第56条第1、2款规定的第三人的条件或是遗漏的必要共同诉讼人；②案外人未参与前案审理是基于不可归责于其本人的事由；③前案判决、裁定、调解书损害了案外人的民事权益，且无法通过另诉的方式解决争议的；④案外人自知道或应当知道其民事权益受到生效裁判侵害之日起6个月内提起诉讼的；⑤当事人未因同一事由向人民法院提出执行异议或申请再审的。

3. 北京市高院《关于审理建设工程施工合同纠纷案件若干疑难问题的解答》

北京市高院该《解答》，规定了工程造价的鉴定问题：

（1）当事人申请对工程造价进行鉴定问题。当事人对工程价款存在争议，既未达成结算协议，也无法采取其他方式确定工程款的，法院可以根据当事人的申请委托有司法鉴定资质的工程造价鉴定机构对工程造价进行鉴定；当事人双方均不申请鉴定的，法院应当予以释明，经释明后对鉴定事项负有举证责任的一方仍不申请鉴定的，应承担举证不能的不利后果。鉴定过程中，一方当事人无正当理由在规定期限内拒绝提交鉴定材料或拒不配合，导致鉴定无法进行，经法院释明不利后果后其仍拒绝提交或拒不配合的，应承担举证不能的不利后果。

（2）当事人在诉前共同委托鉴定的效力问题。当事人诉前已经共同选定具有相应资质的鉴定机构对建设工程作出了相应的鉴定结论，诉讼中一方当事人要求重新鉴定的，一般不予准许，但有证据证明该鉴定结论具有最高人民法院《民事诉讼证据规定》第 27 条第 1 款规定情形的除外。

（3）工程造价鉴定中法院依职权判定事项。当事人对施工合同效力、结算依据、签证文件的真实性及效力等问题存在争议的，应由法院进行审查并做出认定。法院在委托鉴定时可要求鉴定机构根据当事人所主张的不同结算依据分别作出鉴定结论，或者对存疑部分的工程量及价款鉴定后单独列项，供审判时审核认定使用，也可就争议问题先做出明确结论后再启动鉴定程序。

4. 海口市中院《诉讼证据鉴定监督中心司法鉴定工作规程》

为加强对外委托评估鉴定的监督，充分保护当事人和其他权利人的合法权益，依照有关法律法规，海口市中院结合工作实际，制定了该工作规程：

（1）委托与收案。①对外委托工作坚持公开程序、公正选择、强化监督、防止误解和争议的原则，采取分级管理、逐级委托的方式进行。中级人民法院司法技术辅助工作机构受理本院和辖区内基层人民法院司法鉴定的对外委托。在办理对外委托业务中，遇有重大、疑难案件且因故不宜对外委托的，应报省高院对外委托。②对不具备对外委托条件的案件应当，主办人在 3 个工作日内制作《不予委托意见书》说明理由，报监督中心主任审批后，办理结案手续，同时将案件和《不予委托意见书》交内勤移交申请委托的审判、执行部门。

（2）司法鉴定的对外委托。①承办人受理委托鉴定后，于发出《听证通知书》起 3 日内主持听证。选择专业鉴定、评估机构应当在省高院统一制定的《海南省人民法院司法鉴定人和司法鉴定机构名册》中选择。《名册》中没有编入的专业项目，可以在《名册》外选择。②选择专业鉴定、评估机构实行协商选择和随机选择相结合的方式。随机选择专业机构分计算机随机法和抽签法两种方式。

（3）鉴定监督程序。①承办人召集双方当事人、鉴定人举行听证会。告知当事人将鉴定费用在3个工作日内转入到指定帐户，鉴定费用的收取按有关部门的收费标准执行。并告知当事人限期提交鉴定所需的鉴定材料。承办人根据鉴定对象对专业技术的要求，检查受委托专业机构指派从事委托事项人员的执业资格、执业证书是否与委托事项专业相符，不相符的可提出要求换人。没有执业证书、执业资格的人员不得办理法院委托的业务。②承办人应监督受委托机构在指定期限内完成受委托的工作。受委托机构一般应在接受委托后30个工作日内完成委托工作，疑难复杂案件在60个工作日内完成。因特殊原因需要延长期限的，应提交书面申请报监督中心领导审批并按法院重新给予的时间完成受委托工作。

5. 浙江省高院《关于办理“醉驾”犯罪案件若干问题的会议纪要》

为了更好地惩治“醉驾”犯罪，以维护公共安全，增进人民群众的安全感，省高院、省人民检察院、省公安厅多次研究，并就有关问题达成共识，涉及的证据问题有：

（1）关于立案标准。①对现场查获经呼气测试，酒精含量达到国家质量监督检验检疫局发布的《车辆驾驶人员血液、呼气酒精含量阈值与检验》中醉酒标准（≥80mg/100ml）的机动车驾驶人，无论其对检验结果是否有异议，均由医疗机构或者具备资格的检验鉴定机构工作人员按照规范抽取血样，及时进行血液酒精含量检测。检测结果达到醉酒标准的，一律以涉嫌危险驾驶罪立案侦查。②对被查获后，在呼气测试或者提取血样前故意饮酒，经检测其血液酒精含量达到醉酒驾驶机动车标准的，应当立案侦查。对被查获后，经呼气测试酒精含量达到醉酒标准，在抽取血样前逃跑的，也应当立案侦查。

（2）关于对诉讼证据的要求。首先，提起公诉的“醉驾”犯罪案件，应当移送下列证据及其相关案卷材料：①被告人的供述和辩解；②有证人的，能证明醉酒驾驶机动车的证言；③酒精呼气测试检验单和血液酒精含量报告单；④血样提取笔录或者提取登记表；⑤执法民警出具的查获经过说明；⑥现场查获的，查获时拍摄的被告人及其所驾驶车辆的照片或者视听资料；⑦其他与案件有关的证据材料（包括户籍证明、驾驶证、行驶证、以前的交通违法情况、前科情况等）。其次，查获后又故意当场饮酒的，根据呼气测试和血液检测的结果综合认定其酒精含量；呼气测试后当场饮酒的，以呼气测试结果认定其酒精含量，并从重处罚。经酒精呼气测试达到醉酒驾驶机动车标准，在提取血样前逃跑的，以现场呼气结果认定其酒精含量。

6. 泰安市中院《关于审理民间借贷纠纷案件若干问题的指导意见》

山东省泰安市中院出台的该《指导意见》，用大量篇幅规定了事实与证据的审查问题：

（1）借条（据）等债权凭证是证明双方存在借贷合意和借贷关系实际发生的直接证据，具有较强的证明力，人民法院应当审慎审查借据的真实性。除非有确凿的相反证据形成完整的证据链，足以对抗或推翻借条（据）等债权凭证记载的内容，一般不轻易否定其证明力。

（2）债务人对借条（据）内容的笔迹或者签章均真实性提出异议的，双方当事人可以提供补充证据或者反驳证据。人民法院应当根据双方提供的有效证据，结合案件的其他证据及相关情况，对借据的真实性进行综合审查判断。必要时可就是否委托鉴定征求当事人意见。在原、被告均不申请鉴定的情况下，由原告承担申请鉴定的责任。原告申请鉴定的，被告应当提供笔迹或公章比对的样本，拒不提供的，人民法院可以直接认定借条（据）上签名或盖章真实性。

（3）采用暴力、胁迫等非法手段获得的借条（据）、收条（据）、欠条（据）等，属于非法证据。经依法审查确认的非法证据，不能作为定案的依据。当事人在审理期间主张对方当事人提供的证据系非法证据的，应当提供涉嫌非法取证的人员、时间、地点、方式、内容等证据或证据线索。人民法院应当对相关证据或证据线索进行审查。

（4）民间借贷合同属实践性合同，原告就资金交付负有举证义务。出借人仅依据金融机构划款凭证提起诉讼，借款人辩称划款系出借人偿还双方以前的借款且借条已经灭失，并就此提供了相应证据的，借款关系成立的举证责任由出借人承担。

（5）当事人主张现金交付的，人民法院应当根据现金交付的金额大小、交付凭证、出借人的支付能力、当地或者当事人之间的交易方式、交易习惯、借贷双方的亲疏关系以及当事人陈述的交付细节等因素，结合当事人庭审言辞辩论情况以及提供的其他间接证据，依据民事诉讼高度盖然性的证明标准，综合审查判断借贷事实是否真实发生。必要时，人民法院可以依职权进行调查取证。

（6）对于标的额较大的案件，出借人应举证证明支付方式。出借人陈述支付方式为现金交付的，人民法院应根据当事人陈述、现金交付金额、出借人支付能力、交易习惯等因素综合审查判断。对金额较小的现金交付，出借人做出合理解释的，一般应视为债权人已经完成行为意义上的证明责任，可以认定借贷事实存在。对于金额大小的界定，由法官根据本辖区经济发展状况、出借人本人的经济能力、财产状况等情形，审慎判断。

（7）借条（据）载明的借款金额，一般应认定为本金。利息已经预先在本金中扣除的，本金应当按照实际出借的金额认定。借条（据）系借贷双方对前期借款本金和利息进行滚动结算后重新出具的，如前期利息没有超出4倍利率，借条（据）载明的借款金额可以认定为本金；如前期利息超出4倍利率，超出部分的利息应当从本金中扣减。

（8）借款人已经按约定支付借款本息后，又以约定的利率超过人民银行公布的同期同类贷款利率4倍为由请求返还的，人民法院不予支持。出借人根据约定同时主张逾期利息和违约金，只要逾期利息、违约金之和不超过按人民银行公布的同期同类贷款利率4倍计算出的利息，法院应予支持。出借人根据约定将利息计入本金请求借款人支付复利的，只要约定利率不超出人民银行公布的同期同类贷款利率的4倍，人民法院应予支持。

（五）国际条约

本年度，我国政府未签署或批准新的涉及证据规则的国际条约，继续采取多项具体措施，积极履行国际条约义务。

1. 出台《国家人权行动计划（2012～2015年）》

本年度，中国政府在实施《国家人权行动计划（2009～2010）》的基础上，出台了《国家人权行动计划（2012～2015）》[1]。这是我国的第二个国家人权行动计划，其中涉及证据规则的内容包括：①在第二部分“公民权利和政治权利”中规定，在刑事诉讼中将依法保障公民的人身权利和获得公正审判的权利。严禁刑讯逼供和其他非法方法取证，对采用刑讯逼供等非法方法收集的犯罪嫌疑人、被告人供述和采用暴力、威胁等非法方法收集的证人证言、被害人陈述，应当予以排除，并将强化对刑讯逼供的预防和救济措施。上述规定符合《联合国禁止酷刑公约》的规定，有助于实现我国所承担的条约义务。②在第五部分

---

〔1〕“国家人权行动计划（2012～2015）”，载新华网，http：//news. xinhuanet. com/2012－06/11/c_112186461. htm，最后访问日期：2013年10月15日。

"国际人权条约义务的履行和国际人权交流与合作"中规定，我国政府将继续履行《联合国禁止酷刑公约》等国际公约义务，并将继续稳妥推进行政和司法改革，为批准《公民权利和政治权利国际公约》做准备。

2.《刑事诉讼法》修订贯彻国际条约要求

（1）贯彻《联合国禁止酷刑公约》的情况。根据《联合国禁止酷刑公约》[1]第1条的"酷刑"定义，酷刑是指为了向某人或第三者取得情报或供状，为了他或第三者所作或涉嫌的行为对他加以处罚，或为了恐吓或威胁他或第三者，或为了基于任何一种歧视的任何理由，蓄意使某人在肉体或精神上遭受剧烈疼痛或痛苦的任何行为，而这种疼痛或痛苦是由公职人员或以官方身份行使职权的其他人所造成或在其唆使、同意或默许下造成的。纯因法律制裁而引起或法律制裁所固有或附带的疼痛或痛苦不包括在内。该条约第15条规定，每一缔约国应确保在任何诉讼程序中，不得援引任何业经确定系以酷刑取得的口供为证据，但这类口供可用作对被控施用酷刑逼供者刑讯逼供的证据。本年度，我国立法机关通过修订《刑事诉讼法》确立非法证据排除规则。2012年《刑事诉讼法》第54～58条对非法证据排除的主体、范围、证明责任等作出了规定。最高人民法院《刑诉法解释》第95条第1款规定："使用肉刑或者变相肉刑，或者采用其他使被告人在肉体上或者精神上遭受剧烈疼痛或者痛苦的方法，迫使被告人违背意愿供述的，应当认定为《刑事诉讼法》第54条规定的'刑讯逼供等非法方法'。"上述关于非法证据排除规则的规定，符合《联合国禁止酷刑公约》反对酷刑的立法精神，落实了该公约第1、15条的规定。

（2）贯彻《联合国打击跨国有组织犯罪公约》[2]的情况。该公约第20条规定，"各缔约国均应在其本国法律基本原则许可的情况下，视可能并根据本国法律所规定的条件采取必要措施，允许其主管当局在其境内适当使用控制下交付并在其认为适当的情况下使用其他特殊侦查手段，如电子或其他形式的监视和特工行动，以有效地打击有组织犯罪"。公约缔约国可以根据本国法律基本原则，在打击有组织犯罪、腐败犯罪中使用控制下交付、电子或者其

---

〔1〕参见赵秉志主编：《酷刑遏制论》，中国人民公安大学出版社2003年版，第536～540页。

〔2〕《联合国反腐败公约：联合国打击跨国有组织犯罪公约》，中国方正出版社2004年版，第178～200页。

他监视形式、特工行动等特殊侦查手段。我国2012年《刑事诉讼法》新增了“技术侦查措施”一节，共5个条文，分别对技术侦查的适用对象、适用期限、批准、执行和秘密侦查、控制下交付、技术侦查获得的材料的使用等方面作了原则性规定。

（3）贯彻《联合国反腐败公约》[1]的情况。一是该公约第31条规定，各缔约国均应当在本国法律制度的范围内尽最大可能采取必要的措施，以便能够没收来自根据本公约确立的犯罪的犯罪所得、犯罪工具等。我国2012年《刑事诉讼法》设专章规定了犯罪嫌疑人、被告人隐匿、死亡案件违法所得的没收程序。二是该公约第32条规定，各缔约国均应当根据本国法律制度并在其力所能及的范围内采取适当的措施，为就根据本公约确立的犯罪作证的证人和鉴定人并酌情为其亲属及其他与其关系密切者提供有效的保护，使其免遭可能的报复或者恐吓。在不影响被告人权利包括正当程序权的情况下，可以采取保护证人、鉴定人和被害人的多种措施。我国2012年《刑事诉讼法》增加了对特定案件的证人、鉴定人、被害人采取特别保护措施的规定。上述立法将《联合国反腐败公约》的相关规定转化为国内立法，促进了我国所承担的条约义务的实现。三是该公约第50条规定，为有效地打击腐败，各缔约国均应当在其本国法律制度基本原则许可的范围内并根据本国法律规定的条件在其力所能及的情况下采取必要措施，允许其主管机关在其领域内酌情使用控制下交付和在其认为适当时使用诸如电子或者其他监视形式和特工行动等其他特殊侦查手段，并允许法庭采信由这些手段产生的证据。我国2012年《刑事诉讼法》新增“技术侦查措施”一节第148～152条，对技术侦查的适用对象、适用期限、批准、执行和秘密侦查、控制下交付、技术侦查获得的材料的使用等作了规定。

二、证据司法实践发展综述

（一）人民法院证据制度建设

2012年是《人民法院第三个五年改革纲要》（以下简称“三五改革纲

[1]《联合国反腐败公约：联合国打击跨国有组织犯罪公约》，中国方正出版社2004年版，第48～97页。

要”）实施的第四年。“三五改革纲要”中有关证据制度建设的内容包括三个方面：一是全面完善刑事证据制度，制定刑事证据审查规则，统一证据采信标准；建立健全证人、鉴定人出庭制度和保护制度，明确侦查人员出庭作证的范围和程序；二是进一步完善民事诉讼证据规则；三是“推进行政诉讼法的修改进程，促进行政诉讼审判体制和管辖制度的改革和完善”。上述任务中，有些已取得可观的成果，最高人民法院《人民法院工作年度报告（2012年）》[1]也肯定法院证据制度建设在本年度取得了重要进展，但同时也伴随着一些问题。

1. 刑事证据规则在完善过程中仍显不足

（1）刑事证据规则进一步得到完善。最高人民法院《刑诉法解释》在完善刑事证据制度方面取得以下进展：①确立证据审查规则。第69～94条从审查内容和不能作为定案依据等方面，确立对物证、书证、证人证言等各种证据的审查规则。②初步建立了证人、鉴定人等出庭作证和保护制度。特别是如下两条规定具有重要法治意义：一是第78条第3款规定，“经人民法院通知，证人没有正当理由拒绝出庭或者出庭后拒绝作证，法庭对其证言的真实性无法确认的，该证人证言不得作为定案的根据”。二是第86条第1款规定，“经人民法院通知，鉴定人拒不出庭作证的，鉴定意见不得作为定案的根据”。③系统规定非法证据排除程序。一是明确了刑讯逼供的范围。第95条规定，“使用肉刑或者变相肉刑，或者采用其他使被告人在肉体上或者精神上遭受剧烈疼痛或者痛苦的方法，迫使被告人违背意愿供述的，应当认定为《刑事诉讼法》第54条规定的‘刑讯逼供等非法方法’”。二是规定了非法言词证据和非法实物证据的排除程序，并具体解释了《刑事诉讼法》第54条“可能严重影响司法公正”，应当综合考虑收集物证、书证违反法定程序以及所造成后果的严重程度等情况（第95条）。三是规定了有利于被告人的原则。第102条第1款规定“经审理，确认或者不能排除存在《刑事诉讼法》第54条规定的以非法方法收集证据情形的，对有关证据应当排除。”④确立行政执法证据规则。第65条第1款规定：“行政机关在行政执法和查办案件过程中收集的物证、书证、视听资料、电子数据等证据材料，在刑事诉讼中可以作为证据使用；经法庭查证属实，且收集程序符合有关法律、行政法规规定的，可以作

〔1〕 参见最高人民法院《人民法院工作年度报告（2012年）》，人民法院出版社2013年版。

为定案的根据。”

（2）刑事证据规则还存在不足，具体如下：①对解释对象的偏离。第四章“证据”部分多数条文照搬了“两院三部”2010年“两个刑事证据规定”的内容，而这两个规定是在2012年《刑事诉讼法（修正案）》通过前颁行的，很难说是对2012年《刑事诉讼法》的解释。[1]②对补正概念的错误肯定。《刑诉法解释》第73、77、82条对“两院三部”2010年“两个刑事证据规定”中“补正”概念的沿用，重复了其使最佳证据规则预防欺骗性证明的措施失效错误。[2]③最高人民法院《刑诉法解释》对2012年《刑事诉讼法》中一些亟须解释的条文采取了回避态度。例如，2012年《刑事诉讼法》第50条中新增的“不得强迫任何人证实自己有罪”的规定，与第118条中“犯罪嫌疑人对侦查人员的提问应当如实回答”的规定有无冲突，如何解释这种冲突？对此，《刑诉法解释》未予明确。④对直接询问和交叉询问规则的混淆。《刑诉法解释》第213条规定了“向证人发问应当遵循的规则”，但该规则中的“不得以诱导方式发问”却令人啼笑皆非。因为，这个规则只适用于直接询问，交叉询问的规则恰恰是“以诱导方式发问”，正因其具有这个特征，才成就了“它仍然是我们曾经发明的揭示事实真相之最伟大的法律引擎”[3]。⑤“明确侦查人员出庭作证的范围和程序”这一“三五改革纲要”的任务没有完成。虽然，《刑诉法解释》第101条规定了法庭对证据合法性调查程序中“有关侦查人员或者其他人员出庭说明情况等方式，证明证据收集的合法性”，第185条规定了开庭审理前法庭审理提纲一般包括“出庭的证人、鉴定人、有专门知识的人、侦查人员的名单”，然而，这两条都是对特定情况下侦查人员出庭作证的规定，对于一般情况下侦查人员应当出庭作证却没有作出明确规定，这是一个大遗憾。

2. 民事与行政诉讼证据制度建设在推向前进的同时缺乏整体规划

本年度，人民法院民事诉讼和行政诉讼证据制度建设仍然缺乏整体规划，

---

〔1〕参见何家弘：“司法解释与司法判例——新‘刑诉法司法解释’评析”，载《法学杂志》2013年第7期。

〔2〕详细的理论分析，请参见张保生、常林主编：《中国证据法治发展报告（2010）》，中国政法大学出版社2012年版，第42页。

〔3〕参见［美］约翰·亨利·威格莫尔：《普通法审判中的英美证据制度专论》，转引自［美］罗纳德·J. 艾伦等：《证据法：文本、问题和案例》，张保生、王进喜、赵滢译，满运龙校，高等教育出版社2006年版，第114页脚注4。

还是处于“打补丁”阶段，具体表现在以下几个方面：

（1）2012 年 3 月 26 日，最高人民法院《关于办理申请人民法院强制执行国有土地上房屋征收补偿决定案件若干问题的规定》，对申请法院强制执行征收补偿决定的举证责任、证据内容作了列举式规定，其中，也出现了“补正”这种违反证据法基本原理的内容，可见，颁布者并未意识到“补正”概念会使最佳证据规则预防欺骗性证明的措施失效。

（2）2012 年 5 月 3 日，最高人民法院《关于审理因垄断行为引发的民事纠纷案件应用法律若干问题的规定》，对垄断案件的证据与证明问题作了特别规定：一是规定了当事人双方对垄断行为的举证责任；二是规定了垄断案件中所涉证据的特殊审查判断规则；三是规定了涉密和隐私证据庭审时的特殊处理方法。

（3）2012 年 5 月 10 日，最高人民法院《审理买卖合同案件适用法律的解释》对买卖合同纠纷案件的证据与证明问题作了详细规定：一是规定了当事人没有书面合同时买卖合同关系认定所依据的证据；二是以列举方式规定了“《合同法》第 136 条规定的提取标的物单证以外的有关单证和资料”；三是对“履行交付标的物义务”、“履行付款义务”的证据内容作了规定。

（4）2012 年 11 月 27 日，最高人民法院《关于审理道路交通事故损害赔偿案件适用法律若干问题的解释》，对因道路管理维护缺陷导致机动车发生交通事故造成损害所承担责任的证明标准及“公安机关交通管理部门制作的交通事故认定书”的证明力作了规定。第 27 条规定：“公安机关交通管理部门制作的交通事故认定书，人民法院应依法审查并确认其相应的证明力，但有相反证据推翻的除外。”《交通事故认定书》作为一种证据，其并不具有预设的证明力，同样要经过法庭质证和认证才能作为定案的依据，这就使交通事故纠纷裁判的主体从警察变成了法官，警察从过去的责任裁判者变成了证人。这种身份转变具有重要的法治意义，它标志着我们正在从警察国家向法治国家转变。

（5）2012 年 12 月 28 日，最高人民法院《关于修改后的民事诉讼法施行时未结案件适用法律若干问题的规定》规定，“当事人对 2013 年 1 月 1 日前已经发生法律效力的判决、裁定或者调解书申请再审的……符合下列情形的，仍适用修改前的《民事诉讼法》第 184 条规定：①有新的证据，足以推翻原判决、裁定的；②原判决、裁定认定事实的主要证据是伪造的；③判决、裁定发生法律效力2年后，据以作出原判决、裁定的法律文书被撤销或者变更，以及发现审判人员在审理该案件时有贪污受贿，徇私舞弊，枉法裁判行为的。”

3. 最高人民法院推动证据规则在全国统一适用

（1）清理司法解释性文件以保证国家法律统一适用。本年度，最高人民法院会同最高人民检察院等有关部门，对1979年底以前发布的司法解释和司法解释性文件进行了集中清理。其中许多司法解释涉及证据和证明问题，例如，1957年最高人民法院《关于与案件有直接利害关系的人能否当证人等问题的复函》[1]已被《刑事诉讼法》、《民事诉讼法》、《行政诉讼法》以及最高人民法院关于民事诉讼证据的相关法律解释代替；1964年最高人民法院办公厅《关于证物技术鉴定使用问题的函》，由于《刑事诉讼法》相关条文修订及2005年全国人大常委会《关于司法鉴定管理问题的决定》对司法鉴定已有新的规定，此函不再适用；1975年最高人民法院《关于来华治病的华侨和外籍人要求出具延期治疗证明问题的批复》[2]也已不再适用；等等。

（2）对地方性司法解释性质文件的出台进行限制。2012年1月18日，最高人民法院、最高人民检察院联合发布《关于地方人民法院、人民检察院不得制定司法解释性质文件的通知》，要求：根据全国人大常委会《关于加强法律解释工作的决议》的有关规定，“人民法院在审判工作中具体应用法律的问题，由最高人民法院作出解释；人民检察院在检察工作中具体应用法律的问题，由最高人民检察院作出解释。……地方人民法院、人民检察院一律不得制定在本辖区普遍适用的、涉及具体应用法律问题的‘指导意见’、‘规定’等司法解释性质文件，制定的其他规范性文件不得在法律文书中援引。……对于制定的带有司法解释性质的文件，应当自行清理。凡是与法律、法规及司法解释的规定相抵触以及不适应经济社会发展要求的司法解释性质文件，应当予以废止……”对于司法实践中迫切需要、符合法律精神又无相应的司法解释规定的，应“通过高级人民法院、省级人民检察院向最高人民法院、最高人民检察院提出制定司法解释的建议或者对法律应用问题进行请示”。这意味着，先前由各地方法院出台的各种地方性证据规则将失去效力。上述要

---

〔1〕法研字第12573号。

〔2〕法办司字第5号。

求有利于法律法规在全国统一适用，然而，证据规则是法官审判经验的结晶，这些要求是否会阻碍各级人民法院总结审判实践中积累的事实认定经验，还有待时间检验。

（3）强调行使自由裁量权要正确运用证据规则。2012 年 2 月 28 日，最高人民法院《关于在审判执行工作中切实规范自由裁量权行使保障法律统一适用的指导意见》第 4 条明确指出，“行使自由裁量权，要正确运用证据规则，从保护当事人合法权益、有利查明事实和程序正当的角度，合理分配举证责任，全面、客观、准确认定证据的证明力，严格依证据认定案件事实，努力实现法律事实与客观事实的统一”。上述规定对于坚持证据裁判原则具有重要指导作用，法官的自由裁量权主要是采纳和排除证据的权力，因此，必须在坚持证据法的前提下自由行使裁量权，不能违背证据法的基本原理。

4. 地方法院证据制度建设的成效〔1〕

（1）四川省高院和新疆维吾尔自治区高院推进知识产权专家证人制度建设。四川省高院出台《关于知识产权案件专家证人出庭作证的规定（试行）》，对全省知识产权专家证人出庭作证进行规范，明确了专家证人的资格、职责、权利、作证形式等内容。新疆维吾尔自治区高院筹建了知识产权专家证人库，主要由自治区知识产权局从化工材料、机械制造、建筑设计等五大类别中选取在本专业技术领域有较高造诣的专业人员组成，同时制定了《知识产权司法保护专家证人工作规程》，旨在解决专利案件中经常遇到的技术性难题，提高专利案件裁判文书的说理性和科学性。

（2）天津市二中院试行异地司法鉴定。目前全国各地法院基本上都采取随机抽取或摇号的方式确定鉴定机构，天津市二中院则尝试建立跨区域司法鉴定机制。本年度，该院开庭审理一起工程款纠纷案，原、被告就违约欠款还是工程质量问题争论不休。原告系北京某单位，担心被告在本地进行鉴定有地方保护问题。为此，天津二中院启动异地司法鉴定程序，经双方对鉴定地域、鉴定机构、鉴定专家进行任意摇号选择，最终河北某公司中标，双方均表示同意。这是该院建立跨区域司法鉴定机制以来的第二例异地司法鉴定。自 2011 年以来，该院坚持在资产评估、房地产评估、工程造价三大类司法鉴

〔1〕 此部分内容主要参考了最高人民法院网站各级人民法院新闻，载 http：//www. court. gov. cn/xwzx/fyxw/，最后访问日期：2013 年 11 月 27 日。

定领域，打破地域壁垒，实行异地司法鉴定，使鉴定意见的中立性更有保证。

（3）云南省高院出台《民事申请再审案件听证规则（试行）》。云南省高院《民事申请再审案件听证规则（试行）》规定，“申请再审人提出新的证据，可能推翻原判决、裁定的”等四种申请再审案件，应当组织听证。其他三种包括：一是原判决、裁定采用未经质证、认证的证据，或者未采用已经质证、认证的证据认定案件事实，可能导致认定事实和实体处理错误的案件；二是原判决、裁定认定事实的主要证据可能是伪造的案件；三是合议庭认为需要听证的其他案件。该规则还规定，组织当事人听证的案件，应在听证5日前书面（传票、听证通知书）或者采用其他方式将听证的时间和地点通知当事人。采用书面形式通知当事人参加听证的，应当同时告知无正当理由不参加听证的法律后果。听证程序包括：①法官宣布听证开始和听证的原因；②再审申请人陈述申请再审的事实与理由；被申请人陈述答辩意见；③法官归纳争点，并围绕争点发问；④当事人之间经法官允许，就有关证据进行质问、答辩，或向到场的证人、鉴定人、勘验人发问；⑤各方当事人围绕争点进行辩论；⑥当事人作最后陈述；⑦法官宣布听证结束。

（二）人民检察院证据制度建设

本年度，《刑事诉讼法》与《民事诉讼法》的修改重塑了中国证据制度。面对重塑之后的证据制度，人民检察院采取措施积极应对，在证据制度建设方面稳步推进。

1. 深入开展刑事证据规则学习培训

长期以来，法学理论界和司法实务界都希望立法者能制定完备、先进的刑事证据规则，并对通过《刑事诉讼法》修改实现这一目标寄予厚望。2012年《刑事诉讼法》的修改对此作出了回应，从非法证据排除规则、证人出庭范围和强制出庭制度、加强证人保护、刑事案件证明标准等方面对证据制度予以修改、完善。本年度，人民检察院在证据制度建设方面的最大成就是进行《刑事诉讼法》以及《人民检察院刑事诉讼规则》培训，并将证据制度作为其中重要的培训内容。

2012年3月15日，最高人民检察院下发《关于深入开展新〈刑事诉讼法〉学习培训的通知》（以下简称《通知》），要求全国各级检察机关迅速部署开展新《刑事诉讼法》的学习培训工作，为实施修订后的《刑事诉讼法》做好充分准备。《通知》要求，各级检察机关要充分认识学习新《刑事诉讼法》的重要意义，把学习新《刑事诉讼法》作为今年教育培训的重要内容，按照分级培训原则，组织好各级检察人员的学习培训。各级检察机关要把学习培训与考试考核结合起来，做到“人人接受培训，人人参加考试”，以考试考核促进学习培训，确保培训取得实效。为保证培训效果，最高人民检察院要求各省级检察院结合本地区实际制定具体方案，作出相应安排，确保2012年底前完成新《刑事诉讼法》全员培训的目标任务，为全面实施修订后的《刑事诉讼法》做好相应准备。

2012年12月6日，最高人民检察院举行《人民检察院刑事诉讼规则（试行）》全员网络培训启动仪式，最高人民检察院常务副检察长胡泽君要求，全国各级检察机关要抓紧做好《刑事诉讼规则（试行）》实施的各项准备工作，要有针对性地抓好全面学习培训工作，特别强调检察人员要自觉更新和转变执法理念，牢固树立人权意识、程序意识、证据意识、时效意识、监督意识。

最高人民检察院及各地检察院还围绕《刑事诉讼法》的修订，专门组织了关于证据制度的学习培训。例如，最高人民检察院在长春市组织了全国省级检察院检察技术信息部门负责人素质能力培训班，集中学习了国家电子政务规划、电子检务工程、刑事诉讼证据制度、《人民检察院刑事诉讼规则（试行）》、司法鉴定管理等方面的知识和理论，并观摩了鉴定人出庭演示。又如，针对《刑事诉讼法》修改增加的证据种类，最高人民检察院举办了全国检察系统电子数据检验鉴定师资培训，着力提高电子数据检验鉴定的能力。

2. 根据2012年《刑事诉讼法》修订有关证据规则

（1）因应《2012年刑事诉讼法》对证据制度的完善，《人民检察院刑事诉讼规则（试行）》增加了“证据”专章，通过17个条文对证据问题作了专门规定，这有助于证据制度在检察实践中贯彻执行。不过，其中也存在一些不容忽视的问题。例如，2012年《刑事诉讼法》第52条第2款规定，行政机关在行政执法和查办案件过程中收集的物证、书证、视听资料、电子数据等证据材料，在刑事诉讼中可以作为证据使用。该规定改变了过去行政执法证据在刑事诉讼中缺乏规制的局面。从该条内容来看，立法者显然是将其与《刑事诉讼法》第48条的证据种类区别对待的，这里“等证据材料”，应该理解为“等实物证据材料”，而不能理解为是与物证、书证、视听资料、电子数据等实物证据不同的其他证据材料，特别是不能理解为包括证人证言、被害人陈述和犯罪嫌疑人、被告人供述等在内的言词证据。然而，最高人民检察院《刑事诉讼规则（试行）》在解释该条文时（第64条第3款）规定："人民检察院办理直接受理立案侦查的案件，对于有关机关在行政执法和查办案件过程中收集的涉案人员供述或者相关人员的证言、陈述，应当重新收集；确有证据证实涉案人员或者相关人员因路途遥远、死亡、失踪或者丧失作证能力，无法重新收集，但供述、证言或者陈述的来源、收集程序合法，并有其他证据相印证，经人民检察院审查符合法定要求的，可以作为证据使用。"上述关于"无法重新收集"的特殊情况下便"可以作为证据使用"的规定，显然带有自我授权的性质。当然，最高人民检察院同时要求各级检察院，应当对《刑事诉讼规则（试行）》施行中的一些重大问题加强调查和研究，对取得的效果以及存在的问题进行全面、系统的评估，针对实施中出现的新情况、新问题，积极探索研究解决对策，及时向最高人民检察院提出修改完善《刑事诉讼规则（试行）》的建议。高检院将在试行一段时间之后，适时对《刑事诉讼规则（试行）》作进一步的修改和完善。

（2）最高人民检察院积极应对修改后《刑事诉讼法》对检察技术部门审查技术性证据材料提出的新要求，对《人民检察院技术性证据审查规则》、《人民检察院勘验检查规则》、《人民检察院法医工作细则》和《人民检察院文件检验工作细则》等作了相应修订，以确保检察技术工作的制度化。这些举措无疑有助于人民检察院取证工作的规范化。

3. 继续推进同步录音录像制度建设

（1）最高人民检察院《刑事诉讼规则（试行）》对同步录音录像程序作出了详细规定。为规范检察机关的侦查讯问活动，防范刑讯逼供等非法现象的出现，检察机关从2006年开始推行讯问职务犯罪嫌疑人的全程同步录音、录像制度，2012年《刑事诉讼法》吸收这一经验，规定了讯问过程的录音或者录像制度。最高人民检察院《刑事诉讼规则（试行）》对讯问时录音、录像的操作程序作了如下详细规定：①每次讯问犯罪嫌疑人都应当对讯问过程实行全程录音、录像；②讯问和录音、录像的人员要分离，讯问由侦查人员负责，录音、录像由检察技术人员负责；③被告人或者辩护人对讯问活动合法性提出异议的，必要时公诉人可以提请法庭当庭播放相关时段的讯问录音、录像，对有关异议或者事实进行质证。

（2）最高人民检察院根据2012年《刑事诉讼法》对讯问职务犯罪嫌疑人全程同步录音录像的新规定，修订了《人民检察院讯问职务犯罪嫌疑人实行全程同步录音录像系统建设规范（试行）》。

（3）最高人民检察院联合公安部发布《关于在看守所设置同步录音录像讯问室的通知》。为“保证人民检察院在直接立案侦查的案件中讯问在押职务犯罪嫌疑人实行同步录音录像工作，进一步提高人民检察院严格依法办案和理性、平和、文明、规范执法的水平”，2012年最高人民检察院联合公安部发布《关于在看守所设置同步录音录像讯问室的通知》，“就在看守所设置、使用和管理讯问室，保证人民检察院讯问职务犯罪嫌疑人实行全程同步录音录像工作的有关事项”作出专门规定。尽管其属于硬件方面的规定，但毫无疑问，它对同步录音录像的规范化具有积极的推动作用。其主要内容包括：①“为保证人民检察院讯问在押职务犯罪嫌疑人实行同步录音录像，看守所可以设置由人民检察院相对固定使用的讯问室，配置录音录像、信息网络传输等设备”。最高人民检察院要求“各级人民检察院应当根据当地查办职务犯罪案件工作的实际需要，积极与公安机关协商，确定在看守所设置同步录音录像讯问室的数量”（第1条）；②“看守所设置人民检察院相对固定使用的同步录音录像讯问室，应当由同级人民检察院负责提供录音录像设备，承担讯问室建设、改造以及录音录像设备的维护、保养费用”（第3条）；③“人民检察院在看守所同步录音录像讯问室讯问在押职务犯罪嫌疑人，应当严格执行看守所有关规定。严禁在同步录音录像讯问室安放床铺留置职务犯罪嫌疑人，一般情况下不得在夜间提审，确需在夜间提审的应当严格履行审批手续，确保职务犯罪嫌疑人的合法权益和办案安全”（第6条）。

4. 地方检察院出台证据制度建设改革措施

（1）北京市人民检察院、高院等机关联合发布《关于关键证人、鉴定人出庭程序及保障机制问题的工作意见》，贯彻2012年《刑事诉讼法》关于证人强制出庭制度、证人保护和补偿制度等规定，结合北京市刑事司法工作的实际情况，就关键证人、鉴定人出庭程序及保障机制提出了38条工作意见。该《意见》对证人、鉴定人、有专门知识的人申请出庭的审查、出庭的通知、不出庭的法律后果以及证人、鉴定人出庭的保障等方面，进行规制，细化了证人、鉴定人出庭作证的规则。

（2）浙江省人民检察院出台《检察机关电子数据技术工作规则》。该《规则》对包括电子数据的勘验检查、检验鉴定、证据审查和技术协助在内的电子数据技术工作作了明确的规范，对电子数据检察技术工作各环节都有具体要求。例如，在电子数据技术的委托与受理方面，检察机关办案部门需要进行电子数据勘验检查、检验鉴定、证据审查和技术协助的，应当向检察技术部门提交委托书，并提供所需检材以及其他相关材料，检察技术部门指派有专业资格的技术人员进行有关技术工作。同一案件的勘验检查和检验鉴定，不能指派相同的检察技术人员实施。在电子数据证据审查方面，应当审查文书制作机构和制作人是否具备相应资格，工作程序是否合法；文书所依据的材料是否真实、完整、充分，来源是否合法；文书是否规范，内容是否全面，相互之间是否存在矛盾；运用的检验或勘验方法是否科学，过程是否规范，能否得出相应的结论或意见等内容。

（3）陕西省宝鸡市渭滨区检察院制定《排除非法证据实施细则》。主要内容包括：①细化了证据排除范围，对排除的例外情形予以明确，规定对由非法证据衍生的合法证据或以非法证据为线索取得的合法证据原则上不予排除，但合法证据与非法证据无法分离且非法证据占主要部分的除外。②规范了针对非法证据的认定及排除程序。对于案件事实和定性没有影响或虽可能改变案件事实，但不影响定性和量刑档次的非法证据，应经部门负责人同意后予以排除；对于可能改变案件事实，直接影响定性或量刑档次的非法证据，应经分管副检察长批准后予以排除；对于可能导致不捕或不诉的非法证据，应提交院检委会讨论决定后予以排除。③在强化对侦查机关（部门）取证过程监督的同时，建立了排除非法证据听证制度，规定了在一定范围内公开举行排除非法证据听证会的情形：一是侦查机关对证据合法性存在重大异议；二是排除非法证据对案件定罪量刑有重大影响；三是排除非法证据直接导致不符合批捕条件；四是排除非法证据直接导致不符合起诉条件等。

（三）公安机关证据制度建设

为贯彻实施2012年《刑事诉讼法》，公安部出台了一批与实施新刑事诉讼法相关的规章规范。其中，涉及证据规则较多的是《公安机关办理刑事案件程序规定》和《火灾事故调查规定》。

1.《公安机关办理刑事案件程序规定》[1]

该规定自2013年1月1日起施行，是公安机关执行2012年《刑事诉讼法》的权威文件，公安部1998年和2007年修订的《公安机关办理刑事案件

［1］ 公安部令第127号。

程序规定》同时废止。关于刑事证据规定的主要内容包括：

（1）公安机关办理刑事案件，应当重证据，重调查研究，不轻信口供。严禁刑讯逼供和以威胁、引诱、欺骗以及其他非法方法收集证据，不得强迫任何人证实自己有罪。（第 8 条）

（2）公安机关必须依照法定程序，收集能够证实犯罪嫌疑人有罪或者无罪、犯罪情节轻重的各种证据。必须保证一切与案件有关或者了解案情的公民，有客观地充分地提供证据的条件，除特殊情况外，可以吸收他们协助调查。（第 57 条）

（3）公安机关向有关单位和个人调取证据，应当经办案部门负责人批准，开具调取证据通知书。被调取单位、个人应当在通知书上盖章或者签名，拒绝盖章或者签名的，公安机关应当注明。必要时，应当采用录音或者录像等方式固定证据内容及取证过程。（第 59 条）

（4）公安机关接受或者依法调取的行政机关在行政执法和查办案件过程中收集的物证、书证、视听资料、电子数据、检验报告、鉴定意见、勘验笔录、检查笔录等证据材料，可以作为证据使用。（第 60 条）

（5）公安机关提请批准逮捕书、起诉意见书必须忠实于事实真象。故意隐瞒事实真象的，应当依法追究责任。（第 64 条）

（6）在侦查阶段发现有应当排除的证据的，经县级以上公安机关负责人批准，应当依法予以排除，不得作为提请批准逮捕、移送审查起诉的依据。（第 67 条第 3 款）

（7）人民检察院认为可能存在以非法方法收集证据情形，要求公安机关进行说明的，公安机关应当及时进行调查，并向人民检察院作出书面说明。（第 67 条第 4 款）

（8）人民法院认为现有证据材料不能证明证据收集的合法性，通知有关侦查人员或者其他人员出庭说明情况的，有关侦查人员或者其他人员应当出庭。必要时，有关侦查人员或者其他人员也可以要求出庭说明情况。经人民法院通知，人民警察应当就其执行职务时目击的犯罪情况出庭作证。（第 68 条）

（9）证人保护工作所必需的人员、经费、装备等，应当予以保障。证人因履行作证义务而支出的交通、住宿、就餐等费用，应当给予补助。证人作证的补助列入公安机关业务经费。（第 73 条）

2.《火灾事故调查规定》

为进一步规范公安机关消防机构火灾事故调查工作，完善火灾事故调查的内容和程序，公安部《关于修改〈火灾事故调查规定〉的决定》[1]对2009年5月1日施行《火灾事故调查规定》进行了修改，其中涉及证据调查的内容主要包括：

（1）铁路、港航、民航公安机关和国有林区的森林公安机关消防机构负责调查其消防监督范围内发生的火灾。（第5条第3款）

（2）火灾发生地的县级公安机关消防机构应当根据火灾现场情况，排除现场险情，保障现场调查人员的安全，并初步划定现场封闭范围，设置警戒标志，禁止无关人员进入现场，控制火灾肇事嫌疑人。（第16条第1款）

（3）现场提取的痕迹、物品需要进行专门性技术鉴定的，公安机关消防机构应当委托依法设立的鉴定机构进行，并与鉴定机构约定鉴定期限和鉴定检材的保管期限。（第23条第1款）

（4）有人员死亡的火灾，为了确定死因，公安机关消防机构应当立即通知本级公安机关刑事科学技术部门进行尸体检验。公安机关刑事科学技术部门应当出具尸体检验鉴定文书，确定死亡原因。（第24条）

（5）卫生行政主管部门许可的医疗机构具有执业资格的医生出具的诊断证明，可以作为公安机关消防机构认定人身伤害程度的依据。但是，具有下列情形之一的，应当由法医进行伤情鉴定：①受伤程度较重，可能构成重伤的；②火灾受伤人员要求作鉴定的；③当事人对伤害程度有争议的；④其他应当进行鉴定的情形。（第25条）

（6）将第30条中的“以及有证据能够排除的起火原因”修改为：“以及有证据能够排除和不能排除的起火原因”。

（7）对较大以上的火灾事故或者特殊的火灾事故，公安机关消防机构应当开展消防技术调查，形成消防技术调查报告，逐级上报至省级人民政府公安机关消防机构，重大以上的火灾事故调查报告报公安部消防局备案。调查报告应当包括下列内容：①起火场所概况；②起火经过和火灾扑救情况；③火灾造成的人员伤亡、直接经济损失统计情况；④起火原因和灾害成因分析；⑤防范措施。火灾事故等级的确定标准按照公安部的有关规定执行。（第

[1] 公安部令第121号。

33 条）

（8）原火灾事故认定主要事实清楚、证据确实充分、程序合法，起火原因认定正确的，复核机构应当维持原火灾事故认定。原火灾事故认定具有下列情形之一的，复核机构应当直接作出火灾事故复核认定或者责令原认定机构重新作出火灾事故认定，并撤销原认定机构作出的火灾事故认定：①主要事实不清，或者证据不确实充分的；②违反法定程序，影响结果公正的；③认定行为存在明显不当，或者起火原因认定错误的；④超越或者滥用职权的。（第 39 条第 2、3 款）

三、司法鉴定制度建设综述

（一）新诉讼法对司法鉴定制度的完善

1.《刑事诉讼法》对司法鉴定制度的完善

2012 年 3 月 14 日，十一届全国人大五次会议通过修订后的《刑事诉讼法》，[1] 对刑事诉讼中适用司法鉴定的规则作出新的原则规范：

（1）鉴定人回避制度。主要内容包括：

第一，鉴定人回避适用审判人员、检察人员、侦查人员回避规则。第 31 条规定，本章关于回避的规定适用于书记员、翻译人员和鉴定人。辩护人、诉讼代理人可以依照本章的规定要求回避、申请复议。

第二，因身份回避。第 28 条规定，审判人员、检察人员、侦查人员有下列情形之一的，应当自行回避，当事人及其法定代理人也有权要求他们回避：①是本案的当事人或者是当事人的近亲属的；②本人或者他的近亲属和本案有利害关系的；③担任过本案的证人、鉴定人、辩护人、诉讼代理人的；④与本案当事人有其他关系，可能影响公正处理案件的。

第三，因行为回避。第 29 条规定，审判人员、检察人员、侦查人员不得接受当事人及其委托的人的请客送礼，不得违反规定会见当事人及其委托的人。审判人员、检察人员、侦查人员违反前款规定的，应当依法追究法律责任。当事人及其法定代理人有权要求他们回避。

（2）鉴定意见的证据效力。主要内容包括：其一，鉴定意见与法定证据。

〔1〕 中华人民共和国主席令第 55 号。2012 年 3 月 14 日公布，自 2013 年 1 月 1 日起施行。

第48条规定，可以用于证明案件事实的材料，都是证据。证据包括：①物证；②书证；③证人证言；④被害人陈述；⑤犯罪嫌疑人、被告人供述和辩解；⑥鉴定意见；⑦勘验、检查、辨认、侦查实验等笔录；⑧视听资料、电子数据。证据必须经过查证属实，才能作为定案的根据。其二，行政执法机关移送证据的法律效力。第52条第2款规定，行政机关在行政执法和查办案件过程中收集的物证、书证、视听资料、电子数据等证据材料，在刑事诉讼中可以作为证据使用。

（3）鉴定人作证保护制度。主要内容包括：

第一，保护适用条件与措施。第62条第1款规定，对于危害国家安全犯罪、恐怖活动犯罪、黑社会性质的组织犯罪、毒品犯罪等案件，证人、鉴定人、被害人因在诉讼中作证，本人或者其近亲属的人身安全面临危险的，人民法院、人民检察院和公安机关应当采取以下一项或者多项保护措施：①不公开真实姓名、住址和工作单位等个人信息；②采取不暴露外貌、真实声音等出庭作证措施；③禁止特定的人员接触证人、鉴定人、被害人及其近亲属；④对人身和住宅采取专门性保护措施；⑤其他必要的保护措施。

第二，保护申请。第62条第2款规定，证人、鉴定人、被害人认为因在诉讼中作证，本人或者其近亲属的人身安全面临危险的，可以向人民法院、人民检察院、公安机关请求予以保护。

第三，保护措施的强制力。第62条第3款规定，人民法院、人民检察院、公安机关依法采取保护措施，有关单位和个人应当配合。

（4）侦查阶段与鉴定。主要内容包括：

第一，鉴定适用条件。第144条规定，为了查明案情，需要解决案件中某些专门性问题的时候，应当指派、聘请有专门知识的人进行鉴定。

第二，鉴定形式要件与鉴定人法律责任。第145条规定，鉴定人进行鉴定后，应当写出鉴定意见，并且签名。鉴定人故意作虚假鉴定的，应当承担法律责任。

第三，鉴定意见告知与补充鉴定或者重新鉴定。第146条规定，侦查机关应当将用作证据的鉴定意见告知犯罪嫌疑人、被害人。如果犯罪嫌疑人、被害人提出申请，可以补充鉴定或者重新鉴定。

第四，鉴定期间与办案期限。第147条规定，对犯罪嫌疑人作精神病鉴定的期间不计入办案期限。

（5）审判阶段与鉴定。主要内容包括：

第一，庭前会议与鉴定。第 182 条第 2 款规定，在开庭以前，审判人员可以召集公诉人、当事人和辩护人、诉讼代理人，对回避、出庭证人名单、非法证据排除等与审判相关的问题，了解情况，听取意见。

第二，鉴定人出庭通知。第 182 条第 3 款规定，人民法院确定开庭日期后，应当将开庭的时间、地点通知人民检察院，传唤当事人，通知辩护人、诉讼代理人、证人、鉴定人和翻译人员，传票和通知书至迟在开庭 3 日以前送达。公开审判的案件，应当在开庭 3 日以前先期公布案由、被告人姓名、开庭时间和地点。

第三，鉴定人名单宣布与回避申请。第 185 条规定，开庭的时候，审判长查明当事人是否到庭，宣布案由；宣布合议庭的组成人员、书记员、公诉人、辩护人、诉讼代理人、鉴定人和翻译人员的名单；告知当事人有权对合议庭组成人员、书记员、公诉人、鉴定人和翻译人员申请回避；告知被告人享有辩护权利。

第四，鉴定人出庭作证适用条件与法律后果。第 187 条第 3 款规定，公诉人、当事人或者辩护人、诉讼代理人对鉴定意见有异议，人民法院认为鉴定人有必要出庭的，鉴定人应当出庭作证。经人民法院通知，鉴定人拒不出庭作证的，鉴定意见不得作为定案的根据。

第五，鉴定人作证方式。第 189 条规定，证人作证，审判人员应当告知他要如实地提供证言和有意作伪证或者隐匿罪证要负的法律责任。公诉人、当事人和辩护人、诉讼代理人经审判长许可，可以对证人、鉴定人发问。审判长认为发问的内容与案件无关的时候，应当制止。审判人员可以询问证人、鉴定人。

第六，鉴定意见宣读。第 190 条规定，公诉人、辩护人应当向法庭出示物证，让当事人辨认，对未到庭的证人的证言笔录、鉴定人的鉴定意见、勘验笔录和其他作为证据的文书，应当当庭宣读。审判人员应当听取公诉人、当事人和辩护人、诉讼代理人的意见。

第七，鉴定与证据调查核实。第 191 条规定，法庭审理过程中，合议庭对证据有疑问的，可以宣布休庭，对证据进行调查核实。人民法院调查核实证据，可以进行勘验、检查、查封、扣押、鉴定和查询、冻结。

第八，重新鉴定申请。第 192 条第 1 款规定，法庭审理过程中，当事人和辩护人、诉讼代理人有权申请通知新的证人到庭，调取新的物证，申请重新鉴定或者勘验。该第3款规定，法庭对于上述申请，应当作出是否同意的决定。

第九，专家辅助人出庭申请。第192条第2～4款规定，公诉人、当事人和辩护人、诉讼代理人可以申请法庭通知有专门知识的人出庭，就鉴定人作出的鉴定意见提出意见。法庭对于上述申请，应当作出是否同意的决定。第2款规定的有专门知识的人出庭，适用鉴定人的有关规定。

第十，延期审理与鉴定。根据第198条第1款规定，在法庭审判过程中，遇有重新鉴定或者勘验情形的，影响审判进行的，可以延期审理。

第十一，简易程序与鉴定。第213条规定，适用简易程序审理案件，不受本章第一节关于送达期限、讯问被告人、询问证人、鉴定人、出示证据、法庭辩论程序规定的限制。但在判决宣告前应当听取被告人的最后陈述意见。

（6）执行阶段与鉴定。主要涉及保外就医与鉴定。第254条第1款第1项规定，对被判处有期徒刑或者拘役的罪犯，有严重疾病需要保外就医的，可以暂予监外执行。第4款规定，对罪犯确有严重疾病，必须保外就医的，由省级人民政府指定的医院诊断并开具证明文件。

（7）强制医疗程序与鉴定。主要内容包括：①强制医疗的成立与鉴定。第284条规定，实施暴力行为，危害公共安全或者严重危害公民人身安全，经法定程序鉴定依法不负刑事责任的精神病人，有继续危害社会可能的，可以予以强制医疗。②强制医疗的解除与鉴定。第288条规定，强制医疗机构应当定期对被强制医疗的人进行诊断评估。对于已不具有人身危险性，不需要继续强制医疗的，应当及时提出解除意见，报决定强制医疗的人民法院批准。被强制医疗的人及其近亲属有权申请解除强制医疗。

2.《民事诉讼法》对司法鉴定制度的完善

2012年8月31日，十一届全国人大常委会二十八次会议通过修订后的《民事诉讼法》[1]，对民事诉讼中适用司法鉴定的规则作出新的原则规范：

（1）鉴定人回避制度。主要内容包括：

第一，适用法官回避规则。第44条第4款规定，前3款规定，适用于书记员、翻译人员、鉴定人、勘验人。

---

〔1〕 中华人民共和国主席令第59号，自2013年1月1日起施行。

第二，因身份回避。第44条第1款规定，审判人员有下列情形之一的，应当自行回避，当事人有权用口头或者书面方式申请他们回避：①是本案当事人或者当事人、诉讼代理人近亲属的；②与本案有利害关系的；③与本案当事人、诉讼代理人有其他关系，可能影响对案件公正审理的。

第三，因行为回避。第44条第2款规定，审判人员接受当事人、诉讼代理人请客送礼，或者违反规定会见当事人、诉讼代理人的，当事人有权要求他们回避。

（2）鉴定意见与法定证据。第63条规定，证据包括：①当事人的陈述；②书证；③物证；④视听资料；⑤电子数据；⑥证人证言；⑦鉴定意见；⑧勘验笔录。证据必须查证属实，才能作为认定事实的根据。

（3）鉴定适用条件。第76条规定，当事人可以就查明事实的专门性问题向人民法院申请鉴定。当事人申请鉴定的，由双方当事人协商确定具备资格的鉴定人；协商不成的，由人民法院指定。当事人未申请鉴定，人民法院对专门性问题认为需要鉴定的，应当委托具备资格的鉴定人进行鉴定。

（4）鉴定人权利与人身保护。主要内容包括：①鉴定人权利与鉴定意见形式要件。第77条规定，鉴定人有权了解进行鉴定所需要的案件材料，必要时可以询问当事人、证人。鉴定人应当提出书面鉴定意见，在鉴定书上签名或者盖章。②鉴定人权益保护。根据第111条第1款第4项规定，诉讼参与人或者其他人对鉴定人、勘验人等进行侮辱、诽谤、诬陷、殴打或者打击报复的，人民法院可以根据情节轻重予以罚款、拘留；构成犯罪的，依法追究刑事责任。

（5）鉴定人出庭。第78条规定，当事人对鉴定意见有异议或者人民法院认为鉴定人有必要出庭的，鉴定人应当出庭作证。经人民法院通知，鉴定人拒不出庭作证的，鉴定意见不得作为认定事实的根据；支付鉴定费用的当事人可以要求返还鉴定费用。

（6）专家辅助人出庭。第79条规定，当事人可以申请人民法院通知有专门知识的人出庭，就鉴定人作出的鉴定意见或者专业问题提出意见。

（7）法庭调查与鉴定。主要内容包括：一是宣读鉴定意见。第138条规定，法庭调查按照下列顺序进行：①当事人陈述；②告知证人的权利义务，证人作证，宣读未到庭的证人证言；③出示书证、物证、视听资料和电子数据；④宣读鉴定意见；⑤宣读勘验笔录。二是质证与重新鉴定申请。第139

条规定，当事人在法庭上可以提出新的证据。当事人经法庭许可，可以向证人、鉴定人、勘验人发问。当事人要求重新进行调查、鉴定或者勘验的，是否准许，由人民法院决定。三是鉴定与延期开庭审理。根据第146条第3项规定，有需要重新鉴定、勘验等情形的，可以延期开庭审理。

（8）特别审判程序与鉴定，主要是指认定公民无民事行为能力、限制民事行为能力案件与鉴定。第188条规定，人民法院受理申请后，必要时应当对被请求认定为无民事行为能力或者限制民事行为能力的公民进行鉴定。申请人已提供鉴定意见的，应当对鉴定意见进行审查。

（二）人民法院司法技术管理工作制度建设

1. 对委托评估拍卖工作作出新规范

2012年2月6日，最高人民法院发布《关于实施最高人民法院〈关于人民法院委托评估、拍卖工作的若干规定〉有关问题的通知》[1]，对相关工作作出新规范：

（1）各省、自治区、直辖市高院可以根据司法委托评估、拍卖财产的价值和拍卖标的的实际情况，确定参加司法委托评估、拍卖活动机构的资质等级范围。未开展资质等级评定的评估行业，人民法院可以会同当地行业主管部门或评估行业协会，确定参加人民法院评估活动机构的资质条件。

（2）拍卖机构的资质等级，指由中国拍卖行业协会根据《拍卖企业的等级评估与等级划分》评定的拍卖机构资质等级。评估机构的资质等级，指由国家有关评估行业主管部门或评估行业协会评定的评估机构资质等级。

（3）符合资质等级标准的评估、拍卖机构，每年年末向所在地区的高级或中级人民法院提出申请，作为下一年度人民法院委托评估、拍卖入选机构，履行相应的责任和义务。

（4）各级人民法院对外委托拍卖案件，均须在“人民法院诉讼资产网”上发布拍卖公告，公示评估、拍卖相关信息和结果，法律法规另有规定不需向社会公开的除外。

（5）司法委托拍卖标的为国有及国有控股企业的资产及其权益，人民法院委托拍卖机构后，通过省级以上国有产权交易机构的国有产权交易平台依照相关法律法规和司法解释进行拍卖，法律法规另有规定的除外。

---

〔1〕法〔2012〕30号。

(6) 司法委托拍卖标的为在证券交易所或国务院批准的其他证券交易场所交易、转让的证券，包括股票、国债、公司债券、封闭式基金等证券类资产，人民法院通过证券公司委托证券交易所或国务院批准的其他证券交易场所，由其设立的司法拍卖机构依照相关法律法规、司法解释和交易规则进行拍卖。

(7) 通过产权交易机构等交易场所或网络平台进行司法委托拍卖所产生的费用在拍卖佣金中扣除。

(8) 对从事司法委托评估、拍卖活动的机构及责任人未尽责任义务、违规违法操作、存在严重瑕疵，影响评估、拍卖结果的，人民法院可以根据其情节暂停或取消其司法评估、拍卖资格，对违反法律法规的依法处理。

(9) 最高人民法院负责对各地人民法院实施《规定》的情况进行监督指导。

2. 对刑事审判中适用司法鉴定的规则作出新规范

2012年12月20日，最高人民法院发布《刑诉法解释》[1]，根据2012年《刑事诉讼法》，对刑事审判中适用司法鉴定的规则作出新的系统规范：

(1) 鉴定人回避制度。主要内容包括：

第一，适用法官回避规则。第33条规定，书记员、翻译人员和鉴定人适用审判人员回避的有关规定，其回避问题由院长决定。

第二，因身份回避。第23条规定，审判人员具有下列情形之一的，应当自行回避，当事人及其法定代理人有权申请其回避：①是本案的当事人或者是当事人的近亲属的；②本人或者其近亲属与本案有利害关系的；③担任过本案的证人、鉴定人、辩护人、诉讼代理人、翻译人员的；④与本案的辩护人、诉讼代理人有近亲属关系的；⑤与本案当事人有其他利害关系，可能影响公正审判的。

第三，因行为回避。第24条规定，审判人员违反规定，具有下列情形之一的，当事人及其法定代理人有权申请其回避：①违反规定会见本案当事人、辩护人、诉讼代理人的；②为本案当事人推荐、介绍辩护人、诉讼代理人，

---

[1] 法释［2012］21号，自2013年1月1日起施行。最高人民法院1998年9月2日公布的《关于执行〈中华人民共和国刑事诉讼法〉若干问题的解释》同时废止；最高人民法院以前发布的司法解释和规范性文件，与本解释不一致的，以本解释为准。

或者为律师、其他人员介绍办理本案的；③索取、接受本案当事人及其委托人的财物或者其他利益的；④接受本案当事人及其委托人的宴请，或者参加由其支付费用的活动的；⑤向本案当事人及其委托人借用款物的；⑥有其他不正当行为，可能影响公正审判的。

（2）无法定司法鉴定机构的处置。第87条规定，对案件中的专门性问题需要鉴定，但没有法定司法鉴定机构，或者法律、司法解释规定可以进行检验的，可以指派、聘请有专门知识的人进行检验，检验报告可以作为定罪量刑的参考。对检验报告的审查与认定，参照适用本节（鉴定意见的审查与认定）的有关规定。经人民法院通知，检验人拒不出庭作证的，检验报告不得作为定罪量刑的参考。

（3）扣押贵重物品、违禁品的鉴定估价。根据第359条第3款规定，扣押文物、金银、珠宝、名贵字画等贵重物品以及违禁品，应当拍照，需要鉴定的，应当及时鉴定。对扣押的物品应当根据有关规定及时估价。

（4）被害人的合法财产的鉴定估价。第360条规定，对被害人的合法财产，权属明确的，应当依法及时返还，但须经拍照、鉴定、估价，并在案卷中注明返还的理由，将原物照片、清单和被害人的领取手续附卷备查；权属不明的，应当在人民法院判决、裁定生效后，按比例返还被害人，但已获退赔的部分应予扣除。

（5）不宜移送的实物的鉴定估价。第363条第2款规定，上述不宜移送的实物，应当依法鉴定、估价的，还应当审查是否附有鉴定、估价意见。

（6）重新鉴定适用程序。主要内容包括：一是申请与决定。第222条第1款规定，法庭审理过程中，当事人及其辩护人、诉讼代理人申请通知新的证人到庭，调取新的证据，申请重新鉴定或者勘验的，应当提供证人的姓名、证据的存放地点，说明拟证明的案件事实，要求重新鉴定或者勘验的理由。法庭认为有必要的，应当同意，并宣布延期审理；不同意的，应当说明理由并继续审理。二是鉴定意见的告知。第222条第3款规定，人民法院同意重新鉴定申请的，应当及时委托鉴定，并将鉴定意见告知人民检察院、当事人及其辩护人、诉讼代理人。

（7）审判监督程序与鉴定。第376条第4项规定，原判决、裁定所依据的鉴定意见，勘验、检查等笔录或者其他证据被改变或者否定的，应当认定为《刑事诉讼法》第242条第1项规定的“新的证据”。《刑事诉讼法》第

242 条规定："当事人及其法定代理人、近亲属的申诉符合下列情形之一的，人民法院应当重新审判：①有新的证据证明原判决、裁定认定的事实确有错误，可能影响定罪量刑的；……"

（8）强制医疗与鉴定。主要内容包括：

第一，强制医疗的成立与鉴定。第 524 条规定，实施暴力行为，危害公共安全或者严重危害公民人身安全，社会危害性已经达到犯罪程度，但经法定程序鉴定依法不负刑事责任的精神病人，有继续危害社会可能的，可以予以强制医疗。

第二，审判活动中强制医疗的适用与鉴定。第 532 条规定，第一审人民法院在审理案件过程中发现被告人可能符合强制医疗条件的，应当依照法定程序对被告人进行法医精神病鉴定。经鉴定，被告人属于依法不负刑事责任的精神病人的，应当适用强制医疗程序，对案件进行审理。开庭审理前款规定的案件，应当先由合议庭组成人员宣读对被告人的法医精神病鉴定意见，说明被告人可能符合强制医疗的条件，后依次由公诉人和被告人的法定代理人、诉讼代理人发表意见。经审判长许可，公诉人和被告人的法定代理人、诉讼代理人可以进行辩论。

第三，强制医疗申请的审查与鉴定。第 526 条第 3 项规定，对人民检察院提出的强制医疗申请，人民法院应当审查是否附有法医精神病鉴定意见和其他证明被申请人属于依法不负刑事责任的精神病人的证据材料。

第四，解除强制医疗与鉴定。第 541 条规定，强制医疗机构提出解除强制医疗意见，或者被强制医疗的人及其近亲属申请解除强制医疗的，人民法院应当审查是否附有对被强制医疗的人的诊断评估报告。强制医疗机构提出解除强制医疗意见，未附诊断评估报告的，人民法院应当要求其提供。被强制医疗的人及其近亲属向人民法院申请解除强制医疗，强制医疗机构未提供诊断评估报告的，申请人可以申请人民法院调取。必要时，人民法院可以委托鉴定机构对被强制医疗的人进行鉴定。

（9）鉴定时间与审理期限。第 174 条规定，审判期间，对被告人作精神病鉴定的时间不计入审理期限。

（10）鉴定意见审查的一般规则。主要内容包括：

第一，应重点审查的内容。第 84 条规定，对鉴定意见应当着重审查以下内容：①鉴定机构和鉴定人是否具有法定资质；②鉴定人是否存在应当回避的情形；③检材的来源、取得、保管、送检是否符合法律、有关规定，与相关提取笔录、扣押物品清单等记载的内容是否相符，检材是否充足、可靠；④鉴定意见的形式要件是否完备，是否注明提起鉴定的事由、鉴定委托人、鉴定机构、鉴定要求、鉴定过程、鉴定方法、鉴定日期等相关内容，是否由鉴定机构加盖司法鉴定专用章并由鉴定人签名、盖章；⑤鉴定程序是否符合法律、有关规定；⑥鉴定的过程和方法是否符合相关专业的规范要求；⑦鉴定意见是否明确；⑧鉴定意见与案件待证事实有无关联；⑨鉴定意见与勘验、检查笔录及相关照片等其他证据是否矛盾；⑩鉴定意见是否依法及时告知相关人员，当事人对鉴定意见有无异议。

第二，不得作为定案根据的情形。第85条规定，鉴定意见具有下列情形之一的，不得作为定案的根据：①鉴定机构不具备法定资质，或者鉴定事项超出该鉴定机构业务范围、技术条件的；②鉴定人不具备法定资质，不具有相关专业技术或者职称，或者违反回避规定的；③送检材料、样本来源不明，或者因污染不具备鉴定条件的；④鉴定对象与送检材料、样本不一致的；⑤鉴定程序违反规定的；⑥鉴定过程和方法不符合相关专业的规范要求的；⑦鉴定文书缺少签名、盖章的；⑧鉴定意见与案件待证事实没有关联的；⑨违反有关规定的其他情形。

（11）物证书证专门审查与鉴定。主要内容包括：

第一，重点审查的内容。第69条规定，对物证、书证应当着重审查以下内容：①物证、书证是否为原物、原件，是否经过辨认、鉴定；物证的照片、录像、复制品或者书证的副本、复制件是否与原物、原件相符，是否由2人以上制作，有无制作人关于制作过程以及原物、原件存放于何处的文字说明和签名；②物证、书证的收集程序、方式是否符合法律、有关规定；经勘验、检查、搜查提取、扣押的物证、书证，是否附有相关笔录、清单，笔录、清单是否经侦查人员、物品持有人、见证人签名，没有物品持有人签名的，是否注明原因；物品的名称、特征、数量、质量等是否注明清楚；③物证、书证在收集、保管、鉴定过程中是否受损或者改变；④物证、书证与案件事实有无关联；对现场遗留与犯罪有关的具备鉴定条件的血迹、体液、毛发、指纹等生物样本、痕迹、物品，是否已作DNA鉴定、指纹鉴定等，并与被告人或者被害人的相应生物检材、生物特征、物品等比对；⑤与案件事实有关联的物证、书证是否全面收集。

第二，物证书证相关鉴定意见的证据效力。第70条第3款规定，物证的照片、录像、复制品，经与原物核对无误、经鉴定为真实或者以其他方式确认为真实的，可作为定案的根据。第71条第3款规定，书证的副本、复制件，经与原件核对无误、经鉴定为真实或者以其他方式确认为真实的，可以作为定案的根据。

第三，"应鉴未鉴"情形的处置。第72条规定，对与案件事实可能有关联的血迹、体液、毛发、人体组织、指纹、足迹、字迹等生物样本、痕迹和物品，应当提取而没有提取，应当检验而没有检验，导致案件事实存疑的，人民法院应当向检察院说明情况，由人民检察院依法补充收集、调取证据或者作出合理说明。

(12) 视听资料、电子数据专门审查与鉴定。主要包括：①第92条第2款规定，对视听资料有疑问的，应当进行鉴定。②第93条第2款规定，对电子数据有疑问的，应当进行鉴定或者检验。

(13) 庭审准备与鉴定。主要内容包括：

第一，鉴定人信息审查。第180条第5项中规定，对提起公诉的案件，人民法院应当在收到起诉书和案卷、证据后，指定审判人员审查以下内容：是否附有证人、鉴定人名单；是否申请法庭通知证人、鉴定人、有专门知识的人出庭，并列明有关人员的姓名、性别、年龄、职业、住址、联系方式；是否附有需要保护的证人、鉴定人、被害人名单。

第二，出庭鉴定人名单提供。第182条第3项规定，通知当事人、法定代理人、辩护人、诉讼代理人在开庭5日前提供证人、鉴定人名单，以及拟当庭出示的证据；申请证人、鉴定人、有专门知识的人出庭的，应当列明有关人员的姓名、性别、年龄、职业、住址、联系方式。

第三，出庭通知书送达。第182条第5项规定，开庭3日前将传唤当事人的传票和通知辩护人、诉讼代理人、法定代理人、证人、鉴定人等出庭的通知书送达；通知有关人员出庭，也可以采取电话、短信、传真、电子邮件等能够确认对方收悉的方式。

第四，庭前会议与鉴定。第184条第5项规定，召开庭前会议时，审判人员可以就是否对出庭证人、鉴定人、有专门知识的人的名单有异议，向控辩双方了解情况，听取意见。

第五，法庭审理提纲与鉴定。第185条第4项规定，开庭审理前，合议庭可以拟出法庭审理提纲，提纲一般包括出庭的证人、鉴定人、有专门知识的人、侦查人员的名单。

（14）庭审时诉讼权利告知与鉴定。主要内容包括：①鉴定人名单宣布。第192条规定，审判长宣布合议庭组成人员、书记员、公诉人名单及辩护人、鉴定人、翻译人员等诉讼参与人的名单。②申请鉴定人回避与重新鉴定告知。第193条第1、2项规定，审判长应当告知当事人及其法定代理人、辩护人、诉讼代理人在法庭审理过程中依法享有下列诉讼权利：可以申请合议庭组成人员、书记员、公诉人、鉴定人和翻译人员回避；可以提出证据，申请通知新的证人到庭、调取新的证据，申请重新鉴定或者勘验、检查。

（15）庭审时鉴定人出庭作证的提请与申请。主要内容包括：①鉴定人出庭作证提请。第202条规定，公诉人可以提请审判长通知证人、鉴定人出庭作证，或者出示证据。被害人及其法定代理人、诉讼代理人，附带民事诉讼原告人及其诉讼代理人也可以提出申请。在控诉一方举证后，被告人及其法定代理人、辩护人可以提请审判长通知证人、鉴定人出庭作证，或者出示证据。②鉴定人出庭作证申请。第205条规定，公诉人、当事人或者辩护人、诉讼代理人对证人证言有异议，且该证人证言对定罪量刑有重大影响，或者对鉴定意见有异议，申请法庭通知证人、鉴定人出庭作证，人民法院认为有必要的，应当通知证人、鉴定人出庭；无法通知或者证人、鉴定人拒绝出庭的，应当及时告知申请人。

（16）鉴定人出庭作证的保护措施。主要内容包括：①适用范围与保护措施。第209条规定，审判危害国家安全犯罪、恐怖活动犯罪、黑社会性质的组织犯罪、毒品犯罪等案件，证人、鉴定人、被害人因出庭作证，本人或者其近亲属的人身安全面临危险的，人民法院应当采取不公开其真实姓名、住址和工作单位等个人信息，或者不暴露其外貌、真实声音等保护措施。审判期间，证人、鉴定人、被害人提出保护请求的，人民法院应当立即审查；认为确有保护必要的，应当及时决定采取相应保护措施。②受保护鉴定人相关信息处置。第210条规定，决定对出庭作证的证人、鉴定人、被害人采取不公开个人信息的保护措施的，审判人员应当在开庭前核实其身份，对证人、鉴定人如实作证的保证书不得公开，在判决书、裁定书等法律文书中可以使用化名等代替其个人信息。

（17）鉴定人出庭作证程序。主要内容包括：

第一，鉴定人身份核实与权利义务告知。第211条规定，证人、鉴定人到庭后，审判人员应当核实其身份、与当事人以及本案的关系，并告知其有关作证的权利义务和法律责任。证人、鉴定人作证前，应当保证向法庭如实提供证言、说明鉴定意见，并在保证书上签名。

第二，发问顺序。第212条规定，向证人、鉴定人发问，应当先由提请通知的一方进行；发问完毕后，经审判长准许，对方也可以发问。第215条规定，审判人员认为必要时，可以询问证人、鉴定人、有专门知识的人。

第三，发问方式。第216条规定，向证人、鉴定人、有专门知识的人发问应当分别进行。证人、鉴定人、有专门知识的人经控辩双方发问或者审判人员询问后，审判长应当告知其退庭。证人、鉴定人、有专门知识的人不得旁听对本案的审理。

第四，发问规则。第213条规定，向证人发问应当遵循以下规则：①发问的内容应当与本案事实有关；②不得以诱导方式发问；③不得威胁证人；④不得损害证人的人格尊严。前款规定适用于对被告人、被害人、附带民事诉讼当事人、鉴定人、有专门知识的人的讯问、发问。

第五，不当发问的制止。第214条规定，控辩双方的讯问、发问方式不当或者内容与本案无关的，对方可以提出异议，申请审判长制止，审判长应当判明情况予以支持或者驳回；对方未提出异议的，审判长也可以根据情况予以制止。

第六，作证笔录的宣读与签名。第239条规定，法庭笔录应当在庭审后交由当事人、法定代理人、辩护人、诉讼代理人阅读或者向其宣读。法庭笔录中的出庭证人、鉴定人、有专门知识的人的证言、意见部分，应当在庭审后分别交由有关人员阅读或者向其宣读。前两款所列人员认为记录有遗漏或者差错的，可以请求补充或者改正；确认无误后，应当签名；拒绝签名的，应当记录在案；要求改变庭审中陈述的，不予准许。

第七，鉴定人拒不出庭作证情形的处置。第86条规定，经人民法院通知，鉴定人拒不出庭作证的，鉴定意见不得作为定案的根据。鉴定人由于不能抗拒的原因或者有其他正当理由无法出庭的，人民法院可以根据情况决定延期审理或者重新鉴定。对没有正当理由拒不出庭作证的鉴定人，人民法院应当通报司法行政机关或者有关部门。

（18）专家辅助人出庭程序。主要内容包括：①申请。第217条第1、2

款规定，公诉人、当事人及其辩护人、诉讼代理人申请法庭通知有专门知识的人出庭，就鉴定意见提出意见的，应当说明理由。法庭认为有必要的，应当通知有专门知识的人出庭。申请有专门知识的人出庭，不得超过2人。有多种类鉴定意见的，可以相应增加人数。②出庭规则。第217条第3款规定，有专门知识的人出庭，适用鉴定人出庭的有关规定。

（三）人民检察院司法鉴定工作制度建设

2012年11月22日，最高人民检察院发布《刑事诉讼规则（试行）》[1]，根据2012年《刑事诉讼法》，对检察机关刑事诉讼中适用司法鉴定的规则作出新的系统规范：

（1）鉴定人的回避程序。主要内容包括：

第一，适用检察官回避规则。第33条规定，本规则关于回避的规定，适用于书记员、司法警察和人民检察院聘请或者指派的翻译人员、鉴定人。书记员、司法警察和人民检察院聘请或者指派的翻译人员、鉴定人的回避由检察长决定。辩护人、诉讼代理人可以依照刑事诉讼法及本规则关于回避的规定要求回避、申请复议。

第二，需要回避的情形。第20条规定，检察人员在受理举报和办理案件过程中，发现有《刑事诉讼法》第28条或者第29条规定的情形之一的，应当自行提出回避；没有自行提出回避的，人民检察院应当按照本规则第24条的规定决定其回避，当事人及其法定代理人有权要求其回避。

（2）行政执法机关移送鉴定意见的证据效力。第64条第2款规定，行政机关在行政执法和查办案件过程中收集的鉴定意见、勘验、检查笔录，经人民检察院审查符合法定要求的，可以作为证据使用。

（3）非法取证行为调查核实与鉴定。根据第70条第7项规定，人民检察院对非法取证行为进行调查核实，可以进行伤情、病情检查或者鉴定。

（4）鉴定人出庭作证保护措施。第76条对《刑事诉讼法》第62条相关规定进行了补充细化：①保护措施可由请求启动，也可由检察机关主动启动；②对证人及其近亲属进行威胁、侮辱、殴打或者打击报复，构成犯罪或者应

〔1〕高检发释字［2012］2号，自2013年1月1日起施行。最高人民检察院1999年1月18日发布的《人民检察院刑事诉讼规则》同时废止；最高人民检察院以前发布的司法解释和规范性文件与本规则不一致的，以本规则为准。

当给予治安管理处罚的，人民检察院应当移送公安机关处理；情节轻微的，予以批评教育、训诫。

（5）案件初查与鉴定。第 173 条规定，在初查过程中，可以采取询问、查询、勘验、检查、鉴定、调取证据材料等不限制初查对象人身、财产权利的措施。不得对初查对象采取强制措施，不得查封、扣押、冻结初查对象的财产，不得采取技术侦查措施。

（6）查封、扣押不易辨别真伪的贵重物品的鉴定。第 236 条第 2 款规定，查封、扣押外币、金银珠宝、文物、名贵字画以及其他不易辨别真伪的贵重物品，应当在拍照或者录像后当场密封，由检察人员、见证人和被扣押物品持有人在密封材料上签名或者盖章，根据办案需要及时委托具有资质的部门出具鉴定报告。启封时应当有见证人或者持有人在场并且签名或者盖章。

（7）鉴定适用一般规则。主要内容包括：

第一，鉴定适用的条件。第 247 条规定，人民检察院为了查明案情，解决案件中某些专门性的问题，可以进行鉴定。

第二，鉴定适用的决定与鉴定人选择。第 248 条规定，鉴定由检察长批准，由人民检察院技术部门有鉴定资格的人员进行。必要的时候，也可以聘请其他有鉴定资格的人员进行，但应当征得鉴定人所在单位的同意。具有《刑事诉讼法》第 28、29 条规定的应当回避的情形的，不能担任鉴定人。

第三，鉴定条件提供与禁止行为。第 249 条规定，人民检察院应当为鉴定人进行鉴定提供必要条件，及时向鉴定人送交有关检材和对比样本等原始材料，介绍与鉴定有关的情况，并明确提出要求鉴定解决的问题，但不得暗示或者强迫鉴定人作出某种鉴定意见。

第四，鉴定意见形式要件。第 250 条规定，鉴定人进行鉴定后，应当出具鉴定意见、检验报告，同时附上鉴定机构和鉴定人的资质证明，并且签名或者盖章。多个鉴定人的鉴定意见不一致的，应当在鉴定意见上写明分歧的内容和理由，并且分别签名或者盖章。

第五，虚假鉴定法律责任。第 251 条规定，鉴定人故意作虚假鉴定的，应当承担法律责任。

第六，鉴定意见告知。第 253 条第 1 款规定，用作证据的鉴定意见，人民检察院办案部门应当告知犯罪嫌疑人、被害人；被害人死亡或者没有诉讼行为能力的，应当告知其法定代理人、近亲属或诉讼代理人。

第七，补充鉴定、重新鉴定提起与申请。主要内容包括：①检察人员提起。第252条规定，对于鉴定意见，检察人员应当进行审查，必要的时候，可以提出补充鉴定或者重新鉴定的意见，报检察长批准后进行补充鉴定或者重新鉴定。检察长也可以直接决定进行补充鉴定或者重新鉴定。②犯罪嫌疑人、被害人等申请。第253条第2款规定，犯罪嫌疑人、被害人或被害人的法定代理人、近亲属、诉讼代理人提出申请，经检察长批准，可以补充鉴定或者重新鉴定，鉴定费用由请求方承担，但原鉴定违反法定程序的，由人民检察院承担。

第八，精神病鉴定的申请与费用承担。第253条第3款规定，犯罪嫌疑人的辩护人或者近亲属以犯罪嫌疑人有患精神病可能而申请对犯罪嫌疑人进行鉴定的，鉴定费用由请求方承担。

第九，重新鉴定时鉴定人选择。第254条规定，人民检察院决定重新鉴定的，应当另行指派或者聘请鉴定人。

第十，鉴定期间与办案期限。第255条规定，对犯罪嫌疑人作精神病鉴定的期间不计入羁押期限和办案期限。

第十一，鉴定期间与强制措施变更。第256条规定，对于因鉴定时间较长、办案期限届满仍不能终结的案件，自期限届满之日起，应当依法释放被羁押的犯罪嫌疑人或者变更强制措施。

（8）审查逮捕与鉴定。第308条规定，侦查监督部门办理审查逮捕案件，必要时，可以询问证人、被害人、鉴定人等诉讼参与人，并制作笔录附卷。

（9）审查起诉与鉴定。主要内容包括：

第一，侦查机关“应鉴未鉴”情形的处置。第366条规定，人民检察院认为需要对案件中某些专门性问题进行鉴定而侦查机关没有鉴定的，应当要求侦查机关进行鉴定；必要时也可以由人民检察院进行鉴定或者由人民检察院送交有鉴定资格的人进行。人民检察院自行进行鉴定的，可以商请侦查机关派员参加，必要时可以聘请有鉴定资格的人参加。

第二，精神病鉴定的提起与申请。第367条规定，在审查起诉中，发现犯罪嫌疑人可能患有精神病的，人民检察院应当依照本规则的有关规定对犯罪嫌疑人进行鉴定。犯罪嫌疑人的辩护人或者近亲属以犯罪嫌疑人可能患有精神病而申请对犯罪嫌疑人进行鉴定的，人民检察院也可以依照本规则的有关规定对犯罪嫌疑人进行鉴定，鉴定费用由申请方承担。

第三，存疑鉴定意见的处置。第 368 条规定，人民检察院对鉴定意见有疑问的，可以询问鉴定人并制作笔录附卷，也可以指派检察技术人员或者聘请有鉴定资格的人对案件中的某些专门性问题进行补充鉴定或者重新鉴定。公诉部门对审查起诉案件中涉及专门技术问题的证据材料需要进行审查的，可以送交检察技术人员或者其他有专门知识的人审查，审查后应当出具审查意见。

第四，存疑笔录类证据的处置。第 370 条规定，人民检察院对物证、书证、视听资料、电子数据及勘验、检查、辨认、侦查实验等笔录存在疑问的，可以要求侦查人员提供获取、制作的有关情况。必要时也可以询问提供物证、书证、视听资料、电子数据及勘验、检查、辨认、侦查实验等笔录的人员和见证人并制作笔录附卷，对物证、书证、视听资料、电子数据进行技术鉴定。

第五，鉴定人询问规则。第 372 条规定，讯问犯罪嫌疑人或者询问被害人、证人、鉴定人时，应当分别告知其在审查起诉阶段所享有的诉讼权利。第 373 条第 1、2 款规定，讯问犯罪嫌疑人，询问被害人、证人、鉴定人，听取辩护人、被害人及其诉讼代理人的意见，应当由 2 名以上办案人员进行。讯问犯罪嫌疑人，询问证人、鉴定人、被害人，应当个别进行。

第六，起诉书与鉴定。第 393 条第 4 ~ 5 款规定，起诉书应当附有被告人现在处所，证人、鉴定人、需要出庭的有专门知识的人的名单，需要保护的被害人、证人、鉴定人的名单，涉案款物情况，附带民事诉讼情况以及其他需要附注的情况。证人、鉴定人、有专门知识的人的名单应当列明姓名、性别、年龄、职业、住址、联系方式，并注明证人、鉴定人是否出庭。

第七，起诉书中受保护鉴定人信息的处理。第 394 条第 3 款中规定，对于涉及被害人隐私或者为保护证人、鉴定人、被害人人身安全，而不宜公开证人、鉴定人、被害人姓名、住址、工作单位和联系方式等个人信息，可以在起诉书中使用化名替代证人、鉴定人、被害人的个人信息，但应当另行书面说明使用化名等情况，并标明密级。

（10）公诉人出席法庭与鉴定。主要内容包括：

第一，询问质证方案与鉴定。第 428 条第 4 项规定，公诉人在人民法院决定开庭审判后，应当拟定讯问被告人、询问证人、鉴定人、有专门知识的人和宣读、出示、播放证据的计划并制定质证方案。

第二，庭前会议与鉴定。第 431 条规定，在庭前会议中，公诉人可以对案件管辖、回避、出庭证人、鉴定人、有专门知识的人的名单、辩护人提供的无罪证据、非法证据排除、不公开审理、延期审理、适用简易程序、庭审方案等与审判相关的问题提出和交换意见，了解辩护人收集的证据等情况。对辩护人收集的证据有异议的，应当提出。公诉人通过参加庭前会议，了解案件事实、证据和法律适用的争议和不同意见，解决有关程序问题，为参加法庭审理做好准备。

第三，询问鉴定人与宣读鉴定意见。第 434 条第 3 ~ 4 项规定，公诉人在法庭上应当依法询问证人、被害人、鉴定人（第 436 条对询问要点作了具体规范）；申请法庭出示物证，宣读书证、未到庭证人的证言笔录、鉴定人的鉴定意见、勘验、检查、辨认、侦查实验等笔录和其他作为证据的文书，播放作为证据的视听资料、电子数据等。

第四，申请鉴定人与专家辅助人出庭。第 440 条第 3 ~ 5 款规定，公诉人对鉴定意见有异议的，可以申请人民法院通知鉴定人出庭作证。经人民法院通知，鉴定人拒不出庭作证的，公诉人可以建议法庭不得采纳该鉴定意见作为定案的根据，也可以申请法庭重新通知鉴定人出庭作证或者申请重新鉴定。必要时公诉人可以申请法庭通知有专门知识的人出庭，就鉴定人作出的鉴定意见提出意见。当事人或者辩护人、诉讼代理人对证人证言、鉴定意见有异议的，公诉人认为必要时，可以申请人民法院通知证人、鉴定人出庭作证。

第五，询问鉴定人与专家辅助人的方式。根据第 442 条第 7 款规定，询问鉴定人、有专门知识的人参照询问证人的交叉询问规则。

第六，受保护鉴定人出庭作证方式。第 443 条规定，必要时公诉人可以建议法庭采取不暴露证人、鉴定人、被害人外貌、真实声音等出庭作证措施，或者建议法庭根据《刑事诉讼法》第 152 条的规定在庭外对证据进行核实。

第七，宣读鉴定意见。第 444 条规定，对于鉴定意见、勘验、检查、辨认、侦查实验等笔录和其他作为证据的文书以及经法院通知未到庭的被害人的陈述笔录，公诉人应当当庭宣读。第 445 条第 2 款规定，宣读书证应当对书证所要证明的内容、获取情况作概括的说明，向当事人、证人问明书证的主要特征，并让其辨认。对该书证进行鉴定的，应当宣读鉴定意见。

第八，休庭后鉴定的监督。第 451 条规定，在法庭审理过程中，合议庭对证据有疑问并在休庭后进行勘验、检查、查封、扣押、鉴定和查询、冻结的，人民检察院应当依法进行监督，发现上述活动有违法情况的，应当提出纠正意见。

第九，建议法庭延期审理与鉴定。第455条规定，法庭审判过程中遇有下列情形之一的，公诉人可以建议法庭延期审理：……④申请人民法院通知证人、鉴定人出庭作证或者有专门知识的人出庭提出意见的；⑤需要调取新的证据，重新鉴定或者勘验的。……

第十，出席简易程序法庭与鉴定。第469条第1款中规定，公诉人出席简易程序法庭时，可以……根据案件情况决定是否讯问被告人，是否询问证人、鉴定人，是否需要出示证据。

第十一，出席二审法庭与鉴定。第476条第1款规定，检察人员在审查第一审案卷材料时，应当复核主要证据，可以讯问原审被告人，必要时可以补充收集证据、重新鉴定或者补充鉴定。

第十二，办理死刑上诉、抗诉案件与鉴定。第477条第5项规定，人民检察院办理死刑上诉、抗诉案件，对鉴定意见有疑问的，可以重新鉴定或者补充鉴定。

第十三，第478条规定，检察人员出席第二审法庭前，应当制作讯问被告人，询问被害人、证人、鉴定人和出示、宣读、播放证据计划，拟写答辩提纲，并制作出庭意见。第479条规定，在法庭审理中，检察人员应当针对原审判决或者裁定认定事实或适用法律、量刑等方面的问题，围绕抗诉或者上诉理由以及辩护人的辩护意见，讯问被告人，询问被害人、证人、鉴定人，出示和宣读证据，并提出意见和进行辩论。

（11）强制医疗与鉴定。主要内容包括：

第一，强制医疗申请与鉴定。第539条规定，对于实施暴力行为，危害公共安全或者严重危害公民人身安全，已经达到犯罪程度，经法定程序鉴定依法不负刑事责任的精神病人，有继续危害社会可能的，人民检察院应当向人民法院提出强制医疗的申请。

第二，审查起诉中强制医疗适用与鉴定。第548条规定，在审查起诉中，犯罪嫌疑人经鉴定系依法不负刑事责任的精神病人的，人民检察院应当作出不起诉决定。认为符合《刑事诉讼法》第284条规定条件的，应当向人民法院提出强制医疗的申请。

第三，强制医疗申请书与鉴定。第542条第5项规定，人民检察院向人民法院提出强制医疗的申请，应当制作强制医疗申请书。强制医疗申请书的主要内容包括涉案精神病人不负刑事责任的依据，包括有关鉴定意见和其他证据材料。

第四，公安机关强制医疗申请书审查与鉴定。第543条第4项规定，人民检察院审查公安机关移送的强制医疗意见书，应当查明公安机关对涉案精神病人进行鉴定的程序是否合法，涉案精神病人是否依法不负刑事责任。

第五，违法鉴定的纠正。第546条第1款规定，人民检察院发现公安机关对涉案精神病人进行鉴定的程序违反法律或者采取临时保护性约束措施不当的，应当提出纠正意见。

（12）刑事诉讼法律监督与鉴定。主要内容包括：

第一，精神病鉴定决定的通知。第622条第3项规定，人民检察院侦查部门、侦查监督部门、公诉部门在办理案件过程中，如果决定对被羁押的犯罪嫌疑人、被告人进行精神病鉴定的，应当在作出决定或者收到决定书、裁定书后10日以内通知负有监督职责的人民检察院监所检察部门或者案件管理部门以及看守所。

第二，公安机关未通知鉴定信息的纠正。第624条第3项规定，人民检察院发现公安机关的侦查羁押期限执行情况中，有对犯罪嫌疑人进行精神病鉴定，没有书面通知人民检察院和看守所的，应当依法提出纠正意见。

第三，对人民法院未通知鉴定信息的纠正。第625条第3项中规定，人民检察院发现人民法院的审理期限执行情况中，有对被告人进行精神病鉴定，没有书面通知人民检察院和看守所的，应当依法提出纠正意见。

（四）公安机关司法鉴定工作制度建设

1. 对办理刑事案件适用司法鉴定的规则作出新规范

2012年12月13日，公安部发布《公安机关办理刑事案件程序规定》[1]，根据2012年《刑事诉讼法》，对公安机关办理刑事案件适用司法鉴定的规则作出新的系统规范：

（1）鉴定人的回避规则。主要内容包括：

第一，适用侦查人员回避规则。第38条规定，本章关于回避的规定适用

---

〔1〕公安部令第127号。2012年12月13日发布，自2013年1月1日起施行。1998年5月14日发布的《公安机关办理刑事案件程序规定》（公安部令第35号）和2007年10月25日发布的《公安机关办理刑事案件程序规定修正案》（公安部令第95号）同时废止。

于记录人、翻译人员和鉴定人。记录人、翻译人员和鉴定人需要回避的，由县级以上公安机关负责人决定。

第二，因身份回避。第30条规定，公安机关负责人、侦查人员有下列情形之一的，应当自行提出回避申请，没有自行提出回避申请的，应当责令其回避，当事人及其法定代理人也有权要求他们回避：①是本案的当事人或者是当事人的近亲属的；②本人或者他的近亲属和本案有利害关系的；③担任过本案的证人、鉴定人、辩护人、诉讼代理人的；④与本案当事人有其他关系，可能影响公正处理案件的。

第三，因行为回避。第31条规定，公安机关负责人、侦查人员不得有下列行为：①违反规定会见本案当事人及其委托人；②索取、接受本案当事人及其委托人的财物或者其他利益；③接受本案当事人及其委托人的宴请，或者参加由其支付费用的活动；④有其他不正当行为，可能影响案件公正办理。违反前款规定的，应当责令其回避并依法追究法律责任。当事人及其法定代理人有权要求其回避。

（2）行政执法机关移送鉴定意见的证据效力。第60条规定，公安机关接受或者依法调取的行政机关在行政执法和查办案件过程中收集的物证、书证、视听资料、电子数据、检验报告、鉴定意见、勘验笔录、检查笔录等证据材料，可以作为证据使用。

（3）物证照片、录像复制品与鉴定。第61条第2款规定，物证的照片、录像或者复制品经与原物核实无误或者经鉴定证明为真实的，或者以其他方式确能证明其真实的，可以作为证据使用。原物的照片、录像或者复制品，不能反映原物的外形和特征的，不能作为证据使用。

（4）书证副本、复制件与鉴定。第62条第2款规定，书证的副本、复制件，经与原件核实无误或者经鉴定证明为真实的，或者以其他方式确能证明其真实的，可以作为证据使用。书证有更改或者更改迹象不能作出合理解释的，或者书证的副本、复制件不能反映书证原件及其内容的，不能作为证据使用。

（5）鉴定人作证的保护。第71条规定，对危害国家安全犯罪、恐怖活动犯罪、黑社会性质的组织犯罪、毒品犯罪等案件，证人、鉴定人、被害人因在侦查过程中作证，本人或者其近亲属的人身安全面临危险的，公安机关应当采取以下一项或者多项保护措施：①不公开真实姓名、住址和工作单位等个人信息；②禁止特定的人员接触证人、鉴定人、被害人及其近亲属；③对人身和住宅采取专门性保护措施；④其他必要的保护措施。证人、鉴定人、被害人认为因在侦查过程中作证，本人或者其近亲属的人身安全面临危险，向公安机关请求予以保护，公安机关经审查认为符合前款规定的条件，确有必要采取保护措施的，应当采取上述一项或者多项保护措施。公安机关依法采取保护措施，可以要求有关单位和个人配合。案件移送审查起诉时，应当将采取保护措施的相关情况一并移交人民检察院。

（6）鉴定人个人信息的保护。第72条规定，公安机关依法决定不公开证人、鉴定人、被害人的真实姓名、住址和工作单位等个人信息的，可以在起诉意见书、询问笔录等法律文书、证据材料中使用化名等代替证人、鉴定人、被害人的个人信息。但是，应当另行书面说明使用化名的情况并标明密级，单独成卷。

（7）案件初查与鉴定。第171条第3款规定，初查过程中，公安机关可以依照有关法律和规定采取询问、查询、勘验、鉴定和调取证据材料等不限制被调查对象人身、财产权利的措施。

（8）死亡被害人身份与鉴定。第212条第1款规定，被害人死亡的，应当通过被害人近亲属辨认、提取生物样本鉴定等方式确定被害人身份。

（9）扣押的贵重财物与鉴定。第225条第3款规定，依法扣押文物、金银、珠宝、名贵字画等贵重财物的，应当拍照或者录像，并及时鉴定、估价。

（10）鉴定适用条件与鉴定人选择。第239条规定，为了查明案情，解决案件中某些专门性问题，应当指派、聘请有专门知识的人进行鉴定。需要聘请有专门知识的人进行鉴定，应当经县级以上公安机关负责人批准后，制作鉴定聘请书。

（11）鉴定条件提供与禁止行为。第240条规定，公安机关应当为鉴定人进行鉴定提供必要的条件，及时向鉴定人送交有关检材和对比样本等原始材料，介绍与鉴定有关的情况，并且明确提出要求鉴定解决的问题。禁止暗示或者强迫鉴定人作出某种鉴定意见。

（12）鉴定实施原则与鉴定意见形式要件。第242条规定，鉴定人应当按照鉴定规则，运用科学方法独立进行鉴定。鉴定后，应当出具鉴定意见，并在鉴定意见书上签名，同时附上鉴定机构和鉴定人的资质证明或者其他证明文件。多人参加鉴定，鉴定人有不同意见的，应当注明。

（13）鉴定意见审查与告知。第243条规定，对鉴定意见，侦查人员应当进行审查。对经审查作为证据使用的鉴定意见，公安机关应当及时告知犯罪嫌疑人、被害人或者其法定代理人。

（14）存疑鉴定意见处置。244条规定，犯罪嫌疑人、被害人对鉴定意见有异议提出申请，以及办案部门或者侦查人员对鉴定意见有疑义的，可以将鉴定意见送交其他有专门知识的人员提出意见。必要时，询问鉴定人并制作笔录附卷。

（15）补充鉴定与重新鉴定适用条件。主要内容包括：

第一，补充鉴定的适用条件。第245条规定，经审查，发现有下列情形之一的，经县级以上公安机关负责人批准，应当补充鉴定：①鉴定内容有明显遗漏的；②发现新的有鉴定意义的证物的；③对鉴定证物有新的鉴定要求的；④鉴定意见不完整，委托事项无法确定的；⑤其他需要补充鉴定的情形。经审查，不符合上述情形的，经县级以上公安机关负责人批准，作出不准予补充鉴定的决定，并在作出决定后3日以内书面通知申请人。

第二，重新鉴定的适用条件。第246条规定，经审查，发现有下列情形之一的，经县级以上公安机关负责人批准，应当重新鉴定：①鉴定程序违法或者违反相关专业技术要求的；②鉴定机构、鉴定人不具备鉴定资质和条件的；③鉴定人故意作虚假鉴定或者违反回避规定的；④鉴定意见依据明显不足的；⑤检材虚假或者被损坏的；⑥其他应当重新鉴定的情形。重新鉴定，应当另行指派或者聘请鉴定人。经审查，不符合上述情形的，经县级以上公安机关负责人批准，作出不准予重新鉴定的决定，并在作出决定后3日以内书面通知申请人。

（16）鉴定人出庭作证义务与法律责任。第247条规定，公诉人、当事人或者辩护人、诉讼代理人对鉴定意见有异议，经人民法院依法通知的，公安机关鉴定人应当出庭作证。鉴定人故意作虚假鉴定的，应当依法追究其法律责任。

（17）鉴定期间与办案期限。第248条规定，对犯罪嫌疑人作精神病鉴定的时间不计入办案期限，其他鉴定时间都应当计入办案期限。

（18）精神病鉴定适用条件。第331条规定，公安机关发现实施暴力行为，危害公共安全或者严重危害公民人身安全的犯罪嫌疑人，可能属于依法不负刑事责任的精神病人的，应当对其进行精神病鉴定。

（19）强制医疗与鉴定。第332条规定，对经法定程序鉴定依法不负刑事责任的精神病人，有继续危害社会可能，符合强制医疗条件的，公安机关应当在7日以内写出强制医疗意见书，经县级以上公安机关负责人批准，连同相关证据材料和鉴定意见一并移送同级人民检察院。

2. 对办理行政案件适用司法鉴定的规则作出新规范

2012年12月19日，公安部发布《公安机关办理行政案件程序规定》[1]，对公安机关办理行政案件适用司法鉴定的规则作出了新的系统规范：

（1）鉴定人回避程序。主要内容包括：①适用办案民警的回避规则。第20条规定，在行政案件调查过程中，鉴定人和翻译人员需要回避的，适用本章的规定。鉴定人、翻译人员的回避，由指派或者聘请的公安机关决定。②回避前行为的法律效力。第22条规定，被决定回避的公安机关负责人、办案人民警察、鉴定人和翻译人员，在回避决定作出前所进行的与案件有关的活动是否有效，由作出回避决定的公安机关根据案件情况决定。

（2）证据效力与鉴定。主要内容包括：一是证据种类。第23条规定，可以用于证明案件事实的材料，都是证据。公安机关办理行政案件的证据包括：①物证；②书证；③被侵害人陈述和其他证人证言；④违法嫌疑人的陈述和申辩；⑤鉴定意见；⑥勘验、检查、辨认笔录，现场笔录；⑦视听资料、电子数据。证据必须经过查证属实，才能作为定案的根据。二是物证照片、录像的鉴定。第26条第2款规定，物证的照片、录像，经与原物核实无误或者经鉴定证明为真实的，可以作为证据使用。三是书证副本、复制件的鉴定。第27条第2款规定，书证的副本、复制件，经与原件核实无误或者经鉴定证明为真实的，可以作为证据使用。书证有更改或者更改迹象不能作出合理解释的，或者书证的副本、复制件不能反映书证原件及其内容的，不能作为证据使用。

（3）鉴定适用条件与鉴定人的聘请。第72条规定，为了查明案情，需要对专门性技术问题进行鉴定的，应当指派或者聘请具有专门知识的人员进行。需要聘请本公安机关以外的人进行鉴定的，应当经公安机关办案部门负责人

[1] 公安部令第125号。本规定自2013年1月1日起施行，依照《出境入境管理法》新设定的制度自2013年7月1日起施行。2006年8月24日发布的《公安机关办理行政案件程序规定》同时废止。公安部其他规章对办理行政案件程序有特别规定的，按照特别规定办理；没有特别规定的，按照本规定办理。

批准后，制作鉴定聘请书。

（4）鉴定条件提供与禁止行为。第 73 条规定，公安机关应当为鉴定提供必要的条件，及时送交有关检材和比对样本等原始材料，介绍与鉴定有关的情况，并且明确提出要求鉴定解决的问题。办案人民警察应当做好检材的保管和送检工作，并注明检材送检环节的责任人，确保检材在流转环节中的同一性和不被污染。禁止强迫或者暗示鉴定人作出某种鉴定意见。

（5）伤情鉴定。主要内容包括：一是鉴定资质。第 74 条规定，对人身伤害的鉴定由法医进行。卫生行政主管部门许可的医疗机构具有执业资格的医生出具的诊断证明，可以作为公安机关认定人身伤害程度的依据，但具有本规定第 75 条规定情形的除外。对精神病的鉴定，由有精神病鉴定资格的鉴定机构进行。第 75 条规定，人身伤害案件具有下列情形之一的，公安机关应当进行伤情鉴定：①受伤程度较重，可能构成轻伤以上伤害程度的；②被侵害人要求作伤情鉴定的；③违法嫌疑人、被侵害人对伤害程度有争议的。二是拒绝鉴定的处置。第 76 条规定，对需要进行伤情鉴定的案件，被侵害人拒绝提供诊断证明或者拒绝进行伤情鉴定的，公安机关应当将有关情况记录在案，并可以根据已认定的事实作出处理决定。经公安机关通知，被侵害人无正当理由未在公安机关确定的时间内作伤情鉴定的，视为拒绝鉴定。

（6）价格鉴证。第 77 条规定，涉案物品价值不明或者难以确定的，公安机关应当委托价格鉴证机构估价。根据当事人提供的购买发票等票据能够认定价值的涉案物品，或者价值明显不够刑事立案标准的涉案物品，公安机关可以不进行价格鉴证。

（7）毒品与管制药品检测。第 78 条规定，对涉嫌吸毒的人员，应当进行吸毒检测，被检测人员应当配合；对拒绝接受检测的，经县级以上公安机关或者其派出机构负责人批准，可以强制检测。采集女性被检测人检测样本，应当由女性工作人员进行。对涉嫌服用国家管制的精神药品、麻醉药品驾驶机动车的人员，可以对其进行体内国家管制的精神药品、麻醉药品含量检验。

（8）酒精测试。第 79 条规定，对有酒后驾驶机动车嫌疑的人，应当对其进行呼气酒精测试，对具有下列情形之一的，应当立即提取血样，检验血液酒精含量：①当事人对呼气酒精测试结果有异议的；②当事人拒绝配合呼气酒精测试的；③涉嫌醉酒驾驶机动车的；④涉嫌饮酒后驾驶机动车发生交通事故的。当事人对呼气酒精测试结果无异议的，应当签字确认。事后提出异议的，不予采纳。

（9）证据保全与检验鉴定。主要内容包括：①根据第 91 条的规定，证据保全可采鉴定方式；②根据第 93 条的规定，证据保全可采抽样、检验方式；③第 96 条第 2 款规定，对物品需要进行鉴定的，鉴定期间不计入扣押、扣留、查封期间，但应当将鉴定的期间书面告知当事人。

（10）涉案财产的鉴定。主要内容包括：①第 165 条第 3 款规定，对情况紧急，需要在提取涉案财物后的 24 小时内进行鉴定、辨认的，经办案部门负责人批准，可以在完成鉴定、辨认后的 24 小时内移交；②第 165 条第 5 款规定，因询问、鉴定、辨认、检验等办案需要，经办案部门负责人批准，办案人民警察可以调用涉案财物，并及时归还。

（11）鉴定意见的形式要件与鉴定人的法律责任。第 80 条规定，鉴定人鉴定后，应当出具鉴定意见。鉴定意见应当载明委托人、委托鉴定的事项、提交鉴定的相关材料、鉴定的时间、依据和结论性意见等内容，并由鉴定人签名或者盖章。通过分析得出鉴定意见的，应当有分析过程的说明。鉴定意见应当附有鉴定机构和鉴定人的资质证明或者其他证明文件。鉴定人对鉴定意见负责，不受任何机关、团体、企业、事业单位和个人的干涉。多人参加鉴定，对鉴定意见有不同意见的，应当注明。鉴定人故意作虚假鉴定的，应当承担法律责任。

（12）鉴定意见的审查、告知与重新鉴定。第 81 条规定，办案人民警察应当对鉴定意见进行审查。对经审查作为证据使用的鉴定意见，公安机关应当在收到鉴定意见之日起 5 日内将鉴定意见复印件送达违法嫌疑人和被侵害人。医疗机构出具的诊断证明作为公安机关认定人身伤害程度的依据的，应当将诊断证明结论书面告知违法嫌疑人和被侵害人。违法嫌疑人或者被侵害人对鉴定意见有异议的，可以在收到鉴定意见复印件之日起 3 日内提出重新鉴定的申请，经县级以上公安机关批准后，进行重新鉴定。同一行政案件的同一事项重新鉴定以 1 次为限。当事人是否申请重新鉴定，不影响案件的正常办理。公安机关认为必要时，也可以直接决定重新鉴定。

（13）重新鉴定的适用条件。第 82 条规定，具有下列情形之一的，应当进行重新鉴定：①鉴定程序违法或者违反相关专业技术要求，可能影响鉴定意见正确性的；②鉴定机构、鉴定人不具备鉴定资质和条件的；③鉴定意见明显依据不足的；④鉴定人故意作虚假鉴定的；⑤鉴定人应当回避而没有回避的；⑥检材虚假或者被损坏的；⑦其他应当重新鉴定的。不符合前款规定情形的，经县级以上公安机关负责人批准，作出不准予重新鉴定的决定，并在作出决定之日起的 3 日以内书面通知申请人。第 83 条规定，重新鉴定，公安机关应当另行指派或者聘请鉴定人。

（14）鉴定费用的承担。第 84 条规定，鉴定费用由公安机关承担，但当事人自行鉴定的除外。

（15）听证程序与鉴定。主要内容包括：①第 105 条第 4 项规定，听证参加人包括证人、鉴定人、翻译人员；②第 119 条规定，办案人民警察提出证据时，应当向听证会出示。对证人证言、鉴定意见、勘验笔录和其他作为证据的文书，应当当场宣读。③第 121 条规定，听证过程中，当事人及其代理人有权申请通知新的证人到会作证，调取新的证据。对上述申请，听证主持人应当当场作出是否同意的决定；申请重新鉴定的，按照本规定第七章第五节有关规定办理。④第 124 条第 1 款第 1 项规定，听证过程中，遇有需要通知新的证人到会、调取新的证据或者需要重新鉴定或者勘验情形的，听证主持人可以中止听证。

（16）办案时限与鉴定。第 141 条第 2 款规定，为了查明案情进行鉴定的期间，不计入办案期限。

（五）司法行政机关登记管理与备案登记的司法鉴定工作制度建设

1. 全面推行司法鉴定机构认证认可

2012 年 4 月 12 日，司法部、国家认证认可监督管理委员会发布《关于全面推进司法鉴定机构认证认可工作的通知》[1]，规定在全国范围内全面开展已登记的三大类司法鉴定机构认证认可工作。9 月 14 日，司法部、国家认证认可监督管理委员会发布《司法鉴定机构资质认定评审准则》[2]，通过总则、参考文件、术语和定义、管理要求、技术要求等五部分对相关工作进行了具体规范。

2. 司法行政机关登记管理的司法鉴定情况统计[3]

（1）司法鉴定机构数。截至 2012 年 12 月 31 日，全国经省级司法行政机

---

〔1〕司法通［2012］114 号。

〔2〕2012 年 9 月 14 日发布，自 2013 年 1 月 1 日起实施。试行版准则同时废止。

〔3〕参见李禹、党凌云：“2012 年度全国司法鉴定情况统计分析”，载《中国司法鉴定》2013 年第 4 期。

关审核登记的司法鉴定机构共 4833 家，其中，法医类、物证类、声像资料类、计算机鉴定、电子数据鉴定机构 2377 家。知识产权、司法会计、建设工程、产品质量、价格类、文物类、涉农类等其他鉴定机构 2456 家。鉴定机构总数较 2011 年减少 181 家，其中，三大类机构增加 83 家，其他类机构减少 274 家。本年度，鉴定机构增加数量最多的依次为：甘肃、宁夏、安徽、陕西、吉林、广东、内蒙古、北京、湖北、江苏 10 个省（自治区、直辖市）（以下简称区、市）；机构总数未变的为天津、浙江、海南、西藏、青海 5 个省（区、市）；机构总数减少的为山西、四川、河南、江西、黑龙江、云南、山东、福建、河北、湖南、重庆、广西、新疆、辽宁、上海、贵州 16 个省（区、市）。在 2011 年司法鉴定机构增幅下降的情况下，本年度司法鉴定机构出现负增长，其原因是多方面的：一是贯彻全国司法鉴定管理工作会议要求，司法行政机关进一步加大了管理的力度；二是司法行政机关在严格准入管理的同时，进一步加大了执业管理和监督管理力度；三是加大了司法鉴定机构建设力度，逐步健全了机构退出机制；四是 2012 年统计工作明确了综合类鉴定机构的填报形式，从源头上避免了重复统计。

（2）司法鉴定人数。截至 2012 年底，经各省级司法行政机关审核登记的司法鉴定人共计 54 220 人。鉴定人增加数排序依次为四川、山西、江西、甘肃、安徽、辽宁、陕西、宁夏、重庆、吉林、北京、天津、广东、浙江、江苏、海南、上海、青海、河南、福建 20 个省（区、市）；减少的为河北、新疆、湖南、贵州、内蒙古、湖北、云南、广西、西藏、黑龙江、山东 11 个省（区、市）。与 2011 年相比，在鉴定机构出现负增长的情况下，司法鉴定人总数却有小幅增加，增长率为 2.3%。究其原因，一是认证认可、资质认定等质量建设促进了鉴定机构对于鉴定人的培育和吸纳；二是司法鉴定人、司法鉴定辅助人管理制度的建立，促进了司法鉴定人队伍的梯队化发展和建设；三是司法鉴定领域多年来形成的学术交流、专业培训、职务评定等促进了司法鉴定诚信化建设，人才机制的合理化吸引了更多优质人才加入司法鉴定人队伍，投身于服务社会、服务民生的行列。这显示出司法鉴定人队伍政治素质、业务素质不断提高，年龄结构、专业结构、职称结构不断优化。

（3）司法鉴定检案数。本年度，经各省级司法行政机关审核登记的司法鉴定机构和司法鉴定人完成各类司法鉴定业务共计 1 505 869 件，比上年增加 10.2%。其中，鉴定业务量增幅最大的为吉林，增长 69.1%，其次是陕西

47.7%，海南 44%，青海 31.1%，内蒙古 31.09%，其余增长 10% 以上有河北、辽宁、上海、安徽、重庆、四川、贵州、甘肃、宁夏 9 个省（区、市）。湖南、西藏、新疆的鉴定业务量略有减少。据不完全统计，本年度，涉及刑事诉讼和民事诉讼的鉴定分别为 192 154 件和 872 457 件。司法鉴定人出庭数为 14 983 人（次），其中，出庭人数在 2000～2800 人（次）的为四川、河南 2 省，超过 1000 人（次）为甘肃、上海、重庆、湖南 4 省（区、市）。司法鉴定法律援助检案数量为 29 255 件，其中，司法鉴定法律援助数量最多的为河南省 9738 件，其次云南省为 3233 件，超过千件的有 7 个省份，为湖南、四川、陕西、山东、辽宁、江苏、湖北。与 2011 年相比，全国司法鉴定业务量增长幅度趋稳，其中，司法鉴定机构年均检案数量为 311.6 件，司法鉴定人年均检案数量为 27.8 件，分别比上年增长 14.3% 和 7.8%。司法鉴定机构和司法鉴定人的检案能力、水平不断提高，司法鉴定质量不断提高。但也有一些值得研究和需要进一步着力解决的问题。例如，全国法医临床鉴定机构 2012 年完成司法鉴定检案数量为 910 472 件，平均每个法医临床机构完成 478.9 件，平均每个法医临床司法鉴定人完成 49.6 件，远远高于司法鉴定机构和司法鉴定人年均检案数量。本年度，司法会计鉴定完成检案 16 814 件，平均每个鉴定机构完成 13.4 件，平均每个司法鉴定人完成 2 件。此种鉴定机构、鉴定人与鉴定业务量的不均衡现象十分突出。

（4）司法鉴定教育培训人数。本年度，全国参加教育培训的司法鉴定人 27 253 人。其中，参加继续教育培训的 21 347 人，转岗培训的 2644 人，初任培训的 3262 人。参加法医类、物证类、声像资料类培训的 14 090 人，参加其他类培训的 3163 人，初任培训、转岗培训和继续教育所占比例分别为 12.0%、9.7%、78.3%。参加部司鉴所培训的 283 人，参加省级培训的 26970 人。本年度培训司法鉴定人在 3000 人以上的为河北、黑龙江 2 省；3000～2000 的 4 个省（区、市）为辽宁、北京、上海、广东；2000～1000 人的为山东、湖北 2 省；1000～500 人的为江西、浙江、吉林、四川、湖南 5 个省份；500～300 人的 5 个省（区、市）为宁夏、江苏、海南、福建、云南；300～200 人的 5 个省（区、市）为天津、新疆、陕西、广西、安徽；200～100 人的 5 个省（区、市）为河南、山西、重庆、青海、内蒙古；100 人以下的 2 个省（区、市）为西藏、贵州；甘肃省没有开展司法鉴定人培训。参加管理干部培训的 984 人，其中，参加部级培训的 192 人，参加省级培训的 792

人。管理干部培训最多的为四川省，188人。

（5）司法鉴定投诉举报数。本年度，全国司法行政机关接到对司法鉴定机构和司法鉴定人的投诉共计1411件，比上年增加9.7%，占司法鉴定总业务量的0.09%，与上年持平。其中，投诉司法鉴定机构的1298件，比上年增长20%，涉及司法鉴定机构553家；投诉司法鉴定人的433件，比上年增长12.2%，涉及司法鉴定人385人。对司法鉴定机构的投诉中，符合受理条件的有890件，占68.6%；对司法鉴定人的投诉中，符合受理条件的有348件，占80.4%。因投诉引发行政复议案件42件，引发行政诉讼案件39件，分别占投诉总量的3.0%和2.8%。经过调查，给予司法鉴定机构相应处理的共195件，其中，给予行政处罚的27件（包括警告并责令改正的21件，暂停执业的6件），给予行政处理的151件，给予行业处分的17件，分别占13.9%、77.4%和8.7%；给予司法鉴定人行政处罚的19件（包括警告并责令改正的13件，暂停执业的5件，撤销登记的1件），给予行政处理的19件，给予行业处分的5件，分别占44.2%、44.2%、11.6%。

（六）司法鉴定技术相关部门规章与行业规范

1. “两院三部”和全国人大常委会法工委《实施刑诉法规定》对鉴定制度的完善

2012年12月26日，“两院三部”和全国人大常委会法工委发布《实施刑诉法规定》[1]，全文共40条，其中，与司法鉴定相关的内容主要包括：

（1）关于鉴定人保护措施。第12条规定，《刑事诉讼法》第62条规定对证人、鉴定人、被害人可以采取“不公开真实姓名、住址和工作单位等个人信息”的保护措施。人民法院、人民检察院和公安机关依法决定不公开证人、鉴定人、被害人的真实姓名、住址和工作单位等个人信息的，可以在判决书、裁定书、起诉书、询问笔录等法律文书、证据材料中使用化名等代替证人、鉴定人、被害人的个人信息。但是，应当书面说明使用化名的情况并标明密级，单独成卷。辩护律师经法庭许可，查阅对证人、鉴定人、被害人使用化名情况的，应当签署保密承诺书。

---

[1] 2012年12月26日发布，自2013年1月1日起施行。1998年1月19日最高人民法院、最高人民检察院、公安部、国家安全部、司法部、全国人大常委会法工委发布的《关于刑事诉讼法实施中若干问题的规定》同时废止。

（2）关于鉴定期间。第40规定，《刑事诉讼法》第147条规定：“对犯罪嫌疑人作精神病鉴定的期间不计入办案期限。”根据上述规定，犯罪嫌疑人、被告人在押的案件，除对犯罪嫌疑人、被告人的精神病鉴定期间不计入办案期限外，其他鉴定期间都应当计入办案期限。对于因鉴定时间较长，办案期限届满仍不能终结的案件，自期限届满之日起，应当对被羁押的犯罪嫌疑人、被告人变更强制措施，改为取保候审或者监视居住。

2. 办理制售假劣药品违法犯罪案件与鉴定

2012年3月27日，公安部、国家食品药品监督管理局发布《关于做好打击制售假劣药品违法犯罪行政执法与刑事司法衔接工作的通知》[1]规定，公安机关在查办案件中，依法提请食品药品监管部门作出检验、鉴定、认定等协助的，食品药品监管部门要依据职能配合做好相关工作，不收取费用。由此增加的费用，由地方食品药品监管部门申请地方财政列支解决。

3. 办理走私、非法买卖麻黄碱类复方制剂等刑事案件与鉴定

2012年6月18日，最高人民法院、最高人民检察院、公安部发布《关于办理走私、非法买卖麻黄碱类复方制剂等刑事案件适用法律若干问题的意见》[2]，其中，与司法鉴定相关的内容主要包括：

（1）关于制毒物品数量的认定。第6条规定，实施本意见规定的行为，以走私制毒物品罪、非法买卖制毒物品罪定罪处罚的，应当以涉案麻黄碱类复方制剂中麻黄碱类物质的含量作为涉案制毒物品的数量。实施本意见规定的行为，以制造毒品罪定罪处罚的，应当将涉案麻黄碱类复方制剂所含的麻黄碱类物质可以制成的毒品数量作为量刑情节考虑。多次实施本意见规定的行为未经处理的，涉案制毒物品的数量累计计算。

（2）关于麻黄碱类复方制剂的范围。第8条规定，本意见所称麻黄碱类复方制剂是指含有《易制毒化学品管理条例》（国务院令第445号）品种目录所列的麻黄碱（麻黄素）、伪麻黄碱（伪麻黄素）、消旋麻黄碱（消旋麻黄素）、去甲麻黄碱（去甲麻黄素）、甲基麻黄碱（甲基麻黄素）及其盐类，或者麻黄浸膏、麻黄浸膏粉等麻黄碱类物质的药品复方制剂。

4. 办理破坏野生动物资源刑事案件与鉴定

2012年9月17日，最高人民法院、最高人民检察院、国家林业局、公安

[1] 国食药监稽［2012］90号。

[2] 法发［2012］12号。

部、海关总署发布《关于破坏野生动物资源刑事案件中涉及的CITES附录Ⅰ和附录Ⅱ所列陆生野生动物制品价值核定问题的通知》[1]规定，人民法院、人民检察院、公安、海关等办案单位核定破坏野生动物资源刑事案件中涉及的CITES附录Ⅰ和附录Ⅱ所列陆生野生动物制品的价值有困难的，县级以上林业主管部门、国家濒危物种进出口管理机构或者其指定的鉴定单位应该协助。

5. 办理粮食质量安全违法犯罪案件与鉴定

2012年12月7日，国家粮食局发布《关于全面贯彻落实〈国务院关于加强食品安全工作的决定〉的通知》[2]，其中，与司法鉴定相关的内容是：地方各级粮食行政管理部门要切实履行粮食收购、储存活动和政策性粮食购销活动中质量安全监管职责，加大粮食质量安全监督检查力度，及时排查粮食质量安全隐患。在原粮收购、储存环节和政策性粮食购销活动中发生的粮食质量安全案件，一经查实，严肃处理。涉嫌违法犯罪的，要及时移送有关部门，并从技术鉴定等方面配合公安、司法等部门依法从严惩治粮食质量安全违法犯罪行为。

6. 工商行政执法与刑事司法衔接中的鉴定

2012年12月18日，国家工商行政管理总局、公安部、最高人民检察院《关于加强工商行政执法与刑事司法衔接配合工作若干问题的意见》[3]规定，工商机关向公安机关移送涉嫌犯罪案件，应当按照《行政执法机关移送涉嫌犯罪案件的规定》第5条规定，指定2名或者2名以上行政执法人员组成专案组负责，按程序审批后依法移送。工商机关应当向公安机关提供涉嫌犯罪案件移送书、案件情况调查报告、涉案物品清单、有关检验报告或者鉴定意见等案件的全部材料，并将案件移送书、调查报告及有关材料目录抄送同级人民检察院。案件情况调查报告应当说明行为人的违法事实、法律依据以及工商机关意见等。工商机关移送案件前已经作出行政处罚决定的，应当将行政处罚决定书一并抄送同级公安机关、人民检察院。

---

〔1〕 林濒发［2012］239号。

〔2〕 国粮发［2012］222号。

〔3〕 工商法字［2012］227号。

7. 被拘留人死亡与鉴定

2012年12月14日，公安部发布《拘留所条例实施办法》[1]，第47条规定，被拘留人在拘留期间死亡的，拘留所应当立即报告主管公安机关并通知拘留决定机关、死者近亲属。拘留所的主管公安机关应当立即通知同级人民检察院，并做好被拘留人死因鉴定及善后处理等事宜。

8. 对办理减刑、假释案件与鉴定

2012年1月17日，最高人民法院发布《关于办理减刑、假释案件具体应用法律若干问题的规定》[2]，全文共29条，其中，与司法鉴定相关的内容是第20条，其规定，老年、身体残疾（不含自伤致残）、患严重疾病罪犯的减刑、假释，应当主要注重悔罪的实际表现。基本丧失劳动能力、生活难以自理的老年、身体残疾、患严重疾病的罪犯，能够认真遵守法律法规及监规，接受教育改造，应视为确有悔改表现，减刑的幅度可以适当放宽，起始时间、间隔时间可以相应缩短。假释后生活确有着落的，除法律和本解释规定不得假释的情形外，可以依法假释。对身体残疾罪犯和患严重疾病罪犯进行减刑、假释，其残疾、疾病程度应由法定鉴定机构依法作出认定。

9. 审理医疗损害赔偿纠纷案件与鉴定

2012年2月15日，最高人民法院发布《关于当前形势下加强民事审判切实保障民生若干问题的通知》[3]，第6条规定，妥善审理医疗损害赔偿纠纷案件，促进平等、和谐、互信的医患关系的形成。要积极探索医疗损害赔偿纠纷案件审理的新思路，针对当前存在着的医疗鉴定难、鉴定乱的问题，要在实践中进行探索，努力寻找妥善的解决方案，尤其要避免因重复鉴定久拖不决，激化医患矛盾。要注重委托鉴定的统一化，严格执行只有经人民法院统一委托后作出的鉴定结论才能作为定案依据的规则。对于人民法院委托作出的鉴定，当事人申请重新鉴定的，要根据《民事诉讼证据规定》等严格把关。要注意通过案件审理，充分保护患者的合法权益，保障医疗机构的正常运转、医学发展和医疗水平的提高。

10. 审理因垄断行为引发的民事纠纷案件与鉴定

2012年5月3日，最高人民法院发布《审理因垄断行为引发的民事案件

---

〔1〕 公安部令第126号。

〔2〕 法释［2012］2号。2012年1月17日发布，自2012年7月1日起施行。

〔3〕 法［2012］40号。2012年2月15日发布。

应用法律的规定》[1]，全文共16条，其中，与司法鉴定相关的内容主要包括：

（1）关于专家辅助人出庭。第12条规定，当事人可以向人民法院申请1~2名具有相应专门知识的人员出庭，就案件的专门性问题进行说明。

（2）关于专业分析报告。第13条规定，当事人可以向人民法院申请委托专业机构或者专业人员就案件的专门性问题作出市场调查或者经济分析报告。经人民法院同意，双方当事人可以协商确定专业机构或者专业人员；协商不成的，由人民法院指定。人民法院可以参照《民事诉讼法》及相关司法解释有关鉴定结论的规定，对前款规定的市场调查或者经济分析报告进行审查判断。

11. 审理买卖合同纠纷案件与鉴定

2012年5月10日，最高人民法院发布《审理买卖合同案件适用法律的解释》[2]，全文共46条，其中，对“标的物检验”作了专节规定（第15~20条）。

12. 火灾事故调查与鉴定

2012年7月17日，公安部发布修订后的《火灾事故调查规定》，[3]其中，与司法鉴定相关的修订内容主要包括：

（1）关于痕迹物证的鉴定。第23条第1款规定，现场提取的痕迹、物品需要进行专门性技术鉴定的，公安机关消防机构应当委托依法设立的鉴定机构进行，并与鉴定机构约定鉴定期限和鉴定检材的保管期限。

（2）关于死因鉴定。第24条规定，有人员死亡的火灾，为了确定死因，公安机关消防机构应当立即通知本级公安机关刑事科学技术部门进行尸体检验。公安机关刑事科学技术部门应当出具尸体检验鉴定文书，确定死亡原因。

（3）损伤程度的鉴定。第25条规定，卫生行政主管部门许可的医疗机构具有执业资格的医生出具的诊断证明，可以作为公安机关消防机构认定人身伤害程度的依据。但是，具有下列情形之一的，应当由法医进行伤情鉴定：①受伤程度较重，可能构成重伤的；②火灾受伤人员要求作鉴定的；③当事

---

〔1〕 法释［2012］5号。2012年5月3日发布，自2012年6月1日起施行。

〔2〕 法释［2012］8号。2012年5月10日发布，自2012年7月1日起施行。

〔3〕 公安部令第121号。2012年7月17日发布，自2012年11月1日起施行。1999年3月15日发布施行的《火灾事故调查规定》（公安部令第37号）和2008年3月18日发布施行的《火灾事故调查规定修正案》（公安部令第100号）同时废止。

人对伤害程度有争议的；④其他应当进行鉴定的情形。

13. 生产安全事故监察与鉴定

2012 年 11 月 15 日，监察部发布《监察机关参加生产安全事故调查处理的规定》[1]，第 12 条规定，监察机关根据调查工作需要，可以提请有关行政部门、机构予以协助；对涉及的专门性问题，可以提请有关专门机构或者人员作出鉴定结论。

14. 民用爆炸物品进出口与鉴定

2012 年 3 月 19 日，公安部、海关总署、工业和信息化部发布《民用爆炸物品进出口管理办法》[2]，第 12 条规定，海关无法确定进出口物品是否属于民用爆炸物品的，由进出口企业将物品样品送交具有民用爆炸物品检测资质的机构鉴定，海关依据有关鉴定结论实施进出口管理。

15. 消防产品与鉴定

2012 年 8 月 13 日，国家工商行政管理总局、公安部、国家质量监督检验检疫总局《消防产品监督管理规定》[3]，其中，与司法鉴定相关的内容主要包括：

（1）关于强制性产品的认证。第 5 条规定，依法实行强制性产品认证的消防产品，由具有法定资质的认证机构按照国家标准、行业标准的强制性要求认证合格后，方可生产、销售、使用。消防产品认证机构应当将消防产品强制性认证有关信息报国家认证认可监督管理委员会和公安部消防局。实行强制性产品认证的消防产品目录由国家质量监督检验检疫总局、国家认证认可监督管理委员会会同公安部制定并公布，消防产品认证基本规范、认证规则由国家认证认可监督管理委员会制定并公布。

（2）关于认证、检查机构资质。第 6 条规定，国家认证认可监督管理委员会应当按照《认证认可条例》的有关规定，经评审并征求公安部消防局意见后，指定从事消防产品强制性产品认证活动的机构以及与认证有关的检查

[1] 中华人民共和国监察部令第 28 号，自 2013 年 1 月 1 日起施行。《监察机关参加特别重大事故调查处理的暂行规定》（监发［1991］3 号）和《监察部关于对特大、重大责任事故责任人员行政处分分级审批的通知》（监发［1997］3 号）同时废止。

[2] 工业和信息化部、公安部、海关总署令第 21 号。2012 年 3 月 19 日发布，自 2012 年 9 月 1 日起实施。

[3] 中华人民共和国公安部、国家工商行政管理总局、国家质量监督检验检疫总局令第 122 号。2012 年 8 月 13 日发布，自 2013 年 1 月 1 日起实施。

机构、实验室，并向社会公布。

（3）关于认证结论和检查、检测结果。第 7 条规定，消防产品认证机构及其工作人员应当按照有关规定从事认证活动，客观公正地出具认证结论，对认证结果负责。不得增加、减少、遗漏或者变更认证基本规范、认证规则规定的程序。第 8 条规定，从事消防产品强制性产品认证活动的检查机构、实验室及其工作人员，应当确保检查、检测结果真实、准确，并对检查、检测结论负责。

（4）关于消防产品技术鉴定机构。第 9 条规定，新研制的尚未制定国家标准、行业标准的消防产品，经消防产品技术鉴定机构技术鉴定符合消防安全要求的，方可生产、销售、使用。消防安全要求由公安部制定。消防产品技术鉴定机构应当具备国家认证认可监督管理委员会依法认定的向社会出具具有证明作用的数据和结果的消防产品实验室资格或者从事消防产品合格评定活动的认证机构资格。消防产品技术鉴定机构名录由公安部公布。公安机关消防机构和认证认可监督管理部门按照各自职责对消防产品技术鉴定机构进行监督。公安部会同国家认证认可监督管理委员会参照消防产品认证机构和实验室管理工作规则，制定消防产品技术鉴定工作程序和规范。

16. 缺陷汽车产品召回与鉴定

2012 年 10 月 22 日，国务院发布《缺陷汽车产品召回管理条例》[1]，全文共 29 条，其中，与司法鉴定相关的内容主要包括：

（1）缺陷与召回的界定。第 3 条规定，本条例所称缺陷，是指由于设计、制造、标识等原因导致的在同一批次、型号或者类别的汽车产品中普遍存在的不符合保障人身、财产安全的国家标准、行业标准的情形或者其他危及人身、财产安全的不合理的危险。本条例所称召回，是指汽车产品生产者对其已售出的汽车产品采取措施消除缺陷的活动。

（2）监管部门。第 4 条规定，国务院产品质量监督部门负责全国缺陷汽车产品召回的监督管理工作。国务院有关部门在各自职责范围内负责缺陷汽车产品召回的相关监督管理工作。第 5 条规定，国务院产品质量监督部门根据工作需要，可以委托省、自治区、直辖市人民政府产品质量监督部门、进出口商品检验机构负责缺陷汽车产品召回监督管理的部分工作。国务院产品

---

〔1〕 国务院令第 626 号。2012 年 10 月 22 日发布，自 2013 年 1 月 1 日起施行。

质量监督部门缺陷产品召回技术机构按照国务院产品质量监督部门的规定，承担缺陷汽车产品召回的具体技术工作。

（3）缺陷的调查。第 14 条规定，国务院产品质量监督部门开展缺陷调查，可以进入生产者、经营者的生产经营场所进行现场调查，查阅、复制相关资料和记录，向相关单位和个人了解汽车产品可能存在缺陷的情况。生产者应当配合缺陷调查，提供调查需要的有关资料、产品和专用设备。经营者应当配合缺陷调查，提供调查需要的有关资料。国务院产品质量监督部门不得将生产者、经营者提供的资料、产品和专用设备用于缺陷调查所需的技术检测和鉴定以外的用途。

（4）对缺陷认定的异议。第 15 条规定，国务院产品质量监督部门调查认为汽车产品存在缺陷的，应当通知生产者实施召回。生产者认为其汽车产品不存在缺陷的，可以自收到通知之日起 15 个工作日内向国务院产品质量监督部门提出异议，并提供证明材料。国务院产品质量监督部门应当组织与生产者无利害关系的专家对证明材料进行论证，必要时对汽车产品进行技术检测或者鉴定。生产者既不按照通知实施召回又不在本条第 2 款规定期限内提出异议的，或者经国务院产品质量监督部门依照本条第 2 款规定组织论证、技术检测、鉴定确认汽车产品存在缺陷的，国务院产品质量监督部门应当责令生产者实施召回；生产者应当立即停止生产、销售、进口缺陷汽车产品，并实施召回。

四、非法证据排除规则适用案例分析

（一）非法证据排除规则的实施情况

本年度，司法实践中最引人关注的是非法证据排除规则的实施。中国非法证据排除规则正式确立的标志是 2010 年“两院三部”《排除非法证据规定》（同年 7 月 1 日起施行）。此后，2012 年《刑事诉讼法》吸收了“两院三部”《排除非法证据规定》的内容。然而，“书本上的法律”只有施行于司法个案，才能成为“行动中的法律”。非法证据排除规则的施行在本年度呈现出以下几个特点：

首先，非法证据排除程序频频启动，控辩双方围绕是否存在非法取证行为以及是否应予排除激烈博弈。本年度，在马厚亮受贿案、王展保等贩卖毒品案、文光跃贩卖运输毒品案、王进德故意伤害案、罗煦珍等故意伤害和窝藏案、蔡连才强奸案、李俊开等聚众扰乱社会秩序案、廖兵等杀人案等案件中，辩护律师均提出，侦查机关证据收集程序存在刑讯逼供或变相刑讯逼供问题，应当排除有关证据（主要是审前犯罪嫌疑人的有罪供述）。针对辩护律师的这些主张，检察院则通过提交看守所健康检查证明、侦查机关情况说明、讯问笔录、讯问过程录音录像、通知侦查人员出庭作证等方式给予了反驳。总之，在上述案件中，主张侦查机关取证程序违法而要求排除有关证据成为辩护律师经常采用的辩护策略；与之相应，证明证据收集程序合法则成为控方的重要诉讼活动；控辩双方围绕是否存在非法取证行为而需要排除有关证据，则成为双方对抗的焦点。

其次，一审法院启动非法证据排除程序与否成为独立的上诉理由和二审的重要内容。本年度，暂停案件实体审理程序、启动非法证据排除程序，成为法院审判的一个组成部分；一审法院是否依法启动了非法证据排除审理程序，成为辩方上诉及二审法院审查的内容。例如，在王展保等贩卖毒品案中，上诉人及其辩护人提出："原判认定事实不清，证据不足，公安人员有刑讯逼供的行为。"湖南省人民检察院也认为："本案部分事实不清，证据不足，同时对部分嫌疑人的口供没有启动非法证据排除，程序违法，建议发回重审。"湖南省高院最终判定："本案部分事实不清，且审判程序违法"，撤销原判，发回重审。[1]可见，在该案中，一审法院未启动非法证据排除审理程序，成为一个相对独立的上诉理由，最终也成为省高院推翻一审判决的理由之一。又如，在案情相似但结果不同的马厚亮受贿案中，被告人马厚亮的辩护人提出，对于其收受刘某乙、王某甲贿赂的供述，侦查机关取证程序违法。在二审中，上诉人马厚亮主张："一审法院庭审中，未启动非法证据排除程序，属程序违法。"二审法院针对这一主张审理后判定："由于公诉机关并未将上述供述作为证据向法庭提供，辩护人的申请不符合'两院三部'《排除非法证据规定》，因此，一审程序未启动非法证据排除程序，并无不当。前述上诉理由不能成立。"[2]尽管上述两个案件的审理结果不同，但相同点是都将一审法院是否启动了非法证据排除程序作为一个独立上诉理由和二审审理的内容。这是实施2012年《刑事诉讼法》第56条第1款的一个良好开端，根据该款规

〔1〕 湖南省高院刑事裁定书，（2012）湘高法刑三终字第77号。

〔2〕 山东省高院刑事裁定书，（2012）鲁刑二终字第139号。

定，“法庭审理过程中，审判人员认为可能存在本法第 54 条规定的以非法方法收集证据情形的，应当对证据收集的合法性进行法庭调查。”

最后，二审或再审法院成为非法证据排除的最终裁决者。本年度，对于是否存在非法取证行为、是否应当排除所取得的证据，二审或再审法院成为最终裁决者。在推翻一审法院裁决方面，有两个相反案例：一是章国锡受贿案。[1]该案中，一审辩护人辩称，侦查机关对被告人有罪供述的取得采取了刑讯逼供或变相刑讯逼供、诱供、欺骗等手段。庭审中，控方提供了被告人供述笔录、侦查机关盖章并有侦查人员签名的情况说明、播放了审讯录像片段等证据，证明不存在刑讯逼供行为。但一审法院判定：上述证据不足以证明侦查机关获取被告人审判前供述的合法性。并且，法院调取了被告人的体检登记表，证明了其在刑讯时受伤的事实，而控方对此未能作出合理解释。因此，被告人的审前供述不得作为定案的依据。[2]然而，这个被称为“国内非法证据排除第一案”的一审判决，在 2012 年 7 月宁波市中院二审时却被推翻，尽管二审法院并未从侦查机关获得关于不存在非法取证行为的合理解释，这在中国非法证据排除史上留下了一个令人遗憾的记忆。二是廖兵等杀人案。该案一审时，法院以故意杀人罪判处被告人廖兵有期徒刑 12 年。廖兵不服该判决而提起上诉，声称自己是因公安机关刑讯逼供才作有罪供述的。这些有罪供述不能作为定案依据，应予以排除。四川省内江市中院二审认为，根据《刑事诉讼法》第 54 条第 1 款、第 58 条等规定，一审法院采信的证据无法排除公安机关通过刑讯逼供获取廖兵有罪供述的合理怀疑，应予以排除。此案系 2012 年《刑事诉讼法》实施后四川省法院首例排除非法证据的案件。[3]需要注意的是，2012 年《刑诉法解释》第 103 条规定了二审法院对一审非法证据排除问题的审查处理方式：“具有下列情形之一的，第二审人民法院应当对证据收集的合法性进行审查，并根据《刑事诉讼法》和本解释的有关规定作出处理：①第一审人民法院对当事人及其辩护人、诉讼代理人排除非法证据的申请没有审查，且以该证据作为定案根据的；②人民检察院或者被告人、

---

〔1〕 参见鄞州区人民法院判决书，（2011）甬鄞刑初字第 320 号，载 http：//blog. sina. com. cn/s/blog _90de409601011yge. html，最后访问日期：2013 年 10 月 15 日。

〔2〕 关于章国锡案一审中对非法证据认定的分析，参见张保生、常林主编：《中国证据法治发展报告 2011》，中国政法大学出版社 2013 年版，第 58～63 页。

〔3〕 四川省内江市中院刑事判决书，北大法宝引证码：CLI. CR. 140571。

自诉人及其法定代理人不服第一审人民法院作出的有关证据收集合法性的调查结论，提出抗诉、上诉的；③当事人及其辩护人、诉讼代理人在第一审结束后才发现相关线索或者材料，申请人民法院排除非法证据的。”从上述案例看，非法证据排除也是二审法院对一审法院监督的一个重要内容。

（二）非法证据排除规则的运行机制

非法证据排除规则的实施有赖于一定机制。要使非法证据排除规则发挥实效，需要解决以下问题：谁承担相关的证明责任？用什么方法来证明取证非法？证明标准是什么？尽管“两院三部”《排除非法证据规定》和2012年《刑事诉讼法》对此都有规定，但只有落实到个案裁判中，才能成为切实有效的运行机制。

1. 非法证据排除的证明责任

在非法证据排除审理程序中，我国法律规定实行证明责任倒置原则，即由控方证明不存在非法取证行为，否则推定取证程序非法。但辩方要“提供相关线索或者材料”。或者说，辩方要对“存在非法取证行为”的主张承担初步证明责任。“两院三部”《排除非法证据规定》第6条规定：“被告人及其辩护人提出被告人审判前供述是非法取得的，法庭应当要求其提供涉嫌非法取证的人员、时间、地点、方式、内容等相关线索或者证据。”2012年《刑事诉讼法》第56条第2款强化了这一要求：“当事人及其辩护人、诉讼代理人有权申请人民法院对以非法方法收集的证据依法予以排除。申请排除以非法方法收集的证据的，应当提供相关线索或者材料。”

因此，上述关于证明责任分配的条款就成为法院裁决排除非法证据的法律依据。例如，在李俊开等聚众扰乱社会秩序案中，辩护人提出，被告人李俊开在羁押期间的供述有被刑讯逼供的嫌疑，但并未提供刑讯逼供的人员、时间、地点、方式、内容等相关线索。因此，法院裁定：“辩护人并未依照《关于办理刑事案件排除非法证据若干问题的规定》第10条第1项的规定，提供刑讯逼供的相关线索或者证据，且被告人李俊开的供述与同案其他被告人的供述、证人证言能相互印证，故被告人李俊开的辩护人的该项辩护意见无事实依据”[1]。本案一审法院的这个裁决，不能说不符合关于辩方承担非法取证初步证明责任的法律规定。

---

〔1〕 衡阳市蒸湘区人民法院刑事判决书，（2012）衡蒸刑初字第38号。

然而，当辩方履行了初步证明责任后，最终的证明责任就转移到控方。2012 年《刑事诉讼法》第 57 条第 1 款规定："在对证据收集的合法性进行法庭调查的过程中，人民检察院应当对证据收集的合法性加以证明。"但是，上述章国锡案二审程序并未贯彻这一法律要求，在辩方提出非法取证线索后，控方却以"涉密"为由拒绝提交完整的讯问过程录音录像，并拒绝通知侦查人员出庭作证；法庭自行调取的被告人体检检查登记表，则表明被告人在侦查羁押期间确实受伤。这至少说明，存在着刑讯逼供等非法取证行为的合理怀疑。在这种情况下，二审法院应当对承担证明责任一方（控方）作出不利的裁决，即裁决取证非法，但二审法院却违背了非法证据排除审理程序中的证明责任分配条款。因此，在非法证据排除审理程序中，一定要坚持证明责任倒置原则，即由控方承担不存在非法取证行为的证明责任，否则就应当作出有利于被告人的裁决。

2. 非法取证行为的认定方法

法院通过什么方法或者以何种证据，来认定非法取证行为存在与否？2012 年最高人民法院《刑诉法解释》第 101 条规定："法庭决定对证据收集的合法性进行调查的，可以由公诉人通过出示、宣读讯问笔录或者其他证据，有针对性地播放讯问过程的录音录像，提请法庭通知有关侦查人员或者其他人员出庭说明情况等方式，证明证据收集的合法性。公诉人提交的取证过程合法的说明材料，应当经有关侦查人员签名，并加盖公章。未经有关侦查人员签名的，不得作为证据使用。上述说明材料不能单独作为证明取证过程合法的根据。"可见，非法取证行为的认定主要依据讯问笔录、讯问过程的录音录像、侦查人员或者其他人员出庭作证、侦查机关取证过程合法的说明材料等。在司法实践中，对认定非法取证行为的方法还要做一些具体分析。

（1）以被告人健康检查表（或体检表）作为认定非法取证行为的证据。本年度，一些案例表明，法院常用被告人健康检查表（或体检表）及其所记载的时间，作为认定非法取证行为的证据。在文光跃贩卖、运输毒品案、罗煦珍等故意伤害和窝藏案、蔡连才强奸案中，法院都以被告人健康检查表作为认定刑讯逼供是否存在的证据。在文光跃贩卖、运输毒品案中，被告人文光跃于 2011 年 3 月 6 日晚在交易毒品过程中被民警抓获。3 月 7 日，在益阳市公安局赫山分局执法办案区第一次接受审讯，文光跃供认了 2007 年贩卖毒品的事实；3 月 9 日，在赫山分局讯问室第二次接受审讯，文光跃详细供述了贩卖毒品的过程。但是，6月1日在益阳市第一看守所接受审讯时，文光跃翻供，声称没有贩卖过毒品。被告人文光跃辩称："公安干警对我刑讯逼供后，把事先写好的笔录交给我签字，笔录内容不是我讲的。"文光跃的辩护人提出，文光跃所作的有罪供述是刑讯逼供形成的，属非法证据，不能作为定案依据。为了认定是否存在刑讯逼供的事实，法院调取了3月9日文光跃进入看守所时的健康检查登记表，其中记载："胸部大面积青紫，右小腿裸关节4×5cm青紫，右上臂内侧8×3cm青紫。"侦查机关也出具情况说明，说明该伤是抓捕时文光跃反抗形成的。庭审中，民警汤范、蔡剑龙、姚季军分别证明，参与抓捕文光跃的民警有七八个人，参与审讯文光跃的民警有五六个人，在审讯过程中没有对文光跃的刑讯逼供行为，文光跃的伤是在抓捕时因为文光跃反抗，民警将其按倒，推、拖与地面摩擦形成的。但文光跃当庭指认民警姚某某在审讯过程中对他实施了殴打，还有对他实施刑讯逼供的民警没有到庭。最后法庭认定："根据以上材料，被告人文光跃有罪供述是在提外讯期间作出的，入看守所经检查全身多处受伤，……虽然侦查机关出具说明材料及办案民警出庭证明文光跃的伤是抓捕时，文光跃反抗，民警将其按倒，推、拖与地面摩擦形成的，审讯中没有对文光跃刑讯逼供，但说明材料是移送起诉以后形成的，办案民警对文光跃受伤未作出合理解释，也未能提供审讯过程的录音录像等相应的证据证明，并且入所健康检查登记表证明的情况，文光跃的伤并非擦伤。现有证据无法完全排除非法取证的可能。"[1]尽管最高人民法院《刑诉法解释》中没有将被告人健康检查表列为证明非法取证的证据形式，但在本案中，法院根据健康检查表的形成时间（形成于提外讯问之后）以及其中所记载的内容（并非与地面摩擦形成的擦伤），认定不能排除非法取证的可能性，这种认定方法实为法官审判实践经验的总结。

（2）侦查机关的"情况说明"经过补强才能采信。在审判实践中，侦查机关出具的"情况说明"常常成为控方证明不存在刑讯逼供等非法取证行为的证据。但是，根据2012年最高人民法院《刑诉法解释》第101条第2款的规定："公诉人提交的取证过程合法的说明材料，应当经有关侦查人员签名，并加盖公章。未经有关侦查人员签名的，不得作为证据使用。上述说明材料不能单独作为证明取证过程合法的根据"。这表明，最高人民法院《刑诉法解

〔1〕 湖南省益阳市中院刑事判决书，（2012）益法刑一初字第19号。

释》对“情况说明”的使用采取了慎重态度：一方面要求侦查人员本人签字，从而使“情况说明”实际上转化为侦查人员的书面证言；另一方面降低了“情况说明”的证据效力，要求其必须被补强才能证明取证过程合法。在上述廖兵案中，二审法院就是贯彻了这一要求。二审法院认定：“公安机关关于廖兵辩称被刑讯逼供的情况说明和检察院函虽证实讯问廖兵的合法性，但缺乏应有佐证。”因此，它未满足最高人民法院《刑诉法解释》的补强要求。

（3）讯问过程录音录像对非法证据排除具有重要作用，但需注意其完整性。讯问过程的录音录像对于认定是否存在刑讯逼供是一种重要的证据。例如，在文光跃案中，控方未能提供审讯过程的录音录像以证明讯问过程合法，因此，法院认为无法完全排除非法取证的可能性。在蔡连才强奸案中，被告人蔡连才辩称，其在公安机关的供述是侦查人员刑讯逼供形成的。法院调取并查看了侦查机关对被告人讯问时的实况录像，并结合侦查人员证言、体检记录等证据，认定不存在侦查人员对被告人蔡连才实施的刑讯逼供行为。[1]在上述两起案件中，讯问过程录音录像对于认定是否存在刑讯逼供取证行为都起了重要作用。但需注意的是，以录音录像来证明是否存在刑讯逼供，要确保录音录像本身的完整性。如果只是其中的个别片段，则无法排除存在刑讯逼供行为。例如，在上述章国锡案中，控方以“涉密”为由拒绝提交完整的讯问过程录音录像，只提供了其中的一些片段。在这种情况下，便无法排除刑讯逼供的可能性。

3. 取证的合法性应达到确信无疑的证明标准

在证据合法性调查程序中，承担证明责任的控方应当将“不存在非法取证行为”证明到什么程度，法院才能作出采纳该证据的裁定？2012 年《刑事诉讼法》第 58 条规定：“对于经过法庭审理，确认或者不能排除存在本法第 54 条规定的以非法方法收集证据情形的，对有关证据应当予以排除。”这里，“不能排除存在……以非法方法收集证据情形的”，显然确立了一个由控方对取证合法性的证明必须达到“确信无疑”程度的证明标准。从一些案件的判决书所使用的语言来看，法官确实在一定程度上使用的是这一标准。例如，在廖兵案中，法官认为“证据无法排除公安机关通过刑讯逼供获取廖兵有罪

〔1〕江苏省阜宁县人民法院刑事判决书，（2011）阜刑初字第 0153 号。

供述的合理怀疑”，使用了“排除合理怀疑”的表述；在罗煦珍案中，法官认为“侦查机关此次对罗煦珍供述取得的合法性存有疑问，不能排除刑讯逼供嫌疑”，使用了“排除嫌疑”的表述；在文光跃案中，法官认为“现有证据无法完全排除非法取证的可能”，使用了“完全排除可能”的表述。可以看到，在这几起案件中，法官都采用了“对取证的合法性应达到确信无疑程度”的证明标准，要求控方所提供的证据能够形成完整的证明锁链，排除刑讯逼供存在的可能性。以蔡连才强奸案为例，我们可以看到法官对这个证明标准的把握。蔡连才因涉嫌强奸不满14周岁的幼女被立案侦查，他在侦查期间作了有罪供述，但在庭审中翻供，辩称其在公安机关的供述是侦查人员刑讯逼供形成的。[1]

为了证明讯问过程合法，控方提交了下述证据：①被告人蔡连才进入看守所时的体检记录，其中记载被告人入所时脸上有伤，是受害人继父钱某某殴打被告人所致；②证人钱某某、李某某的证言，证明于2012年3月25日下午殴打过被告人，并随即打电话报警；③侦查机关对被告人讯问时的实况录像，证明讯问过程中不存在非法取证行为；④侦查人员到庭作证，证明未对被告人蔡连才实施刑讯逼供行为。综合上述证据，对于讯问的合法性有录音录像、侦查人员出庭证言这两份证据证明；对于被告人脸上的伤，有体检记录和两位到庭证人的证言证明其来自于被害人继父对被告人的殴打，而非刑讯所致；与此同时，辩方未提出其他证据证明存在刑讯逼供行为。这足以排除非法取证可能性，法院据此认定讯问程序合法。

（三）非法证据排除规则适用中的其他相关问题

非法证据排除规则的适用还涉及一些其他的问题，例如，侦查人员出庭作证、非法证据与瑕疵证据的区分、被告人翻供后原口供的证据效力等。这些问题在本年度的司法判例中都有所体现。

1. 侦查人员出庭作证

2012年《刑事诉讼法》第187条第2款规定：“人民警察就其执行职务时目击的犯罪情况作为证人出庭作证，适用前款规定。”这一规定实际上界定了警察出庭的证人身份，原则上与普通证人适用相同的规则。但警察出庭作

---

〔1〕江苏省阜宁县人民法院刑事判决书，（2011）阜刑初字第0153号。

证不限于“在执行职务时目击的犯罪情况”，还包括证据合法性调查程序中是否存在刑讯逼供等非法取证行为。如果存在非法取证行为，而执行侦查任务的警察既是非法取证行为主体又是非法取证事件最直接的目击者。因此，在法院审理非法证据排除问题时，应该强化警察出庭作证的要求。在蔡连才案、文光跃案中，侦查人员出庭作证都为法庭认定是否存在非法取证的事实提供了重要证据。然而，2012年《刑事诉讼法》第57条第2款只规定了侦查人员出庭的三种启动程序，即检察院提请的通知程序、法院通知程序、侦查人员要求程序。

以上三种启动权配置存在的主要问题是控辩双方权利不平等。在我国刑事诉讼中，控辩双方的权利存在着天然的不平等。这表现在，一方面，“我国侦查人员的出庭作证几乎都是由检察机关安排的，没有经辩护方单方申请法院传唤侦查人员出庭作证的情况”[1]；另一方面，“尽管越来越多的辩护律师都提出了排除非法证据的申请，并申请法庭通知侦查人员出庭作证，或者调取全案同步录像资料，但检察机关对此普遍予以拒绝，法庭对此也无可奈何”[2]。总之，立法只赋予了检察院、法院甚至侦查人员在证据合法性调查程序中的“提请”、“通知”和“要求”侦查人员出庭的启动权，却偏偏没有赋予辩护方这种启动权，这是不合逻辑的，它违背了控辩双方权利平等的原则。从我国检察院既是公诉机关又是职务犯罪等案件侦查机关的现实体制来看，当检察院在证据合法性调查程序中身陷“公诉利益”或“侦查利益”时，如何履行其审判监督职责就成为一个难题。例如，在“章国锡案”中，由于检察院身兼侦查机关和公诉机关两种职能，当法院通知侦查人员出庭时，侦查人员却拒绝出庭，检察院并未履行对侦查机关的法律监督职能。可见，要使证据合法性调查程序中侦查人员出庭的规定真正得到实施，就必须在下一步的司法改革中解决司法权的科学配置问题。

2. 非法证据与瑕疵证据的界限

非法证据与“瑕疵证据”的界限，是非法证据排除实践中的一个不易区分的问题。所谓瑕疵证据，是指“两院三部”《死刑案件证据规定》中规定的存

[1] 何家弘：“对侦查人员出庭作证的实证研究”，载《人民检察》2010年第11期。

[2] 陈瑞华：“论侦查人员的证人地位”，载《暨南学报》2010年第2期。

在某种瑕疵但可以补正或做出合理解释后继续使用的证据。[1]有时，非法证据和瑕疵证据存在竞合。例如，一份证言的询问笔录中存在时间、地点和询问人员的矛盾，而该矛盾反映出可能存在使用威胁、引诱等非法手段收集证据的行为。在这种情况下，应该按照非法证据的审理程序处理，而不是按照瑕疵证据的补正程序处理。法官在处理涉及该问题的案件时，应该按照上述原则裁判。

在王进德故意伤害案中，就反映出这一问题。[2]被告人王进德的辩护人提出："案卷中部分证人证言形式不符合法律规定，存在没有2名侦查人员亲笔签名和询问时间记录不清的问题，属于非法证据，应当予以排除。"法官审理后认为："辩护人所提部分证人证言应作为非法证据予以排除的意见，经查，'两院三部'《排除非法证据规定》第1条对应予排除的非法证据作了明确界定，即采用刑讯逼供等非法手段取得的犯罪嫌疑人、被告人供述和采用暴力、威胁等非法手段取得的证人证言、被害人陈述，属于非法言词证据。本案中辩护人所提证人证言，不属于上述规定中以暴力、威胁等手段取得的情形，不属于排除的范围，取证中存在的问题应通过补正等方式，综合全案其他证据综合予以采信。"这里，法官应当分析辩护人是否提出了非法取证的线索或证据，是否履行初步的证明责任，以及本案中是否存在非法取证的可能性，而不应当直接认定这种情况属于瑕疵证据因而不是非法证据。而且，非法证据本身是一个开放式的概念，非法证据与瑕疵证据存在各种可能的竞合，一旦发生竞合，应当按照非法证据审理程序处理。所以，瑕疵证据的补正程序存在这样一种风险：容易将本来应当属于非法证据排除规则所解决的问题掩盖，使法官忽视案件中存在的非法取证可能性。法官在审理具体案件中，应当注意这种风险。

3. 被告人翻供的效力

排除非法证据经常涉及被告人翻供问题。"两院三部"《死刑案件证据规定》第22条第2款规定了被告人翻供后庭前供述的效力："被告人庭前供述

---

〔1〕 例如"两院三部"《死刑案件证据规定》第14条规定："证人证言的收集程序和方式有下列瑕疵，通过有关办案人员的补正或者作出合理解释的，可以采用：①没有填写询问人、记录人、法定代理人姓名或者询问的起止时间、地点的；②询问证人的地点不符合规定的；③询问笔录没有记录告知证人应当如实提供证言和有意作伪证或者隐匿罪证要负法律责任内容的；④询问笔录反映出在同一时间段内，同一询问人员询问不同证人的。"

〔2〕 详见甘肃省天水市中院刑事附带民事判决书，（2012）天刑一初字第23号。

一致，庭审中翻供，但被告人不能合理说明翻供理由或者其辩解与全案证据相矛盾，而庭前供述与其他证据能够相互印证的，可以采信被告人庭前供述。”那么，如果被告人声称庭前供述是因为侦查人员对其刑讯逼供所得出的，是否就提供了本条规定的“翻供理由”？针对这一问题，“两院三部”《排除非法证据规定》第10条第1款规定：“经法庭审查，具有下列情形之一的，被告人审判前供述可以当庭宣读、质证：①被告人及其辩护人未提供非法取证的相关线索或者证据的；②被告人及其辩护人已提供非法取证的相关线索或者证据，法庭对被告人审判前供述取得的合法性没有疑问的；③公诉人提供的证据确实、充分，能够排除被告人审判前供述属非法取得的。”根据本条规定，被告人以审前供述系刑讯逼供所得为由当庭翻供，只有满足以下条件时才会导致审前供述被排除（不得当庭作为证据宣读和质证）：辩方已提供了非法取证的相关线索或证据，并且法庭对于审前供述合法性存有疑问。

在蔡连才强奸案中，被告人声称，其在公安机关的供述是由于侦查人员刑讯逼供而形成的。而法院则作出了如下事实认定：“被告人蔡连才在公安机关多次供述了其奸淫被害人的事实，且供述稳定，并得到了被害人陈述及相关证人证言等证据的印证。现被告人蔡连才当庭翻供，但并不能合理说明翻供理由，亦未能提供相关证据或线索，而庭前所作的有罪供述与其他证据可以印证，且排除了侦查机关非法取证的可能，故可采信被告人蔡连才在庭前所作的有罪供述。”本案中，尽管蔡连才提出了翻供理由（刑讯逼供），但未提供非法取证的相关线索或证据，故法院未排除审前供述，这无可厚非。但应当注意的是，采纳审前供述并不意味着直接认定该供述事实，而应该只将其作为证据，进而经过法庭质证程序再进行认证。“两院三部”《排除非法证据规定》第10条第2款规定：“对于当庭宣读的被告人审判前供述，应当结合被告人当庭供述以及其他证据确定能否作为定案的根据。”在蔡连才案中，法院认为审前供述“得到了被害人陈述及相关证人证言等证据的印证”，因此采信该供述，还是符合上述法律要求的。

通过上述分析可以看到，非法证据排除规则在司法实践中的实施还存在着很多的问题。这些问题之所以产生，既有立法和相关司法解释不完善的原因，也与一些法官未能正确把握证据法基本原理有关。然而，无论如何，司法实践中积累的经验和暴露的问题，都会给证据制度的深化改革带来有益启发，法官、律师、检察官也会在司法实践中不断积累和总结解决问题的办法。

2012 年中国证据科学的学术进展

一、证据科学研究进展

自2005 年证据科学教育部重点实验室（中国政法大学）批准设立以来，开展证据法学与法庭科学交叉研究的重要性已为国内外学者和司法实务界所普遍认同。本年度，国内有关证据科学的研究成果主要集中在证据法学与法庭科学交叉研究的必要性等方面，宏观论述较多，对证据科学深入系统的研究成果还比较缺乏。相比之下，国外学者关于证据科学跨学科研究的新思想具有深刻的启发性。

（一）国外学者阐释的证据科学理念

英美学者安德森、舒姆和特文宁的《证据分析》（第 2 版）中文版[1]阐释了以下关于证据科学的理念：

第一，证据分析是人类的一种基本技能。掌握证据整理和建构方法以及关于争议事实严密论证评价的基本技术，不仅对法官、律师和法学院学生提高与事实争议问题严密推理有关的思维训练和智力开发非常重要，甚至是情报分析师、刑事侦查人员和其他人员的专业训练中的一个起点，而且，处理证据是人类的一种基本技能。推论性推理、分析和权衡证据，形成关于过去所发生的事情或未来可能发生的事情的判断，是处理日常生活中各种难题之必不可少的，它们构成了人类日常实践推理的基本技能。除了法官、律师之外，历史学家、侦查人员、医生、工程师、情报分析师，都在其职业语境中掌握并应用着这些精确和精致的技能。

---

〔1〕 参见［美］特伦斯·安德森、戴维·舒姆、［英］威廉·特文宁等：《证据分析》（第 2 版），张保生、朱婷、张月波等译，中国人民大学出版社 2012 年版。

第二，证据科学的跨学科研究可以使法学学科和其他学科的学者相互受益。舒姆教授1994年在《概率推理的证据基础》一书中主张，其他学科有很多证据问题需要向法律学习，但律师也能从横跨所有学科或大多数学科的证据特征的思考中受益。近年来，他一直结合概率论、统计学和心理学对证据问题进行跨学科主题的研究。特文宁教授2003年以来则对威格莫尔分析法在法律和决策论、人工智能、情报分析等领域的应用进行了深入研究。证据作为许多实践活动领域激动人心的重要跨学科主题，正在得到越来越多的承认。

第三，证明逻辑和证据规则在教学中的整合，为分析、论证和解决证据领域的实际问题提供了一种工具。像关于法律问题的法律分析和法律推理一样，这种工具构成了“法学方法”的基本成分。特别是推论性推理的原则、基本概念、分析和整理证据混合体的技能等问题，这些分析和整理证据的技能，以及对有关事实争议问题的论证进行建构、批评和评价的技能，是可以而且应当在法学院实践和有效传授的知识性技能。在学生作为律师进入实践领域或涉足实践推理的其他活动领域之前，加强证据科学跨学科领域的思维训练，可以使其为掌握事实分析的必要知识和职业技能打下基础，包括建构问题和组织大宗数据（宏观分析）的技术，精细分析、精确数据与综合论辩的评价技术（微观分析），旨在为学会一定的分析、辩论和解决实际问题的有用的基本技能提供一种工具。

（二）国内学者对证据科学的研究

1. 关于证据科学的性质

房保国《科学证据研究》一书认为，证据科学以司法证明领域为核心，放眼于对证据问题领域的宏观审视，着眼于所有涉及证据与证明领域知识与问题的重新排列，涵盖包括法律、心理学、法庭科学、哲学、经济学、历史学、符号学以及其他学科在内的所有与证据有关的创新知识。证据科学实际上是综合了所有关于证据与证明的系统性知识，处于相关科学的交汇点。[1]

2. 关于司法证明机理问题研究

封利强从证据科学角度，对司法证明机理进行了研究。司法证明机理是指，由多方证明主体共同进行证据推理活动的内在规律和原理。这是当前英美“新证据学”开辟的一个全新的交叉学科领域。其研究分支包括：概率与

---

〔1〕 参见房保国主编：《科学证据研究》，中国政法大学出版社2012年版。

证明、图示法、心理学与证据、话语研究、法律论证与证据、整合性证据科学、人工智能与证明等。我国证明机理的研究对象是司法证明的推理机制，具有跨学科的性质。现代科学的发展和学科交融趋势，为证明机理研究提供了前所未有的契机。我们应当广泛吸收多学科研究成果，综合运用系统论、逻辑学、心理学、语言学、行为科学等研究方法开展跨学科的证明机理研究，逐步实现我国司法证明的科学化。[1]

3. 关于法庭科学与证据法学相结合的必要性

（1）谭清波阐述了法庭科学技术与证据法律制度相互作用从而服务于现代司法的过程。他强调，“在最近几十年里，通过借助于科学技术，在对许多案件的处理过程中，人们了解并找到了更多的与案件事实有关的痕迹和微量物质，为案件的侦破提供了有力帮助。但是，要想搜集到那些科技含量高的证据，就需要相关部门建立相关规范技术的标准制度。如，DNA 证据、犯罪心理测试证据的取证技术要求较高，对工作人员有着严格的要求，否则难以保证证据的可靠性和真实性。为规范相关取证行为，很多的国家已经有了相对应的法律法规，规范这些搜集证据过程中的一些技术性要求，进而保证实现技术性规范的法律化。”[2]

（2）樊学勇、杨涛的文章强调了法庭科学与证据法学有机结合的重要性。他们认为，法医物证对于辅助破案、支持公诉以及准确审理和裁判案件，从而有力打击犯罪并保障无罪的人不受刑事追究具有重要意义。但当前司法实践中，法医物证的发现、提取、保管、检验以及法庭应用还存在着诸多问题，因法医物证应用失误而导致错案的情况也不鲜见。因此，从技术规范、诉讼程序以及证据应用的角度发掘法医物证应用的规律性，有助于解决定案证据的来源和案件事实的认定问题，并避免因法医物证错用而导致的错案。法庭科学只有在证据法理论及证据规则的引导下，才能有效实现其支持公诉、准确审理的现代价值。[3]

（3）黄瑞亭在论及法庭科学的定位时，强调法庭科学服务于司法和维护

---

〔1〕 参见封利强：“司法证明机理：一个亟待开拓的研究领域”，载《法学研究》2012 年第 2 期。

〔2〕 谭清波：“科学技术发展对刑事证据的影响研究”，载《河南科技》2012 年第 9 期（下）。

〔3〕 参见樊学勇、杨涛：“刑事诉讼视野下的法医物证应用研究”，载《证据科学》2012 年第 1 期。

司法公正的重要功能，论述了法庭科学与证据法学交叉研究的重要性。他认为，“法医学鉴定活动主体旨在为国家司法活动服务，其公益性质占主导地位。具体地说，司法机关的诉讼行为是国家司法行为；法医鉴定机构为司法机关服务是收集、固定科学证据的机构；涉讼证据是法庭审判依据；法医鉴定人是涉讼参与人；法医鉴定人有别于专家证人；法医鉴定对维护司法公正至关重要。”〔1〕

4. 以证据科学为视角的科学证据研究

（1）山东大学张国亮的硕士学位论文《刑事诉讼中科技证据规制问题研究》〔2〕，论述了伴随科学技术水平的提高，科技证据在诉讼中越来越重要的作用。文章在强调科技证据在证明犯罪的诉讼活动中的重要作用的同时，也指出了立法缺陷可能导致科技证据的滥用，从而产生严重后果，并提出了科技证据在使用中应当注意的问题以及立法应当完善的方面。如何运用证据规则（如对科技证据进行有效质证）对科技证据的使用进行规制，体现了法庭科学与证据法学有机结合的重要性。作者引用了美国刑侦专家约翰·霍德《刑侦实验室：犯罪现场真相揭秘》一书的观点：“即便科学上有再重大的进步，我们也完全不可能解决司法上的所有疑问，因为科学是相对的，其准确率永远不可能达到100%。它所能提供的只是可能性而不是确定性，它的作用是指明调查方向和排除干扰因素，它提供多种假设但永远不可能决定疑犯是否有罪。而法官和其他司法人员总是借助各种科学手段提供的证据，然后根据法律和他们的判断给某人定罪或宣判某人无罪。”

（2）苏州大学章冠宇的硕士学位论文《专家证据的采信标准研究》〔3〕，在分析环境污染、医疗纠纷、药品侵权等案件的基础上，论述了专家证人对裁判者辨别是非的贡献。专家意见在确定事故缘由、犯罪嫌疑人的身份和责任等方面起着重要作用。专家证据本身是否科学起初本是科学领域的问题，但随着科学技术在诉讼中的广泛运用，判断真伪科学也成了法律上的问题。因此，我国司法鉴定意见采信规则的构建，应当从合法性规则到相关性规则再到可靠性规则不断完善。

---

〔1〕黄瑞亭：“法庭科学的真谛——重温林几教授《二十年来法医学之进步》”，载《证据科学》2012 年第 4 期。

〔2〕参见张国亮：“刑事诉讼中科技证据规制问题研究”，山东大学 2012 年硕士学位论文。

〔3〕参见章冠宇：“专家证据的采信标准研究”，苏州大学 2012 年硕士学位论文。

二、证据法学研究进展

（一）证据法理论基础和体系

1. 关于证据法理论基础的研究

本年度，关于证据法理论基础的研究仍存在“两论基础说”和“三论基础说”的分野。其中，“两论基础说”的内容比较稳定，即主张认识论和价值论为证据法的理论基础，主要观点可参见廖永安、李蓉主编的《证据法学》，[1]这里不再详细介绍。“三论基础说”有一个新的变种，即主张认识论、价值论和程序正义论构成证据法的理论基础。此外，还有主张辩证唯物主义或诉讼认识论是证据法的理论基础的“一论基础说”。

(1)“一论基础说”的两种观点。①裴苍龄教授认为，辩证唯物主义理论是我国证据法学的理论基础，价值论不能构成证据法学的理论基础。证据（法）学一是要遵循辩证唯物主义关于存在第一性、意识第二性以及存在决定意识的理论；二是要遵循辩证唯物主义关于事物相互联系的理论、矛盾的理论、发展和变化的理论；三是要遵循辩证唯物主义认识论的基本原理；四是要遵循辩证唯物主义关于绝对真理和相对真理的理论；五是要遵循唯物辩证法诸范畴相互辩证关系的理论；六是要遵循思维形式的辩证法和辩证思维方法的理论。然而，“价值论无非是个价值选择问题。这样的价值选择问题在证据法学中只是个别现象，因此不能把证据法学整体建立在价值选择的基础上”[2]。②樊崇义教授主编的《证据法学》（第5版），主张将诉讼认识论作为证据法的理论基础。诉讼认识论的两大理论基础是辩证唯物主义认识论和程序正义论，前者为诉讼认识的内在过程提供了指导，解决了诉讼认识作为认识活动所具有的特点和规律，保障了诉讼认识具有真理性；后者则为诉讼认识的外在过程提供了保障，保障了诉讼认识具有正当性。虽然两者的作用不同，但相互影响，存在对立统一的关系，必须同时满足上述两个方面的要求，才能保障诉讼认识活动的准确和正当。[3]

---

〔1〕参见廖永安、李蓉主编：《证据法学》，厦门大学出版社2012年版，第18页。

〔2〕参见裴苍龄：“论证据学的理论基础”，载《河北法学》2012年第12期。裴苍龄教授认为，“‘证据学’和‘证据法学’只是名称问题，本质上还是同一门学科。”

〔3〕参见樊崇义主编：《证据法学》（第5版），法律出版社2012年版，第72页。

就上述两种观点而言，裴苍龄教授说“价值选择问题在证据法学中只是个别现象”，这个看法显然是片面的。我们仅仅举出非法证据排除规则和不得自证其罪的权利这两个例子就可以证明，价值选择在证据法学中绝非个别现象。而且，随着社会不断进步、人权保障意识不断增强，对质权、沉默权、作证特免权等已经进入证据法学领域。查明事实真相固然是证据法的重要目的，但它并非唯一目的。证据法具有双重功能：一是促进事实真相的发现，即求真；二是维护普遍的社会价值，即求善。因此，不承认诉讼证明过程包含着价值选择，或者忽视证据法“求真”与“求善”的统一，在理论和实践上都是站不住脚的。

相比之下，樊崇义教授表面上也主张“一论基础说”，但他实际上已清楚地意识到，把辩证唯物主义视为我国证据法学的唯一理论基础具有很大的局限性。因此，他虽然主张诉讼认识论是证据法的理论基础，但同时又把辩证唯物主义认识论和程序正义论作为诉讼认识论的基础，并强调了程序正义论对诉讼认识之正当性的保障作用。从这个意义上说，樊崇义教授实际上已放弃了“一论基础说”，或者说，他所主张的本质上是“两论基础说”。

（2）“三论基础说”的新变种。叶青等著的《证据法学：问题与阐释》一书主张，认识论、价值论和程序正义论是证据制度的理论基础。诉讼证明不单单是一个认识活动，还必须受程序法的规制，也是一定价值的选择和实现的过程，因此，秩序、自由、效益等价值构成了证据制度的价值论基础。鉴于程序正义在诉讼中具有独特价值，也应将其作为证据制度的理论基础。[1]

自从2000年陈瑞华教授等提出程序正义理论也是我国证据法两个理论基础之一的观点以来，[2] 2009年倪娜等提出了证据法的认识论基础是主体、程序正义论是补充的观点；[3]郭华2011年的《证据法学》教材中则提出认识论、价值论和道德论是证据法的理论基础，并认为“程序正义是证据法价值论的基本根源”[4]。我们认为，证据法的理论基础是不应该局限于认识论和

---

〔1〕 参见叶青等：《证据法学：问题与阐述》，北京大学出版社2012年版，第46～54页。

〔2〕 参见陈瑞华、蒋炳仁：“走出认识论的误区——为证据立法重新确立理论基础”，2000年全国诉讼法学研究会年会论文。

〔3〕 参见倪娜、李利青：“证据法学的理论基础”，载《西部法律评论》2009年第5期。

〔4〕 郭华：《证据法学》，北京师范大学出版社2011年版，第46、52页。

价值论，但也不宜将道德论或程序正义与价值论相并列作为证据法的理论基础之一。因为，就真与善的区别而言，价值与善具有大致相同的含义。"'善'是一个应用范围最为广泛的价值概念，……可以大体归纳为功利价值和道德价值两大方面。"[1]"道德价值，是人们行为的社会价值，指这些行为满足人们社会伦理关系的需要。"[2]因此，道德论、程序正义论并不独立于价值论，它们仍属于价值论的范畴。

2. 关于证据法学理论体系的研究

本年度，关于证据法学理论体系的研究主要在以下两部教材中体现出来：

（1）樊崇义主编的《证据法学》（第5版）教材，阐述了证据法学学科体系中必须解决基本问题："一是什么样的事实才能作为定案的根据，即证据概念的界定；二是法定的各种证据形式的证据力和证明力；三是证据规则的确定和结构；四是案件发生后如何收集证据、审查判断证据；五是诉讼证明问题，包括证明的主体、对象、责任、标准、程序和方法等。"[3]

（2）廖永安、李蓉主编的《证据法学》[4]教材，体现出以下几个特点：一是给证据法学的体系下了一个定义。证据法学的体系是指对证据法学研究对象之间的内在规律和相互关联进行研究和阐述的理论体系。二是论述了证据法学的内容。证据法学研究主要是围绕司法过程中如何运用证据对争议事实加以证明展开的，具体包括证明对象、证明责任分配、证据取得、证据种类与分类、相关性与可采性、证据的提出与核实、证明力判断、证明标准等问题。三是围绕上述问题，该教材分为4编、16章。其中，4编为"绪论"、"证据论"、"证明论"和"证据运用论"，前三编与传统的"证据论+证明论"基本内容一致；第四编"证据运用论"包括"证据的收集与保全"、"证据的运用"（包括举证、质证和认证）、"律师实务技巧"三章。对于该教材的探索我们有以下两点评论：

第一，这个体系对"证据论+证明论"作了部分修正，从举证、质证和认证来探讨证据的运用，具有重要探索意义。但是，这样做并没有克服传统上将证据法学体系分为"证据论+证明论"而产生的割裂证据与证明的缺陷。

---

〔1〕李德顺：《价值论》（第2版），中国人民大学出版社2007年版，第145页。

〔2〕李德顺：《价值论》（第2版），中国人民大学出版社2007年版，第138页。

〔3〕樊崇义主编：《证据法学》（第5版），法律出版社2012年版，第12~13页。

〔4〕参见廖永安、李蓉主编：《证据法学》，厦门大学出版社2012年版，第1~2页。

因此，我们一直主张，应当按照“一条逻辑主线”、“两个证明端口”、“三个法定阶段”、“四个价值支柱”，来构建我国证据法学的理论体系。在这个体系中，“两个证明端口”是对证据与证明之间关系的相对静态的分析，但这里并没有割裂证据与证明；“三个法定阶段”是对证据与证明之间关系的相对动态的分析，这里不仅没有割裂证据与证明，而且还突破证明范畴，进入了事实认定或经验推论这个更宽的动态领域，解决了证明论不能容纳事实认定者或裁判者的困境。〔1〕

第二，这个修正后的体系还存在两个逻辑问题：一是“证据运用论”和“证明论”在语义上存在交叉，“证明”就是“证据运用”的过程，即运用证据来证明，这是证据的主要功能；二是“证据运用论”和“证明论”在内容上存在交叉，举证+质证=证明，因而属于证明论的范畴，把它们放在“证据运用论”中势必会“掏空”证明论的内容。

3. 关于证据法体系的研究

结合2012年《刑事诉讼法》的修订，孙长永教授论述了刑事证据法的规范体系。他认为刑事证据法规范体系包括四个方面的内容：“一是基本原则规范，如各国普遍确认证据裁判、无罪推定、自由心证等基本原则；二是实体性规范，如各种证据可采性或证据能力规则、证明责任和证明标准等证明规则；三是程序性规范，如证据收集和保全程序、证据开示和整理程序、证人出庭作证程序、证据调查程序等；四是救济性规范，即如果法院适用实体性证据规范或者程序性证据规范违法，控辩双方声明不服并理性地寻求诉讼内救济的有关规定，如异议、中间上诉、上诉等。”〔2〕

从各国证据法的发展来看，证据法的体系并不是一成不变的。例如，人们一般都认为，证据排除规则是英美证据法的核心内容，有学者还将其作为英美证据法区别于大陆法系国家证据法的重要方面。又如，有比较法学者认为，“法国和德国不存在我们意义上的证据法——不受一系列旨在排除裁判者无法评价的可能信息的规则阻碍”〔3〕。然而，上述这些证据法传统实际上都在发生改变，西方两大法系近年来相互借鉴、相互融合的趋势也在明显增强。

〔1〕 参见张保生主编：《证据法学》，中国政法大学出版社2009年版。

〔2〕 孙长永：“论刑事证据法规范体系及其合理构建——评刑事诉讼法修正案关于证据制度的修改”，载《政法论坛》2012年第5期。

〔3〕 John H Langbein, “The Criminal Trial Before Lawyers”, 45 *U Chicago L Rev* 1978, p. 315.

不仅是英美法学者开始反思证据法的传统范围，[1]在证据立法实践中也有将取证规则纳入证据法的立法探索，倡导一个范围更大的证据法概念。[2]从这个意义上说，我们认为，孙长永教授关于刑事证据法规范体系包括四个方面内容的论述符合证据法的发展趋势；但从另一个方面看，我们认为，救济性规范是否属于证据法的内容，可能还需要进一步的研究和论证。

（二）证据属性与事实认定

1. 关于证据属性

本年度关于证据属性的研究，有学者继续坚持传统“三性说”（客观性、关联性和法律性），也有学者主张回避证据属性的争论，转而讨论证据转化为定案根据的条件，即证明力和证据能力问题。

（1）樊崇义教授主编的《证据法学》（第5版）[3]教材，秉承了2008年第4版关于证据属性的“三性说”观点（客观性、关联性和合法性）。作者认为，诉讼证据的特征是由证据的客观性、关联性和合法性三个基本因素构成的，它们互相联系、缺一不可。客观性和关联性是证据的内容，合法性是证据的形式。证据的内容需要通过诉讼程序加以审查、检验和鉴定来确定。合法性是证据真实性和相关性的法律保证。客观性、关联性和合法性正确说明了证据的基本要素，表明了证据内容和形式的统一。证据客观性的根据有二：一是由案件本身的客观性决定的，任何一种行为都是在一定的时间和空间发生的，只要有行为的发生，就必然要留下各种痕迹和影像，即使行为诡秘，甚至毁灭证据，也还会留下毁灭证据的各种痕迹和影像。这是不以人们的意志为转移的客观存在。二是对证据的认识同对任何事物的认识一样，必须坚持物质存在第一、认识第二的基本路线和方法。没有客观存在为依据的任何一种陈述，是理所当然的谎言，不能作为定案的证据使用，从这种意义上讲，客观性就是审查判断证据的一条基本标准。

上述关于证据“客观性”的观点，在论证方法上和列宁论证“客观真

---

〔1〕 See Paul Roberts, “Rethinking the Law of Evidence: A Twenty – first Century Agenda for Teaching and Research”, at Paul Roberts and Mike Redmayne (ed.), *Innovations in Evidence and Proof: Integrating Theory, Research and Teaching*, Hart Publishing, 2009, p. 23.

〔2〕 See John D. Jackson and Sarah J. Summers, *The Internationalization of Criminal Evidence: Beyond the Common Law and Civil Law Traditions*, Cambridge University Press, 2012, pp. 12 ~ 13.

〔3〕 参见樊崇义主编：《证据法学》（第5版），法律出版社2012年版。

理”的方法相似。列宁说：“有没有客观真理？就是说，在人的表象中能否有不依赖于主体、不依赖于人、不依赖于人类的内容？”[1]证据有没有客观性，也是指证据中是否有“不以人们的意志为转移的客观存在”。然而，任何真理都是具体的而不是抽象的。“真理的具体性，是指具体的主观和客观在具体的条件和范围内的一致。”[2]。同真理的具体性一样，证据也是具体而非抽象的。证据有真有假，不能说假的证据也具有客观性；控辩双方的证据有时候截然相反，我们也不能说一方的证据有客观性，另一方的证据没有客观性。坚持证据客观性的最大问题是，没有客观性的检验标准，我们不知道如何检验一个证据是否具有客观性。因此，客观性对我们判断证据没有什么意义。然而，我们却知道如何判断一个证据有没有相关性，即通过运用“最小相关性检验标准”[3]来看，提供一个证据是否将使要件事实的存在更可能或更不可能，如是，法官就将认定其具有相关性；如果一个证据可有可无，有没有它对事实认定者都是一样的，对我们认定事实存在的可能性没有什么帮助作用，那么，这个证据不具有相关性，就可以排除了。

（2）陈瑞华教授著的《刑事证据法学》教材主张，学界应当回避对证据属性问题的关注，转而从动态的角度讨论证据转化为定案根据的条件问题，即证明力和证据能力问题。作者认为，所谓的证据审查判断也就是“证据”转化为“定案证据”的过程。如何避免证据被任意采纳为定案根据以及如何为证据转化为定案根据设定必要的条件，属于证据法所要解决的头号问题。因此，学界无需再去关注所谓“证据属性问题”，而应多讨论证据转化为定案根据的条件问题。证据转化为定案根据的两项基本资格要求是：证明力和证据能力。证明力包含着“真实性”和“相关性”两项基本要求，是证据法对证据在事实和逻辑上提出的必要条件；证据能力则是证据法对证据所提出的法律资格要求，即证据转化为定案根据的法律资格。“真实性”包含两层含义：一是从“证据载体”角度看，证据本身必须是真实存在的，而不能是伪造、变造的，如物证必须是真实存在过的物品或痕迹，其真实来源应当得到

---

〔1〕《列宁选集》（第 2 卷），人民出版社 1972 年版，第 129 页。

〔2〕李秀林、王于、李淮春主编：《辩证唯物主义和历史唯物主义原理》（第 4 版），中国人民大学出版社 1995 年版，第 355 页。

〔3〕［美］罗纳德 · J. 艾伦等：《证据法：文本、问题和案例》，张保生、王进喜、赵滢译，满运龙校，高等教育出版社 2006 年版，第 154 页。

笔录证据的印证；证人证言笔录也必须是真实存在过的，而不能是侦查人员伪造的笔录等。二是从“证据事实”的角度来说，证据所记录或反映的证据信息必须是可靠和可信的，而不能是虚假的，如书证所记录的内容和思想应当反映案件的真实事实，被告人供述所证明的证据事实应当与整个案件事实不相冲突等。[1]

陈瑞华教授总结了英美证据法中的“可采性”与大陆法系的“证据能力”在规则结构和诉讼功能方面的区别：[2]一是前者侧重强调不可采纳的证据不得为陪审团成员接触，以避免使其受到不公正的误导；后者则既强调不合法的证据不得进入法庭，也要求法官、陪审员在法庭审理中不得将其作为“制作判决的依据”。二是英美证据法的“可采性”既包含法律政策方面的要求，也包含对证据相关性的限制，也就是对证据证明力的限制；大陆法的“证据能力”则属于单纯的法律问题，主要是指证据在取证手段、证据形式以及证据调查程序方面的法律资格。证据能力与证明力不具有任何形式的包容关系。

我们赞同陈瑞华教授关于从动态角度讨论证据转化为定案根据的条件问题的主张，但我们不赞同把这个问题看做证据法所要解决的头号问题，也不赞同关于学界无需再去关注所谓“证据属性问题”的主张。主要理由有两点：其一，证据属性、事实特性以及证据和事实的关系等基本理论问题，是证据法学的“本体论”问题，是构建证据制度的理论基础。学者们在反思我国证据制度不健全的时候，总是说我国证据法缺乏理论体系。因此，证据法学如果不研究证据属性等基本理论问题，既不利于构建科学的学科理论体系，也不利于构建完善的证据制度。证据转化为定案根据的条件问题当然也值得研究，但它属于事实认定的“认识论”问题，不能代替对证据属性等“本体论”问题的研究。其二，证据属性中的相关性是证据的根本属性，现代证据制度就是以相关性为基础建立起来的。相关性是现代证据制度的基本原则，“这个原则禁止接受任何无相关性、逻辑上不具有证明力的东西”[3]。因而有助于事实认定者评估要件事实存在的可能性，从而作出理性的裁判。因此，

---

〔1〕 参见陈瑞华：《刑事证据法学》，北京大学出版社2012版，第70～71页。

〔2〕 参见陈瑞华：《刑事证据法学》，北京大学出版社2012版，第75～76页。

〔3〕［美］罗纳德·J. 艾伦等：《证据法：文本、问题和案例》，张保生、王进喜、赵滢译，满运龙校，高等教育出版社2006年版，第147～149页。

是否把相关性视为证据的根本属性，这是现代证据制度区别于法定证据主义的一个根本标志。从某种程度上说，我国证据制度落后的一个重要原因是，相关性还没有被我国立法者和司法者视为证据的根本属性，因此，法学家不应回避对证据属性问题的研究，反而应当高度重视对证据属性问题的研究，甚至应该把相关性问题当做证据法所要解决的头号问题来加以研究。

2. 关于事实认定

（1）关于事实认定的机制。陈科《经验与逻辑共存：事实认定困境中法官的裁判思维》[1]一文认为，司法审判中对案件事实的认定是一个逐步还原事实真相的过程，而真相的查明是实现正义的前提，因此，这是一个无限接近正义的进程。在证明案件事实的困境中，法官可以借助证明责任或经验法则来认定事实，但不论是偏好运用证明责任的逻辑思维进行裁决，还是滥用民事推定的经验思维进行事实认定，都不是解决困境的理想之道，唯有在事实认定过程中综合运用逻辑和经验方可最大程度地接近事实真相。

（2）关于事实认定的中立性。李昌盛《事实认定的中立性》[2]一文认为，理想的事实认定对裁判者的要求不仅仅是中立，也要求具有知识。各个国家应当根据自己的诉讼理念、诉讼结构和司法现状选择一个适合自己的平衡点。从认知心理学的角度而言，战胜偏见的最有效的方法就是通过互动取得理解。我国事实认定缺乏中立性的根源不在于裁判者是否审前阅卷和审判中是否消极，而在于缺乏有效的平等沟通、对话、质疑机制，因此，构建一个“审判长主持下的三方研讨机制”才是最大限度地确保事实认定中立性且符合我国国情的治本之策。

（3）关于事实认定的程序性保障。张海燕《民事诉讼案件事实认定的研究》[3]一文认为，裁判者对于民事诉讼案件事实的认定，遵循着从明确当事人的主张事实到形成待证事实，再到最终作出据以裁判的案件事实的理性思维进路。裁判者该思维路径的顺畅运行，除了自身各构成要素的协调作用外，还需要相应的程序制度予以保障。良好的诉讼程序保障机制可以有效限制裁判者的任性恣意，保证当事人的充分参与，提高案件事实认定的正确性、效

---

〔1〕 参见陈科：“经验与逻辑共存：事实认定困境中法官的裁判思维”，载《法律适用》2012 年第 2 期。

〔2〕 参见李昌盛：“事实认定的中立性”，载《清华法学》2012 年第 4 期。

〔3〕 参见张海燕：“民事诉讼案件事实认定的研究”，载《东岳论丛》2012 年第 2 期。

率性和可接受性。民事诉讼案件事实认定的程序保障机制，就是为保证裁判者内在思维机制的顺畅运行而予以匹配的相关诉讼模式、诉讼结构和庭审模式等外在程序配套措施。该机制从宏观层面包括协同主义诉讼模式、独立的审前准备程序和庭审中的集中审理主义三种程序措施，它们共同架构起最优化的民事诉讼案件事实认定的程序保障机制，分别从不同层面和角度，保障民事诉讼案件事实的认定朝向正确性和效率性价值目标前进。

（4）关于事实认定的基本方法。葛磊《论犯罪构成要件事实认定的基本方法——以法律思维方式为视角》[1]一文认为，在司法实践中，许多法官认定事实的时候很容易将案件事实认定与法律对事实认定活动本身的规范割裂开来，而将事实认定等同于一般性的认识活动，忽略了法律规范的因素，也不懂得认定案件事实的基本方法，结果导致事实认定错误，使刑事错案频繁发生。因此，在认定构成要件事实的过程中，必须遵循法律思维方式，从规范到事实、从形式到实质、从客观到主观、从类型到特殊，对案件事实谨慎地进行认定。

（三）证据开示

本年度发表的有关证据开示的论文，关注点主要集中在以下几个方面：

1. 刑事辩诉交易制度中的证据开示

（1）关于证据开示在辩诉交易制度中的作用。谭佳《论中国辩诉交易制度的构建》[2]一文认为，在辩诉交易制度发达的美国，对绝大多数事实没有太大争议且被告人认罪的刑事案件，都经过了辩诉交易程序，庭审时不再对证据进行严格的举证质证程序（与我国刑事审判简易程序有些类似）。然而，美国辩诉交易广泛适用的一项基础性制度正是证据开示制度，因为只有经过证据开示，才可能使控辩双方能够在审前了解对方所掌握的证据，明确衡量诉讼中各自面临的风险，以此来决定是否接受辩诉交易。因此，在讨论如何引进这一制度或构建适合我国司法体制的辩诉交易制度时，构建全面、有效的证据开示制度是重要前提之一。

（2）证据开示制度是防控检察官滥用公诉权的主要措施。毛兴勤《美国

---

〔1〕 参见葛磊：“论犯罪构成要件事实认定的基本方法——以法律思维方式为视角”，载《北京航空航天大学学报》2012 年第 3 期。

〔2〕 参见谭佳：“论中国辩诉交易制度的构建”，载《怀化学院学报》2012 年第 12 期。

公诉权滥用的防控机制及其评价效果》[1]一文认为，证据开示制度是防控检察官滥用公诉权的主要措施之一。这一观点与辩诉交易中证据开示的作用有异曲同工之处。如果在辩诉交易中缺少了证据开示制度，检察官的行为就缺少了辩方包括辩护律师的对抗和监督，从而可能引发滥用公诉权的后果。

2. 辩方在刑事诉讼证据开示中的义务

高洁《辩方不应当承担证据展示义务》[2]一文认为，“我国现阶段应以完善辩护律师单向阅卷权、不给辩方施加证据告知义务为宜，《刑事诉讼法》修改中也应强化辩方权利、制约控方权力，以维系控辩平衡。”理由是：“第一，我国刑事诉讼实行全案卷宗移送制度，采取单向的律师阅卷即可解决被告方证据先悉权的问题，控辩双向的证据开示没有必要；第二，强加给辩方的证据告知义务有违刑诉法基本原则之嫌，不具有正当性；第三，现阶段即使规定辩方承担庭前证据开示义务，在实践中也难以施行，甚至可能导致控方威胁辩方证人改变证据的风险。”上述观点从我国目前司法实践出发，虽然有一定合理性，但证据开示的目的和价值主要是为审前整理争点，使庭审能够公平对抗，依靠对抗更有效地帮助事实认定者查明事实真相。因此，证据开示应当是双向的，特别是从我国刑事诉讼越来越具有当事人主义的发展趋势来说，构建双向证据开示制度势在必行。而且，在“不得强迫自证其罪”的上位原则确立之后，证据开示并不会导致辩方在证据开示中自证其罪，不能认为双向证据开示制度有违《刑事诉讼法》的基本原则。

3. 反垄断民事诉讼中的证据开示

万宗瓒《论反垄断民事诉讼中证据规则的改进》[3]一文认为，“反垄断案件中，由于案件原被告双方在实力和地位上的悬殊，受害人将很难获得能够证明垄断违法行为存在的证据材料，而这样的证据材料往往是受害人能否胜诉的关键。”因此，为使反垄断诉讼更具有公正性，在欧盟成员国中，当事人如果在反垄断诉讼中拒绝证据开示将受到不利后果，“在德国，当事人拒绝展示相关证据将面临最高为 6 个月的监禁；在英国则可能被法庭判处藐视法庭罪；而在法国，如果原告一方拒绝证据开示其起诉将被驳回，如果是被告一

---

〔1〕 参见毛兴勤：“美国公诉权滥用的防控机制及其评价效果”，载《人民检察》2012 年第 17 期。

〔2〕 参见高洁：“辩方不应承担证据展示义务”，载《江苏警官学院学报》2012 年第 2 期。

〔3〕 参见万宗瓒：“论反垄断民事诉讼中证据规则的改进”，载《河北法学》2012 年第 10 期。

方，将不被允许进行抗辩”。在反垄断诉讼中，没有在证据开示程序中尽到开示义务的一方当事人，可能受到较为不利的裁判后果。这种制度设计，有利于为当事人双方设置平等的对抗环境，弥补弱势一方诉讼能力的天然不足，符合反垄断诉讼的特点，有利于诉讼的公正进行。

4. 美国电子证据开示制度

乔雄兵《美国电子证据开示变革及对我国的启示》〔1〕一文，介绍了美国电子证据开示变革的背景和内容。“由于电子证据开示已经成为民事诉讼的常规程序，而不同法院采纳不同程序将会导致实践的不一致。”2006年，美国联邦最高法院对《联邦民事诉讼程序规则》进行修订，制定了统一的电子证据开示规则。美国电子证据开示制度对我国有以下几点启示：“第一，在我国首先应当完善电子证据开示的相关立法；第二，我国也应当制定个人数据保护的法律；第三，借助公约或双边司法协助减少与美国证据开示的冲突；第四，中国当事人在美国发生民事诉讼时，必须细致了解、研究美国的电子证据开示制度，以免在诉讼中遭遇不利局面。”

（四）科学证据与司法鉴定

1. 科学证据研究的进展

本年度，关于科学证据的学术研究主要集中在基础理论领域，学者们提出以下一些观点：

（1）科学证据的概率性。代表性观点包括：①荷兰莱顿大学汤·布罗德斯（Ton Broeders）教授讨论了法庭科学的局限性，他认为，科学证据的本质不是绝对性或确定性的，而是概率性的，预期性偏差和认知污染加剧了科学证据结论的不确定性。法庭科学领域的决策，应当是专家在一系列归纳得出的特定假设基础上就研究结果的概率进行恰当的报告，事实审判者承担着对概率作出决断的任务。〔2〕②有学者对科学证据的“正相关”和“高概率”定义作了论述。例如，用概率论的理念和陈述方式解释科学证据和确证问题，进行“比较（级）”关系的概率解释、“可接受性”的概率解释和“合理性”的科学

〔1〕参见乔雄兵：“美国电子证据开示变革及对我国的启示”，载《北京理工大学学报（社会科学版）》2012年第1期。

〔2〕参见［荷］Ton Broeders：“法证科学领域的决策”，李小恺译，载《证据科学》2012年第3期。

解释。[1]

（2）科学证据的采信。刘晓丹通过分析英美法系科学证据可采性规则提出，我国对鉴定意见的审查判断主要限于相关性和合法性的审查，缺少对鉴定意见可靠性的审查，导致了错误裁决的风险。建议建立科学证据可靠性审查规则，将科学证据原理和方法的可靠性确立为科学证据的采纳标准，促进法官对科学证据进行实质审查，限制法官过大的自由裁量权。[2]

（3）科学证据的证明力。张中认为，司法实践中经常发生对科学证据证明力的误解或盲从，由于“科学证据的‘科学性’有很大的不确定性，有些科学方法的有效性还有待验证”，而且“检材的收集保管过程、鉴定设备和方法以及专家的知识水平和职业操守对科学证据的证明力均有重要影响”，所以“需要给科学证据设立补强规则”，由“其他证据”来补足其证明力。“其他证据”，可以是具有独立品格的非科学证据，也可以是同种或者非同种的科学证据。如果补强后仍不能排除合理怀疑，就应当排除该证据。[3]房保国认为，从动态看，科学证据的收集、保管、鉴定和提交等各个环节都可能存在失真；从静态看，DNA证据、指纹证据、笔迹证据等常见证据种类也都可能存在失真。应当从普遍接受性、充分的适用性和对审判人员的专业帮助性等方面来确定科学证据的可采性，着重审查科学证据的可靠性，完善科学证据的取证、质证和认证等相关制度，防范科学证据的失真。[4]

（4）有学者认为，[5]以社会调查报告为典型的社会科学证据的主要特征不在于建构了社会科学的理论，而在于它所赖以生成的社会科学研究方法，社会科学证据在美国的法庭中已得到了广泛的应用。我国目前的科学证据主要局限于自然科学领域，可以借鉴美国，把社会科学证据放在科学证据的框架之下进行研究和应用。社会科学证据与自然科学证据同属于科学证据，在证据能力和证明力规则设计上具有相通之处，在研究的过程中能够做到融会贯通。这将成为我国证据法学理论的一个重要突破。

---

〔1〕 参见方轻：“科学证据的概率解释”，载《长春理工大学学报》2012年第6期；方轻：“论科学证据的两种概率解释”，载《河南科技大学学报》2012年第6期。

〔2〕 参见刘晓丹：“科学证据可采性规则研究”，载《证据科学》2012年第1期。

〔3〕 参见张中：“论科学证据的证明力”，载《证据科学》2012年第1期。

〔4〕 参见房保国：“科学证据的失真与防范”，载《兰州大学学报》2012年第5期。

〔5〕 参见梁坤：“社会科学证据在美国的发展及其启示”，载《环球法律评论》2012年第1期。

2. 司法鉴定研究的进展

本年度关于司法鉴定基本理论和制度的研究，主要集中在以下几个方面：

（1）司法鉴定制度理论研究评析。章礼明教授在对三十多年来鉴定制度理论研究成果进行数据分析的基础上，归纳了鉴定制度研究的一些基本特点：①热点问题集中出现，例如鉴定启动权问题、鉴定人出庭作证问题和鉴定管理体制改革问题等；②大多使用比较研究方法；③研究结果有明显立法价值倾向；④主要缺陷是重复研究现象突出，深度研究欠缺。[1]

（2）司法鉴定体制改革研究。构建司法鉴定模式与专家证人模式相融合的新模式，被一些学者认为是我国司法鉴定制度改革的路径选择之一。郭华教授认为，司法鉴定制度与专家证人制度分别是职权主义诉讼模式和当事人主义诉讼模式下的产物，二者有其特定的生存制度背景，两种制度共存有难以克服的困难，与职权主义诉讼制度存在着无法化解的冲突，融合模式不适合我国司法鉴定体制改革。[2]陈刚教授分析了“鉴定乱”问题，认为其根源于民事诉讼鉴定制度的“双重目的”，即一方面是为了辅助法官的判断能力，另一方面又是充实当事人进行诉讼攻击防御的方法。然而，“鉴定乱”并未对我国民事审判制度目标的实现构成实质性不利影响。[3]

（3）司法鉴定立法研究。本年度，围绕《刑事诉讼法》修正案和《民事诉讼法》修正案中与司法鉴定有关的立法修改，学者们进行了大量研究。[4]学界一致肯定了立法上取得的以下进步：一是证据种类“鉴定结论”修改为“鉴定意见”，回归了鉴定活动的科学属性；二是删除由省级人民政府指定的医院进行“对人身伤害的医学鉴定有争议需要重新鉴定或对精神病的医学鉴定”的规定，理顺了司法鉴定体制；三是增强了鉴定人参与诉讼的权利保护，

〔1〕参见章礼明：“鉴定制度理论研究述评”，载《中国司法鉴定》2012年第1期。

〔2〕参见郭华：“司法鉴定制度与专家证人制度交叉共存论之质疑——与邵劭博士商榷”，载《法商研究》2012年第4期。

〔3〕参见陈刚：“我国民事诉讼领域有关鉴定的问题与对策”，载《中国司法鉴定》2012年第5期。

〔4〕参见徐静村：“进一步退一步再进一步——司法鉴定立法简评与建议”，载《中国司法鉴定》2012年第1期；顾永忠：“抓住机遇迎接挑战谋求发展——《刑诉法修正案（草案）》关于鉴定结论等问题的新变化”，载《中国司法鉴定》2012年第1期；党凌云：“关于《刑事诉讼法》修改中有关司法鉴定问题的思考”，载《中国司法鉴定》2012年第1期；郭华：“《刑事诉讼法》有关鉴定问题的修改与评价”，载《中国司法鉴定》2012年第2期；吴高庆、齐培君：“论民事司法鉴定制度的修改与完善——以新《民事诉讼法》为视角”，载《中国司法鉴定》2012年第5期。

促进了鉴定人出庭作证；四是专家辅助人制度的确立，有助于鉴定意见证据质证程序的实质化等。但也存在以下一些不足：一是在《刑事诉讼法》修正案方面，卞建林教授认为鉴定人参与刑事诉讼的权利保障需要进一步加强，鉴定人在实施鉴定的过程中还应当享有几项权利：拒绝鉴定权、知情权和在法院指导下进行调查和检查的权利。[1]陈光中教授指出，《刑事诉讼法》修正案关于鉴定问题的立法模式存在技术问题，当事人在一定情况下有直接启动司法鉴定的权利，建议在鉴定裁量启动外，对人身伤害鉴定、死亡原因鉴定、精神病鉴定、严重犯罪中 DNA 检材鉴定以及其他必须借助特殊专门知识的情形予以强制鉴定，设定司法鉴定期间，保证诉讼的及时性与案件事实认定的准确性等。[2]二是在《民事诉讼法》修正案方面，赵杰建议：①应当明确“由双方当事人协商确定”的究竟是鉴定人还是鉴定机构；②鉴定人出庭的启动条件为“当事人对鉴定意见有异议并申请鉴定人出庭的”，应当增加对鉴定人的保障条款，明确重新鉴定的条件等。[3]邹明理教授认为，应当对当事人提供鉴定材料的要求和审查程序作出规定。[4]

（4）专家辅助人制度研究。常林教授认为，专家辅助人只具有辅助当事人有效完成诉讼活动的功能，并不具有在事实发现过程中辅助事实审理者对专业问题作出决定的功能。专家辅助人的功能包括技术支持、出庭质证、分析评估和质疑监督。为保障专家辅助人在诉讼实践中能有效发挥功能，应当赋予其独立的诉讼地位，明确其诉讼职责以及享有的权利和承担的义务。[5]

（5）精神病司法鉴定研究。郭华教授认为，司法实践中精神病鉴定本身的可靠程度以及刑事责任能力的评定与鉴定启动、鉴定结果选择等具有内在的互动性，科学的精神病鉴定制度对精神病鉴定技术、鉴定能力与鉴定质量

---

〔1〕 参见卞建林、郭志媛：“解读新《刑事诉讼法》，推进司法鉴定制度建设”，载《中国司法鉴定》2012 年第 3 期。

〔2〕 参见陈光中、吕泽华：“我国刑事司法鉴定制度的新发展与新展望”，载《中国司法鉴定》2012 年第 2 期。

〔3〕 参见赵杰：“有待完善的改革——对《民事诉讼法修正案（草案）》的评价与建议”，载《中国司法鉴定》2012 年第 4 期。

〔4〕 参见邹明理：“新《民事诉讼法》司法鉴定立法的进步与不足”，载《中国司法鉴定》2012 年第 6 期。

〔5〕 参见常林：《司法鉴定专家辅助人制度研究》，中国政法大学出版社 2012 年版。

的提高有较大的助益。[1]常林教授认为，司法精神病鉴定受主观因素影响较强、争议较多，应当赋予双方当事人启动听证程序的申请权，从静态和动态两个方面构建司法精神病鉴定与听证程序相融合的制度。[2]

（6）司法鉴定管理研究。拜荣静教授提出，鉴定费的分配、补偿、调节、确认等功能，反映了鉴定费独具的市场服务与权利救济的调节功能。应当根据鉴定费制度法定化、收费标准合理化和司法鉴定收费的监督等原则，重构我国司法鉴定收费制度，实现对公民诉权的保障和合法权益的维护。[3]郭华教授认为，首先，应当由司法行政部门对侦查机关鉴定机构实行“统一审核登记”、“统一准入门槛”、“统一鉴定程序”、“统一鉴定标准”、“统一责任要求”；其次，立法机关对人民法院制定或参与的有关司法鉴定管理的规范性文件，应当进行审查；最后，审判机关应确定鉴定人作为证据方法的观念，借助质证程序履行对鉴定意见审查判断的法定职责，增强采用鉴定意见定案的权威性。[4]

（五）言词证据

言词证据包括被害人陈述、被告人的供述和辩解、证人证言、当事人陈述等证据种类，涉及很多理论和实证问题，也是证据法学研究的热点。本年度有关言词证据的研究，受民事诉讼法和刑事诉讼法修改的影响，呈现活跃状态。

1. 被害人陈述

（1）关于被害人陈述的补强。在言词证据中，被害人陈述与证人证言经常归类研究，主要是基于两者特点的相似性，但对它们之间的区别研究不够。一些学者针对二者的区别，提出被害人陈述的证明力需要补强，其主要观点包括：①兰跃军博士认为，理论上两种独立的法定证据种类——被害人陈述和证人证言，在取证、举证、质证和认证实践中却被完全混同，这不仅使得“被害人证人化”，而且导致“理论反对实践”。他在《被害人作证及其陈述的运用》[5]一文中指出，被害人和证人虽然都“身临其境”，目睹了犯罪事实

---

〔1〕参见郭华：“精神病司法鉴定若干法律问题研究”，载《法学家》2012年第2期。

〔2〕参见张艳等：“论司法精神病鉴定听证制度构建”，载《中国司法鉴定》2012年第2期。

〔3〕参见拜荣静：“涉讼司法鉴定收费制度的检视与重构”，载《证据科学》2012年第3期。

〔4〕参见郭华：“论司法鉴定管理领域的治理范式”，载《中国司法鉴定》2012年第6期。

〔5〕参见兰跃军：“被害人作证及其陈述的运用”，载《法学论坛》2012年第3期。

的发生过程，但被害人还“身受其害”，这决定了被害人作证与证人作证既有共同点又存在重大差异，二者不能混同。被害人的当事性，要求立法从作证适格性、传闻证据规则、意见证据规则、任意性规则、关联性规则及合法性规则六个方面，对被害人陈述的证据能力进行合理限制，同时规定被害人陈述原则上不能作为定罪的唯一根据，其证明力需要补强。②欧卫安先生延续了其一贯的研究，论述了被害人陈述的证据补强问题。他认为，作为一种证据规则，证据补强是针对某种证明力薄弱之言词证据，须与其他证据合并提出。证据补强规则与我国“印证证明模式”在实质上具有相通性。作为一种当事人证据，被害人陈述具有极大的主观性，在一定程度上削减了被害人陈述的可信性或者证明力。在口供补强已经被我国《刑事诉讼法》移植确认的情况下，确立被害人陈述之补强规则也是合理的。总之，在被害人陈述成为案件定罪的关键证据或者仅有的证据时，应当对该被害人陈述进行证据补强。〔1〕

（2）关于被害人陈述的质证。针对被害人陈述的实践，有人指出，我国的被害人陈述制度在司法实践中存在着诸如被害人可能不出庭作证、被害人因犯罪行为所遭受的损失很难得到赔偿、对被告人的定罪量刑产生的实际影响有限、缺乏有效的制度保障等问题，直接影响司法公正。因此，应在立法上强化被害人陈述的制度保障，明确对非法证据的绝对排除，建立完善的被害人陈述出庭质证制度；在司法上建立侦查阶段协助证人制度，并保证证人出庭，对被害人陈述使用补强证据规则，在定罪量刑时采纳被害人陈述。〔2〕

相比于 2011 年被害人陈述问题的研究，上述论述在范围上和深度上都有发展，但因为缺乏实证分析，难以挖掘制度变迁背后的原因，所以在完善措施的建议上似乎仍难以脱离“头痛医头、脚痛医脚”的窠臼。

2. 被告人口供

（1）关于被告人口供规则。陈瑞华教授认为，“两院三部”2010 年“两个刑事证据规定”和我国《刑事诉讼法》修正案相继颁行，为被告人供述和辩解的运用确立了一系列新的证据规则。概括起来，这些规则大体包括口供

〔1〕 参见欧卫安：“略论被害人陈述的证据补强——以当事人证据和印证证明为起点”，载《河北法学》2012 年第 11 期。

〔2〕 参见夏梅芳、薛周纯：“被害人陈述的实践困境及对策研究”，载《重庆广播电视大学学报》2012 年第 6 期。

自愿规则、口供排除规则、口供印证规则和口供补强规则，前两项规则都是与口供的证据能力密切相关的规则，而后两项规则又涉及法律对口供证明力的限制。准确地理解这些口供规则的含义以及立法背景，对于从理论上把握我国刑事证据法的发展脉络将是十分有益的。他还认为，在被告人供述和辩解的审查判断问题上，我国法律初步形成了一个证据规则的体系。这一证据规则体系还远远没有达到完善的地步，有进一步改进的空间和余地。[1]为防止对口供补强规则的任意适用，有必要对补强证据的资格提出严格的要求，包括：补强证据只能是被告人供述以外的其他证据；被用来作为补强证据的其他证据，应是办案人员独立搜集的其他证据；补强证据原则上不能是同案共同被告人的供述。

（2）关于被告人口供获取制度。有学者提出，有两个因素会促使犯罪嫌疑人、被告人作出不利的供述：一是犯罪嫌疑人、被告人风险评估的结果，即供述的“利”大于“弊”；二是犯罪嫌疑人、被告人减轻负罪感，缓解心理压力的需要。在我国，对口供的获取既有理念和政策方面的制约，也有现行法律因素的制约。这些制约因素既包含一些合理成分，也有一些制度设计上的先天不足。国外对口供的获取制度诸如辩诉交易、“刑事豁免”、自由心证制度以及适度的威胁、引诱、欺骗策略的运用，对我们建立适合我国国情的口供获取制度，有着极其重要的借鉴意义。[2]

（3）关于沉默权的政治学基础。白冬教授在《口供的政治学解释：暴力与同意》一文中认为，口供与案件真相的直接印证关系，决定了暴力扮演的角色就是口供的一个“最后的劝说者”。通过暴力获得的供词，乃是加之肉体上的权力的制造物。惩罚犯罪的集体安全意识，尽管能够使刑讯逼供从道德上、政治上获得某种认同，但有悖于保障自由的法治精神。他指出，现实中的刑讯逼供挑战现行的法律秩序，法律正义面临着认同危机。唯有通过法律，将本应属于个人的沉默自由划归个人，才是消除刑讯逼供之根本。法律回归其保障自由的本性，追究犯罪的国家权力才能具有正当性与合法性。[3]

---

〔1〕 参见陈瑞华：“论被告人口供规则”，载《法学杂志》2012年第6期。

〔2〕 参见袁曙光、张静：“口供的心理学解释：暴力与自愿”，载《山东警察学院学报》2012年第1期。

〔3〕 参见白冬：“口供的政治学解释：暴力与同意”，载《南开学报（哲学社会科学版）》2012年第3期。

相比往年对此问题的研究，上述阐述中对于口供的心理学解释和政治学解释是两点，而且两者得出的结论“暴力与自愿”、“暴力与同意”殊途同归。

3. 当事人陈述

当事人陈述在往年的研究中并不受学界重视，主要是因为争议的理论问题不多，但本年度，当事人陈述问题受到了学术界的重新审视。段文波博士提醒我们，在《民事诉讼法》修改中应当关注作为证据方法的当事人。他指出，诉讼中当事人的身份有两种，作为辩论主体和作为证据方法。作为证据方法的当事人的陈述不是证据种类，而是证据资料。获得当事人陈述的证据调查方法即当事人询问，准用证人询问的方法，甚至可以对质。随着时代发展，当事人作为证据的身份会逐渐受到重视，当事人陈述作为证据的价值也会不断攀升。[1]

有人认为，从民事诉讼证据的角度出发，并非所有的当事人陈述都能成为案件的证据。能够作为案件证据的当事人陈述，只能是当事人关于与本案有关的事实所做的陈述。由于法律没有对当事人陈述的概念进行界定，导致在实践中人们对当事人陈述的内涵理解不同；由于缺乏对当事人陈述进行分类的规定，缺乏对当事人陈述程序规则的规定，缺乏对当事人的拒绝陈述与虚假陈述的预防，因此应该通过立法进行完善。[2]

2012 年《民事诉讼法》的修改促进了当事人陈述问题的深入讨论。熊德中、朱健在《“当事人的陈述”应回归原位》一文中，对《民事诉讼法》修改审议稿将“当事人的陈述”由原来的第 5 项提至第 1 项提出异议。该文作者认为，当事人陈述不能直接反映案件事实的形成过程，当事人陈述所涉及内容具有补充性、辅助性，将“当事人陈述”置于首位违背了证据排序从客观性到主观性的逻辑。[3]

本年度，当事人陈述的研究仍然停留在概念和意义之争，没有在言词证据的规律和程序设置上做进一步的拓展，所以在研究内容上并不完整。

---

〔1〕 参见段文波：“《民事诉讼法》修改应当关注作为证据的当事人”，载《西南政法大学学报》2012 年第 3 期。

〔2〕 详见王惠霞：“论证据性当事人陈述制度之完善”，载《法制与社会》2012 年第 6 期（下）。

〔3〕 参见熊德中、朱健：“‘当事人的陈述’应回归原位”，载《人民法院报》2012 年 8 月 22 日，第 7 版。

4. 证人证言

（1）关于证言的准确性。本年度，对这个问题的研究成为证人证言规则研究的基础，姜丽娜、罗大华在《国外证人证言可信性评估的研究述评》一文中指出，国外关于证人证言可信性评估，主要围绕证人的非言语行为、证人的言语行为及证人的生理指标三个方面。[1]陈欢博士在《证人证言准确性研究的启示及完善》一文中认为，为了使我国证人证言准确性研究更具有针对性和适用性，可从两方面进行探讨：一是以自然科学与人文科学研究方式的结合，提高实验研究的外部效度；二是从本土文化和主导价值取向，寻找广阔的心理来源。[2]王龙、刘洪广在《证人记忆的影响因素及认知神经科学检测方法探新》一文中指出，影响证人记忆的因素众多，而证人的记忆准确性决定了其证言的可靠性。从心理学的角度对这些影响因素进行分析并找出应对方法，将证人的记忆提取效率提高到最大化，减少错误记忆的发生。该文作者认为，认知神经科学应用在探查证人记忆的可行性方面有极大的作用。[3]

（2）关于证言规则体系的完善。陈瑞华教授撰文指出，"两院三部"2010年"两个刑事证据规定"，使得一系列旨在规范证人证言审查判断活动的证据规则得到确立。2012年《刑事诉讼法》修正案，又对证人出庭作证问题确立了程序保障规则。由此，对证言笔录证据能力的限制、对非法证言的排除规则、对证人出庭作证的明确要求，以及对证言印证规则的接受，构成了中国证人证言规则体系的有机组成部分。但是，证人证言规则要得到有效的实施，还需要克服一些来自司法体制、诉讼程序和证据制度方面的困难和挑战。[4]

（3）关于侦查人员的证人地位。陈瑞华教授探讨了侦查人员的证人地位。随着我国刑事司法改革的逐步深入，侦查人员就案件事实提供证言逐渐发展成一种制度。从理论上看，侦查人员作证共有三种模式：一是作为目击证人

---

〔1〕参见姜丽娜、罗大华："国外证人证言可信性评估的研究述评"，载《证据科学》2012年第5期。

〔2〕参见陈欢："证人证言准确性研究的启示及完善"，载《山西省政法管理干部学院学报》2012年第1期。

〔3〕参见王龙、刘洪广："证人记忆的影响因素及认知神经科学检测方法探新"，载《证据科学》2012年第5期。

〔4〕参见陈瑞华："论证人证言规则"，载《苏州大学学报》2012年第2期。

证明犯罪事实；二是对案件量刑事实提供证言；三是对存在争议的程序事实提供证言。一般情况下，侦查人员是通过出具说明材料的方式作证的，但这种作证方式存在不少风险和缺陷。无论是司法解释还是《刑事诉讼法》修正案，都要求侦查人员通过出庭作证的方式提供证言。这种作证方式尽管具有合理性和正当性，却在实践中步履维艰。[1]

（4）关于证人出庭作证制度。学者们从不同角度对这个疑难问题进行了研究：①罗海敏认为，证人出庭作证是保障被告人对质权、保证刑事案件审判质量的客观需要。我国大陆地区长期存在证人出庭难、出庭少的问题，完善证人出庭作证制度也是此次《刑事诉讼法》再修改的重点内容之一。我国台湾地区在确定应出庭证人范围、强制证人出庭作证、证人保护与作证补偿、证人拒绝作证等方面的可行性做法，可以为大陆地区进一步完善证人出庭作证制度提供借鉴和参考。[2]②章礼明教授指出，从文化类型学上分析，我国证人出庭难是社会、经济和政治宏观背景下民众观念、司法资源和司法权威等因素共同制约的结果。具体而言，包括社会结构形塑的特殊生活观念（熟人社会），经济基础决定的司法资源有限，政治体制形成的司法权威偏低等因素。新的立法规则固然对解决证人出庭问题有一定的积极价值，但其实效有限。[3]③有检察官指出，随着刑事案件的证人出庭率提升，对于习惯宣读未到庭证人证言的公诉人而言，如何从“间接、书面审理”模式过渡到“直接、言词审理”模式，从朗读书面证言提升到修炼盘询艺术，以应对证人出庭对公诉工作带来的挑战，是当务之急。[4]④关于新《刑事诉讼法》确立的强制作证制度，吴光升副教授认为，该制度对于准确认定案件事实，促进我国刑事庭审方式改革，均具有积极作用。但是，该制度不仅本身存在适用范围过窄，未出庭证人审前陈述证据效力未明确等缺憾，而且在我国目前的制度环境下，还存在导致诉讼成本激增、控诉方取证难之风险。如何控制这些风险，

---

〔1〕 参见陈瑞华：“论侦查人员的证人地位”，载《暨南学报（哲学社会科学版）》2012 年第 2 期。

〔2〕 参见罗海敏：“两岸刑事证人出庭作证制度之比较”，载《证据科学》2012 年第 3 期。

〔3〕 参见章礼明：“证人出庭难的文化类型学解释——兼评新《刑事诉讼法》中相关规则的实效性”，载《河北法学》2012 年第 10 期。

〔4〕 参见李爱君：“从朗读书面证言到修炼盘询艺术——公诉视角看新《刑事诉讼法》对证人出庭制度的完善”，载砂侠等主编：《刑事诉讼法修改与检察工作：第八届高级检察官论坛论文集》，中国检察出版社 2012 年版。

关键在于还法律制度功能性产物之本来面目，以一种整体性思维分析域外强制证人出庭作证制度，完善我国的强制证人出庭作证制度，并建立诸如合理的证人出庭例外、规范的证人出庭变通措施、可行的刑事诉讼费用制度等相关配套制度。[1]

证人出庭难是困扰我国司法实践的老问题，2012 年《刑事诉讼法》的修改试图改变证人“千呼万唤难出庭”的窘境，建立了强制证人出庭制度、证人出庭经济补偿制度和证人保护制度，立法者希冀通过“强制 + 激励 + 保护”三位一体的机制，使得刑事案件的证人能够打消顾虑、走进法庭。《刑事诉讼法》修改为证人证言的研究提供了丰富的议题，也使本年度证人证言的研究不再流于泛泛，而开始注重司法实践中问题的解决方案。

（六）证据排除规则

1. 证据排除规则的基础理论研究

本年度，证据排除规则的基础理论研究，主要涉及证据排除规则的内涵与外延、证据排除规则与诉讼程序之间的关系、证据排除的裁判权等问题。

（1）关于证据排除规则的内涵与外延。美国西北大学艾伦教授在《排除规则的困难》一文的演讲中厘清了美国证据排除规则的几个关键问题：一是证据排除规则的内涵要远远大于非法证据排除规则，像相关性、偏见性、传闻、品性、倾向等都是构成证据排除的理由；二是要按照目的不同来区分证据排除规则并不容易，因为几乎所有的排除规则都包含激励功能；三是证据排除规则的实施由于规则本身的复杂性和执法官员行为的调整而变得困难；四是证据排除并非实施证据规则和程序规则的唯一可取方法，证据排除规则的实施有其内在限制。[2]

艾伦教授的观点对于我国当下证据法研究具有重要启示。一方面，随着“两院三部”2010 年“两个刑事证据规定”的颁布实施，证据排除规则成为学界研究的热点。但大量的研究主要还是关注非法证据排除规则，而对于品性规则、传闻规则、意见规则及其他相关性规则缺乏足够的关注，甚至很多人认为，证据排除规则就是非法证据排除规则，对证据排除规则的理解狭义

[1] 参见吴光升：“论强制证人出庭作证制度的风险控制”，载《证据科学》2012 年第 6 期。

[2] 参见［美］罗纳德·艾伦：“排除证据的困难”，郑飞、强卉译，载《证据科学》2012 年第 6 期。

化。这对证据法尤其是证据排除规则的系统研究显然是非常不利的。艾伦教授的文章从美国学者的角度及时对这种趋势做了一个告诫，希望由此推动我们研究力量能够更多关注证据排除规则的整体。另一方面，该文介绍了证据排除规则在美国所遭遇的困难，这也回应了我国2010年以来司法实践中成功排除非法证据的案例罕见的现状。艾伦教授提醒我们，证据排除之所以会出现困难也许在于这种方式本身，即证据排除不是实施证据规则和程序规则的唯一可取方法，证据排除规则的实施存在内在的限制。这让我们反思，证据排除及证据排除规则本身可能存在的局限性，并由此入手去探讨实现证据排除功能的其他方式。

（2）关于证据排除规则与诉讼程序之间的关系。吴洪淇讨论了证据排除规则与陪审团审判、对抗制之间的复杂关系。他认为，不同的解释模式对于证据法中不同的规则具有不同的解释力，而不同规则的运作也有赖于不同的程序性条件，不同程序与不同规则之间构成了一个复杂图景。应该透过陪审团和对抗制这些程序表象，去分析这些程序对证据法的运作具有支撑作用的程序步骤，深入考察其内在的制度构成，看看具体哪些制度构成支撑了证据法的运转，而不是简单将证据法与陪审团或对抗制这样一些语词表象对接起来。[1]

2. 非法证据排除规则研究

本年度有关非法证据排除规则的研究，主要从以下几个方面展开：

（1）域外非法证据排除规则研究。①艾伦教授在一场演讲中详细论述了美国非法证据排除规则，尤其是美国宪法第四修正案有关非法搜查扣押的规则和第五修正案有关非法讯问的规则。通过描述这两个修正案所衍生的证据排除规则的发展历程，艾伦教授提出，美国非法证据排除规则有很多规则，是为在不同领域的适用而量身定做的。然而，每一个这样的规则都反映了一系列极其复杂而需要优化的变量，因而在每一个领域都会发现这样一个有着大量例外和限制性条件的规则。换句话说，在美国，没有一个排除非法获取证据的简单规则；反而，像所有法律规制的领域一样，在这一领域人们发现，在强调简单、直截了当的规则与简单规则旨在规制的异常复杂和动态的社会

---

〔1〕 参见吴洪淇："英美证据法的程序性解构——以陪审团和对抗制为主线"，载《证据科学》2012年第5期。

环境之间有个博弈。[1]②姚莉通过考察最近美国的一起案例，探讨了美国非法证据排除规则的最近进展。[2]2009 年 1 月的 Herring v. United States 案判决，确立了“过失行为所得非法证据不适用证据排除”的新规则。该判决以其不同以往任何案例的特殊性引发了关于证据排除的存在必要性、适用范围、审查模式等一系列问题的理论探讨和实务争议。以该判决前后美国联邦最高法院的态度转变和学界回应为鉴，我国证据排除规则的确立应定位于阻吓违法行为，以过错原则为判断标准，并配合职务监督方式施行。③有学者将中国非法证据排除规则与美国的非法证据排除规则进行比较，通过口供排除规则的法理基础、适用范围、排除程序、证明责任与证明标准等几个方面的比较发现，虽然中美两国口供排除规则有某些相似性，但无论从规则发展历史还是从权力结构来说，中美两国存在巨大差距。我国学者对美国的口供排除规则既要有所参考，也要摸索适合自己司法制度的道路。[3]

（2）非法证据排除规则的实证研究。陈卫东等以四个中院为研究对象，对“两院三部”2010 年“两个刑事证据规定”的适用情况进行了调研。[4]通过运用访谈、阅卷等实证研究方法，选取“两个刑事证据规定”中的三项规定进行重点研究，即非法证据排除规定、隐蔽性证据的使用问题以及特殊侦查措施取得的证据的使用问题。调研表明，非法证据排除规则的整体适用状况不容乐观，非法证据排除程序当前起到的仅仅是“宣言书”式的作用，并没有发挥实际功效，其原因与刑事司法体制、法官的认识及具体程序规定等都有关系。万毅联合四川省广元市地区法院对“两院三部”2010 年“两个刑事证据规定”的实施情况进行了实证研究。[5]课题组于 2011 年 11 月选取 S 省 G 市为调研蓝本，重点调研了以下几个方面：①非法证据的认定、排除程序；②瑕疵证据的补正与合理解释；③特殊侦查措施的适用、质证；④证人

---

〔1〕 参见［美］罗纳德·艾伦：“美国证据排除规则”，郑飞、王磊译，张保生校，载《证据科学》2012 年第 1 期。

〔2〕 参见姚莉：“美国证据排除规则的衰变及其启示——以 Herring v. United States 案为主线的考察”，载《法律科学》2012 年第 1 期。

〔3〕 参见杨文革：“中美刑事诉讼中口供排除规则之比较”，载《比较法研究》2012 年第 3 期。

〔4〕 参见陈卫东、程雷、孙皓、陈岩：“‘两个证据规定’实施情况调研报告——侧重于三项规定的研究”，载《证据科学》2012 年第 1 期。

〔5〕 参见万毅、李勤、杨春洪、张艳秋：“‘两个证据规定’运行情况实证调研——以 S 省 G 市地区法院为考察对象”，载《证据科学》2012 年第 4 期。

出庭作证；⑤翻供、翻证的处理；⑥证据裁判原则的运用。在调研过程中，课题组发现，实践中非法证据排除规则的整体适用情况效果欠佳，虽然多数一线法官都认识到非法证据排除规则对于防范刑讯逼供、防止冤假错案所具有的重要意义，但同时亦承认受现行体制本身以及办案指标考核、法官个人素质、仕途晋升等因素的影响，法官在处理案件中排除非法证据时“如履薄冰”，不得不“小心翼翼”，相当数量的法官只是在迫不得已时才会动用这一手段，且成效甚微。课题组在此研究基础上提出了对策建议。

（3）非法证据排除规则实施困境研究。“两院三部”《排除非法证据规定》实施一年多后，各地司法实践都不同程度地反映出，非法证据排除规则的实施依然困境重重。针对这一问题，许多学者从不同的角度提出了相应的解释和应对措施。①有学者认为，已纳入《刑事诉讼法》中的非法证据排除规定，明显侧重于某些非法言词证据的排除，与侧重非法搜查、扣押获得实物证据之非法证据排除规则有明显差异；已确立的裁量排除非法实物证据的规定，则因规定本身的原因也难以在司法实践中发挥实效。尽管近年来也有零星成功排除非法证据的案例，但实践效果不佳是显而易见的。究其原因，既有排除规定内在的缺陷，也有价值取向、诉讼模式、司法潜规则、双重标准以及司法体制障碍等诸多原因，这些障碍都是未来《刑事诉讼法》实施中需要克服的。[1]②有学者试图从更深层次而不仅仅是规则粗疏这个层面来解释非法证据难以有效排除的原因，即深入解析法官采纳非法证据的内在原因：法官证据运用的形式主义化、刑法的主观主义倾向以及司法实务部门对证明力规则的过度追求等因素，是诱发法官采纳非法证据的重要原因。因此，我们不能仅限于非法证据排除规则的完善，还需将证据信息的供给、刑事实体法的调整、证明方法的转换以及证据能力规则的建设等纳入视野。[2]③有学者从刑事诉讼构造角度来解释这一问题，一方面，因为没有庭前法官和庭审法官的分离与法官和陪审团的分权，可能会造成非法获取的口供从大门排除又从窗户跳进，而“口供排除”和“宣读口供”的两阶段在质证上存在着叠床架屋，更有为普遍采纳审判前供述这一传闻证据“背书”的反其道而行之

---

〔1〕 参见张建伟：“非法证据缘何难以排除——基于《刑事诉讼法》再修改和相关司法解释的分析”，载《清华法学》2012 年第 3 期。

〔2〕 参见郭松：“非法证据为何难以有效排除——兼及中国非法证据排除的未来”，载《法学论坛》2012 年第 4 期。

的趋势。另一方面，控辩不平等导致庭审最终落入长于法律辩论而轻视事实调查的旧习，而法官也陷入到底是积极调查还是消极听审的内在职责冲突之中。[1]④还有学者从侦查环节入手，将非法证据排除作为程序性制裁的一种手段来审视非法证据排除难题。在目前机制下，由于我国违法侦查的发现几率极低、无法定罪的成本极小和次级制裁机制的乏力，程序性制裁根本无法成为依法取证的"激励机制"。因此，要使程序性制裁的威慑效果发挥作用，必须建立有效的违法侦查行为发现机制，把非法证据排除真正转变为违法侦查的成本，并使法院真正具备作出无罪判决的能力。[2]

（4）非法证据排除制度构建研究。如何从立法角度对非法证据排除问题加以完善和回应，许多学者提出了看法。①黄永以非法证据排除制度为样本，对2012年《刑事诉讼法》修改后证据制度的发展和变革作了梳理。他认为，非法证据排除制度的建立，体现了我国刑事证据制度从以逻辑推演规则为基础的制度体系向以价值考量为依据的程序规则体系的演进。不仅非法证据排除制度如此，关于证据概念、举证责任、证人保护、证人出庭等的修改也体现了这一特色。由此带来的观念变化也为我国确立更加健全的程序规则起了促进作用。[3]②有学者提出，要把"不得强迫自证其罪"与非法证据排除规则的适用连接起来。此次《刑事诉讼法》修改，规定了不得强迫任何人证实自己有罪，还增加了非法证据排除的规定。这些新增内容之间存在紧密联系，每一项又有各自的意义。"不强迫自证其罪"条款是"尊重和保障人权"的体现，关系到我国刑事侦查、检察和司法部门的职责和个人权利的保障；非法证据排除是落实不强迫自证其罪的具体措施，通过约束侦查部门取证行为对侵犯个人权利提供了补救措施。[4]还有学者对"两院三部"2010年"两个刑事证据规定"与新《刑事诉讼法》之间的关系协调问题提出了看法，具体

〔1〕参见陆而启："从纸上谈兵到水滴石穿——非法口供排除程序的构造反思"，载《证据科学》2012年第2期。

〔2〕参见李昌盛："违法侦查行为的程序性制裁效果研究——以非法口供排除规则为中心"，载《现代法学》2012年第3期。

〔3〕参见黄永："刑事证据制度：从逻辑规则向程序规则的演进——以非法证据排除制度为切入点的分析"，载《证据科学》2012年第4期。

〔4〕参见龙宗智："进步及其局限——由证据制度调整的观察"，载《政法论坛》2012第5期。另参见杨宇冠："《刑事诉讼法》修改凸显人权保障——论不得强迫自证有罪和非法证据排除条款"，载《法学杂志》2012年第5期。

包括：在与新法不相冲突的范围内，继续执行“两个刑事证据规定”；通过司法解释和指导性案例弥补法律规定的不足；通过地方规则和地方试点，进一步推进证据制度的创新和完善。[1]③有学者对非法证据排除规范等所确立的口供规则进行了总结。“两院三部”2010 年“两个刑事证据规定”和我国《刑事诉讼法》修正案的相继颁行，为被告人供述和辩解的运用确立了一系列新的证据规则，包括口供自愿规则、口供排除规则、口供印证规则和口供补强规则，前两项规则都是与口供的证据能力密切相关，而后两项规则涉及法律对口供证明力的限制。[2]还有学者对刑事司法实践中多份供述的处理提出了自己的看法：如能证明初次供述涉嫌用非法手段获取，此后在合法的讯问程序下作出若干份相似的再次供述是否应当排除，是必须解决的问题。排除重复供述的标准在于非法行为与重复供述的联系密切程度，应当运用“五步排除法”权衡：讯问人员的更换、程序阶段的推进、间隔时间的长短、非法程度、稀释程度。[3]④有学者认为，目前确立的非法证据排除规则具有不彻底性（模糊了对威胁、引诱和欺骗取得口供的排除态度），离自白任意性的理想还很遥远。自白任意性被忽视，主要归因于过分倚重口供的司法惯性，作为自白任意性法理基础的正当程序观念没有得到普遍认同，对秩序的偏重则是更为深层的原因。自白的证据能力若不以任意性为条件，冤错案件的病灶就不能祛除。认同自白任意性规则的法律价值，不仅能为发现案件真实提供保障，更是保障刑事司法最终摆脱纠问式特征之所必需。[4]⑤审前非法证据排除是我国非法证据排除规则的一大特色，针对检察阶段非法证据排除规则的影响，有学者认为，“两院三部”《排除非法证据规定》和新修正的《刑事诉讼法》创造性地将非法证据排除扩展到检察审查环节，并赋予了检察机关排除非法证据的职权。此举无疑强化了检察机关的法律监督权，也使检警关系更加趋向合理。但是，由于只是从权力赋予的角度明确了检察机关的职权，检察机关排除非法证据在制度运作上仍然存在着概念界定不清、程序设置不详、证明责任不明等不足，因此有必要通过立法或司法解释予以完善，构建

---

〔1〕　参见孙长永：“论刑事证据法规范体系及其合理构建——评《刑事诉讼法》修正案关于证据制度的修改”，载《政法论坛》2012 年第 5 期。

〔2〕　参见陈瑞华：“论被告人口供规则”，载《法学杂志》2012 年第 6 期。

〔3〕　参见谢小剑：“重复供述的排除规则研究”，载《法学论坛》2012 年第 1 期。

〔4〕　参见张建伟：“自白任意性规则的法律价值”，载《法学研究》2012 年第 6 期。

科学合理并具有可操作性的规则体系。[1]

（5）民事非法证据规则研究。①最高法院关于民事诉讼中排除非法证据的司法解释实施近十年来的状况。有学者认为，由于该规则蕴含着程序公正与实体公正等价值与目的的冲突，审判实务中适用该规则遇到了相当大的困难。审判实务中较为普遍的做法是，根据该规则所确立的“侵害他人合法权益”和“违反法律禁止性规定”这两条非法证据认定标准，采用利益衡量的方法，结合案件中收集证据的具体情形来作出排除与否的决定。法院在适用该规则时，尽管对部分取证方法为非法已经取得了广泛的共识，但对另一部分取证方法合法与否，仍存在着较大的分歧。[2]②有学者从民事诉讼与刑事诉讼的差异，分析了民事诉讼当事人因系平等私权主体，往往不可能动用强有力的公共资源调查收集证据的问题。除了证明标准较低以外，为了缓和举证的压力，有关法律仅在有限范围内采用否定性的表达方式，以尽可能在更为广阔的范围内承认证据在法律上的合法性，以便尽可能限缩证据排除规则的适用范围。在民事诉讼证据的合法性及其排除规则的应用上，重要的不是如何处理程序法与实体法之间的关系，而是在举证人的合法权益与受侵害人的合法权益之间进行利益衡量，以寻求在发现案件事实真相与采用正当程序之间取得一种平衡。[3]

3. 传闻证据规则研究

本年度，对传闻规则的讨论相对较少，有学者将传闻证据规则与直接言词原则进行比较，探讨了民事诉讼书面证言处理的路径选择问题。他认为，传闻证据规则是以证据资格为核心的规范体系，直接言词原则是以审理行为为核心的准则要求，不是相互衔接包容的同一路径。由于传闻证据规则与我国民事诉讼程序理论与实践缺乏契合性，即使引入传闻证据规则的规范内容，也不能改变我国以诉讼行为要求为证据运用基本内容的制度特色。在书面证言问题的处理上，只能基于大陆法系的传统采用直接言词原则，在该原则的

---

〔1〕参见詹建红：“检察机关排除非法证据的制度建构”，载《法商研究》2012年第3期。

〔2〕参见李浩：“民事判决中的非法证据排除规则”，载《现代法学》2012年第2期。

〔3〕参见毕玉谦：“民事诉讼上的非法证据排除：理论学说与认定标准”，载《证据科学》2012年第4期。

指导下形成一整套原则和例外的具体制度体系。[1]

4. 品性证据规则研究

纪格非从美国最新立法和判例入手讨论了品性证据在性骚扰民事案件中的运用。美国近年来在“最大限度地保护被害妇女利益”的社会政策影响下，品格证据的使用规则在立法方面出现了向受害人一方倾斜的趋势：在性骚扰民事案件中禁止使用受害人的品格证据，允许使用加害人的品格证据。美国《联邦证据规则》第 411 ~ 415 条确定的品格证据使用规则通过判例法进一步精细化，力图在维护受害人合法权益的同时，平衡原、被告双方的力量对比关系。我国在对待性骚扰案件中品格证据的问题上，也可借鉴美国的经验。品性证据的使用应当严格贯彻“关联性”、“相似性”、“有限性”原则，同时应加强品格证据使用的程序保障制度的建设。[2]

有学者将品性证据规则置于两大法系比较视野中进行了考察。通过比较发现，根据英美法的相关规定，被告人的品格证据，除例外情形，原则上不得用以证明其在特定场合的行为与其品格特征具有一致性。大陆法系国家则比较关注被告人品格证据的证明价值。比如，法国在刑事程序中对被告人进行的人格调查，包括了其品格特征、行为方式等方面的信息。两大法系国家对待这类证据的不同态度与不同观念的存在有其内在原因。[3]

5. 意见证据规则研究

“两院三部”2010 年“两个刑事证据规定”和 2012 年《刑事诉讼法》及相关司法解释均规定，证人的猜测性、评论性、推断性的证言，不得作为证据使用，但根据一般生活经验判断符合事实的除外，由此初步确立了意见证据规则。但对于意见证据规则的内涵、外延等问题，似乎都不甚清楚。李学军对美国意见证据规则的基本内容进行梳理，分析了其价值内涵、法理基础，阐释其适用的难点，探讨了专家意见可靠性的属性定位，进而就意见证据规

---

〔1〕 参见李峰：“传闻证据规则，抑或直接言词原则——民事诉讼书面证言处理的路径选择”，载《法律科学》2012 年第 4 期。

〔2〕 参见纪格非：“品格证据在性骚扰民事案件中的运用——美国的立法、判例及启示”，载《环球法律评论》2012 年第 4 期。

〔3〕 参见宋洨沙：“英美法系与大陆法系品格证据之比较研究”，载《政治与法律》2012 年第 5 期。

则在我国的适用提出管见。[1]

6. 瑕疵证据补正规则研究

“两院三部”2010年“两个刑事证据规定”确立了瑕疵证据补正规则，但瑕疵证据的范围、如何补正、如何避免瑕疵证据补正的滥用等问题引起了很多学者的担忧。①陈瑞华在对瑕疵证据规则进行谨慎肯定的同时也提出了自己的担忧。他认为，所谓“瑕疵证据”，大都是侦查人员在制作相关证据笔录时存在技术性缺陷的证据。无论是从侵害的法益、违反法律程序的严重程度来看，还是从所造成的消极后果来看，“瑕疵证据”与“非法证据”都具有显著的区别，这也是对此类证据予以补正的主要理由。司法解释确立了“瑕疵证据”的范围、补正程序、补正的标准以及补正不能的法律后果。但是，无论是对“瑕疵证据”的界定，还是对此类证据的补正，司法官员都可能存在误读和滥用自由裁量权的问题。因此，对于这一规则的运用，应保持审慎的态度。[2]②针对瑕疵补正泛化问题，有学者提出，由于强调“中国的司法国情”，过分追求实然效果，忽略了从证据法学理论角度对瑕疵证据作出严谨的逻辑论证，从而导致有关瑕疵证据的基本定位出现偏差、概念界定不清、特征描述混乱。其实，瑕疵证据属于不适格证据中的一种形式，其主要解决证据能力问题，而判断证据能力的标准是证据的客观性、关联性与合法性。因此，证据三个属性才是瑕疵证据研究的逻辑起点。[3]③还有学者从操作层面对瑕疵证据规定提出了细化建议。刑事诉讼中瑕疵证据的补正必须具有严谨可行的操作规范，才能避免随意性。控方必须以明示方式提出补正瑕疵证据的申请，并由法官裁判是否允许，对于不属于瑕疵证据的非法证据，应当直接排除；瑕疵证据经补正后，仅获得证据能力，并非直接成为定案根据；对于欠缺真实性的瑕疵证据不应再进行补正，而应当予以排除；对于瑕疵证据的合理解释的缜密程度应与合法取证期待可能性成正比。[4]

7. 侦查笔录证据的可采性规则研究

2012年《刑事诉讼法》扩大了侦查笔录的范围，将辨认笔录和侦查实验

---

〔1〕参见李学军：“意见证据规则要义——以美国为视角”，载《证据科学》2012年第5期。

〔2〕参见陈瑞华：“论瑕疵证据补正规则”，载《法学家》2012年第2期。

〔3〕参见周欣、马英川：“论刑事诉讼中瑕疵证据的概念与特征”，载《法学杂志》2012年第11期。

〔4〕参见纵博：“刑事诉讼中瑕疵证据补正的若干操作问题研究”，载《现代法学》2012年第2期。

等都纳入了侦查笔录的范围，由此带来对辨认笔录等新型证据种类的审查问题。有学者对辨认笔录的可采性进行研究认为，"两院三部"《死刑案件证据规定》初步确立了辨认结果的审查判断规则，为法庭审查和采信辨认证据提供了一定的根据。但是，在辨认录像制度、见证人在场制度以及警察出庭作证制度尚未有效确立的情况下，对具有"传闻证据"性质的辨认笔录采用书面审查的方法仍具有相当大的局限性，不但难以发现辨认过程中存在的程序瑕疵和程序违法问题，而且无法完成对辨认结果可靠性的实质审查任务。针对我国侦查实践中常用的列队辨认和照片辨认程序，对"暗示性辨认"提出了具有可操作性的判断规则。对于辨认结果证据能力的认定，可以借鉴美国的"总体情况规则"，采用"可靠性"判断标准，对于违反辨认规则获得的辨认结果，并不当然否定其证据能力，当该结果获得了"真实性的情况保障"时，可以作为定案根据。[1]

（七）证明责任与证明标准

1. 关于证明责任研究

（1）关于证明责任的基本理论研究：①艾伦教授讨论了证明责任的一些基本理论问题。首先，他提出了分析证明责任时的五个前提：一是证明责任是诉讼理论的组成部分；二是诉讼理论本身又是政府理论的组成部分；三是政府理论千差万别；四是争端解决涉及事实认定，在以何种最有效和高效的方式获得真相以及当查明真相与其他社会福祉相互竞争时如何进行价值排序等问题上，学术界存在着分歧；五是陪审团成员等外行事实认定者的存在，也可以影响诉讼程序的构建方式。其次，他明确了可强加给诉讼当事人三种责任：一是当事人可被要求提出争点，即提出诉讼主张的责任；二是就争点提出证据，即举证责任；三是承担对该争点的说服责任。再次，司法认知都提供了一种简化和减少审判成本的方法，但它完全取决于说服责任。司法证明构建于以下五种方式：一是案件裁决规则的创设；二是提出诉讼主张的责任的分配；三是举证责任的分配；四是说服责任的分配；五是对推断关键事实之证据分量的影响。这些方式中的每一种都基于各种政策理由：施加责任，是为了促进审判或信息发现；裁决规则的创制，是为了促进结果符合政策选

〔1〕参见韩旭："辨认笔录证据能力问题研究——以新《刑事诉讼法》为视角"，载《证据科学》2012年第2期。

择；赋予证据不同分量，是为了促进得出实际上准确的推论。复次，司法证明的性质从根本上说不是概率性的，而是解释性的，并且是最佳解释推论的一个例证。在审判中，当事人（包括刑事案件中的政府方）提供竞争性事件版本，如果属实，就将解释审判中所出示的证据。对主张或抗辩负有证明责任的当事人，提供包括正式要件以构成特定主张或抗辩的事件版本；对抗方提供未包括一个或更多正式要件的事件版本。另外，在法律允许的情况下，当事人可以提供解释该证据的事件替代版本。最后，事实认定者并不受限于当事人明确作出的潜在解释，却可以建构他们自己的解释，或者以多个事实认定者审议案件的方式作出，或者作为他们得出结论的根据。〔1〕②叶自强教授认为，目前，我国《侵权责任法》和最高人民法院《民事诉讼证据规定》相关条款规定，法律推定和事实推定能够转移说服责任和举证责任，审判实践中亦依此作出不少错误判决。只有承认和引进举证责任分层理论，才可能从根本上消除上述错误。同时，要正确处理推定与举证责任之间的关系，当二者之间发生冲突时，要遵守举证责任优先的原则。〔2〕③有学者认为，目前理论界认为“证明责任”与“举证责任”两者含义基本相同且可以通用、互换，但实际上，两者的内涵并非等同，不能简单地将两者作为相同概念混用。有必要通过对证明责任及其相关概念争议的分析，探究证明责任的具体含义，并反思我国民事证明标准的界定。〔3〕④有学者与裴苍龄教授商榷，认为他的实质证据观本身及其理论延伸和背景性立场，都存在着不少问题。其认为裴教授的全面证明责任论范围过宽，并且不能解释一些现象，还是应当按照传统理论构建证明责任理论为好。〔4〕

（2）关于民事诉讼中的证明责任研究，包括以下方面的内容：

第一，关于民事诉讼一般证明责任的研究。①有学者认为，《物权法》第106条确立的善意要件的证明责任规则，只能解释为主张善意取得的第三人负

---

〔1〕 参见［美］罗纳德·J. 艾伦：“证明责任”，蒋雨佳、强卉、张姝丽译，张保生校，载《证据科学》2012年第5期。

〔2〕 参见叶自强：“论不可逾越的‘柴尔线’”，载《环球法律评论》2012年第2期。

〔3〕 参见张家骥：“对证明责任和证明标准的理论反思”，载《法制与社会发展》2012年第2期。

〔4〕 参见周洪波、薛培：“‘证据学大革命的歧路’——关于裴苍龄教授之实质证据观理论的批评性审思”，载《西南民族大学学报（人文社会科学版）》2012年第7期。

担证明责任。尽管善意要件的证明有一定难度，但通过间接证据的运用、经验则的援引以及对方当事人事实主张责任的加重，证明该要件是完全可能的。[1]②有学者认为，德国、日本民事证据法研究的发展沿革及最新趋势显示，客观（抽象）证明责任的主导地位正在被能更好解释诉讼证明实践的具体举证责任概念所取代。这一趋势启示我们，我国民事证据法的研究重心也应转移到以表见证明、摸索证明、事实推定、阐明义务、证明妨碍等制度为主要论题的具体举证责任领域。[2]③有学者认为，我国在强调当事人的举证责任的同时没有赋予当事人充分的调查取证手段，因此，法官为追求个案的实体公正和办案的社会效果就会想办法避开证明责任机制而采取测谎的方式来解决实际问题。尽管赞同在民事诉讼中启动测谎并将测谎结论作为定案参考的观点逐渐占上风，但有必要限制测谎启动的条件。[3]④有学者认为，我国目前的证明责任倒置规则主要可以归纳为四类：其一，对于消极事实的倒置；其二，对于积极事实的倒置；其三，对于过错事实的倒置；其四，对于因果关系的倒置。我国目前的证明责任倒置规则存在不足，在股东知情权诉讼、关联交易、不当得利和无因管理之诉当中，也应当适用证明责任的倒置。[4]

第二，关于医疗侵权诉讼案件中的证明责任的研究。①有学者认为，《侵权责任法》将医疗责任因果关系的证明责任置于相对弱势的患者一方，难言公平合理。医疗过错责任中因果关系的认定应广泛采取法医学因果关系理论，其中的推定过错责任，应实行因果关系法律推定。医疗产品责任、医院内感染、疫苗接种致害责任等无过错医疗责任也应实行因果关系法律推定。同时，司法解释应当授权法官在特殊场合下进行因果关系的事实推定。[5]②有学者认为，医疗侵权诉讼证明责任应当充分考虑其特殊性，借鉴国外事实本身说明过失原则、表见证明、大致推定、重大医疗瑕疵原则等调整方式，从医疗

〔1〕参见吴泽勇：“论善意取得制度中善意要件的证明”，载《中国法学》2012年第4期。

〔2〕参见胡学军：“从‘抽象证明责任’到‘具体举证责任’——德、日民事证据法研究的实践转向及其对我国的启示”，载《法学家》2012年第2期。

〔3〕参见罗飞云：“论民事诉讼中的测谎”，载《当代法学》2012年第4期。

〔4〕参见包建华：“论我国‘证明责任倒置’规则”，载《东北大学学报（社会科学版）》2012年第6期。

〔5〕参见叶名怡：“医疗侵权责任中因果关系的认定”，载《中外法学》2012年第1期。

侵权诉讼基本证明责任分配、法官自由裁量、建立专家辅助人制度等方面完善证明责任制度。[1]③有学者认为，《侵权责任法》纠正了医疗损害赔偿纠纷早期立法中的证明责任倒置规则，根据各种情形，设置了更为详细的规则要件，相应地，证明责任分配规则也更加详细具体，较好分配了医疗风险，平衡了医患双方的诉讼负担。[2]

第三，在其他问题的研究方面，有学者认为，从利益权衡的视角分析，会发现环境刑事诉讼中采用严格证明责任不能解决问题，立法者、法官需在刑事政策视野下，通过立法、司法具体划分以界定相对严格责任和绝对严格责任的适用范围，方能更好地明确检察官、被告的具体举证责任。[3]有学者认为，在专利侵权损害赔偿诉讼的举证责任分配问题上，原告应当对创设请求权基础的法律规范事实要件承担证明责任，而被告对权利妨碍、权利消灭和权利受制规范的事实要件承担证明责任。专利侵权损害赔偿请求权各构成要件事实的证明，应根据专利权及专利侵权的特点，依据《专利法》等实体法的规定具体确定。[4]

（3）刑事诉讼的证明责任研究，包括以下方面的内容：

第一，陈卫东教授对新《刑事诉讼法》证据部分进行了系统梳理，将证据章修改的“亮点”归纳为不得强迫自证其罪原则入法、非法证据排除规则得以明确、证人出庭与证人保护协调一致，核心精神在于保障人权。同时提出证据章修改的“难点”是证明问题，结合立法过程中产生的争议和质疑对证据规则、证明责任和证明标准问题进行了评述。[5]

第二，一些学者对非法证据排除程序中的证明责任进行了研究。①有学者认为，“两院三部”《排除非法证据规定》的实施和《刑事诉讼法》的修改为程序性辩护提供了新的契机，但实践中，程序性辩护依旧困难重重。证明责任分配规则的虚置导致了程序性辩护面临的现实困境。[6]②有学者认为，

---

〔1〕 参见洪冬英：“论医疗侵权诉讼证明责任”，载《政治与法律》2012年第11期。

〔2〕 参见彭浩晟：“医疗损害证明责任分配规则研究”，载《证据科学》2012年第3期

〔3〕 参见陈柏祥：“试论环境刑事司法中的证明责任问题”，载《求索》2012年第3期。

〔4〕 参见范晓宇：“专利侵权损害赔偿的要件及其举证责任——以《侵权责任法》为切入点”，载《法学杂志》2012年第1期。

〔5〕 参见陈卫东、柴煜峰：“刑事证据制度修改的亮点与难点”，载《证据科学》2012年第2期。

〔6〕 参见高咏：“程序性辩护的困境——以非法证据排除规则的适用为切入点”，载《现代法学》2012年第1期。

供述排除规则是非法证据排除规则中最重要的组成部分，而目前的规定缺乏可操作性，未来的供述排除规则的建构中，被告人审判前供述的合法性证明责任应当由控方承担。[1]

第三，有学者认为，犯罪构成是指导刑事诉讼证明的概念框架。最重要的原因在于，犯罪构成的体系结构，决定了刑事证明责任的分配界限，制约着证明标准的尺度高低。从某种意义上讲，刑事诉讼证明中的基本问题，都必须回到犯罪构成的层面，才能获得妥当而可靠的解决。[2]

第四，一些学者探讨了刑事诉讼证明责任在控辩双方的分配规则。①有学者认为，刑事诉讼中一般由控诉方承担证明责任，但对于量刑事实、非法证据排除、程序性事实、积极抗辩的事实和证明责任倒置的事实由辩护方证明。辩护方特定情形下承担证明责任，没有违反无罪推定原则和不被强迫自证其罪规则。要防止辩护人承担证明责任的两种误区，完善我国的证明责任分配制度和程序性辩护制度。[3]②有学者认为，控方承担证明责任的传统观念与无罪推定原则、控辩平等并无必然连接，实务中对之绝对化的理解造成了刑事证明的困境。应将刑事案件的所有证明对象区分为直接事实与间接事实，并结合不同证明事实在刑事审判中的特殊意义，确立二元的刑事证明责任分配标准。[4]③有学者在论述无罪推定原则时，认为其证据法上的含义在于将证明责任分配于控诉方，其诉讼法上的含义在于保障被告人的程序性权利，约束政府权力，体现司法公正。[5]

第五，有学者认为，对认罪案件证明过程、证明责任、证明标准、非法证据排除规则等内容的实证调研表明，我国司法实践中认罪案件的证明模式与非认罪案件并无本质差异。这种现象主要源于我国简易程序的体系定位、案卷笔录中心主义的实际运作模式以及刑事诉讼的职权主义构造。为此，应对现行控辩制度作出修正。[6]

---

〔1〕 参见梁欣："论我国的供述排除规则及其程序配置"，载《证据科学》2012 年第 1 期。

〔2〕 参见杜宇："犯罪构成与刑事诉讼之证明——犯罪构成程序机能的初步拓展"，载《环球法律评论》2012 年第 1 期。

〔3〕 参见房保国："论辩护方的证明责任"，载《政法论坛》2012 年第 6 期。

〔4〕 参见程捷："论刑事证明责任分配之迷思——兼谈二元分配方法论的提出"，载《法学评论》2012 年第 4 期。

〔5〕 参见易延友："论我国的供述排除规则及其程序配置"，载《政法论坛》2012 年第 1 期。

〔6〕 参见谢登科、韩劲松："认罪案件证明模式实证研究"，载《求索》2011 年第 11 期。

（4）行政法和行政诉讼法领域中的证明责任研究，包括以下内容：①有学者认为，《行政强制法》的实施给本来就困难的行政调查和取证带来了新的挑战。基于在坚持依法行政的前提下实现行政调查和取证的目标，有必要在立法上完善相对人不履行证明责任的法律责任制度，有限使用秘密调查取证方法，推行调查取证中的担保制度，建立调查取证中的职务协助制度。[1] ②有学者认为，具有法定效力、内容明确、与个人有直接法律利害关系的低层级"国民经济与社会发展规划"是具有中国特色的社会权实现工具，与之相关的行政行为可提起给付类诉讼。此种诉讼的证明责任、判决形式具有与一般行政诉讼不同的特点：原告除负有符合起诉条件的初步证明责任外，还需负担"直接而确切的因果关系"证明责任。[2]

（5）关于国际法领域中的证明责任研究，有学者讨论了国际法院关于推定的适用，认为其对我国解决南海诸岛主权争端具有一定的启示意义。可反驳的推定与证明责任的转移存在着关联性，而且，可能解除或加重原告证明责任的分量。但是，推定的适用仅部分转移了当事人的举证责任，并非对全部证明责任的转移。体现中国政府意志的"九段线"地图，以及越南等邻国对之予以承认或没有明确表示反对的态度，对证明南沙群岛是我国的固有领土，具有不可反驳的推定效力。[3]

2. 关于证明标准研究

（1）关于刑事诉讼证明标准的研究，主要包括以下内容：

第一，一些学者探讨了"排除合理怀疑"的证明标准。①龙宗智教授认为，我国刑事诉讼现行证明标准具有五项特点，应当分析"排除合理怀疑"的渊源，借鉴域外经验。"排除合理怀疑"与"证据确实充分"在证明程度上既有一致性，也有区别：证据确实充分是排除合理怀疑的充分条件，排除合理怀疑是证据确实充分的必要条件。应当在我国刑事诉讼中建立运用"排

---

〔1〕 参见叶必丰："《行政强制法》背景下行政调查取证制度的完善"，载《法学》2012 年第 2 期。

〔2〕 参见翟翌："论'国民经济与社会发展规划'相关行政诉讼——一种社会权的中国实现方式"，载《政治与法律》2012 年第 1 期。

〔3〕 参见张卫彬："国际法院解决领土争端中推定的适用问题——兼谈对解决我国南沙群岛主权争端的启示"，载《国际论坛》2012 年第 3 期。

除合理怀疑”标准的保障制度。[1]②有学者认为，“排除合理怀疑”最终为《刑事诉讼法》所确认，是多重缘由叠加、多种因素合力的结果。作为观察法律移植的样本，“排除合理怀疑”的上升之路亦有可取之处，作为改革共识的渐进改革观可为未来的刑事司法改革提供参照，并促进刑事诉讼法学研究的反省与自觉。[2]

第二，何家弘教授认为，错判的发生具有普遍性和蛰伏性，错判的认知具有模糊性和对抗性，因此需要明确认定错判的证明标准。通过对美国、英国、德国的错判证明标准的实例解析可以看到，他们在认定错判的时候都不适用刑事诉讼中认定被告人有罪的证明标准，而且认定错判的证明标准都低于认定有罪的证明标准。应该重新阐释我国刑事诉讼中错判的证明标准，而且应区分启动再审的证明标准、认定错判的证明标准和决定国家赔偿的证明标准。[3]

第三，陈瑞华教授认为，在我国刑事证据法中，证据相互印证规则主要在三个领域发挥作用：一是用来确定自相矛盾的言词证据的证明力；二是用来审查案件是否达到法定证明标准；三是用来判断被告人供述是否得到补强。[4]他还认为，我国证据立法遵循了一种以限制证据的证明力为核心的基本理念，即“新法定证据主义”的理念。证据法不仅对单个证据的证明力大小强弱确立了一些限制性规则，而且对认定案件事实确立了一些客观化的证明标准。要推动我国证据立法的健康发展，需要对“新法定证据主义”及其影响下的证据立法进行理论清理，并创造条件消除促成这一证据理念产生的制度土壤和文化环境。[5]

第四，有学者认为，口供之必取是支撑我国“符合说”之证明标准理论成立的关键。在赋予被追诉者沉默权之后，我国的证明标准必将面临转型。对于那些被追诉者不予供述的案件，应当实行内心确信的证明标准；对于那

---

〔1〕参见龙宗智：“中国法语境中的‘排除合理怀疑’”，载《中外法学》2012年第6期。

〔2〕参见李训虎：“‘排除合理怀疑’的中国叙事”，载《法学家》2012年第5期。

〔3〕参见何家弘：“刑事错判证明标准的名案解析”，载《中国法学》2012年第1期。

〔4〕参见陈瑞华：“论证据相互印证规则”，载《法商研究》2012年第1期。

〔5〕参见陈瑞华：“以限制证据证明力为核心的新法定证据主义”，载《法学研究》2012年第6期。

些被追诉者自愿供述的案件，可实行高度盖然性的证明标准。[1]

第五，有学者认为，现行逮捕证明标准存在诸多方面的不足，可考虑对逮捕证明标准作以下改进，把刑法规定的犯罪分为可捕罪与一般犯罪，可捕罪的逮捕证明标准为“合理相信”，指有充足证据使人合理相信犯罪嫌疑人涉嫌应捕罪；一般犯罪的逮捕证明标准为“犯罪暂时真实”，且能绝对优势证明可能判处有期徒刑以上刑罚并有逮捕必要。[2]

第六，有学者论述了死刑案件定罪和量刑的证明标准与普通刑事案件的异同，提出通过程序设置可以达到提高死刑案件证明标准的效果。死刑案件的证明应当采用严格遵守法律正当程序的途径，提高死刑案件的质量。死刑案件中不利于被告人和有利于被告人两种情况的证明，应适用不同的证明标准。[3]

第七，有学者认为，在我国强制医疗程序中的“社会危险性”，应包括“严重的再犯行为”与“极高的再犯可能性”两个要件。在强制治疗的入院、补充原则的适用以及强制治疗解除的证明上，我国应适用“存疑有利于被告”原则和“清楚和有说服力的证明标准”。[4]

（2）民事诉讼领域的证明标准研究，主要涉及以下方面：

第一，有学者认为，观念革新与社会进步对传统民事诉讼运作方式提出了挑战，其中包括法官如何认定当事人难以证明的损害数额问题。裁量认定损害数额属法官自由心证的法定证明标准的降低。对于法官行使自由裁量权的条件，必须进行限制，即非于举证极为困难时不得行使。至于法官裁量认定的基础，仅涵盖证据资料与口头辩论的全部状况，与通常的自由心证方法有别。[5]

第二，有学者认为，从最佳威慑与彻底威慑的角度看，惩罚性赔偿实质

---

〔1〕 参见杨文革：“沉默权之赋予与证明标准之转型”，载《法学杂志》2012年第1期。

〔2〕 参见胡之芳、郑国强：“论逮捕证明标准”，载《湖南科技大学学报（社会科学版）》2012年第3期。

〔3〕 参见杨宇冠：“论死刑案件证明标准之完善——新《刑事诉讼法》实施问题思考”，载《清华法学》2012年第3期。

〔4〕 参见倪润：“强制医疗程序中‘社会危险性’评价机制之细化”，载《法学》2012年第11期。

〔5〕 参见段文波：“事实证明抑或法官裁量：民事损害赔偿数额认定的德日经验”，载《法学家》2012年第6期。

上处于民事责任与刑罚之间，甚至有时与罚金刑无异，故需要提高对被告人的程序保护，其证明标准应当具有中间性，适用明确而令人信服的证明标准。从诉求正确的可能性、举证成本、风险收益的角度看，反映行为人主观过错程度的侵权行为的异常性的证明负担应当分配给原告。[1]

第三，有学者认为，目前民事诉讼法对于防止公民“被精神病”设立的保障措施并不充分。为防止该现象的发生，认定公民无或限制民事行为能力的程序在证明标准方面应实行排除合理怀疑标准。[2]

(3) 行政诉讼领域的证明标准研究，主要涉及以下方面：

第一，有学者以证明标准概念作为逻辑起点，从比较法的视角审视两大法系行政诉讼证明标准的特点以获取关于建构我国行政诉讼证明标准的有益启示。在分析我国现阶段行政诉讼证明标准所存在的问题的前提下，结合我国行政诉讼的特征，提出在法定证明基础上的自由心证证明模式下，建立多元化的行政诉讼证明标准体系。[3]

第二，有学者讨论了政府信息披露诉讼中的证明标准问题。政府信息不存在是指，政府信息自始至终不曾产生，行政机关在诉讼中应当提供进行过合理检索的证据，法院应当在综合考量行政机关工作人员的工作态度、检索载体和检索方法的基础上判断行政机关是否尽到了合理检索义务。[4]

第三，有学者认为，目前我国税务稽查并无证明标准，直接导致了执法尺度不一致，工作中多种矛盾显现，影响了税务稽查的效率和公正。应当确定以明显优势证明标准作为税务稽查的基本证明标准，以优势证明标准和严格证明标准为补充。[5]

第四，有学者认为，在某些行政案件中，仅有原告和被告针锋相对的两个证据，即一对一的证据。这种证据的审查与认定不仅要考虑证据的证明力，根据案件情形采取相应的证明标准，还要考虑证据形式和收集程序的合法性。在廖宗荣案中，行政处罚决定书因系通过一人执法程序收集，严重违反法定

---

〔1〕 参见杨春然：“论惩罚性赔偿的证明标准”，载《证据科学》2012年第4期。

〔2〕 参见张学军：“‘被精神病’民事诉讼程序保障研究”，载《社会科学战线》2012年第9期。

〔3〕 参见曹恒民：“行政诉讼中证明标准的重构”，载《法学杂志》2012年第8期。

〔4〕 参见殷勇：“‘政府信息不存在’情形下的司法审查”，载《法学》2012年第1期。

〔5〕 参见饶立新、饶凌乔：“税务稽查证据证明标准初论”，载《税务研究》2012年第7期。

程序而不具有合法性，故而不能成为定案的根据。[1]

（4）关于国际法领域的证明标准研究，有学者认为，对于贿赂行为的证明标准，国际投资仲裁庭的倾向是从回避到明确借鉴传统商事仲裁中的“更高证明标准”。然而，在国际投资仲裁中采用“更高证明标准”的法律依据不足。建议我国在双边投资保护条约（简称BIT）中将贿赂作为不可仲裁的投资争端事项之一加以规定，或者明确规定应采纳的证明标准。如我国作为被申请方参加国际投资仲裁程序，应该主动与仲裁庭讨论关于贿赂的证明标准问题，以争取有利条件。[2]

（八）法院取证与证据保全

1. 法院取证研究

本年度专门研究法院取证的成果不多，除了数篇期刊之外，还有4篇硕士论文，其中，研究民事诉讼法院取证的有3篇，民事诉讼法院取证的有1篇，其他有关法院取证的论述散见证据法和诉讼法教材和专著中。总体上看，有关法院取证的研究主要有以下几个方面：

（1）法官庭外调查权的定位。[3]首先，法官庭外调查不是证明责任的承担。论者认为，我国立法和司法解释规定法官调查取证的本意是，庭外调查的目的是进一步确定证据的真实性与可靠性，因而传统理论认为，法官为调查核实证据而进行的庭外调查是法院对法律为其规定的证明责任的承担，或者说，法官庭外调查是其履行证明责任的表现。但这种观点近年来逐渐被修正为：证明责任始终是与诉讼主张和诉讼风险相连的，法院作为中立的裁判者，没有自己的诉讼主张，也不承担败诉的风险，不能把法院依职权调查取证、审查判断证据与履行证明责任混为一谈。法官进行庭外调查核实证据，是因其审判义务而负担的一种查证责任。也就是说，法官调查取证是其作为裁判者必要时查明事实真相、正确适用法律应当履行的查证责任，是通过庭外的亲自调查活动，对控辩双方向法庭出示的证据材料进行核实、取舍的

---

〔1〕 参见王贵松等：“一对一证据的审查与认定——廖宗荣诉重庆市交警二支队行政处罚决定案评析”，载《华东政法大学学报》2012年第3期。

〔2〕 参见王海浪：“论国际投资仲裁中贿赂行为的证明标准”，载《法律科学（西北政法大学学报）》2012年第1期。

〔3〕 参见张旭梅等：“论我国刑事诉讼中的法官庭外调查权”，载《东南大学学报》2012年底14卷增刊。

权责。

（2）法官庭外调查的必要性与风险。①在我国司法传统中，法官负有调查取证的义务并拥有为查明案情所需的广泛权力。如果取消法官庭外调查取证权，不利于发现案件事实，有可能会放纵犯罪，违背我国司法“有罪必惩”原则，从而削弱司法的震慑作用，也不利于保障被告人合法权益，平衡控辩双方举证能力和权利保障。[1] ②赋予法官庭外调查的权力是为了保证审判权正确行使，使审判职能得到真正发挥。当控辩双方证据存疑、事实难以认定时，法官庭外调查核实证据，可以避免错判，也可以避免过于依赖控辩双方的证据和辩论技巧，使裁判建立在事实基础之上，达到实体公正，促进诉讼效率的提高。当然，法官庭外调查也存在司法专断、错误裁判的危险。因为法官庭外调查缺乏监督、所获证据不经质证直接认证，有司法专断的嫌疑；未经质证的证据真实性存在问题，有错误裁判的可能。此外，法官行使调查权有较大随意性，哪些证据存在疑点需要调查主要凭法官的主观认识来决定，因调查权存在滥用的危险。[2]

（3）法官庭外调查权的规制。为了更好地行使法官庭外调查权，有必要对法官庭外调查进行限制和规范。[3] ①法官庭外调查的指导原则：一是法官中立原则。在行使庭外调查权时，法官要严格区分于侦查机关的侦查行为，不得带有追诉性质，应限定在为了保证庭审顺利进行或查明案件事实的范围内。二是穷尽原则。庭外调查权是用尽庭审调查功能仍不能查清事实时才启动的辅助性权力，只有在不得已的情况下，穷尽庭内调查手段仍不能认定和采纳证据时才可实施庭外调查。三是有利于被告人原则。法官庭外调查应当侧重于保护辩护方的权利，只有当辩护方提出的证据不充分时，法官才有义务依职权调查取证。②对法官庭外取证权进行程序规制：一是对法官依职权主动调取证据予以限定。如遇情况紧急，重要证据存在灭失的危险时，法官

---

〔1〕参见熊裴彦、林忠明：“论刑事诉讼中的法官庭外调查权：基于实证研究的讨论”，载万鄂湘主编：《建设公平正义社会与刑事法律适用问题研究——全国法院第 24 届学术讨论会获奖论文集》（上册），人民法院出版社 2012 年版，第 688～690 页。

〔2〕参见张旭梅等：“论我国刑事诉讼中的法官庭外调查权”，载《东南大学学报》2012 年第 14 卷增刊。

〔3〕参见熊裴彦、林忠明：“论刑事诉讼中的法官庭外调查权：基于实证研究的讨论”，载万鄂湘主编：《建设公平正义社会与刑事法律适用问题研究——全国法院第 24 届学术讨论会获奖论文集》（上册），人民法院出版社 2012 年版，第 690～693 页。

可以调取或者保全证据，或者为保护被告人的合法权益进行庭外调查。二是明确“有疑问”证据的衡量标准。可将关联性、必要性、可能性作为判断的实质标准。三是明确当事人申请应予准许的情形。如存在证据不及时收集就可能毁损、灭失的情况，辩护律师申请法院调取的，法院应不得拒绝。四是法官庭外调查取证手段，除2012年《刑事诉讼法》第158条规定的6种庭外调查手段外，还应增加法官可采取询问证人、鉴定人的方式。五是法官通过庭外调查取得的证据必须经过当庭质证认证、核实后才能作为定案的根据。如果是因辩方申请而启动的庭外调查，则可由法官在调取后交由辩方出示，然后按照一般的质证程序对该证据展开质证；如果是由法官主动启动的庭外调查，则由法官对证据进行出示。六是法官庭外调查取证时通知控辩双方到场，控辩双方无正当理由不到场的，应当记录在案，庭外调查仍正常进行。如果法院没有通知控辩双方就进行庭外调查取证的，其取得的证据适用证据排除规则，不能作为定案的依据。

（4）技术侦查证据庭外核实问题。2012年《刑事诉讼法》修改增加规定了技术侦查措施，对于技术侦查取得的证据，规定“必要时可以由审判人员在庭外对证据进行核实”。有人认为，这与公开质证规则存在冲突。[1]其主要观点包括：一是允许由审判人员在庭外对证据进行核实的规定，虽然是出于提高技术侦查收集材料的法庭认可度并最大限度地保障特情、侦查人员安全的考虑，但这一做法却牺牲了当事人一方的诉讼权利，同时会增加非法技术侦查手段被采纳的可能性，可能导致审判机关的中立地位出现偏移。因为，从长远看，立法对于技术侦查证据庭外核实的规定是弊大于利的，从而应当确立庭外核实的“最后手段性”地位，即在穷尽其他方法的确无法达到审查技术侦查材料证据效力时才可以采取庭外核实的方法，并且对于言词证据和实物证据，应当采取不同的核实方法。二是对于技术侦查取得的实物证据，不应适用庭外核实制度，因为其并不存在侦查人员人身安全面临直接危险的情形。三是技术侦查可能得到的言词证据，如“线人”、“卧底人员”的证人证言，让这些侦查人员暴露于法庭公开质证的场合，的确是冒着极大的人身危险，但也不能因此就允许技术侦查人员不作证，或大量使用书面证人证言

---

〔1〕 王骄：“技术侦查证据庭外核实的程序障碍”，载《贵州警官职业学院学报》2012年第4期。

和庭外作证的方式，而是应当建立不披露技术侦查人员的身份当庭作证的制度，同时建立起一套完善的保护证人人身安全的程序和制度。四是对于确实无法保证技术侦查人员人身安全的情形，可以有限度地采用庭外核实证据的方法，但应当严格限制在严重的危害国家安全犯罪、恐怖活动犯罪和黑社会性质犯罪且并没有将所有犯罪嫌疑人抓获的情形。适用庭外核实的，不应有被告人在场，但应当允许辩护人到场了解控方掌握的证据及确认其合法性。五是法官在庭外核实证据时应当特别严格地控制程序，并对技术侦查证据获取的合法性进行重点审查。实施庭外证据核实也应当由书记员进行全程记录存档，以便日后核查。

（5）法官庭外调查权实证研究。针对法官庭外调查取证问题，有人从刑事案件中被告人申请调查取证、法院同意调查取证及法院主动调查取证三个方面对某法院 2007 ~ 2011 年度审理的 3072 起刑事案件进行了实证研究（见下表）。[1]

福州市某区法院 2007 ~ 2011 年刑事庭审法官庭外调查情况

年　度	刑事案件总　数	当事人申请取证及法院统一取证数量			法院主动取证数量	法院调查取证总数	比　例
		当事人申请取证	法院同意取证数	比　例			
2007	512	21	3	14. 3%	0	3	0. 59%
2008	591	24	2	8. 3%	0	2	0. 34%
2009	606	16	0	0	1	1	0. 17%
2010	610	16	1	6. 3%	0	1	0. 16%
2011	723	29	1	3. 4%	0	2	0. 14%
合计	3072	106	7	6. 6%	1	8	0. 26%

研究以上数据统计发现，法官行使庭外调查权取证的实际情况与人们想

---

〔1〕 参见熊裴彦、林忠明：“论刑事诉讼中的法官庭外调查权：基于实证研究的讨论”，载万鄂湘主编：《建设公平正义社会与刑事法律适用问题研究——全国法院第 24 届学术讨论会获奖论文集》（上册），人民法院出版社 2012 年版，第 684 ~ 688 页。

象的存在很大差别。首先，法官几乎从未主动行使庭外调查权。如上表所示，法官主动行使庭外调查权的案件只有1件，这并不像学者们所担忧的那样，“法官行使控和审两种权力更容易使被告人遭受不公正的对待”，法官不会随意启动调查取证权。其次，当事人要求法院调查取证的申请得到法官同意的比例极低。虽然当事人申请法院调查取证的案件比例总体上逐渐增加，但得到法官同意的比例却很低，且法官同意申请而调查取证的比例呈逐年下降趋势。

研究人员还对办案超过10年的28名资深刑事法官进行了访谈，对法官面对“有疑问”的证据和当事人申请调查取证这两个问题的态度进行问卷调查。调查表明：①27名法官表示不愿意主动行使庭外调查权，更愿意建议检察院将案件延期审理、补充侦查，只有1名表示看情况而定；②28名法官在十多年的办案经历中，大部分法官没有同意过当事人的申请进行庭外调查，只有5名法官有过此经历。③对于法官为什么不愿意主动庭外调查核实证据，经研究可以归于以下两个原因：一是标准不明确，难以操作。一方面，对“有必要”的情形难以把握。对当事人申请调查取证的情形，《刑事诉讼法》规定“人民法院认为有必要应当同意”。何谓有必要，立法也没有具体明晰的标准，由于不同法官评价标准的差异，加之我国相关法律中没有明确规定当事人申请的时间及有关程序，也没有规定关于法官作出决定的时间及有关程序限制，实践中法官无从评判。另一方面，对“有疑问”的证据不够明确。立法对何谓“有疑问的证据”规定得不甚明确，也没有对“有疑问”的评价方法进行解释，法官也不愿意行使裁量权。二是法官持有“多做多错”不如“袖手旁观”的态度。由于立法规定不明确，很多法官担心万一出了差错，会被扣上违反中立立场的帽子，还可能引发当事人上访、信访，做的多、错的多。因而，许多法官即使对事实有疑问，但考虑到这些政治原因，都不愿行使庭外调查权。

2. 证据保全研究

本年度有关证据保全的专题论文有6篇硕士论文和20多篇期刊论文，此外，还有部分证据法和诉讼法教材和专著中论及证据保全问题，研究范围涉及刑事、民事、知识产权、网络等领域以及保全公证，主要涉及以下几个方面：

（1）刑事证据保全研究。刑事证据保全制度是弥补被追诉方取证手段不足的重要防御武器，同时，它对于查明案件事实，保证刑事诉讼活动高效运行也具有不可替代的作用。有学者认为我国应当增设刑事证据保全制度，并提出建立我国刑事证据保全制度的构想。[1]刑事证据保全制度的必要性在于：首先，可以弥补申请取证的内在缺陷。与申请取证制度相比，国家专门机关对于证据保全申请不能采取置之不理的态度，必须作出审慎回应。其次，可以弥补辩护方取证手段的不足，避免关键的涉案证据灭失或者毁损，制衡追诉方取证过程中的随意性。再次，可以使无罪的犯罪嫌疑人、被告人尽快摆脱涉讼之苦，保障刑事诉讼活动高效及时运行。最后，在一定程度上可以缓解三大诉讼法中"实体问题更重要，程序保障却不足"的窘境。此外，还可以弥补刑事附带民事诉讼制度的立法缺陷。

关于我国刑事证据保全制度的立法构想。其一，明确规定检察院为证据保全申请的批准机关。因为，将证据保全措施的决定权交给法院，与我国现行的刑事司法体制不一致。将决定是否采取证据保全措施的权力交给检察院，与检察院作为法律监督者与控诉者的双重身份相吻合。其二，申请证据保全的主体，除辩护律师外，犯罪嫌疑人、被告人、其他辩护人、被害人及其诉讼代理人也属于证据保全申请的主体。其三，申请证据保全的条件和方式。两个基本条件是：相关性和紧迫性。相关性是指申请保全的证据能够证明案件的主要事实；紧迫性是指申请保全的证据可能灭失或者以后难以取得。方式是应当向检察院提交记载以下事项的申请书：案情摘要、应保全的证据及其所在地点、证人的姓名和住址、证据保全的方法、拟保全的证据所要证明的事实、保全证据的理由等。其四，申请证据保全材料的审查及处理。其五，实施证据保全的措施。对书证，要尽可能提取原件，提取原件确有困难的，可提取复制品，但必须附卷照片、副本、节录本等以备查；对物证，可通过勘验笔录、拍照、录像、绘图、复制模型或者保持原物的方法保全；对视听资料，可通过录像、录音反映出的形象或音像，或者利用电子计算机储存的资料加以保存；对证人证言，在采用证人笔录的方式加以保全时，必须力求准确、可靠，保持其原稿和原意，笔录经本人核对盖章后，正式附卷加以保存，不得损坏或未经批注而销毁。针对年迈、重病、有死亡可能的证人，或者即将出国的证人，必须立即取证，以免贻误时机。对于需要通过一些专门

---

〔1〕 以下参见张泽涛："我国刑诉法应增设证据保全制度"，载《法学研究》2012 年底 3 期。

性技术侦查措施进行保全的，检察机关可以委托公安机关或者鉴定机构代为行使；对于已被采取保全措施的证据，由检察机关保存，并随着程序的逐渐推进与案卷一并移送。其六，证据保全申请人的救济权。

（2）民事证据保全研究。2012年《民事诉讼法》第74条规定："在证据可能灭失或者以后难以取得的情况下，诉讼参加人可以向人民法院申请保全证据，人民法院也可以主动采取保全措施。"该条规定了证据保全的条件、启动的主体及方式，但在司法实践中法院所审理的案件很少启动证据保全程序。首先，申请证据保全的条件过严，证据可能灭失或以后难以取得这一条件过于狭窄，应当适时扩大申请证据保全的范围。其次，证据保全主体单一，即法院，这不仅增加了法院的负担，而且减少了当事人选择证据保全主体的范围，对于保障当事人权利的行使和实现是不利的。最后，证据保全类型单一。《民事诉讼法》明确规定的证据保全属于诉讼中的证据保全，而诉前证据保全制度主要适用于知识产权案件和海事诉讼案件，对于一般或其他民事诉讼案件，一般不能适用诉前证据保全。对此，有论者提出了完善证据保全制度的建议：[1]一是适当扩大证据保全的主体。应当把公证机构规定为证据保全的主体，诸如合同、委托、遗嘱的证明，文件的副本、节本、译本、影印本与原本相符的证明等可能作为诉讼中的证据材料，可以由公证机构进行证据保全，还应当规定法院对公证机关保全证据的支持。二是完善证据保全的程序。证据保全的管辖应当由该证据所在地法院管辖，情况紧急的可以由应询问人或持有文书的人的住所地或勘验物所在地法院管辖。对于证据保全的期间，法律上虽然规定为法定不变期间，但在实践中，出现了举证期限延长或法院重新指定的现象，使得相应的申请证据保全的时间也延长。所以应该在《民事诉讼法》中明确规定这一期间为可变期间。对于证据保全的担保应当规定法官对证据保全是否提供担保有一定的自由裁量权，即根据具体案件决定是否要求当事人提供担保。

（3）知识产权证据保全研究。由于知识产权证据往往具有隐蔽性、短暂易失和不易取得等特点，给诉讼增加了很大困难，所以，对易于灭失或日后难以取得的证据，当事人通常提起诉前证据保全申请，请求法院保全相关证据。有人针对知识产权诉讼证据的特殊性，论述了它对证据保全制度的影响，

---

〔1〕参见刘国庆："试论证据保全制度的完善"，载《天津政法报》2012年4月10日，第3版。

并就如何完善知识产权证据保全制度提出了如下建议:[1]一是完善电子证据保全方式。电子证据保全一般是对动态、交互的电子数据进行保全，具有实时性特征，可采用两种方法：一种是网络探测，另一种是录屏跟踪。在法院没有足够的设备或者技术对复杂的电子证据进行保全的时候，可以授权给公安机关计算机犯罪侦查部门对其进行保全，由公安机关进行保全的证据与由法院进行保全的证据具有同样的效力。二是明确行政执法证据的地位，确立行政证据为民事证据的转化规则。可将行政证据作为司法执法中收集的证据，实现从行政证据转化为民事证据，原则上要经过司法程序的转化，确因特殊情况导致无法再次取证的，经查能与其他证据相互印证的，可以作为民事证据进行保全。

有论者对专利无效申请中的网络证据保全公证效力问题作了探讨。专利技术的“无形性”决定了证据保全的必要性。就网络证据保全公证效力问题，论者从以下几个方面作了论述:[2]一是举证责任及证据证明力。在以丧失新颖性为由申请专利无效案件中，如果引用互联网公开的信息作为自己主张的依据，申请方需要提供充足证据来证明相关技术信息已经在专利申请日前在互联网上公开，此举证责任在申请方。在没有足以推翻公证书效力的相反证据的情形下，公证书即是“铁证”。二是综合考量与告知。如果互联网上的信息是可以被其他任何网站链接、在任何搜索引擎上注册、或者通过网站的统一资源定位器向公众公开信息，且公众对此网站的访问是不受限制的话，那么，该公开的信息可能被认为是具有公众可获知性的。三是公开时间的证据保全与认定。虽然网站公开时间可以用来判断互联网信息的公开时间，但我们不能保证在该特定时间点上公开内容的准确性，故不可不加区分地将网站公开时间作为认定具体信息公开时间的基础。四是加密和付费信息的证据保全。加密信息一般是不属于现有技术的，但如果有一个通过免费或非超高收费可以公开获得的解密工具存在或者相关公众知道如何破译这些加密信息，则该信息具有公众可获知性。对于付费信息的保全，关键点即对“付费”的金额、过程以及付费后对信息的浏览程度这几个环节进行详细保全。五是企

---

〔1〕 参见梁洁：“知识产权诉讼证据特殊性对证据保全制度的影响”，载《前沿》2012年第24期。

〔2〕 参见刘沛佩：“专利无效申请中的网络证据保全公证效力”，载《中国公证》2012年3期。

业内部局域网公开信息的证据保全。对于那些向特定的但不存在保密性义务的对象或者向不特定的人发布信息，则应具有公众可获取性。那么，在进行上述保全时，最好将收件人的身份通过保全或其他公证方式加以确定。六是互联网传播线路及特殊形式公开信息的证据保全。在办理网络证据保全中，要注意保全邮件的接受者信息，特别是主送人之外的抄送人列表。另外，在办理网络证据保全的时候，也可以通过在搜索引擎中搜索某项技术的关键字信息作为辅证。

（4）网络证据保全公证研究。网络证据保全公证是因互联网、通信等技术的发展而衍生出的一种新型公证，在网络侵权案件不断增多、网络证据保全公证需求日益广泛的当下，网络公证往往成为权利人固定证据、维护自身合法权益的重要手段，对于相关案件事实的认定也尤为关键。但实践中，网络证据保全公证却存在很多问题。有人以上海市黄浦区法院知识产权审判实践中的相关案件为样本，对网络证据保全公证的现状进行全面审视，发现、分析、解决具有普遍性和代表性的问题，并提出切实可行的完善建议。主要内容包括：〔1〕

第一，网络证据保全公证案件的基本特点。首先，主要集中于著作权案件。其次，公证地域分布广泛，但规范性存在较大差异。浙江省相对来说最为规范，公证书对保全证据使用的计算机硬件、软件环境和网络环境都进行了说明，对保全网页证据过程中的计算机操作步骤也进行了详细记载，从启动计算机到具体操作，再到关闭计算机的每个步骤都有记载，并且进行实时打印和录像；湖北省的公证最不具有规范性，公证员系通过手机上网进行公证，整个公证书正文部分只有120字，且没有对具体操作步骤进行记载。再次，公证瑕疵率较高，但未被采信的公证证据较少。在调查的224件案件中，只有4件不存在瑕疵，98.2%的公证存在程序或者实体方面的瑕疵，但其中未被法院采信的只有1件。最后，被告大多提出质疑，但鉴于网络证据保全公证的较高证明力，以及被告难以提供相反证据推翻通过公证获得的侵权证据，其大多愿意与原告达成调解协议，涉网络证据保全案件的调解也相对容易。

---

〔1〕 凌崧、凌宗亮："网络证据公证保全的现实困境与完善建议——以上海市黄浦区人民法院的知识产权审判实践为样本"，载《重庆邮电大学学报》2012年第3期。

第二，网络证据保全公证过程的瑕疵。首先，证据资格的瑕疵。一方面是影响网络证据保全公证合法性的瑕疵，如地域管辖瑕疵，申请主体瑕疵；另一方面是真实性的瑕疵，如软、硬件环境瑕疵、公证地点、电脑选择瑕疵、操作人员选择瑕疵等。其次，证据证明力的瑕疵。一方面是影响网络证据保全公证完整性方面的瑕疵，如保全步骤瑕疵、保全内容瑕疵；另一方面是影响网络证据保全公证准确性方面的瑕疵，如网络设备瑕疵。

第三，规范网络证据保全公证制度的建议。包括：制定专门化的操作规则，明确具体化的管辖规定，规定制度化的出庭作证义务；配备网络化的公证设施，培养复合型的公证员队伍，建立辅助性技术专家库；明确宽容化的效力认定原则，确定统一化的效力认定标准，如合法性、真实性、完整性、真实性瑕疵的效力认定，加强常态化交流沟通等。

（5）关于网络证据保全公证操作技术研究。有论者研究发现，当事人提供的网络证据存在作弊的可能性。例如，通过修改特定文件使某特定域名指向内部地址，从而制造恶意当事人所需要的假象；在DNS服务器中做手脚，在域名解析时使某域名指向自己希望的IP地址；趁公证员不注意在公证机构的电脑中安装某种木马软件或者通过黑客远程侵入公证机构网络系统，从而达到控制公证机构电脑系统的目的，使证据保全行为完全由自己控制。对此，应尽量选择在公证处场所内、用公证处的电脑操作并且由公证处人员（或无利害关系第三人）操作，同时要保证在登录网络之前公证机构的计算机没有被当事人或与其有利害关系的第三人控制或操作。固定网络上的证据所采用的手段大体可以用文字记录、实时打印、截屏打印、屏幕录像、摄像机录像或者照相等上述方法的一种或几种方式。尽量要求当事人提供书面（最好是电子版）操作步骤（应当包括申请保全的事项、保全证据的目的、提取证据的时间和地点、方法和网站或网页域名以及具体操作步骤），并要求尽量采取两种以上形式的保全固定手段进行，如打印和录像。[1]

（九）质证与认证

尽管2012年《刑事诉讼法》第59条确立了质证是证人证言作为定案根据的必要条件，但尚未把对质权规定为被告人的基本诉讼权利；另一方面，最高人民法院《刑诉法解释》第213条将直接询问和交叉询问相混淆，一概

[1] 参见冯培明："网络证据保全公证操作技术性研究"，载《中国公证》2012年第9期。

“不得以诱导方式发问”，联系到本年度关于质证问题研究的沉寂，上述问题都可归因为学术界和实务界对质证问题研究的薄弱。与此相比，关于认证的研究倒是比较活跃，主要涉及以下内容：

1. 认证方法和规则

（1）关于证据相互印证的认证规则。陈瑞华教授研究了证据相互印证规则，认为它主要在三个领域发挥作用：一是用来确定自相矛盾的言词证据的证明力；二是用来审查案件是否达到法定证明标准；三是用来判断被告人供述是否得到补强。作为一项旨在对证明力加以限制的证据规则，证据相互印证规则强调无论是证据事实还是案件事实，都要根据两个以上具有独立信息源的证据加以认定，注重证据信息的相互验证，避免仅凭孤证定案，这有利于防止伪证，避免冤假错案的发生。然而在目前以案卷为中心的裁判方式下，法院很少关注证据的合法性问题，证据相互印证规则的适用也会带来一些负面的效果。[1]我们认为，陈瑞华教授的论述是符合我国司法证明的实际情况的。但如果缺乏配套措施，该印证规则也可能在实践中存在隐患。首先，需要贯彻直接言词的审理原则，如果证人不出庭作证，法庭审理充斥着各种笔录和书面证言，则印证只能停留在表面和形式，难以深入发现存在的问题。其次，印证规则还需要有效的法庭对质，只有被告人充分行使了对质权，才能有效发现笔录证据中可能存在的问题，从而帮助法官去伪存真。最后，还应当重视法官的推理。在事实认定过程中，法官的推理具有重要作用。“一个将证据和某个主张或待证事实联系起来的论证，包括揭示我们认为潜伏于证据和寻求证明的主张之间的所有可疑的或不确定的来源。每一个可疑来源都代表推理链条中的一个环节，我们用这个推理链条建立起证据与我们正试图从中证明的东西之间的联系。”[2]如果缺乏法官的有效推理，印证就容易流于形式和机械化，从而影响事实认定的准确性。

（2）关于认证的认知心理学研究进路。有学者运用认知心理学来研究认证过程，认为法官认证是一个问题解决过程，即解决证据有无资格和效力大小问题的过程。问题解决大致分为四个阶段：发现问题、分析问题、提出解

---

〔1〕 参见陈瑞华：“论证据相互印证规则”，载《法商研究》2012年第1期。

〔2〕［美］特伦斯·安德森、戴维·舒姆、［英］威廉·特文宁：《证据分析》（第2版），张保生、朱婷、张月波等译，满运龙校，中国人民大学出版社2012年版，第336页。

决问题的假设、验证假设。这四个阶段相互联系，但又并非完全遵循此顺序。[1]

2. 科学证据的认证

(1) 关于科学证据证明力的认证。张中和石美森的研究认为，科学的不确定性，决定了科学证据的不可靠性及其证明力的可质疑性。科学技术的“科学性”、检验过程和条件、科学家的知识水平及职业操守等对科学证据的证明力均有重要影响。有人提出组建科学法庭来解决专家争斗和科学研究内在不确定性的问题，然而这是徒劳的。事实上，只要法官或者陪审员能够正确对待科学证据，充分利用常识和经验，就能够对科学证据的有效性作出准确判断。[2]我们认为，论者抓住认证的形成过程和法官思维过程，运用认知心理学等交叉学科知识研究认证问题，提供了一个新的视角和方法。在认证过程中，还有一点也很重要，即事实认定者不是被动地接受科学证据方面的知识，检察官和辩护律师或对抗双方律师的证明，与事实认定者（陪审团、法官）的推论形成一种互动关系，这是一个能动的反映过程，互动各方都在努力影响对方的同时自觉不自觉地接受对方推论的影响，事实的最终认定则产生于这种相互作用的合力。[3]

(2) 关于科学证据可采性规则。有学者研究认为，科学证据是运用科学知识和科学方法对证据分析所得的判断意见，因此属于意见性证言。为防止不可靠的科学证据对法庭的误导，英美法系国家建立了科学证据可采性规则，包括相关性规则、必要性规则、专家证人资格规则、排除规则、可靠性规则。我国对鉴定意见的审查却主要限于相关性和合法性的审查，缺少对可靠性的审查，导致了错误裁决的风险。因而，有必要确立鉴定意见科学可靠性规则，以利于法官排除错误的鉴定意见，同时有助于法庭科学实验室的管理与制度完善，促使法庭科学实验室更严谨、更科学地为法庭提供优质的法庭科学服务。[4]

---

〔1〕参见胡宇清、李蓉：“刑事认证如何进行——以认知心理学为研究进路”，载《法学杂志》2012年第5期。

〔2〕参见张中、石美森：“论科学证据的证明力”，载《证据科学》2012年第1期。

〔3〕参见张保生主编：《证据法学》，中国政法大学出版社2009年版，第97~99页。

〔4〕参见刘晓丹：“科学证据可采性规则研究”，载《证据科学》2012年第1期。

3. 实物证据的认证

有学者研究了刑事审判中实物证据的审查判断及排除问题，认为对于实物证据的审查，应主要从其客观真实性、证据来源、保管和鉴定过程、与案件事实的关联性、是否全面等方面进行。[1]我们赞同其观点，即应当用动态的眼光看待证据。物证、书证在收集、保管及鉴定过程中可能会受到破坏或者改变：一是侦查人员在物证、书证的收集过程中，可能会污染特定的证据或者改变证据的外表形态；二是证据在保管过程中，可能会因保管条件不善或者环境条件发生变化而改变，疏于保管也会使一些检材样本遭到破坏；三是在将检材等物证提交鉴定时，鉴定机构的管理不规范也会使证据的形态或属性发生改变，导致鉴定结论失真。因此，法庭上对于物证、书证等实物证据的审查，必须重视证据的动态变化。对于公诉机关而言，在法庭上提供物证、书证来证明自己的主张，必须首先辨认该物证的同一性、该书证的真实性，形成封闭的保管链条等。

4. 辨认笔录的证据能力

有学者研究认为，辨认笔录作为新型的证据种类为2012年《刑事诉讼法》所确认，在辨认程序缺乏立法规制的情况下，如何对其可靠性和合法性进行审查判断成为实践中的难题。“两院三部”《死刑案件证据规定》初步确立了辨认结果的审查判断规则，为法庭审查和采信辨认笔录提供了一定的根据。但是，在辨认录像制度、见证人在场制度以及警察出庭作证制度尚未有效确立的情况下，对具有“传闻证据”性质的辨认笔录采用书面审查的方法仍具有很大局限性，不但难以发现辨认过程中存在的程序瑕疵和程序违法问题，而且无法完成对辨认结果可靠性的实质审查任务。因而，有必要针对我国侦查实践中常用的列队辨认和照片辨认程序，提出具体的审查内容和方法，对“暗示性辨认”提出具有可操作性的判断规则。对于辨认结果证据能力的认定，可以借鉴美国的“总体情况规则”，采用“可靠性”判断标准，对于违反辨认规则获得的辨认结果，并不当然否定其证据能力，当该结果获得了“真实性的情况保障”时，可以作为定案根据。[2]

---

〔1〕 参见罗智勇、冯黔刚：“刑事审判中实物证据的审查判断及排除”，载《证据科学》2012年第2期。

〔2〕 参见韩旭：“辨认笔录证据能力问题研究”，载《证据科学》2012年第2期。

(十) 推定与司法认知

本年度，学界对于“推定与司法认知”问题的研究成果，主要集中在以下四个方面：推定问题的理论问题、司法实践中的推定、宪法推定、司法认知。

1. 推定问题的理论研究

(1) 刑事推定基本理论问题研究。有研究者从犯罪构成要件证明困难的角度讨论刑事推定问题，对其基本理论进行了拓展性研究，对事实推定、法律推定、法律推定与刑事证明的关系、推定的规制、刑事推定的理论障碍、证明困难解决体系视野下的刑事推定等问题进行描述和解释，对事实推定是否存在、如何规范推定的设置和运用、犯罪构成要件证明困难的解决方式等实践和理论难题进行讨论和回应。并且运用社会科学研究方法，从我国司法实践中的问题出发，注重交叉学科的研究，试图通过刑事推定这一小问题展现法学研究的大视野，在刑事实体法、程序法和证据法之间架起沟通的桥梁，推进刑事法律的一体化研究，提出了具有普遍解释力的理论。[1]

(2) 诉讼证明中的推定问题研究。有学者对推定的概念属性、学术分类和学科体系、使用的要素与效果、结构与适用机理等理论问题进行了系统分析，并对刑事诉讼和民事诉讼中的推定问题进行了有针对性的研究，提出了一些有创新性的观点。例如，对于推定的界定，论者从操作性定义转为实质性定义，认为推定是事实裁判者从基础事实和辅助条件出发，借助推理的形式，对案件事实进行盖然性选择或假定的认定事实的方法；提出了推定的效力不是转移证明责任，而是将具有可能性、假定性的情况认定为案件事实；将推定的逻辑结构概括为“以虚假性命题为辅助条件的推定模式”、“以预测性命题为辅助条件的推定模式”和“以自定选言肢方式为辅助条件的推定模式”，并认为英美法中的推定比较侧重“分解操作模式”，而大陆法中的推定则表现为一种“混合操作模式”。[2]

(3) 犯罪目的的推定与推论。有研究者以犯罪目的的认定为例，讨论了推定与推论问题，并提出，刑事推定与刑事推论在结构、自由裁量权的运用、属性、法律效果等方面存在差异，并提出事实推定实际为一种推论。对于我

---

〔1〕 参见褚福民：《刑事推定的基本理论》，中国人民大学出版社 2012 年版。

〔2〕 参见焦鹏：《诉讼证明中的推定研究》，法律出版社 2012 年版。

国的一些法律和司法解释对犯罪目的认定方式的规定，研究者认为根据是否具有强制性和直接性，应当分别归为推定和推论，但我国刑法没有关于犯罪目的推定的规定。通过考察各国对犯罪目的能否进行推定的不同规范和观点，并结合关于犯罪目的的刑法理论，研究者提出在未来的制度构建中，对于结果目的可以设置推定，而对于行为目的一般不能设置推定，针对基础事实和推定事实的，被告人反驳应当具有不同的证明要求。司法实践中对于犯罪目的的证明，包括通过被告人口供和证明相关行为认定主观目的两种方式。其中，推论主要是通过行为人的外在行为来证明犯罪目的存在。我国有不少规范推论的司法解释，但其中存在合理性、正当性、法律效果的确定性和认定犯罪目的充分性等问题。在犯罪目的直接关系到罪与非罪时，用口供认定犯罪目的应当有补强证据。[1]

（4）推定与刑事证明方式。有研究者从刑事证明方式历史发展的角度研究推定的定位，认为推定只在“推理论证”的事实认定方式中存在。通过对刑事诉讼制度和证明制度的历史发展进行梳理可以发现，在“神证”和“法定”的证明方式中，推定根本没有存在的空间；“人证”的证明方式可以分为“印证”方式和“推理论证”方式，其中，“印证”证明方式中，推定的运用并不充分，而在“推理论证”的证明方式中，推定得到广泛应用。在不同的证明方式中，对于证明标准的理解和要求是不同的，推定所达到的认定事实标准不可能有推理论证的证明方式所达到的标准高，多半是在优势证明之上、排除合理怀疑之下。该研究者还提出，推定和证明同为刑事诉讼中的事实认定方式，二者的区别仅在于所要求达到的标准不同。[2]我们认为，研究者将推定与刑事证明方式联系起来分析，对于拓展推定的研究思路有一定意义，从证明标准角度考察推定与证明的区别也有一定的合理性。但是，如果将推定与证明两者的差别仅仅理解为证明标准不同，则有失偏颇。毕竟，推定与证明是认定案件事实的两种方式，推定通常被理解为替代证明的认定案件事实方式，在认定案件事实的结构、构成要素之间的关系以及效力等方面均与

---

〔1〕 参见樊崇义、吴光升：“论犯罪目的之推定与推论”，载《国家检察官学院学报》2012 年第 2 期。

〔2〕 参见陈少林：“推定的运用与刑事证明方式”，载《法学评论》2012 年第 3 期。

证明明显不同，不能简单地归结为证明标准的不同。[1]

（5）刑事推定与“应当知道”的关系。从司法实践的角度来说，刑事推定被较多地应用于解决犯罪构成主观要素的证明困难，其中，明知和目的要素的问题最为突出。在我国刑事立法和相关司法解释中，“应当知道”屡屡出现在法律条文之中，其与刑事推定的关系受到研究者的关注。对此有两种不同的意见：①有研究者从刑法角度分析，认为“应当知道”并非过失犯的预见规定，而是故意明知认定的一种形式。“应当知道”的根基在于刑事推定，是基于平衡人权保障和司法效率的考虑。从实体法来说，“应当知道”属于司法用语，而非实体法用语，其在实体判断中的作用和“知道”是完全相同的，只不过判断的方式和依据有所不同，应当遵循推定的基本规则。“应当知道”的运用是对刑法边界的一次扩张，是基于司法效率作出的选择，必须在人权保障的前提下合理地限制扩张的范围。[2]②有研究者对此持不同意见，认为推定是较“应当知道”更富争议性的范畴，以推定界定“应当知道”的观点值得商榷。从学界对推定范畴的底限共识出发，围绕推定的“基本逻辑构造”和“推定之效用”可抽象出推定之逻辑构造，从而准确释明其本质。规范层面的“应当知道”是“间接证明”指引性规定和推定规定的混合体，且前者占绝大多数。就“应当知道”的司法解释而言，要想将某条款解读为推定至少应严格满足四个条件：一是就该条款所设定的 A 要素与 B 要素（应当知道）之间，存在明显的证明中断；二是就该条款的适用而言，无论是允许性适用抑或强制性适用，均可能构成推定；三是就该条款的效果而言，B 要素在证成之后必须是可以反证的；四是就“应当知道”作为 B 要素而言，因其本身具有不确定性，因此自始具有可反证性。[3]

2. 司法实践中的推定

（1）刑事推定在贩卖毒品案件中的功能及运用。案例：被告人王某和曹某乘坐从重庆到上海的长途客车，在南京收费站时，经王某下线张某的举报，其二人在下车时被侦查人员抓获，并缴获曹某随身携带的两个共计装有 500

---

〔1〕 具体论述可参见褚福民：“事实推定的客观存在及其正当性质疑”，载《中外法学》2010 年第 5 期。

〔2〕 参见皮勇、黄琰：“论刑法中的‘应当知道’”，载《法学评论》2012 年第 1 期。

〔3〕 参见郭晶：“刑事推定的构造与‘应当知道’的认定”，载《中国刑事法杂志》2012 年第 8 期。

克冰毒的鞋盒。其后，侦查人员在王某的住处缴获冰毒 300 余克。归案后，曹某供述是朋友王某邀请其来南京旅游，并将装有毒品的鞋盒交给其在路上携带保管，答应到站后给其 2000 元好处费。王某归案后如实供述了其 3 次贩卖毒品 500 克给其下线张某，其中，供述的细节与张某的证言一致，但对于当场抓获的该笔犯罪事实，王某一直为零口供，拒不承认鞋盒里面的冰毒归其所有。侦查人员在鞋盒内的冰毒小包装袋上熏显手印一枚，经鉴定，送检的该手印与送检的王某左手食指指印系同一人所留。研究者分析了该案中适用推定的类型，提出王某对于毒品明知的推定，以最高人民法院、最高人民检察院、公安部《关于办理毒品犯罪案件适用法律若干问题的意见》为依据，因此为法律推定；对于王某贩卖故意的认定，依据的是“查获毒品数额巨大，不可能仅仅是吸食或者持有”这一经验法则，因此为事实推定；而关于王某住处查获冰毒数量也计入贩卖总数的认定，依据是 2008 年最高人民法院印发的《全国部分法院审理毒品犯罪案件工作座谈会纪要》，因此为准法律推定。[1]我们认为，司法实务工作者对于理论研究成果的关注和推演值得肯定，但该论者对于推定本身的认识和界定存在一定偏差，特别是对于查获毒品数量计入贩毒总数的问题，其认定不应适用推定规则。

（2）走私犯罪主观故意的推定。在石修洪走私珍贵动物制品罪一案中，被告人乘坐国际航班，携带加藏于黑木中的象牙以及其他隐藏的象牙制品，从广州入境时未进行申报。当被海关人员查获后，被告人一直声称对于加藏于黑木中的象牙并不知情，是受人之托带回国内，并转交给昆明某教授。然而，被告人既不知道委托人的真实身份、联系方式，也不知道取货人的姓名、住址、联系方式等，临时在机场接受委托，而且对物品进行了不合常理的特殊包装，且这种包装方式与其自己携带的象牙制品的携带方式一样。另外，侦查人员对被告人辩称的委托人和收货人都进行了调查，并未查到。因此，其辩解不能成立。法官根据以上情节，依据最高人民法院、最高人民检察院、海关总署《关于办理走私刑事案件适用法律若干问题的意见》之规定，推定被告人具有走私罪的主观故意。最终，一审和二审法院均认定被告人的行为

---

〔1〕 参见吴秀玲：“刑事推定在贩卖毒品案件中的功能及运用”，载《中国检察官》2012 年第 9 期。

构成走私珍贵动物制品罪，判处有期徒刑 5 年。[1]

3. 宪法推定

在宪法领域，《香港特别行政区基本法》是否符合我国《宪法》的问题受到广泛关注，特别是香港回归之后发生的马维昆、吴嘉玲等案，使得该问题成为分析的热点，而关于合宪性推定问题的讨论也在不断深入，继续成为本年度宪法领域讨论推定问题的焦点。

（1）关于《香港特别行政区基本法》的合宪性推定问题。有研究者提出，全国人大曾作出《香港特别行政区基本法》符合《宪法》的决定，但未释明合宪性理由，而学界关于特别行政区宪法论、基本法律论和宪法特别法论三种合宪性推定理论，均存在表现不一的误解和困境，并完全忽视了 1982 年后我国《宪法》根本规范的变迁。现行《宪法》以共和制为根本规范，建立了一般行政区、民族自治区和特别行政区的地方制度，其中，特别行政区实行资本主义共和制，其他地区实行社会主义共和制。全国人大决定特别行政区的设立及其制度，制定特别行政区基本法，将《宪法》第 31 条具体化，符合现行《宪法》的规定。与其他地方制度相比，特别行政区制度的宪法规定十分欠缺，全国人大应当修改《宪法》，明确规定特别行政区制度的宪法地位和内容，从根本上化解特别行政区基本法抵触宪法的疑虑。[2]

（2）关于香港特别行政区个案的合宪性推定问题。有研究者通过对香港发生的个案进行研究，将合宪性推定研究引向深入。香港“郑家纯等诉立法会”案判决，涉及“香港立法会的调查委员会是否有权传召当事人”这一颇具争议的问题。针对当事人提出的“立法会调查委员会越权”的主张，在进入司法审查后，法院面对如何选择具体方法来进行审查。虽然从文本来看，《香港特别行政区基本法》并没有明确赋予立法会的调查委员会以传召当事人的权力，但法院采取合宪性推定方法，认为《香港特别行政区基本法》没有禁止立法会通过调查委员会来行使证人传召权，并判决立法会的调查委员会不存在越权情形。这种对立法机关持谦抑姿态的方法论在一定程度上超越了形式文本，在本质上建基于《香港特别行政区基本法》架构下国家不同权力间的关系维度，具有宪法上的正当性，并且对当下我国宪法方法的建构具有

---

〔1〕 参见牛克乾、许建华：“走私犯罪主观故意的推定”，载《人民司法》2012 年第 8 期。

〔2〕 参见叶海波：“特别行政区基本法的合宪性推定”，载《清华法学》2012 年第 5 期。

启示意义。当然，香港立法会调查权的行使必须以《香港特别行政区基本法》为依据，以香港特殊的行政主导制为基础，这又从另一方面体现了立法权对行政权的谦抑。[1]

(3) 关于合宪性审查渊源的宗教学研究。有学者对合宪性审查产生的渊源作了宗教学研究。合宪性推定与违宪审查密切相关，二者均源于圣经所确立的两个不同的良心义务，即服从人法的外在义务与服从上帝法的内在义务。圣经中个人良心被视为上帝植入人心中，用以感知上帝法并接受上帝命令的接收器。因此，当人法与个人良心冲突时，要选择服从上帝而不是服从人。15～18世纪期间，加尔文与英国神学家和法学家相继将良心的这两个义务发展成为服从人法与抵制人法的义务，继而分别成为合宪性推定与违宪审查的神学起源。[2]

4. *司法认知*

司法认知在本年度依然不是学界关注的热点，相关研究成果不多，理论和实践推进乏善可陈。有研究者对司法认知的概念和制度构建提出了自己的观点。司法认知的主体应为法官，客体是具有客观性、公知性、公认性的特定事实；司法认知应当允许反证，具有免除当事人举证责任的效力。在我国立法中，对于司法认知的规定存在范围过窄、程序性缺失等问题，应当从这些角度加以完善。[3]

三、法庭科学研究进展

（一）法医病理学

本年度，法医病理学文章无论数量还是质量都有所提高。尤其是英文论文数量，由2010年的7篇和2011年的5篇，增加到12篇。文章涉及的领域不仅有机械性损伤与窒息、猝死和死亡时间与损伤时间推断等热点问题，还有高低温和电流损伤等相对冷门的部分。

---

〔1〕 参见王书成：“从合宪性推定到权力谦抑主义——香港‘郑家纯等诉立法会’案中的解释方法与司法哲学”，载《法学家》2012年第1期。

〔2〕 参见佀化强：“合宪性推定与违宪审查的神学起源——以15至18世纪基督教良心的双重义务为视角”，载《清华法学》2012年第3期。

〔3〕 参见朱建、徐胜萍：“司法认知：概念界定与制度构建”，载《人民司法》2012年第7期。

1. 确定死亡原因

(1) 机械性损伤研究，主要内容包括：

第一，外伤性脑损伤（TBI）。大脑在机械性损伤中是极易受累的器官，因而在法医学中 TBI 发生率较高，是法医学鉴定工作中常见的损伤类型，也是导致人暴力死亡的原因之一。TBI 可以表现为各种类型的颅脑损害，包括蛛网膜下出血、颅内血肿、脑挫伤和弥漫性轴索损伤（DAI）等，通常伴有继发性颅内循环障碍——脑水肿、坏死和出血。前人在脑损伤修复过程中的形态学改变、发生机制以及功能障碍等研究中取得了巨大成就，并且在法医病理学脑损伤实际案例研究中，能够找出对重建案发过程有意义的证据。但是，有些病人在严重 TBI 后可能会存活较长时间，在数月至数年后死亡，这时解剖仅会发现脑水肿，而脑结构损害不明显。所以，某些案例中脑损伤与死亡原因之间的关系就较难解释。此外，前人仅把原发性脑损伤灶或其周边区域作为研究部位，对于 TBI 后全脑状态尚不清楚。因此，王起等[1]收集了 174 例法医解剖案例 TBI 标本，以伤后存活时间和大脑压迫征象（海马钩回疝和 Duret 继发性脑干出血）为分组条件，以原发性损伤灶远端的顶叶皮质、白质和海马为研究部位，以星形胶质细胞标志物神经胶质纤维酸性蛋白（GFAP）、神经胶质基本成纤维细胞生长因子（bFGF）以及神经元凋亡早期标志物单链 DNA（ssDNA）为研究指标，通过免疫组织化学染色，结果发现，星形胶质细胞中 bFGF、GFAP 和神经元中 ssDNA 表达随存活时间规律性改变，并且与海马钩回疝和继发性脑干出血有关。上述三种指标联合引用，有利于评价大脑损伤严重程度和全脑损伤不同机制。李冬日等[2]同样对人体脑损伤远端白质和海马 CA4 区标本进行免疫组织化学染色实验，在脑损伤亚急性期（存活时间 6h ~ 3d）和迟发性期无合并症（存活时间 > 3d）死亡的标本中，GFAP 和 S100 阳性星形胶质细胞数量减少；而在迟发性期伴有致命性合并症死亡的标本中，星形胶质细胞的数量明显增加，该细胞数量的变化可能有助于解释脑损伤死亡的原因和过程。

---

〔1〕 Wang Q. et al., "Quantitative Immunohistochemical Analysis of Human Brain Basic Fibroblast Growth Factor, Glial Fibrillary Acidic Protein and Single – Stranded DNA Expressions Following Traumatic Brain Injury", *Forensic Sci Int*, (1 ~ 3) (2012).

〔2〕 Li DR. et al., "Quantitative Analysis of GFAP – and S100 Protein – Immunopositive Astrocytes to Investigate the Severity of Traumatic Brain Injury", *Leg Med* (*Tokyo*), 2 (2012).

以往TBI研究大多依赖于大鼠等动物实验，但动物实验难以模拟人体TBI的复杂情况。如果要更加贴近实际地研究TBI，那么，人体脑损伤标本的收集，以及标准化“脑库”（brain library）的建立，就至关重要。王起和李冬日等借鉴国外法医实践派的经验和技术，使每次解剖人体损伤的脑组织成为科学研究最好的素材，为TBI研究领域开拓崭新的方向。此外，他们的研究目标不局限于原发性脑损伤，也着眼于TBI后引起人体直接死亡的合并症，如脑水肿、海马钩回疝和继发性脑干出血，这对于TBI死因的鉴定和分析都大有裨益。

第二，弥漫性轴索损伤（DAI）。目前，DAI鉴定的技术方法主要是HE染色、银染和β-APP免疫组织化学染色等，但都有不足之处。近年来，新发展起来的成像技术和临床影像学技术的使用，成为DAI研究的新方向。其中，傅里叶显微红外光谱（FTIR-MSP）和磁共振弥散张量成像（DTI）已被国内外法医学者用来研究DAI。FTIR可对蛋白质的分子结构和化学键进行检测，具有高度的特异性和直观性等特点。DTI则通过检测脑白质内水分子扩散而反映白质纤维束的微结构信息，能无创性显示白质纤维束走行、方向、髓鞘化等。杨天潼等[1]应用FTIR探索性研究DAI的病理形态学诊断。研究发现，实验组与对照组的酰胺Ⅱ带红外光谱吸收度之间存在明显差异，FTIR病理图像中酰胺Ⅱ带的高吸收区和轴索收缩球改变与β-APP免疫组化染色结果相符。上述实验是以HE染色、银染和β-APP免疫组化染色所确认的DAI损伤模型为研究基础，应用FTIR-MSP成像技术对其进行验证，得到DAI的红外光谱数据和病理图像，与传统组织染色结果相一致。尤其是该技术敏感性非常强，对DAI的诊断有着良好的价值。李上勋等[2]建立大鼠Marmarou模型，分别于伤后3、12、24及72h行磁共振DTI扫描，实验组双侧锥体束轴向弥散（AD）、各向异性分数（FA）和相对各向异性（RA）呈持续性下降，伤后72h达到最低值，此与β-APP染色指标呈显著负相关。

综上，FTIR-MSP成像技术和磁共振DTI有望成为法医病理学检测DAI的辅助手段。但要独立进行DAI诊断，还需要进行一些探讨，如红外光谱图

[1] 杨天潼等：“实验性大鼠弥漫性轴索损伤的傅里叶红外光谱检测”，载《中国法医学杂志》2012年第5期。

[2] 李上勋等：“应用磁共振弥散张量成像诊断大鼠锥体束损伤”，载《法医学杂志》2012年第4期。

像中轴索收缩球检出率、如何区分脑梗死和出血灶周围的轴索收缩球等，以及弥散参数能否鉴别 DAI 与其它继发性轴索损伤等。自从 20 世纪 90 年代中期以来，FTIR－MSP 成像技术和磁共振 DTI 就已经被广泛使用。我国法医还尝试性地将 FTIR－MSP 成像技术使用于早期心肌缺血、陈旧性心肌梗死以及死后时间推断等研究中，极大地扩展了传统形态学的研究手段，充实了法医病理学的研究方法。

（2）机械性窒息研究，主要内容包括：

第一，溺死。水中尸体是法医学尸体解剖中常见的类型，判断其是生前入水还是死后抛尸入水，对弄清案件性质有关键作用。目前，溺死诊断的方法有很多，其中，硅藻检验是溺死诊断的“金标准”，尤其是在水中腐败尸体的死因鉴定中，被视为最佳鉴定方法。硅藻细胞壁抵抗力强，不易被破坏，所以强酸消化法是硅藻检验的传统方法，也是目前法医学实践中的一种标准化方法。但此方法安全性较差，易造成污染。而且最后检测到的，多是一些耐酸性的无机硅藻，其他类型硅藻则容易被破坏，造成漏检。近年发展起来的微波消解法，成为消解各类生物组织的一种先进方法。苏会芳等[1]分别应用微波消解－扫描电镜联用法和硝酸破机－光镜联用法，对生前溺死、死后抛尸入水以及陆地自然死亡尸体进行多脏器硅藻定性、定量检测。微波消解－扫描电镜联用法硅藻检出率明显高于传统硅藻检验方法。该方法采用真空抽滤方式收集微波消解后液体中的硅藻，可以最大程度避免硅藻损失，提高硅藻检出阳性率，具有准确、高效、环保、灵敏度高等优点。此外，张书田等[2]应用 PCR 法对福州晋安河水域浮游微藻种群进行 18SrDNA 检测，结果显示，晋安河福州水段以硅藻和金藻为优势种群。分子生物学方法对浮游生物进行 DNA 检测，其结果不依赖于浮游生物的形态学和理化特征。已有学者对 PCR 法和传统硅藻检验法进行比较，发现 PCR 法具有极高的灵敏度，但其技术相对复杂且成本较高，不允许硅藻种类的对比，且不适合基层单位应用。不过，如果通过更深入的研究，能够测出硅藻种类间的特异性 DNA 序列，此法将具有广泛的应用前景。

---

〔1〕 苏会芳等：“微波消解－扫描电镜联用法在溺死诊断中的应用”，载《中国法医学杂志》2012 年第 2 期。

〔2〕 张书田等：“福州晋安河水域浮游微藻种群 18SrDNA 分析”，载《中国法医学杂志》2012 年第 3 期。

由于硅藻种类繁多、形态各异，并且不同硅藻有其自身的生活特性，对水环境变化非常敏感，我国不同水域中硅藻的构成也就不尽相同；如果法医能够弄清不同地区江河、湖泊中硅藻的种群分布情况，并与尸体各脏器中硅藻的结构特征进行比对，就可以推断死者的入水地点，从而为辨别侦查方向、判断案件性质提供帮助。赖小平等[1]调查东莞溺死案多发河段硅藻种群分布情况，共鉴定出70种硅藻。其中，舟形藻属、菱形藻属、直链藻属、曲壳藻属和异极藻属为优势种属。对2例已知落水地点溺死尸体中的硅藻进行研究，并与多发河段水中硅藻进行聚类分析，结果表明，2例尸体中的硅藻分别和两处河段的相似度最高，与实际落水地点基本一致。此外，李立平等[2]采集北京市中心城区16个主要水域的秋季水样标本，应用全景扫描数字切片工作站（DotSlide），对水样中的硅藻种属构成及相对丰富度进行鉴定，共检见硅藻10属，以小环藻属、针杆藻属、直链藻属、菱形藻属和舟形藻属等为主。DotSlide可以对整张切片进行快速扫描，大大提高了硅藻的阳性检出率，由此得出的数据和图像便于建立硅藻数据库，为溺死案件中相应水域的硅藻比对提供了条件。还需进一步扩大水域取样范围，并进行深入研究分析，积累数据，才会更快建成区域性硅藻数据库，从而全面、准确地反映落水地点。

第二，捂死和哽死。在机械性窒息死亡案例中，捂死和哽死也都较为常见。如果尸体口鼻部没有明显擦挫伤，就会给法医判断死因带来巨大困难，尤其是其与心源性猝死相鉴别。有时候，尸体搬运过程中或急诊复苏情况下，消化道内的物质可能会反流或者原有异物移位，因此很难判断死因。王起等[3]在法医实践中发现，捂死和哽死尸体肺脏水通道－5（AQP－5）蛋白和mRNA明显减少，而心源性猝死和急性脑损伤死亡案例中却表达极强，同时大多数非典型缢死、勒死和扼死案例中，肺泡腔内也可见AQP－5阳性表达，呈颗粒状或碎片状。因此，肺脏差异性表达有可能有助于捂死、哽死和心源性猝死之间的鉴别。

第三，体位性窒息。2006～2007年，国内学者将家兔双前肢悬挂致死，通

〔1〕 赖小平等："东莞溺死案多发河段硅藻种群分布及其法医学意义"，载《中国法医学杂志》2012年第1期。

〔2〕 李立平等："北京中心城区水域硅藻的分布"，载《法医学杂志》2012年第4期。

〔3〕 Wang Q. et al.，"Intrapulmonary Aquaporin－5 Expression as a Possible Biomarker for Discriminating Smothering and Choking from Sudden Cardiac Death：A Pilot Study"，*Forensic Sci Int*，1～3（2012）.

过检测在体情况下膈肌肌电频谱变化，揭示了膈肌疲劳可能是限制性体位致死的呼吸运动障碍的始动因素。但膈肌功能障碍的发生机制尚不清楚。为了探讨膈肌在限制性体位死亡中的作用，项剑等[1]建立了仰卧位、胸廓活动限制、颈部和后肢固定及双前肢分别悬挂标准重物的强迫体位模型。在此模型基础上发现，膈肌源性一氧化氮（NO）生成明显增多抑或循环血液来源的 NO 均可抑制膈肌收缩功能，其机制与 NO 负性调节骨骼肌兴奋收缩偶联有关。

（3）高低温与电击死研究。高低温死者尸体往往缺少显著性形态学改变，给法医学鉴定死因带来一定困难。王起等[2]对33 例高低温死者大脑顶叶和海马进行 bFGF、GFAP、S100β 和 ssDNA 免疫组织化学染色，结果显示，低温死者大脑皮质和白质胶质细胞中 bFGF 和大脑皮质 S100β 表达更高，而脑脊液中 S100β 含量较低；高温死者大脑白质神经胶质细胞中 GFAP 和 S100β 表达更低，大脑皮质和海马神经元中 ssDNA 和大脑皮质胶质细胞中 bFGF 和 S100β 表达却很高。这些指标变化提示，低温死者脑存在神经胶质保护反应，但没有明显的神经元或胶质细胞损害，但在高温死者脑中出现弥漫性神经凋亡以及白质胶质细胞损害。这些将会有助于评估高低温死者脑损伤的程度和反应。此外，任鹏等[3]采用简单方法成功制作出较为稳定的皮肤烫伤模型，为以后的皮肤热损伤研究奠定了实验基础。

为寻找简便容易测量的指标，作为电击死的辅助诊断依据，刘慧通等[4]和黄金勇等[5]分别建立大鼠无电流斑电击损伤模型和大鼠电击损伤模型，发现电击后大鼠血清 CK－MB、心肌热休克蛋白 60（HSP60）、浦肯野纤维数量以及间隙连接蛋白 43（Cx43）、血管紧张素Ⅱ（AngII）和内皮素（ET－1）

---

〔1〕 项剑等：“限制性体位对大鼠膈肌生物力学变化的影响”，载《法医学杂志》2012 年第 1 期。

〔2〕 Wang Q. et al.，“Evaluation of Human Brain Damage in Fatalities due to Extreme Environmental Temperature by Quantification of Basic Fibroblast Growth Factor（bFGF），Glial Fibrillary Acidic Protein（GFAP），S100β and Single－Stranded DNA（ssDNA）Immunoreactivities”，*Forensic Sci Int*，（1～3）（2012）.

〔3〕 任鹏等：“小鼠皮肤烫伤模型的建立”，载《法医学杂志》2012 年第 2 期。

〔4〕 刘慧通等：“电击损伤后大鼠 CK－MB 及 HSP60 的水平变化”，载《法医学杂志》2012 年第 5 期。

〔5〕 Huang QY. et al.，“Reduction in Purkinje Fiber Number in Rats Undergone Fatal Electrocution”，*Am J Forensic Med Pathol*，1（2012）. Also see Huang QY. et al.，“Connexin 43，Angiotensin II，Endothelin 1，and Type III Collagen Alterations in Heart of Rats Having Undergone Fatal Electrocution”，*Am J Forensic Med Pathol*，3（2012）.

产生显著性变化。这对于电击损伤的诊断，尤其是对非典型电流伤的判断具有重要意义。但在法医实践中，尸体上的电流斑既可见于生前电击，也可见于死后电击，所以有时难以确定电流斑的性质。目前相关的实验还较少。此外，大多数研究建立在电击伤动物模型基础之上，有关人电击死的研究还较少，需引起关注并进行更多的研究。

（4）猝死研究，主要内容包括：

第一，心源性猝死（SCD）。由于心肌供血中断5～6h后才会出现心肌缺血、坏死性病变，所以在早期心肌缺血（<6h）致SCD案例中心脏通常缺乏典型的病理形态学变化，缺乏客观性，给鉴定工作造成巨大困难。法医如何鉴定早期心肌缺血致SCD已成为非常重要的研究课题。毛瑞明等〔1〕和杜中波等〔2〕制作急性心肌缺血动物模型，观察血管内皮生长因子（VEGF）和缺氧诱导因子-1α（HIF-1α）蛋白表达情况，发现缺血15min，心内膜下心肌细胞就开始轻微表达VEGF和HIF-1α，随缺血时间的延长而逐渐增加，缺血3h达到高峰，6h轻微降低。VEGF和HIF-1α可作为早期心肌缺血敏感鉴定指标，对于确定缺血部位和严重程度会起到提示作用。值得指出的是，上述研究人员在建立急性心肌缺血动脉模型时有9只大鼠因发生室性心律失常死亡。并发现这些大鼠心脏左心室和右心室也存在HIF-1α阳性染色，无时间规律性。有理由推测，HIF-1α可能成为致死性心律失常致SCD的客观鉴定指标。此外，梁正等〔3〕、王文靖等〔4〕和袁翔天等〔5〕收集了人体心肌缺血或梗死致SCD案例样本，对其分别进行组织蛋白酶L（CTSL）、高迁移率族蛋白B-1（HMGB1）、成纤维细胞激活蛋白α（FAPα）和转化生长因子β1（TGF-β1）免疫组织化学染色，发现它们表达与对照组相比存在显著差异，提示CTSL、HMGB1、FAPα和TGF-β1可作为SCD诊断的参考指标。陈建华

---

〔1〕　毛瑞明等："大鼠急性心肌缺血后血管内皮生长因子的表达变化"，载《法医学杂志》2012年第3期。

〔2〕　杜中波等："大鼠急性心肌缺血早期缺氧诱导因子-1α的表达"，载《法医学杂志》2012年第5期。

〔3〕　梁正等："Cathepsin-L在缺血心肌中的表达"，载《中国法医学杂志》2012年第5期。

〔4〕　王文靖等："心肌缺血猝死心肌中高迁移率族蛋白B-1的表达研究"，载《中国法医学杂志》2012年第2期。

〔5〕　袁翔天等："急性心肌缺血猝死心肌中FAPα和TGF-β1的表达"，载《法医学杂志》2012年第1期。

等[1]则发现心源性猝死者心肌组织的心房利钠肽(ANP) 和脑利钠肽 (BNP) mRNA 表达明显比机械性窒息者高，提示可以根据 ANP 和 BNP 对二者进行鉴别。

由于部分 SCD 的案例发病急骤，死亡迅速，无明显冠状动脉病变，此类鉴定主要是排除其他死因（如机械性损伤、窒息和急性中毒等）来诊断，或者根据非特异病理改变推测为冠状动脉急性痉挛引起致死性心律失常，导致急性心功能障碍。由于缺乏病理学改变，目前人们的研究思路是寻找能够在早期心肌缺血时就表达的指标，并且其灵敏度高、特异性强。但是，大多因子早期表达较弱，与免疫组织化学假阳性染色很难区分。此外，这些指标的特异性也尚不清楚。应该转换思路，对早期心肌缺血后致 SCD 的发生机制进行研究。其中，致死性心律失常是最主要的 SCD 发生机制。今后可以对急性心肌缺血后神经纤维坏死和陈旧性心肌梗死后神经纤维紊乱再分布等引起 SCD 进行研究，有望得到结果。这样既可以充实研究内容，扩大研究方向，不至于始终受困于心肌缺血后形态学改变不明显的局限；还可以更好地解释 SCD 的发生，更容易让死者家属理解，减少鉴定纠纷。

扩张型心肌病（DCM）和肥厚型心肌病（HCM）是最常见的两种心肌病。其确切的病因、发病机制仍不十分清楚。因为 DCM 和 HCM 致死者通常在无任何临床症状的情况下突然死亡，在实践中法医在对其进行死因鉴定时，往往缺少相关临床资料，并且缺乏法医病理学特异性诊断指标。死者家属有时无法接受，对死因争议较大。魏淑荣等[2]和汤大为等[3]分别收集了 DCM 和 HCM 猝死案例样本，对其进行 Fas 和骨桥蛋白免疫组织化学染色。二者表达均比对照组强，有显著性差异，有可能成为 DCM 和 HCM 致 SCD 的辅助诊断指标。随着分子生物学技术的发展，法医对 DCM 和 HCM 的诊断也可以通过基因筛查寻找依据。对怀疑 DCM 和 HCM 死者进行基因测序，从而找到敏感致病基因，不仅有助于明确死因、消除纷争，为法医学鉴定提供更准确的参考资料；还有可能发现家族型 DCM 和 HCM 家族中的新病例和无症状携带

[1] Chen JH. et al., "Difference in Molecular Pathology of Natriuretic Peptides in the Myocardium Between Acute Asphyxial and Cardiac Deaths", *Leg Med* (*Tokyo*), 4 (2012).

[2] 魏淑荣等："扩张型心肌病心肌 Fas 蛋白表达"，载《法医学杂志》2012 年第 4 期。

[3] 汤大为等："肥厚型心肌病左心室心肌纤维化及骨桥蛋白表达变化"，载《法医学杂志》2012 年第 4 期。

者，为防治DCM和HCM、降低人群猝死发生率给予指导和帮助。此外，目前法医学研究资料中样本例数还不太多，需要进一步收集案例。

第二，过敏性休克。过敏性休克发病突然，难以预见，常危及生命，不仅是临床医学的一大难点，也常常引起医疗纠纷等法律问题。然而，过敏性休克死亡者常规尸检一般无特异性病理变化，且缺乏特定诊断依据。其中，血清中总IgE含量变化一度被认为是诊断过敏性休克的非常特异指标。但后来发现一些过敏体质者血清总IgE会升高，但针对特异性变应原的特异性IgE并不一定升高。所以，有些案例中会出现假阳性，甚至非过敏性休克死亡者血清总IgE水平也会升高。又由于体内IgE半衰期短、溶血和环境温度等诸多因素的影响，有些过敏性休克死亡案例血清总IgE水平会低于参考值。王红杰等[1]对已检测IgE水平案例中的235例非过敏性休克致死案例和32例药物过敏性休克致死案例进行分析，发现43.75%的药物过敏性休克死亡案例血清总IgE值低于参考值，28.51%的非过敏性休克致死案例血清总IgE值高于参考值。因此，血清总IgE在目前药物过敏性休克死亡案件中的诊断意义较差，只能作为检案的一个参考指标。针对这一问题，王红杰等对过敏反应中肥大细胞所脱颗粒中类胰蛋白酶与类糜蛋白酶进行研究。王红杰等应用免疫组织化学染色对药物过敏性休克组和对照组的肺、心肌组织中类胰蛋白酶与类糜蛋白酶表达进行检测，发现药物过敏性休克组表达均升高，而血清总IgE值高于参考值的对照组肺、心肌组织类胰蛋白酶与类糜蛋白酶表达量明显低于过敏性休克组。在冠心病猝死、急性感染、哮喘、皮肤病、寄生虫病、肿瘤合并感染等多种情况下，上述指标可以升高。其中，在排除感染和过敏性疾病的情况下，冠心病猝死上述指标的上升名列第一。本实验冠心病致死者心肌组织中此两种酶的表达低于药物过敏性休克死亡者，差异有统计学意义。因此，类胰蛋白酶、类糜蛋白酶的免疫组织化学检测比血清总IgE有更大的优势，更适合在法医检案中应用。尤其是类糜蛋白酶在血清中比类胰蛋白酶更稳定，对于死后较长时间的诊断具有重要参考价值。此外，嗜碱性粒细胞也参与了过敏反应，受到免疫刺激时嗜碱性粒细胞活化脱颗粒，颗粒的膜表面CD63就转移到细胞膜表面，所以目前认为CD63可以作为嗜碱性粒细胞激

〔1〕 王红杰等："血清总IgE、类胰蛋白酶和类糜蛋白酶在药物过敏性休克死亡鉴定中的应用"，载《法医学杂志》2012年第3期。

活的特异性标志物。景丽霞等[1]建立大鼠过敏性休克动物模型，应用流式细胞仪检测大鼠血液 CD63 的表达情况，发现实验组 CD63 表达高于对照组，说明过敏性休克大鼠嗜碱性粒细胞发生了活化，为过敏性休克的研究探索了新途径。

还有研究表明，前列腺素 D2（PGD2）、白三烯 E4（LTE4）、羧肽酶 A3（CPA3）和血小板活化因子（PAF），都参与了过敏性休克死亡的发生、发展过程，但其在过敏性休克死亡后的变化规律尚不清楚。杨凯等[2]建立豚鼠过敏性休克动物模型，分别检测 PGD2、LTE4、CPA3、PAF 在豚鼠过敏性休克死亡后 0、12、24h 体内尿液、血浆、脑组织中的含量变化，发现血浆中 PGD2、CPA3 及脑组织中 PAF 在死后一定时间内可作为过敏性休克死亡的法医学诊断指标，而尿液中 LTE4 不能作为诊断指标。

在医疗纠纷、非法行医、食用或接触某些动植物后的死因鉴定中，经常涉及过敏性休克，这一直是法医学鉴定的一大难题。但我国目前尚没有统一的过敏性休克尸体检验标准，各地法医检验方法和内容各异，诊断标准不同，容易引起纠纷。因此，呼吁有关部门尽快出台相关的实施规范。

第三，其他。郝博等[3]发现了人肠道病毒 71 型（EV71）以及细胞间黏附分子 1（ICAM－1）在脑干脑炎死亡的婴幼儿脑干中的表达及分布特点，提出 EV71 可作为脑干脑炎致死婴幼儿法医病理诊断的筛选依据。并且 EV71 可能通过血源性侵染脑干，ICAM－1 可能在脑干炎症改变过程中起重要作用。张燕翔等[4]通过哮喘死亡动物模型，发现小鼠支气管软骨厚度和黏膜固有层厚度比值（LCR）可反映气道壁的增厚和间质纤维化，结合基质金属蛋白酶 2（mmp－2）灰度值增高变化，有望成为诊断哮喘猝死的辅

---

〔1〕 景丽霞等："过敏性休克大鼠血嗜碱性粒细胞 CD63 的表达"，载《法医学杂志》2012 年第 3 期。

〔2〕 杨凯等："前列腺素 D2、羧肽酶 A3 和血小板活化因子在过敏性休克豚鼠体内含量变化"，载《法医学杂志》2012 年第 3 期。

〔3〕 郝博等："肠道病毒 71 型在脑干脑炎婴幼儿脑干中的分布及感染机制"，载《法医学杂志》2012 年第 2 期。

〔4〕 张燕翔等："小鼠哮喘死亡主支气管上皮 LCR 值及 mmp－2 的表达"，载《中国法医学杂志》2012 年第 1 期。

助指标之一。赵乾皓等[1]则发现中国人青壮年猝死综合征病例存在 K^+ 通道相关基因 KCNQ1、KCNH2、KCNE1 和 KCNE2 的变异，这些基因结构的异常可能与部分青壮年猝死综合征的发病机制相关，为法医学死因鉴定指出了新的方向。

2. 推断死亡时间

死亡时间推断是法医学鉴定的难点和研究热点。传统方法主要根据尸体现象、组织超生反应、胃内容物消化程度、昆虫生长规律以及植物根系、苔藓类生物的生长变化等对死亡时间进行推断。但这些方法都容易受到外界环境的干扰。分子生物学方法为解决这一难题提供了新方向。其中，实时 RT－PCR 方法研究核酸成分降解规律与死亡时间之间的关系，已成为研究焦点，但其结果依赖于内参的稳定性。因此，寻找合适的内参对于死后组织的基因表达分析至关重要。张萍等[2]通过实时 RT－PCR 检测 6 种常用内参 β－actin、GAPDH、B2M、U6、18SrRNA 和 HSA－miR－1 在人体心肌组织中的表达水平，并利用 geNormPLUS 软件评估其稳定性，在死后早期死亡时间内 U6 表达水平最稳定，其表达量与年龄、性别及死因无关。因此，利用心肌组织中的 U6 作为内参进行早期死亡时间推断的研究，可以使实时 RT－PCR 的结果更加准确、可靠。王起等[3]同时应用 geNorm、NormFinder 和 BestKeeper 三种软件对 24 种内参在死后人脑组织中的稳定性进行评估，其中，IPO8、POLR2A 和 PES1 是最稳定内参，而 YWHAZ、PPIA、HPRT1 和 TBP 最不稳定。不同种类内参在不同组织标本中的稳定性与适用性也有所不同。所以应该依据不同实验条件和靶基因的特性选择合适的内参。

随着检验技术的不断进步，还有一些全新方法逐渐被应用于法医学死亡时间推断领域。孙婷怡等[4]运用 ATP 荧光快速检测仪，检测在 25℃ 恒温中

---

〔1〕 赵乾皓等："青壮年猝死综合征钾离子通道 KCNQ1、KCNH2、KCNE1 和 KCNE2 基因的变异"，载《法医学杂志》2012 年第 5 期。

〔2〕 张萍等："实时 RT－PCR 常用内对照在死亡早期人心肌内的稳定性"，载《法医学杂志》2012 年第 2 期。

〔3〕 Wang Q. et al.，"Stability of Endogenous Reference Genes in Postmortem Human Brains for Normalization of Quantitative Real－Time PCR Data：Comprehensive Evaluation Using GeNorm，NormFinder and BestKeeper"，*Int J Legal Med*，6（2012）.

〔4〕 孙婷怡等："家兔死后离体血液 ATP 含量变化与放置时间的关系"，载《中国法医学杂志》2012 年第 2 期。

家兔死后离体血液 ATP 含量与放置时间的关系，发现二者呈一定的规律性，三元回归方程的曲线拟合度较好。本实验采取了环境温度、湿度相对恒定的理想实验条件，今后还需在不同的条件下导入多种参数，进行综合分析，尤其有必要将温度等环境因素纳入统计方程之中，才能总结出具有实际应用价值的实验方法和回归方程。杨天潼等[1]为了消除环境温度对死亡时间推断的影响，使用插值理论和数值拟合的方法，拟合建立 10～35℃多温度下家兔死后离体血液 pH 值与死亡时间的三维曲面方程，从而可以得到一定温度范围内的所有死亡时间数值。上述研究都采用离体血液检测的方式，以便准确控制实验温度，提高拟合曲线或曲面方程的精度，但其实际应用价值仍需进一步证实。另外，黎世莹等[2]应用 FTIR 分析大鼠窒息死后心肌、骨骼肌、肝和脾组织，以及大鼠大出血死后脑、心、肺、肝、脾、肾皮质和肌肉的光谱变化规律，发现吸光度比值随大鼠死亡时间的延长呈上升、下降及 7～15d 保持稳定三个趋势，表明 FTIR 在死后 7d 内的死亡时间推断上具有一定的潜力，但对 7d 以后的死亡时间推断仍需要进一步研究。柯咏等[3]也研究大鼠脑组织 FTIR 光谱,发现 I（1234）/I（1454）处相对吸光强度的相关性更高。

吕国丽等[4]应用超声角膜测厚仪，测量角膜上皮完整组死后兔角膜厚度的变化值，发现其与死亡时间呈非线性相关，且具有较强的相关性。唐谷等[5]发现，水中大鼠尸体皮肤、肌肉、小肠和结肠等软组织的生物力学性状均随死亡时间呈逐渐下降趋势，可作为推断死亡时间的一种简便和量化的新技术手段。作者对检测指标与死亡时间回归方程进行了全新的统计拟合，将死亡时间作为自变量，将检测指标作为因变量，经回归分析发现

---

〔1〕 杨天潼等：“多温度下死后心血 pH 值随时间变化的三维拟合函数研究”，载《中国法医学杂志》2012 年第 4 期。

〔2〕 参见黎世莹等：“窒息死大鼠肌肉傅里叶变换红外光谱变化与死亡时间的关系”，载《法医学杂志》2012 年第 3 期。另参见黎世莹等：“窒息死大鼠肝脾傅里叶变换红外光谱变化与死亡时间的关系”，载《法医学杂志》2012 年第 5 期。另参见 Li SY. et al.，“Time－Dependent FTIR Spectral Changes in Rats of Massive Hemorrhage Death during the Later Postmortem Period”，*Journal of Forensic Sciences*，4（2012）.

〔3〕 Ke Y. et al.，“The Changes of Fourier Transform Infrared Spectrum in Rat Brain”，*J Forensic Sci*，3（2012）.

〔4〕 吕国丽等：“超声法测量角膜厚度推断死亡时间”，载《法医学杂志》2012 年第 2 期。

〔5〕 唐谷等：“水中尸体软组织生物力学性状时序性变化用于死亡时间推断”，载《法医学杂志》2012 年第 1 期。

新的方程表现出了更好的相关性。但此种统计方法的适用范围和实际应用价值，仍需进一步研究。

3. 推断损伤时间

损伤时间推断对刑事案件侦查具有重要意义，然而，对其进行准确推断一直是法医学鉴定的难题。严治等[1]和李小林等[2]利用自由落体方法建立大鼠脑损伤模型，对脑损伤区 HSP70、TNF－α 和 MMP－9 进行免疫组织化学染色，三种指标表达峰值分别为伤后 12h、6h 与 3d、5d，与伤后存活时间都具有相关性。郑吉龙等[3]应用免疫组织化学染色、Western blot 和实时 RT－PCR 方法共同观察小鼠皮肤切创后 2 型大麻素受体表达情况，结果一致显示，2 型大麻素受体于伤后 5d 达到表达高峰。因为骨骼肌分布广泛，法医学中骨骼肌损伤发生率较高，所以骨骼肌损伤时间推断研究逐渐受到关注。李力强等[4]制作大鼠骨骼肌挫伤模型，应用 CD45、Procollagen Ⅰ 双重免疫荧光染色法检测大鼠骨骼肌挫伤后各时间点外周血来源的纤维细胞的变化，结果显示，伤后 7d 纤维细胞数量达到高峰，具有时间规律性。孙俊红等[5]利用实时 RT－PCR 检测大鼠骨骼肌挫伤后不同时间点9个常用内参的表达情况，并根据 NormFinder，geNorm 和 BestKeeper 分析其稳定性，发现 RPL13 和 RPL32 在挫伤骨骼肌中最为稳定，而 PGK1 最不稳定。该研究结果为实时 RT－PCR 技术在法医学骨骼肌损伤时间推断研究中的应用打下了坚实的基础。RPL13 和 RPL32 作为内参联合应用，将会提高基因表达的准确性。

上述学者大都使用单一方法研究单一指标在不同时间段死后即刻的表达情况，得到了一些动物实验结果，有可能成为损伤时间推断的参考指标。但动物实验性研究尚存在一些不足。首先，未考虑所研究指标分别在生前伤与

---

〔1〕 参见严治等：“大鼠脑挫裂伤后脑及重要器官组织 HSP70 的表达”，载《中国法医学杂志》2012 年第 1 期。另参见严治等：“大鼠脑挫伤后脑与其他器官组织中 TNF－α 表达的比较”，载《法医学杂志》2012 年第 4 期。

〔2〕 李小林等：“大鼠脑外伤后脑组织 MMP－9 的表达与损伤时间相关性”，载《中国法医学杂志》2012 年第 5 期。

〔3〕 Zheng JL. et al.，“Cannabinoid Receptor Type 2 is Time－Dependently Expressed during Skin Wound Healing in Mice”，*Int J Legal Med*，5（2012）.

〔4〕 李力强等：“大鼠骨骼肌挫伤后外周血源性纤维细胞的数量变化”，载《法医学杂志》2012 年第 1 期。

〔5〕 Sun JH. et al.，“Validation of Reference Genes for Estimating Wound Age in Contused Rat Skeletal Muscle by Quantitative Real－Time PCR”，*Int J Legal Med*，1（2012）.

死后伤中的表达情况。在暴力性伤害死亡案件中，对尸体上的损伤首先要确定是生前伤还是死后伤，这是损伤时间推断的第一步。法医主要借助于肉眼及组织病理学的改变来诊断生前伤。但如果伤后存活时间短暂，损伤处尚未形成典型组织学生化反应，那么鉴别生前伤与死后伤在某种程度上会存在一定困难。又由于生物学死亡早期阶段组织细胞和器官对刺激尚能产生超生反应，会使一些复杂情况下某些案例的生前伤诊断变得更加困难。但研究者往往忽略生前伤与死后伤鉴别的重要性，在损伤时间推断研究中所选指标没有相关实验，所以，那些指标的实际应用价值较低。其次，未考虑死后变化对所研究指标的影响，即指标的死后稳定性情况。法医大多数情况下遇到的是死后一段时间的尸体，会受到环境因素等影响，常有一定程度的死后变化。然而，目前在损伤时间推断研究中，鲜有考虑指标的死后稳定性情况。最后，传统损伤时间推断研究多是单一指标损伤后的时序性。但仅用一种指标来推断伤后存活时间有一定的局限性。每一种指标的阳性表达都会经历一个逐渐增强，达到峰值再逐渐下降，恢复至正常的过程，可以形象地描绘为“抛物线”状。所以除了峰值以外的其他阳性值可以出现在两个不同的时间点上，这就导致所推断的伤后存活时间变得不确定。并且，每一个指标阳性表达和达到峰值的时间各不相同，很难对伤后存活时间进行全面、客观的评价。

4. 推断致伤物

致伤物（或称致伤工具）推断是机械性损伤研究的重点内容，不仅可以提供侦查方向和线索，还可以为指控犯罪提供重要物证，在案件的诉讼和审理过程中具有至关重要的作用。法医实践中，最为常见的致伤物主要是钝器和锐器。当致伤物与人体组织相互作用时，致伤物本身或其携带的一些成分就会转移至创面，这些成分可以作为致伤物推断的重要依据之一。随着检测技术的进步，对于创面残留物的检测逐步发展到微痕量检验的水平。扫描电镜（SEM）与 X 线检测器——波谱仪（WDX）或能谱仪（EDX）的联合应用，不仅可观察遗留颗粒的形状，还同时可以进行元素分析。王阳等[1]用两把不同品牌的钢锤分别多次打击猪皮与滤纸，应用 SEM - EDX 检测遗留金属颗粒，发现锤子打击猪皮肤与打击滤纸所遗留的颗粒成分无明显差异，说明滤纸遗留颗粒特征可以反映致伤工具成分特征。在实践中可以通过使用可疑

〔1〕 王阳等：“钢锤打击后皮肤遗留金属颗粒成分检测”，载《法医学杂志》2012 年第 3 期。

致伤工具打击滤纸后，检测其脱落的金属颗粒成分及含量，进而与遗留在人体损伤部位的金属颗粒进行比对，以期达到同一性比对的效果。此外，此研究还发现在不同钢锤打击猪皮肤后脱落颗粒中纯铁颗粒数量有较大不同，可以作为区分两把锤子的依据之一。但此研究仅关注于损伤处金属颗粒的元素定性和定量的检测，未考虑损伤处颗粒与致伤物颗粒比较情况。王琦等〔1〕应用 SEM－EDX 对三种不同材质的菜刀砍击骨质后遗留金属颗粒与菜刀擦拭样本进行定性、定量检测，结果显示两者在骨创面上遗留的金属元素颗粒特征一致，可以作为区分菜刀类致伤工具的重要依据。但实验结果亦显示，由于同型号菜刀的元素重量百分比之间无统计学差异，因而当创面由同型号的不同菜刀形成时，仍难以区分。

微痕量检验只需要少量样品（含量在百万分之一以下组分）就能够获得大量信息，还能客观反映致伤物本身的成分特征，比传统方法更具准确性和可靠性。但微痕量检验还存在一些问题，如易受污染因素影响，尤其是在充满金属颗粒的环境中，对现场提取样品的要求较高，并且对检测结果的影响也需进一步评估。此外，实验研究样本多是工业标准化生产的工具，但对自制类工具的检验效果尚不清楚。总之，在法医学检案中，法医仍需从实际情况出发，通过创面形态学和微痕量检验等多种方法，进行综合分析与判断，才能得到最有证据价值的结论。

（二）法医临床学

本年度，有关法医临床学的研究文献共有 213 篇，〔2〕总量明显高于以往，但总体水平有待提高。研究文献的分布为“工程技术（自然科学）”(118 篇)、“基础研究（社会科学）”（66 篇）、“政策研究（社会科学）”（14 篇）、“行业指导（社会科学）”（7 篇）、“基础与应用基础研究（自然科学）”（6 篇）、“文艺作品”（1 篇）和“职业指导（社会科学）”（1 篇）。传统观念认为，法医临床学是法医学的分支学科，也是医学的分支学科，属于自然科学领域。但上述分布表明，自然科学领域的法医临床学研究文献共 123 篇，而社会科学领域的研究文献也多达 88 篇，这是一个新的变化。上述研究文献主要来

---

〔1〕 王琦等：“骨砍创金属颗粒的检测”，载《中国法医学杂志》2012 年第 4 期。

〔2〕 文献检索分别来自于“中国重要会议论文全文数据库”（142 篇）、“中国学术期刊网络出版总库”（68 篇）、“中国优秀硕士学位论文全文数据库”（2 篇）和“特色期刊”（1 篇）。

自：公安系统（63篇）、检察系统（15篇）、大专院校（15篇）、社会鉴定机构（12篇）、法院系统（3篇）和医疗系统（2篇）。其中，公安系统中以天津市公安局发表的文献最多（7篇）；检察系统中以天津市检察院发表的文献最多（4篇）；大专院校中，以遵义医学院、哈尔滨医科大学和中国医科大学发表的文献最多（各3篇）；社会鉴定机构中，以司法部司法鉴定科学技术研究所发表的文献最多（5篇）；淮安市中级人民法院发表文献3篇；定西市中医院发表文献2篇。上述文献涉及的研究内容主要有：

1. 颅脑、脊髓损伤

崔晶晶[1]认为，随着颅脑损伤导致死亡人数的增长和广大人民群众维权意识的提高，颅脑损伤的法医学鉴定问题也就上升为一个热点话题。颅脑损伤的法医学鉴定有较多问题值得研究和探讨，涉及损伤程度的鉴定也比较常见。颅脑由于其结构和生理功能的特殊性，在日常的生活和犯罪案件中极易受到损伤，且同一部位受到不同的损伤或不同部位受到同样的损伤都将表现出不同的症状，尤其会产生许多继发性颅脑损伤的并发症。该论文在认真研究法医学鉴定理论基础的前提下，首先详细论述了有关颅脑损伤的概念、分类、常见的临床症状、诊断依据等，探讨有关颅脑损伤鉴定的复杂性和重要性，丰富了颅脑损伤的研究。然后分析我国现行的鉴定标准，主要通过对颅脑损伤程度鉴定标准、颅脑损伤残疾等级鉴定标准和颅脑损伤导致精神障碍鉴定标准等三个方面进行全面系统的总结分析、评价与探讨，对鉴定标准中出现的问题进行分解、剖析，找出现行标准中存在的主要问题，在此基础上借鉴国外先进的经验，提出对颅脑损伤鉴定标准进行全面系统的修订和完善的有关建议，使颅脑损伤在司法鉴定领域引入标准化，细化鉴定标准，使整个的司法鉴定体制在标准化的框架之下运行。

刘子龙等[2]根据ERP理论和韦氏智力量表内容建立数字计算ERP范式，探讨正常人与重型颅脑损伤患者数字计算ERP特征及与智商的相关性。采用Neuroscan－ERP仪和韦氏智力量表对29名重型颅脑损伤患者（外伤组）和46名正常人（对照组）进行ERP及智商检测，比较引出的ERP成分特征及

---

〔1〕 崔晶晶："颅脑损伤的法医学鉴定"，甘肃政法学院2012年硕士学位论文。

〔2〕 刘子龙等："重型颅脑损伤数字计算ERP特征及与智商的相关性"，载《中国法医学杂志》2012年第6期。

与智商的相关性。结果数字计算范式的题目、正确答案、错误答案三类刺激引出的 ERP 波形包括外源性成分 N1c、P2c 及内源性成分 N2c、P3c；对照组引出的 N1c 和 P2c 波幅和潜伏期相近，但 N2c 和 P3c 有明显差异，其中，正确答案的 P3c 波幅最高，错误答案的 P3c 潜伏期最长；外伤组引出的各 ERP 成分波幅降低、潜伏期延长，N2c 和 P3c 具有显著性差异（$P<0.05$）；对照组错误答案引出的 P3c 潜伏期与言语智商和总智商呈中度负相关，高于题目和正确答案；外伤组 P3c 潜伏期与言语智商、操作智商和总智商的相关系数分别为 -0.64、-0.46 和 -0.60（$P<0.05$），明显高于对照组。证实数字计算 ERP 范式可引出特征性 ERP 波形，其 P3c 潜伏期与智商有一定相关性，可作为评价重型颅脑损伤后数学能力损害程度的参考指标。

杜成祝等[1]报道了一例刀刺伤致脊髓损伤并颅内积气的案例。被鉴定人与他人发生殴打，被匕首捅伤腰部，当即感腰部疼痛、出血，右下肢麻木、不能活动，渐感头痛、恶心，无呕吐、意识障碍，入院后头部及脊椎 CT 示：腰 2 平面背部刀刺伤后局部积气；颈椎及腰椎管内积气；脑室及脑沟广泛积气。提示外伤所致的脊髓损伤，往往损伤严重、复杂，鉴定时需考虑多方面因素。

刘莉等[2]报道了一例外伤性硬膜下积液转为慢性颅内血肿鉴定。该鉴定中，病历记录及案情调查证实头面部及全身外伤史明确，无昏迷，有头晕头痛、颈亢、左下肢巴氏征等神经系统体征存在，伤后 13 天发现硬膜下积液，伤后 21 天形成硬膜下血肿，此后血肿体积无增大而逐渐缩小，后完全吸收，神经系统体征消失。其病变的发生、发展规律有明确的“外伤、硬膜下积液、硬膜下血肿”关联特征，故应属于颅脑损伤致外伤性慢性硬膜下血肿；且采用非手术治疗，虽有神经系统体征出现，但并未危及生命而需手术治疗清除血肿及行颅内减压术，血肿自愈良好，最终无神经系统症状及体征遗留，应评定为轻伤。作者认为，鉴定时机是影响损伤程度鉴定的重要因素，同时需对病历资料进行动态、连续的审阅，以正确评估损伤对人体造成后果的病因机制及预后。

---

〔1〕 杜成祝等：“刀刺伤致脊髓损伤并颅内积气”，载《中国法医学杂志》2012 年第 5 期。

〔2〕 刘莉等：“外伤性硬膜下积液转为慢性颅内血肿鉴定”，载《中国司法鉴定》2012 年第 4 期。

2. 面部、耳廓损伤

刘莹等[1]认为，在法医学实践中，鼻骨骨折是颌面部较常见的骨折类型，根据《人体轻伤鉴定标准（试行）》第10条第1款规定，鼻骨粉碎性骨折，或者鼻骨线形骨折伴有明显移位的，可认定为轻伤。他们收集80例已确诊为鼻骨骨折伴有骨折片移位的案例进行了观察分析，旨在验证临床鼻部CT检查通常采用的横断面、冠状面对鼻骨骨折移位的诊断率。研究结果显示，鼻骨CT检查能明确骨折位置、确定骨折类型及邻近组织的情况，是了解鼻骨损伤情况的首选辅助检查手段。但80例案例资料中有11例在鼻CT常用的横断面、冠状面检查时漏诊了骨折片移位。分析其原因，一是与CT成像原理有关，二是与CT检查的层厚有关。他们建议，鼻部外伤者在进行鉴定时应行多平面薄层鼻部CT检查及三维重建，或配合鼻骨侧位CR检查，以便对鼻骨骨折类型、位置以及有无骨折片的移位等进行全面了解，进一步降低鼻骨骨折及其移位情况的漏诊率，从而提高鼻骨损伤鉴定的准确性。

3. 听力听器损伤

梁翠芬等[2]报道了一例打击颊部致外耳道出血的案例。作者从颊部的损伤、作用力的传导以及下颌关节与外耳道的位置关系，还原出颊部受伤致使外耳道出血的过程。并认为法医遇到比较特殊的案例时，可以回归到最基本的解剖学去分析损伤机理以及损伤发生的全过程。

刘瑾等[3]对听觉诱发电位检查在外伤性听力下降临床法医学鉴定中的意义进行了研究。通过对57例外伤后导致听力损伤的临床法医学鉴定案例进行分析，结果显示听觉诱发电位等客观检查结果与被鉴定人的听力损伤下降程度相符；在听力受损伤后，听觉诱发电位检查结果对比显示被鉴定人的听力损伤有不同程度的恢复；听力损伤程度与造成听力损害的损伤部位有密切关系。

---

〔1〕 刘莹等："鼻骨横断面和冠状面CT检查漏诊11例分析"，载《中国法医学杂志》2012年第1期。

〔2〕 梁翠芬等："打击颊部致外耳道出血1例"，载《中国法医学会全国第十五次法医临床学学术研讨会论文集》，2012年8月。

〔3〕 刘瑾等："听觉诱发电位检查在听力下降法医学鉴定中的意义"，载《世界中西医结合杂志》2012年第3期。

4. 视力视器损伤

刘会等[1]认为，由于正常眼注视物体时固视点位于黄斑中心凹，当眼底疾病或损伤导致视力障碍达到一定程度时，中心固视功能丧失，固视点位于黄斑中心凹外，称做偏心固视（偏心视力）。中心固视眼黄斑中心凹机能可因疾病（损伤）减弱，但视力下降有限；偏心固视眼黄斑中心凹机能则丧失，视力下降明显。对固视性质的分析有助于客观预估视力水平，经复习相关文献，对固视概念、固视检查方法进行综述，并着重阐述固视性质在视力评估中的应用，为法医学视功能评估提供参考。在此基础上，项剑等[2]应用多焦视觉诱发电位进行视野客观评定，并进行了案例报道。

姚岚等[3]通过对外伤造成视力损害的分析，探讨视力损伤的原因、受伤机制、鉴定时的要点。对200例达到分级标准的眼损伤案例，从年龄、性别、损伤性质、致伤原因、相应病变、视力损伤程度等因素进行回顾性分析。致伤原因最多的是车祸，占所有致伤原因的45.0%，其次为钝器伤。车祸所致损伤主要为视神经损伤，钝器伤则主要造成眼球挫伤。视力残疾鉴定中低视力1级和2级占44.0%，而盲目3级以上占47.7%。结论认为，外伤是导致视力损害的主要原因，且致盲率较高，致伤机制以车祸伤引起的神经损伤最为多见。鉴定时应注意外伤后的视力损害与外伤是否有直接关系。单纯的角膜损伤以及外伤性青光眼所造成的视力损害以低视力1级为主，但有并发症时视力损伤明显加重。

5. 颈部损伤

刘金彦等[4]报道了一例颈部盲管创损伤程度鉴定。该例伤者被刀刺伤右颈部，虽然没有造成颈部大血管的损伤，亦没有造成颈椎骨折，但其损伤的主要部分在组织深部，仅凭体表的创口长度并不能反映真实的损伤情况。因此，作者认为《人体轻伤鉴定标准（试行）》中虽然没有关于颈部创道的明确规定，但可参照肢体、躯干创道的评定原则，即若遇到贯通创与盲管创，

---

〔1〕 刘会等：“固视性质分析在视力客观评估中的法医学价值”，载《中国法医学杂志》2012年第5期。

〔2〕 项剑等：“应用多焦视觉诱发电位进行视野客观评定1例”，载《法医学杂志》2012年第3期。

〔3〕 姚岚等：“200例外伤致视力损害的回顾性研究”，载《重庆医科大学学报》2012年第8期。

〔4〕 刘金彦等：“颈部盲管创损伤程度鉴定1例”，载《法医学杂志》2012年第5期。

应考虑潜行于皮下的创道长度，将创口长度与创道长度相加。该案伤者颈部遗留瘢痕长 2cm，CT 片测量创道深 6cm，故根据《人体轻伤鉴定标准（试行)》总则第 2 条，参照第 17 条和第 29 条规定，评定为轻伤。

6. 胸腹部损伤

徐传宝〔1〕报道了一例被人用脚踢伤右上腹，CT 示右第 7 肋软骨骨折，断端错位 100% 的损伤程度鉴定案例。此类损伤只有《人体轻微伤鉴定标准》第 4.3 条规定，“确证肋软骨骨折”属轻微伤。但作者认为，作为机体的整体，不能简单按照解剖学将肋软骨与肋骨分开。肋软骨和肋骨在呼吸肌的作用下，共同向上、向下运动，使胸廓体积增大、缩小，而完成呼吸运动。两者作用同等重要，任一部位骨折都会破坏组织器官结构完整性，并产生功能障碍。因此，肋软骨骨折与肋骨骨折应是同等的损伤。本例第 7 肋软骨骨折，断端错位 100%，参照《人体轻伤鉴定标准（试行)》第 33 条规定，鉴定为轻伤更为客观、公正。

吕茂群等〔2〕对一例损伤致腹腔积血的临床法医学鉴定进行了报道。该案例中，被鉴定人陈某因左上腹锐器致伤入院治疗，经临床医生检查及行剖腹探查术，证实其“左上腹壁穿通伤”的诊断成立。其左上腹锐器穿通损伤没有引起腹腔内大量积血，没有出现明显的内失血症状及腹膜刺激征，属于单纯性腹壁穿通伤，不具备手术指征，不需手术治疗，虽然伤者承受了剖腹探查术存在的各种风险，但这是医院不严格掌握剖腹探查术的手术指征、放宽手术治疗的各种条件而造成的，显然不能引用《人体重伤鉴定标准》第 72 条的规定评定其伤情为重伤，而应根据《人体轻伤鉴定标准（试行)》第 29 条的规定评定其伤情为轻伤。马文静等〔3〕报道了一例外伤后流产的法医学鉴定。该例被鉴定人停经 50d，B 超示存在宫内怀孕。但其血 β－HCG 远低于正常值，仅为 753.0mIU/mL；本例 B 超未见明显胎芽回声；清宫组织呈高度分泌子宫内膜及少许退变蜕膜组织。综上，提示被鉴定人在外伤前宫内胚胎就已发生绒毛上皮衰退、胚胎停育，故此次流产与外伤无因果关系。王立广

〔1〕 徐传宝：“肋软骨骨折损伤程度评定 1 例”，载《中国法医学杂志》2012 年第 2 期。

〔2〕 吕茂群等：“损伤致腹腔积血的临床法医学鉴定——附个案一例”，载《中国法医学会全国第十五次法医临床学学术研讨会论文集》，2012 年 8 月。

〔3〕 马文静等：“外伤后法医学鉴定 1 例”，载《中国法医学杂志》2012 年第 5 期。

等[1]认为，鉴于脾破裂在交通事故中较常见，临床治疗可以采用保脾手术法，自体脾移植术是方法之一，并报道了一例交通事故致脾破裂后自体移植成功的伤残评定，认为本例伤者的伤残等级可参照《道路交通事故受伤人员伤残评定》4.9.6（c）之规定，评定为九级。同时建议在对《道路交通事故受伤人员伤残评定》进行修订时，应对相关条款进行修正，以使鉴定结果准确、统一。

7. 盆部及会阴损伤

王飞翔等[2]对道路交通事故引起的54例阴茎勃起功能障碍鉴定进行了整理和分析。结果显示，交通事故中导致勃起功能障碍最常见的原因为骨盆骨折伴尿道损伤（40/54例），其次为脊柱骨折伴脊髓损伤，而颅脑损伤最少。神经性勃起障碍的发生率远高于血管性和内分泌性勃起障碍，而自主神经损伤（85%）明显高于躯体神经损伤，该数据可能与案例中骨盆损伤占多数有关。文献报道骨盆骨折并发尿道外伤勃起障碍的发生率达32%～54%，其主要是由前列腺部及膜部尿道附近的海绵体神经受损，支配勃起的神经通路中断所致。研究结果还显示54例勃起完全丧失、勃起严重障碍、勃起障碍、严重影响勃起和影响勃起根据《道路交通事故受伤人员伤残评定》分别评定为四级（3例）、六级（12例）、八级（29例）、九级（1例）和十级（9例）伤残。因而在司法鉴定实践中，对于存在勃起损伤基础的病例，必须进行全面细致的调查和检测，如缺少技术条件，则应请具备条件的鉴定机构进行鉴定，从而最大程度地维护受害人的权益。

孙瑞云等[3]报道了一例13岁少年会阴部损伤的伤残评定。该例伤者为13岁儿童，左侧睾丸缺失，其男性功能及第二性特征的维持需右侧睾丸代偿，但右侧睾丸萎缩，体积较同龄阶段明显缩小，且原始损伤严重，右侧睾丸仅残留鞘膜，未见曲细精管。该例检查示睾酮大幅度降低、促卵泡生成素增高，可以证明其右侧睾丸功能严重受损，难以恢复。而现行《道路交通事故受伤人员伤残评定》标准针对会阴部损伤中该类损伤没有明确的条款。作者认为，

---

〔1〕 王立广等："交通事故致脾破裂的伤残评定1例"，载《中国法医学杂志》2012年第6期。

〔2〕 王飞翔等："交通事故致阴茎勃起功能障碍法医学鉴定分析54例"，载《中国法医学杂志》2012年第6期。

〔3〕 孙瑞云等："13岁少年会阴部损伤伤残评定1例"，载《中国法医学杂志》2012年第5期。

本例伤残评定可比照标准中最相似等级的伤残内容和附录 A 的规定，参照该标准 4.3.8 款之规定，并考虑被鉴定人年龄尚小，一些相关检查尚未能进行，而其身体还在发育期，不宜完全照搬上述条款，故考虑采用类推降级的方法，对其睾丸的损伤降一级后评定为Ⅳ级伤残。该鉴定经过回访，得到法官、当事人双方的认可。

8. 脊柱及四肢损伤

徐传宝等[1]就一例肌腱断裂延期修复术后损伤程度鉴定进行了报道。该例被鉴定人左腕部创伤致食指伸肌腱及食指固有伸肌腱断裂，经两次住院治疗后，左食指功能正常，左腕关节功能障碍。在鉴定其损伤程度时，存在两种观点：一种认为，伤者左前臂受伤致肌腱损伤，治疗后出现腕关节功能部分障碍，其损伤程度构成轻伤。另一种认为，伤者左食指固有伸肌腱短缩，是导致其左腕关节功能部分障碍的直接原因；首次住院时因漏诊错过最佳治疗时机，致使再次住院手术时截除了食指及固有伸肌腱。故本例导致左腕关节功能部分障碍，其医疗因素是主因，损伤为辅助因素。根据外伤优先原则，伤者身体多部位软组织创伤达不到轻伤规定，故其损伤程度应为轻微伤。

郭娟宁等[2]对 350 例道路交通事故致膝关节损伤人员的相关资料进行回顾性分析，并探讨膝关节损伤后的功能评定及相应的伤残等级。建议伤残评定时应注意以下几点：正确地评价伤者的膝关节损伤，了解是否进行了积极功能锻炼；确证膝关节损伤已治疗终结；把握适宜的鉴定时机（3～6 个月）；检查膝关节各方向功能障碍情况，正确测量膝关节各方向活动度，以检查者被动活动膝关节的屈曲、伸展来排除人为因素的影响；充分考虑关节强直功能位与非功能位对下肢功能的影响；利用 CT、MRI 等辅助检查了解骨质、关节面、韧带、半月板、软骨等部位损伤情况，根据关节间隙的空间形态、半月板及韧带的稳定性综合判断膝关节功能。由于《道路交通事故受伤人员伤残评定》在肢体功能丧失评价方面存在一定缺陷，因此，适当参照 GEPI 评价方法，可更好地体现膝关节功能障碍对下肢功能的影响。

---

〔1〕 徐传宝等："肌腱断裂延期修复术后损伤程度鉴定 1 例"，载《中国法医学杂志》2012 年第 3 期。

〔2〕 郭娟宁等："350 例道路交通事故膝关节损伤伤残评定分析"，载《中国法医学杂志》2012 年第 4 期。

赵永等[1]选取60例病程6个月以上的单侧肢体神经损伤（正中神经12例、尺神经13例、桡神经13例、腓浅神经12例、腓深神经10例）患者，根据Lovett肌力0～5级分级标准，确定受损神经支配的靶肌的肌力；采用DNI－200＋型肌电诱发仪行患侧与健侧肢体MCV检查，观察不同级别肌力靶肌MCV指标变化。结果显示所测5种神经MCV各指标（健侧－患侧）/健侧变化率均与靶肌肌力呈逐渐降低的变化趋势，存在显著负相关性，其中，波幅和面积下降率在肌力2级与3级、4级与5级组间存在显著性差异（$P<0.05$）。潜伏期延长率和传导速度下降率在肌力1级与2级、4级与5级组间存在显著性差异（$P<0.05$）。因而认为MCV与周围神经损伤有较好的相关性，可用于推断神经受损程度，并有助于肌力级别的判定，是评价周围神经损伤程度的客观方法。

9. 手足损伤

成静等[2]认为道路交通事故中手部伤残所需的功能评定一直是法医临床学鉴定的难点。《道路交通事故受伤人员伤残评定》对手指运动功能障碍并没有给出具体、准确的指导性说明，这样在实际操作条款时可能就会出现差异。作者就手功能评定条款的理解与使用，评定方法与计算步骤，以及复合失能指数公式的应用，结合国内外评定与计算方法提出了一些新的见解。

应允亮等[3]总结了足弓破坏的鉴定要点，足弓可借鉴静态体重负荷下X线摄足弓侧位片进行测量。足损伤致跗、跖骨骨折愈合后足弓X线测量值背离临床医学足弓正常参考值和/或维持足弓功能作用的肌肉、韧带严重损伤，可谓足弓破坏。足弓骨性构架的动力结构内侧纵弓或承载负重的外侧纵弓中任意一个破坏，必定影响横弓，符合一足足弓结构破坏1/3以上的限定要件；而内侧纵弓及外侧纵弓均破坏，横弓必定破坏，符合一足足弓结构破坏的限定要件。

---

〔1〕赵永等："周围神经损伤MCV测定及其法医学意义"，载《中国法医学杂志》2012年第1期。

〔2〕成静等："道路交通事故伤残评定中手功能评定刍议"，载《中国法医学杂志》2012年第1期。

〔3〕应允亮等："足弓破坏法医临床学鉴定的影像学理论与实践"，载《中国司法鉴定》2012年第3期。

10. 体表损伤

张永吉[1]应用 photoshop 图像分析方法和数格法对 30 种不规则瘢痕进行面积计算，并将其准确性和实用性进行比较。结果显示 photoshop 图像分析方法与数格法所计算出的面积之间无明显差异（P = 0.9607），而在检测时间和过程等方面，photoshop 图像分析方法明显优于数格法。因而认为 photoshop 图像分析法用于不规则瘢痕的面积计算，具有既准确又节省时间的优点，可以在不规则瘢痕的法医学鉴定中选择使用。

11. 其他

在有关造作伤鉴别的文献中，韩锴等[2]指出，造作伤和自杀性损伤有不少共同之处，但由于进行自杀和造作伤者的目的不同，因而又可表现出某些特殊的规律性，尤其使用锐器性的器械作为造作伤的工具时，其规律性更为突出，在一般的情况下是比较好认定的，但在特殊的情况下还需要参考案情、现场、伤者精神状态和其他的旁证材料综合判断认定。王玉洲等[3]在《造作伤剖析与防范》一文中，对造作伤具有的共同特点，造作伤的部位，造作伤损伤程度、种类，造作伤处衣物情况，现场和造作伤检测及鉴定注意事项等进行了分析。

杨天潼等[4]认为，有关“功能、残疾和健康”评定的概念及应用是法医临床学实践的核心内容。无论从法医临床学鉴定的目的、程序，还是鉴定结论的客观性、公正性角度出发，规范“功能、残疾和健康”的概念及它们之间的联系，对完善法医临床鉴定和全面理解法医临床学的多学科属性均具有重要意义，对上述概念的准确理解和客观应用无疑将有助于完善法医临床学实践，并提高法医临床学的鉴定质量。作者参照国际卫生组织的相关标准，探讨“功能、残疾和健康”评定的概念，所涉及的专业术语和它们之间的联系，并对这些概念的历史发展进程与当代研究现状进行回顾和比较研究。文章综述了有关“功能、残疾和健康”概念的定义解读，依照国际卫生组织相

---

〔1〕 张永吉：“Photoshop 图像分析法在不规则瘢痕鉴定中应用”，载《中国法医学杂志》2012 年第 4 期。

〔2〕 韩锴等：“浅析造作伤及法医临床学鉴定要点”，载《法制与社会》2012 年第 5 期。

〔3〕 王玉洲等：“造作伤剖析与防范”，载《湖北警官学院学报》2012 年第 8 期。

〔4〕 杨天潼等：“《国际功能、残疾和健康分类》评述及其法医临床学应用价值”，载《证据科学》2012 年第 5 期。

关标准对“功能、残疾和健康”进行解释说明，分析它们内在的理论框架结构，并对《国际功能、残疾和健康分类》在法医临床学鉴定中的应用进行了初步展望。

（三）司法精神病学

随着我国法治建设和司法体制改革的深入，司法精神病学继续保持良好的发展势头。对文献检索结果的分析表明，本年度，司法精神病学研究主要集中在以下三个方面：精神卫生法相关问题研究，司法精神病学鉴定制度研究以及司法精神病学鉴定理论与实践等。

1.《精神卫生法》引领司法精神病学研究

2012年10月26日，十一届全国人大常委会十九次会议通过《精神卫生法》，结束了我国精神卫生立法27年的长跑，这无疑也成为本年度司法精神病学的最大亮点。我国《精神卫生法》的总体思路：[1]一是坚持预防为主，预防与治疗康复相结合，减少精神障碍的发生，提高治疗、康复水平。二是切实保障精神障碍患者的合法权益，保证其人格尊严和人身安全不受侵犯，同时严格设置非自愿住院治疗的条件和程序，保证公民的合法权益不因滥用非自愿住院治疗措施而受到侵害。三是服务与管理相结合，通过为患者提供有效的救治救助服务和建立有序管理的制度，努力实现保护个人权利与维护他人安全之间的平衡。四是明确责任，综合施治，建立政府、家庭和社会共同承担、分工合作的精神卫生工作机制。《精神卫生法》的颁布实施，有利于解决目前精神卫生工作中存在的突出问题，确保精神障碍患者不因贫困得不到救治，确保有肇事肇祸危险的严重精神障碍患者不因疏于管理而伤害自身或者危害社会、他人，确保无需住院治疗的公民不因程序、制度缺失而被强制收治。

《精神卫生法》共7章85条，对精神卫生工作的方针原则和管理机制、心理健康促进和精神障碍预防、精神障碍的诊断和治疗、精神障碍的康复、精神卫生工作的保障措施、维护精神障碍患者合法权益等作了较为全面的规定。自《精神卫生法》公布以来，围绕上述各方面的研究即大量涌现，相关论文相继发表，并出版了有关著作、培训教材，并在全国范围内进行了针对

---

〔1〕参见卫生部部长陈竺2011年10月24日在十一届全国人大常委会第二十三次会议上关于《中华人民共和国精神卫生法（草案）》的说明。

医务人员的精神卫生法培训。

围绕《精神卫生法》的研究主要集中于以下一些问题：

一是其能否终结“被精神病”。郭文婧[1]认为，《精神卫生法》所确立的以下两条原则对被精神病现象具有釜底抽薪的作用：一是除法律另有规定外，不得违背本人意志进行确定其是否患有精神障碍的医学检查；二是精神障碍的住院治疗实行自愿原则。《精神卫生法》明确了相关违法行为的法律责任，对于防止被精神病现象提供了重要保障。例如，违反精神障碍诊断标准，将非精神障碍患者诊断为精神障碍患者的，对医疗机构及其医务人员进行行政处罚。违反《精神卫生法》相关规定，构成犯罪的，依法追究刑事责任。但是，《精神卫生法》中关于“非自愿住院治疗”的规定存在被滥用以致出现被精神病现象的可能性。陈方[2]认为，暂无伤害行为或危险，但精神疾病严重，需要治疗，而本人因丧失自知力拒绝治疗的人群，相对于被精神病人群而言，为数众多。如何保障他们接受治疗的权利，有待观察。郭敬波[3]指出，为数众多的精神“亚健康”人群易被精神病。

二是基层医疗机构康复保障职责能否实现。《精神卫生法》的一大亮点是对于精神障碍患者的康复的有关规定，其着重强调了社会的职能，尤其是规定了基层医疗机构的保障职责。《精神卫生法》第54～55条、第59条第2款对此都有相应的规定，对于保障精神障碍患者的合法权益具有非常重要的意义。胡晓翔[4]指出，《精神卫生法》第55条对基层医疗康复服务机构和人员资质衔接问题未予明细规范。刘鑫[5]研究了我国基层医疗机构的现状，发现无论是医务人员的资格，还是医疗机构的资质，无论是从精神病学专业，还是从全科医学专业来看，《精神卫生法》第54条赋予基层医疗机构的精神疾病方面的保健职责都是不可完成的任务。他认为，我国基层医疗机构还没有准备好，《精神卫生法》的相关规定仅具有宣示意义，没有任何实际意义，在目前乃至今后相当长一段时间都难以达到。

[1] 郭文婧：“《精神卫生法》能否终结被精神病”，载《法制与社会》2012年第11期。

[2] 陈方：“杜绝‘被精神病’不是《精神卫生法》的全部”，载《法制与社会》2012年第11期。

[3] 郭敬波：“让精神病人的诊断有法可依”，载《检察风云》2012年第23期。

[4] 胡晓翔：“《精神卫生法》浅析”，载《南京医科大学学报（社会科学版）》2013年第3期。

[5] 刘鑫：“精神卫生法的理想与现实”，载《中国卫生法制》2013年第5期。

三是救济问题的规定是否具有可操作性。胡晓翔[1]认为，《精神卫生法》第32条关于非自愿住院程序中的救济程序的规定失之于过简，如何启动、受理，再次诊断或鉴定的期限、费用承担，以及此鉴定与《医疗事故处理条例》规定的医疗事故技术鉴定、《侵权责任法》规定的医疗损害鉴定的关系，均不明了。而且，再次诊断加鉴定的救济措施虽可防止被精神病，由于没有精神卫生法庭，对于误诊、医疗差错等则无法申诉。黄雪涛[2]认为，《精神卫生法》关于精神障碍患者的诉讼权利——患者认为行政机关、医疗机构或其他有关单位和个人侵害其合法权益的，可以依法提起诉讼——的规定过于概括，缺乏可操作性。首先，人身自由受限的住院精神障碍患者，无法亲自到法院起诉；其次，违背其意愿将其送入医疗机构的监护人，与其立场对立，几乎不可能协助其提起诉讼，甚至会指示医疗机构以“避免妨碍治疗”为由，限制患者的通讯与会见探访者，使患者没有机会通过委托别人来行使诉讼权利。再加上患者查阅复印病历作为诉讼证据的机会被监护人与医院合谋剥夺，如此，诉讼权依然可能被全面封杀。

2. 司法精神病学鉴定制度研究

加强司法精神病学鉴定的规范性、提高鉴定的科学性和权威性是一个系统工程。鉴定制度、鉴定工作模式、鉴定标准的正确理解和把握都是其中的重要方面或环节。本年度，上述领域的研究都有了新的进展。

（1）精神病司法鉴定模式。《司法鉴定程序通则》第19条规定：司法鉴定机构对同一鉴定事项，应当指定或者选择2名司法鉴定人共同进行鉴定；对疑难、复杂或者特殊的鉴定事项，可以指定或者选择多名司法鉴定人进行鉴定。传统上，在接受委托后，鉴定人组成鉴定小组，鉴定人分别向有关知情人了解情况，收集鉴定资料，进行鉴定精神检查，共同讨论后形成鉴定意见。在司法鉴定制度改革的大背景下，随着证据法学的兴起，本年度，张艳等[3]对我国现行司法精神病学鉴定的工作模式进行了考察、反思，并提出了引入听证制度的设想。作者指出，在现有鉴定工作模式下，鉴定人所收集掌握的鉴定材料有可能不全面、不够客观，由此导致鉴定所依据的文证材料的

---

[1] 胡晓翔：“《精神卫生法》浅析”，载《南京医科大学学报（社会科学版）》2013年第3期。

[2] 黄雪涛：“精神卫生法的贡献与缺陷”，载《东方早报》2012年10月29日，第A23版。

[3] 张艳等：“论司法精神病鉴定听证制度构建”，载《中国司法鉴定》2012年第2期。

全面性、真实性、针对性无法保障。当前的鉴定工作模式，从权利保障的角度看，实际上剥夺了当事人在鉴定过程中的举证权、质证权。因此，建议将听证制度引入司法精神病学鉴定中。

当前，无论刑事或民事诉讼中都没有听证程序的设置，在一些司法鉴定案件的听证实践中，涉及听证案件的范围、人员组成、程序等也都没有相关的立法支撑，仅仅类似于准司法程序。作者对司法精神病学鉴定领域的听证制度和程序进行了探讨，这种思考与探索具有创新意义。

（2）鉴定程序的启动。司法精神病学鉴定的启动程序问题一直以来备受关注。由于在我国，职权机关是启动司法精神病学鉴定的唯一主体，立法未赋予当事人鉴定程序的独立启动权。这种情形一段时间以来一直受到诟病。但 2012 年《刑事诉讼法》对此并未作出修改，使得这一问题仍将持续受到关注。[1]往年关于司法精神病学鉴定程序的研究主要为理论研究，本年度两项关于鉴定程序的实证研究值得重视。

郭华[2]分析了司法精神病学鉴定争议较大的 20 个案例，发现当前司法精神病学鉴定的启动存在的问题主要包括：①职权机关对精神病鉴定主要基于案件办理过程中的犯罪嫌疑人、被告人存在明显异常或者其作案动机存在难以解释的疑惑等情形而启动。②当事人申请鉴定存在足够证据的，尤其是一些有影响的重大案件，职权机关一般会接受鉴定申请并决定进行鉴定。尽管《刑事诉讼法》没有赋予当事人鉴定的申请权，在实践中并未因此受到限制。③驳回重新鉴定申请的理由与依据过于简约、笼统。无论何种案件，其驳回的理由大致相同，即“精神正常”或者“未发现异常”，甚至还包括“无精神病”。辩方申请启动鉴定，其鉴定结果一旦对辩方不利，再次启动鉴定难以获得职权机关的同意。④职权机关认为犯罪嫌疑人、被告人“无异常”而不启动鉴定时，即使辩方提出鉴定申请，甚至提供一定的证据线索，鉴定也难以启动。⑤在职权机关驳回鉴定申请的理由方面，主要以诉讼当时犯罪嫌疑人、被告人的精神状况及其作案时的自我保护意识、讯问时的供述自然流畅以及回答问题准确切题作为依据，而很少考虑犯罪嫌疑人、被告人作案时的精神状况与其辨认、控制能力的实存关系。

---

〔1〕 李贺军：“应赋予精神病司法鉴定启动权”，载《检察日报》2012 年 2 月 27 日，第 6 版。

〔2〕 郭华：“精神病司法鉴定若干法律问题研究”，载《法学家》2012 年第 2 期。

⑥在侦查、起诉程序中，辩方申请鉴定没有被支持或者在此期间没有提出鉴定申请的，即使在审判阶段提出鉴定请求且有一定的理由或者提供一定的证据线索，法院一般也会驳回鉴定请求。⑦精神病鉴定的启动易走向两个极端。职权机关在一些恶性案件中会武断地拒绝启动鉴定，而在有些案件中却无理由地多次启动鉴定。

郭志媛〔1〕所带领的中国政法大学刑事司法学院“刑事诉讼中精神病司法鉴定的程序保障”课题组，2010～2011年针对我国刑事案件精神病鉴定的启动与实施等问题，在全国7个省共13个市〔2〕进行了实证调研，调研主要在中级人民法院、高级人民法院以及相应级别的公安机关、检察院、司法厅（局）进行。调研发现：①公检法机关垄断精神病鉴定启动权的模式基本上运行良好，需要进行精神病鉴定的案件中，绝大多数犯罪嫌疑人或被告人得到了鉴定的机会，应当鉴定而未鉴定的情况只是少数例外情况。②公检法机关在判断是否启动精神病鉴定时缺乏法定的明确标准，虽然实践中存在一些共同的标准，但其中有些标准发挥了不适当的作用，例如社会效果的考量。③公检法机关在决定是否启动精神病鉴定问题上享有宽泛的自由裁量权，其不仅单方决定精神病鉴定的初次启动，而且还有权批准或者驳回被告人一方提出的补充鉴定或重新鉴定申请。相对而言，申请鉴定的当事人（主要是犯罪嫌疑人、被告人）对精神病鉴定基本上不能发挥任何影响，其权利保障机制亟待健全。④公检法机关对于是否需要精神病鉴定的初步认定有时缺乏必要的专业知识背景。对于非典型的精神障碍患者，公检法机关由于不具备相关的专业知识，常常不能作出准确的判断。⑤辩护律师在精神病鉴定的启动程序中未能发挥应有的作用，需要专门培训方可真正发挥作用。

关于司法精神病学鉴定程序的完善与改革方向，则有不同的观点：一种观点主张，在不改变现行启动程序的基础上进行适当完善。另一种观点主张引入当事人启动机制。虽然当事人启动机制在理论上具有明显优点，例如，更充分地体现平等对抗原则，更有利于对当事人的权利保护等。但目前更多

---

〔1〕郭志媛：“刑事诉讼中精神病鉴定的程序保障实证调研报告”，载《证据科学》2012年第6期。

〔2〕包括：北京市、广东省（广州市、中山市、深圳市）、山西省（太原市）、山东省（青岛市、潍坊市）、黑龙江省（牡丹江市、哈尔滨市）、湖南省（长沙市）和江苏省（南京市、淮安市）等。

人还是倾向于在不改变现有启动程序的基础上进行适当完善。[1]

(3) 对鉴定意见的审查判断。由于公安司法人员不具备医学专业知识，在实际工作中对司法精神病学鉴定意见不进行实质审查的现象十分普遍，以至于公安司法人员难以胜任对司法精神病学鉴定意见进行实质性审查。以往关于司法精神病学鉴定的审查判断的论述一般主要着重于鉴定主体的适格性、鉴定程序的合法性。对司法精神病学鉴定意见的审查判断长期以来是一个薄弱环节。

调查发现，绝大多数检察官和法官认为，刑事案件特别是重罪刑事案件(包括死刑案件)，应当要求鉴定人必须出庭作证。[2]但仅仅依赖鉴定人出庭质证是难以保证对司法精神病学鉴定意见之有效审查的，孙皓[3]认为，解决的途径是：打破这种鉴定专业人员与其他诉讼参加人之间的信息不对称，建立专家辅助人制度。另外，作者还从证明责任、证据能力、证明力等证据法学角度考察了刑事诉讼中司法精神病学鉴定审查判断中存在的问题。就司法精神病学鉴定意见的证据力审查而言，一方面，办案人员需要对司法精神病学鉴定的一些基本知识有所了解，可以考虑定期举办会议或建立联席机制，必要时还可通过建立专门机构来维系双方的信息沟通。另一方面，通过建立专家陪审员制度，补救法官在事实认定方面的知识不足。建议选拔一批中立的精神病鉴定专家担任审判人员，对于鉴定意见的一些技术性问题能予以专业的审查，克服法官在审查、排除证据能力上的实际困难。深入地从证据法学的视角进行的论述是一种新的尝试，也是新的进展。

(4) 刑事责任能力评定的主体适格性。刑事责任能力的评定一直是刑事诉讼司法精神病学鉴定中的重要内容。近年来有呼声提出，刑事责任能力应交由法官判断，鉴定人只负责进行精神病学的诊断。[4]郭华[5]认为，将精神病鉴定人的刑事责任能力评断改为精神病对犯罪嫌疑人、被告人辨认或者控

---

[1] 郭志媛："刑事诉讼中精神病鉴定的程序保障实证调研报告"，载《证据科学》2012 年第 6 期。

[2] 郭志媛："刑事诉讼中精神病学鉴定的程序保障实证调研报告"，载《证据科学》2012 年第 6 期。

[3] 孙皓："谈刑事诉讼中司法精神病鉴定的审查判断"，载《广西大学学报（哲学社会科学版）》2012 年第 2 期。

[4] 周长军："疑似精神病人刑事责任能力评定的原则"，载《山东大学学报（哲学社会科学版）》2012 年第 5 期。

[5] 郭华："精神病司法鉴定若干法律问题研究"，载《法学家》2012 年第 2 期。

制能力有无影响以及影响程度的判断的做法尽管在形式上避免了精神病司法鉴定人对刑事责任能力作出法律判断，其背后却遮蔽了法官对精神病司法鉴定人判断的实质“背书”，会造成法官机械地将刑事责任能力影响程度的判断与精神病的轻重对号入座或者简单地置换，导致控辩双方本来能够质疑的精神病与刑事责任能力之间的关系因法官判断的介入不再受到质疑，刑事责任能力的判断成了鉴定人制约法官而不受任何程序制约的隐蔽区域，其结果有可能给人们带来的仅仅是外在形式的欺骗性，而无其他益处。即使如此，仍无法消除人们对于法官是否具有能力对刑事责任能力作出判断的疑虑，法官也有可能因其能力不足而左右为难或者成为当事人乃至公众质疑的靶子，弊害多于利益。作者认为，合理的制度安排应当是由鉴定人作出刑事责任能力的建议性判定，由法官对其进行裁决。

3. 司法精神病学鉴定的理论与实践研究

（1）司法精神病学鉴定基本理论研究。由于法医精神病学的基本概念，如刑事责任能力、辨认能力、控制能力、民事行为能力等，并不是单纯的精神病学或医学概念，也不是单纯的法学概念，对这些基本概念、基本理论的深入、系统的研究需要跨学科的合作，需要进行跨文化的比较，需要借鉴先进的理论和经验等。由于在我国大部分司法精神病学鉴定的鉴定人是医学背景，因此深入开展这方面的研究一方面是意识不足，另一方面也是力不从心，因而多年来理论研究上并没有明显的突破。本年度有关的理论研究主要有：

第一，实质性辨认能力概念辨析。高北陵等[1]对实质性辨认能力与刑法学上的辨认能力两概念间的差异进行了比较分析，指出实质性辨认能力是指行为人准确依据事物间的逻辑关系对其行为在刑法学上的意义、性质、作用以及后果的分辨认识能力，即实质性辨认能力仅指对与案件事实存在因果关系的事物的辨认能力，并不包括对其他（与案件无关的）事物的辨认能力。而刑法学上的辨认能力是指行为人认识自己特定行为的内容、意义和后果的能力。高北陵等认为，丧失“实质性辨认能力”通常表现为行为人对其自身行为的内容、意义及后果的常识性辨识能力并无明显受损，即其刑法学上的辨认能力并未明显受损，但其涉案行为确实是受精神病症状所驱动，即精神

〔1〕 高北陵等：“实质性辨认能力与刑法学中的辨认能力之差异探讨”，载《中国法医学杂志》2012年第6期。

病理动机。“实质性辨认能力”的核心是“动机”。并指出，某些精神病性障碍患者，例如偏执性精神障碍、心境障碍甚至少数精神分裂症患者等，其心理过程仅在某个或某几个领域出现障碍，对自身行为尚保留不同程度的常识性辨认能力。这种情况下，被鉴定人仅有实质性辨认能力障碍，而基本或常识性辨认能力还存在。这种情形下对刑事责任能力的评价不能等同于辨认能力丧失，进而评定为无责任能力。

第二，司法精神病学鉴定应坚持“疑病从无”原则。吴真等[1]从我国刑法学上的价值判断、从我国刑事诉讼程序对正义的实现和对权益的保障角度进行了论述，认为“疑病从无”比“疑病从有”更具程序合理性。“疑病从无”能有效阻止伪装精神病。根据现有刑法和刑事诉讼法的制度设计，疑病从无的理念更有利于实现程序和实体的正义。因而，在司法精神病学鉴定中应坚持“疑病从无”原则。以往，对于“疑病从无”或“无病推定”的探讨大多缺乏对该规则的理性思辨，尚未揭示“疑病从无”规则和我国刑法、刑事诉讼法的契合性，以及该规则符合我国刑事司法实践的当然性。

（2）鉴定科学化的努力。研制标准化评定工具，指导与辅助相关鉴定工作，加强司法精神病学鉴定的科学性，提高司法精神病学鉴定的客观性和公信力，始终是司法精神病学鉴定工作的一个努力方向。本年度开展的研究工作包括：

第一，暴力危险量表研究。章雪利等[2]引入、修订了由沃恩 CS. 与戈登 CA. 编制的具有评估暴力危险、识别治疗靶目标及评估危险变化功能的暴力危险量表（VRS），并对修订后的暴力危险量表中文版（VRS－C）进行信度检验。通过标准的翻译程序形成 VRS－C，由3位评估者独立评估14个案例以检验评分者信度，以125例来自成都安康医院监管病区、四川华西法医学鉴定中心法医精神病学教研室及华西心理卫生中心的精神障碍患者为被试，对 VRS－C 的信度进行检验。结果显示，初步修订的 VRS－C 具有较好的评分者信度（ICC＝0.80）、同质性信度（克朗巴赫 α 系数＝0.921）、分半信度（0.906）及题总相关性（0.246～0.849）。据此认为，初步修订的 VRS－C 具

〔1〕吴真等：“谈刑事责任能力评定时‘疑病从无’的法律意义”，载《中国司法鉴定》2012年第3期。

〔2〕章雪利等：“暴力危险量表中文版的信度”，载《法医学杂志》2012年第1期。

有较好的信度。

《精神卫生法》颁布实施以后，对暴力危险性的评估工具的研制更为迫切。我国《精神卫生法》第30条规定：诊断结论、病情评估表明，就诊者为严重精神障碍患者并有下列情形之一的，应当对其实施住院治疗：①已经发生伤害自身的行为，或者有伤害自身的危险的。②已经发生危害他人安全的行为，或者有危害他人安全的危险的。即《精神卫生法》的非自愿住院治疗采用"危险性标准"。第44条第5款规定：医疗机构应当根据精神障碍患者病情，及时组织精神科执业医师对依照本法第30条第2款规定实施住院治疗的患者进行检查评估。评估结果表明患者不需要继续住院治疗的，医疗机构应当立即通知患者及其监护人。可见，无论是在入院还是在出院环节，对患者的暴力危险性的评估都是重要的决定依据。尽管评估工具有其固有的不足，但缺乏科学的评估工具，仅凭临床经验判断势必增大执业人员的随意性。

第二，伤前IQ评估。曾德志等[1]探讨了IQ损伤值评估在智力损伤鉴定中的应用价值。研究通过对266例智力损伤鉴定资料进行回顾性分析，采用"事前智力水平的估计方法"评估伤前IQ，按IQ损伤值（伤前与伤后IQ的差值）对智力损伤进行评定。即根据伤者社会人口资料推算其伤前智力水平。具体计算方法是将伤者年龄、性别、受教育程度和职业4项指标按操作规范量化后分别代入言语、操作和全量表3种事（伤）前智商估计回归方程，计算具体智商值。按IQ损伤值（伤前与伤后IQ的差值）进行评定：IQ损伤值≥30为有智力损伤，30～44为轻度，45～59为中度，60～74为重度，75以上为极重度，IQ损伤值<30为不支持有智力损伤。

研究者将根据伤前IQ、鉴定当时IQ评定的智力损伤结果与专家意见进行比较，发现，鉴定当时IQ评定结果与IQ损伤值评定结果不一致率为40.23%（107/266），二者一致性差（k=0.367）；鉴定当时IQ评定结果与专家最终评定意见一致率为63.91%，而IQ损伤值评定结果与专家最终评定意见一致率为89.85%，一致性好于前者。据此认为，在智力损伤鉴定中，根据IQ损伤值比根据鉴定当时IQ评定结果作出的鉴定结论更为科学，伤前IQ评估在智力损伤的司法鉴定中有较重要的应用价值。

---

〔1〕 曾德志等："IQ损伤值在智力损伤鉴定中的应用价值"，载《中国法医学杂志》2012年第1期。

（3）监狱精神病学的开拓探索。《精神卫生法》第 18 条规定：监狱、看守所、拘留所、强制隔离戒毒所等场所，应当对服刑人员，被依法拘留、逮捕、强制隔离戒毒的人员等，开展精神卫生知识宣传，关注其心理健康状况，必要时提供心理咨询和心理辅导。传统上，监狱精神病学主要研究在监狱这一特殊场所中的服刑人员的精神卫生状况以及提供相关的服务。实际上，提升监狱警察的心理健康水平也是监狱精神病学的重要内容。

近年来，有关警察等特定职业的职业倦怠问题引起研究者关注，但少有针对监狱警察等特殊群体的分析研究。监狱警察工作环境闭塞、任务重、责任大，无法享受基本法定假日，与家人相处沟通的时间减少，这样高风险、高压力、少支持的工作，容易发生职业倦怠。

谢家玲等[1]对监狱警察的职业倦怠情况作了调查，并与精神科医护人员的职业倦怠情况进行了比较。调查结果显示，监狱警察零倦怠 5%、轻度倦怠 33%、中度倦怠 46%、高度倦怠 16%；医护人员零倦怠 10%、轻度倦怠 53%、中度倦怠 29%、高度倦怠 8%，两组的倦怠程度差异有统计学意义（$\chi^2=12.8378$，$P<0.05$）。说明监狱警察的职业倦怠程度要高于精神科医护人员，特别是在耗竭、人格解体及职业倦怠总分方面，监狱警察的得分均高于精神科医护人员。警察职业的特殊性主要表现在工作任务繁重、危险性大、环境复杂，社会期望值过高，过多的内部约束和绝对服从等，这些都容易使警察产生职业倦怠。监狱警察又是警察中的特殊警种，工作对象非常特殊，面对的各种服刑人员，不仅其犯罪类型复杂化，犯罪低龄化、智能化、团伙化、累惯化，犯罪手段隐蔽凶残，而且罪犯的反社会意识强烈、道德感薄弱、心理需求畸形。长期面对这样的对象，使监狱警察很容易因职业倦怠而对服刑人员有消极和麻木不仁的态度，而且缺乏同情心。这也导致了监狱警察的职业倦怠程度，尤其是耗竭、人格解体因子的得分明显高于医护人员。

（4）其他方面的研究。包括：①毒品所致精神障碍的刑事责任能力的鉴定。司法部 2011 年颁布的《精神障碍者刑事责任能力评定指南》（SF/Z JD0104002－2011）4.2.5 条规定：对毒品所致精神障碍者，如为非自愿摄入者按 4.1 条款评定其刑事责任能力；对自愿摄入者，暂不宜评定其刑事责任能

---

〔1〕谢家玲等："监狱警察和精神科医护人员职业倦怠调查分析"，载《法医学杂志》2012 年第 4 期。

力，可进行医学诊断并说明其案发时精神状态。由此，鉴定人可以搁置学术争议，避免鉴定意见不一致的尴尬局面。但是，鉴定机构如何与司法机关达成共识并取得良好的司法效果和社会效果，还有待实践磨合。[1] ②精神病司法鉴定机构的能力验证。自2009年起，在中国合格评定国家认可委员会（CNAS）组织、司法部司法鉴定管理局协调下，司法部司法鉴定科学技术研究所逐步向国内鉴定机构提供法医精神病专业能力验证服务。截至2012年，该专业已组织开展能力验证计划4次，完成测量审核20余次，参加能力验证活动的机构数近600家。[2] 能力验证活动开展以来，在使鉴定机构得以顺利发现、认识到自身在人员能力、鉴定方法、技术、程序等方面的不足，完成鉴定质量的自我检验方面起到了积极作用。今后，该专业能力验证活动在项目设计、运作方式上仍将加以改进。

（四）法医生物学

本年度，我国未见有新的国家标准和行业标准发布。在遗传标记检测手段上，几个STR复合扩增试剂盒的成功研制和产业化，为我国法医DNA分析、数据库建设的便捷高效、标准化和质量控制提供了较好的工具，非CODIS系统STR试剂的研制也有进展。其他遗传标记的研究多集中在多态性SNP的发掘、检测方法的建立和应用上。在亲缘关系的鉴定方面，倡导使用多种类遗传标记联合检测，更加注重了判定策略的研究。

1. STR检测试剂的研制与应用

常染色体STR检测是法医DNA个人识别和亲子鉴定的主要手段，研制具有高鉴别能力的检测试剂盒，一直是法医物证技术研究的热点。

（1）常染色体STR的检测，主要研究成果如下：

姜先华等[3] 建立了一个20个基因座五色荧光标记复合扩增检测体系，并评价了其法医学应用价值。他们收集了368份无关人血样及55份实际案例样本（包括血斑、体液斑、组织及毛发），采用五色荧光素标记技术，对Amelogenin和19个STR基因座（D19S433、D5S818、D21S11、D18S51、D6S1043、

---

〔1〕 管唯等："司法精神鉴定中毒品所致精神障碍的诊断"，载《中国司法鉴定》2012年第6期。

〔2〕 蔡伟雄等："法医精神病学能力验证相关问题探讨"，载《中国司法鉴定》2012年第5期。

〔3〕 姜先华等："五色荧光标记20个基因座复合扩增体系及法医学应用"，载《中国法医学杂志》2012年第3期。

D3S1358、D13S317、D7S820、D16S539、CSF1PO、Penta D、vWA、D8S1179、TPOX、Penta E、TH01、D12S391、D2S1338 和 FGA）进行基因型检测，并考察方法的一致性、灵敏度、种属特异性及检材适用性。结果该五色荧光标记复合扩增检测体系可对所选 20 个基因座分型，结果稳定准确，且均衡性良好、无杂峰。群体调查结果显示，累积个人识别率（CPD）和累积非父排除率（CPE）分别是 0.999 999 999 999 999 999 999 和 0.999 999 99，灵敏度达 125pg，种属特异性高，实际案例检材分型成功率高。他们认为该五色荧光标记复合扩增检测体系各项指标可达到当前商品化试剂盒的检测水平。

华筱玲等〔1〕研制了一个包含 15 个非 CODIS 位点的复合扩增体系，包括 D3S1744、D4S2366、D8S1110、D10S2325、D12S1090、D13S765、D14S608、Penta E、D17S1294、D18S536、D18S1270、D20S470、D21S1437、Penta D 和 D22S683 基因座，并对居住在台湾地区的 9 个群体 1098 份无关个体样本进行了检测，其中包括台湾汉族、台湾本土人、达悟族人、大陆人、菲律宾人、泰国人、越南人、印度尼西亚人和白人，并统计了每个群体的等位基因分布及法庭科学参数。所有人群的累积个体识别能力和累积排除概率均较高。根据 Rst 矩阵构建了 9 个群体 15 个常染色体 STR 多维标度图，展示出了 9 个群体的遗传结构。他们认为，这 15 个 STR 的检测体系可以为不同人群案件的鉴定和亲子鉴定提供有效的信息。

袁丽等〔2〕建立了 10 个 STR 基因座荧光标记复合扩增体系。他们在北京、山西、广东汉族，辽宁满族，西藏藏族群体中调查 STR 基因座遗传多态性，筛选出 9 个具有高度多态性和法医应用价值的 STR 基因座及性别基因座，构建了四色荧光素标记复合扩增体系，并对体系的种属特异性、灵敏度、稳定性、混合样本等检测能力进行考察。结果，建立的复合扩增体系遗传稳定好，累积非父排除率可达 0.999 96，累积个体识别率可达 0.999 999 999 999 3，与 CODIS 系统均不存在连锁遗传。体系种属特异性较好，灵敏度为 0.1ng，稳定性好，混合样本检出范围在 2∶8～8∶2 之间。

人们已经研究发现并确定了大量人类白细胞抗原（HLA）区域的微卫星

---

〔1〕 Hwa HL et al.,"Fifteen Non - CODIS Autosomal Short Tandem Repeat Loci Multiplex Data from Nine Population Groups Living in Taiwan", *Int J Legal Med*, 2012 Jul, 126 (4): 671～5.

〔2〕 袁丽等："10 个 STR 基因座荧光复合扩增体系的研制"，载《中国法医学杂志》2012 年第 3 期。

遗传标记。张洪波等[1]使用荧光标记复合扩增体系，调查了150名西安汉族无关个体的9个HLA区域STR基因座（D6S276、MOGCA、D6S265、MIB、D6S273、G51152、TAP1CA、RING3CA、D6S291）的多态性，在这些基因座上，观察到了6~13个等位基因，符合Hardy-Weinberg平衡。他们认为，这9个STR具有较高的遗传多态性，可以用于群体遗传研究、移植配型、个体识别和亲子鉴定。

为了解决法医DNA检测试剂中标准物质的溯源问题，孙敬等[2]研究并建立了法医DNA标准物质备选细胞基因组STR基因座等位基因片段长度标准定值的方法。他们利用有机法提取HPF和HSSM细胞基因组DNA并进行STR复合扩增，对产物进行电泳检测。利用Gene Mapper软件分析电泳结果，记录STR基因座等位基因的数值，并对目前我国公安系统应用较为广泛的DNA-Typer™15、Identifiler™两种试剂盒扩增产物进行相应的DNA片段长度统计以及定值。结果，HPF为男性个体细胞，HSSM为女性个体细胞。HPF和HSSM细胞DNATyper™15系统等位基因片段长度范围分别为126.26±0.05~367.53±0.20bp和125.33±0.07~370.08±0.17bp，Identifiler™系统等位基因片段长度范围分别为117.22±0.04~340.02±0.08bp和117.21±0.03~323.86±0.09bp。通过对STR基因座等位基因片段长度进行标准定值，可为法医DNA标准物质提供有效的溯源途径。

苏珊珊等[3]建立了D6S474、D20S482、D4S2408、D6S1017四个miniSTR基因座复合扩增体系，评价了其对腐败检材的应用价值，调查了4个基因座在汉族人群中的遗传多态性。

李秋阳等[4]对Goldeneye™ 20A－M试剂盒在数据库建设中的应用进行了研究，并将其应用于1200份数据库样品的检验中，建立了快速扩增反应

---

〔1〕 Zhang HB et al.，"Nine Polymorphic STR Loci in the HLA Region in the Shanxi Han Population of China"，*Genet Mol Res*，2012 Aug 16，11（3）：2534~8.

〔2〕 孙敬等："法医DNA标准物质备选细胞STR等位基因片段长度的定值"，载《中国法医学杂志》2012年第6期。

〔3〕 苏珊珊等："4个miniSTR基因座复合扩增体系及应用"，载《中国法医学杂志》2012年第1期。

〔4〕 李秋阳等："Goldeneye™ 20A－M试剂盒在数据库建设中的应用"，载《中国法医学杂志》2012年第4期。

程序，检验成功率为 98.4%，批量检验 92 份样品（1 板）从取样到电泳完成只需 6h。王洁等[1]评估了 Goldeneye™20A 试剂盒在亲权鉴定中的应用价值。与 Identifiler™、Sinofiler™、PowerPlex16 等 3 种试剂盒进行比较，采用 Goldeneye™20A 试剂盒的累积非父排除概率为 0.999 999 996，累积个人识别能力达 0.999 999 999 999 999 999 999 932 44，Goldeneye™20A 试剂盒具有更高的 CPI 值。苏艳佳等[2]考察评价了 AGCU Mini 系统在法医学实践中的应用价值。通过检测陈旧血样，并与 Identifiler™试剂盒检测结果进行比对，该试剂盒检测 12 885 份（96.1%）分型成功，检测灵敏度为 40pg（10μL 体系），方法成功率及灵敏度均高于 Identifiler™试剂盒。D19S253 基因座共检出 9 个等位基因，频率范围为 0.0057 ~ 0.3162，杂合度为 0.8140，多态性信息含量为 0.7729。白雪等[3]测试了 DNA Typer™15 plus 直扩试剂盒的技术性能指标，并使用 Identifiler™和 DNA Typer™15 试剂盒进行比较，结果直扩试剂盒分型结果准确，重复性好，灵敏度可达 0.125ng，10μL 扩增体系时 FTA 卡和加强型血液采集卡取样直径应为 0.5mm，可以满足 DNA 数据库建设及检案的需要。

赵兴春等[4]研制了适用于数据库样本的荧光 STR 直接复合扩增体系。他们针对常规血卡、FTA 和 903 血卡样本，配制扩增缓冲液基准母液，采用不同配方的扩增缓冲体系进行直接扩增及检测。通过考察不同种类增强剂、4 种商业化 DNA 聚合酶、不同复性温度和终延伸时间，对检材的检测效果进行评价，并验证优化体系的适应性。开发的复合扩增体系，对各类血卡样本进行检验，均可获得样本清晰、完整的 STR 分型。体系选择 BSA \ Tween20 \ DMSO \ 甘油等增强剂组合、Typer 热启动聚合酶 1.5U/10μL、57 ~ 59℃ 复性温度、30 ~ 50min 终延伸时间，采用 10μL 体系即可对直径 1.2mm FTA 卡血样进

---

〔1〕 王洁等："国产试剂盒 Goldeneye™20A 在亲权鉴定中的应用评估"，载《中国法医学杂志》2012 年第 3 期。

〔2〕 苏艳佳等："AGCU Mini 系统在法医学中的应用"，载《中国法医学杂志》2012 年第 3 期。

〔3〕 白雪等："DNA Typer™15 plus 直扩试剂盒在 DNA 数据库建设中的应用"，载《中国法医学杂志》2012 年第 5 期。

〔4〕 赵兴春等："荧光 STR 直接复合扩增试剂缓冲体系的研制"，载《中国法医学杂志》2012 年第 5 期。

行有效分型，所研制的缓冲体系能够满足常规血卡、FTA 和 903 血卡样本直接扩增检验的需要。

（2）Y 染色体 STR 的检测，主要研究成果如下：

Y 染色体 STR 是父系识别和混合斑检测的有效工具。彭冬铂等[1]通过对 NCBI 数据库中的 Y－STR 位点和生物信息学预测的新 Y－STR 位点的分析，选取了 133 个位点，在 48 个全球分布的样本中进行检测验证，获得 41 个可靠的高频位点，其中 36 个为首次发现验证的新 Y－STR。利用这 41 个 Y－STR 位点，在 200 个上海随机男性样本中共发现 200 种单倍型，实现了人群内个体间 100% 区分，并通过对浙江江山一姜氏聚集地的 9 个 5 代以内无血缘关系的姜氏个体和 7 个上海随机人群的姜氏个体的单倍型分析，发现 6 个江山姜氏个体具较近的亲缘关系（彼此差异位点为 2～4 个）。这 41 个 Y－STR 具备较高的信息度，能有效区分群体内不同家族来源的个体。

Zhang GQ 等[2]关注到人类基因库中从 DYS708 到 DYS726 的 Y－STR，包括 3 个三核苷酸 STR（711、718、719），9 个四核苷酸 STR（708、709、710、712、713、715、722、723、726）和 4 个五核苷酸 STR（714、716、717、721）。16 个 Y－STR 在陕西人群基因多样性（GD）为 0.79，其中 DYS712 有 8 个等位基因，GD 为 0.843。根据这些 STR 的测序结构、等位基因频率分布、单倍型分布和男性特异性，分为简单 STR 和复杂 STR 两类。Y－STR，如 DYS709、DYS714、DYS715、DYS716、DYS718、DYS719 和 DYS726，具有四核苷酸和五核苷酸的核心序列，在 Y 染色体上只有 1 个拷贝，并且结构相对简单，建议使用。而 DYS724 和 DYS725，由于其多拷贝的原因，不适合法庭科学应用。

梅焜等[3]建立了 6 个 Y－STR 荧光复合扩增体系，包括 DYS444、GATA－A7.2、GATA－A10、DYS390、GATA－A7.1、DYS443，根据等位基因标准命名各等位基因，并评价该系统的特异性、准确性、均衡性、灵敏度及对混合血样的分析能力。对湖北汉族群体进行了遗传学调查，GD 值

---

［1］ 彭冬铂等："人类 Y 染色体 36 个新 STR 位点的筛选与鉴定"，载《遗传》2012 年第 11 期。

［2］ Zhang GQ et al.，"Structure and Polymorphism of 16 Novel Y－STRs in Chinese Han Population"，*Genet Mol Res*，2012 Dec 19，11（4）：4487～500.

［3］ 梅焜等："6 个 Y－STR 荧光复合扩增系统的建立及应用"，载《中国法医学杂志》2012 年第 1 期。

0.5803~0.7223，共检出158种单倍型，其多样性为0.9958。

（3）X染色体STR检测，主要研究成果如下：

刘秋玲等[1]开发了一个包含12个X-STR（DXS6807、DXS8378、DXS9902、DXS6800、DXS6803、DXS6799、DXS6804、GATA172D05、DXS6854、HPRTB、DXS8377和DXS7423）的复合扩增体系，并对中国广东汉族和哈萨克族人群1005名无关个体（男574，女431）进行了多态性和连锁/独立性调查，统计了等位基因频率和突变率。观察到了连锁不平衡的单倍型（DXS6807-DXS8378-DXS9902），连锁遗传的单倍型（DXS6804-GATA172D05和DXS8377-DXS7423）。等位基因总数117个，范围为5~20，9480次减数分裂观察到有8个案例发生突变。两两比较两组人群等位基因频率分布，有显著性差异。连锁遗传的单倍型多样性信息量0.9404~0.9694。这一复合扩增体系可以成为X-12或X-8试剂盒的有效补充。

李莉等[2]从X染色体上选择GATA165B12、DXS101、GATA172D05、HPRTB、DXS981、DXS8378、DXS6795、GATA31E08、DXS6809、DXS6803、DXS9902、DXS6807、DXS7423、DXS7133、DXS6810和DXS7132共16个STR基因座，使用Primer Premier 5.0设计多重PCR引物，4种荧光素（FAM、HEX、TAMRA、ROX）进行标记，成功研制了多重PCR检测试剂盒IDtyperX-16，并对中国汉族进行群体遗传学调查。所检测的16个X-STR基因座中，DXS7133和DXS7423具有中度多态性，其余14个基因座均具有高度多态性（PIC>0.5，H>0.5），这16个X-STR基因座在女性群体的累积个人识别率为0.999 999 999 999 97，在男性群体的累积个人识别率为0.999 999 993，在三联体中的累积非父排除率为0.999 999 93，在二联体中的累积非父排除率为0.999 990。试剂盒达到了法医物证学应用的要求，可为疑难复杂亲权案件的鉴定提供有效的手段。

2. SNP检测试剂的研制与应用

三等位基因单核苷酸多态性（SNPs）有可能成为法庭科学DNA分析所使用的遗传标记。目前，只有有限的三等位基因单核苷酸位点被证实适合法庭

---

〔1〕 Liu QL et al.,"Development and Population Study of the 12 X-STR Loci Multiplexes PCR Systems", *Int J Legal Med*, 2012 Jul, 126 (4): 665~70.

〔2〕 李莉等："X染色体上16个STR基因座的分型检测和多态性分析"，载《法医学杂志》2012年第1期。

科学应用。Lagabaiyila Zha 等[1]试图开发一种有效的方法对三等位基因单核苷酸位点进行筛选和分型。他们采用焦磷酸测序（PSQ）和 SNaPshot 技术，从 NCBISNP 数据库中筛选出 50 个备选 SNP，其中 20 个具有三等位基因单核苷酸多态性，位于 16 个常染色体上。将这 20 个 SNP 制作成一个 SNP 复合扩增体系。使用该体系检测了 100 名中国无关个体并统计等位基因频率，累积个体识别能力为 0.999 999 999 975，累积排除概率为 0.9937。研究结果表明，这一复合扩增体系能快速有效地检测三等位基因 SNP 多态性，而且这 20 个三等位基因 SNP 的检测可以成为个人识别和亲子鉴定的补充手段。

Wei YL 等[2]开发了一个全新的包含 47 个 SNP 的多态性检测体系，用于 DNA 分析和 ABO 血型分型。他们从 86 个已证实可识别无关个体的 SNP 中筛选出 47 个，包括了 1 个性别位点和 4 个 ABO 位点。42 个 SNP 在中国汉族的随机匹配概率是 9.5×10^{-18}。用既往的亲子鉴定和个人识别案件证实了该 SNP 体系分析的准确性。另外，对得到 STR 部分分型（11/16）的低峰值降解样本，该体系可以全部分型 47 个 SNP。他们认为，该检测体系与 STR 检测体系等效，且更适合降解检材。

李彩霞等[3]构建了 48 - SNP 位点复合检测体系用于个体识别、性别鉴定、ABO 基因分型。他们选择了 43 个常染色体位点、4 个 ABO 基因位点和 1 个性别鉴定位点，根据单碱基延伸技术通过 GenomeLab™ SNPstream 基因分型系统进行 SNP 分型。结果，48 - SNP 体系分型结果与测序结果的一致性为 100%，最小 DNA 检出量为 0.25ng，不同组织来源样本检测同一性很好。利用该体系检测 225 名无关汉族个体，所有位点均符合 Hardy-Weinberg 平衡，整个系统的随机匹配概率为 9.4×10^{-18}，累积非父排除率为 0.999 788，累积个体识别率大于 0.999 999 999 999 999 99。

Wei W 等[4]同样是基于焦磷酸测序和 SNaPshot 技术开发出了一个新的

---

[1] Lagabaiyila Zha et al.，"Exploring of Tri - Allelic SNPs Using Pyrosequencing and the SNaPshot Methods for Forensic Application"，*Electrophoresis*，2012，33，841 ~ 848.

[2] Wei YL et al.，"Forensic Identification Using a Multiplex Assay of 47 SNPs"，*J Forensic Sci*，2012 Nov，57（6）：1448 ~ 56.

[3] 李彩霞等："法医 SNP 复合检测体系的构建及应用"，载《中国法医学杂志》2012 年第 3 期。

[4] Wei W et al.，"Exploring of New Y - Chromosome SNP Loci Using Pyrosequencing and the SNaPshot Methods"，*Int J Legal Med*，2012 Nov，126（6）：825 ~ 33.

Y－SNP 检测方法。他们从 103 个备选的 Y－SNP 中，选出 34 个在中国汉族具有多态性的新的双等位基因 SNP，使用 SNaPshot™ Multiplex Kit，建立了 20 个 Y－SNP 的分型体系。20 个 Y－SNP 位点定义了 56 个不同的单倍型，单倍型多样性达到 0.9539。结果表明，利用这一策略可以有效地从大量位点中搜寻双等位基因遗传标记的检测体系，并构建检测体系以补充个体识别的手段。

王伟妮等〔1〕采用复合 PCR－Snapshot 联合甲基化敏感酶切技术，检测印记基因中 5 个 SNP 的甲基化状态、印记亲代来源及分型。他们选择了 15 例亲子鉴定已证实为亲生关系的家系样本，采用单碱基延伸复合检测技术，检测家系样本 IGF2AS rs1003483、SNURF rs220028、SNURF rs4906939、DLGAP2 rs6558478、SIM2 rs737380 等 5 个 SNP 分型，同时选用核酸内切酶（McrBC）和甲基化敏感的限制酶（msRE）HhaI、HpaII 消化子代 DNA，验证印记基因的亲代来源。经用这一方法检测，证实 rs1003483 为父源印记；rs220028、rs4906939 为母源印记；rs6558478 及 rs737380 未在差异甲基化区，不能确定其印记亲代来源。他们认为，复合 PCR－Snapshot 联合甲基化敏感酶切技术简单、高效，在检测多个 SNP 分型的同时可确定亲代来源，可在相关研究和实践中选用。

3. 遗传标记多态性调查研究

Yuan L 等〔2〕调查了 220 名中国北方汉族 21 个常染色体 STR 基因座（D6S474、D12ATA63、D22S1045、D10S1248、D1S1677、D11S4463、D1S1627、D3S4529、D2S441、D6S1017、D4S2408、D19S433、D17S1301、D1GATA113、D18S853、D20S482、D14S1434、D9S1122、D2S1776、D10S1435 和 D5S2500），对 D22S1045 进行了 Hardy-Weinberg 平衡检验。21 个基因座的观测杂合度、期望杂合度、个体识别能力，三联体非父排除率、二联体非父排除率和多态性信息量范围分别是 0.591～0.836、0.594～0.830、0.762～0.948、0.341～0.659、0.189～0.487 和 0.535～0.807。在 D19S433 和 D10S1435 观察到了三等位基因。在 D22ATA63、D10S1248、D19S433 和 D14S1434 基因座观察到了 1 步突变，238 次减数分裂中 4 个基因座的预期突变率为 0.0042（95% CI:

〔1〕 王伟妮等："印记基因 5 个 SNP 分型及亲代来源的检测"，载《中国法医学杂志》2012 年第 6 期。

〔2〕 Yuan L et al.,"Population Data of 21 Non－CODIS STR Loci in Han Population of Northern China", *Int J Legal Med*, 2012 Jul, 126 (4): 659～64.

0.0001~0.0232）。调查结果显示，这21个非CODIS STR在中国北方群体有较高的个体识别能力和非父排除能力。

张素华等[1]采用Investigator HDplex试剂盒（包含12个常染色体STR基因座）调查了484名华东汉族健康无关个体的遗传学数据。结果，12个常染色体STR基因座在本次研究的人群中均符合Hardy-Weinberg平衡，各基因座之间相互独立，个人识别率（DP）均大于0.8，在群体中的累积个人识别率为0.999 999 999 92，在二联体的累积非父排除率为0.999 82，在三联体的累积非父排除率为0.999 998 6。他们认为Investigator HDplex试剂盒中所包含的12个常染色体STR基因座在华东汉族人群中具有良好的多态性，该试剂盒可以作为法医DNA鉴定工作的良好辅助分型工具。白雪等[2]应用DNA Typer15™ Direct试剂盒检测359名河南地区汉族无关个体14个STR基因座的等位基因频率，并计算群体遗传学参数。结果14个STR基因座的基因型分布均符合Hardy-Weinberg平衡（$P>0.05$），14个基因座的杂合度（H）为0.694~0.922，匹配概率（Pm）为0.017~0.131，个人识别率（PD）为0.869~0.983，多态信息含量（PIC）为0.670~0.910，非父排除概率（PE）为0.418~0.841。

图尔逊·尼亚孜比力盖等[3]对新疆南疆地区202份维吾尔族随机个体的20个STR基因座进行了基因频率调查。张晓红等[4]也调查了新疆喀什地区维吾尔族无关个体。他们采用DNA Typer™15 Plus试剂盒，对1381名维吾尔族无关个体的18个STR基因座（D18S51、D21S11、D3S1358、FGA、D8S1179、vWA、CSF1PO、D16S539、D7S820、D13S317、D5S818、D2S1338、D19S433、D12S391、TPOX、TH01、Penta E和D6S1043）遗传多态性进行调查，并研究其法医学应用价值。在1381名维吾尔族无关个体中，共发现231种等位基因，单个等位基因频率分布在0.0004~0.5304，H在0.644~0.923，

---

〔1〕 张素华等："Investigator HDplex试剂盒在华东汉族人群中的法医学应用价值"，载《法医学杂志》2012年第5期。

〔2〕 白雪等："应用DNA Typer15™ Direct试剂盒对河南地区汉族人群14个基因座遗传多态性的调查"，载《刑事技术》2012年第2期。

〔3〕 图尔逊·尼亚孜比力盖等："新疆维吾尔族20个STR基因座遗传多态性"，载《中国法医学杂志》2012年第2期。

〔4〕 张晓红等："新疆喀什地区维吾尔族18个STR基因座的遗传多态性"，载《法医学杂志》2012年第6期。

PIC 在 0.587 ~ 0.918，DP 在 0.817 ~ 0.988，CPE 大于 0.999 999 9。与广州汉族人群遗传距离最大（0.0883），与希腊人群遗传距离最小（0.0503），其遗传多态性更接近欧洲。

唐剑频等[1]评估了非二态单核苷酸多态性（single nucleotide polymorphism，SNP）的遗传多态性及其法医学鉴别效能。他们采集了 100 名广东东莞汉族个体，应用基质辅助激光解吸电离飞行时间质谱方法对 22 个常染色体 SNP 进行分型。结果，广东汉族群体中，9 个 SNP 观察到 1 个等位基因，4 个 SNP 是二态 SNP，9 个 SNP 观察到 3 个等位基因。13 个多态性 SNP 的累积个人识别率和非父排除率分别为 0.999 98、0.9330，9 个非二态 SNP 的累积个人识别率和非父排除率为 0.9998、0.8956。单亲鉴定时，13 个多态性 SNP 的累积非父排除率为 0.7266，9 个非二态 SNP 的累积非父排除率为 0.6405。他们认为，非二态 SNP 在个人识别和亲权鉴定方面具有较高的鉴别效能。

张永吉等[2]应用 PCR 扩增、变性聚丙烯酰胺凝胶电泳和银染法检测了 205 名吉林延边地区朝鲜族男性个体 6 个 Y - STR 基因座（DYS441、DYS442、DYS443、DYS444、DYS445 和 DYS446）的遗传多态性。结果，共发现 151 种单倍型，基因多样性分布为 0.5302 ~ 0.7897。单倍型基因多样性为 0.9938。百茹峰等[3]应用 Y - filer™试剂盒检测了 152 份福建畲族无关男性个体 17 个 Y - STR 基因座的多态性分布，计算等位基因频率及单倍型多样性，并结合已公开发表的其他 11 个群体相应基因座的单倍型资料，分析福建畲族群体遗传距离和聚类关系。福建畲族基因多样性 GD 值在 0.4037（DYS391）~ 0.9725（DYS385a/b），观察到 DYS19 和 DYS390 基因座双等位基因和 DYS385a/b 基因座三等位基因，以及 DYS448 等部分基因座出现的“off - ladder”等位基因现象。17 个 Y - STR 基因座共同构成的单倍型 144 种，其中 138 种单倍型出现 1 次，5 种出现 2 次，1 种出现 4 次，累积 GD 值为 0.9990。从遗传距离分

---

〔1〕 唐剑频等：“22 个常染色体单核苷酸多态性的群体遗传学研究”，载《中华医学遗传学杂志》2012 年第 6 期。

〔2〕 张永吉等：“中国朝鲜族六个 Y 染色体短串联重复基因座遗传多态性的研究”，载《中华医学遗传学杂志》2012 年第 1 期。

〔3〕 百茹峰等：“福建畲族群体 17 个 Y - STR 基因座单倍型及遗传关系”，载《遗传》2012 年第 8 期。

析发现，福建畲族与浙江汉族之间的遗传距离最近（0.0042），与青海藏族之间的遗传距离相对较远（0.2378）。福建畲族最靠近由台湾群体、浙江汉族、南方汉族等典型南方汉族群体聚成的分支区域。焦伟等[1]也采用 Y-filer™ PCR 扩增试剂盒对广西地区 253 名健康志愿者（67 名苗族、99 名瑶族和 87 名侗族）进行了调查。在 3 个民族中 DYS385 基因座检到的等位基因数最多，而 DYS437 基因座检到的等位基因数最少。苗族人群中基因多样性（GD）在 0.2619（DYS438）~0.9417（DYS385），瑶族人群中 GD 在 0.3170（DYS391）~0.9559（DYS385），侗族人群中 GD 在 0.3053（DYS391）~0.9433（DYS385）。DYS391 和 DYS438 基因座在 3 个民族之间的差异无统计学意义（$P>0.05$）。

低分子量多肽（low molecular weight polypeptide，LMP）是 MHC 编码的非经典 HLA 类分子，包括 LMP2 和 LMP7，二者均为免疫蛋白酶体 20S 的 β 亚单位。李志强等[2]选择了 LMP2 基因密码子 60 位点和 LMP7 基因 rs2071543 两个 SNP，调查了辽宁汉族和广西壮族人群中的遗传多态性，为相关研究和实践提供了参考。

4. 遗传标记变异的研究

陈文静等[3]分析了 10 642 宗肯定亲权的亲子鉴定案件（涉及 18 314 次减数分裂），对 PowerPlex ® 16 试剂盒疑似发生等位基因丢失的样本采用 Identifiler™试剂盒和单基因座引物体系进行验证，分离丢失的等位基因，并进行 DNA 序列测定和比对。结果，在 D18S51、D21S11、FGA 和 TPOX 等 4 个基因座上，共确认了 8 宗等位基因丢失案例。通过测序均在 PowerPlex ® 16 体系引物结合区检见单碱基变异，包括 D18S51 发生 4 例，其中 2 例重复序列上游 79 位碱基 G→A 转换，1 例下游 162 位 G→T 颠换和 1 例上游 74 位 G→C 颠换；D21S11 发生 2 例，分别为重复序列上游 17 位 C→A 颠换和 12 位 A→G 转换；FGA 和 TPOX 各发生 1 例，分别为重复序列下游 142 位 G→A 转换和下游 198 位 G→A 转换。等位基因丢失的总发生率为 0.437×10^{-3}。

---

〔1〕 焦伟等：“16 个 Y－STR 基因座在广西苗族、瑶族、侗族人群中的遗传多态性”，载《法医学杂志》2012 年第 5 期。

〔2〕 李志强等：“辽宁汉族、广西壮族人群 LMP2、LMP7 遗传多态性”，载《中国法医学杂志》2012 年第 5 期。

〔3〕 陈文静等：“短串联重复序列基因座等位基因丢失现象的研究”，载《中华医学遗传学杂志》2012 年第 3 期。

Lu D等[1]对中国汉族6441个亲－子减数分裂进行了研究，观察24个常染色体STR（TPOX、D3S1358、FGA、D5S818、CSF1PO、D7S820、D8S1179、TH01、vWA、D13S317、Penta E、D16S539、D18S51、Penta D、D21S11、D2S1772、D6S1043、D7S3048、D8S1132、D11S2368、D12S391、D13S325、D18S1364和GATA198B05）的突变情况。在22个STR基因座上共观察到了195个突变，其中189个（96.92%）突变属于1步突变，5个（2.56%）属于2步突变，1个（0.51%）属于3步突变。TH01和TPOX基因座未发现突变现象。总突变率在0.0013（95% CI 0.0011～0.0015），基因座的突变率为0～0.0034。重复次数增加的倾向似乎高于重复次数减少（～1.7∶1），男性亲代的突变较女性亲代多见（～4.3∶1），此外，杂合度高的基因座似乎突变率相对较高，短的等位基因突变时倾向于延长，而长的等位基因突变时倾向于缩短，长的等位基因较短的等位基因有较大的突变可能性。

吴微微等[2]采用Y-filer™复合扩增试剂盒（17个Y－STR基因座）调查了中国汉族人群867对父子共1649份男性血样本，共14 739次等位基因传递。结果在17个基因座中发现涉及13个基因座共41次突变，其中一步突变40次（97.6%），两步突变1次（2.4%）；突变共涉及40对父子，其中39对仅1个基因座发生突变（97.5%），1对同时有2个基因座发生突变（2.5%）；平均突变率为2.8×10^{-3}（95%CI：$2.0\sim3.8\times10^{-3}$）。等位基因突变时获得重复单位数19次，丢失重复单位数22次，两者比例接近。

在常染色体STR复合扩增体系中，使用Amelogenin基因作为性别检测标记是目前通用的做法。X或Y染色体Amelogenin基因突变会严重影响性别鉴定和产前诊断中对性别的判断。Ou X等[3]收集了8087例采用Powerplex® 16检测Amelogenin基因的中国汉族无关个体样本，对性别与本人不符的个体，采用更换试剂盒、Y－STR检测和序列测定的方法进行确认。结果Amelogenin X－allele（AMELX）或Amelogenin Y－allele（AMELY）表现为无效基因的总

---

〔1〕 Lu D et al.，"Mutation Analysis of 24 Short Tandem Repeats in Chinese Han Population"，*Int J Legal Med*，2012 Mar，126（2）：331～5.

〔2〕 吴微微等："中国汉族人群17个Y－STR基因座突变情况分析"，载《中国法医学杂志》2012年第6期。

〔3〕 Ou X et al.，"Null Alleles of the X and Y Chromosomal Amelogenin Gene in a Chinese Population"，*Int J Legal Med*，2012 Jul，126（4）：513～8.

共占0.074%，其中AMELX引物结合区突变占0.037%，Y染色体围绕AMELY发生AMELY缺失和其他基因缺失的占0.037%。

Ma Y等[1]针对AMELY缺失进行了深入研究。他们从79 304份样本中发现了18份性别被错判的样本（占总数的0.227‰），经AmpFlSTR® Sinofiler和AmpFlSTR® Y－filer™检测确认为AMELY缺失。通过AMELY基因序列测定和对无精子症因子（azoospermia factors）区域的检测发现，18个性别错判的个体中有3例是AMELY基因引物结合区突变引起的，15例系Y染色体不同长度的微缺失所致，还观察到了AMELY缺失与Y－STR缺失的不同组合。Ma Y等[2]还报道了1例强奸案，阴道拭子经AmpFlSTR® Y-filer™Kit检测，DYS448基因表现沉默，DYS456基因表现为off－ladder。测序结果显示，DYS448是典型的无效等位基因，其上游有11个重复序列缺失，N（42）区域有9个碱基缺失，引物结合区域也有多个突变。DYS456的off－ladder峰是一个92bp的碎片，序列测定显示其核心序列（AGAT）仅有10个重复单位。然而，这样一个双基因座变异的生物学证据，反而更宜于进行个体识别。

5. DNA推断体貌特征、个体来源

赵文杰等[3]介绍了基于DNA预测人类可见外表特征的法医学动机及筛选预测性DNA标记的科学挑战，讨论了目前认为很有应用前景的研究结果，比如现在科学水平只能达到通过高度关联的DNA标记准确预测性别、红色头发颜色、蓝色和棕色虹膜颜色。同时也讨论了现在看来不太有前景的应用，比如成年人的身高、人类面部特征等，为我国法医工作者今后进行相关研究提供了一些参考。

吴微微等[4]利用17个Y－STR单倍型数据，推断分析了浙江绍兴地区男性个体来源，为Y－STR数据库的建设与应用提供了一些依据。他们采集绍

---

〔1〕 Ma Y et al.，“Y Chromosome Interstitial Deletion Induced Y－STR Allele Dropout in AMELY－Negative Individuals”，*Int J Legal Med*，2012 Sep，126（5）：713～24.

〔2〕 Ma Y et al.，“A Y－Chromosomal Haplotype with Two Short Tandem Repeat Mutations”，*J Forensic Sci*，2012 Nov，57（6）：1630～3.

〔3〕 赵文杰等：“基于DNA预测人类可见外表特征的综述”，载《刑事技术》2012年第3期。

〔4〕 吴微微等：“用Y－STR单倍型推断男性个体来源的分析”，载《中国法医学杂志》2012年第4期。

兴地区 6 个县（市）区，104 个镇（乡）1240 个村的 138 个姓氏家族的 7384 份男性个体血样，采用 Y-filer™复合扩增试剂盒进行 17 个 Y－STR 分型，所得数据进行县（市/区）/镇（乡/街道）/村/姓氏组合和县（市/区）/镇（乡/街道）/村/姓氏/单倍型组合分布情况统计分析。结果在 7384 份男性样本中，获得 2486 种县（市/区）/镇（乡/街道）/村/姓氏组合，4957 种县（市/区）/镇（乡/街道）/村/姓氏/单倍型组合，3149 种 Y－STR 单倍型。其单倍型出现的次数从 1～52 次不等，其中仅出现 1 次的有 2471 种（78.47%）。对出现频率为 17～52 次的单倍型数据进行姓氏分析，发现平均有 71.0%（42.9%～87.5%）的人员来自同一姓氏，且在地域上多数为相邻镇或村的同姓人员。他们认为，利用 Y-filer 系统的 17 个 Y－STR 基因座单倍型数据，可以推断浙江绍兴地区男性个体的地域或姓氏来源。

6. 亲子、亲缘关系鉴定研究与案例

使用常染色体 STR 检测手段对三联体、二联体的亲子鉴定策略已基本成熟，目前研究的热点主要集中在使用其他检测手段解决特殊遗传特征个体的鉴定问题。亲缘关系鉴定多以家系基因型重建、多种类型遗传标记联合应用和多种分析手段综合评判为基本策略。

（1）亲子鉴定策略及案例，主要研究成果如下：

先天性基因嵌合体由遗传获得，是胚胎早期两个不同受精卵相互混合或血管交叉吻合继而发育成的一个包含两套（种）不同细胞系的个体，分为血型嵌合体（twin chimeras）和全身器官组织嵌合体（whole body chimeras）两种。柳燕等〔1〕通过两例亲权鉴定中发现的男性先天性嵌合体及其家族成员常染色体、性染色体的 STR 谱遗传分析，探讨了先天性基因嵌合体的类型、基因嵌合现象的发生，基因嵌合现象在不同组织中的表现及其作为证据可能在法庭科学调查中存在的风险。分析结果表明，两例男性 Y－STR 单倍型显示正常，分别与其男性家族成员 Y－STR 单倍型一致，但其在常染色体和 X 染色体上的 STR 基因表现嵌合现象，分别是在胚胎发育早期由男性－女性、男性－男性的异卵双生子发生融合并发育而成的全身器官组织嵌合体。嵌合体上不同来源组织的 STR 等位基因强度显示不均衡状态。

---

〔1〕柳燕等："2 例亲权鉴定案中的嵌合体 STR 谱分析"，载《中国司法鉴定》2012 年第 4 期。

Li L 等[1]报道了1例判断养母与养子关系的案例。在46个常染色体STR基因座上，养母与养子至少有1个共享等位基因，提示养母有可能是孩子的生母。他们计算了各种不同身份关系的亲属关系指数（kinship indices，KIs），在35个独立遗传的基因座上，母子关系指数非常之高KI（即6.91E+08），但其他亲属关系指数也较高（如姨-外甥等近亲关系）。进一步通过X-STR和mtDNA检验，排除了他们之间有母子关系，20个X-STR中有13个基因座的分型不符合遗传规律，mtDNA在高变区Ⅰ、高变区Ⅱ上有18个核苷酸不匹配。但这仍然无法排除其他的亲属关系（如姨-外甥、姑-侄关系）。该案提示我们，当亲属关系指数很高时，仍有可能发生错判。

李瓅等[2]探索了用常染色体SNP进行亲权鉴定的可行性。他们下载了HapMap（r27）的SNPs分型结果，用自行编写的计算机程序提取了世界11个人群中基因频率在0.30~0.70的SNPs，进而选取互不连锁的96个SNPs整合于Illumina Goldengate微珠芯片中，对3个父—子—母三联体亲权鉴定案例（共9份样品）进行SNPs分型，计算累积亲权指数（CPI）等参数，并与上述案例的STR分型结果进行对比。结果，案例1的被控父有9个SNPs和7个STRs不符合孟德尔遗传规律；案例2的被控母有13个SNPs和7个STRs不符合孟德尔遗传规律；案例3有1个SNP和0个STR不符合孟德尔遗传规律。以96个SNPs对案例3进行亲权鉴定，CPI为1207，而15个STR的CPI为355869。他们认为，亲权鉴定时，单个SNP的亲权排除率值一般不及单个STR的1/3。在排除亲权关系的案例中，就不符合孟德尔遗传规律的遗传标记个数占检测标记总数的比例而言，SNPs系统可能不如STR系统明显。由于SNPs的突变率极低，即使1个SNP位点不符合孟德尔遗传规律也能极大地降低CPI值。

（2）同胞关系鉴定策略及案例，主要研究成果如下：

陈子翔等[3]探讨了判别函数法在全同胞与半同胞鉴定中的应用价值，他们根据360对全同胞、90对半同胞及360对无关个体的15个STR基因座分型

---

〔1〕 Li L et al.，“Maternity Exclusion with a Very High Autosomal STRs Kinship Index”，*Int J Legal Med*，2012 Jul，126（4）：645~8.

〔2〕 李瓅等：“96个常染色体SNPs应用于亲权鉴定的研究”，载《中华医学遗传学杂志》2012年第1期。

〔3〕 陈子翔等：“判别函数在同胞鉴定中的应用”，载《中国法医学杂志》2012年第2期。

结果，计算全不同（X0）、半相同（X1）和完全相同（X2）的基因座数目，分别根据 DFS1 = 3. 898X0 + 3. 973X1 - 19. 481，DHS1 = 5. 687X0 + 5. 300X1 - 35. 112 及 DR1 = 7. 309X0 + 5. 533X1 - 44. 941 的全同胞/半同胞/无关个体判别函数、DFS2 = 3. 872X0 + 3. 931X1 - 18. 895 及 DR2 = 7. 303X0 + 5. 473X1 - 44. 298 的全同胞/无关个体判别函数和 DHS3 = 10. 227X0 + 10. 436X1 - 66. 102 及 DR3 = 11. 863X0 + 11. 089X1 - 79. 494 的半同胞/无关个体判别函数进行判别。结果，判别准确率：①用全同胞/半同胞/无关个体判别函数，全同胞组为 83. 61%，半同胞组为 81. 11%，无关个体组为 83. 06%；②用全同胞/无关个体判别函数，全同胞组为 96. 39%，无关个体组为 98. 61%；③用半同胞/无关个体判别函数，半同胞组为 88. 89%，无关个体组为 85. 00%。他们认为，这 3 种判别函数可应用于同胞鉴定，尤其运用全同胞/无关个体判别函数判断同胞关系准确率高，有较高的应用价值。

赵书民等[1]推导了单亲参与及双亲皆无情形下甄别全同胞与半同胞关系时似然比的计算公式。他们分别建立了单亲参与和双亲皆无情形下进行全同胞与半同胞关系甄别的检验假设，依据贝叶斯原理计算原假设与备择假设对应的遗传学证据的条件概率，并对备择假设与原假设条件下的遗传学证据的条件概率比值进行化简。通过实际案例对推导得到的似然比计算公式进行验证。结果，若有单亲参与，两名孩子在同一基因座共有 14 种不同的基因型组合，对应的似然比计算公式有 5 种；若双亲皆无，则共有 11 种不同的基因型组合，对应的似然比计算公式有 7 种。单亲参与时，所建立的似然比算法的把握度要高于全同胞指数与半同胞指数比值法。结论获得的不同情形下甄别全同胞与半同胞的似然比计算公式对于相关案例的鉴定具有实际应用价值。

Lee JC 等[2]基于已发表的 15 个 STR 群体数据构建了虚拟群体模型，以评价三联同胞和二联同胞关系鉴定。他们利用 15 个 STR 构建了一个大的关联和无关基因型组（10 000 个三联同胞组合），利用这一虚拟群体，可以比较相关和无关的可能性，以决定真同胞被判定为同胞的机会以及无同胞关系的人被判定为假同胞的机会。他们分析了两种特定的关系——2 个参考的同胞与第

---

〔1〕 赵书民等："全同胞与半同胞关系甄别中似然比的算法"，载《法医学杂志》2012 年第 2 期。

〔2〕 Lee JC et al.,"A Novel Strategy for Sibship Determination in Trio Sibling Model", *Croat Med J*, 2012 Aug, 53 (4): 336 ~42.

3个真同胞（3S trio，sibling trio）比较，2个参考同胞与1个无关个体（2S1U trio，non－sibling trio）比较。结果显示，当似然率大于1时，3S trio组中99.87%的同胞被判定为同胞（灵敏度），2S1U trio组99.88%的非同胞被判定为非同胞（特异性），两组共有99.9%的正确率，精确度为99.88%。他们认为，使用2个已知同胞与假设同胞比对，比仅使用1个已知同胞与假设同胞比对，会有更高的敏感度和特异性。研究结果还提示，增加遗传标记数量有利于提升遗传关系识别的可信度。该研究建立的评价系统可用于多种亲属关系的案件模拟与评估。

汤美云等〔1〕通过检测常染色体以及Y染色体二等位基因标记，探讨了Y－STR基因座突变情形下的同胞兄弟鉴定策略。他们对被鉴定的2名男性个体采用Goldeneye 20A试剂盒和18NC试剂盒检验35个常染色体STR基因座，采用PowerPlexY试剂盒和Y-filer试剂盒检验Y染色体上16个STR基因座，根据ITO法计算全同胞指数，采用片段长度差异等位基因特异性PCR或普通PCR法对20个Y染色体二等位基因标记进行分型检测。结果，35个常染色体STR基因座的累积全同胞指数为4.3149×10^6，2名被鉴定人16个Y－STR基因座有2个发生突变，20个Y染色体二等位基因标记分型结果均相同，支持两个体为全同胞兄弟关系。他们认为，对于发生Y－STR突变的父系鉴定案例，可补充检验Y染色体SNP和InDel等二等位基因遗传标记。

刘俊宏等〔2〕考察了同胞认亲鉴定中的风险。他们在1例同胞关系鉴定中采用常染色体STR检测系统及X染色体STR检测系统进行分析，并用ITO法计算全同胞指数、统计共有等位基因数和全相同基因座数。结果，在该案例中常染色体STR分型结果与X染色体STR分型结果均提示被检验同胞之间并非其声称的全同胞关系，在排除其中非全同胞个体后，对剩余全同胞进行基因型分析从而反推出其生父母基因型，并与被认个体进行基因型比对后得出排除结论，即被认个体与被检验同胞之间不存在生物学全同胞关系。他们认为，对于同胞认亲的鉴定事项，若无父亲和（或）母亲参与，鉴定人应尽可能地通过多种检测系统（常染色体STR、X－STR、Y－STR、mtDNA等）综

---

〔1〕 汤美云等："利用STR和Y染色体二等位基因标记鉴定同胞兄弟关系"，载《法医学杂志》2012年第3期。

〔2〕 刘俊宏等："同胞鉴定中风险与对策的思考"，载《中国司法鉴定》2012年第6期。

合分析，从而对被检验同胞所声称的“全同胞”关系进行验证。也可用ITO法计算全同胞指数及统计共有等位基因数和全相同基因座数进行判定，这样可以互相印证鉴定结果，降低误判风险。

(3) 姑表、姨表关系和叔侄关系分析，主要研究成果如下：

李莉等[1]通过对常染色体STR和X染色体STR基因座进行分型检验，探讨了姑侄、叔侄关系的鉴定策略。他们提取案例中被检女孩和另外3名个体（女性2名，疑为被检女孩的姑姑；男性1名，疑为被检女孩的叔父）的血样DNA，采用Goldeneye 20A系统和AGCU21+1系统分别进行常染色体STR基因座的复合PCR扩增，用Mentype® ArgusX-12试剂盒和自制的16重X染色体STR扩增体系分别进行X染色体STR基因座的复合PCR扩增。结果，依据常染色体STR基因型结果及姑侄、叔侄关系指数计算结果，不排除2名被检姑姑与被检女性存在姑侄关系；不排除被检叔叔与被检女性存在叔侄关系，X染色体STR分型结果支持此鉴定意见。他们认为，对于姑侄、叔侄关系鉴定案例，X染色体STR基因座是常染色体STR基因座的良好补充，两者联合运用可获得可靠的鉴定意见。

章雅清等[2]建立了一套基于共有等位基因数（A）的典型判别函数，并探讨了其在叔侄鉴定中的应用。他们根据119对叔侄、119对无关个体的15个STR基因座的分型结果，计算每对个体的共有等位基因数（A）和叔侄指数（AI），进行统计学处理。结果，共有等位基因数（A）在叔侄对和无关个体对中均符合正态分布。采用共有等位基因数（A）建立的典型判别函数=0.437A-5.268，判别叔侄和无关个体的平均准确率为80.7%；采用lgAI建立的典型判别函数=1.021lgAI+0.051，平均准确率为82.8%，两者判别结果无统计学差异（P>0.05）。他们认为，依据共有等位基因数建立的典型判别函数的判别效能与ITO法相近，且计算简便、易于掌握，可以应用于叔侄关系鉴定。

7. 同卵双生子的鉴别研究

同卵双生子因其基因组DNA一级结构相同，使用DNA片段长度多态性

---

[1] 李莉等：“常染色体STR和X染色体STR联合应用于姑侄和叔侄关系鉴定”，载《中国司法鉴定》2012年第3期。

[2] 章雅清等：“依据共有等位基因数判别叔侄关系”，载《中山医科大学学报（医学科学版）》2012年第6期。

和序列多态性检测手段难以区分。对 DNA 甲基化谱差异的研究是目前鉴别同卵双生子策略研究的热点。

李淑瑾等[1]探索了 1 对同卵双生新生儿之间 DNA 甲基化谱的差异。他们应用甲基化免疫共沉淀结合高通量测序法对 1 对同卵双生新生儿的 DNA 甲基化谱进行检测，分析基因组 DNA 甲基化特点及其之间的差异，筛选适用于法医学分析的甲基化位点。结果，两样本各获得 7300 万原始测序序列（raw reads）数据，与人类基因组参考序列比对，各得到 4800 万和 5000 万唯一比对 reads，其中大部分分布在重复区域，且在 Alu 序列分布最为广泛。两样本 DNA 甲基化富集区域（peak）各检测到 257 362 条和 197 272 条，基因组覆盖率分别为 6.53% 和 5.29%，分布在基因组不同区域，以中间内含子区含量最多。分析两样本甲基化差异区域得到 2205 条差异的甲基化序列，其中 595 条位于基因区域，1610 条位于基因间区，从中筛选出 113 条序列，用于进一步深入研究其法医学应用价值。该研究初步证实了 DNA 甲基化用于同卵双生子鉴定的可行性，为筛选同卵双生子 DNA 甲基化差异位点提供了基础数据。

8. 混合检材的研究

韩俊萍等[2]采用单细胞分离荧光原位杂交法精确分离混合血样中男性和女性细胞并进行分型检验。他们收集了男、女性血，按照男：女为 1∶5、1∶10、1∶20 制备混合血样，加入 0.075mol/L KC 1600μL，轻混、放置 30min 后加入 150μL 固定液离心留沉淀涂片，利用 Vysis30－161050 试剂盒进行荧光原位杂交，并用 PALM 激光显微捕获系统分离出男、女性细胞，使用 Identifiler 试剂盒复合扩增并进行检测。结果，捕获 8 个血细胞即可得到完整的 DNA 分型，且随着细胞数目的增多，检出率逐渐提高而等位基因丢失率逐渐降低。10 个血细胞的检出率最高，为 93.75%。5μL 男性血液与该实验各比例女性血液混合用该方法检验均可获得男性分型。案例混合血斑经检验获得单一男性和女性分型。他们认为，单细胞分离荧光原位杂交法可用于男女混合血样本中 DNA 分型检验。

---

[1] 李淑瑾等：“1 对同卵双生新生儿 DNA 甲基化谱差异分析”，载《中国法医学杂志》2012 年第 4 期。

[2] 韩俊萍等：“单细胞分离荧光原位杂交法用于男女混合血 DNA 分型”，载《中国法医学杂志》2012 年第 1 期。

9. RNA 的研究

MicroRNAs（miRNAs，18~25个碱基长度）是短小的非编码RNAs，在转录后调节基因的表达。miRNA的表达模式包括特殊miRNA型的存在和相对丰度，能提供细胞－组织－特殊的可用信息，以进行体液鉴定。已发表的研究报告显示，已经有许多体液特异性miRNA为我们所识别，但因使用了不同的技术和分析方法，研究结果不尽相同。为了进一步研究miRNA在体液鉴别方面的应用，Wang Z等[1]建立了一种针对miRNA进行数据分析的精准方法。他们采用mirVana™ miRNA Isolation Kit、high－specificity stem－loop反转录（RT）高特异性杂交探针（TaqMan）、实时定量PCR（qPCR）研究了3种miRNAs在法医物证体液检材中的相对表达水平，这些检材包括静脉血、阴道分泌物、月经血、精液和唾液。miRNAs的精确定量不仅要求高灵敏度和高特异性检测平台，而且有赖于可重复性的具备恰当数据分析方式的方法学。研究结果显示，使用50pgRNA就可根据miR16的相对表达率将静脉血区别于其他体液；不同体液中miR658的表达水平不稳定，miR205的表达水平缺乏特异性。他们认为，miRNAs可以成为体液鉴别的遗传标记。

为了寻找外周血和月经血的特异性鉴别指标，王颖希等[2]从基因表达的组织特异性入手，从检材中提取RNA后进行RT－PCR，通过电泳分离检测特异性的产物。结果发现，外周血特异性的标志物膜收缩蛋白β（beta－spectrin，SPTB）和管家基因18S核糖体RNA（18S rRNA）在外周血及月经血中均有表达；月经血特异性的标志物基质金属蛋白酶7（matrix metalloproteinase 7，MMP7）和阴道分泌物特异性的标志物人β防御素1（human beta defensin 1，HBD1）只在月经血中表达。他们认为，外周血和月经血的基因表达存在差异，利用荧光标记结合RT－PCR检测特异性mRNA标志物的方法可以将两者区分开来。

10. 动物种属DNA鉴定

近年来，在法庭科学领域中，遇到越来越多的非人类DNA分型的问题，特别是来源于动物本身或者是动物的分泌物。本年度在法医学领域有关动物

---

〔1〕 Wang Z et al.，“A Model for Data Analysis of MicroRNA Expression in Forensic Body Fluid Identification”，*Forensic Sci Int Genet*，2012 May，6（3）：419~23.

〔2〕 王颖希等：“外周血和月经血鉴别的新方法”，载《法医学杂志》2012年第5期。

DNA 分析方法的研究较少。郭宏等[1]根据国际法医遗传学会最新的研究成果，综述了动物 DNA 在法庭科学中的应用现状和相关建议。黄娅琳等[2]对疑似羊肉的一份食品检材进行了种属鉴定，他们提取、扩增了线粒体 DNA12S rRNA 基因片段后，进行 DNA 序列分析，并将测序结果在 GenBank 上进行 BLAST 搜索，与数据库中相关物种序列进行同源性分析。结果发现 12S rRNA 基因片段扩增产物的碱基序列与家鸭的同源性达到 100%，成功地将送检肌肉样本的种属判定为家鸭。

11. 样本采集与 DNA 提取、纯化研究

DNA 分型检验广泛应用于法医学实践，对侦查破案有重要意义。个体识别成功率在很大程度上取决于 DNA 的成功提取。

袁家龙等[3]针对常见的 4 种皮肤脱落细胞检材（负压吸附、胶纸粘取、两步擦拭和直接剪取）在检材的选择、检材预处理及 DNA 提取方法等方面进行了研究。同时，对 DNA IQ – Maxwell 16 工作站、M48 手工法、磁珠手工法、磁珠联合 Kingfisher 工作站等 4 种 DNA 提取法进行比较分析。Zhang SH 等[4]的研究认为，采用 40mM 的 EDTA 保存尿液是最恰当的，他们成功地从这种保存液中提取到了保存 30 天的尿液的 DNA 用于 DNA 分型。邵丽芳等[5]探测了短波紫外灯的照射是否会对汗潜手印 DNA 检测产生影响。他们让每名志愿者在纸张上捺印 4 枚拇指指印，使每枚指印的脱落细胞量保持基本相同，抽取每名志愿者所捺印的一枚指印作为一组，共有 4 组，将 3 组指印置于短波紫外灯的照射下，照射时间分别设置为 10min 、30min 和 1h，还有一组不照射，然后用磁珠法对所有指印提取 DNA 并进行定量。结果，短波紫外灯的照射会对汗潜手印中的 DNA 造成减损，照射时间越长，减损得越多。他们认为应尽量减少短波紫外灯对汗潜手印照射的时间（可控制在 10min 内），以保证

---

〔1〕 郭宏等："动物 DNA 分析在法庭科学中的应用"，载《中国司法鉴定》2012 年第 2 期。

〔2〕 黄娅琳等："利用 DNA 鉴定方法破获一起假冒涮羊肉案"，载《中国司法鉴定》2012 年第 4 期。

〔3〕 袁家龙等："67 例皮肤接触样本的采集及 DNA 提取方法的比较分析"，载《中国法医学杂志》2012 年第 2 期。

〔4〕 Zhang SH et al.，"Genotyping of Urinary Samples Stored with EDTA for Forensic Applications"，*Genet Mol Res*，2012 Aug 29，11（3）：3007 ~ 12.

〔5〕 邵丽芳等："短波紫外照射对汗潜手印 DNA 检测的影响初探"，载《刑事技术》2012 年第 1 期。

汗潜手印有足够量的 DNA 用于 STR 分型检测。赵兴春等[1]探索并研究了精子细胞定向捕获与分离技术，初步建立了精子细胞特异性分离与 DNA 提取的方法与试剂体系。通过特异性定向捕获复合体（精子特异性抗体－磁性纳米微球）的制备，在一定的试剂体系环境下，实现精子细胞的定向捕获与分离。结果能够实现精子细胞的定向富集与分离，通过后续的提取过程，获得了高质量的 DNA，并获得了相应的完整 STR 分型结果。刘峰等[2]探讨了对被 EOS 染色剂处理后的血迹进行 DNA 检验的初步方法。他们制备了 EOS 染色剂处理的血迹样本，分别采取纯水擦拭、75% 酒精擦拭和手术刀刮取血痕浸泡于纯水中、75% 酒精中，然后提取 DNA 进行下一步检测。结果采用刀刮取血痕浸泡于 75% 酒精中，提取的 DNA 检测结果较好。初步实验显示，经 EOS 染色剂处理过的血迹，可参考刀刮取血迹置于 75% 酒精浸泡后提取 DNA 的方法进行下一步检测。

郭磊等[3]验证了 PuriTyper™ 纯化试剂盒各项性能指标和法医学应用价值。他们收集及制备抗凝血液、常见案件检材（唾液、烟头、精液、毛发、指甲、骨骼及组织块）、斑痕样本（血斑、唾液斑、精斑）以及模拟添加抑制剂和模仿自然环境中放置的血斑。采用 PuriTyper™ 纯化试剂盒提取纯化并进行 DNA 定量，Identifiler™ 复合扩增试剂盒扩增，产物经 ABI3130 遗传分析仪进行检测，Gene Mapper 软件分析结果，对该试剂盒灵敏度、稳定性、重复性、检材适应性进行测试。结果采用该试剂盒提取 0.1～40μL 血液分别获得 0.042～26.45ng/μL 的 DNA。3 种斑痕样本 DNA 产量平行试验结果稳定。不同类型检材重复检验所获 IPC 的 CT 平均值在 27.60～28.03。常见案件检材所得分型与已知结果均一致。他们认为，PuriTyper™ 纯化试剂盒能够满足法医 DNA 检验的要求。杨电等[4]比较了有机法＋QIAquick 纯化法和 DNA IQ 磁珠法对陈旧骨骼和牙齿 DNA 的纯化效果，认为有机法＋QIAquick 纯化法对陈旧骨骼、牙齿 DNA 的纯化效果优于 DNA IQ 磁珠法。

---

[1] 赵兴春等：“精子细胞定向捕获与分离技术初步研究”，载《刑事技术》2012 年第 1 期。

[2] 刘峰等：“探讨 EOS 染色剂对血迹 DNA 检验的影响”，载《刑事技术》2012 年第 3 期。

[3] 郭磊等：“PuriTyper™ 法医学纯化试剂盒的性能验证”，载《中国法医学杂志》2012 年第 1 期。

[4] 杨电等：“2 种陈旧骨骼、牙齿 DNA 纯化方法的比较”，载《中国法医学杂志》2012 年第 5 期。

（五）文件检验学

1. 笔迹检验

（1）传统理论的提炼。陈明春教授等在长期教学、检案实践中将选取笔迹特征、把握书写人书写习惯的方法归纳为“全、深、细、特”四字法。[1]“全”是指选取特征、把握书写人书写习惯的广度，是全方位选取特征的基础和前提；“深”是指选取特征、把握书写人书写习惯的深度；“细”是笔迹鉴定人选取笔迹特征、把握书写人书写习惯，最后作出正确结论的重要条件，要贯穿从思维方式到具体比对操作的每一个环节；“特”是指每个人书写习惯的特殊性，笔迹特殊性是认定同一或否定同一的根本属性。“全、深、细、特”四字法是环环相扣的，面对具体案件，通过贯彻四字法来选取特征，认识、把握书写人书写习惯的特殊性，不仅是笔迹鉴定的一般程序和方法，还是鉴定人的一种思考问题的方法、一种认识事物的思维方式。与此同时，陈明春教授等又针对摹仿（签名）笔迹的鉴定提炼出“形、力、神”三要素。[2]“形”是指笔迹的形态，既包括笔迹的字间布局等整体风貌特征，又包括笔画的笔顺先后、搭配比例以及运笔形态等细微动作特征，即凡是一切看得见的形态和过程都可称为“形”。“力”是指笔力的大小及其在每个笔画中的分布情形，其蕴含于书写运动的过程中，是书写运动中每个人自身的节律性特征，是区别检材笔迹是本人书写还是他人摹仿的重要依据。“神”是笔迹自身“形”与“力”融合为一、充盈外露的形态。对笔迹“神”的观察体会与分析研究是笔迹检验的核心，也是笔迹检验的灵魂，是判断笔迹真伪关键之所在。笔迹的“形、力、神”三方面特点互为条件，互为因果，相互依存。在鉴定实践中，深入分析研究、准确捕捉厘定笔迹的这三方面特征是鉴定人解开笔迹鉴定真伪难题的一把钥匙。

（2）签名笔迹的检验。签名笔迹因其字数少，可用的笔迹特征也很少，且经常受到伪装、摹仿等方式干扰，一直是笔迹检验学的难点之一。方邡[3]

---

[1] 陈明春等：“‘全、深、细、特’——笔迹鉴定选取特征、把握书写人书写习惯四字法”，载《中国刑警学院学报》2012年第2期。

[2] 陈明春等：“‘形、力、神’——签名笔迹鉴定三要素”，载《中国刑警学院学报》2012年第4期。

[3] 方邡：“论签名笔迹的检验方法”，载《第八届全国文件检验学术交流会论文集》，中国人民公安大学出版社2012年版。

认为，签名笔迹与字数较多的一般笔迹检验方法完全不同。对于后者，我们选取的大部分是文字外形所提供的特征，而对待签名笔迹应当较少受到文字的外形影响，注意力不该停留在签名字迹的外形上，而应全力挖掘笔迹的内在和细节特征。他总结了笔压组合特征、节奏与脉冲特征、书写灵活度特征和小动作特征等四类比较稳定且不容易被摹仿的笔迹特征。闫海倩等[1]对练习摹仿签名的搭配比例特征进行了实验研究，通过选取 100 名来自不同书写水平、不同专业的人，对 10 个被摹仿签名逐一摹仿 100 次，对实验得到的签名进行统计分析。结果发现，搭配比例这类较为稳定的笔迹特征，在练习摹仿签名中会发生变化。笔画数量多、搭配比例特征数量多且书写速度快的签名的搭配比例特征不易摹仿；笔画数量少、搭配比例特征数量少且书写速度慢的签名，要注意挖掘其搭配比例特征并结合其他特征，来保证鉴定意见的准确性。此外，潘溪[2]对设计签名笔迹、芮文健等[3]对骑缝签名笔迹、李震[4]对摹仿英文签名笔迹的检验都进行了有益的探究。

（3）笔痕特征检验。笔痕特征是由我国文件检验专家率先发现并归纳和总结的，在解决少量字、摹仿字等笔迹检验技术难题中发挥了重要的作用。李江春等[5]通过对签字笔和圆珠笔书写出现的笔痕特征进行观察，以点痕、划痕两大类特征为主要研究对象进行测量和统计分析，统计同一人使用签字笔和圆珠笔书写时笔痕特征的表现情况。发现圆珠笔笔痕在特征种类、表现形式上要比签字笔笔痕丰富得多，并且圆珠笔笔痕的稳定性和特定性要比签字笔强得多。于彬[6]通过使用计算机技术研制的量化分析软件对笔痕特征中的点痕特征进行量化分析，尝试为鉴定意见的形成提供点痕特征的周长、面积、长度、宽度、角度、重合度的数据支持。该软件主要包括图像导入模块、图像处理模块、量化特征统计分析模块和测量比对模块，通过一系列的图像

---

〔1〕 闫海倩等："练习摹仿签名搭配比例特征的实验研究"，载《第八届全国文件检验学术交流会论文集》，中国人民公安大学出版社 2012 年版。

〔2〕 潘溪："设计签名的特点及鉴定方法"，载《中国司法鉴定》2012 年第 4 期。

〔3〕 芮文健等："骑缝签名笔迹的实验研究"，载《第八届全国文件检验学术交流会论文集》，中国人民公安大学出版社 2012 年版。

〔4〕 李震："摹仿英文签名笔迹的实验研究"，载《中国刑警学院学报》2012 年第 1 期。

〔5〕 李江春等："签字笔与圆珠笔笔痕特征的比较研究"，载《第八届全国文件检验学术交流会论文集》，中国人民公安大学出版社 2012 年版。

〔6〕 于彬："点痕特征量化分析的研究与实现"，载《中国刑警学院学报》2012 年第 2 期。

处理过程来进行点痕的量化分析，最终得到量化数据。

（4）笔迹自动识别。长期以来，笔迹检验学作为一门法庭科学的传统学科，其检验方法和分析过程仍停留在主观的经验判断阶段，缺乏客观、自动、定量化的检测手段。随着计算机技术的发展、各种模式识别算法的研制，人们对笔迹的计算机自动识别提出了更高的要求。陈晓红等〔1〕从笔迹鉴定实践出发，以书写在纸张上的签名笔迹为研究对象，在总结在线签名笔迹研究的基础上，将传统笔迹鉴定理论和方法与现代计算机技术相结合，利用各种模式识别算法提取和分析纸上签名的宽度、灰度和弧度等动态特征数据，研究其规律，经过不断地摸索和创新，开发和建立了一套检测、提取和分析纸上签名笔迹动态特征的工具和方法。将笔迹鉴定的理论用计算机语言进行表达，几乎不需要人工干预，实现了定量化，基本排除了主观因素的影响，具有一定的实践应用价值。

2. *印章印文检验*

（1）同源印章印文检验。同源印章印文是指根据同一计算机印章排版系统排制的章面图像电子文件或同一张胶片原版，制作形成的多枚印章印文。其印文特征具有高度相似性，较难识别，对文检工作提出了新的挑战。崔岚〔2〕通过对目前社会上比较常见的激光雕刻印章、光敏印章、感光树脂印章等进行实验研究，发现对于疑似同源印章印文的检验，应结合案情，充分利用盖印条件相近的同期样本印文，认真寻找、分析和比较章面图文固有特征、异物附着特征和印底疵点印迹特征的异同，以便作出正确结论。对于激光雕刻的同源印章，还应注意从章材打磨痕迹、印文的纹线和图文排列布局等方面加以细致比对和分析；对于光敏印章、感光树脂印章，应注意比较印文纹线精密程度；对于原子印章、光敏印章和翻转回墨印章应注意比较保护壳支撑爪痕迹和印文色料化学成分的异同。此外，林红等〔3〕和王长亮等〔4〕也分别对同源光敏印章印文和同源激光雕刻橡塑印章印文的鉴别方法进行了相关

〔1〕陈晓红等：“纸上静态签名笔迹动态特征的提取和分析”，载《中国司法鉴定》2012年第4期。

〔2〕崔岚：“同源印章印文鉴别方法研究”，载《中国刑警学院学报》2012年第3期。

〔3〕林红等：“同源光敏印章印文鉴别方法的研究”，载《中国司法鉴定》2012年第6期。

〔4〕王长亮等：“同源激光雕刻橡塑印章印文鉴别方法的研究”，载《刑事技术》2012年第6期。

研究，取得了一定成果。

（2）印文辅助比对系统重合检验。印章印文的检验方法通常是靠显微镜等工具进行细节观察，利用文检仪等仪器进行重合比对，依靠鉴定人的经验得出结论。这使得检验时容易受到光线、比对器具等相关因素的影响。张乾等[1]通过计算机软件对光敏印文的重合率进行测算，研究同一枚印章及不同印章的重合率阈值范围的最大值和最小值以及交集范围，从而为检验时印章印文特征的量化提供一定的思路。在实际印章印文的检案实践中，可以利用人工检验和印文辅助比对系统相结合的方法，从而弥补印文检验中特征主观分析太多、无量化标准的缺陷，使客观条件对印文检验结论的影响降到最低。

3. 印刷文件检验

（1）人民币检验。快速、有效地鉴别人民币真伪，并对假币的来源进行认定，对打击经济犯罪、维护正常的经济秩序具有非常重要的意义。但随着货币防伪技术的日益完善和进步，假币的仿真程度也在不断提高，因而鉴别难度也在加大。陈强等[2]运用发光光谱成像技术对 1999 版和 2005 版真币人民币各 50 张、1999 版和 2005 版假币各 12 张进行检验。发现该方法对确定人民币真伪和假币来源的同一认定具有非常好的检验效果，且操作简便快捷，检验效果直观，属无损检验，不破坏检材。孙华清等[3]利用紫外光源、渗透光源对伪造 2005 版 100 元面额人民币上水印进行显现和检验，发现通过对水印的印刷方式、制作工艺、位置、图文形态特征进行检验，可以有效区分不同加工窝点制作的假币，可为假币案件的串并提供科学依据。梁鲁宁等[4]通过图文扫描和图像处理技术，获取假币票面上的印刷疵点信息，研究不同票面上一致的疵点组合，寻找其与印版的相关性，继而推导与印制者的相关性，发现不同假币票样上重复出现的印刷疵点或疵点组合可以成为判定其为相同 PS 版或相同胶片版印制的科学依据。

（2）彩色激光打印机检验。一些彩色激光打印机打印的文件上分布有一定数量的黄色小点，按照一定的规律排列成一定的点阵图形，这些小点及其

---

〔1〕 张乾等："利用印文辅助比对系统对光敏印文重合率的实验研究"，载《第八届全国文件检验学术交流会论文集》，中国人民公安大学出版社 2012 年版。

〔2〕 陈强等："发光光谱成像检验人民币真伪研究"，载《刑事技术》2012 年第 2 期。

〔3〕 孙华清等："伪造 2005 版 100 元人民币水印特征初探"，载《刑事技术》2012 年第 5 期。

〔4〕 梁鲁宁等："机制版假币票面上印刷疵点的检验"，载《刑事技术》2012 年第 6 期。

组成的点阵图形被称为彩色激光打印机的跟踪代码。各大品牌的彩色激光打印机都设有专属于自己的跟踪代码，因此快速、准确地识别跟踪代码对于对激光打印机进行种类识别极具意义。梁立峥[1]通过使用多光谱成像仪强大的伪彩色和去混合处理功能显现及加强彩色激光打印机的跟踪代码点阵图形，从而增大反差，使得对彩色激光打印机跟踪代码的观察与分析更为直观、便捷。

（3）复印文件检验。复印文件检验是文件检验学的重要内容之一，在复印文件检验中，对于复印文件底灰的判定是复印文件检验的重要手段之一。于彬[2]通过以计算机数字图像处理理论为基础开发的软件程序完成复印文件底灰定量化检验。通过这种定量化的检验，鉴定人可以量化地判定不同复印文件的底灰，通过底灰比率这个量化指标来衡量不同复印文件的底灰是轻还是重，并将其概念数值化，进而将不同复印文件的底灰差异用数值的形式直观地衡量出来，为鉴定结论提供支撑和帮助。

（4）一体机的检验。随着办公自动化技术的发展，打印、传真、复印、扫描多合一多功能一体机已大量应用到办公活动中。因一体机的打印件与复印件共享同一输出机构，故其打印件与复印件的表观特征极为相似、不易分辨，为文件物证的种属鉴别和同一认定带来一系列难题。刘小燕等[3]从激光一体机的组成部件、工作原理出发，结合实验，通过对激光一体机的打印件与其复印件的表观特征进行观察、分析和研究，归纳总结出激光一体机的打印件与其复印件的特征差异。徐碧波等[4]也对喷墨一体机的打印件的打印特征与其复印件的复印特征进行观察研究，分析总结喷墨一体机的打印件与其复印件的特征差异规律，归纳总结出判断文件制成方式的方法。

4. 篡改文件检验

（1）变造文件的检验。变造文件，又称局部伪造文件，是指对原真实

---

〔1〕 梁力峥："多光谱成像技术检验富士施乐 C2220 彩色激光打印机"，载《中国刑警学院学报》2012 年第 2 期。

〔2〕 于彬："复印文件底灰特征的定量化检验"，载《中国人民公安大学学报（自然科学版）》2012 年第 2 期。

〔3〕 刘小燕等："激光一体机的打印件与复印件的鉴别方法"，载《第八届全国文件检验学术交流会论文集》，中国人民公安大学出版社 2012 年版。

〔4〕 徐碧波等："喷墨一体机的打印件与复印件的鉴别方法"，载《第八届全国文件检验学术交流会论文集》，中国人民公安大学出版社 2012 年版。

文件的部分内容加以改变形成的内容虚假的文件。其最大的特点就是必须在原真实文件的基础上，采用某种手段对原文件的局部内容加以变造，从而达到篡改原文件所要证明事实的目的。杨进友〔1〕从变造的法律概念入手，对刑法界和文检界关于变造的基本学说和含义进行了比较分析，在此基础上重新定义了变造文书的概念，强调变造文书的实质是对重要内容和证明事项的改变。根据变造的方法和手段，对变造文书进行重新分类，分析了各类变造文书的重要特点和常见的制作手段，重点提出了判断变造文书的两个依据和认定的两个原则，旨在探索能够运用于文件检验领域的实用性认定标准。

（2）添加变造打印文件的检验。添加法变造打印文件是在特定条件、特定环境下按某种秩序组成的一个整体，检验的目的就是揭示这个整体与案件事实的关系。由于添加法变造打印文件变化机理不明，形成过程不详，所以，各单项检验的结果不一定都能证明同一个结论。林红等〔2〕认为该类案件的检验应采用综合鉴别法，即把可疑文件包括案情、文件内容和形式、纸张、污损情况、排版布局关系、制作工具、遗留痕迹、装订痕迹、文字线条质量、墨迹特征和墨迹材料等组成要素的检验结果放到具体的案件情况中去进行综合分析，最终判断是否存在添加变造事实。

（3）换页变造打印文件的检验。使用打印手段进行换页来伪造文件的案件近年来呈上升趋势，由于打印机打印速度快、质量好，印迹的物理特征不明显，尤其如果是在同一台打印机上利用原文档进行编辑或各页之间表现不出任何反常特征，则无法判断是否换页变造，从而给文件鉴定工作带来了极大的挑战。林红等〔3〕尝试将数字水印防伪技术应用于换页变造打印文件的检验。他们在文档中事先加入数字水印，再利用专门的设备进行检测，该打印机打印出的每张文件上都有隐藏的信息，而用其他打印机打印则没有；或用同一台打印机重新打印，数字水印信息也有变化，从而可认定该文件经过换页。

---

〔1〕 杨进友："变造文书的认定"，载《中国司法鉴定》2012 年第 1 期。

〔2〕 林红等："添加法变造打印文件的鉴别"，载《中国人民公安大学学报（自然科学版）》2012 年第 2 期。

〔3〕 林红等："数字水印防伪技术在换页打印文件中的应用"，载《中国刑警学院学报》2012 年第 2 期。

5. 朱墨时序检验

（1）荧光检验法。程向炜等[1]利用VSC5000型文件仪和Photoshop软件，采用荧光法对激光打印文件与印章印文交叉部位的特征进行检验，并对不同型号的打印机制成文字与不同材质的印章印文交叉部位的荧光特征进行分析比对。发现先墨后朱时，交叉部位的黑色墨迹颜色变淡并可见紫色荧光；先朱后墨时，交叉部位常常出现黑色墨迹缺损的现象，在缺损处可见紫色荧光点。但实验表明，打印机型号和印章材质不同，交叉部位表现出来的特征也存在个体差异。因此，在具体案件检验中应该结合显微检验的结果进行综合判断。

（2）显微分光检验法。李彪[2]利用显微分光光度法对朱墨两种色料形成的先后次序进行了初步研究，发现在半年之内，先朱后墨和先墨后朱两种不同时序条件下，交叉部位的光谱曲线有着明显的差别，为朱墨时序的判定提供了很好的依据。

（3）测量法。冯超等[3]利用VSC6000型文检仪和读数显微镜在相同放大倍率下测量、记录增宽度，通过比较印章印文与激光打印字迹在两种时序下交叉部位的笔画增宽现象，来为朱墨时序的判断提供依据。结果表明，相同保存条件下，同种品牌印文色料不同时序盖印的实验样本都有增宽现象，但先墨后朱时序下增宽度较大。

6. 文件制成时间检验

本年度关于文件制成时间的论文较少，主要集中在利用化学方法检测书写材料中某些成分的历时性变化规律方面。赵鹏程等[4]利用气相色谱法对中性墨水笔墨迹中甘油成分和其随时间变化的规律进行研究，得到了3种墨迹中甘油成分随墨迹形成时间变化的关系曲线。曲线变化规律表明，书写时间6个月的中性墨水笔墨迹中甘油成分的含量变化出现拐点，6个月以后甘油成分

---

〔1〕 程向炜等："荧光法判断激光打印文件朱墨时序的研究"，载《中国司法鉴定》2012年第6期。

〔2〕 李彪："显微分光技术判定朱墨时序的初步研究"，载《中国刑警学院学报》2012年第4期。

〔3〕 冯超等："测量笔画增宽度判断激光打印文件朱墨时序初探"，载《刑事技术》2012年第2期。

〔4〕 赵鹏程等："中性墨水笔墨迹中甘油成分的气相色谱分析及历时性变化初探"，载《中国司法鉴定》2012年第3期。

的含量基本趋于不变。

（六）毒物和毒品检验学

目前，毒物、毒品检验主要涉及三方面的任务：一是法医中毒鉴定，通过对生物检材的定性定量分析，来确定是否存在毒物，确定毒物的种类、含量，判断毒物进入机体的方式和途径；二是滥用物质鉴定，通过对涉案者体内滥用物质的定性定量分析，判断其是否存在滥用、滥用程度、滥用史以及评价此种滥用行为对当事人精神状况的影响程度，为酒驾、毒驾、麻醉抢劫以及性犯罪等案件的判断、侦破和审理提供证据；三是毒品鉴定，通过定性定量分析从贩毒者或贩毒集团处缴获的毒品，确定其是否为毒品及其种类、含量、来源，为侦破与审理贩毒案件提供科学证据。

然而，社会经济的发展与科学技术的进步为毒物、毒品检验工作带来如下新的挑战：①毒物、毒品种类的增加。全球化学物质每年增长700～1000种，毒物、毒品的种类也随之增加，已经由传统的杀虫剂、镇静安眠类药物向新型杀虫剂、除草剂、性犯罪药物发展，如抗凝血杀鼠剂、百草枯、性犯罪药物GHB。②为了保证检验鉴定的科学性，毒物、毒品的代谢物、生物标记物以及衍生物也纳入了检验的范围。例如，将乙醇的标记物EtG纳入鉴定范围，用来推断饮酒时间，判断是否为酗酒以及乙醇来源。③生物检材范围扩大，传统的生物检材主要包括头发、血液、尿液、胃内容物、组织、唾液，而如今随着科学技术的发展，有关指甲、胎粪作为检材的报道也相继出现。不同的检材携带的信息不同，根据案件性质与特点，选择适当的检材，能够更准确地反映案件的真实情况，得到的鉴定意见也更有科学性与说服力，从而做到不枉不纵。

本年度，毒物、毒品检验技术在面临新的任务和挑战时，依然稳步发展，不但鉴定人员更加纯熟地运用各种传统的分析技术，综合利用各种分析仪器的优势，采用多谱串联技术来检验新型毒物、毒品，而且，分析方法也得到了创新，例如将统计学中的聚类分析法与主成分分析法运用于毒品来源的推断，将光学分析法与化学计量学相结合用于毒品的检测，综合应用交叉学科，研发毒品检测蛋白芯片。另外，法医毒物学数据库的成功建立，极大满足了法医毒物鉴定人员对多领域、多层面信息的需求，提高了鉴定人员的工作效率。

1. 传统分析技术的进步

（1）样品前处理技术。目前样品的前处理技术正向快、准、省、好的方向发展，传统的 Stas – Otto 法已经不能适应当前的分析需求。“快”要求实现样品处理的自动化和在线分析，缩短分析时间；“准”要求根据检材的特点，选择最佳的处理技术，以满足后续的检测分析；“省”要求减少样品体积，减少有机溶剂的用量，提高提取效率；“好”要求满足环境友好型要求，不对环境造成污染，不对鉴定人员造成身体损伤。

液相微萃取技术是一种微型化样品处理技术，由于其高重现性、可靠性，在国内外的法庭科学毒品分析领域得到了广泛应用。它不但可以单独作为一项样品处理技术，也可以与质谱、高效液相色谱、气相色谱、毛细管电泳等技术联用，实现在线分析。液相微萃取一般以微型进样针、中空纤维等为工具，对操作者的技术要求较高，而且制备液滴和预处理中空纤维的过程比较繁琐、费时，为了解决以上问题，代勇等〔1〕采用了一种小体积液相（SVLE）提取法，串联高效液相色谱（HPLC）测定唾液中大麻含量。该方法简单、便捷，可用于公安机关对吸毒嫌疑人的唾液样品及尿液样品的定性定量分析，为公安机关打击贩毒、吸毒提供确凿的证据。

固相萃取技术是一个包括液相和固相的物理萃取过程。在固相萃取中，固相对分离物的吸附力比溶解分离物的溶剂更大。当样品溶液通过吸附剂床时，分离物浓缩在其表面，其他样品成分通过吸附剂床；通过只吸附分离物而不吸附其他样品成分的吸附剂，可以得到高纯度和浓缩的分离物。针对卡马西平这类药物，石银涛等〔2〕建立了血液中卡马西平的固相萃取/液相色谱 – 串联质谱（LC – MS/MS）定量检测方法。血液中的卡马西平用固相萃取柱提取，采用 WaterAtLantis^{MT}dC$_{18}$色谱柱，电喷雾离子源，正离子检测，多反应监测方式进行定量分析，以 SKF – 525A 为内标。结果表明，该方法对卡马西平的检出限为 0.1μg/L，血液中卡马西平的回收率为 81% ~90%。固相萃取法的使用不仅提高了卡马西平的回收率，还简化了前处理步骤，改善了标准曲线方程的线性关系。该方法具有灵敏度高、重现性良好、线性范围宽、

---

〔1〕代勇等：“唾液中大麻毒品液相小体积提取 HPLC 测定”，载《化学研究与应用》2012 年第 9 期。

〔2〕石银涛等：“血液中卡马西平固相萃取及 LC – MS/MS 定量方法研究”，载《分析测试学报》2012 年第 12 期。

稳定性和专属性好等特点，能对血液中的卡马西平进行准确定量，为麻醉抢劫及自杀死亡等案件的法医学判定提供了可靠的技术支持。

亲水性材料（硅藻土）提取是新发展起来的一种固相提取方法，该法操作极为简单、快速，提取率高，去除杂质能力强，可以作为毒物分析领域的常规检测方法。于蔚常[1]首次采用硅藻土提取肝脏中的杀鼠酮，选取 0.5g 肝脏匀浆，加入 6% $HClO_4$沉淀蛋白，准确取 1/2 上清液倒入装有 3.1g 硅藻土的层析柱中，用 10mL 二氯甲烷或者乙醚洗脱，洗脱液中加入安定作为内标，水浴浓缩，用 0.2mL 甲醇定容，供高效液相色谱分析。结果显示提取率为 99.9%，检出限为 14ng/mL。

微波消解法（MWD）是一种利用微波作为能量对样品进行消解的新技术，包括溶解、干燥、灰化、浸取等，该法适用于处理大批量样品及萃取极性与热不稳定的化合物。美国公共卫生组织已将该法作为测定金属离子时消解植物样品的标准方法。与传统的传导加热方式（如电热板加热，加热方式是从热源“由外到内”间接加热分解样品）相反，微波消解是对试剂（包括吸附微波的试样）直接进行由微波能到热能的转换加热。金属毒物中毒检验是法庭科学毒物分析领域经常遇见的问题，吴玉红等[2]建立了微波消解法处理待检尿液，并建立了标准加入 ICP/AES 分析方法，将其用于尿液中金属毒物的检测。该方法取 1.0mL 尿样，加入 3mL 浓硝酸和 0.5mL 双氧水，进行微波消解。冷却后，用 2% 的硝酸定容至 10.0mL。采用标准加入 ICP/AES 法进行定量分析，并优选实验条件及考察方法可靠性。结果尿液中 As、Ba、Pb、Cd、Cr、Zn、Sb 回收率在 98.6% ~104%，检出限在 2.0 ~5.1ng/mL，线性范围 Zn 为 5.0 ~200.0μg/mL，其余元素为 0.5 ~20.0μg/mL。此方法测定值与国家标准物质人发和牛肝数据测定值基本一致，并且回收率高、检出限低，而且能对多种元素进行同时检测。

冷冻研磨联合超声波前处理技术是使用特制冷冻研磨仪和超声清洗仪对样品进行前处理的技术。其处理过程为将样品装入密闭的研磨容器浸入液氮，以电磁为动力，带动撞子在液氮温度环境下对样品进行粉碎研磨。样品由于

---

〔1〕 于蔚常：“肝中杀鼠酮硅藻土提取高效液相色谱检测法研究”，载《刑事技术》2012 年第 6 期。

〔2〕 吴玉红等：“微波消解 ICP/AES 标准加入法测定尿液中金属毒物”，载《中国法医学杂志》2012 年第 1 期。

低温变脆，经研磨后易得到粒径更小的粉末。同时在低温下，样品中所含的组成信息和生物活性得到较好保留。超声波是指借用超声波清洗仪对样品进行处理，由超声波发生器及换能器令仪器水槽中的液体流动而产生频率大于20kHz的机械纵波，其产生的巨大能量可用于多种样品处理。在国外法庭科学领域，冷冻研磨已应用于核酸提取和痕迹元素的分析等〔1〕。陈航等〔2〕建立了冷冻研磨联合超声波技术来处理指甲检材。根据研磨管大小取一定量指甲（5~50mg）置于管中，向内放进不锈钢撞子然后密封。将密封的研磨管置于冷冻研磨仪中，加入液氮。预冷3min，球磨2min，碰撞频率$10s^{-1}$，循环2次。水槽温度约20℃。开启超声仪，开启连接胶皮管的冷水管及超声仪下方放水口，确保进出水流量一致，并调节进出水流量，使水槽温度稳定在(20±3)℃。超声频率40kHz，超声时间1h。该项技术改善了指甲的微观结构，大大提高了释放效率，避免了酸、碱等的剧烈化学作用可能对指甲中毒（药）物的影响。同时整个前处理过程控制一定的温度，可保证毒（药）物的稳定性。冷冻研磨联合超声波前处理技术为毒物分析前处理提供了新思路。

（2）分析技术的串联。随着毒物、毒品种类的增加，检材范围的不断扩大，在一个案件中，串联使用多种分析技术来进行检测已经发展为一种趋势。多谱串联技术是在利用单一色谱或者光谱的基础上发展起来的，它综合了单一色谱的优势，使得检测手段更加快捷、高效、准确。

海洛因是我国吸毒者滥用的主要毒品，又称二乙酰吗啡，是吗啡经过乙酰化后的半合成毒品，其在人体内代谢迅速，因此，对海洛因滥用者的排查一般检测其代谢物吗啡和O^6-单乙酰吗啡的含量。联合国禁毒机构预测，在21世纪，苯丙胺类兴奋剂的使用量将超过海洛因，成为全球最为滥用的毒品种类。陈跃等〔3〕提出了高效液相色谱-串联质谱法（HPLC-MS）

---

〔1〕 See Pagan Fetal, “Comparison of DNA Extraction Methods for Identification of Human Remains”, *The Australian Journal of Forensic Sciences*, 44 (2012): 117~127. Also See Alain Ketal, “DNA Extractions from Deep Subseafloor Sediments: Novel Cryo-Genic-Mill-Based Procedure and Comparison to Existing Protocols”, *Microbiol Methods*, 87 (2011): 355~362. Also See Godoi Qetal, “Laser-Induced Breakdown Spectroscopy and Chemometrics for Classification of Toys Relying on Toxic Elements”, *Atomic Spectroscopy*, 66 (2011): 138~143.

〔2〕 陈航等：“冷冻研磨联合超声波技术处理指甲检材”，载《法医学杂志》2012年第5期。

〔3〕 陈跃等：“超高效液相色谱-串联质谱法测定生物样品中常见毒品”，载《理化检验·化学分册》2012年第48卷。

测定血液、尿液和唾液中甲基苯丙胺、吗啡和 O^6 - 单乙酰吗啡含量的方法。试样中蛋白用乙腈沉淀后离心分离除去，所得滤液用于高效液相色谱 - 串联质谱分析。该方法的检出限在 0.2 ~ 0.5μg/L 之间。采用超高效液相色谱 - 串联质谱法快速测定其中的甲基苯丙胺、吗啡、O^6 - 单乙酰吗啡，该方法的回收率、精密度均满足实际办案的要求，可用于样品中毒品的快速定性、定量分析。

陈跃等〔1〕还建立了 UPLC/MS/MS 同时测定唾液中甲基苯丙胺、吗啡、O^6 - 单乙酰吗啡的方法，该方法以乙腈为提取液沉淀蛋白质，采用基质提取溶液配制标准溶液制作定量曲线，用超高效液相色谱柱对待测毒品进行分离；采用电喷雾离子源正离子（ESI^+）模式和多反应监测（MRM）进行质谱分析，采用被测毒品的同位素内标进行定量。结果显示，回收率的范围为 $(68.7 \pm 6.5)\%$ ~ $(110.8 \pm 4.6)\%$，3 种毒品的检出限和定量限分别为 0.02 ~ 0.05μg/L 和 0.1 ~ 0.2μg/L。该方法快速、准确、灵敏度高，适用于对道路交通、娱乐场所等涉嫌吸毒人员的检测和确认。

张润生等〔2〕采用气相色谱 - 傅立叶变换红外光谱（GC - FTIR）联用技术，建立了 9 种苯丙胺类毒品及其衍生物的分析鉴别方法。该方法采用 HP - 1（30m × 0.32mm，0.25μm）毛细管柱，MCT 红外检测器与氢火焰检测器同时检测，在程序升温条件下，以十七烷为内标物，研究已知对照品的色谱保留行为及其气态红外光谱图特征，建立相应的特征吸收峰数据库，作为鉴别分析的依据。该方法利用保留时间和红外光谱特征吸收峰两方面的信息进行联合结构鉴定，解决了混合物中本类毒品组分的鉴别问题，特别是在 GC - MS 联用法不能鉴别的情况下更能发挥作用，确保本类毒品未知组分定性鉴定的准确性。

毒贩为谋取更多利益，降低交易成本，往往会在甲基苯丙胺晶体中加入外观与甲基苯丙胺极为相似的环己胺，掺入的大量环己胺会对甲基苯丙胺的定性分析产生严重干扰。黄星等〔3〕以甲苯为提取溶剂，利用 GC - MS 串联技

---

〔1〕 陈跃等："超高效液相色谱 - 串联质谱法检测唾液中 3 种毒品及其代谢物"，载《色谱》2012 年第 11 期。

〔2〕 张润生等："苯丙胺类毒品及其衍生物的气相色谱 - 红外光谱分析"，载《分析化学》2012 年第 6 期。

〔3〕 黄星等："大量环己胺中甲基苯丙胺的定性分析"，载《刑事技术》2012 年第 6 期。

术来检测大量环已胺中的微量甲基苯丙胺成分。该方法表明，根据溶解度的不同，能够排除在甲醇溶解体系中大量环已胺对微量甲基苯丙胺（甲基苯丙胺浓度低至约0.1%）定性分析造成的严重干扰，可避免因检测方法不当导致的漏检、错检。除了加入环已胺，二苯基甲烷由于其外观与甲基苯丙胺极为相似，且价格非常便宜，不受管制，还具有芳香味，因此也常常被用来稀释冰毒或者直接冒充冰毒。钱振华等〔1〕用GC/MS技术同时检测出了甲基苯丙胺和二苯基甲烷。该方法简单易行，有助于推断毒品合成过程，为毒品案件的迅速侦破提供线索，并且为法官准确定罪量刑提供依据。

由于生物样本的复杂性和速可眠药物的较强极性，毛细管电泳（CE）、气相色谱法（GC）、高效液相色谱法（HPLC）难以满足速可眠准确定量的分析要求。刘小川等〔2〕建立了气相色谱－质谱联用（GC－MS）测定人体血液中速可眠的分析方法。该方法通过有机溶剂液－液萃取提取血液中的速可眠，采用GC－MS检测，选择离子模式（SIM）进行定性和定量检测。结果速可眠的检出限为30ng/mL，回收率为93.4%～102.7%。该方法样品前处理简单方便、灵敏度高、具有较好的回收率和精密度，分析成本低，为快速检测血液样品中的速可眠提供了一种可靠而有效的手段，在临床检验和毒物分析等领域中具有重要价值。

维库溴铵属于强极性碱性药物，化学性质特殊，难以从血液等检材中提取，色谱保留也非常困难。鉴于此，国内外目前尚未有有效的分析方法，在实际案件中也往往造成漏检、错检。张云峰等〔3〕用HILIC色谱柱建立了超高效液相色谱串联质谱法测定血液中维库溴铵的方法，采用Oasis®WCX固相萃取柱进行提取，超高效液相色谱串联质谱仪进行检测，检测血添加维库溴铵在1～500ng/mL内呈良好线性，最低检出限为0.05ng/mL。此方法简便快捷，灵敏度高，定性能力强，能够满足实际办案的需要。

近年来啶虫脒投毒、自杀中毒等案件时有发生，但目前有关啶虫脒的检

〔1〕 钱振华等："二苯基甲烷的气相色谱－质谱分析"，载《化学工程师》2012年第6期。

〔2〕 刘小川等："GC－MS检测人体血液中速可眠的方法学研究"，载《湖北科技学院学报（医学版）》2012年第5期。

〔3〕 张云峰："超高效液相色谱－质谱法测定人血中的维库溴铵"，载《全国生物医药色谱及相关技术学术交流会（2012）会议手册》。

验主要集中于农药残留物的检测，而在毒物分析领域却罕见报道，杜鸿雁等[1]采用NCI－GC/MS从送检胃内容、肝组织和现场提取的农药瓶内液体中均检出了啶虫脒成分。该方法简便、快速、灵敏度高、杂质干扰少、选择性好，可以作为毒物分析领域啶虫脒的检验手段。

2. 新分析方法的建立

（1）主成分分析和聚类分析法。当前境外贩毒势力与国内的贩毒集团相互勾结，形成了逐级分销、遍布城乡、绵延海外的严密的供销网络，这使得抓获幕后大毒枭的任务变得日益艰难。为了解决这一困境，贾振军等[2]提出一种串并毒品案件和推断毒品来源的方法。研究中，使用气相色谱法（GC）与气相色谱/质谱联用（GC/MS）方法对海洛因样品中8种生物碱进行定量分析，采用主成分分析和聚类分析的统计学方法对15个样本进行聚类。“主成分分析”是设法将原来众多具有一定相关性的指标，重新组合成一组新的互相无关的综合指标来代替原来的指标。[3]“聚类分析”又称为群分析，是根据“物以类聚”的道理，对样品或指标进行分类的一种多元统计分析方法，它们讨论的对象是大量的样品，要求能合理地按照各自的特性来进行合理的分类，没有任何模式可供参考或依循，即在没有先验知识的情况下进行。[4]研究中应该首先考虑指标之间的相关性，这也是聚类分析的前提条件。聚类分析要求进行分析的各项指标之间不具有相关性，试验中发现8个指标之间具有相关性，因此对这8个指标进行了主成分分析，提取了三个主成分。该研究中根据聚类分析图，可以看出这15个样本之间相互关系的远近，并根据样本的相互关系进行分组。样本中生物碱成分相似的，可以推断其来源很可能相同，作为串并案件的依据，这样更有助于毒品案件的侦破，特别是有助于捣毁大型贩毒团伙，抓获幕后毒枭。

（2）光学法与化学计量学。化学计量学可以通过数学、统计和计算的方法揭示数据间明显和隐含的关系，因此在非线性或动力学等复杂系统中得到

---

〔1〕杜鸿雁等：“啶虫脒中毒检验1例”，载《中国法医学杂志》2012年第6期。

〔2〕贾振军等：“聚类分析与主成分分析在串并毒品案件和毒品来源推断中的应用”，载《中国人民公安大学学报（自然科学版）》，2012年第3期。

〔3〕余建英等：《数据统计分析与SPSS应用》，人民邮电出版社2003年版，第291～298页。

〔4〕张文彤等：《SPSS统计分析高级教程》，高等教育出版社2004年版，第235～260页。

了广泛的应用。化学计量学应用于X射线谱分析的优势体现在以下几个方面：用非线性的方法描述复杂的反应，提高了对信噪比较差的或不完整的数据的处理能力。这个领域的趋势涉及非线性、动力学建模、多维，以及自适应的建模，其最重要的目标是获取特征信息和分析出现结果的原因。化学计量学与X射线相结合的一个重要应用是在气溶胶、土壤和泥沙中识别污染物和研究重金属的分布，此外也用于法医鉴定和军事领域。李威[1]针对包括毒品、爆炸物在内的危险品的检测，特别是藏匿在模拟人体环境或复杂环境下的危险品的检测，提出将光学方法和化学计量学相结合的检测方法。该项研究针对人体组织背景对危险品EDXRD信号的干扰，提出在主成分（PCA）特征空间中研究肌肉和脂肪对海洛因识别的影响，发现特征点在海洛因与纯肌肉、纯脂肪间移动，这说明可以通过主成分分析将海洛因的信号与皮肤的信号进行分离。还针对危险品信号在模拟人体组织背景下的建模，提出使用偏最小二乘法（PLS）建立不同厚度的肌肉和脂肪包裹的海洛因的模型，发现将肌肉和脂肪作为两个独立因素考察时，PLS提取出的特征变量与厚度呈良好的线性关系。在此EDXRD技术的基础之上，李威还根据实际办案的需求，设计了一套模拟身体藏匿危险品的识别软件。该方法解决了复杂背景下的高维变量、弱信噪比信号的特征提取和识别的难题，实现了模拟人体环境下危险品的快速、准确检测。

（3）蛋白芯片技术。蛋白芯片技术是一种快速、高通量的毒品定量检测方法。蛋白质芯片又称蛋白质阵列或蛋白质微阵列，是基于抗原和抗体专一性结合的原理将多种蛋白质有序地固定在固相载体（如特殊处理的玻片、有机膜片、硅微球等）表面形成微阵列，检测生物样品中可与之专一性结合的对应蛋白质。[2]利用蛋白芯片检测毒品毒物的基础是免疫反应。预先在固相基质上通过化学方法固定载体蛋白偶联的毒品毒物小分子，检测过程中将毒品毒物抗体与待测样品同时加入，样品中的毒品毒物与固定在基质上的小分子完全抗原，针对毒品毒物抗体进行竞争免疫反应，没能结合在芯片上的抗体在洗涤步骤中被除去，然后加入荧光标记物进行孵育，最后通过芯片扫描

---

〔1〕 李威："基于化学计量学的危险有害物质光学检测技术的研究"，中国科学技术大学2012年硕士学位论文。

〔2〕 Stahler P，"Microarray Technology：An Array of Opportunities"，*Nature*，416（2002）：85～91.

仪获得检测结果。[1] 曾立波等[2] 采用硝酸纤维膜作为蛋白芯片的基片，将多种毒品和蛋白偶联物抗原包被在芯片基片上，后封闭不同毒品的单克隆抗体与之结合，再用荧光染料 Cy5 标记物进行孵育，样本中如果含有毒品成分，将会与毒品的抗体相结合，导致最终的荧光信号发生改变。荧光信号的变化与样品中毒品的浓度相关，通过荧光芯片检测仪 CCD 可以进行定量分析，最终判断样本中毒品的含量。该研究对 506 例样本进行定性定量检测，与 GC/MS 仪器比较后总相关性在 88% 以上，芯片的检测灵敏度比胶体金方法提高 10 倍，其检测的特异性达到 99%。目前利用蛋白芯片检测毒品成分的方法还处于前期研究阶段，距离制备出产品化的毒品检验试剂盒还有一段距离。

（4）新材料和传感技术。毒物毒品快速检测芯片是未来十年毒物分析技术研究的热点。SPR 传感技术是通过测量金属表面附近折射率的变化，进而对物质的性质进行研究的，其理论基础是衰减全反射。利用 SPR 传感技术可以轻松实现对生物分子间相互作用的实时监测，而且分析速度快，灵敏度高。此外，使用 SPR 技术进行检测不需要对分析样品进行复杂的标记，SPR 的数据分析只需要通过 SPR 特征光谱的变化情况就能计算出检测样品的浓度及质量等信息。目前，传感芯片技术基本成型，然而问题是检测对象只是停留于有机溶液，对于人体体液不能进行直接检测，因为体液中的蛋白质等内源性杂质会吸附到芯片表面，使其检测效率大大降低。由于所有的毒物分析案件均需要对血液、尿液以及组织等进行检验，因此阻抗蛋白技术在法庭检验学方面的应用将会成为毒物分析领域的研究热点。近年来，研究人员在阻抗蛋白技术研究上投入了大量的精力，在阻抗蛋白表面修饰技术以及不同功能的有机隔离材料等方面取得了较大的进展。然而，现实中当遇到有复杂蛋白的血液和尿液时，即便是经过稀释，这些阻抗蛋白材料的有效性也将大打折扣。目前研究人员们正致力于解决蛋白质吸附的问题。如果这一问题得到解决，将是一个非常大的飞跃。

3. *毒物学的相关理论研究*

长期以来，由于毒品检测的标准物质匮乏，致使各种毒品检测方法无法

---

〔1〕 Du HW et al., "Development of Miniaturized Competitive Immunoassays on a Protein Chip as a Screening Tool for Drugs", *Clinical Chemistry*, 51 (2005): 368 ~ 375.

〔2〕 曾立波等："定量检测毒品的蛋白芯片的研发"，载《中国司法鉴定》2012 年第 1 期。

进行溯源，从而使检测结果的可靠性得不到充分保障，因此建立法庭科学毒品检测量值溯源体系就显得尤为重要。张盼等〔1〕研制了甲基苯丙胺标准物质，通过红外光谱、质谱法对甲基苯丙胺样品进行定性分析，优化并建立了高效液相色谱（HPLC）、差示扫描量热法（DSC）两种定值分析方法。采用热重分析法和电感耦合等离子体质谱法测定水分和无机离子的含量，通过均匀性与稳定性检验，结果表明，甲基苯丙胺标准物质的均匀性良好，稳定性至少1年，同时对其进行了不确定度评定。研制的甲基苯丙胺标准物质的纯度为99.8%。该研究为我国毒物学领域毒品成分的检测溯源体系的建立提供了技术支撑。

4. 数据库建设和相关会议

在计算机技术高速发展的当下，毒物分析领域也面临着革新，这也是毒物分析学自身发展的需求。因此，改变传统的毒物分析获取信息的方式，设计并建立毒物分析学的数据库以及信息平台系统就显得至关重要。陈航、沈敏等〔2〕基于Web的B/S结构建立了结构合理的信息系统，收集、整合、收录518种毒物的鉴定相关的关键信息，并提供基础检索、中毒症状检索和质谱图检索三种检索途径。所建系统结构合理、内容丰富、检索方式多样，实现了毒物分析学信息的系统化、现代化获取，很好地满足了毒物分析领域的实际需求。

2012年10月28~31日，由上海材料研究所、中国机械工程学会理化检验分会主办，《理化检验》编辑部承办的2012年“理化测试学术研讨会”暨《理化检验》创刊50年庆祝活动在上海举行。会议就理化测试的新方法、新标准、新仪器设备的介绍及应用，理化测试技术在产品质量控制、开发材料表面处理工艺、材料冷热加工工艺、研究材料改性技术及在环境科学、生命科学、生物工程、药物分析中的应用等展开了学术交流。

2012年12月19~20日，中国法医学会第五届法医毒物学专业委员会第一次工作会议在江西省景德镇市召开。会议审议通过了专业委员会未来五年的工作规划。会上对我国毒物分析领域取得的新进展和展开的广泛交流合作

---

〔1〕张盼等：“甲基苯丙胺标准物质的定值与不确定度分析”，载《化学通报》2012年第4期。

〔2〕陈航、沈敏等：“法医毒物学数据库构建及电子信息平台系统的实现”，载《中国司法鉴定》2012年第3期。

给予了肯定，同时也指出，当前毒物分析学正处于转型时期，期望全体毒物分析工作者能够同心协力，开拓创新，共同开创毒物鉴定工作的新纪元。

（七）微量物证检验学

本年度，微量物证检验学研究在以下三方面取得了重要发展：

1. *以敏感话题为主题的微量物证检验学研究*

典型案件中的关键性微量物证成为相关检验人员的研究重点，如爆炸案件中的爆炸物检验、交通案件中的油漆证据分析、纵火案件中的纵火剂检验以及各类案件中频频出现的纤维证据检验。该特点似乎与微量物证的应用学性质非常契合。能够以关键性证据的姿态进入解决敏感案件、重大案件的过程中，微量物证的作用与价值被体现得淋漓尽致。然而，该特点也再一次反映了国内微量物证检验学甚至是整个法庭科学的重要特点——过于重视话题的新颖性，而忽略了科学的细腻与沉稳。如何让微量物证检验学研究不仅具有时尚新颖的法律交叉学科特点，而且能够借鉴科学的本质，全面细致地论述相关话题，为法庭审判提供一份详实的证据？这成为所有微量物证检验人员需要深切思考的一个问题。

（1）爆炸案件中的爆炸物。在各类案件中，爆炸案的社会危害性堪称之最。在爆波的猛烈作用和广域传播的作用下，每一起爆炸案件几乎都会在较大范围内造成严重的人身、财产损失。而对于爆炸案件的侦查和审理，如何能够客观准确地判定爆炸原因就成了最为重要的话题。蔡建刚对便携式红外光谱仪[1]和拉曼光谱仪[2]探测炸药种类的情况进行了全面的考察。其研究结果表明，两种便携式分析设备对于现场嫌疑粉末的炸药种类鉴别具有重要的意义。为了使分析方法更为贴近法庭科学实践需求，A. Schoina等[3]全面探索了顶空固相微萃取－气质联用法在有机爆炸物的现场非介入性检测中的应用情况。他们首先使用16种常见有机炸药标准品探索了气质联用法的检测

---

〔1〕 蔡建刚：“ATR－FTIR技术在炸药探测中的应用”，载《警察技术》2012年第2期。

〔2〕 蔡建刚：“拉曼光谱技术在炸药探测中的应用”，载《中国人民公安大学学报（自然科学版）》2012年第1期。

〔3〕 Anthi Schoina et al.：“Head Space SPME Sampling and Vacuum Outlet GC－MS for the Non－Invasive Detection of Organic Explosives”，载《中国司法鉴定》2012年第4期。另参见安希·史霍英娜等：“有机爆炸物的现场非介入性检测——顶空固相微萃取－真空气相色谱质谱法”，载《中国司法鉴定》2012年第4期。

能力；然后通过后期顶空固相微萃取方法的介入，发现该方法可以成功地应用于蒸汽压不低于 TNT 的有机爆炸物的非介入性检测，如 EGDN、TATP、NG 和 TNT 等。该研究成果的重要意义在于它可以成功地实现在现场快速进行非介入性检测。尤其对于 TATP 这类感度高、在打开爆炸物包装的过程中容易因为摩擦而起爆的炸弹而言，非介入性的现场快速检测就显得尤为重要。因此，A. Schoina 等人开展的贴近实际而又深入细致的研究工作非常值得我们学习和借鉴。

（2）纵火案件中的纵火剂。同爆炸案相似，纵火案的社会危害性也不容小觑。在一起纵火案件的调查工作中，纵火剂种类的确认堪称重中之重。杨杰[1]对火灾现场常见微量物证的发现和提取情况进行了全面的总结。他从火灾现场调查人员的角度向读者提供了较为丰富的火灾微量物证信息。李胜林等[2]则根据近期纵火案件形式的变化，将被犯罪分子选做可燃液体替代物的油漆稀料作为研究重点，建立了灵敏、准确的检测方法。对于常见的纵火剂，如汽油、煤油以及柴油等，因为它们均为石油分馏产品，所以同类产品之间甚至是不同产品之间均存在较大的相似性。如何在比对分析的过程中，对样品与样品之间的差异点进行准确的识别、固定并加以可视化处理？这成为很多纵火剂检验研究的热门话题。傅得锋等[3]选择主成分分析法（PCA）作为“降维”手段，处理色谱法检验纵火剂的分析结果，探求在低维空间中识别不同的纵火剂。邢若葵等[4]在获得纵火剂样品的总离子流图的同时，测定了样品的 4 个特征离子色谱图（芳香类、烷烃类、茚满类、萘类），根据 30 个组分的分析结果，使用向量夹角法（见下述公式）进行相似度的计算，获得了较为理想的检测效果。

$$\cos\theta = \frac{x_1y_1 + x_2y_2 + \cdots + x_ny_n}{\sqrt{x_1^2 + x_2^2 + \cdots + x_n^2} \times \sqrt{y_1^2 + y_2^2 + \cdots + y_n^2}}$$

（3）交通案件中的微量物证。随着机动车的日渐普及，我国交通事故案

---

〔1〕杨杰：“火灾微量物证的发现与提取方法研究”，载《武警学院学报》2012 年第 12 期。

〔2〕李胜林等：“常见油漆稀料的 GC/MS 的检验及分类研究”，载《刑事技术》2012 年第 4 期。

〔3〕傅得锋等：“超快速气相色谱电子鼻分析技术在汽油标号判定中的应用研究”，载《刑事技术》2012 年第 5 期。

〔4〕邢若葵等：“建立火场样品中汽油残留物 ATD - GC - MS 检验结果的评价方法”，载《刑事技术》2012 年第 1 期。

件的数量与日俱增。无论是车与车相碰，还是车与人/物相碰，油漆、橡胶、塑料等聚合物的微量转移都是较为频繁发生的。对于此类微量物证的检验技术虽然已经较为成熟，但仍有待进一步提高。蔡植海等[1]、王小波等[2]使用红外光谱和扫描电子显微镜/X 射线能谱技术对油漆中的主要成膜物质和次要成膜物质进行了分析检验，旨在从有机成分和无机成分两个角度对油漆物证进行全面审视。孙振文等[3]对交通案件中的汽车塑料物证的提取和检验情况进行了较为完整的综述。在塑料物证的提取阶段，他们认为塑料物证具有弹性小、易成膜的特点，因此在显微镜下提取时应特别注意；在塑料物证的分析阶段，他们不仅给出在国内常见的红外光谱法和扫描电子显微镜/X 射线能谱法的应用情况，而且还着重介绍了裂解气相色谱法和热分析法等非常适合聚合物鉴定的分析方法，此外，他们还探讨了 X 射线衍射法等探测塑料样品中的无机填料的方法。对于开展交通案件塑料样品检验工作的相关人员，该论文的内容值得借鉴。

（4）各类案件中频频出现的纤维证据。纤维是日常生活中最频繁出现的一种聚合物。在强奸案、盗窃案、杀人案以及交通肇事案等各类案件中，微量纤维物证的转移是普遍存在的。与以往不同的是，本年度学者们在审视纤维证据的时候，使用了两种特别的视角：

第一，注重纤维上的染料。在批量化工业生产的今天，仅对纤维的主要成分进行比对和鉴定已经无法满足证据的要求。探求新的观察视角，追踪纤维中的痕量组分，这才是纤维证据检验的真正发展趋势。相对于纤维的主要成分，纤维上染料的使用情况有望成为上述问题的突破口。纤维上的染料情况包括染料的种类和染料的配比等两方面信息，即染料的定性分析和定量分析。史晓凡等[4]、龚利斌等[5]分别使用高效液相色谱法对涤纶纤维上使用

[1] 蔡植海等："显微红外光谱法和扫描电镜/能谱法检验汽车油漆物证"，载《广东公安科技》2012 年第 3 期。

[2] 王小波等："利用红外光谱和电子扫描显微镜/能谱仪技术分析案件现场遗留的油漆物证"，载《广东公安科技》2012 年第 2 期。

[3] 孙振文等："交通肇事案件中汽车塑料物证的提取和检验"，载《中国人民公安大学学报（自然科学版）》2012 年第 3 期。

[4] 史晓凡等："涤纶纤维上分散染料的液－质分析"，载《刑事技术》2012 年第 1 期。

[5] 龚利斌等："高效液相色谱法分析涤纶纺织纤维中分散红染料"，载《警察技术》2012 年第 2 期。

的黄色分散染料和红色分散染料进行了分析检验。他们既优化了分析条件，又确认了方法的可靠性。此外，上述分析方法中所需要的样品量仅为1cm长的单根纤维，具有重要的实践意义。罗仪文等[1]使用显微激光拉曼光谱法对6种直接黑染料、6种直接红染料及其染色的棉、苎麻和粘胶纤维进行了分析检验，并确定了激光器的最佳波长为514nm。他们提供的方法具有无损检验的特点，对前述破坏性的色谱分析具有很好的补充效果。

第二，正视纤维的转移（污染）。学者们认为，当纤维从其所属载体转移到接触客体表面（初次转移）之后，它还可能进一步从该接触客体表面再次转移到二次接触客体的表面（二次转移）。一方面，这种纤维二次转移可以成为系列案件的示踪物质，即发挥纤维证据的正面作用；另一方面，纤维的二次转移可能造成纤维证据的污染、证据价值的降低甚至使证据无效，即产生纤维证据的负面作用。乌赫·H. 邓马赫雅等[2]设计了专门的实验装置，对纤维二次转移的情况及其在侦破连环入室盗窃案件中的作用进行了探索。其研究结果表明，只有1%～15%的纤维会发生二次转移。纤维证据是二次纤维转移案件中有效的示踪物质。

2. 体现微量物证检验学发展趋势的相关研究

能够体现微量物证检验学发展趋势的相关研究，在本年度的相关文献成果中也频频闪现。第一，由于微量物证具有量小体微的特点，大多数微量物证都以肉眼难以识别的方式客观存在着；所以高灵敏度分析方法是微量物证检验学的重要发展趋势之一。它在一定程度上体现着我们观察科学证据的深度；与此同时，它也在一定程度上代表着我们追踪案件事实的能力。第二，与越来越发达的实验室分析技术相比，不完善、不成熟的现场勘查技术成为制约微量物证在案件侦查和审判过程中发挥重要作用的重大瓶颈。因此，便携式的现场分析设备成为微量物证检验人员们追逐的热点。便携式设备完美地兼容了现场勘查与实验室分析两种职能。第三，统计学分析手段已经成为所有分析领域不容忽视的一个重要工具。在微量物证检验过程中，将统计学

---

〔1〕 参见罗仪文等：“显微激光拉曼光谱鉴别直接染料及其染色纤维”，载《中国司法鉴定》2012年第6期。

〔2〕 See Marga H. Duinmaijer et al., “On the Exploitation of Secondary Fibre Transfer: The Use of Flock Fibres as a Tracer”，载《中国司法鉴定》2012年第5期。另参见马赫·H. 邓马赫雅等：“基于纤维二次转移确定纤维屑作为示踪物质的探讨”，载《中国司法鉴定》2012年第5期。

分析手段与仪器分析数据相结合，这也成为很多相关学者追逐的目标。它不仅可以帮助我们科学冷静地处理海量的分析数据，还能够帮助我们客观地看待分析结果的证据价值。第四，微量物证检验结果往往以间接证据的形式出现在案件侦查和审判过程中。“重 DNA 和指纹”、“轻微量物证”，这是我国法庭科学领域里长久存在的一个现实情况。对于微量物证的证据价值的探索，成为了微量物证检验学发展的重要基础。

(1) 高灵敏度方法。如果将微量物证从化学的角度区分为以无机物为主的微量物证和以有机物为主的微量物证；那么，对于微量物证进行“深挖”的高灵敏度分析手段，我们也可以将其分为以深挖无机元素（痕量元素）为主的高灵敏度分析手段和以深挖有机结构为主的高灵敏度分析手段。

从痕量元素的角度来看，我们日常生活中所接触的大多数物品以及案件中常见的物证，其原材料均来自于地壳。这些原材料很少以绝对纯净的状态存在，常常混有杂质。在工业生产过程中，我们需要对上述杂质进行去除。然而，为了降低成本，对于那些含量相对较低、对产品性质没有显著影响的杂质，我们往往允许其保留在产品中。总体而言，大多数工业产品以及绝大多数天然原材料中均含有含量低于 1% 的痕量元素。在法庭科学工作者的眼中，这些痕量元素的种类及相对含量就像样品的标签或者指纹一样，可以用于推断它的来源。土壤、纤维、玻璃以及金属客体等常见的样品均可以通过痕量元素的方式加以识别。刘伟兵等[1]借助高灵敏度的电感耦合等离子体发射光谱法对玻璃原料、家用玻璃、汽车用玻璃以及玻璃瓶等常见玻璃样品中的 20 种元素进行了分析检验，并确认了方法的准确性和可靠性。这为玻璃证据在侦查和审判过程中的使用奠定了基础。

从有机结构的角度来看，质谱法（MS）堪称追踪有机物化学结构的一把利器。质谱串联技术（MS/MS）在一级质谱的基础之上，锦上添花，深化了质谱法在观测有机物化学结构方面的优势。将气相色谱（GC）或液相色谱（LC）分析技术与质谱串联技术相结合，则弥补了质谱法“只定性不分离”的缺陷，为有机物化学结构分析提供了一条准确又灵敏的途径。张榆梓等[2]

〔1〕 刘伟兵等：“玻璃中痕量金属元素检测方法研究”，载《刑事技术》2012 年第 4 期。

〔2〕 张榆梓等：“LC－ESI－MS/MS 法分析爆炸尘土中的硝化甘油”，载《中国司法鉴定》2012 年第 3 期。

针对爆炸尘土中提取的硝化甘油，选择高效液相色谱－质谱/质谱法（LC－MS/MS）对其进行了分析。确定以SB－C18（4.6×150mm，5μm）色谱柱，以甲醇/0.05mmol氯化铵为流动相作为色谱分析条件；利用氯化铵与硝化甘油形成的带负电荷的加合离子，使其在负离子检测模式下得以识别；选择m/z（262/62）为定量离子对，m/z（262/46）为辅助定性参比离子对，最终对尘土中的硝化甘油进行了成功的识别与测量。

（2）便携式设备。在实验室分析仪器日趋发展成熟的今天，如何将功能强大的实验室搬到犯罪现场，如何最大限度地将化学分析手段与犯罪现场勘查进行有机结合，这是许多法庭科学实务人员关注的重点。在实现此目的的过程中，我们需要克服以下几个难点：①降低环境信号的干扰；②实现仪器部件的集成；③完善便携式设备的数据库。此外，将成熟的便携式分析仪器产品与微量物证检验问题进行良好的磨合，实现新产品与老问题之间的无缝对接，这也是亟待微量物证检验人员解决的问题。蔡建刚在其研究过程中，先后探索了TrueDefender手持式傅里叶红外变换光谱仪〔1〕以及基于拉曼光谱分析原理的FirstDefender手持式化学品识别系统〔2〕在炸药探测过程中的应用情况。他发现TrueDefender手持式傅里叶红外变换光谱仪可以成功地区分7种常见炸药，对于5种常见单基炸药的匹配度高于90%；对于常见混合炸药（如岩石炸药、黑火药）等的匹配度略低，但仍然具有重要的参考价值。此外，他发现FirstDefender手持式化学品识别系统对于11种常见炸药可以获得比较好的分析效果，对于黑火药的识别能力较弱。虽然6种常见单基炸药的拉曼光谱匹配度都很高，但该方法对于荧光性干扰的抵御能力差，而且激光光源的使用也造成了对于操作人员的潜在威胁。总体而言，上述两种便携式设备可以对嫌疑粉末样品进行较好的识别，适于在现场对于缴获样品的定性；然而，对于空气中悬浮的或者爆炸尘土中存在的低浓度爆炸物粉尘，上述两种便携式设备尚不具备足够的分析能力。

（3）统计学分析手段。近年来，在微量物证分析领域里，对于种类相同或者谱图非常相近的两种物质的区分，不再仅仅集中于开发新技术或建立新

---

〔1〕 蔡建刚："ATR－FTIR技术在炸药探测中的应用"，载《警察技术》2012年第2期。

〔2〕 蔡建刚："拉曼光谱技术在炸药探测中的应用"，载《中国人民公安大学学报（自然科学版）》2012年第1期。

方法，即越来越多的关注焦点不再放在数据的有效采集上，而是引入计算机、统计学方法，应用模式识别等方式对测量数据进行聚类分析，即把更多的精力放在数据的后续综合解析处理上，挖掘潜藏在普通谱图中的大量有用信息，实现对物质的分类。本年度，孙振文等[1]使用 LSD - t 检验，对扫描电子显微镜/X 射线能谱法（SEM/EDX）及 X 射线荧光光谱法（XRF）检验电工胶带中无机元素的分析结果进行处理，判定两种分析方法在电工胶带检验中的区分能力。此外，陈林[2]使用 SPSS 软件的模糊数学分析处理方法，对土壤样品中的元素分析结果进行了比较研究，并将其成功地应用于一起杀人抛尸案件当中。邢若葵等[3]使用向量夹角法，对两个汽油残留物 ATD - GC - MS 的检验结果进行比较，确定二者的相似度。通过基础数据的收集，他们发现有汽油作为助燃剂的样品，其分析结果与汽油的色谱指纹图相似度在 90% 以上，而没有汽油作为助燃剂的样品，其相似度在 60% 以下。这为汽油纵火剂的判定提供了一种确凿的分析方法。傅得锋等[4]使用主成分分析法（PCA）对超快速气相色谱（电子鼻）分析不同标号汽油样品的结果进行处理，为火灾案件中助燃剂种类的确定提供了一种有效的分析手段。在一系列的统计学手段介入微量物证检验的研究成果中，我们看到了从简单的 t 检验到复杂的 PCA 分析的发展过程，也看到了从统计学在色谱分析结果中的应用到统计学在光谱分析结果中的应用的演变历史。法庭科学领域中谈“统”色变的时代已经结束了，取而代之的是统计学分析手段在法庭科学各分支学科中的普遍使用和渗透。一方面，证据提供人员（如微量物证检验人员）要加强统计学知识的使用；另一方面，证据使用人员（如警官、法官）也要加强对于统计学数据的理解。

（4）微量物证的证据价值。长久以来，微量物证往往以间接证据的形式现身于各类案件当中。例如，在杀人案件中，纤维的转移只能间接地证明犯

---

〔1〕 孙振文等：“SEM/EDS 法和 XRF 法在电工胶带检验中的应用”，载《中国司法鉴定》2012 年第 2 期。

〔2〕 陈林：“利用泥土成分比对检验破获杀人抛尸案 1 例”，载《刑事技术》2012 年第 6 期。

〔3〕 邢若葵等：“建立火场样品中汽油残留物 ATD - GC - MS 检验结果的评价方法”，载《刑事技术》2012 年第 1 期。

〔4〕 傅得锋等：“超快速气相色谱电子鼻分析技术在汽油标号判定中的应用研究”，载《刑事技术》2012 年第 5 期。

罪嫌疑人可能是身穿某件嫌疑衣物出现在杀人现场的那个人，而DNA证据则可以直接揭示遗留DNA样品的犯罪分子的真实身份。而在刘立志[1]报道的一则案例中，则恰好出现了截然相反的情况。在一起交通肇事逃逸案件中，犯罪嫌疑人谎称自己只是在途经案发地点时，看到被害人躺在地上，在停车观看过程中，不小心将自己的头盔落在案发地点。在这种主张的前提下，从犯罪现场遗留的头盔中检出源于犯罪嫌疑人的DNA不具备任何证明价值。然而，从案发现场被撞木板车上提取的微量油漆却可以证明，犯罪嫌疑人不仅出现在案发地点，而且他驾驶的摩托车和现场的木板车之间发生过碰撞接触。在这份铁证面前，犯罪嫌疑人供述了自己肇事逃逸的全部过程。该案例向我们传递了一个重要信号："弱"微量也是不容忽视的。微量物证对于证据链条的完善举足轻重。

3. 与法庭科学其他分支学科交叉的相关研究

以量小体微的物品为检验对象，以具有普适性的化学分析手段来解决证据问题，这是微量物证检验学的两个重要特点。其中，微量物证检验学的第二个特点，决定了它注定要从分析手段的角度与其他法庭科学分支学科交叉。本年度，微量物证与文件检验学，与法医病理学的致伤工具等特有问题呈现出交叉研究趋势。拉曼光谱法、红外光谱法以及扫描电子显微镜/X射线能谱法成为了微量物证与其他法庭科学分支学科交叉的主要途径。

（1）微量物证检验学与文件检验学的交叉。传统的文件检验学主要从形态学的角度对相关研究对象进行检验。微量物证检验则可以从化学成分的角度辅助传统的文件检验学的研究，这也是两门法庭科学分支学科交叉的基础。本年度，学者们主要从红外光谱法和拉曼光谱法两个方面着手，分析文件检验学的研究对象。例如，陈宁[2]使用拉曼光谱法分析了红色印油（泥）的主要成分。他发现用拉曼光谱仪结合扣除荧光背景技术，能有效地降低荧光背景对于红色印迹的拉曼信号的干扰；该方法可以区分不同牌号的红色印迹。姜红等[3]使用傅里叶红外光谱法对常见的办公胶水成分进行了分析检验，并

---

[1] 刘立志："利用微量物证破获交通肇事逃逸致人死亡1例"，载《刑事技术》2012年第6期。

[2] 陈宁："显微拉曼光谱仪分析红色印迹"，载《中国人民公安大学学报（自然科学版）》2012年第3期。

[3] 姜红等："傅立叶红外光谱法检验合成胶水的研究"，载《广东公安科技》2012年第3期。

确认其主要成分为聚乙烯醇、聚乙烯醇缩甲醛、聚丙烯腈和水。此外，李彪等[1]对于各种光谱学方法在激光打印墨粉检验中的应用情况进行了较为全面的综述。然而，相较于逐渐在文件检验学领域普及的光谱学分析方法而言，色谱学分析方法与文件检验学的交叉略显欠缺。色谱学分析方法的分离能力和定性能力是有目共睹的。我们可以预见，将色谱学分析方法的优势发挥在文件检验学领域中，必然可以带给我们丰硕的收获。这也有望成为日后微量物证检验与文件检验交叉的发展趋势之一。

（2）微量物证检验学与法医病理学的交叉。在 2011 年的文献梳理中，我们看到了微量物证检验技术在死亡时间问题上与法医病理学的交叉，使用的分析方法主要为傅里叶红外光谱法；而本年度的发展趋势表明，越来越多的学者将微量物证检验技术与致伤物的判定紧密联系起来，其原理主要为通过扫描电子显微镜/X 射线能谱法微区观察致伤物金属颗粒并确认其元素组成[2][3][4][5][6]。部分学者探索的重点在于对骨砍伤部位提取的致伤物残留金属颗粒的成分分析；此外，其他学者探索的重点在于对皮肤创口部位提取的致伤物残留金属颗粒的成分分析。相对而言，对于骨砍伤部位提取的致伤物残留金属颗粒的成分分析，由于致伤物与骨骼之间具有较高的摩擦系数，残留物金属颗粒的数量显著，所以该研究方式比较适合方法的建立、理论的探索，但研究成果距离实践应用较远。对于皮肤创口部位提取的致伤残留物金属颗粒的成分分析则可以大大弥补上述缺陷。

除了上述三个主要发展特点之外，本年度微量物证检验研究领域中还出现了很多新鲜事物。例如，在国外法庭真菌学的研究进展方面，我们可以看到很多鲜活的案例，其研究思路与看待问题的角度非常值得借鉴[7]。例如，

---

〔1〕 李彪等：“激光打印墨粉种类鉴别的光学检验法”，载《广东公安科技》2012 年第 4 期。

〔2〕 王琦等：“骨砍创金属颗粒的检测”，载《中国法医学杂志》2012 年第 4 期。

〔3〕 P. D. Zoon et al.，“Microanalysis of Invasive Traumas—An Integrated Multidisciplinary Approach into the Manner of Deach”，载《中国司法鉴定》2012 年第 4 期。

〔4〕 P. D. 佐恩等：“侵入性创伤的微分析——死亡方式的多学科综合分析法”，载《中国司法鉴定》2012 年第 4 期。

〔5〕 王希钢等：“致伤工具微量残留物提取和检验研究”，载《刑事技术》2012 年第 4 期。

〔6〕 赵春梅等：“人体创口工具残留物的扫描电镜能谱检验法”，载《电子显微学报》2012 年第 4 期。

〔7〕 李蕾等：“国外法庭真菌学研究进展”，载《刑事技术》2012 年第 6 期。

针对经常被用于绑架案件中封闭被害人嘴和手脚的，或者经常被用于爆炸案件中包装、固定爆炸装置的红色电工胶带，孙振文等[1]也建立了系统完整的检验方法供参考。此外，香烟物证[2]、木屑物证[3]等各种各样新鲜的事物均陆陆续续出现在微量物证检验的视野里。这一发展趋势再一次印证了微量物证检验的包容性，即凡是能通过物理化学属性为法庭提供证据的，我们都可以将其纳入微量物证的研究范畴。这一发展趋势再一次提醒了我们，保持微量物证与时俱进的发展是多么重要。这一发展趋势也再一次表明，通过科学推理的方式还原案件真实情况，以不变的宗旨应对万变的案情，这才是微量物证检验的精髓所在。

（八）痕迹检验学

通过对 2012 年度痕迹检验学机关论文的查询、分析，可以得出，对于痕迹技术的基础内容研究有利于该技术本身的发展。痕迹技术论文分析以指纹技术构成第一部分；其他相关技术构成第二部分，包含工具痕迹、枪弹痕迹、足迹、火灾痕迹、交通事故痕迹等。主要研究内容为论文分析，力图对本年度痕迹鉴定技术的发展有一个比较全面的展示。

1. 潜在指纹显现技术研究

对于指纹的显现、固定一直是痕迹鉴定技术的重点研究内容。本年度有一些典型论文对潜在指纹显现技术作了相关研究。指纹技术是世界各国警方侦破刑事案件最有力的技术手段之一，尤其是随着指纹自动识别系统的快速发展，指纹技术的作用更加显著。指纹技术作为认定人身的重要技术手段，其前提条件是技术人员要显现出作案人遗留在现场物品上的潜在手印。然而，受制于现有的显现方法，一些疑难客体（如潮湿或水中浸泡的渗透性、半渗透性客体）的潜在手印很难显现；对于一些常见客体上的潜在手印，由于仅采用单一显现方法，未能将所有潜在手印显出，或是显出手印质量不高，难以达到鉴定要求。因此，研究疑难客体上潜在手印的显现方法以及各种显现

[1] 孙振文等："SEM/EDS 法和 XRF 法在电工胶带检验中的应用"，载《中国司法鉴定》2012 年第 2 期。

[2] 姜红等："香烟物证检验的研究进展"，载《中国人民公安大学学报（自然科学版）》2012 年第 1 期。

[3] 许江萍等："同树种不同产地木屑的气相色谱分析"，载《中国人民公安大学学报（自然科学版）》2012 年第 3 期。

方法的显现流程，是提高现场潜在手印显现质量及显出率的关键。目前，我国指纹技术部门显现上述客体上潜在手印最常用的方法是茚三酮，部分单位使用DFO，使用茚二酮的则更少。上述三种方法均是针对汗液物质成分中的氨基酸发生显色反应。当客体处于潮湿环境，或被雨水打湿或浸泡于水中，氨基酸则会溶于水，导致上述最常用的显现方法失效，致使潮湿或被水浸泡的渗透性、半渗透性客体成为难以显出手印的疑难客体。如果手印遗留物质中氨基酸含量极少，而油脂、蛋白质丰富的话，上述方法则不能将潜在手印最佳地显现出来。如果能够在使用上述方法显现后，继续采用能够和油脂等其他物质发生反应的方法，则会明显提高显现质量。物理显影液是一种含银的水基试剂，溶液中的银粒子可与手印遗留物中的油脂成分发生吸附作用，激发显影液的物理显影从而显出客体表面潜在的含油手印。目前，国外发达国家已将物理显影液法作为常规显现流程，以保证显出率及显现质量。但是，由于使用的表面活性剂价格昂贵且国内无法购买到，因此我国无法广泛使用。为使物理显影液能够在我国推广应用，罗亚平等〔1〕从深入分析研究显现原理、考察各组分作用入手，研制出适合我国使用的、效果稳定的物理显影液试剂配方，进而提高犯罪现场潜在手印的显出率及显现质量。

近年来科研人员开始将纳米技术同光致发光法相结合，并应用于潜在手印的显现。1999年，美国得克萨斯技术大学的Menzel研究小组开了光致发光纳米晶显现潜指纹的先河，他们首先开展了硫化镉纳米颗粒在潜在手印显现方面作用的研究，合成了表面包覆二辛基硫化琥珀酸钠的硫化镉纳米颗粒。石志霞等以巯基乙酸为修饰剂，研究了不同回流时间和pH值对形成CdSe量子点溶液吸收光谱和荧光性能的影响，并将其成功应用于光滑客体的指纹显现中。但这些镉系列量子点含镉量太高，为了使合成的量子点溶液更加低毒、环保，杨瑞琴等〔2〕根据文献报道，以Se粉、Na_2SO_3、Zn $(NO_3)_2 \cdot 6H_2O$、Cd $(NO_3)_2 \cdot 2H_2O$ 为原料，采用巯基丙酸为表面修饰剂，优化了合成条件，制得了未团聚且分散均匀的 $Zn_{0.77}Cd_{0.23}Se$ 量子点溶液并用于手印显现。该课

---

〔1〕 罗亚平等："物理显影液显现潜在手印机理再分析"，载《中国人民公安大学学报（自然科学版）》2012年第3期。

〔2〕 杨瑞琴等："$Zn_{0.77}Cd_{0.23}Se$ 量子点溶液显现手印应用研究"，载《中国人民公安大学学报（自然科学版）》2012年第4期。

题组采用该材料成功显现了血潜指纹和胶带上的潜手印。$Zn_{0.77}Cd_{0.23}Se$ 量子点溶液适用于显现胶带类、塑料、玻璃、金属、强荧光客体等多种客体表面的手印。$Zn_{0.77}Cd_{0.23}Se$ 量子点显现法与常见的胶带粘面显现方法相比，显出的手印纹线较为清晰流畅，纹线边缘完整、连续性好、与背景反差明显，尤其在紫外光照射下有较好的荧光纹线，具有较高的鉴定价值。尽管 $Zn_{0.77}Cd_{0.23}Se$ 量子点在显现手印方面表现出很大的优势，但要真正应用于实践，尤其是推广应用，必须解决高质量的量子点材料的大规模合成问题，前期量子点的研究都是局限于实验室，而且大多注重性质和理论的研究，对合成工艺的系统研究是下一步工作的又一个重点。

犯罪嫌疑人经常会把指纹遗留在犯罪现场的不同客体上，指纹的光学显现和提取对侦查破案有重要意义，随着科学技术的发展，光谱无损显现潜在痕迹技术逐渐成熟，例如全波段 CCD 照相系统在潜在指纹显现中就体现出了很大的优越性。高树辉等[1]利用光学无损方法提取光滑画报表面的各类潜在指纹，为潜在指纹提取提供技术参考。课题组利用全波段 CCD 照相系统，采用短波紫外反射照相方法对现场常见的光滑画报客体上的潜在指纹进行提取，研究这些客体上汗液指纹、分泌物指纹的提取条件。通过合理配光获得了最佳的提取结果，总结光滑画报表面上指纹的提取，为现场勘验时提取潜在指纹提供参考。由提取结果可见，这些客体上的潜在指纹在短波紫外反射照相下能被很好地显现和提取，只是由于客体材质不同而效果不同。载体的光滑程度影响指纹的光学显现，越光滑提取效果越好，凸凹不平客体上的指纹提取显现效果较差。薄皮一般较厚皮光滑，提取效果更好。

画报表面的颜色影响提取效果，颜色越浅，提取效果越好。合理的配光和准确曝光是成功提取的重要保证，光滑客体高角度配光能提高反差；半光滑客体用均匀配光方法提取效果较好。

2. 其他痕迹技术研究

（1）枪弹相关痕迹鉴定技术。2005 式警用 9mm 转轮手枪是我国第一代自主研制的警用手枪，2008 年 7 月被公安部列为中国警用制式武器，具有灵活机动、操作简单、低杀伤、安全可靠、停止作用强、迅速迈越哑弹及可适应

[1] 高树辉等："画报表面潜在指纹的光学显现"，载《中国人民公安大学学报（自然科学版）》2012 年第 2 期。

不同弹药等优点。作为机械式多弹巢的单手射击武器，该枪可发射 2005 式警用 9mm 转轮手枪弹、2005 式警用 9mm 转轮手枪橡皮弹等多种转轮手枪弹，其弹仓是带有 6 个弹巢的转轮，其弹巢同时也是弹膛。警用转轮手枪特殊的结构特点和射击循环动作，使得其射击弹壳痕迹与一般的半自动手枪射击弹壳痕迹相比有显著的差异，但由于目前该类枪支的使用范围较小，遗留在射击弹壳上的痕迹种类少，所以对其研究不够全面透彻。寿远景等〔1〕围绕警用转轮手枪射击弹壳定位问题、射击顺序推定问题、射击枪支认定问题重点展开研究，为实践中该类枪支的检验鉴定工作提供了理论依据。

当前改制、自制枪支检验是枪弹痕迹检验的新问题，射钉枪改制枪支的检验便是其中一类。高洁等〔2〕根据 1996 年《枪支管理办法》和《公安机关涉案枪支弹药性能鉴定工作规定》的有关规定，检验此新型改制射钉枪是否具备枪支结构和致伤能力，射击自制猎枪弹形成的弹壳痕迹能否用于枪支识别，对弹壳痕迹中的击针痕进行检验，得出此新型改制射钉枪属于枪支，射击弹壳上的击针痕能够用于枪支的识别的结论。改制射钉枪及其发射弹壳痕迹的检验中需要注意的问题：一定要提取现场遗留有的类枪物，并且不能随便制样，以防止增加检验难度。同时应仔细观察现场弹壳上的痕迹，分析其形成条件，然后尽量在与现场情况相同的条件下制样。由于改制枪没有制式枪支精密，枪支部件与部件间的衔接不稳定，因此有时形成差异的特征是比较正常的，检验时应耐心、仔细、科学地分析相同点和差异点的形成原因，作出科学、准确的鉴定结论。制作样本所使用的材料最好是与现场相同或相近的材料，以准确地反映枪支痕迹。

（2）爆炸、火灾痕迹勘查技术研究。近年来，延时起爆爆炸装置在国内外爆炸案件中出现率较高。目前对延时起爆爆炸装置的研究还不够系统，尤其欠缺爆炸装置遗留物方面的研究，而爆炸遗留物是分析复原爆炸装置原始形态的关键。鉴于以上背景，张彦春等〔3〕从延时起爆爆炸装置的基本类型及

---

〔1〕 寿远景等："2005 式 9mm 警用转轮手枪射击弹壳痕迹研究"，载《中国司法鉴定》2012 年第 5 期。

〔2〕 高洁等："改制射钉枪及其射击弹壳痕迹的检验一例"，载《中国人民公安大学学报（自然科学版）》2012 年第 2 期。

〔3〕 张彦春等："延时起爆爆炸装置遗留物形态及分布范围实验研究"，载《中国人民公安大学学报（自然科学版）》2012 年第 1 期。

结构组成入手，通过野外爆炸实验，开展了不同炸药量爆炸作用下形成的爆炸遗留物的分布范围和形态特征的研究，旨在为爆炸现场爆炸遗留物勘验与分析提供更加直接有效的数据支持。受实验场地条件限制，同时考虑到防止遗留物破碎程度太大、便于研究遗留物形态特征等方面的因素，仅选取了50、75、100gTNT的3种药量形式，与实际爆炸案件的条件会有一定差距；另外，限于爆炸遗留物实验的场地条件要求高及实验成本过高等条件，未能考虑到实验可重复性问题。总之，爆炸遗留物形成过程不仅与炸药种类、药量有关，还与各种爆炸装置组成部件的结构、强度及与炸药装药中心的距离等因素有关，加之实际爆炸案件现场本来就千差万别，因此，实际爆炸案件现场勘验与分析的难度非常大。但是，作为基础性研究，该实验结果仍然可以为其提供重要的数据参考。

2006年×月×日，广东省某市城郊发生了一起火灾。过火建筑面积达2600多平方米，因房屋结构特殊，经消防部门扑火后3天内仍有零星暗火，火灾造成房屋财产重大损失。沈鸿斌等[1]介绍了对该起火灾事故现场的勘验及相关痕迹分析。通过对现场外围、建筑物结构及残留物、内部电路结构等的系统勘查与分析，结合现场残留物燃烧实验，确定本次火灾为人为纵火，为案件的后续侦破提供了依据。

（3）工具痕迹鉴定技术研究。近年来在勘验盗窃摩托车和助力车的案件现场时，经常发现案犯使用液压钢筋钳剪切各类锁具锁梁。例如直径20mm的A3钢质U型锁锁梁，使用传统的钢丝钳、断线钳完成不了剪切作用或很难完成，而使用液压钢筋钳剪切却很有效而省力。针对此，于小勇等[2]对各类液压钢筋钳的钳剪痕迹进行了研究，以利于对案件使用工具的种类和同一认定作出判别。研究结果显示：液压钢筋钳钳剪断头形状，断头峰角角度，断端面上凹凸线条的方向、粗细、数量、密度是种类特征，剪止缘上反映出的凸凹特征的具体形态、位置，剪切面上明显、粗大、连贯凹凸线条的位置、形状、宽度和深度是细节特征。

（4）交通事故相关痕迹鉴定技术研究。机动车轮胎爆破在交通事故中越

---

〔1〕 沈鸿斌等："1例火灾事故的现场勘验及相关痕迹分析"，载《中国司法鉴定》2012年第1期。

〔2〕 于小勇等："液压钢筋钳钳剪痕迹的识别"，载《刑事技术》2012年第1期。

来越多见，尤其是在高速公路上发生的翻车事故中极为常见，高速行驶的汽车一旦发生爆胎，很可能会带来一场车毁人亡的恶性事故。对交通事故中轮胎爆破痕迹进行检验和鉴定，弄清轮胎爆破的原因，在查明事故真相和责任认定中起着至关重要的作用。欧阳常青[1]对爆胎痕迹的形成、特征及检验方法进行了全面的研究。不同原因导致的轮胎爆破，其痕迹特征有明显的区别，通过轮胎爆破痕迹的检验，能鉴别车辆在事故中是先爆胎后撞车、先爆胎后翻车、先撞车后爆胎还是先翻车后爆胎，为事故原因分析、责任划分、理赔处理和法庭审理提供证据。但有些交通事故过程复杂，车辆在事故中发生多次碰撞或翻滚，导致轮胎爆破部位及轮辋等部位形成继发性破损痕迹，轮胎爆破痕迹的检验难度加大，检验鉴定人员一定要根据事故的具体形态，充分考虑事故车辆轮胎的磨损程度、是否为再生胎、路面情况及季节情况等因素，准确分析事故过程，全面细致地检验痕迹形态，确保检验结论的正确性。人为破坏性爆胎往往是案中案，交通事故的背后还可能隐藏着刑事案件，鉴定人员更要充分运用痕迹检验技术，发现潜在的犯罪行为，还原案件真相。

常规的车速鉴定主要有两种方法，一种是通过录像，另一种是通过路面痕迹。对于现场留有车辆制动痕迹的案件，要想获得更精确的计算结果，就需要对制动力上升中未留下制动痕迹的减速过程进行计算，在《机动车运行安全技术条件》（GB7258—2012）中明确了两个评价制动性能的指标，分别为制动协调时间及充分发出的平均减速度。潘少猷等[2]介绍了利用制动协调时间计算制动痕迹形成前速度变化值的方法，并讨论其对车速计算的影响。利用制动协调时间，在一定条件下，可以部分推算出制动初期（未产生制动痕迹）的速度减少值。但应注意根据制动协调时间的定义从标准中选取对应的减速度值代入计算。总而言之，根据动态评价车辆制动性能的两个指标分别计算出速度值，最终求出制动初速度的边界值，可以使路面痕迹计算的速度值更精确。

潜在指纹的显现技术代表了痕迹鉴定技术的发展水平，交通事故痕迹分析类论文数量增加较多，代表了该类技术发展的实际需求不断增加。

---

〔1〕 欧阳常青："交通事故中轮胎爆破痕迹的检验与应用"，载《中国司法鉴定》2012 年第 2 期。

〔2〕 潘少猷等："制动协调时间在车速鉴定中的运用"，载《中国司法鉴定》2012 年第 6 期。

（九）交通事故鉴定

公安部统计数据显示，本年度，全国共查处不按交通信号灯指示通行交通违法行为2649万起，平均每天7万多起。全国接报涉及人员伤亡的路口交通事故4.6万起，造成1.1万人死亡、5万人受伤，分别上升17.7%、16.5%和12.3%。其中，由路口违反交通信号灯指示导致的事故起数上升17.9%。全国私家车导致的事故起数、死亡人数上升5.5%和6.5%，分别占机动车肇事总数的68.7%和58.8%，比2011年上升6.4和6.2个百分点。在此环境下，交通事故分析鉴定相关研究更显其重要性，本年度交通事故相关论文呈现以下特点：第一，实验性数据统计分析方面论文减少；第二，政策研究方面论文增加；第三，轨道交通事故方面论文增加。因此，以下将专门性问题主要分为政策研究、道路交通事故鉴定及轨道交通事故鉴定。

李山桥等[1]通过对国内机动车行业检测、检查、鉴定管理现状的分析，归纳出社会对机动车司法鉴定的主要需求，依据国家已经颁布的相关法律法规，分析机动车司法鉴定机构资质认定、认可的可行性，探索如何建立规范、合理、统一的机动车司法鉴定机构资质认定认可项目分类方法，并推荐了分类模式。

李骏等[2]分析了事故车辆检验鉴定工作的现状，讨论了其在立法和实践中存在的主要问题，进而提出完善制度、加强管理、提高人员素质、细化鉴定规范等几个方面的建议。为提升我国道路交通事故的司法鉴定工作提供了借鉴。

近年来，交通伤后遗智力缺损或精神障碍伤残评定日益增多，实际评残操作不规范，造成鉴定意见不一致的情况经常发生，影响鉴定质量和交通事故处理，当前，部分鉴定机构及其鉴定人的资质问题已经受到交通事故处理机关的质疑，也引起了司法鉴定管理部门的关注。鉴于以上背景，汤涛等[3]从程序规定角度和技术操作层面对精神伤残评定资质问题展开讨论，并为精

---

〔1〕 李山桥等："机动车司法鉴定机构资质认定认可项目分类探讨"，载《中国司法鉴定》2012第1期。

〔2〕 李骏等："事故车辆安全技术检验鉴定的问题与思考"，载《中国司法鉴定》2012年第1期。

〔3〕 汤涛等："交通伤后遗智力缺损或精神障碍伤残评定资质问题探讨"，载《中国司法鉴定》2012年第2期。

神伤残评定的规范操作提供了一些思路。

绍祖峰等[1]认为道路交通事故鉴定作为一种有效的技术手段，广泛应用于事故处理与诉讼环节。道路交通事故鉴定不再属于狭隘的行业鉴定。在界定道路交通事故鉴定内涵的基础上，分析道路交通事故鉴定的常见类型及其应用依据，围绕现阶段的鉴定工作，从技术与管理两个层面指出道路交通事故鉴定中存在的问题，并提出了相应的对策。

2. 道路交通事故鉴定

（1）道路交通事故法医学鉴定。刘瑞珏等[2]从交通伤后视功能障碍伤残评定实践出发，对视功能障碍新旧分级标准、交通伤眼损伤机制及临床表现、伤残评定时机、伤残评定原则以及视觉障碍评估方法进行了较全面的论述，有助于规范视觉功能障碍伤残评定。

赵丽萍等[3]探讨了道路交通事故中需要进行涉案者交通方式鉴定的案例，收集了 28 例近年其单位进行的道路交通事故涉案者交通行为方式鉴定案例，对涉案者一般情况、损伤程度与交通行为方式的关系，交通事故发生的时间和地点，交通事故中车辆碰撞类型，采用的技术方法等，进行统计学处理。在这 28 起道路交通事故案件中，涉案人员共 57 人，男性 50 人，女性 7 人。交通事故发生时间方面，夜间 19 例（67.86%），白天 9 例（32.14%）。道路类型方面，城市市区道路 10 例（35.7%），城市郊区道路 1 例（3.6%），省级道路 10 例（35.7%），高速公路 7 例（25%）。酒后驾车 9 例（32.1%）。交通事故类型方面，电动自行车与机动车事故 5 例（17.8%），机动车与自行车事故 1 例（3.6%），机动车单方事故 7 例（25.0%），机动车与机动车事故 11 例（39.3%），机动车与行人事故 4 例（14.3%）。涉案人员死亡 27 人，损伤 29 人，无明显伤害 1 人。损伤存活者中轻微伤 10 例（34.5%），轻伤 8 例（27.6%），重伤 11 例（37.9%）。涉案者交通行为方式鉴定种类方面，汽车驾驶人和乘车人认定 16 例（57.1%），摩托车驾驶人和乘车人认定 1 例（3.6%），电动自行车驾驶人和乘车人认定 5 例（17.8%），自行车推行和骑

---

[1] 绍祖峰等："论道路交通事故鉴定的现状、问题与对策"，载《中国司法鉴定》2012 年第 3 期。

[2] 刘瑞珏等："交通伤后视觉功能障碍伤残评定"，载《中国司法鉴定》2012 年第 3 期。

[3] 赵丽萍等："道路交通事故中涉案者交通行为方式的法医学鉴定"，载《中国司法鉴定》2012 年第 4 期。

行状态认定1例（3.6%），摩托车推行和骑行状态认定1例（3.6%），行人横过公路方向4例（14.3%）。涉案者交通行为方式鉴定采用的技术手段和方法，包括法医学活体损伤检验、法医学尸表检验、涉案肇事车车辆痕迹检验、DNA检验鉴定、现场人体模拟实验等。根据人体（活体或尸体）的体表损伤形态特征、痕迹分布，分析其致伤物和致伤方式，结合车辆痕迹检验结果，得出确认符合某种交通行为方式或者不符合某种交通行为方式的判断，结合案件的相关情况分析重建交通事故过程，是进行涉案者交通行为方式鉴定的基本思路。

唐永强等[1]认为道路交通事故中驾车人的鉴定是一项涉及多学科的综合技术鉴定项目，涉及痕迹学、法医学、车辆工程学、交通工程学等学科。驾车人的损伤成因的复杂性、损伤痕迹类别的多样性、损伤特征的复合性及所涉专业的交叉性决定了驾车人鉴定的难度较高。面对纷繁复杂的损伤及痕迹，找好鉴定切入点，才能驭繁于简，使工作快速、有效地进行。

马丽琴等[2]认为机动车辆的不断涌现带给人们生活便捷的同时，道路交通事故也会对人体健康造成危害，尤其是颅脑损伤及由此导致的精神损伤危害更大。精神损伤后部分人需要护理，但现阶段由于国内没有统一标准，精神损伤后护理依赖等级的评定一直是司法鉴定工作中的难点。通过对精神疾病不同的临床表现结合与伤残等级关系的分析，建议依照不同的伤残等级及具体情况综合加以评定。

史立辉等[3]认为在实际检案工作中，常遇到驾驶员交通身份的认定问题，并常成为摩托车驾乘者交通事故鉴定和处理的关键性技术问题。通过体表损伤的检验，可以解决一部分难题，但由于其易发性导致体表损伤广泛复杂，解读难度高，且受环境、衣着等因素影响较大，固定性差，因此可以通过伤者骨折特征进一步认定驾驶员交通身份。（交通事故损伤的法医学鉴定研究请参照法医临床学部分）

---

〔1〕 唐永强等："利用特征性损伤痕迹鉴定摩托车驾车人"，载《中国司法鉴定》2012年第5期。

〔2〕 马丽琴等："交通事故致精神损伤后的护理依赖等级评定浅析"，载《中国司法鉴定》2012年第6期。

〔3〕 史立辉等："二轮摩托车驾乘死亡者骨折特点的法医学分析"，载《刑事技术》2012年第6期。

（2）道路交通事故痕迹学鉴定。欧阳常青等[1]认为车辆轮胎爆破在交通事故中较为常见，对爆胎痕迹进行检验和鉴定，弄清爆胎原因，在查明事故真相和责任认定中起着至关重要的作用。由于爆胎痕迹形成机理和原因复杂，检验鉴定的难度较大。通过对各类爆胎痕迹的形态特征及其差异的讨论，提出了交通事故中爆胎痕迹的检验要点。

夏小玲等[2]认为交通肇事逃逸案件错综复杂，侦查线索少，对国内外的交通管理部门来说都是一个十分棘手的问题。尤其是针对肇事逃逸后经过修复的肇事车体，正确发现、分析和检验车体的修复痕迹，也成了认定肇事车辆、追究肇事责任的重要途径和方法。

傅和平[3]认为车辆在运行中因擅自改装和超载往往会引发道路交通事故，并针对停驶状态的货车发生侧翻与车辆改装和超载是否存在因果关系进行了研究，根据一起货车侧翻的实际案例，通过对载货货车的质心计算、货车侧翻机理分析、货车车厢加长和超载状态与货车稳定性之间的关系分析，得出货车车厢加长和超载使货车载货后的整体质心升高并同时后移，降低了货车的稳定性，货车车厢加长和超载是导致货车发生侧翻的直接原因的结论。

李丽莉等[4]认为判断车辆是否碾压过人体，应该用痕迹检验的方法通过车体痕迹、轮胎花纹与人体及衣物上的印痕比对、人体损伤特征等方面进行判断的结论。

潘少猷等[5]通过制动痕迹计算车速中，使用了对制动协调时间内的速度减少值进行计算的方法。并以一组车辆动态检验的数据为例，对具体的计算方法、误差的形成进行了说明分析。认为在计算制动初速度时，制动协调时间可以作为确定速度边界值的因素参与计算，虽不能单一地从制动协调时间推算出制动初速度，但制动协调时间内的速度减少值可以使计算更准确。

---

〔1〕 欧阳常青等："交通事故中轮胎爆破痕迹的检验与应用"，载《中国司法鉴定》2012 年第 2 期。

〔2〕 夏小玲等："对交通肇事逃逸案件中车体修复痕迹的检验与应用"，载《中国司法鉴定》2012 年第 4 期。

〔3〕 傅和平："货车侧翻与车辆改装及超载的因果关系分析"，载《中国司法鉴定》2012 年第 4 期。

〔4〕 李丽莉："关于车辆碾压人体的鉴定"，载《中国司法鉴定》2012 年第 6 期。

〔5〕 潘少猷："制动协调时间在车速鉴定中的运用"，载《中国司法鉴定》2012 年第 6 期。

邬治峰[1]根据车辆速度计算公式，提出了两种基于监控视频测速的思路。一是视频图像与实地测量相结合，车辆运动距离通过与监控画面匹配后进行实地测量，运动时间通过视频帧率运算分别获得。二是利用车辆技术参数测量，在视频图像中，车身前后明显部位经过同一点，车辆运动距离和时间分别通过被测车型技术参数、视频帧率运算获得。并通过实验结果对两种方法进行了评价。

谢先奇[2]根据机动车在交通事故中起火伴人员死亡的案例在法医学实践中时有所见的情况，针对此类案例的特点，论述了该类案例现场勘验和法医学检验的要点。

张志勇[3]认为随着近年来我国公路事业的快速发展、汽车拥有量的持续增加，随之而来的交通事故也在日趋增多，这给人民的生命和财产造成了巨大的损失。因此，对发生事故的车辆依据国家相应的安全标准及法规进行安全技术状况检验与鉴定，对交通管理部门处理好相应的交通事故案件有着重要的现实意义。

3. 轨道交通事故鉴定

刘钢等[4]通过对本单位受理的333例在铁路道心和枕木头行走时被火车撞击致死案例资料进行回顾，分析其损伤特点，为相关法医学鉴定提供借鉴和参考。

刘建锋等[5]认为交通事故按交通运输方式可分为道路、铁路、航空、船舶交通事故四类，其中，铁路交通事故是指发生在铁路沿线上、与列车有关的事故。普通列车事故车内乘客的死亡率远低于汽车。但因高速列车具有质量大、速度快、载人多、制动距离长的行驶特点，一旦发生事故，危害性、影响力、涉及面极大。快速有效进行尸体检验，对高速铁路交通事故的妥善

---

〔1〕 邬治峰："监控视频中车辆平均速度测算方法比较"，载《刑事技术》2012年第1期。

〔2〕 谢先奇："浅析机动车交通事故起火现场的特点及勘验要点"，载《中国法医学杂志》2012年第1期。

〔3〕 张志勇："交通事故中车辆安全技术状况检验及典型案例车速计算"，载《中国司法鉴定》2012年第5期。

〔4〕 刘钢："铁道线路不同位置行走被撞损伤特征分析333例"，载《中国法医学杂志》2012年第4期。

〔5〕 刘建锋："'7·23'甬温线重特大高速铁路交通事故的法医学鉴定"，载《法医学杂志》2012年第5期。

处理具有重要意义。通过“7.23”特别重大铁路交通事故的法医学鉴定，积累了一些经验，供实际工作中参考。

刘钢等[1]等通过某年 9 月，在某铁路线 500km 处一线路排水沟内发现一具尸骨，当时未发现尸骨中有头颅；现场排水沟已干涸，呈梯形，上口宽 1.6m，底宽 0.8m，沟深 0.7m，水沟周围为树木和杂草；尸体已白骨化，头东脚西呈仰卧位于沟内地面上这样一个真实案例，为铁路交通事故案件中尸体检验注意事项提供了经验。

肖碧等[2]通过某日下午某人从某市磁悬浮墩柱旁的脚手架攀爬至轨道梁下方，被高速行驶的磁悬浮列车撞击，并抛至该墩柱右前方 50m 远的马路上死亡的一个真实案例，对磁悬浮列车等高速列车撞击人体，为人体造成的损伤情况及尸体检验应注意的问题提供了相关经验。

刘钢等[3]通过某年 3 月某日，某男（53 岁）在一列动车高速驶来时，突然俯卧至双侧钢轨上，被该车撞碾致死的一个真实案例，对利用火车进行自杀的事故现场特点及自杀者尸体检验应注意的问题进行分析，为类似案件现场的甄别及勘查提供了经验。

（十）声像资料鉴定

司法部司法鉴定管理局统计，2011 年和本年度全国司法鉴定业务均超过 110 万件，其中，声像资料鉴定分别只有 1068 件和 1069 件，一直维持在约千分之一的水平上。

1. 声纹鉴定

新《刑事诉讼法》实施之后，作为技术侦查重点收集材料之一的录音证据会越来越多，声纹鉴定技术在公共安全领域的应用价值也会更加凸显。为了配合《刑事诉讼法》的实施，2012 年《警察技术》杂志第 4 期专门组织刊发了“声纹鉴定技术研究”的讨论专题，从不同角度对声纹鉴定技术进行了介绍。其中，王英利等[4]对我国的声纹鉴定技术进行了综述研究，分别从声纹和声纹鉴定的概念、研究对象和主要内容、该技术的产生和发展、基本原

---

〔1〕 刘钢：“铁路交通事故尸体检验 1 例”，载《法医学杂志》2012 年第 2 期。
〔2〕 肖碧：“磁悬浮列车交通事故死亡 1 例”，载《法医学杂志》2012 年第 1 期。
〔3〕 刘钢：“高速列车撞碾人体致死并碎尸 1 例”，载《中国法医学杂志》2012 年第 1 期。
〔4〕 王英利等：“声纹鉴定技术综述”，载《警察技术》2012 年第 4 期。

理和基本方法以及学科名称和结论表述等五个方面进行了论述。

（1）录音真实性/完整性鉴定。针对数字录音真实性/完整性的鉴定一直是声纹鉴定的难点，实践中鉴定人员常在听觉分析和声学分析的基础上，针对不同数字录音器材进行一定的模拟实验，对比分析录音的文件属性和元数据，或者采用一定的算法对特定类型的篡改操作进行检测，有条件的还可以借助电子数据的部分分析手段进行检验，如数据恢复和对录音文件头的检验等。在众多检验方法中，使用电网频率（ENF）来检测录音是否经过剪辑处理是近年来的一个研究热点，刘育明[1]在其博士学位论文中对电力系统频率测量算法进行了研究，并将频率测量数据用于数字录音真伪鉴别，构建了用于真伪鉴别的大型标准电网频率数据库，作者采用短时傅立叶变换提取蕴含在数字录音信号中的60Hz频率分量，分别提出一种基于最小二乘的改进ENF估计方法和一种通过引入相位估计鉴别数字录音真伪的算法。唐畅等[2]也对如何利用ENF检测录音的真实性进行了介绍，除此之外，还介绍了从录音参数、AMR编码、波形图、频谱分析、直流偏移等方面进行检验的方法。对于将不同采样频率的音频信号拼接在一起后再进行重新采样录音的情况，陈雁翔等[3]利用重采样过程中由插值引入的重采样后音频数据之间的特殊相关性，提出了一种基于期望最大化（EM）的检测算法。

（2）语音/说话人鉴定。尽管用于描述语音性质的参量有很多，然而在说话人鉴定中，并不是每个参量都能作为声纹特征来使用，那么选择声纹特征应该遵循什么原则呢？王英利[4]认为，应该从参量的个人稳定性和人际差异性两个角度进行考虑：两方面均强的参量既可作为认定指标，也可作为否定指标；个人稳定性强但人际差异性弱的参量只可作为否定指标，不能作为认定指标；人际差异性强但个人稳定性弱的参量可作为参考指标使用；两方面均弱的参量则不能作为声纹特征使用。

---

〔1〕刘育明：“电力系统频率测量及其在数字语音真伪鉴别中的应用”，重庆大学2012年博士学位论文。

〔2〕唐畅等：“数字录音资料真实性检验”，载《警察技术》2012年第4期。

〔3〕陈雁翔等：“音频盲取证中一种基于EM的重采样检测方法”，载《电路与系统学报》2012年第4期。

〔4〕李瑾：“王英利——万变声音　不变证言”，载《警察技术》2012年第4期。

由于共振峰特征的个人稳定性较强，同时人际差异性较大，因此一直以来都是说话人鉴定研究中的重点。对于共振峰的利用，鉴定专家经常从定量和定性两个角度进行分析，定量分析共振峰频率的方法有很多，其中，最为经典的还是测量元音稳定段共振峰频率值的方法，新兴起的还有分析复合元音共振峰动态特性的方法，最近弗朗西斯·诺兰（F. Nolan）等[1]提出了第三种测量共振峰频率的方法，即长时共振峰分布测量法（LTF），该方法不是分析具体的目标元音，而是提取一整段语音中的全部元音信息进行分析，得出每条共振峰的整体分布情况，该分布特征不仅可以概括发音人声道的整体共鸣特点，还能反映出发音人一定的发音习惯，可以用于区分不同发音人。曹洪林等[2]使用 LTF 方法对汉语普通话发音人进行了研究，探讨了使用 LTF 方法时的语音时长阈限问题，发现当自然朗读语料在 70 秒左右（相当于 20 秒左右只包含元音成分的语料）时足以有效反映说话人声道的整体共鸣特点。除了共振峰参数之外，有学者还对声纹鉴定中的其他特征进行了探讨，如曹巧玲[3]发现音节音联特征具有较大的人际差异性和较强的个体稳定性，其中，V－V 过渡分为间断过渡和平滑过渡两种，V－C 过渡分为清晰过渡和模糊过渡两种，N－V 过渡没有明显的类型区别，C－C 过渡分为停顿过渡和清晰过渡两种。

伪装语音是说话人鉴定中的一种特殊的检材形式，伪装形式多种多样，实践中需要根据伪装类型和程度的不同采取不同的检验对策。针对电声伪装录音，张红兵[4]通过对多个汉语普通话语音库变声前后基频变化规律的研究发现，变声前后的基频存在着线性关系，由此可借助汉语音高模式比对的方法实现电声伪装语音的检验。针对提高和降低基频进行伪装的情况，张翠玲[5]比较了基频变化的伪装语音与正常语音之间的声学差异，分别对基频、

---

〔1〕 Nolan, F. and Grigoras, C., "A Case for Formant Analysis in Forensic Speaker Identification", *International Journal of Speech Language and the Law*, 2005. 12 (2): 143 ~ 173.

〔2〕 Cao H and Kong J, "Speech Length Threshold in Forensic Speaker Comparison by Using Long – Term Cumulative Formant (LTCF) Analysis", in *Proceedings of the 2nd International Conference on Instrumentation and Measurement, Computer, Communication and Control, Harbin*, 2012: 414 ~ 417.

〔3〕 曹巧玲："音节音联在语音鉴别中的应用研究"，载《中国刑警学院学报》2012 年第 2 期。

〔4〕 张红兵："汉语普通话音高模式在话者鉴别中的应用"，载《刑事技术》2012 年第 2 期。

〔5〕 Zhang C, "Acoustic Analysis of Disguised Voices with Raised and Lowered Pitch", in *Proceedings of the 8th International Symposium on Chinese Spoken Language Processing*, Hong Kong, 2012: 353 ~ 357.

音节时长、音强、元音共振峰频率和长时平均功率谱五个声学参数进行了考查。针对使用变声软件进行语音伪装的情况，丁琦等[1]提出了一种自动检测方法，通过支持向量机递归特征消除法，选择出对变声比较敏感的特征作为分类特征，使用支持向量机进行变声检测和变声后的说话人性别检测，针对一种变声软件的实验结果表明，变声检测和变声后说话人性别检测的平均准确率均超过90%。

实践中，影响说话人鉴定能否顺利进行的一个重要因素是能否录制提取到符合要求的样本语音，目前的情况是，基层司法机关（公、检、法）的案件委托人员普遍缺乏录制语音样本的知识和经验，很多时候不能录制到高质量的语音样本，针对这种情况，王虹[2]从录音技术、语音检材和样本的提取方法、处理原则及注意事项等方面进行了详细的介绍。

（3）声纹数据库建设与说话人自动识别。随着说话人自动识别技术水平的不断提高，国内相关机构已经开始建立全国范围的重点人员声纹库，其中，由公安部物证鉴定中心、科大讯飞信息科技股份有限公司和安徽省公安厅联合建立的智能语音技术公安部重点实验室进行了大量研究。针对声纹库的建设情况，李敬阳等[3]围绕其核心需求和技术要点，对声纹库建设所涉及的声纹采集标准及专业设备研发、两级联动声纹库管理系统、高性能声纹检索引擎研发和声纹采集入库等四个方面进行了分析，阐述了近两年来各项工作所取得的进展，并对声纹库建设进行了展望。

2. 数字影像技术

（1）图像真实性鉴定。随着数码相机和带拍照功能的手机等记录设备的快速普及，人们在工作、生活中经常会遇到各种图像，而图像编辑软件的发展也使得编辑修改图像成为非常简单的事情。由此，在许多刑事案件和民事纠纷中，经常会遇到要求对图像的真实性进行鉴定的情况。为此，2011年司法部司法鉴定研究所组织实施了图像真实性鉴定的能力验证计划，在本次能力验证计划中，检材为3幅数字照片，其中，检材1未经任何处理；检材2和

[1] 丁琦等："针对语音变换的语音篡改检测"，载《数据采集与处理》2012年第1期。

[2] 王虹："基层公安机关声纹鉴定语音检材和样本提取技术"，载《警察技术》2012年第4期。

[3] 李敬阳等："声纹自动识别技术与声纹库建设应用"，载《警察技术》2012年第4期。

检材3为合成照片，但合成方法不同。施少培[1]通过比较汇总所有的鉴定文书，挑选出两份较好、两份一般的鉴定书，分别从鉴定方法、鉴定过程、分析论述、标准适用、结果评判、结论表述和文书规范等方面进行了点评和分析，值得一提的是，他强调图像真实性鉴定本质上属于符合性鉴定，同时认为在现有技术条件下，对于未发现异常的图像，建议采用"未发现经过处理"的结论表述形式，而不是"未经过处理"的表述形式。

图像真实性鉴定一般可以分为两类，一类是针对数字图像进行的，一类是针对纸质照片进行的。对于数字图像拼接篡改的情况，孙鹏等[2]提出了一种基于色温估计的鉴定方法，其基本原理是在感光成像过程中，受光照条件影响，不同图像之间通常存在着一定的色温差别，通过拼接篡改得到的伪造图像中不可避免地会存在一定程度的色温不一致现象。他们利用改进的平均色差计算方法对图像进行色温估计，根据色温估计结果计算关键区域与参考区域之间的色温距离，最后与实验获取的色温距离阈值进行比较，从而判断图像是否存在拼接篡改。除了数字图像之外，案件中的图像还可能是打印或冲晒的照片，多数情况下照片的清晰度较差，分辨率不高，针对此类图像内容真实性的鉴定，往往不同于数字图像的鉴定。杨璐铭等[3]通过案例介绍的形式，总结了检验此类图像的技术要点，如分析人像是否存在以下矛盾：同一人物的光源方向不一致；人物头部与躯干比例角度失调，不符合人体生理结构特点；照片景物不遵循透视规律；人物头面部边缘清晰整齐，不符合成像原理，人物面部的皮肤与身体皮肤质感差异显著；等等。

（2）高动态范围图像。高动态范围图像（HDRI）是一种可以表示真实世界场景中高动态范围亮度信息的图像。与传统图像相比，高动态范围图像所能表示的层次更丰富，色彩空间更高，场景中亮区及暗区的细节信息都能很好地保留下来。廖广军[4]对高动态范围成像技术在刑事摄影中的应

[1] 施少培："2011年度司法鉴定能力验证计划项目《图像真实性鉴定（CNAS T0602）》鉴定文书评析"，载司法部司法鉴定科学技术研究所编：《2011司法鉴定能力验证鉴定文书评析》，科学出版社2012年版。

[2] 孙鹏等："拼接篡改图像的色温估计取证方法"，载《计算机辅助设计与图形学学报》2012年第9期。

[3] 杨璐铭等："案件照片内容真实性检验初探"，载《刑事技术》2012年第6期。

[4] 廖广军："高动态范围成像技术在刑事摄影中的应用"，载《警察技术》2012年第3期。

用进行了介绍，发现单幅数字图像的动态范围非常有限，但可以通过对同一场景拍摄多张具有不同曝光数值的图像，进行合成，从而得到高动态范围图像。

（3）视频运动目标跟踪。运动目标跟踪技术是视频监控中一个新兴的研究课题，在视频监控等众多领域中有着非常重要的实用价值和广阔的发展前景。该技术不但可以提供监控目标的运动轨迹信息，还能够为运动目标的行为分析和场景分析提供可靠的数据信息来源，同时也为目标的准确检测和识别提供了基础。该技术的难点是能否将各种条件下的视频中的特定目标快速、准确、稳定地表现出来。针对此课题，本年度有不少研究成果，如吕泽华等[1]对国内外目标追踪问题的热点和难点进行了综述，从目标表达、场景理解和目标跟踪三个方面介绍了相关的算法。本年度也有多篇博士学位论文专门探讨这个问题，提出了不少优秀的跟踪检测算法，如郭萍[2]对复杂背景下的单人行为检测、实时的连续行为检测以及多人交互行为分类等问题进行了研究。许洁琼[3]对运动车辆的目标分割、阴影去除、跟踪和遮挡技术进行了研究。林春丽[4]则在运动目标检测上，提出了背景减除与边缘提取相结合的检测算法；在特征表征上，提出了方差能量图及图像拆分算法；在异常行为检测上，针对监控画面中运动目标离摄像头远近不同、在画面中所处位置不同以及画面倾斜等问题，提出了改进的 Hu 矩与改进的 Hausdorff 距离有效融合的方法进行运动分析。钱真[5]提出了两种运动目标检测算法，一种是基于颜色空间向量差法的检测算法，另一种是基于欧式距离判断的改进的粒子滤波跟踪算法。周维[6]提出了三种算法：第一种是基于 SCBP 特征的背景建模算法，第二种是基于时空连续性约束的前景检测算法，第三种是基于部件的非特定目标跟踪算法，同时还搭建了一个面向目标的监控视频检索的原型系

---

〔1〕 吕泽华等："目标跟踪研究综述"，载《计算机工程与科学》2012 年第 10 期。

〔2〕 郭萍："基于视频的人体行为分析"，北京交通大学 2012 年博士学位论文。

〔3〕 许洁琼："基于视频图像处理的车辆检测与跟踪方法研究"，中国海洋大学 2012 年博士学位论文。

〔4〕 林春丽："基于视频序列的人体行为分类及异常检测"，哈尔滨工程大学 2012 年博士学位论文。

〔5〕 钱真："视频多模态信息处理的关键技术研究"，哈尔滨工程大学 2012 年博士学位论文。

〔6〕 周维："视频监控中运动目标发现与跟踪算法研究"，中国科学技术大学 2012 年博士学位论文。

统。王俊强[1]针对不同情况提出了三种人体目标检测算法：第一种是基于级联快速交叉核支持向量机的算法，第二种是基于多阶可积分特征和 MPL－Boost 的实时检测算法，第三种是基于超像素聚类和场景特征池的检测算法。由于监控环境（光照变化、摄像机运动等）和被跟踪目标（姿势变化、尺度变化、相互遮挡等）都会发生复杂的动态变化，因此每种算法均不能解决全部问题和适用于全部情况，设计鲁棒性强、实时性好的目标跟踪算法仍将是研究过程中的一个难点。

（4）图像处理技术在其他领域的应用。随着技术的不断发展，图像处理技术已经广泛应用于文件检验、痕迹检验、法医检验等多个领域。如孙华清等[2]发现使用 photoshop 软件中的 Lab 模式可以对黑色圆珠笔字迹的扫描图像进行区分，实验识别率达到62%，且油墨浓淡对实验结果影响不明显。李鹏等[3]则介绍了使用图像处理软件测量物证面积的方法。

（5）专业著作：近期出版了多部数字影像技术的专业书籍，下面选择几本比较有代表性的著作进行介绍：周琳娜等[4]编著的《数字图像内容取证》，全书共十章，分别从数字图像的内容取证基础、来源取证、基于标识的取证、篡改盲取证、隐信道取证、模糊退化图像复原取证、模糊图像复原实例、篡改综合取证系统以及取证与信息安全等角度进行了介绍。孙展明等[5]著的《视频图像侦查》，全书共七章，分别从视频监控系统的应用现状、法律规章、监控类型及视频图像侦查、侦查方法、侦查实践运用、反侦查行为与反常现象、侦查假设在视频图像侦查中的运用等方面进行了介绍。杨洪臣[6]主编的《视频检验技术规范》，全书共七章，分别从视频的基本知识、影像采集、影像处理、视频人像重建技术、视频中的声音运用、视频的原始性及真实性检验和视频技术的应用等方面进行了介绍。《视频侦查学》是公安部五局[7]组

[1] 王俊强："图像中人体目标检测算法研究"，北京邮电大学2012年博士学位论文。

[2] 孙华清等："LAB图像处理模式区分黑色圆珠笔字迹的方法验证"，载《刑事技术》2012年第4期。

[3] 李鹏等："图像处理软件在物证面积检验中的运用"，载《铁道警官高等专科学校学报》2012年第6期。

[4] 周琳娜等编著：《数字图像内容取证》，高等教育出版社2011年版。

[5] 孙展明等：《视频图像侦查》，中国人民公安大学出版社2011年版。

[6] 杨洪臣主编：《视频检验技术规范》，中国人民公安大学出版社2012年版。

[7] 公安部五局：《视频侦查学》，中国人民公安大学出版社2012年版。

织30多位国内公安机关的声像资料鉴定专家编写的一套教材，该书是近年来出版的影像处理专业涵盖范围最广、理论性最强、实践案例最多的专业著作。全书共分三大部分：实务编、技术编和视频侦查标准编。实务部分共有十章，内容涵盖了视频监控系统、视频侦查组织与实施、视频信息分析与应用、视频图像处理及应用、视频画面目标测量技术、视频图像检验及应用、视频侦查十大战法等；技术部分共有六章，几乎涵盖了传统影像处理的全部内容，如视频影像采集技术、视频影像处理技术、视频人像重建技术、视频中声音的检验技术、视频的原始性及真实性检验技术等；标准部分主要附带了近几年组织编写并发布实施的视频处理技术规范，如视频中的物品图像、车辆图像、人像等检验技术规范，视频图像原始性及真实性检验鉴定技术规范等。

（十一）电子数据鉴定

1. 行业发展状况

2013年2月22日，中国国家统计局发布2012年国民经济和社会发展统计公报，公报显示，截止到2012年年末，全部互联网上网人数5.64亿人，其中，宽带上网人数5.30亿人，互联网普及率达到42.1%。这则消息说明，中国从2012年开始，成为仅次于美国的上网人数最多的国家，网络普及率也逐年提高。伴随着这一过程，电子证据的外延涵盖范围也更加广阔，GPS、无线网、3G技术、云计算、物联网等新技术都会产生新的电子证据形式。与此同时，与计算机和网络相关的犯罪活动也日渐猖獗，电信诈骗、网络攻击、身份盗窃等新型犯罪形式对侦查机关侦破案件提出了更高的技术要求和法律规范要求。2012年《刑事诉讼法》首次将电子数据列入证据种类。2012年《民事诉讼法》首次将电子数据纳入民事诉讼认可的范围。这两部法律修正案为电子证据法律适用扫清了障碍，电子证据理论与实践必将迎来发展的高峰。

2. 电子证据发展概况

（1）电子证据鉴定理论。电子证据鉴定是司法实践中出现的一个新的司法鉴定类型，目前面临着技术提升和法律规制两方面的重要课题。在技术提升方面，电子证据鉴定必须朝着鉴定技术标准化、鉴定设备专业化、鉴定范围扩大化以及鉴定监管程序化的方向努力；在法律规制方面，主要涉及电子证据鉴定的概念，电子证据鉴定的范围和类型，电子证据鉴定的基本程序、技术规范以及基本原则等核心问题。台治强[1]针对电子证据鉴定需要面对的基本问题，对电子证据这一新生事物从概念、范围、程序、原则以及规则等多方面进行了梳理。

（2）软件侵权取证方法。随着计算机越来越广泛地应用于国家和社会的各行各业中，软件带来的经济利益不断增多。各种软件不断被开发和应用，随之而来对软件的侵权行为也越来越多，只有完善法律法规，并大力打击侵权行为，才能有效保障软件开发者的利益。判断软件侵权行为是保护正版、打击盗版的前提条件，但由于我国在司法鉴定活动中对软件侵权尚未形成成熟的取证方法，十分不利于我国计算机软件的保护。因此龚得忠[2]从知识产权保护的相关法律知识和计算机专业知识两方面，提出了一套软件侵权的计算机取证方法。

（3）电子邮件真实性鉴定。电子邮件作为一种成熟的网络沟通方式，在日常生活和商业往来中都有很广泛的应用。同时随着信息技术和法律意识的普及，电子邮件作为证据出现在法庭上的情况逐年增多，也催生出电子邮件的真实性鉴定的迫切需求。目前电子邮件真实性相关的鉴定技术、标准均不甚完备，难以满足鉴定需求。因此李岩等[3]通过对电子邮件的基本原理、电子邮件的语法、电子邮件的传输、电子邮件协议、电子邮件真伪等几方面展开研究，并结合实际案例中积累的实践经验，对电子邮件真实性鉴定方法进行了一系列的探索和归纳。

（4）复杂网络犯罪取证新方法。近年来网络犯罪数量呈快速上升的势头，复杂的网络犯罪案件也越来越多，例如基于互联网的庞氏骗局就是典型的网络投资诈骗，这类网络犯罪可能涉及多个网站和巨量源代码，但侦查机关却缺乏一种有效的取证方法来处理这类案件。通常侦查机关依靠调查大量繁琐的源代码来了解犯罪模型及提取证据，但这种方式需要很多的人力与时间，并可能导致人为错误。为克服调查人员可能出现的这些潜在错误，邹锦沛等[4]提出了一种半自动的方法来解决这些问题。该方法集成了用户视图（基

---

〔1〕 台治强："规制电子证据鉴定的几个基本问题"，载《中国司法鉴定》2012 年第 2 期。

〔2〕 龚得忠："软件侵权计算机取证方法的法律推理"，载《中国司法鉴定》2012 年第 2 期。

〔3〕 李岩等："电子邮件真实性鉴定方法探索"，载《中国司法鉴定》2012 年第 4 期。

〔4〕 邹锦沛等："网络犯罪分析：用户及系统的多视图分析方法"，载《中国司法鉴定》2012 年第 5 期。

于取证调查人员的高级别研究）和系统视图（基于对源代码的自动分析），来帮助调查人员精确调查的范围。应用此方法分析真实案件，证明了方法的可行性，同时帮助调查人员高效地确定了调查范围和犯罪模型。可见，这种半自动方法可以对大量有多个来源的电子证据进行有效分析，提高了网络犯罪案件取证的效率和可靠性。

（5）电子证据可采性和证明力论述。新《刑事诉讼法》将电子证据确立为一种新的证据类型，其可采性和证明力认定成为司法实践中无法回避的首要问题。规范化电子数据取证过程是审查其可采性的前提，而电子数据鉴定将向完整性、真实性、系统功能等专业检测与深度分析转变，从而延伸审判者对电子数据专业问题的认识能力，进一步提升电子数据的可采性与证明力。黄道丽等〔1〕对电子证据的可采性和证明力进行了详细论述。

（6）网络取证方法和保全方法探索。目前我国学者对网络取证的定义大多限定在事后静态取证的范围内，还有些学者是进行实时动态取证的界定，而没有把实时取证与事后取证结合起来进行界定。刘泽〔2〕界定了网络取证的定义及其与信息化警务模式的关系，研究了网络取证的技术，分析了现阶段网络取证技术的局限性，从技术上，探索构建智能动态化的网络取证系统；从非技术上，主张开创网络公证的证据保全方法和积极健全网络取证的法律法规。

（7）利用GPS数据取证新方法。随着移动通信技术和电子技术的快速发展和人们生活、工作方式的不断改变，人们对于移动设备的应用需求越来越多，对于位置信息的获取需求也越来越明显。因此，基于位置的服务LBS（Location Based Services）近年来得到了广泛的关注和研究。GPS是目前运用最广泛的定位服务设备，可以精准地确定被监控方的位置、时间、轨迹等信息。张欣等〔3〕提出了一种带有GPS的智能手机监控系统及方法。该系统包含服务器平台和带有GPS的智能手机终端，可实现实时位置查询、定时位置查询、周期位置上报、区域报警、终端初始化、按键设置、呼入呼出设置、用

---

〔1〕黄道丽等："电子数据证据的可采性与证明力"，载《中国司法鉴定》2012年第6期。

〔2〕刘泽："信息化警务模式下网络取证技术完善的研究"，载《网络安全技术与应用》2012年第1期。

〔3〕张欣等："一种带有GPS的智能手机监控系统与方法"，载《网络安全技术与应用》2012年第1期。

户管理、系统初始化、终端登录、SOS 报警和缺电及关机报警等功能。同时该系统规定了一系列服务器平台和智能手机终端的信息交互流程。经实验验证，本系统与方法能够应用在多种型号的带有 GPS 的智能手机终端上，功能完善，真正实现位置监控与安全管理。

（8）云计算环境下电子证据新问题。云计算（Cloud Computing）是一种基于互联网的计算方式，通过这种方式，共享的软硬件资源和信息可以按需求提供给计算机和其他设备。云计算描述了一种基于互联网的新的 IT 服务增加、使用和交付模式，通常涉及通过互联网来提供动态易扩展而且经常是虚拟化的资源。作为一种新型的商业计算模式，云计算的应用和推广会给用户带来巨大的经济效益，但同时也带来更多的安全风险，而原有的风险分析方法和安全保护模式已不再适用。李振汕[1]在借鉴传统风险分析方法的基础上，对云环境下风险分析的要素和流程进行了定性的研究；云资源面临的威胁之一就是“中间人攻击”（Man－in－the－Middle Attack），这是一种“间接”的入侵攻击，这种攻击模式是通过各种技术手段将受入侵者控制的一台计算机虚拟放置在网络连接中的两台通信计算机之间，这台计算机就称为“中间人”。王天明[2]论述了中间人攻击的原理以及中间人对“云”资源进行攻击的可行性，并讨论了相应的防御机制。

（9）网络犯罪新趋势及合作打击新模式。社会信息网络化给人类生活带来方便的同时，人类也深深为其所带来的信息犯罪所困扰。网络犯罪日益猖獗，我国信息安全面临极大挑战，信息犯罪现状令人堪忧。并且信息犯罪也不断出现新特点、新趋势，这就向我们提出了一个个前所未有的挑战。我们必须遵守其发展规律，并制定出一套预防和打击信息犯罪的方法。沈文哲[3]结合实际经验论述了网络犯罪的新趋势及合作打击模式。

（10）基于用户终端 IP 数据分析取证新方法。程冕等[4]针对入侵检测系

---

〔1〕 李振汕：“基于云计算的信息安全风险分析的研究”，载《网络安全技术与应用》2012 年第 4 期。

〔2〕 王天明：“论 Man－in－the－Middle Attack 对‘云’资源威胁”，载《网络安全技术与应用》2012 年第 2 期。

〔3〕 沈文哲：“浅谈网络犯罪的新趋势及合作打击模式”，载《网络安全技术与应用》2012 年第 5 期。

〔4〕 程冕等：“面向 3G 核心网入侵检测的数据分流方法”，载《网络安全技术与应用》2012 年第 9 期。

统并行处理前数据按用户进行分流的要求，提出了一种基于用户终端IP的用户数据分流方法：首先判断报文的上下行状态，然后根据结果识别用户数据中携带的终端IP地址，最后按照用户终端IP进行数据分流。实验结果表明，该数据分流方法能够满足数据流完整和负载均衡的要求，将属于同一用户的所有数据报文都准确完整地分流到同一个入侵检测系统中。

(11) 针对网络窃密新技术的防范措施。随着信息化和网络技术的不断发展，以计算机为工具来盗取用户信息的犯罪日益增加。尤其是通过网络窃取上网计算机涉密信息，已经成为国内外不法分子窃取我国秘密信息的重要手段。何文才等[1]对国内外计算机窃密与反窃密技术的多种手段进行研究与分析，主要包括“嗅探”窃密技术分析、“摆渡”窃密技术分析和计算机无线外围设备窃密技术分析，并通过理论与实际相结合，提出了安全与实用并重的防范措施。

(12) 网络蠕虫病毒研究及防范措施。网络蠕虫对计算机系统安全和网络安全的威胁日益增加，在网络环境下，多样化的传播途径和复杂的应用环境使网络蠕虫的发生率增高、潜伏性变强、覆盖面更广，近年来兴起的新一代网络蠕虫更是融合了病毒、木马、DDoS等各种攻击手段，一旦爆发，将迅速导致大规模的网络阻塞甚至瘫痪，从而给社会带来巨大的经济损失。刘朝霞等[2]介绍了网络蠕虫的定义和检测策略，对几种常用的网络蠕虫检测防御技术进行了比较，分析了它们的优点和不足，同时对未来网络蠕虫检测防治技术研究提出了可行性的建议。陈霜霜[3]基于蠕虫扫描时会产生FCC失败连接概率高和FCC连接速度快这两个网络行为，通过使用支持向量机分别学习正常主机和受蠕虫感染主机的训练样本集，然后使用训练后的分类器对待测主机进行分类，实现了蠕虫攻击的自动检测，并进行了实验验证。实验结果表明，该方法对未知扫描类蠕虫有较好的检测效果。

(13) 利用反汇编逆向分析技术分析木马病毒。信息收集型木马被植入目标系统并运行后，能够记录或收集目标系统中的各类重要信息，如账户名称、

---

〔1〕 何文才等：“常见计算机窃密技术分析及安全防范措施”，载《网络安全技术与应用》2012年第10期。

〔2〕 刘朝霞等：“网络蠕虫的检测防治技术研究”，载《网络安全技术与应用》2012年第11期。

〔3〕 陈霜霜：“基于支持向量机的蠕虫检测技术”，载《网络安全技术与应用》2012年第12期。

账户密码、系统操作与键盘按键信息等，并将所得数据信息通过定时发送邮件或者主动访问特定网页的方式发送给嫌疑人，使其获得非法利益。罗文华〔1〕在实际的电子数据取证工作中，经常会碰到木马程序恶意行为方面的鉴定要求。针对这种需求，罗文华结合实践应用中的实际需要，从程序逆向分析、内存信息调查、系统文件监控、网络数据传输等方面论述木马恶意程序电子数据取证环境构建所需的相关工具与技术，并归纳总结了取证调查过程中需要注意的事项。艾欧平〔2〕通过对病毒、木马等破坏性软件程序进行反汇编逆向分析，从根本上了解其数据结构、程序设计思路，并且以信息收集型网络游戏盗号木马为例，通过程序脱壳、反汇编逆向分析寻找出此木马的收信地址，为计算机犯罪侦查和电子数据取证提供了一种新方法。

（14）射频识别技术研究。随着技术的发展，在各项会议、活动中作为重要管理手段及环节的证件越来越多地采用了射频识别技术。通过可机读的电子证件，实现实时统计人数、人次，为会议、活动的证件管理提供了良好的技术支撑平台，从而降低工作强度，提高效率。要保证作为管理系统基础的查验数据安全、可靠地在系统中传递，就需要在整个系统设计之初，针对管理需求进行全面的分析研究。卢斌等〔3〕通过技术实现方法的组合分析及策略制定，对电子证件查验系统数据交换方式进行了实用性的探讨。

（15）SSL 协议研究及漏洞解决方法。SSL（Secure Sockets Layer）协议是电子商务中常用的一种安全电子交易协议，对信息传输起到了加密和认证的作用。王伟等〔4〕针对最新的 SSL 服务器 DoS 工具，分析了 SSL 协议存在的拒绝服务漏洞，讨论了建立一个 SSL 连接服务端所消耗计算资源远多于客户端的原因，并提出了几种解决方案削弱攻击带来的危害，其中，基于连接限制的解决方案可有效缓解此类问题。

（16）DDoS 攻击检测方法和防范措施。随着电信网、广播电视网、互联网向宽带通信网、数字电视网、下一代互联网的演进，用户接入带宽数量逐步增大，城域网中大流量的 DDoS 攻击越来越多，监测及防范 DDoS 攻击对于

〔1〕 罗文华："木马恶意程序电子数据取证环境的构建"，载《警察技术》2012 年第 2 期。
〔2〕 艾欧平："反汇编与逆向分析在电子取证中的应用"，载《警察技术》2012 年第 3 期。
〔3〕 卢斌等："浅析电子证件查验系统数据交换方法"，载《警察技术》2012 年第 6 期。
〔4〕 王伟等："SSL 协议拒绝服务攻击及其对策研究"，载《信息网络安全》2012 年第 1 期。

全业务承载下城域网的安全运行有着重要的意义。吴轩亮[1]从运维的角度对运营商城域网中常见的 DDoS 网络攻击的监测、防范技术进行了探讨，阐述了各种 DDoS 监测方法及其应用场景，剖析了城域网中各网络层面的 DDoS 攻击防范部署策略。

（17）EXT3 文件删除后恢复方法。徐国天[2]研究了基于日志文件的 EXT3 文件系统数据恢复方法，采用实例式研究方法，首先分析了 EXT3 文件系统中文件构成和文件被删除之后 inode 结点的变化；接下来研究了通过 inode 编号定位 inode 结点所在数据块的方法，以及通过日志恢复被删除文件的地址指针和文件名称的方法；最后介绍了通过地址指针和文件名将若干个地址空间中的数据合并成一个文件的方法。最终得出的结论是在日志文件和删除数据未被完全覆盖的情况下，可以通过日志有效恢复 EXT3 文件系统中被删除的文件。

（18）利用协议分析技术分析 DDoS 攻击。随着网络技术的发展，网络环境变得越来越复杂，对网络安全来说，单纯的防火墙技术暴露出明显的不足和弱点，包括无法解决安全后门问题、不能阻止网络内部攻击等问题。在众多的网络安全威胁中，DDoS 攻击以其实施容易、破坏力度大、检测困难等特点而成为网络攻击检测与防御的重中之重。近年来，针对网络流量相关性的 DDoS 攻击检测方法层出不穷，方欣等[3]在分析 DDoS 攻击检测方法的基础上，利用基于协议分析技术的网络入侵检测系统对 DDoS 攻击进行了研究。

（19）Cookie 技术研究。Cookie 的使用方便了人们的网上生活，但同时对用户的许多隐私信息构成了威胁。朱远文等[4]首先介绍了 Cookie 技术的发展背景、相关概念、应用领域及基本特征，说明了 Cookie 的工作原理和 Cookie 结构；其次讲述了常见的 Cookie 技术的漏洞，Cookie 欺骗和 Cookie 注入的原理和方法；最后介绍了针对 Cookie 技术的安全防护措施，并详细描述了一种基于 Cookie 特性分析的系统设计思想及其在 VC 环境下的实现过程。系统主

---

〔1〕 吴轩亮："三网融合下城域网 DDoS 攻击的监测及防范技术研究"，载《信息网络安全》2012 年第 3 期。

〔2〕 徐国天："基于 EXT3 文件系统数据恢复方法的研究"，载《信息网络安全》2012 年第 3 期。

〔3〕 方欣等："基于协议分析技术的网络入侵检测系统中 DDoS 攻击的方法研究"，载《信息网络安全》2012 年第 4 期。

〔4〕 朱远文等："基于 Cookie 的安全防护技术研究"，载《信息网络安全》2012 年第 9 期。

要包含两个核心模块：Cookie 特性分析模块和 Cookie 安全防护模块，实现了查看 Cookie、修改 Cookie 属性、删除 Cookie、禁用 Cookie、监视 Cookie 等功能。系统为普通用户和专业用户提供了不同的防御功能，让用户在一定程度上可以更清晰地认识 Cookie、提高自身安全意识和防范本地 Cookie 失窃。

(20) IPv6 技术研究。随着 IPv4 地址即将耗尽，IPv4 向 IPv6 过渡已成为必经之路。IPv6 的应用将对网络取证技术产生重大影响，梅锋等[1]以分析 IPv6 协议的基本报文格式、IPSec 协议为基础，对 IPv6 和 IPv4 进行了对比，提出了 IPv6 环境下以及在 IPv4 向 IPv6 过渡期的网络取证的特点和存在的难点问题。

(21) 智能手机取证研究。智能手机是“像个人电脑一样，具有独立的操作系统，可以由用户自行安装软件、游戏、导航等第三方服务商提供的程序，通过此类程序来不断对手机的功能进行扩充，并可以通过移动通讯网络来实现无线网络接入的这样一类手机的总称”。智能手机的操作系统主要包括谷歌 Android 系统、苹果 IOS 系统、微软 Windows Mobile 系统和塞班 Symbian 系统。姚伟等[2]通过对 Android 智能手机的取证研究，在介绍了 Android 手机的基本工作原理后，详细描述了取证方式。通过 Android SDK 工具对手机内外置存储进行镜像备份，之后进行逻辑分析（利用文件系统分析、查找每个应用程序自带的数据库文件来获得有价值的信息）和物理分析（通过对内存镜像进行数据恢复以寻找删除的文件）两者相互结合。结果表明，能够从 Android 手机中有效寻找到潜在证据。王随刚等[3]针对传统方法直接调用 API 不能恢复 Android 手机数据的问题，通过分析手机 SQLite3 数据库的物理存储结构，确定删除数据位置，并结合 Android 手机系统特征，详细阐述了 Android 手机文本信息数据恢复的过程。杨卫军等[4]通过分析 Android 系统恶意软件实例，采用静态取证技术进行 APK 包反编译和源代码分析，提取恶意代码的关键数据。通过动态取证技术实时跟踪恶意软件的运行进程和 API 调用，提取与恶

---

[1] 梅锋等：“IPv6 环境下网络取证研究”，载《信息网络安全》2012 年第 11 期。

[2] 姚伟等：“Android 智能手机的取证”，载《中国司法鉴定》2012 年第 1 期。

[3] 王随刚等：“基于 SQLite3 的 Android 手机数据恢复技术的研究”，载《警察技术》2012 年第 5 期。

[4] 杨卫军等：“Android 手机恶意软件取证技术研究”，载《警察技术》2012 年第 5 期。

意行为相关的关键数据，为进一步获取线索和证据提供技术方法。由于iPhone手机本身可以在数据备份的时候进行加密，使得这些重要的信息无法正常读取，金星等[1]针对这些问题，提供了一种破解iPhone手机加密备份文件的方法，并在此方法的基础上实现了备份文件的还原及keychain中私密信息的获取。微软Windows Mobile是微软公司智能手机平台，王国胜等[2]通过对Windows Mobile中存储短信的cemail. vol文件进行研究，提出了一种恢复已删除短信的方法。周靖哲等[3]以Symbian S60手机平台为研究对象，介绍了Nokia智能手机3种常用的数据提取方法，并以获取手机中短信、通话记录、第三方应用数据为例，详细说明了数据提取的过程。

（十二）医疗损害鉴定

本年度，有关医疗纠纷的研究文献共有2511篇，[4]研究文献总量与历年基本持平。研究文献的学科领域主要分布于“医药卫生方针政策与法律法规研究”（1161篇）、“临床医学”（740篇）、“医学教育与医学边缘学科”（118篇）、“诉讼法与司法制度”（88篇）、“行政法及地方法制”（88篇）、“民商法”（67篇）、“公安”（58篇）、“中国政治与国际政治”（58篇）和“特种医学”（55篇）等。可见，关于“医疗纠纷”研究的学科领域分布极其广泛，已经远远超出了传统意义上的医学或者医事法学领域，而是深入到了“保险”、“高等教育”和“政党及群众组织”等诸多领域。

从研究层次的分布可以看出，有关医疗纠纷的研究主要集中在自然科学层次，共有1827篇此类研究文章，同时也有392篇关于医疗纠纷的研究分布在社会科学领域，说明现今关于医疗纠纷的研究主要以自然科学研究为主，但也同时具有社会科学的研究属性。检索的2511篇文献中，共有20篇文献受到了项目基金资助，资助率仅为0.8%。国家自然科学基金项目资助10篇，其他为地方各类科研项目。

---

[1] 金星等：“备份文件加密的iPhone手机取证研究”，载《警察技术》2012年第5期。

[2] 王国胜等：“Windows Mobile短信的数据恢复研究”，载《警察技术》2012年第5期。

[3] 周靖哲等：“基于Symbian S60平台的手机取证技术研究”，载《警察技术》2012年第5期。

[4] 所有的研究文献分别来自于“中国学术期刊网络出版总库”（1813篇）、“中国重要报纸全文数据库”（365篇）、“中国重要会议论文全文数据库”（133篇）、“特色期刊”（109篇）、“中国优秀硕士学位论文全文数据库”（78篇）、“国际会议论文全文数据库”（10篇）和“中国博士学位论文全文数据库”（3篇）。

1. 医疗纠纷成因分析

高晓飞等[1]运用统计学中荟萃分析的方法对收集到的符合纳入标准的文献进行处理，比较医疗纠纷原因各自的构成比例和各科室发生医疗纠纷所占比例大小，分析医疗纠纷发生的原因以及纠纷发生较多的科室，以期为医疗机构更好地深化落实医疗体制改革具体措施提供指导依据。研究结果显示，排在前3位的纠纷原因分别为专业诊疗护理技术水平差（22.95%），服务态度差（21.24%），医患沟通障碍（12.61%）；在医疗纠纷各科室分布中，外科所占比例最高（34.80%），是发生医疗纠纷的首要科室。刘子兰等[2]分析了医患纠纷形成的原因，如有的医务工作者缺乏不断进步、学习的精神，对出现的新技术、新业务缺乏了解认识，有的医务工作者责任心不强，对患者敷衍，不顾患者的感受，与患者缺乏沟通以及法律意识淡薄等问题。为防止医患纠纷的发生，针对原因的形成，组织实施具体的防范措施，如医院成立维权办公室，敦促医务人员加强法律意识，改善服务态度，加强业务学习，提高技术水平，加强与患者沟通等，以减少和预防纠纷的发生，以此构建和谐医患关系，促进医院快速发展。

羊城等[3]调查分析了2009～2011年所在医院的284起投诉与纠纷。医患关系正经历一个令人忧虑的“冰期”，非典时期全社会热情歌颂的“神圣天使”如今却成了“全民公敌”，医务人员成为患者发泄不满的“撒气筒”、舆论谴责和批判的对象，医患间的突出矛盾已成为备受关注的社会问题。羊城等探究了当今医患关系紧张的原因，认为“看病难、看病贵”是导致医患关系恶化的根本原因，医患诚信度低下、市场经济冲击下少数人价值取向的偏差以及社会舆论对医疗纠纷的过激报道也是形成医疗纠纷的重要原因。

辜玉刚[4]从国内独特的人文环境角度论述了目前紧张的医患关系，从社会制度、医学伦理、医学科学等方面论述了医患关系的症结所在。研究表明，改善医患关系、构建和谐医疗环境需要政府作为，政府应加大对医疗行业的实质性投入，保障医务人员和患者利益；改革、完善医疗体制，重建医务人员职业伦理道德；良好的医患关系是保证高质量医疗服务、和谐医疗环境的

---

〔1〕 高晓飞等：“我国医疗纠纷原因的Meta分析”，载《中国医药导报》2012年第6期。

〔2〕 刘子兰等：“医患纠纷形成的原因分析及防范措施”，载《中国病案》2012年第3期。

〔3〕 羊城等：“医患关系紧张的原因探究”，载《现代医院》2012年第5期。

〔4〕 辜玉刚：“改善医患关系　构建和谐医疗环境”，载《中国医院》2012年第2期。

基础，而医患沟通是建立和谐关系的前提；正确引导，发挥新闻媒体的正面效应；改变就医模式，倡导合理就医渠道。

赵越洋等[1]结合卫生法及参考相关书籍探讨了医疗纠纷的原因及对策。调查研究显示，消费者对医疗服务方面的投诉已经成为令人瞩目的热点问题。这些投诉的特点是总量大、增长快，反映出医疗服务质量问题突出，医疗收费不透明。另据中华医院管理协会对全国326所医院进行的调查结果显示：医疗纠纷发生率高达98.4%，医疗纠纷严重干扰医院秩序，且处理难度大，医疗纠纷诉讼案件数量增长较快且医方败诉率高，医疗赔偿数额惊人。经进一步分析认为：对医务人员的信任度下降，法律不健全的影响，生命、健康无价与赔偿有限的矛盾，技术因素与意外事件是造成医疗纠纷层出不穷的主要原因。马媛[2]通过分析新时期的医患关系现状和现实对医患关系紧张的影响因素，提出解决医患关系紧张的对策，认为医疗卫生事业的和谐发展、医疗体系的和谐运行、公立医院的政策法规和管理体制的和谐健全是和谐医患关系构建的基础和保障。在当前社会背景下，医院应尽心尽力、尽职尽责地研究解决医患矛盾问题的措施、方法、路径，为新时期构建和谐社会的和谐医患关系而努力。沈婵珠[3]通过对医患关系的现状以及产生的原因进行研究，提出了构建和谐医患关系的几点思考，认为医患双方意识有偏差，政府投入偏低，个人负担过重，医生长期处于超负荷的工作状态，不良媒体大肆炒作和医患双方信息不对称、缺乏相互理解是造成医疗纠纷的主要原因。并提出，加强医患双方的沟通与交流、强化政府的主导作用和正确引导媒体的舆论监督是缓解医疗纠纷的有效方法。

黄日琼[4]经研究发现，纸质病案在形成、归纳、存储过程中常存在漏项、缺页或遗失等问题，通过制作纸质病案交接要素表、病案质量检查登记表和病案归档信息反馈表，加强实时质控、环节质控和终末质控，以及建立奖罚制度等一系列管理方法，可使医护人员责任心和病案书写质量得到进一

---

〔1〕 赵越洋等：“浅谈近年来我国医疗纠纷增多这一矛盾特殊性的原因与对策”，载《中外医学研究》2012年第6期。

〔2〕 马媛：“新时期医患关系现状分析及对策探讨”，载《首都医药》2012年第10期。

〔3〕 沈婵珠：“探讨当前医患关系紧张的原因及其对策”，载《中医药管理杂志》2012年第2期。

〔4〕 黄日琼：“电子病案环境下对纸质病案的管理”，载《中国病案》2012年第3期。

步提高，杜绝纸质病案记录页的缺失，在一定程度上有效防范医疗纠纷的发生，为保证病案资料的完整性和真实性以及电子病案环境下纸质病案的管理提供可靠保证。董凡秀[1]认为，病案作为医疗诉讼中的书证，应被提升到重要的地位，医院要从法律角度出发，依法完善病案管理，保障病案的证据价值。教育医务人员提高病案法律法规意识，如实准确书写病案。医务人员要严格控制医疗文书形成的各个环节，加强运行病案的管理，保证病案质量，加强病案信息的安全，发挥其应有的作用。病案科要落实各项病案管理制度，确保工作流程通畅，保证病案资料的完整性和病案利用的及时性，保障医疗安全，防范医疗纠纷，维护医院，避免巨大的损失和风险。

上海交通大学阳欣哲[2]的博士学位论文以医疗新闻报道内容、受众对医患关系的态度和当前医疗事业的客观现实为主要研究对象，探索媒体传播对我国医患关系的影响，并挖掘影响我国受众对医患关系的态度的各种因素。通过受众调查的结果，了解受众对当前医患关系的认知和态度，厘清媒体报道对我国当前医患关系的影响；结合以医院为主要对象的新闻报道的抽样分析结果，梳理总结其现状和特点；并与医疗事业客观现实进行对比，从传播学的角度为改善我国医患关系提出一定的学理依据和实践指导。针对目前我国社会医患关系紧张的现状，以新闻媒体在医患关系中的作用和影响为切入点，将传播学中虚拟环境理论、涵化理论、新闻学习理论和新闻依赖理论作为研究的基本理论框架，分别采用文献研究法、问卷调查法、文本分析法、内容分析法等研究方法进行操作，同时用数据统计软件 ROST 和社会科学统计软件 SPSS11.0 对数据进行统计和分析。首先，该论文通过文献研究的方法，综合卫生部年鉴、医疗纠纷统计等相关数据，掌握我国医疗行业的投入、资源等客观现实。其次，该论文在上海市抽取 320 名 20 岁以上（含 20 岁）的研究对象，采用问卷调查法，获取受众认知数据，研究他们对医患关系的认知、态度以及因此导致的行为，分析影响观念现实的因素，旨在考查新闻报道在建立医患关系过程中的作用，并将其与受众的亲身体验、个人特质等影响进行对比分析。再次，该论文根据问卷调查中的结果，选取我国三大门户网站上的新闻内容作为分析对象，采取构造周抽样的方式抽取 2011 年全年国

---

[1] 董凡秀："从法律角度完善病案管理"，载《中国病案》2012 年第 3 期。
[2] 阳欣哲："媒体传播对医患关系影响研究"，上海交通大学 2012 年博士学位论文。

内媒体对医院的报道内容，分别进行文本和内容分析，全面概括我国当前医疗新闻报道的现状和特点。最后，该论文对比客观现实、受众认知和媒体呈现，从而分析媒体在履行反映现实和监测环境两大职能时的表现，以及其对医患关系的影响，并从政府、媒体、个人、医院四个角度提出改善我国医患关系现状的建议。该论文的创新主要在于从大众传播学的角度关注医患关系，采取实证研究的方法，对当前我国媒体对医疗行业的报道以及这些报道对当前医患关系产生的影响进行研究。具体体现在：采取实证研究的方法，从媒体内容和受众研究两个方面进行分析探索，填补了相关主题实证研究的不足，系统地分析了媒体传播在医患关系中的作用和其不足。经研究发现，当前我国媒体在进行医疗新闻报道时存在不够全面、挖掘不深、平衡不足、专业性不强的问题。因此，媒体不应仅停留在反映医患冲突的表象，而应更深层次地揭示造成此现状的原因，履行监测环境的职责，从而推动体制的进步和完善。政府应推进医疗体制改革，加大医疗投入，改变医疗费用高、医务人员少的现状，解决医患关系紧张的根源问题；受众应提高主动性，政府、学校应注重对受众媒介素养的培养，让他们能够辩证地接受和理解媒体传播的信息；医院应重视与媒体的沟通，提高责任意识和医疗水平。经研究还发现，受众对媒体的医疗新闻报道信任度较高，媒体的传播内容对医患关系有一定影响，但同时受到其他因素（如个人特质、所处情境、结果期望、初始态度等）的制约，该论文据此提出了医患关系认知和态度的影响模型。

2. 医疗过错认定

在有关过错认定的文献中，吉林大学张英[1]的博士学位论文首先在从医疗纠纷二元处理机制到一元处理机制部分讨论了伴随着医疗纠纷的与日俱增、医疗损害责任立法的不断完善，医疗纠纷的处理机制经历了二元制向一元制的过渡。该部分第一节回顾了《侵权责任法》颁布前医疗纠纷二元处理机制的发展历程，概括出其大致经历了四个发展阶段。并提出，医疗技术过错认定标准的确定应当注意以下几点：首先，对于是否构成医疗技术过失，应该以“当时的医疗水平”为判断标准；其次，医疗水平的选择时点应该强调的是“当时”，即损害事实发生之时；最后，医疗水平应当主要以当时全国通行

[1] 张英：“一元处理机制下医疗损害责任制度研究”，吉林大学2012年博士学位论文。

的医疗水平为基本参考标准，并结合我国各地区的具体情况进行综合判断。而医疗伦理过错的认定则主要是对医疗机构及其医务人员违反说明告知义务、知情同意义务以及保护患者隐私权的相关义务的过失判定标准的确定与考察。该论文第二部分对举证责任缓和制度的含义、适用范围、适用条件以及证明责任等方面作了详细的阐述。论文还在一元处理机制下医疗损害赔偿额度的确定部分通过对原因力规则的系统分析，指出原因力规则虽在我国侵权法域中已经逐渐被法学理论界以及司法实务界所接受，但其并没有形成系统化的规则体系，因此该部分进一步分析了原因力规则的一般适用规则，包括适用方法、范围以及效果，并针对医疗损害责任的特殊性具体阐释了在医疗机构的过失行为、受害患者自身的原因、第三人的过错原因、医疗意外情况下原因力规则的具体应用。通过对我国医疗损害赔偿额度的相关立法以及司法实践的考察发现，我国对医疗损害赔偿的限制过重，该论文具体论证了我国对医疗损害赔偿限制过重的原因及其弊端，最后得出应对我国医疗损害赔偿责任的限制强调适当性的结论。在借鉴美国加州《医疗损害赔偿改革法》这一先进立法经验的前提下，该论文提出对于我国医疗损害赔偿中的精神损害赔偿应当进行适当限制并阐述了具体方法，而对于我国医疗损害赔偿中的财产损害赔偿部分，则应当采取原因力规则加以确定。

内蒙古大学柳海海[1]的硕士学位论文主要从三个部分展开论述：第一部分论述我国医疗损害鉴定制度的现状，第二部分论述现行医疗损害鉴定制度运行中存在的问题，第三部分论述医疗损害鉴定制度的完善构想。该部分主要结合我国的国情及其本人的审判经验提出了构建统一的医疗损害鉴定体制；保障医学会的中立性；以及完善医疗损害鉴定程序制度。就同一问题，黄京璐等[2]认为，基于当前医疗损害责任纠纷司法鉴定的现状，运用自上而下的行政管理方法，尽快建立一套完善且符合中国国情的医疗损害赔偿的鉴定程序是十分必要的。

卢淑萍等[3]提出，《侵权责任法》实施后，在医疗纠纷处理方面发生了

---

〔1〕 柳海海：“医疗损害鉴定司法实务问题研究”，内蒙古大学 2012 年硕士学位论文。

〔2〕 黄京璐等：“我国医疗损害责任纠纷司法鉴定的现状、存在问题及发展趋势”，载《中国法医学会全国第十五次法医临床学学术研讨会论文集》，2012 年 8 月。

〔3〕 卢淑萍等：“侵权责任法实施前后医疗纠纷处理情况的变化”，载《中国医院》2012 年第 2 期。

很多变化。医疗损害纠纷的类型仍与侵权责任法实施前大概相同，但医疗损害责任首次被明确为特殊侵权责任，其责任构成和责任承担方式以过错责任原则为主，由此带来了举证责任的重大改变，但在某些特殊情况下仍要求医疗机构承担推定过错责任，一些事由的举证责任仍要求由医疗机构承担。基于举证责任的变化，在医疗过错鉴定的类型、鉴定机构、鉴定事由、鉴定的提起和鉴定费用的预交方面也有了较大的变化。卢淑萍等作为三级甲等医院医患办公室的工作人员，通过工作中的切身体会，分析侵权责任法实施前后医疗纠纷处理情况的主要变化，提出医院管理人员和医务人员应当知晓这些变化，并指导依法执业工作。

3. 医疗纠纷解决机制

李华[1]的博士学位论文认为，我国正处在社会和医疗体制转型的特殊历史时期，医疗纠纷的增长及其处理中反映出的社会问题，体现了医患之间超乎寻常的紧张关系。现有的医疗纠纷解决途径已远远不能满足医疗纠纷解决的需要。该论文系统收集和整理国内外现有研究成果，对收集成果与文献进行归纳、提炼，以获取与该课题研究内容相关的基本现状与理论认识。在专家学者们广泛研究的基础上，通过分析医疗纠纷的特点、成因、解决途径，立足于重庆市情，辅以问卷调查、专家访谈等方法，对重庆市医疗纠纷第三方调解机制的运行情况及影响因素进行充分的调研；运用扎根理论，对调研成果进行归纳分析，并在此基础上，运用系统过程控制原理构建医疗纠纷调解流程图，并对其进行深入的分析研究。借鉴美、日、德等国以及北京、天津、上海等地将非诉讼机制引入医疗纠纷处理办法所作的有益探索，提出了重庆市医疗纠纷第三方调解机制优化策略，以期快速、有效、低成本地解决医疗纠纷，建立和维持良好的医患关系。

上海交通大学黄明震[2]的硕士学位论文认为，随着医疗改革的深入和人们维权意识的不断增强，医疗纠纷呈不断上升趋势。为探索适合我国国情的医疗纠纷解决机制，该论文通过文献研究的方法，分析我国医疗纠纷的现状，

---

〔1〕 李华：“我国医疗纠纷第三方调解机制优化策略研究”，第三军医大学 2012 年博士学位论文。

〔2〕 黄明震：“论我国医疗纠纷第三方调解机制的完善”，上海交通大学 2012 年硕士学位论文。

现行的“三大解决途径”的利弊，以及宁波市实施医疗纠纷第三方调解的经验，结合自己近十年的医疗纠纷调解实践，认为第三方调解可以较好地弥补三大解决途径的不足，有效地化解医疗纠纷，但还存在一些不足，最后提出了具体的完善医疗纠纷第三方调解机制的建议。

杨帆〔1〕认为，医患之间极端不信任的根源，除了与个人秉性有关，亦是多年来医患紧张对立下的累积反应，其根源在于医疗体制。一些学者把医患纠纷归咎于患者近年来提高的维权意识以及医疗要求，这是不合适的。人们懂得越多，沟通成本应该越低，沟通效果也应该越好。他认为，要提高医患之间的信任程度，首先应建立社会医疗责任保险基金机构。该机构专门负责基金的运作，可以接受社会的捐赠。强制投保，使已取得相应资格的各级各类医院、医务人员，包括国有非营利性医疗机构和注册的各级各类、各种性质的营利性医疗机构和医务人员都必须投保，否则不予颁发或吊销其执业许可证。另外，还应完善医疗卫生相关法律法规，通过合理的制度和法律规章的安排来平衡医患利益关系，推动医患关系的良好发展，减少甚至避免道德风险的发生以及由此产生的对抗和冲突。卫生管理部门有必要建立健全医疗法律体系和医疗机构各项规章制度，完善现有医院工作制度和各类医务人员工作职责。

四、证据科学教育进展

（一）证据科学研究项目

1. 证据科学研究项目概况

（1）证据科学研究项目资助数量增多。本年度，省部级以上证据科学研究项目立项总数为32项，与前三年相比，本年度立项增加明显（2011年26项、2010年27项、2009年16项）。这一方面说明证据科学作为一个研究领域受到持续而稳定的关注；另一方面，本年度最高人民检察院和最高人民法院资助的证据科学项目大幅增加（由2011年的3项增加到7项），说明了证据和证明问题成为司法实践中日益突出的问题。证据科学项目的来源结构参见下表：

---

〔1〕 杨帆：“我国医患关系现状及其对策分析”，载《法制与经济》2012年第2期。

项 目 类 别	证据科学立项
国家社科基金项目	9
教育部人文社科研究项目	8
最高人民检察院检察理论研究课题	5
最高人民法院重点调研课题	2
中国法学会部级法学研究课题	8
霍英东项目	0
合 计	32

（2）证据科学研究项目内容和承担人等情况。从项目承担单位来看，分布非常广泛，既有高校，也有法院、检察院等实务部门。在高校当中，除中国政法大学（3项）之外，32个项目几乎分布在不同的高校中，这说明项目覆盖面的广泛性。项目承担者的年龄大都在30～45岁，说明中青年学者正逐渐成为证据科学研究的主力。

（3）本年度的证据科学研究项目。具有以下几个特点：

第一，从研究内容来看，项目涵盖了基础理论、证据规则、取证、证明问题、证明责任、认证、量刑证据与证明等七个方面。与2011年度相比，本年度的研究主题更为广泛，在项目选题的分布上更为均衡，更注重证据应用问题。参见下表：

研究主题	项目数	所占比例
基础理论研究	5	15.60%
证据规则	8	25.00%
取证研究	4	12.50%
证明研究	6	18.75%
证明责任	3	9.38%
认证研究	3	9.38%
量刑证据与证明	3	9.38%

其中，证据规则专题主要关注刑事证据规则、最佳证据规则、传闻证据

规则、知识产权证据规则和行政诉讼证据规则等；取证研究专题主要关注律师取证问题、侦查人员合法取证问题、电子证据取证问题、诱惑取证问题等；证明研究专题涵盖了程序法事实、犯罪主观要件等各种具体问题的证明问题；证明责任专题主要关注医疗纠纷领域的证明责任分配问题；认证研究专题包括对电子证据、证人证言等方面的认证；量刑证据与证明专题则关注量刑阶段的证据与证明问题，这是随着量刑改革而衍生出来的证据法问题。

第二，证据法学呈现出跨学科发展趋势：一是司法证明过程研究，其中，周洪波、栗峥和封利强三人的项目选题均指向了司法证明过程，尤其是逻辑推理与经验研究，这已经超出了法学研究的范围，从而表明证据科学基础理论研究正在进一步深化，这一发展趋势在某种程度上暗合了西方证据法学界自20世纪80年代以来的研究转型，体现了国内外证据法学研究的跨学科发展趋向。二是历史研究，郑牧民的中国传统证据文化研究试图将证据与文化结合起来，使中国传统证据法学研究由制度层面开始向文化层面转型。

2. 实证研究项目选介

（1）最高人民检察院理论研究课题："量刑证明研究"。本课题由北京师范大学刑事法律科学研究院吕泽华主持。该课题研究成果《死刑案件证明标准研究的反思与分类构建》，将刑法中关于死刑的规定区分为定罪的积极规范和消极规范、量刑的积极规范和消极规范四种：①死刑定罪的积极规范，是指肯定犯罪的法定规范，也就是我国现行刑法关于定罪要求的法律规范，其中，主要是符合犯罪构成要件的规范。这些定罪的积极规范中所规定的要件事实，必须达到"案件事实清楚、证据确实充分"的证明标准。②死刑定罪的消极规范，是指刑法规定的否定犯罪的那些法律规范。如刑法总则中关于犯罪情节显著轻微不构成犯罪的规范、绝对正当防卫的规范等；刑法分则中具体个罪中有的要求必须是故意才入罪，过失情形就属于否定犯罪的消极规范等。其证明标准达到"合理可信"即为足够。③死刑量刑的积极规范，是指应当适用死刑的法律规范，包括刑法总则与分则个罪中关于从重、加重情节和应当适用死刑刑罚的具体规范，如累犯、为实施其他犯罪而杀人灭口的、杀人手段特别残忍的、以特别危险方法杀人的、以残忍手段毁尸灭迹的，等等。对于这些规范中所规定的要件事实，应当明确"案件事实清楚、证据确实充分"的证明标准。④死刑量刑的消极规范，主要是指刑法规定中的从宽情节，如刑法总则中规定的未成年人、孕妇、从犯、自首立功等从宽情节；

刑法分则中规定的间接故意杀人、犯罪后具有如实交代罪行并积极救助被害人等真诚悔罪表现的、事先无预谋而临时起意的激情杀人等法定或酌定的从宽情节。对于这些规范所规定的要件事实，应当明确“优势证明”的证明标准。[1]

（2）最高人民检察院理论研究课题：“犯罪主观要件证明方法研究”。该课题由中南财经政法大学法学院阮堂辉主持。该课题成果《犯罪主观要件的证明责任制度研究——以推定为核心》提出：犯罪主观要件的认定一直是我国刑事司法实践领域的难题，推定规则的引入成为解决上述难题的一项主要进路。但推定规则的适用也必须注意适量和适度的问题。适量，即对主观要件证明中推定的适用情形要作适量规定，既要满足司法实践的需求，又要保证立法资源的节约；适度，即推定规则的适用不能随意违背无罪推定原则，不能随意降低形式证明标准，更不能剥夺被告方对推定事实的反驳权。[2]

（3）最高人民检察院理论研究课题：“庭审阶段再生证据运用实证研究”。该课题由四川大学法学院蔡艺生主持，对情态证据进行了较为深入的研究。所谓情态证据，是指在庭审时，被告人或证人的面部、声音或身体等各部分及其整体上表现出来的能够证明案件真实情况的证据。该课题成果《从情词到口供：我国情态证据制度的历史考察》、《从情词到口供：论情态证据的正当性与合理性》、《现代司法局限背景下情态证据的证成》等系列论文提出以下建议：①以情态证据为视角，溯源情态证据制度在我国自古代以来的发展史，以史为鉴提出，将情态证据作为当代司法审判庭审阶段重要的再生证据。通过对情态证据存在着质疑的反驳（包括“撒谎情态”是不存在或极其细微的；情态证据是难以发现和解释的，容易引起偏见等危险；情态证据的采纳显然违反了现有的法律规范和原则；情态证据相比其他科学证据具有明显的劣势和不足等）。[3]②情态是西方直接言词原则、对质原则、交叉询问和陪审团制度等的根源和基础，现代心理学也为此提供了大量的依据。情态证据是对人类本能和心理的一种司法运用，是压力导致人的情绪发生变化时，

---

〔1〕 吕泽华：“死刑案件证明标准研究的反思与分类构建”，载《学术交流》2012年第6期。

〔2〕 阮堂辉、张乐：“犯罪主观要件的证明责任制度研究——以推定为核心”，载《学习与实践》2012年第7期。

〔3〕 蔡艺生：“从情词到口供：论情态证据的正当性与合理性”，载《河南师范大学学报（哲学社科版）》2012年第1期。

由植物神经系统作用而引起的动作或生理变化，具有其正当性和合理性，可以用来判断证人证言的可信性。③对于情态证据的特殊性，不应进行武断的制度和技术解构，而是应当予以正视，并保持一种谨慎而开放的姿态，为司法的进一步发展提供养分或可能。[1] ④情态证据问题的最关键因素在于："我们多大程度上允许陪审团考虑情态证据，取决于我们在案件审判中准备给予陪审团什么样的角色。如果是有限的角色，则应限制陪审团使用情态证据；如果是积极的角色，则可以合理地允许使用。"[2]

（二）证据科学学科建设和人才培养

本年度，我国证据科学学科建设和人才培养取得了一定成绩，已经成为法学及其相关交叉学科教育发展的重要组成部分。

1. 学科建设

（1）证据科学学科建设成为司法文明协同创新中心学科建设的重要内容。为贯彻实施教育部、财政部《关于实施高等学校创新能力提升计划的意见》，7 月 11 日，中国政法大学、吉林大学、武汉大学共建司法文明协同创新中心签约揭牌仪式在北京举行。司法文明协同创新中心，以教育部重点研究基地中国政法大学诉讼法学研究院、证据科学教育部重点实验室（中国政法大学）、吉林大学理论法学研究中心、武汉大学环境法研究所为主要研究实体，旨在全面提升司法文明领域人才、学科、科研三位一体的协同创新能力，中心将开展司法文明理论、司法文明史、诉讼法学、证据法学、法庭科学、侦查学、检察学、环境司法、军事司法、国际司法、司法伦理学、知识产权司法鉴定、司法会计学等学科和创新团队的建设。除三所协同高校外，中心还与最高人民法院研究室、最高人民法院中国应用法学研究所、最高人民检察院法律政策研究室、最高人民检察院检察理论研究所、公安部物证鉴定中心、环境保护部环境规划院、中华全国律师协会、北京仲裁委员会、国际红十字会等签订了协同创新协议。中心还与国际证据科学协会、德国马普所（刑事）、美国马里兰州法医局、瑞士洛桑大学、德国弗莱堡大学、韩国国立搜查研究院等大学和研究机构合作，并签署了加强学科建设和人才培养的合作

---

〔1〕 蔡艺生："从情词到口供：论情态证据的正当性与合理性"，载《河南师范大学学报（哲学社科版）》2012 年第 1 期。

〔2〕［美］劳里·L. 里文森："法庭情态：法庭是个剧场"，载《法律研究杂志》2007 年第 30 期。转引自蔡艺生："现代司法局限背景下情态证据的证成"，载《甘肃社会科学》2013 年第 3 期。

协议。

（2）《中国证据法治发展报告2010》首发式暨“中国证据法治指数”指标体系研讨会在京举行。5月20日，《中国证据法治发展报告2010》首发式暨“中国证据法治指数”指标体系研讨会在京举行。中国工程院院士、九三学社中央副主席、全国人大常委会委员丛斌教授，中国工程院院士、证据科学教育部重点实验室学术委员会主任刘耀教授，司法部司法鉴定管理局局长霍宪丹教授，最高人民法院政治部副主任罗东川教授，最高人民法院中国应用法学研究所所长孙佑海教授，北京第一中级人民法院王明达院长，中国刑事警察学院贾玉文教授，北京大学心理学系沈政教授，西南政法大学司法鉴定中心邹明理教授，公安部物证鉴定中心副主任王桂强教授等嘉宾出席了研讨会并发言。张保生教授对蓝皮书2010卷作了介绍，张中副教授就“中国证据法治指数”指标体系作了说明。与会嘉宾一致认为，在当前深化司法改革、建设公正高效权威的社会主义司法制度的背景下，《中国证据法治发展报告》的出版和对中国证据法治指数指标体系的研究，具有重要的学术价值和现实意义。同时，为了完善该蓝皮书以后各卷的编撰工作，大家分别从证据法和法庭科学的角度，对蓝皮书的定位、选材范围、内容的研究性与实践性，证据法治指标数据的科学性等问题提出了意见和建议。

（3）证据科学师资培训工作。7月29日至8月3日，由司法文明协同创新中心主办、中国政法大学证据科学研究院承办的“证据法学前沿”高级研讨班在黑龙江省漠河开班。来自美国西北大学法学院、中国政法大学、北京大学法学院、四川大学法学院、浙江大学法学院、厦门大学法学院、山东大学法学院、西安交通大学法学院、浙江工商大学法学院、西北政法大学、甘肃政法学院、北方工业大学法学院、西藏民族学院等院校以及美国奥睿律师事务所、广东深圳市中级人民法院、浙江金华市中级人民法院、江苏常州市中级人民法院、河北保定市中级人民法院、北京市东城区人民法院、深圳市宝安区人民法院、秦皇岛市人民检察院等部门的专家学者60余人出席了本次研讨班。6位证据法学专家围绕最新学术前沿问题和重大司法实践问题作了专题演讲。六场演讲的主题是：①美国西北大学法学院威格莫尔特座教授、中国政法大学“长江学者”讲座教授罗纳德·J. 艾伦的《证明责任》；②中国政法大学张保生教授的《司法改革中的证据制度重建》；③四川大学龙宗智教授的《刑事证据法前沿问题》；④北京大学陈瑞华教授的《刑事证据法的中国模式》；⑤中国政法大学证据科学研究院常林教授的《刑事诉讼中司法鉴定前沿问题》；⑥王进喜教授的《美国联邦证据法的最新发展》。出席该研讨班的学员，与演讲者就相关问题展开了热烈的交流互动。本次研讨班的举办，促进了中外学者之间以及与司法实务工作者之间在证据法学前沿问题上的学术交流。

2. 人才培养

本年度，全国证据法学专业（证据法学和法庭科学两个研究方向）的硕士、博士研究生已招收第六届。在本年度的证据科学人才培养过程中，学术论坛开拓了学生的视野。

（1）全国证据科学博士生学术论坛举行。11 月 30 日至 12 月 2 日，由国务院学位委员会办公室、教育部学位管理与研究生教育司主办，司法文明协同创新中心承办，《证据科学》杂志协办的 2012 年全国证据科学博士生学术论坛在中国政法大学举行。经过面向全国全日制在读博士生、博士后研究人员征文，共收到来自全国 20 所高校的 85 篇稿件，经专家匿名评审，最终，来自北京大学、清华大学、中国人民大学、中国政法大学、四川大学、厦门大学等高校的 50 名博士生论文入围并获邀参会。论坛开幕式于 12 月 1 日上午举行，吉林省高级人民法院院长、教育部法学学科教学指导委员会主任张文显教授向论坛发来贺信。张文显教授在贺信中指出：证据是法律适用中的基石和轴心，证据科学的学科建设和人才培养是推动中国特色社会主义法治建设的重要助力。证据规则是法律适用的基石，完善证据制度，提升证据的合法性与合理性，依赖于证据科学的发展与进步。20 世纪，美国联邦法院首席大法官霍姆斯（Holmes）曾经讲过："法律的生命不在于逻辑，而在于经验。"他还讲："此处的经验，核心是将事实转化为证据的经验，是通过法律概念与证据的连接，而把法律规则和原则适用于具体事实的经验。"它"积累了人类长期以来的司法经验，又积累了司法与现代技术相结合的经验"。可见，我们确实需要大力开展证据法学与法庭科学的交叉研究，因为这是人类经验的总结。[1]国务院学位委员会办公室副主任、教育部学位管理与研究生教育司黄宝印副司长致辞称，在我国对博士研究生培养力度逐渐加大的背景下，论坛的召开为我国证据科学博士生进行高起点、大范围、多领域的交流

---

〔1〕 参见张文显："在证据科学全国博士生论坛上的致辞"，载《证据科学》2012 年第 6 期。

提供了一个很好的平台。中国政法大学副校长兼证据科学研究院院长张保生教授代表承办方致辞指出：随着证据裁判原则在诉讼中的确立，证据科学将肩负起重大的历史使命。中国证据科学研究与国外的研究有两个重要区别，一是重视狭义证据科学研究，二是重视实践探索，这构成了证据科学中国学派的特点。与国外证据科学学者偏重理论研究相比，证据科学中国学派更重视实践探索，可以称为证据科学的“实践学派”，它首次将证据法学和法庭科学两支研究队伍结合起来，以注重学科建设和人才培养为特色，在国际证据科学研究领域中独树一帜。

（2）证据科学秋季论坛继续举办。本年度，中国政法大学证据科学研究院继续举办每年一度的证据科学秋季论坛。11 月 16 日，美国马里兰州法医局局长、首席法医学检验人大卫·福勒（David Fowler），李玲教授，张翔教授分别作了题为“法医在他杀案件中的角色”、“法庭专家在民事诉讼中的言词证据”、“法医毒理学在涉及医疗纠纷死亡案件调查中的重要性”的报告。11 月 23 日，清华大学王亚新教授作了题为“新民事诉讼法证据部分的修订及相关问题”的报告。11 月 27 日，北京回龙观医院院长、世界卫生组织心理危机预防研究与培训合作中心主任杨甫德教授作了题为“《精神卫生法》制定过程中关键问题解读”的报告。12 月 4 日，物证鉴定技术领域著名专家、公安部物证鉴定中心副主任王桂强作了题为“物证鉴定应用的新能力”的演讲。上述讲座拓宽了证据科学专业学生的知识视野。

（三）证据科学课程和教材建设

1. 证据科学课程建设概况

本年度，我国大学法学院证据法学的课程设置与 2011 年相比没有太大变化，大多数法学院仍然将证据法学作为本科生选修课程，只有中国人民大学法学院、中国政法大学刑事司法学院将证据法学作为本科生必修课程开设。有的学校将证据法学列为诉讼法专业研究生必修课，如清华大学深圳研究生院，中国政法大学研究生院等。物证技术学只在中国人民大学法学院、中国政法大学刑事司法学院等少数法学院被列为必修课程，其他政法学院一般将其列为专业选修课，多数综合类高校的法学院未开设物证技术学课程。

2. 证据科学教材建设概况

本年度，一些证据法学和证据科学的教材问世，详见下表：

序号	作　者	教材名称	出版社	出版日期
1	樊崇义	证据法学（第 5 版）	法律出版社	2012 年 8 月
2	卞建林、刘玫	证据法学案例教程（第 2 版）	知识产权出版社	2012 年 1 月
3	叶　青	证据法学：问题与阐述	北京大学出版社	2012 年 6 月
4	许爱东	物证技术学	法律出版社	2012 年 9 月
5	杨进友	文书检验实验教材	法律出版社	2012 年 2 月

在上述教材中，樊崇义主编的《证据法学（第 5 版）》，根据 2012 年《刑事诉讼法》、“两院三部” 2010 年“两个刑事证据规定”以及 2007 年以来民事诉讼法领域证据制度改革的情况，对原有版本进行了重要的增补和修订。新版教材对非法证据排除规则等我国证据制度的发展作了重点介绍，吸纳了有关证据概念、证据种类变化的内容，并对行政执法证据转化、证人作证制度、专家证人、证据收集中的技术侦查手段等新内容作了论述，同时，也对尊重和保障人权、不得强迫自证其罪对我国证据制度，尤其是证据收集、审查判断模式产生的一系列重大影响进行了解释。卞建林、刘玫主编的《证据法学案例教程（第 2 版）》，根据理论和实际相结合的原则，从选择典型案例入手，以案例评析的方式系统阐释了证据法学的基础知识和重要理论问题，根据立法和学理上的标准对各类证据分别进行了讲解，着重讨论了与证明有关的重要理论问题，同时也涉及对证据的收集、保全和审查、判断等司法实务问题。叶青的《证据法学：问题阐述》，以专题研究的形式，对证据法学的基本问题及近年热点进行了分析阐述，重点论述了诉讼证据法学的研究现状、证据的属性与价值、证据制度的理论基础、证据制度的基本原则、证据规则、证人制度、口供研究、科技证据、诉讼证明的自然机理、死刑案件的证据适用问题。

五、证据科学研究成果选介

（一）证据法学著作选介

1.《刑事证据制度发展与适用》（樊崇义、兰跃军、潘少华著，人民法院出版社 2012 年版）

该书紧密结合 2012 年《刑事诉讼法》修改和“两院三部” 2010 年“两

个刑事证据规定”，总结概括了我国刑事证据制度发展的最新成果，旨在引导司法实务部门正确理解和推广适用这些成果，同时为学者们进一步研究完善刑事证据制度抛砖引玉。该书从我国刑事证据制度的新发展，刑事诉讼法确立“非法证据排除规则”的意义，证人作证制度的进步，侦查讯问律师在场权的困惑，刑事证据概念和种类的新发展，刑事证明责任的确定，刑事证明标准的细化，刑事和解案件的证明标准，刑事证据规则体系的初步形成，遏制刑讯逼供的机制，技术侦查，秘密侦查的法治化，电子数据的审查判断，专家证人制度的构建，证人、鉴定人、侦查人员出庭作证制度，以及行政执法证据向刑事证据的转化 16 个方面研究我国刑事证据制度发展的最新成果，最后附上樊崇义教授主持的课题——“刑事证据规范化实证研究”的子课题之一——“言词证据采信规范化实证研究”的研究成果，以验证这些发展成果在司法实践中的适用。作为专门研究刑事证据制度发展成果的专著，该书具有以下三方面特点：

第一，紧密结合立法和司法解释中有关证据制度的新规定，既有对我国刑事证据制度新发展的内容的全面介绍，又有对具体制度深入研究的新成果，如证人作证制度、刑事证据概念和种类、刑事证明责任、刑事证明标准、技术侦查措施、专家证人制度等。突出创新性，注重体系性。

第二，理论与实践相结合，侧重分析解决具体制度理解与适用中的新问题，注重实用性。除了最后一部分专门介绍课题成果外，该书从六个方面研究“两个刑事证据规定”的理解与适用问题；从法律明文规定和法律体现出来的证据规则两个方面研究我国刑事证据规则体系化问题；从一项权利、一条规则、一种方法三个方面研究我国遏制刑讯逼供的机制问题；从实体限制和程序控制两个方面研究技术侦查措施的法治化问题；还分别构建了证人、鉴定人、侦查人员出庭作证制度。

第三，注重与刑事诉讼程序的新发展相衔接。证据问题也是程序问题。无论刑事诉讼、民事诉讼还是行政诉讼，都是围绕证据的收集、审查判断和运用而展开的。针对我国刑事诉讼程序的新发展，该书分别研究了侦查讯问律师在场权、刑事和解案件的证明标准、电子数据的审查判断、专家证人制度，以及行政执法证据向刑事证据的转化等问题，以便保障促进新刑事诉讼法的贯彻实施。（兰跃军撰稿）

2.《非法证据排除规则实证研究》（卞建林、杨宇冠著，中国政法大学出版社 2012 年版）

非法证据排除规则自 1914 年在美国确立以来，经过近一个世纪的发展，已为很多国家和地区所采纳、吸收，并被国际刑事司法准则所确认。尽管我国 1996 年《刑事诉讼法》就已规定“严禁刑讯逼供和以威胁、引诱、欺骗以及其他非法的方法收集证据”，但由于具体操作程序缺失等原因，司法实践中并未得到真正实施。近年来，因刑讯逼供、侵犯人权案件频发，有关非法证据排除规则在中国的确立问题成为热点，但除理论分析与程序设想之外，还缺乏系统全面的实证研究。针对此种状况，中国政法大学诉讼法学研究院与江苏省盐城市中级人民法院合作开展了“非法证据排除规则试点项目”。该试点项目自 2009 年 3 月正式启动，至 2011 年 8 月结项，历时近两年半。《非法证据排除规则实证研究》一书是该试点项目的最终成果，全书由三部分组成：

第一部分为非法证据排除规则实证篇。系统阐述了项目的实施背景、主要活动、项目成果和不足之处等内容，并展望了非法证据排除规则后续适用的问题；以项目实施前、实施中和实施后三次问卷调查为基础，用大量数据和图表等工具分析了公安司法人员对非法证据排除规则的理解，对非法取证方法的界定，非法取证现象产生的原因以及排除程序中的包括证明责任分配的理解、证明标准的理解等与证明相关的问题和程序的设置问题。《盐城市中级人民法院刑事诉讼非法证据排除规则》由盐城市中级人民法院审判委员会于 2010 年 4 月 12 日通过后在盐城中院以及所属的各基层人民法院试行，就是该项目的重要成果之一。该部分还收录了试点单位的项目实施报告，包括实施情况、典型案例、优秀经验、面临的困难以及解决的途径与思路等。

第二部分为非法证据排除规则理论篇。主要针对在试点过程中出现的问题进行理论的探讨和解决，包括具有中国特色的非法证据如何确立与实施的问题，对“两个证据规定”的解读与议评，还分析了公安机关、公诉部门在非法证据排除中的重要作用，研究了非法证据排除的上诉审救济等相关问题。

第三部分收录了“两院三部”《排除非法证据规定》以及该项目的一部分阶段性成果，包括试点期间媒体的采访与报导以及实施阶段课题组成员撰写与发表的部分文章。该部分内容能够帮助读者充分了解试点项目在促进中国司法改革和法治建设中的重要价值，了解中国法学理论和实务界在非法证据排除规则创立过程中所作的努力和实证研究情况。（杨宇冠撰稿）

3.《刑事证据法学》（陈瑞华著，北京大学出版社2012年版）

该书是一部以刑事证据问题为研究对象的教科书，以“两院三部”2010年“两个刑事证据规定”和2012年《刑事诉讼法》所确立的证据规则为基本线索，全面阐述了刑事证据法的基本概念、基本理论和基本制度。该书遵循“从中国法制经验出发，总结中国法学理论”的学术宗旨，试图对中国刑事证据制度作出理论上的提炼，以帮助读者对中国刑事证据制度有更为深入的理解，并对其未来发展作出一些理论上的预测和评论。该书分为“导论”、“证据”、“司法证明”和“证据规则”四个部分。

在导论部分，对刑事证据法的体系和功能作了反思性研究，并提出与传统理论不同的定位；基于我国立法的现状，将近年来出台的相关法律、司法解释等作为刑事证据法的渊源；概括出证据裁判原则、实质真实原则、无罪推定原则、证据合法原则、直接言词原则、禁止强迫自证其罪原则等刑事证据法的基本原则，其中部分原则为刑事证据法所特有。

在证据部分，结合最新立法进展和理论研究成果，对于证据概念、证据能力与证明力、证据的理论分类、证据的法定形式等问题进行了系统性和创新性的分析，并针对实物证据的鉴真、鉴定意见的审查规则、被告人口供规则、证人证言规则、侦查人员的证人地位等问题作了专题性研究和介绍。

在司法证明部分，对司法证明的概念和要素、证明对象、证明责任、证明标准、推定等问题进行了体系介绍，即对大陆法系、英美法系国家中的基本证据规则和初步研究成果进行了梳理，也结合立法中的规定明确了我国刑事证明制度的现状，而对于由推定所提出的犯罪构成要件的可证明性问题的讨论，为证据法和实体法的结合提供了新视角。

在证据规则部分，基于立法现状和司法实践中的证据问题，专门针对非法证据排除规则、瑕疵证据补正规则、新法定证据主义、证据相互印证规则、程序性裁判中的证据规则和量刑程序中的证据规则等作了介绍，其中既有立法条文的归纳和介绍，也包括司法实践问题的理论解读，以问题为主导的最新研究成果，展现了刑事证据法学研究的理论前沿。（陈瑞华撰稿）

4.《司法鉴定专家辅助人制度研究》（常林著，中国政法大学出版社2012年版）

该书以“守门人”和“殇”为两个关键词，讨论了专家辅助人及其制度，与鉴定人、鉴定制度的关系，专家辅助人如何发挥其“守门人”功能，以及我国诉讼制度和司法实践中存在的问题。该书分为两篇：上篇为“司法鉴定制度及其‘守门人’职责”，下篇为“专家辅助人制度及其生存‘土壤’”。

上篇的内容包括：①2005 年改革以前我国以公检法内设为主、院校为辅的司法鉴定制度的服务职能及“守门人”机制。②2005 年改革后出现的严重的司法鉴定机构“私有化”现象，公安机关内设鉴定机构及其职能的过度扩张等问题。针对这些问题，作者指出，司法鉴定制度应该遵循公益性、中立性和科学性，剥离侦查机关的大部分司法鉴定业务，成立国家所有的司法鉴定机构，并由司法行政进行管理，才是改革的必由之路。③通过从司法鉴定机构与司法鉴定人、司法鉴定活动的启动和对司法鉴定意见的质证程序三个环节对两大法系国家中司法鉴定制度的特点及其“守门人”职责的分析，指出我国司法鉴定制度缺失“守门人”的问题。

下篇的内容包括：①专家辅助人制度的理论，即专家辅助人基本概念，应具有的独立的诉讼地位、职责、权利与义务和专家辅助人的功能。②讨论与专家辅助人密切相关的两个问题。第一，人民法院内部的司法技术辅助工作办公室对专家辅助人的影响，通过分析司法技术辅助办公室的职能及其利弊，指出应该结合法院的司法技术辅助工作与专家辅助人的工作，才能在庭前完成对司法鉴定证据的交流和认可，减少诉讼争点，预见诉讼后果，而不是仅仅依靠前者的强势发展。第二，鉴定人出庭作证是专家辅助人出庭的前提条件。目前虽然我国鉴定人出庭难有多方面的原因，但没能真正系统地运行鉴定人出庭作证制度，从而无法把握深层次的原因才是问题的根本。③通过分析我国专家辅助人面临的困境，指出专家辅助人制度的出路，首先需要开通诉前咨询聘请专家的“绿色通道”，这需要法官鼓励和认可专家辅助人意见，并给予其应有的证据地位，然后通过立法完善专家辅助人制度。（刘波撰稿）

5.《证据分析（第 2 版）》（［美］特伦斯·安德森、［美］戴维·舒姆、［英］威廉·特文宁等著，张保生等译，中国人民大学出版社 2012 年版）

该书是英美一些大学开设证据法和“证据与证明”课程的基本教材，其致力于证明逻辑和证据规则的整合，从证据科学视角阐释运用证据的经验推论或事实认定过程。该书的目的，是为律师在进入实践领域或涉足实践推理等其他活动之前，使其掌握事实分析的必要知识和职业技能，包括建构问题和组织大宗数据（宏观分析）的技术，精细分析与综合论辩的评价技术（微观分析），从而为学习分析、辩论和解决实际问题的基本技能提供一种工具。

该书共12章。其中，第一章“证据与推论：思想食粮”，由资料、案例、思考题和练习题组成，旨在说明推论性推理中的情境范围的必要性或用途，并介绍了全书以后各章展开的概念和问题。第二章“事实调查与证据属性”，运用各种事实调查中假说的形成和检验的特殊资料，介绍了不同语境中运用证据和推论的基本概念和思考，情报资料分析的“连接信息点”方法就是一个生动的说明。“实体无涉方法”对深入思考推论的基本特征或证据资格（相关性、可信性和证明力）极为重要，它允许我们在不考虑证据的实体或内容的情况下来讨论一般性问题。第三章“证明原则”，描述了作为英美证据法学术基础的“理性主义传统”，解释了其为何与当代法律实践相关联，以及分析证据或证明结论具有正当性时必须运用的逻辑形式，论证了其被应用于法律争论的方式。

第四章“分析方法”，介绍了用于审判准备的分析方法，即时序法、概要法、叙事和图示法以及它们之间的关系。通过案例介绍了适用于所有这些材料的一般性7步规程。第五章“图示法”是该书的核心内容。它是分析和组织证据数据复合体的一种知识程序，可精确阐述数据的推论如何能被编排为支持或反对必须得到证明的最终主张。它使对复杂辩论语段进行精密的微观分析成为可能。这种分析可用于证成和建构有关证据是否应被采纳的论证，或者证据的使用是否应当受到限制，并可用来评价基于数据的特定论证语段的强弱程度。第六章“概要、时序与叙事”，考察了诉讼语境中的其他分析方法。概要法的变量是常态，且比图示法易于使用。时序法和叙事法也是实践中常用的组织可用证据的方法，是基于可用证据形成和检验论证的方法。

第七章以王室诉拜沃特斯和汤普森案为例，说明了图示法用于复杂案件的可能方式。威格莫尔阐述的推理原则和分析方法虽已全面融入英美学术主流，但并未令人满意地解决律师推理所涉各种问题，这成为近年来学者们争论的核心问题。如何确定一个推论的强度？如何评估一组证据的实际说服力？如何对不同证据的证明力作出综合判断？律师或事实裁判者何以确定一组逻辑上支持所主张事实的证据，该组证据是否满足了适当的证明标准而使事实最终得到了证明？一个命题被证明到“比不可能更可能”的程度，得到“清楚且令人信服的证据”证明，或者得到“确信无疑”的证明，指的究竟是什么意思？第八章和第九章回答了这些问题。第八章“证据评价”，先介绍了律师等在法庭上论证这些问题时所使用的传统词汇；接着介绍了指导裁决者行使自由裁量权的各种“决策标准”之间的区别，包括界定证明责任的标准以及设定自由裁量权限度的标准，上诉法院在裁定某个裁决是否低于那些限度时所适用的标准。第九章“概率、分量和证明力”，概括了不同概率理论在法律语境中适用的争论。这些争论主要集中在概率论是否应当用于评价关于案件整体的证据。执业律师、法官和大多数法学家都拒斥为审判目的而使用贝叶斯定理和其他概率公理，但又承认：概率评估在诸如生父确认诉讼、非正常死亡或伤残等案件中，可作为许多科学或专家意见的基础而发挥作用，可作为许多审前决策的辅助工具；在对案件作出指控或辩护的决定时，要对待定责任或犯罪进行概率分析；在民事诉讼中要对损害的大概数量进行评估；在案件的谈判中或达成辩诉协议时，常常要根据当事人各方的概率评估而进行争辩。律师还需要具备识别对方制作的统计数据是否为谬用或误用的知识。

第九章论述了戴维“概率与证明”附录的理论背景。该附录对适用于法律实例的统计学方法作了基础性、实用性的介绍。它探讨了在评价证据时采用数学概率论方法所提出的理论和实践问题，并通过一系列的思考题和练习题，说明了其在诸如 DNA、生父确认诉讼、歧视案件和保险分析等语境中的适用。第十章“必要却危险”，从更广的范围探讨了“在事实论证中概括和案情”的作用以及关系。第十一章“证明原则与证据法”，考察了证明原则和证据法之间的密切关系，及其与传闻证据的关系。第十二章“庭审律师的立场”，将全书介绍的材料和方法按照开庭审理准备的实际情况进行了整合。(张保生撰稿)

6.《美国〈联邦证据规则〉(2011 年重塑版) 条解》(王进喜著，中国法制出版社 2012 年版)

该书是在美国《联邦证据规则》2011 年重塑的大背景下写作完成的，力求对其各条文规则进行准确翻译及具体解释，并以判例阐释各条文规则在司法实践中的实际操作。前言部分对美国《联邦证据规则》的制定过程作了历史考察，并以具体实例说明了近年来美国对该规则不断进行修改、重塑的必要性及其发展历程。该书按照美国《联邦证据规则》的立法体例和条文顺序，对各个条文规则进行了逐字逐句逐条的翻译和解释。在具体阐释各个条文规则之前，在每章开头部分以中文形式列出了各章的所有规则，以期读者能够对整个章节有一个完整概括的了解。就各个条文来说，该书的写作模式如下：

第一部分是条文对照。首先，书中将重塑前后的条文进行了对比，由此可使读者获得对条文重塑前后的变化和重塑风格的直观了解；其次，该书翻译了重塑后的条文，并进行了中英文的对照，对需要特别解释的术语、语句进行了标注，在后面“条解”部分可找到相应的解释。

第二部分是条解，是该书的主体部分。作者在“条解”的过程中，首先对特别需要解释的术语进行了具体探讨，对比了不同版本的参考资料的注释，探讨确定了较为准确的中文译法；然后，讨论了规则背后的理论基础、基本原理和立法技术等问题，并引用了美国联邦最高法院证据规则咨询委员会的立法理由以及不同学者对某些问题的不同观点。

第三部分是例证。该书选取了具有典型性的上级法院特别是美国联邦最高法院的判例，对一些重要条文的重要技术点加以说明。而且，对某些重要判例，尽量全文呈现，以“展现美国联邦法院的法官们的分析与论证风格”。

正如作者前言所说，该书是“一本美国证据法研究和学习的入门书，是证据法初学者了解美国《联邦证据规则》的路线图，是证据法学者开展研究的基础性参考资料”。不仅如此，该书还有助于学习与证据法相关的法律英语。（刘强撰稿）

7.《科学证据采信基本原理研究》（张斌著，中国政法大学出版社2012年版）

科学证据是一典型体现法学与自然科学交叉的跨学科问题，它在诉讼法中的重要性，已超过依靠常识经验判断的经验证据，对于科学证据——科学家在诉讼中就特定专业问题给出的专业结论，包括法官在内的“科学外行”由于欠缺相关专业知识，不是盲目采信就是盲目拒斥，这显然会影响诉讼中专业问题的正确解决。怎样从原理层面确定科学证据的审查判断方法和规则，是科学证据研究中最为重要的知识增量。怎样评价科学证据是一难题，原因在于法官需要对科学证据的采信作“力所不能及”的裁判，这直接影响了现代证据法的基本原则——证据裁判原则和自由心证原则的运用，使得“法官可以凭借自身经验和知识正确认定案件事实”这一反映现代证据法原则精髓的理念，受到前所未有的三大挑战。

该书设定的基本问题是，“科学外行”评价“科学内行”的法律方法是什么？详言之，对于科学知识诉讼运用中具有争议的科学证据问题，为了作出公正的判决，作为“科学外行”的法官，应当通过什么样的法律方法合理地评价那些“科学内行”——鉴定专家就案件专业问题所出具的报告和意见。

该书的基本结论是，它应是一种经验化的科学实验方法。这种方法首先是科学的，或称做知识的，需要遵循科学实验研究的特定法则，具有一般性和公理性；其次是法律的，需要按照法律解纷的具体目标设置和模式，谨慎吸收科学实验研究中那些虽有争议但能有效解决讼争中专业问题的成果，具有特殊性和语境性。这种经验化的科学实验方法的外化，在法官采信科学证据的问题结构中，可分解为两大部分，即科学证据采信的知识问题与法律问题。

科学证据采信中的知识问题，产生于科学知识的证据法运用。其原因在于作出科学结论的专家存在主观性，根据主观性存在的层次与实际情况的不同，可以用数学方法写出专家主观性所有的表现形式。从易于理解的角度，根据科学证据生成的层次性特点（原理、方法、操作），以及科学证据审查的不同方法（形式性审查与实质性审查），可将上述所有问题分成知识分界、知识确证、知识误用、知识复核四个部分讨论。

在法律层面上解决上述知识问题，所能达成的共识是用事后可检验的科学方法标准固定科学证据的生成，用懂得这些方法标准的专家帮助法官评价科学证据的生成。科学方法标准是知识外显的，因而是客观的；专家评价是知识内隐的，因而是主观的。前者构成客观标准，后者构成主观标准。科学证据采信标准的设立，即是这种客观标准与主观标准的统一。在相关的科学领域中，能否寻找到这样的主客观相统一的判断标准，是科学证据采信疑难能否解决的关键。该项目研究找到的是一种法律认知方法，它构成科学证据采信的方法标准。（张斌撰稿）

8.《科学证据研究》（房保国著，中国政法大学出版社 2012 年版）

科学证据作为利用科学技术手段发现、收集和固定下来的证据，具有系统性和可检验性等特征，是联结证据法学和法庭科学的桥梁和纽带。该书以证据科学的视野，从科学和法学两个维度对科学证据进行解读，分析了证据法多元价值基础与科学证据的关系，对两大法系科学证据制度进行比较法考察，剖析了物证、书证、电子证据和专家证据等证据种类，提出了加强证据科学实验室质量管理的路径，展望了科学证据研究的发展趋势。主要观点包括：

（1）科学证据在大陆法系国家和英美法系国家的表现形式不同——在英美法系国家表现为专家意见，在大陆法系国家则表现为鉴定意见。在美国，科学证据的可采性经历了弗赖伊规则、多伯特规则和对《联邦证据规则》702条的修正等多个阶段，对科学证据可采性的评判集中在其可靠性上，其可靠性可通过立法确认、诉讼协议或专家证言等方式予以证明。科学证据可采性规则的演变和发展，体现了事实审理者对科学证据可采性裁判权的回归，也表现出对“外行”法官对专家证言可采性滥用自由裁量权的焦虑。

（2）科学的目的是求真，科学家为此可以反复实验，越来越接近真理。但科学证据作为科学与法律相结合的产物，其生成过程必须要遵循诉讼时效，不论是对其进行调查、收集、提取，还是得出专家意见或鉴定意见并对其进行审查判断，都必须考虑诉讼效率。科学证据的运用是在正当程序下快速发现真实的手段。

（3）无论从动态还是从静态看，科学证据的运用都存在失真和错位的情况。人们对科学证据的认知也存在诸多误区，应当根据普遍接受性、充分适用性和对审判人员的专业帮助性确定科学证据的可采性，着重审查科学证据的可靠性，完善科学证据的取证、质证和认证等相关制度。

（4）证据科学以司法证明领域为核心，放眼于对证据问题领域的宏观审视，着眼于所有涉及证据与证明领域的知识与问题的重新排列，涵盖包括法律、心理学、法庭科学、哲学、经济学、历史学、符号学以及其他学科在内的所有与证据有关的创新知识。证据科学实际上综合了所有关于证据与证明的系统性知识，处于相关科学的交汇点。

（5）法庭科学实验室质量管理的起点是证据的收集、提取、保管，这是鉴定活动科学可靠的前提。应该遵循一系列规范程序，对于每一份证据都要做好收集保管记录，形成一个连续不间断、同时将保管责任落实到个人的保管链条，防止原始证据被污染、被调换。这样，证据才不会在庭审时被排除，其证明力才能真正发挥作用。（房保国撰稿）

9.《刑事推定的基本理论：以中国问题为中心的理论阐释》（褚福民著，中国人民大学出版社2012年版）

该书从犯罪构成要件证明困难的角度讨论刑事推定问题，对事实推定、法律推定、法律推定与刑事证明的关系、推定的规制、刑事推定的理论障碍、证明困难解决体系视野下的刑事推定等问题进行描述和解释，对事实推定是否存在、如何规制推定的设置和运用、犯罪构成要件证明困难的解决方式等实践和理论难题进行了讨论和回应。

第一章提出该书所要研究的课题，对“犯罪构成要件的证明困难”、“作为解决证明困难方式的推定”进行描述，简要分析推定在解决证明困难方面的利弊，从而提出该书所要研究的对象。第二章对现有的研究成果进行梳理，围绕“解决证明困难的刑事推定”的主题提出该书有待研究的问题。随后的三章从实然层面，分别讨论了事实推定、法律推定、法律推定与刑事证明的关系等问题。在每一章中均从“描述现状”、“理论阐释”、“回应争议问题”等角度对三个问题展开分析。其中，事实推定的客观存在、从巨额财产来源不明罪的争论中抽象出法律推定的特征等，是理论界和实务界争议较大的课题，该书通过对司法实践、立法情况和理论争鸣的考察，提出了自己的分析思路；对于事实推定、法律推定、法律推定与刑事证明关系的现状等问题，该书尝试分析其现状、原因，以及可能带来的弊端，以此对现状进行解释；而准法律推定概念的提出、法律推定的两层次证明程序等，则是在分析实践问题的基础上，尝试提出的创新性理论，以概括实践中的问题。第六章对推定的规制问题进行分析，书中没有局限于提出自己的设想，而是首先对现有方案和改革思路进行反思，在提出建议方面，也尽量提出需反思的课题，以促进主观建议的客观化；而从权力视角对推定规制的分析，则是摆脱具体建议、进行更深层次分析的尝试。在讨论以上规则问题之后，第七章对刑事推定可能遇到的理论障碍进行了分析，提出刑事推定是无罪推定、证据裁判等原则和认识论的例外，它们并非设置刑事推定的阻碍，而是规制刑事推定的重要理论依据。通过对这些理论障碍的分析，该书进一步论证了刑事推定存在的理论正当性。最后一章对刑事推定在解决犯罪构成要件证明困难体系中的定位进行了讨论，通过分析刑法中变更待证事实、严格责任、阶梯型罪名体系等解决证明困难的方式，厘清了推定的限度，并以此观察司法实践中实体法与程序法关系之现状，并予以展望。

该书运用社会科学研究方法，从中国司法实践中的问题出发，注重描述和解释问题，以提出具有普遍解释力的理论为目标，推进理论创新，指导实践。该书注重交叉学科的研究思路，试图通过刑事推定这一小问题展现法学研究的大视野，在刑事实体法、程序法和证据法之间架起沟通的桥梁，推进刑事法律的一体化研究。（褚福民撰稿）

（二）证据法学论文选介

1.《中国法语境中的“排除合理怀疑”》（龙宗智著，载《中外法学》2012年第6期）

中国刑事诉讼现行证明标准的特点，一是以印证为中心；二是以客观性为基点；三是以可知论即认识乐观主义为理论根据；四是以目的为方法，在证明活动中的可操作性不足；五是普遍适用，缺乏区别和细分。应当分析“排除合理怀疑”的渊源，借鉴域外经验。从适用对象看，“排除合理怀疑”既针对证据的确实性，也针对证据的充分性；它既可以应用于证据的综合判断，也可以在证据的个别判断中使用。“排除合理怀疑”与“证据确实充分”，作为证明方法的区别，主要体现为积极建构与消极解构，以及客观印证与主观心证的不同语词倾向。二者在证明程度上既有一致性，也有区别，证据确实充分是排除合理怀疑的充分条件，排除合理怀疑是证据确实充分的必要条件。在中国刑事诉讼中运用“排除合理怀疑”，需要强化疑点审查的“消极思维”，以加强防错机制；将其既用做证明标准，也用做证明方法；“排除合理怀疑”可适用于不同类型的案件，以及案件的不同诉讼环节，但根据不同情况，在实际把握上可以有所区别；在运用中应紧扣经验法则，并和“疑点排除”的中国经验结合运用；为便于适用，可作适当的语词性解释；应当以判例解释证明标准并推动其贯彻；能够通过展开心证形成过程等程序要求和证据法制度保障其成为有效的法规则。（龙宗智撰稿）

2.《以限制证据证明力为核心的新法定证据主义》（陈瑞华，载《法学研究》2012年第6期）

中国证据立法遵循了一种以限制证据的证明力为核心的基本理念，即“新法定证据主义”。证据法不仅针对单个证据的证明力大小强弱确立了一些限制性规则，而且确立了证据相互印证规则，针对认定案件事实确立了一些客观化的证明标准，包括法官内心确信标准的法定化和间接证据证明体系的法定化。这一证据理念的出现，与立法者对证据真实性的优先考虑、对法官自由裁量权的限制有着密切的关系，也与刑事诉讼的纠问化、司法裁判的行政决策化存在因果关系。这一证据理念及其影响下的证据立法活动，固然有其现实的合理性，却带来了一系列弊端，比如混淆了证明力与证据能力规则，滥用经验法则和逻辑法则，将证据采纳和事实认定予以形式化，带来了自由裁量权滥用的新隐患。要推动中国证据立法的健康发展，需要对“新法定证

据主义”及其影响下的证据立法进行理论清理，并创造条件消除促成这一证据理念产生的制度土壤和文化环境。（陈瑞华撰稿）

3.《“两个证据规定”实施情况调研报告——侧重于三项规定的研究》（陈卫东等，载《证据科学》2012 年第 1 期）

该文以四个中级人民法院为研究对象，对其适用“两个证据规定”的情况进行了调研，通过运用访谈、问卷等实证研究方法开展研究。就研究主题而言，选取了“两个证据规定”中非法证据排除规定、隐蔽性证据的使用问题及通过特殊侦查措施取得的证据的使用问题的三项规定进行重点研究。首先，关于非法证据排除规定主要发现五个问题：一是法官启动非法证据排除程序及最终非法证据得以排除的案例很罕见；二是非法证据排除的证明在实践中存在着被告人启动非法证据排除程序的初步责任很难实现、举证责任异位、法官放宽证明标准，使得很多证据无法排除等问题；三是法官们考量是否排除相关证据的重点是案件的实体结果；四是二审程序中排除非法证据效果堪忧；五是非法证据排除的重心滞后，对非法证据排除规则及程序的功能过高估计，事后制裁与事先预防没有并重。其次，关于隐蔽性证据的使用：其一，慎重使用隐蔽性证据，且特别需要隐蔽性证据与其他证据之间的相互印证；其二，对隐蔽性证据是否应当予以排除的问题不能一概而论，只有在没有其他证据相互印证的情况下才能予以排除，这之前，隐蔽性证据应视为有瑕疵的证据而进行补足。最后，关于通过特殊侦查措施获得的材料用做证据，主要结论包括：其一，法院对公安机关坚持不使用秘密侦查获取的材料缺乏制约；其二，技术侦查手段获取证据材料缺少相关部门的配合；其三，法官对涉及技术侦查的不公开审理的具体操作方式存在疑问。（程雷撰稿）

4.《排除规则的困难》（［美］罗纳德·J. 艾伦著，郑飞、强卉译，张保生校，载《证据科学》2012 年第 6 期）

该文力图使读者更为准确地认识与排除规则问题有关的美国审判程序的真实面目。首先，从准确性和复杂性两个角度，引出了“排除规则”困境的存在以及对其进行分析研究的重要性。其次，界定了“排除规则”所存在的四个困难：①“排除规则”到底是什么；②各种“排除规则”在它们基本目标上的不可区分性；③在刑事/民事差异中的困境；④在实施中的困境。之所以存在这些困难，是因为“排除规则”与审判构造的密不可分。人们设计构造了审判程序，审判程序又从如何安排参与人之间的关系以及其本身的教育意义两方面体现出它的复杂性，这些复杂性使得证据规则不仅要建构上下级法院（审判法院和上诉法院）之间的关系，还要调整立法机关和司法机关之间的关系，这也是“排除规则”存在如此困境的主要原因。面对“排除规则”如此复杂的困境，该文还试图对“排除规则”与其他救济机制如惩罚等的利弊进行深入的比较分析，使读者能够意识到在不同的救济机制中作出选择是复杂并且不确定的。最后，必须强调的是，该文所讲的“排除规则”，是实质上与审判中所有概念有关的完完整整的排除规则，而不仅仅是美国的排除规则；其间存在的复杂性不仅存在于美国，也存在于中国等世界各国。（郑飞、强卉撰稿）

5.《论我国刑事证据法的转变》（王敏远，载《法学家》2012 年第 3 期）

十一届全国人大五次会议《关于修改〈中华人民共和国刑事诉讼法〉的决定》对我国刑事证据制度的规范和完善发挥了积极作用，但现实中诸多复杂因素的存在，使修改后的刑事证据制度仍存在不尽如人意之处。对于如何使我国刑事证据制度更加科学、规范、文明，该文前瞻性地提出了新的思路。

该文可概括为“一个观点，二点关注，三项转变”。“一个观点”即应制定相关司法解释，充分发挥其推动我国刑事证据法继续发展的作用，进一步完善我国刑事证据制度的相关规定。“二点关注”，不仅应关注证据法学研究的转变，而且还应关注如何使刑事证据法向更加科学、规范、文明的方向发展。“三项转变”即证据制度的重心从注重职权便利需要到重视权利保障的转变；从注重证据形式到重视证据规则的转变；从注重证明标准的细化到重视实现证明要求的程序规则的转变。该文以此为主线展开论述，以与刑事证据法转变密切相关的鉴定制度、证据种类规定与死刑案件证明标准为例，详尽阐述了我国刑事证据制度的未来趋向，从学术前沿视角探讨了如何使证据制度达到“至善境界”的蹊径。（黄涛撰稿）

6.《我国刑诉法应增设证据保全制度》（张泽涛，载《法学研究》2012 年第 3 期）

我国刑事诉讼法应增设证据保全制度。增设刑事证据保全制度可以弥补申请取证的内在缺陷；可以弥补辩护方取证手段的不足，避免关键的涉案证据灭失或者毁损，制衡追诉方取证过程中的随意性，使无罪的被追诉者尽快摆脱诉讼之苦。同时，有助于实现法律体系的完整性、系统性和科学性。

鉴于刑事证据保全制度存在诸多价值，当今世界许多国家和地区都明确规定了该制度，具体设计的不同与其诉讼目的、诉讼结构以及相关的配套机制息息相关，借鉴时应选择性吸收。

我国在建构证据保全制度时应明确规定人民检察院为证据保全申请的批准机关；除辩护律师外，犯罪嫌疑人、被告人、其他辩护人、被害人及其诉讼代理人也应享有证据保全申请权；申请证据保全应提交申请书，保全的证据必须满足相关性和紧迫性；人民检察院收到保全申请后，对于符合申请条件且情况紧急的，应立即采取保全措施，案情复杂的，应当在5日内作出决定，对不予批准的决定，申请人可以申请复议，复议期间不影响决定的效力；被保全的证据不受传闻证据规则的约束，实施证据保全措施应采取更为严密和规范的程序；应该赋予证据保全申请人救济权，如果检察院应当保全证据而没有保全，被告人及其辩护人在法庭审理时提出异议并提交证据证明，法院可以作出对控诉不理的推论。(张泽涛撰稿)

7.《非法证据缘何难以排除——基于刑事诉讼法再修改和相关司法解释的分析》(张建伟，载《清华法学》2012年第3期)

在我国，非法证据排除规则创立不久，不管是立法还是司法实践都存在明显不足，但这一规则已经建立起来，存在着加以运用的不小的空间，社会对它的期待也很高。可以说，我国刑事诉讼中人权保障是否有着实质的进步，非法证据排除规则的实际运用是一个指标和试金石。保证非法证据排除规则得到良好运用，才能满足社会对于司法程序公正的期待。非法证据排除规则值得思考的内容很多，该规则突出体现了诉讼理想与司法现实之间的矛盾以及在其间的困难选择。在刑事诉讼中，多数案件能够通过正当程序达到实质真实发现的目的，从而实现正当程序与实质真实发现的统一，使刑事诉讼本身接近理想状态；但也有不少案件，正当程序与实质真实发现之间存在矛盾，形成不可兼得的局面，这就需要在两者间进行权衡和作出选择。排除规则是在正当程序与实质真实出现矛盾的时候，将正当程序置于实质真实发现之上的选择模式的产物。这种舍实质真实就正当程序的做法当然不是刻意贬低实质真实发现的法律价值，而是试图通过消除违法取证行为的利益性达到遏制该行为的目的。司法实践表明，不彻底消除违法行为的利益性，就难以解决违法行为的泛滥问题，就难以实现正当程序与实质真实的和谐状态。也就是说，对于个别案件，取正当程序舍实质真实的选择，会导致实质真实失落；但对于整个司法活动而言，这一选择对于发现案件的实质真实和对犯罪的惩罚的损害只是局部的，而且可以通过提高侦查能力等理性的替代方法在一定程度上弥补这一缺陷。相反的选择，则容易造成正当程序与实质真实双双失落的境况。认识到这一点，司法机关最终会有决心排除非法证据以此来遏制公权力机关及其人员滥用权力和恣意违法行为。（张建伟撰稿）

8.《“直接证据”真的存在吗？对直接证据与间接证据分类标准的再思考》（纪格非，载《中外法学》2012 年第 3 期）

直接证据与间接证据的划分作为理论研究的一个通常视角，广泛见诸各类法学著作中。然而，我国学界对直接证据与间接证据的划分标准及概念的表述过于简单化，不利于研究的深入。国外理论界对直接证据与间接证据划分标准的研究已经进行得相当充分，形成了许多颇具代表性和影响力的学说与观点。直接证据与间接证据划分的理论难题在于，法律事实构成要件中的某些要件具有明显的法律评价性，无法直接成为直接证据的证明对象。通过审视直接证据与案件事实联系的“单独性”、“直接性”，可以发现“案件事实”的法律性决定了直接证据不可能不经过涵摄或解释的过程而直接与案件事实发生联系，“案件事实”中的主观状态、意思表示要素，也无法被证据“直接”、“单独”地证明。因此，现有的以证据与案件事实的关联方式不同为标准区分直接证据与间接证据的思路注定是失败的。直接证据与间接证据的区分必须另辟蹊径。文章通过对“主要事实”和“法律事实”加以区分的方法，剥离法律事实中的评价性要件，从而为直接证据与间接证据的区分提供一种新的思路。（纪格非撰稿）

9.《司法证明机理：一个亟待开拓的研究领域》（封利强，载《法学研究》2012 年第 2 期）

在当今世界，法庭科学的发达已经使证据的获取和鉴别从依赖经验向依赖科学转变，然而，证据推理却仍处于经验判断领域。其根本原因在于，人们长期以来没有把证据推理作为科学来看待，“司法证明机理”作为一个不可或缺的知识领域被主流证据法学研究者们遗忘了。司法证明机理是指由多方证明主体共同进行证据推理活动的内在规律和原理。没有对证明机理的深入把握，就难以通过“证据群”获得可靠的事实认定结论。近年来，英美学者致力于对证明机理的探索，开辟了一个全新的交叉学科领域。当前英美“新证据学”的主要研究分支包括但不限于：概率与证明、图示法、心理学与证据、话语研究、法律论证与证据、整合性证据科学、人工智能与证明等，这些研究成果也存在自身的局限性。我国证明机理的研究对象是司法证明的推理机制，具有综合学科的性质。基于我国在认识论传统、诉讼制度以及司法体制等方面的独特性，我们应当选择有别于英美学者的研究路径。现代科学的发展和学科的交融趋势，为证明机理研究提供了前所未有的契机。我们应当广泛吸收其他学科的研究成果，综合运用系统论、逻辑学、心理学、语言学、行为科学等多种研究方法来开展证明机理研究，逐步实现我国司法证明的科学化。(封立强撰稿)

（三）法庭科学著作选介

1.《法医组织病理彩色图谱》（夏胜海、宋旭东主编，人民卫生出版社 2012 年版）

该书是法医组织病理学图谱类工具书。图谱标本主要来源于福建省公安厅物证鉴定中心近十几年来所受理的实际案例。该书共 7 章，主要内容包括病理学基础、猝死病理学、机械性损伤病理学、损伤的修复与修复的时序性改变、机械性窒息病理学、物理性损伤病理学、死后变化与人为现象等，基本上涵盖了法医病理学的各个方面。在选材上不仅有常见案例，而且还有一些少见甚至罕见案例。

2.《法医活体损伤鉴定脊柱影像学》(依伟力、刘大荒、陈德良主编，中国人民公安大学出版社 2012 年版)

该书是法医脊柱影像学专著，主要介绍了与法医活体损伤鉴定相关的脊柱影像学理论与技术。编写体例新颖实用，为了准确反映损伤转归演变规律，多数图像展示采选同一患者伤后连续拍片方式；介绍方式采图文并茂形式，并针对法医影像学的特殊需要对相关专业知识内容进行了拓展介绍。全书共 8 章，主要内容包括：常规脊柱影像学检查方法、外伤性寰枕关节损伤、外伤性寰枢关节损伤、外伤性颈椎损伤、外伤性胸椎损伤、外伤性腰椎损伤、外伤性骨盆损伤、外伤性骶髂关节损伤等。

3.《法医活体损伤鉴定四肢影像学》(依伟力、刘大荒、陈德良主编，中国人民公安大学出版社 2012 年版)

该书为法医四肢影像学专著，主要介绍了与法医活体损伤鉴定相关的四肢影像学理论与技术。编写体例新颖实用，为了准确反映损伤转归演变规律，多数图像展示采选同一患者伤后连续拍片方式；介绍方式采图文并茂形式，并针对法医影像学的特殊需要对相关专业知识内容进行了拓展介绍。全书共

10章，主要内容包括：四肢骨关节影像学检查方法、外伤性胸锁关节损伤、外伤性胸肋关节损伤、外伤性肋椎关节损伤、外伤性肩关节损伤、外伤性肘关节损伤、外伤性腕关节损伤、外伤性髋关节损伤、外伤性膝关节损伤、外伤性踝关节损伤等。

4.《颅面部损伤影像诊断与司法鉴定》（陈祥民、刘增胜主编，人民卫生出版社2012年版）

该书为法医颅面部影像学专著。在编写体例上着重介绍了与司法鉴定相关的颅面部检查方法、正常解剖、变异、损伤后改变、各部位骨折分型、鉴别要点、新旧伤鉴别、漏误诊等因素的分析，并以图文并茂的方式进行详细论述。全书共11章，主要内容包括：概述（伤情司法鉴定的概念、范畴与进展，影像诊断学在伤情司法鉴定中的地位，影像诊断与伤情司法鉴定常见问题与探讨）、影像学检查技术、颅骨及头皮软组织损伤、颅内损伤、眼部损伤、耳部损伤、鼻区骨损伤、鼻窦损伤、颧骨损伤、上颌骨损伤、下颌骨损伤等。

5.《法医毒物学手册》（沈敏、向平主编，科学出版社2012年版）

该书为法医毒物学大型工具书。作者在编写中力求所收录信息新颖、翔实、系统、权威，在编写过程中对每种毒物进行了主题检索，信息来源包括：国际组织、政府机构、非政府组织设立的网站；MEDLINE、TOXLINE、TOXNET等文献摘要数据库；国内外学术期刊和专业书籍等；本实验室的研究成果；中毒相关门户和搜索引擎网站。该书收录气体毒物类、挥发性毒物类、医用合成药类、天然药物类、毒品类、杀虫剂类、除草剂类、杀鼠剂类、金属毒物类、水溶性无机毒类、有毒植物类、有毒动物类等类别的516种常见毒物及其主要代谢物的关键信息，所含信息群包括毒物的基本信息、理化性质、药理毒理、中毒症状、毒性数据、体内过程、体内分布、尸体特征及典型案例等对法医毒物学、法医病理学及中毒临床急救具有重要参考价值的关键信息和数据。书后附有大量参考文献，可供读者进一步追溯信息来源。

6.《X染色体上的遗传标记及法医生物学应用》（李莉、林源、孙宏钰编著，群众出版社2012年版）

该书为研究X染色体上的遗传标记及法医生物学应用的专著。全书共6章，主要内容包括：X染色体遗传标记分析的遗传学基础；X染色体上的STR基因座；X染色体上的SNP标记；X染色体上遗传标记在实际案例中的应用；

X－STR用于亲权鉴定时的似然率计算方法等。

7.《法医DNA证据相关问题研究》（鲁涤著，中国政法大学出版社2012年版）

该书是法医DNA证据相关问题研究专著。作者通过对DNA证据的生物学属性进行剖析，对DNA鉴定技术及其应用特点进行分析，阐述了DNA证据的作用与证据解读方法；同时还对DNA证据形成过程中影响质量的环节、质量管理的策略、证据可靠性的评价标准、DNA证据相关的伦理问题、证据规则对DNA证据的适用以及与DNA证据相关的立法问题等进行了探讨；并在对我国当前DNA证据鉴定和证据审查现状进行调研的基础上，借鉴其他国家在此方面的技术规制和立法经验，提出了规范我国DNA鉴定技术的立法建议。

8.《生物学证据研究与应用》（石美森著，法律出版社2012年版）

该书是介绍生物学证据研究与应用的学术专著。着重介绍了法庭科学中生物学证据的基础理论、生物学证据分析的技术基础、所使用的遗传标识、分析遗传标记的方法及分析结果解释以及新技术发展的趋势。全书共11章，主要内容包括：生物学证据的筛查和采集、短串联重复序列（STR）及其相关技术、线粒体DNA（mtDNA）分型技术、单核苷酸多态性（SNP）、INDEL遗传标记、低拷贝生物学证据（LCN）分析策略、生物学证据分析处理的自动化平台、生物学DNA证据解释的相关软件、生物学证据检测与分析新技术、大型灾难事件中的个体识别、RNA分析技术等。书末附有中英文缩写对照表和生物学证据分析相关的主要国际组织介绍。

9.《中国精神障碍者刑事责任能力评定与司法审判实务指南》（纪术茂、高北陵、张小宁主编，法律出版社2012年版）

该书为系统论述精神障碍者刑事责任能力评定以及相关鉴定意见司法适用实务的规范性操作指南型专著。在编著手法上，作者本着简约理论和重在实践的原则，阐述了我国司法精神病学的基本原理和司法审判相关的重要概念，并有针对性地列举了30多例极具代表性和启发性的“疑案”或者警示性案例，附以知名专家的分析点评，方便鉴定人举一反三和公安司法人员审查判断相关鉴定意见。全书共分16章，主要内容包括：绪论（司法精神病学鉴定规范化、诊断标准及其使用、值得特别关注的几个问题、不能作为证据的鉴定意见、鉴定意见需要客观证据支撑、法医心理学评估的应用），器质性（包括症状性）精神障碍，精神活性物质所致精神障碍，精神分裂症，心境障碍，妄想性精神障碍和急性短暂精神病性障碍，癔症，神经症，应激相关障碍，与文化相关的精神障碍，人格障碍，习惯和冲动障碍，性心理与性功能障碍，精神发育迟滞，无精神病，诈精神病，关于“被精神病”问题等。

10.《法医现场学》（万立华主编，人民卫生出版社2012年版）

该书是法医现场学专著。法医现场学是运用法医学、法医临床学、犯罪心理学、生物学及物理学等自然科学的知识，研究涉命、伤害等案件，对案发现场的犯罪过程进行重建和刻画，为确定侦查方向、制定侦查措施提供依据的专门学科。法医现场重建的基础是现场勘验工作，涉命现场、伤害现场是获得犯罪情报的信息库，是甄别案件性质的重要场所，是开展侦破工作的起点。该书共分2篇26章。第1篇总论共6章，系统介绍了法医现场学学科体系，现场重建的原则、基本方法和主要内容等；第2篇各论共20章，分别论述了各类现场的勘验、分析和重建等方面的特殊要求和方法。

11.《法医鉴定文书制作理论与实践》（程亦斌、李孝鹏、张晓彤主编，科学出版社2012年版）

该书是研究法医鉴定文书制作理论与实务的专著。全书分2编13章。上编8章，主要从理论的角度入手，对法医病理学鉴定、法医临床学鉴定、法医物证鉴定、法医精神病鉴定、法医毒物鉴定等5个专业司法鉴定文书的概念、结构、分类、制作指导思想及要求、逻辑用语、质量控制及质证审查等各个方面进行了系统的阐述和说明；下编5章，收录了上述5个专业较常见的29类典型司法鉴定文书，并针对每一份鉴定书作了简要的点评与分析。

12.《英汉法医遗传学词典》（李成涛、侯一平主编，科学出版社2012年版）

该书为法医遗传学词典类工具书。收释词目近3000条，涉及法医遗传学中的各个主要学科分支，如法医人类学、法医生物学等，并适当收集相关学科如蛋白质组学、基因组学、生物信息学和表观遗传学的词条，尽可能简要地阐明基本概念和原理，另有分子生物学数据库的网址200余条。书中参考了大量的国内外文献，内容丰富，对法医遗传学的理论研究和实践有较强的指导作用。适合公安、司法、检察等公共安全领域内的DNA鉴定工作者、各大高校教师和研究生、本科生、律师等作为参考用书。

13. 《物证技术学》(许爱东主编，法律出版社 2012 年版)

该书是物证技术学教材。全书共分 8 编 40 章。第 1 编物证技术学导论，主要介绍了物证与物证技术、物证技术学概览、物证技术学的历史沿革、物证技术学与相邻学科的关系、物证技术学的科学理论、物证技术学的基本方法等；第 2 编物证鉴定制度，主要介绍了物证鉴定人、物证鉴定机构、物证鉴定程序、物证鉴定意见、物证技术鉴定质量监控等；第 3 编形象痕迹检验，主要介绍了形象痕迹检验概述、手印检验技术、足迹检验技术、工具痕迹检验技术、枪弹痕迹检验技术、其他形象痕迹检验技术；第 4 编文书物证检验，主要介绍了文书鉴定概述、笔迹鉴定、印章印文检验技术、印刷文件检验技术、篡改（污损）文件检验技术、文件形成时间检验技术、特种文件检验技术等；第 5 编微量物证检验，主要介绍了微量物证概述、微量物证检验方法、纤维物证检验技术、油脂涂料检验技术、泥土金属检验技术等；第 6 编生物物证检验，主要介绍了生物物证概述、血液及其他斑痕的检验、DNA 分析技术概述、法医昆虫学、其他生物体检验等；第 7 编毒品毒物检验，主要介绍了毒品毒物检验概述、常见毒品毒物检验技术、其他毒品毒物检验技术领域等；第 8 编电子物证检验，主要介绍了声像资料检验技术和电子数据检验技术等。

14. 《痕迹物证司法鉴定实务》(王成荣主编，法律出版社 2012 年版)

该书是司法鉴定教育培训系列教材。全书共分 7 章，在编写体例上有所创新，着重介绍了社会司法鉴定机构经常受理的鉴定类别，主要内容包括：痕迹鉴定的基本理论、指纹鉴定、脚印鉴定、车辆痕迹鉴定、工具痕迹鉴定、枪弹痕迹鉴定、整体分离痕迹鉴定等，并附有整体分离痕迹鉴定意见书格式。

15. 《计算机司法鉴定：理论探索》(廖根为著，法律出版社 2012 年版)

该书是计算机司法鉴定的理论与实务研究专著，首次从多学科交叉视角系统地对计算机司法鉴定理论进行探索，深入研究了计算机司法鉴定是什么、可以做什么、怎么做等基本问题。全书共分 3 篇：第 1 篇研究了计算机司法鉴定基本理论，作者认为计算机司法鉴定包括两类不同性质的鉴定，即基于“证据发现”和基于“证据评估”的计算机司法鉴定；第 2 篇和第 3 篇分别论述了基于“证据发现”和基于“证据评估”的计算机司法鉴定内容，并对几种常见鉴定进行了深入分析。

16.《司法鉴定概论（第2版）》（杜志淳主编，法律出版社2012年版）

该书为国家级精品课程教材、高等学校法学教学系列教材。主要内容包括司法鉴定的基本理论与相关分支学科的专业知识两部分。基本理论部分主要介绍了司法鉴定概念、发展简史、分类、基本原理、管理制度、鉴定机构管理、鉴定人管理、鉴定实施制度、鉴定质量监控、鉴定文书规范及鉴定意见审核等内容；相关分支学科部分主要介绍了法医病理学、法医临床学、法医物证学、法医毒物化学、司法精神医学、法医人类学、文书检验学、痕迹检验学、微量物证检验学以及声像资料、计算机、司法会计、知识产权、建筑工程、测谎技术鉴定等内容。

17.《司法鉴定专家辅助人制度研究》（常林著，中国政法大学出版社2012年版）

该书是专家辅助人制度研究专著。鉴于专家辅助人制度研究仅为司法鉴定制度的研究体系之一，其最终也是为了完善我国的司法鉴定制度，因此作者首先立足于我国司法鉴定体制改革的现状，结合中国审判方式，深刻分析了我国司法鉴定制度改革的利弊得失，在此基础上梳理和分析了专家辅助人制度及其生存土壤，试图通过一个新的视角和途径研究专家辅助人及其制度。全书共2篇8章，上篇司法鉴定制度及其“守门人”职责，主要内容包括：2005年前之中国特色、2005年后之中国特色、两大法系国家之比较、中国司法鉴定制度改革之殇；下篇专家辅助人制度及其生存“土壤”，主要内容包括：专家辅助人制度之理论、人民法院自我修复之策、鉴定人出庭作证之难、中国专家辅助人制度生存之殇等。

18.《医疗纠纷立法与处理专题整理》（邱爱民、郭兆明编著，中国人民公安大学出版社2012年版）

该书是医疗纠纷立法与处理专题研究专著。近十年来，医疗纠纷问题逐渐成为社会关注的焦点，由医疗纠纷导致的恶性案件时有发生，如何从立法和处理机制层面解决医疗纠纷，是国家立法机关、实务界工作者及国内外学者研究的热点问题。作者通过对2002年《医疗事故处理条例》颁布以后公开发表的有关医疗事故和医疗纠纷的期刊文章、博士与硕士学位论文等文献进行梳理和筛选，以类似综述的形式对医疗纠纷立法和处理中涉及的概念、法律关系、处理机制及立法建议等进行了论述。通过医疗纠纷立法和处理专题的整理，意在对医疗纠纷相关部门立法和处理起到一定的借鉴作用，也为学者和实务工作者研究提供基础素材。

19.《优秀司法鉴定文书汇编——第二届“鼎永杯”优秀司法鉴定文书评选文集》（郭兆明、常林主编，中国政法大学出版社 2012 年版）

该书是优秀司法鉴定文书汇编，收录了第二届“鼎永杯”司法鉴定文书评选活动中获得一等奖、二等奖、三等奖和优秀奖的司法鉴定文书。通过对优秀司法鉴定文书的集中示范展示，有利于逐步提高司法鉴定人鉴定文书撰写能力水平，促进司法鉴定文书制作规范化。

20.《2011 年司法鉴定能力验证鉴定文书评析》（司法部司法鉴定科学技术研究所编著，科学出版社 2012 年版）

该书是鉴定文书评析类著作。收录的鉴定文书取材于 2011 年度 14 项司法鉴定领域能力验证部分鉴定机构的反馈结果，覆盖法医类、物证类和声像资料（含电子物证）专业。评析中选用了同一个能力验证项目中不同层次水平的鉴定文书及相关反馈结果，依据各专业的要求从鉴定方法、鉴定过程、分析论述、标准适用、结果评判、结论表述、文书规范，以及检测中内部质量控制和记录要求等方面进行点评和分析，对于司法鉴定机构提高鉴定能力和加强质量管理具有很强的指导和示范作用。

21.《诉讼视角下的司法鉴定制度研究：以刑事诉讼为出发点》（王素芳著，上海大学出版社 2012 年版）

该书是司法鉴定制度研究专著。作者以诉讼为视角，从诉讼制度与司法鉴定制度的关系出发，对司法鉴定制度进行研究。通过分析比较，以刑事诉讼过程中的司法鉴定为重点，提出了改革我国司法鉴定制度的构想，系统地研究了司法鉴定制度的基本理论、司法鉴定管理制度、司法鉴定主体制度、司法鉴定启动程序制度及司法鉴定意见评判程序制度。

22.《鉴证实录：50 年代司法鉴定案例精选》（司法部司法鉴定科学技术研究所主编，科学出版社 2012 年版）

该书是法庭科学史案例集。收录了 50 年代法医研究所（司法部司法鉴定科学技术研究所前身）法医病理、人身损害、法医物证、毒化检验、文检痕迹、精神疾病等专业完成的部分典型案例实例。这些鉴定实例大多是由全国公安、检察院、法院等机关委托送检的重大、复杂、疑难的经典案例，不少案例对当时的社会产生了很大影响。如方志敏遗骨鉴定就是其中一例，案例既反映了建国初期法医研究所司法鉴定专业人员的理论实践和专业水平，也代表了那个时代我国司法鉴定领域的技术水平和鉴定能力，时至今日，仍对司法鉴定工作及司法鉴定科学技术研究具有一定的借鉴和参考作用。

23.《续增洗冤录辨证参考》[（清）李璋煜编，韦以宗主校，北京科学技术出版社2012年版]

该书是我国古代司法检验名著《续增洗冤录辨证参考》的点校本。《续增洗冤录辨证参考》是一套我国古代的司法检验书籍汇编合辑，由山东省诸城李璋煜汇编，道光丁未年（1847年）刊印。全书共分6卷：第1~4卷，收录了王又槐嘉庆元年（1796年）编辑的《洗冤录集证》；第5卷，收录了李观澜嘉庆元年（1796年）编辑的《洗冤录补遗》、《洗冤录备考》，阮其新道光壬辰年（1832年）编辑的《检验杂说》、《宝鉴篇》，张锡蕃道光丁酉年（1837年）辑的《石香秘录》以及乾隆三十五年（1770年）朝廷颁行的《检骨图格》；第6卷辑于道光七年（1827年），收录了瞿中溶编辑的《洗冤录辨证》、郎锦麒著的《检验合参》以及姚德豫道光十一年（1831年）著的《洗冤录解》。

24.《虚拟尸检方法——法医3D光学和放射学扫描与重建》（[美]迈克尔·泰利、理查德·德恩胡佛、彼得·沃克著，张惠芹主译，中国人民公安大学出版社2012年版）

该书是法医虚拟尸检的译著。虚拟尸检的英文为Virtual Autopsy，缩写为Virtopsy。所谓虚拟尸检，就是采用高科技手段（如电子计算机X线断层扫描、磁共振扫描技术、B超、数字剪影、电子发射断层扫描）对尸体进行全身扫描，然后利用计算机软件程序进行分析，查找到尸体体内的创伤，寻找到死者死亡的真正原因。虚拟尸检是对尸体进行无损检测，可保持尸体完整性，在不实际解剖尸体的情况下了解受害者身上的可疑之处。此外，虚拟解剖技术还可利用小块活组织检验细胞结构，检查其中是否存在药物。[1]全书共4部分，主要内容包括：绪论（从尸体解剖到虚拟尸检：语言描述与图像——证据的价值，虚拟尸检的历史：一切是如何开始的，案例过百的虚拟尸检：三维光学和CT/MRI全身扫描联合的法医影像技术应用报道及前景，法律方面，宗教）；成像和显像方法/技术说明（体表记录，体内记录，影像数据的三维可视化，影像资料的存储（PACS），虚拟尸检数据库——放射检

〔1〕阿碧："虚拟尸检"，载《检察风云》2009年第16期。

验和尸体解剖结果的数据库应用比较）；影像技术的法医学应用（活体成像与死后成像，文献综述，体表记录，体内记录，体外发现的记录）；法医学专题（放射学个体识别，死亡学，特定案例，虚拟尸检——一种多工具的检查方法，活组织检查，死后血管造影法，世界范围的虚拟尸检经验，其他）等。

附录 1

证据科学期刊论文目录

附录1.1　中文证据法学期刊论文目录（2012）

文章名称	作　者	刊　物	期　次
非法证据排除规则的宪法思考——兼评我国刑事诉讼法的修改	王进元	北方法学	第1期
“两个证据规定”颁行背景的理论解读	林喜芬	北方法学	第1期
程序性辩护的困境——以非法证据排除规则的适用为切入点	高　咏	当代法学	第1期
中国古代“据众证定罪”证据规则论	祖　伟	当代法学	第1期
把证据学打造成全人类的科学——三论实质证据观	裴苍龄	法律科学	第1期
美国证据排除规则的衰变及其启示——以 Herring v. United States 案为主线的考察	姚　莉	法律科学	第1期
证据的概念与法定种类	陈瑞华	法律适用	第1期
论证据相互印证规则	陈瑞华	法商研究	第1期
重复供述的排除规则研究	谢小剑	法学论坛	第1期
论兴奋剂案件中双方的专家证据力量之平衡——以国际体育仲裁院专家证据制度为视角	郭树理　宋彬龄	法学评论	第1期
沉默权之赋予与证明标准之转型	杨文革	法学杂志	第1期
我国刑事诉讼制度的进步与发展——2011年《刑事诉讼法修正案（草案）》评介	樊崇义	法学杂志	第1期
对证明责任和证明标准的理论反思	张家骥	法制与社会发展	第1期
犯罪构成与刑事诉讼之证明——犯罪构成程序机能的初步拓展	杜　宇	环球法律评论	第1期
社会科学证据在美国的发展及其启示	梁　坤	环球法律评论	第1期

续表

文章名称	作　者	刊　物	期　次
从规范执法到诉讼证据——以检察机关侦查讯问全程同步录音录像为视角	潘申明　魏修臣	证据科学	第1期
科学证据可采性规则研究	刘晓丹	证据科学	第1期
“两个证据规定”实施情况调研报告——侧重于三项规定的研究	陈卫东　程　雷 孙　皓　陈　岩	证据科学	第1期
论科学证据、专家证言、鉴定意见三者的关系	张　斌	证据科学	第1期
论科学证据的证明力	张　中　石美森	证据科学	第1期
论我国的供述排除规则及其程序配置	梁　欣	证据科学	第1期
美国证据排除规则	Ronald J. Allen 著， 郑飞、王磊译	证据科学	第1期
刑事错判证明标准的名案解析	何家弘	中国法学	第1期
论被害人的确认	林劲松	中国刑事法杂志	第1期
论科学证据可靠性的审查认定——基于判决书中鉴定结论审查认定的实证研究与似真推理分析	杨建国	中国刑事法杂志	第1期
刑事诉讼中证据调查的实证研究	何家弘	中外法学	第1期
论全程录音录像制度的科学构建	沈德咏　何艳芳	法律科学	第2期
行政诉讼证据制度若干问题研究	于长苓	法律适用	第2期
从“抽象证明责任”到“具体举证责任”——德、日民事证据法研究的实践转向及其对我国的启示	胡学军	法学家	第2期
论瑕疵证据补正规则	陈瑞华	法学家	第2期
被害人作证及其陈述的运用	兰跃军	法学论坛	第2期
司法证明机理：一个亟待开拓的研究领域	封利强	法学研究	第2期
如实回答与沉默权的功能主义分析与文化解释	白　冬	法学杂志	第2期

续表

文章名称	作 者	刊 物	期 次
我国行政复议证据制度的突出问题与完善路径	莫于川　王宇飞　雷　振	行政法学研究	第2期
民事判决中的非法证据排除规则	李　浩	现代法学	第2期
刑事诉讼中瑕疵证据补正的若干操作问题研究	纵　博	现代法学	第2期
辨认笔录证据能力问题研究——以新《刑事诉讼法》为视角	韩　旭	证据科学	第2期
从定罪的"证明标准"到定罪量刑的"证据标准"——新《刑事诉讼法》对定罪证明标准的丰富与发展	顾永忠	证据科学	第2期
从纸上谈兵到水滴石穿——非法口供排除程序的构造反思	陆而启	证据科学	第2期
"韩寒代笔门"事件的证据法分析	陈　巍	证据科学	第2期
刑事审判中实物证据的审查判断及排除	罗智勇　冯黔刚	证据科学	第2期
刑事证据制度修改的亮点与难点	陈卫东　柴煜峰	证据科学	第2期
在亮点与盲点之间——论"不证实自己有罪"的规范对比与冲突	薛潮平	证据科学	第2期
证据可采性认定的自由裁量及其限制——美国百年证据制度改革的启示	赵信会　谢庭树	证据科学	第2期
论刑事证据立法新走向	庄乾龙	中国刑事法杂志	第2期
中美刑事诉讼中口供排除规则之比较	杨文革	比较法研究	第3期
民事诉讼证据交换制度的立法探讨	许少波	法律科学	第3期
法律行为生效：一种新要件体系的证成	易　军	法商研究	第3期
检察机关排除非法证据的制度建构	詹建红	法商研究	第3期
论我国刑事证据法的转变	王敏远	法学家	第3期
论"不强迫自证其罪"条款的解释与适用——《刑事诉讼法》解释的策略与技术	万　毅	法学论坛	第3期

续表

文章名称	作　者	刊　物	期　次
推定的运用与刑事证明方式	陈少林	法学评论	第3期
我国刑诉法应增设证据保全制度	张泽涛	法学研究	第3期
证书不等于书证	裴苍龄	甘肃政法学院学报	第3期
一对一证据的审查与认定——廖宗荣诉重庆市交警二支队行政处罚决定案评析	王贵松	华东政法大学学报	第3期
非法证据缘何难以排除——基于刑事诉讼法再修改和相关司法解释的分析	张建伟	清华法学	第3期
论死刑案件证明标准之完善——新《刑事诉讼法》实施问题思考	杨宇冠	清华法学	第3期
违法侦查行为的程序性制裁效果研究——以非法口供排除规则为中心	李昌盛	现代法学	第3期
两岸刑事证人出庭作证制度之比较	罗海敏	证据科学	第3期
医疗纠纷诉讼证据问题与对策——对病历-鉴定-审判模式的反思	肖柳珍	证据科学	第3期
医疗损害证明责任分配规则研究	彭浩晟	证据科学	第3期
血液样本证据的特性及其采集司法程序的完善	王志刚	政治与法律	第3期
电子证据及其相关概念辨析	戴　莹	中国刑事法杂志	第3期
合法与非法之间——以两个《规定》对瑕疵证据的立场为切入点	夏　红　龚云飞	中国刑事法杂志	第3期
结论如何“唯一”？——基于《办理死刑案件证据规定》的演绎	何邦武　李珍苹	中国刑事法杂志	第3期
“直接证据”真的存在吗？对直接证据与间接证据分类标准的再思考	纪格非	中外法学	第3期
论民事诉讼中的测谎	罗飞云	当代法学	第4期
传闻证据规则，抑或直接言词原则？——民事诉讼书面证言处理的路径选择	李　峰	法律科学	第4期

续表

文章名称	作 者	刊 物	期 次
故意伤害案件人体损伤鉴定存在的典型问题	马艳平	法律适用	第4期
司法鉴定制度与专家证人制度交叉共存论之质疑——与邵劭博士商榷	郭 华	法商研究	第4期
非法证据为何难以有效排除——兼及中国非法证据排除的未来	郭 松	法学论坛	第4期
论刑事证明责任分配之迷思——兼谈二元分配方法论的提出	程 捷	法学评论	第4期
品格证据在性骚扰民事案件中的运用——美国的立法、判例及启示	纪格非	环球法律评论	第4期
犯罪故意认定的证据法学解读	陈 磊	证据科学	第4期
技术侦查证据使用问题研究	王新清 姬艳涛	证据科学	第4期
“两个证据规定”运行情况实证调研——以S省G市地区法院为考察对象	万 毅 李 勤 杨春洪 张艳秋	证据科学	第4期
论惩罚性赔偿的证明标准	杨春然	证据科学	第4期
民事诉讼上的非法证据排除：理论学说与认定标准	毕玉谦	证据科学	第4期
刑事证据制度：从逻辑规则向程序规则的演进——以非法证据排除制度为切入点的分析	黄 永	证据科学	第4期
论善意取得制度中善意要件的证明	吴泽勇	中国法学	第4期
试论对刑讯逼供的检察监督机制	杨小宁	中国刑事法杂志	第4期
作证豁免的理论辨正	裴苍龄	法商研究	第5期
不干涉原则作为习惯国际法之证明方法	陈一峰	法学家	第5期
民事诉讼中举证迟延的对策分析	张卫平	法学家	第5期
“排除合理怀疑”的中国叙事	李训虎	法学家	第5期
论当事人证据收集权的程序保障	朱新林	法学论坛	第5期

续表

文章名称	作 者	刊 物	期 次
我国污染型环境犯罪因果关系证明方法之综合运用	唐双娥	法学论坛	第5期
民事诉讼中的证据共通原则研究	占善刚	法学评论	第5期
《刑事诉讼法》修改凸显人权保障——论不得强迫自证有罪和非法证据排除条款	杨宇冠	法学杂志	第5期
刑事认证如何进行——以认知心理学为研究进路	胡宇清 李 蓉	法学杂志	第5期
论大陆法系证据调查及其对我国的启示——以当事人的权利保障为中心	钱颖萍	河北法学	第5期
自白补强规则实证分析	刘 浪	华东政法大学学报	第5期
国外证人证言可信性评估的研究述评	姜丽娜 罗大华	证据科学	第5期
论技侦手段所获材料的证据使用	程 雷	证据科学	第5期
美国选择性起诉抗辩的证明困境及原因	赵旭光 李红枫	证据科学	第5期
意见证据规则要义——以美国为视角	李学军	证据科学	第5期
英美证据法的程序性解构——以陪审团和对抗制为主线	吴洪淇	证据科学	第5期
证明责任	Ronald J. Allen著，蒋雨佳、强卉、张姝丽译	证据科学	第5期
英美法系与大陆法系品格证据之比较研究	宋洨沙	政治与法律	第5期
行政执法与刑事司法衔接中的证据转化问题初探——基于修正后的《刑事诉讼法》第52条第2款的思考	黄世斌	中国刑事法杂志	第5期
检察机关排除非法证据的法理分析	李红辉	中国刑事法杂志	第5期
切实保障刑事诉讼法中司法鉴定条款的实施	郭 华	法学	第6期

续表

文章名称	作 者	刊 物	期 次
民事诉讼中文书真伪的“举证责任”问题	袁中华	法学家	第6期
事实证明抑或法官裁量：民事损害赔偿数额认定的德日经验	段文波	法学家	第6期
以限制证据证明力为核心的新法定证据主义	陈瑞华	法学研究	第6期
刑事辩护律师调查取证权的宪法分析	刘淑君	甘肃政法学院学报	第6期
事实大还是法官大？——论证据排除规则	裴苍龄	河北法学	第6期
对抗下的合作：当事人主义刑事证明模式再思考	王海军	证据科学	第6期
非法证据排除规则在监听证据中的运用——以美国法为蓝本的考察	郑 曦 刘 玫	证据科学	第6期
行政证据与刑事证据的程序衔接问题研究——《刑事诉讼法》(2012 年)第52条第2款的思考	郭泰和	证据科学	第6期
行政证据与刑事证据衔接规范研究——基于刑事诉讼法第52条第2款的分析	杜 磊	证据科学	第6期
论强制证人出庭作证制度的风险控制	吴光升	证据科学	第6期
排除规则的困难	Ronald J. Allen 著，郑飞、强卉译	证据科学	第6期
英国专家证人制度对完善我国司法鉴定人制度之借鉴	杜春鹏 李 尧	证据科学	第6期
论测谎证据在民事诉讼中的可采性	潘志玉	政法论丛	第6期
论测谎证据在民事诉讼中的可采性	潘志玉	政法论丛	第6期
刑事诉讼证明妨碍行为的法律规制问题研究——以《关于公安机关办理醉酒驾驶机动车犯罪案件的指导意见》为切入点	谢小剑	政治与法律	第6期

续表

文章名称	作　者	刊　物	期　次
伤情鉴定中强制鉴定制度研究	杨永华　王宏平	中国刑事法杂志	第6期
中国法语境中的“排除合理怀疑”	龙宗智	中外法学	第6期
在线仲裁证据问题研究	郑　夏	法律适用	第7期
我国刑事司法鉴定启动程序的改革与完善	顾静薇　郭　振	中国刑事法杂志	第7期
重复自白的证据能力	张　颖	中国刑事法杂志	第7期
司法精神鉴定的证明风险防范	詹建红	法学	第8期
刑事诉讼庭前证据开示制度的价值分析与构建路径	李　健	河北法学	第8期
探寻一种新的视角：刑事认证程序视野下法官司法能动性的定量分析	刘广三　张敬博	法学杂志	第9期
死刑案件精神病鉴定的程序保障：立法缺失与完善建议——兼评新《刑事诉讼法》相关规定	郭志媛	政治与法律	第9期
对瑕疵证据“合理解释”的解释	纵　博　郝爱军	中国刑事法杂志	第9期
律师调查取证权对职务犯罪侦查模式的影响及应对	钱学敏　李和杰	中国刑事法杂志	第9期
发票对合同主要事实的证明力探析	颜　峰　赵海勇	法律适用	第10期
律师伪证罪新论	杨方泉　诸海云	法律适用	第10期
论反垄断民事诉讼中证据规则的改进	万宗瓒	河北法学	第10期
非法证据排除与讯问策略——以刑事诉讼法第50条中“欺骗”的理解为例	董开星	中国刑事法杂志	第10期
论刑事诉讼中瑕疵证据的概念与特征	周　欣　马英川	法学杂志	第11期
侦查人员作证的制度困境	王　超　牛向阳	法学杂志	第11期
略论被害人陈述的证据补强——以当事人证据和印证证明为起点	欧卫安	河北法学	第11期
论医疗侵权诉讼证明责任	洪冬英	政治与法律	第11期

续表

文章名称	作　者	刊　物	期　次
检察机关审查金融犯罪案件的证据防御与拓展视角	王　戬	中国刑事法杂志	第11期
审前非法证据排除程序：文本解读与制度展望	樊崇义　吴光升	中国刑事法杂志	第11期
我国刑事专家辅助人制度基本问题论略	左　宁	法学杂志	第12期
论金融衍生产品案件的证据规则	廖森林	河北法学	第12期
论证据学的理论基础	裴苍龄	河北法学	第12期
非法证据排除规则下检察机关的证明标准	吴宪国	中国刑事法杂志	第12期
美国传闻证据规则的理论基础	路易斯·卡普农著，曹慧译	中国刑事法杂志	第12期

附录1.2　英文证据法学期刊论文目录（2012）

英　　文	译　　名
John J. Capowski, "China's Evidentiary and Procedural Reforms, The Federal Rules of Evidence, and the Harmonization of Civil and Common Law", *Texas International Law Journal*, Volume 47, Issue 3, 2012.	约翰·J. 卡波维斯基："中国证据和程序法改革、联邦证据规则及民法法系和普通法系的融合"，载《德克萨斯国际法杂志》2012年第47卷。
Victoria M. Time, "Evidence Gathering: The Exclusionary Rule in China", *International Law Research*, Vol. 1, No. 1, 2012.	维多利亚·M. 泰姆："证据收集：中国的排除规则"，载《国际法律研究》2012年第1卷。

检索条件：2012年在英文期刊中发表的关于中国证据法学的文章。

附录1.3　中文法庭科学期刊论文目录（2012）

文　章　名	作　　者	刊　物	期　次
使用PrepFiler试剂盒提取牙齿检材DNA	陈爱萍　刘　峰　尹　路	法医学杂志	第1期

续表

文章名	作者	刊物	期次
对比度视力在夸大视力障碍鉴定中的应用	陈捷敏　彭书雅　夏文涛　刘瑞珏　翁春红	法医学杂志	第1期
臂丛神经损伤漏诊医疗纠纷1例	程亦斌　施燮民	法医学杂志	第1期
疑难生物检材法医DNA检验的现状与进展	党华伟　毛　炯　王　惠　黄江平　白小刚	法医学杂志	第1期
简并寡核苷酸引物PCR技术的建立及其检测灵敏度分析	邓建强　刘宝琴　蔡继峰　李文慧　龙　仁　侯一平	法医学杂志	第1期
损伤并溺水致呼吸窘迫综合征死亡1例	冯新建　余荣军　汪永丰	法医学杂志	第1期
交通伤致骨盆骨折伤残等级与Tile分型相关性分析	胡绚丽　何　蓉　周　萍　蔡小强	法医学杂志	第1期
交通事故致主动脉破裂法医学鉴定2例	江洁清　沈忆文　周月琴	法医学杂志	第1期
苍耳子中毒死亡1例	阚卫军　贺　盟	法医学杂志	第1期
大鼠骨骼肌挫伤后外周血源性纤维细胞的数量变化	李力强　于天水　官大威　范琰琰　赵　锐　马文翔　张书韬　张　舒　任　鹏　李骄勇	法医学杂志	第1期
X染色体上16个STR基因座的分型检测和多态性分析	李　莉　赵书民　张素华　李成涛　柳　燕　林　源　刘俊宏	法医学杂志	第1期
HPLC－LTQ Orbitrap MS对血液、尿液中精神药品的筛选及确证	李晓雯　沈保华　江　峥　卓先义	法医学杂志	第1期
斑蝥中毒法医学鉴定1例	李新新　陈晓雷	法医学杂志	第1期
胶带缠绕口鼻和颈部自杀1例	刘科奇　高　峰　石学志　许北生　于晓军	法医学杂志	第1期
不同视野刺激时ERP及其分布特征	刘小琴　李倩倩　常　盼　陈溪萍	法医学杂志	第1期
外伤性胰腺假性囊肿损伤程度鉴定1例	钱　红　孙学春　刘科奇　高　峰　于晓军	法医学杂志	第1期

续表

文 章 名	作 者	刊 物	期 次
触电后溺水死亡1例	孙丞辉 邹 浩	法医学杂志	第1期
外伤后硬脑膜骨化1例	孙立志 王利斌 马银峰 邢树立	法医学杂志	第1期
水中尸体软组织生物力学性状时序性变化用于死亡时间推断	唐 谷 周 晖 汪家文 钱 红 赖 跃 于晓军	法医学杂志	第1期
海南、河南及浙江地区汉族男性青少年骨发育差异性分析	万 雷 应充亮 夏文涛 王亚辉 朱广友	法医学杂志	第1期
高坠伤致寰枕关节脱位并寰、枢椎骨折法医学鉴定1例	王亚辉 夏文涛 应充亮 万 雷 朱广友	法医学杂志	第1期
限制性体位对大鼠膈肌生物力学变化的影响	项 剑 关宿东 闫 骏 王会云 岑新海 宋祥和 陈守恭 王 旭 谷振勇	法医学杂志	第1期
磁悬浮列车交通事故死亡1例	肖 碧 施 群 宋跃进	法医学杂志	第1期
多因素下冻死1例	杨 军 郑伟明 李 桊	法医学杂志	第1期
两次缢吊自杀1例	叶开·哈拜克 艾拉地力·乌拉斯汉	法医学杂志	第1期
北方汉族人群19个STR基因座遗传多态性	于海龙 储国栋 刘建世 李 迪	法医学杂志	第1期
急性心肌缺血猝死心肌中FAPα和TGF-β1的表达	袁翔天 彭 雪 靳占峰	法医学杂志	第1期
冠状动脉粥样硬化斑块破裂猝死2例	张 吉 董红梅 任 亮	法医学杂志	第1期
二尖瓣脱垂诱发体位性窒息死亡1例	张明阳 单海燕 王东林 徐冬冬 周勤虎 谷振勇	法医学杂志	第1期
暴力危险量表中文版的信度	章雪利 谌霞灿 蔡伟雄 胡峻梅	法医学杂志	第1期
罕见室内雷击致人死亡1例	曾蓉城 杜 海	刑事技术	第1期
衍生化-液相色谱-质谱联用测定血中氟乙酸类杀鼠剂	陈学国 朱 昱 徐若沦 许英健	刑事技术	第1期

续表

文章名	作者	刊物	期次
辽宁省各方言片区方音区分研究	郝洪建　杨大祥　张红星	刑事技术	第1期
足迹查询系统串并案十战法	金先顺　郭卫平	刑事技术	第1期
变形掌印检验1例	李文辉　陈　林	刑事技术	第1期
七七式7.62mm手枪未正常抛壳原因检验1例	李轶昳　马新和　王晓琳	刑事技术	第1期
南瓜表皮上指纹提取1例	梁　乐　郑大力	刑事技术	第1期
多光谱成像技术检验富士施乐C4300彩色激光打印复印一体机形成文件	梁立峥　刘　烨	刑事技术	第1期
涉毒案件中甲基麻黄碱的GC/MS检验	刘　博	刑事技术	第1期
变形指纹查询失误1例	卢元明　龙　云　缪世强	刑事技术	第1期
不同纸张上浓重红色印泥手印减薄的技术研究	马　竞	刑事技术	第1期
低体系扩增技术在法医学中的应用综述	亓　冰　张　平　张家栋　钱　静　俞卫东　胡　兰	刑事技术	第1期
短波紫外照射对汗潜手印DNA检测的影响初探	邵丽芳　郝金萍　常柏年　陈　松　刘　寰　刘开会　曲会英　李孝君	刑事技术	第1期
涤纶纤维上分散染料的液－质分析	史晓凡　许英健　李洪亮	刑事技术	第1期
利用定时开关触电自杀死亡1例	宋利军　庞　健　孙德江　李玉峰　毛　竹　刘　然	刑事技术	第1期
青年人赤脚正常行走跖区压力特征稳定性初探	孙彦利　顾建伟　白艳平　胡书良	刑事技术	第1期
指纹犁沟与乳突线特征相同比对1例	谭秋华	刑事技术	第1期
诈病的法医学鉴定4例	王玉祥　郑国民	刑事技术	第1期
监控视频中车辆平均速度测算方法比较	邬治锋	刑事技术	第1期

续表

文 章 名	作 者	刊 物	期 次
建立火场样品中汽油残留物ATD－GC－MS检验结果的评价方法	邢若葵 王松才 温锦锋 戴维列 刁中文	刑事技术	第1期
氟乙酰胺类杀鼠药检测方法的研究进展	宣 宇 曹 荣 傅得锋 郑一平	刑事技术	第1期
Chelex法和两种磁珠法提取接触DNA效果的比较	杨 电 张丽萍 刘 超 徐曲毅	刑事技术	第1期
法医现场勘查破案3例	杨 庭 宋广斌	刑事技术	第1期
听辨在声纹鉴定中的作用	杨英仓 徐毓文 欧荣安 李文瑞 王英利	刑事技术	第1期
浅析人造指模印和现实手印之间的差异	杨志强 许明良	刑事技术	第1期
法国国家警察总局法庭科学实验室简介	殷治田 花 锋 陈 松 姜先华 刘成伟 陈培坚	刑事技术	第1期
液压钢筋钳钳剪痕迹的识别	于小勇 董必强 刘光宙	刑事技术	第1期
伪装煤气中毒杀人案1例	喻 华 申 森 贺彦林	刑事技术	第1期
乳胶漆墙面汗潜手印显现技术	张建东 范洪波 管乃军 王国伟	刑事技术	第1期
利用EZ－tape提取DNA破案1例	张 杰 古汝杰 朱一卿	刑事技术	第1期
罕见手持电钻钻击头部自杀死亡分析1例	赵明辉	刑事技术	第1期
梨核上检出DNA确定嫌疑人1例	赵文杰 张丽萍 邓淑娇 娄 鹏 黄桂清	刑事技术	第1期
精子细胞定向捕获与分离技术初步研究	赵兴春 姜伯玮	刑事技术	第1期
利用抛甩血迹形态分析重建局部罪案现场1例	周 华 陈建国	刑事技术	第1期
中世纪欧洲法医学溯源	杨天潼	证据科学	第1期
刑事诉讼视野下的法医物证应用研究	樊学勇 杨 涛	证据科学	第1期

续表

文章名	作者	刊物	期次
重新鉴定增多原因与对策研究	邹明理	证据科学	第1期
论科学证据的证明力	张　中　石美森	证据科学	第1期
论科学证据、专家证言、鉴定意见三者的关系	张　斌	证据科学	第1期
脚踢腹部致小肠破裂合并胰腺挫裂伤1例	安永明　石宏峰　黎宇飞	中国法医学杂志	第1期
常州地区汉族人群15个STR基因座遗传多态性	巴华杰　刘冰泉　马　骏　朱爱华	中国法医学杂志	第1期
秋季冻死1例法医学分析	卜文博　邹青林　张晓军	中国法医学杂志	第1期
IQ损伤值在智力损伤鉴定中的应用价值	曾德志　段武钢　祝家胜　孙全新　郑忠烈	中国法医学杂志	第1期
早期妊娠外伤后流产的法医学鉴定2例	曾文敏　吕国丽	中国法医学杂志	第1期
道路交通事故伤残评定中手功能评定刍议	成　静　贾　翔　成瑞生	中国法医学杂志	第1期
PuriTyper™法医学纯化试剂盒的性能验证	郭　磊　王　燕　姜伯玮　赵兴春　叶健	中国法医学杂志	第1期
单细胞分离荧光原位杂交法用于男女混合血DNA分型	韩俊萍　李彩霞　杨　帆　李艮平　胡　兰	中国法医学杂志	第1期
多发性指骨骨折致肺脂肪栓塞猝死1例	韩　林　李　智　张兆祥　谭昌虎	中国法医学杂志	第1期
右利手在右颈部切颈自杀1例	霍起森　张劲夫	中国法医学杂志	第1期
东莞溺死案多发河段硅藻种群分布及其法医学意义	赖小平　何庆良　林汉光　刘天泽　卢冰楷　傅意玲　邱升元	中国法医学杂志	第1期
上海市188例未成年人他杀案例法医学分析	李　磊　马开军　沈忆文	中国法医学杂志	第1期
横窦血栓形成致死1例	李艳明　常友良　李　桢　曾晓锋　张　岩	中国法医学杂志	第1期

续表

文　章　名	作　　者	刊　物	期　次
长期饮酒对急性中毒大鼠死后体液内 MDMA 再分布的影响	梁　曼　李学博　张海东　刘红霞　卓　荦　刘　良	中国法医学杂志	第1期
高速列车撞碾人体致死并碎尸1例	刘　钢　杨　光　吴艳红　施慧声	中国法医学杂志	第1期
河南汉族人群4个 STR 基因座遗传多态性	刘向阳　黄艳梅　郭利伟　张新宁　杨　柳　常海岭　李　娜　石如玲	中国法医学杂志	第1期
鼻骨横断面和冠状面 CT 检查漏诊11例分析	刘　莹　白　洁　张　鑫　封　华　王　旭　卞晶晶	中国法医学杂志	第1期
交通事故死亡法医学鉴定分析1例	刘　兆	中国法医学杂志	第1期
6个 Y－STR 荧光复合扩增系统的建立及应用	梅　焜　徐念来　易少华　杨荣芝　黄代新	中国法医学杂志	第1期
苯丙胺类兴奋剂 β 酮策划药代谢途径的研究进展	孟品佳	中国法医学杂志	第1期
Sinofiler 试剂盒性别检测异常2例分析	孟庆丽　叶　萍　于卫建　王　旻　陈　玫	中国法医学杂志	第1期
中国豫北地区17～78岁人群锁骨骨骺愈合情况及年龄推断	尚万兵　王克杰　郭娟宁　郭利伟　樊爱英	中国法医学杂志	第1期
4个 miniSTR 基因座复合扩增体系及应用	苏珊珊　李淑瑾　丛　斌　谢　杨　付丽红　张晓静　马春玲	中国法医学杂志	第1期
掌骨骨折法医学鉴定分析3例	唐　晋　王彩平　李长荣	中国法医学杂志	第1期
腐朽陈旧骨骼 STR 检验1例	唐　欣　窦雪丽　涂　政　赵　麒　陈　松	中国法医学杂志	第1期
自伤后缢死的法医学鉴定分析1例	田三虎　杨广宏　吕柠灸	中国法医学杂志	第1期
蛋白酶 K－Chelex100 法提取肋软骨 DNA 技术的优化	王会品　王孝力　杨　巍　谢云铁　王晓伟　谢　波	中国法医学杂志	第1期
国产 Goldeneye^{TM} 20A 试剂盒性能指标验证	王　洁　黄艳梅　张庆霞　王　静　唐　晖　焦章平　刘雅诚	中国法医学杂志	第1期

续表

文 章 名	作 者	刊 物	期 次
潍坊汉族男性 7 个 X－STR 基因座遗传多态性	王新杰　张立军　罗莉静　冯建忠　王学海	中国法医学杂志	第 1 期
用于 DNA 分离的毛细管电泳无胶筛分介质研究进展	王　燕　赵兴春　姜伯玮　孙　敬　叶　健	中国法医学杂志	第 1 期
伪装交通事故杀人法医学分析 1 例	吴柏康	中国法医学杂志	第 1 期
微波消解 ICP/AES 标准加入法测定尿液中金属毒物	吴玉红　王　丹　魏春生　吴学猛	中国法医学杂志	第 1 期
浅析机动车交通事故起火现场的特点及勘验要点	谢先奇	中国法医学杂志	第 1 期
大鼠脑挫裂伤后脑及重要器官组织 HSP70 的表达	严　治　孙小丽　胡玉莲　刘　敏	中国法医学杂志	第 1 期
口服 84 消毒液中毒致死 1 例	杨真真　闫　杰　陈新山　黄光照	中国法医学杂志	第 1 期
植物 SSR 标记的研究现状及其在法庭科学中的应用	詹世雄　王江峰	中国法医学杂志	第 1 期
DVD 机话筒漏电致人死亡 1 例	张海春　李春风　王兴仁	中国法医学杂志	第 1 期
有机氟化物中毒检验 1 例	张蕾萍　于忠山　何　毅　崔　巍　候小平	中国法医学杂志	第 1 期
直接扩增法用于常见现场检材 DNA 检验	张艳霞　李爱强　赵　丽　刘金辉　宋金平	中国法医学杂志	第 1 期
小鼠哮喘死亡主支气管上皮 LCR 值及 mmp－2 的表达	张燕翔　李军川　游永浩　杨　帆　王　辉	中国法医学杂志	第 1 期
中国朝鲜族 9 个 STR 基因座遗传多态性	张永吉	中国法医学杂志	第 1 期
周围神经损伤 MCV 测定及其法医学意义	赵　永　刘兴本　徐晓明　郑传斐	中国法医学杂志	第 1 期
拉曼光谱技术在炸药探测中的应用	蔡建刚	中国人民公安大学学报（自然科学版）[1]	第 1 期

〔1〕 中国人民公安大学学报（自然科学版），以下简称“公安大学学报（自）”。

续表

文章名	作者	刊物	期次
视频图像质量评价综述	王　蓉　李　志　李丽华	公安大学学报（自）	第1期
香烟物证检验的研究进展	姜　红　丁　晖	公安大学学报（自）	第1期
中空纤维膜液相微萃取及其在法庭科学中的应用	张文文　孟品佳	公安大学学报（自）	第1期
手印残留物检验的研究进展	夏　菲　杨瑞琴	公安大学学报（自）	第1期
青年与中年人赤足行走足底压力参数的比较	汤澄清	公安大学学报（自）	第1期
延时起爆爆炸装置遗留物形态及分布范围实验研究	张彦春　罗亚平　张洪国　陈立宏　王彦吉	公安大学学报（自）	第1期
定量检测毒品的蛋白芯片的研发	曾立波　陈连康　胡小龙　陈复华　丁国荣　张玉荣　张润生　梁　晨　曹芳琦	中国司法鉴定	第1期
司法鉴定机构中存在问题及对策——与杨圣军商榷	陈　平	中国司法鉴定	第1期
关于刑事诉讼法修改中有关司法鉴定问题的思考	党凌云	中国司法鉴定	第1期
塑料制品上锉除文字的显现研究及原理讨论	丁　斌　李重阳　杨洪国	中国司法鉴定	第1期
鉴定人出庭作证之我见	高燕丽　朱明霞　付培鑫	中国司法鉴定	第1期
自发性右心室破裂致急性心脏压塞死亡法医学鉴定2例	葛延昌　王黎扬　徐茂盛　马开军	中国司法鉴定	第1期
抓住机遇，迎接挑战，谋求发展——《刑诉法修正案（草案）》关于鉴定结论等问题的新变化	顾永忠	中国司法鉴定	第1期
事故车辆安全技术检验鉴定的问题与思考	李　骏　戴广锋　刘晓玫　蔡　隽	中国司法鉴定	第1期
机动车司法鉴定机构资质认定认可项目分类探讨	李山桥　周向东　刘沛奎	中国司法鉴定	第1期

续表

文 章 名	作　者	刊　物	期 次
《建筑工程司法鉴定实施规程》研讨会在上海举行	刘钧凯　蔡莉萍	中国司法鉴定	第1期
在刑事技术领域中的除锈方法和锈迹的应用	刘　岩	中国司法鉴定	第1期
电子数据司法鉴定机构仪器设备配置标准研究	麦永浩　隆　波　向大为　张　鹏	中国司法鉴定	第1期
论临床医生转岗为司法鉴定人的弊端——浙江省严把临床医生转岗司法鉴定人的实践与思考	潘广俊　沈　奇	中国司法鉴定	第1期
论医疗水平在司法鉴定中的应用	彭邦万	中国司法鉴定	第1期
1例火灾事故的现场勘验及相关痕迹分析	沈鸿斌　张明辉	中国司法鉴定	第1期
常染色体STR分析隔代亲权鉴定1例	唐泽英	中国司法鉴定	第1期
腹腔囊肿切除术后右肾缺如医疗纠纷司法鉴定1例	王伟国　申明识　霍家润	中国司法鉴定	第1期
浅谈笔迹线条主动触觉在笔迹鉴定中的运用	王　艳	中国司法鉴定	第1期
RNA在法医学中的研究应用进展	王玉卓　贺　欢　邹晓莉　黄　云　曾红燕	中国司法鉴定	第1期
对非公有制体系下司法鉴定机构的改革建议	吴　飞　易良燕　刘松盛	中国司法鉴定	第1期
进一步，退一步，再进一步——司法鉴定立法简评与建议	徐静村	中国司法鉴定	第1期
司法会计鉴定事项探讨	许为安	中国司法鉴定	第1期
变造文书的认定	杨进友	中国司法鉴定	第1期
不是所有涉案查账都是司法会计鉴定	杨为忠	中国司法鉴定	第1期
Android智能手机的取证	姚　伟　沙　晶	中国司法鉴定	第1期

续表

文 章 名	作 者	刊 物	期 次
高效液相色谱法鉴别染料型黑色喷墨打印字迹	尹宝华 郭瑞华 梁鲁宁 林雷祥 邹 洪	中国司法鉴定	第1期
精神鉴定的评价范围——基于鉴定人与司法人员职权划分的思考	张爱艳	中国司法鉴定	第1期
鉴定制度理论研究述评	章礼明	中国司法鉴定	第1期
司法会计鉴定对象探讨	赵如兰	中国司法鉴定	第1期
“重要鉴定人”出庭作证问题论纲——以《刑事诉讼法修正案(草案)》为基点	朱晋峰	中国司法鉴定	第1期
论我国设立专家辅助人制度的必要性	邹海燕 鲁 涤	中国司法鉴定	第1期
DNA数据库“标准三联体”亲缘关系比中应用价值初探	巴华杰等	中国刑警学院学报	第1期
运用Gabor滤波增强疑难指纹图像	冯清枝等	中国刑警学院学报	第1期
摹仿英文签名笔迹的实验研究	李 震	中国刑警学院学报	第1期
利用甲醇提取物鉴别复印纸的研究	李继民等	中国刑警学院学报	第1期
光照不均匀图像校正研究	廖广军	中国刑警学院学报	第1期
暴力破坏方式及相关工具分析	谭铁君 王 震	中国刑警学院学报	第1期
穿鞋对足底动力形态的影响研究	汤澄清等	中国刑警学院学报	第1期
边缘检测优化算子在轮胎痕迹识别中的应用	张汉欣	中国刑警学院学报	第1期
电声伪装语音的音高模式比对研究	张红兵	中国刑警学院学报	第1期

续表

文章名	作者	刊物	期次
超微粒磁性粉末在手印显现技术中的应用	张丽梅等	中国刑警学院学报	第1期
一起警察枪击事件的综合鉴定与现场重建案析	张明辉等	中国刑警学院学报	第1期
红外光谱法检验汽车油漆成膜物质的研究	赵鹏程	中国刑警学院学报	第1期
高风险医疗器械事故所致医疗纠纷的法医学鉴定	郑吉龙等	中国刑警学院学报	第1期
经口刀刺致颈内动脉破裂1例	蔡云辉　张　辉　宋祥和　张先扬	法医学杂志	第2期
3种频率特异性听觉诱发电位在听力正常人中的比较	陈　芳　范利华　杨小萍　周晓蓉　董大安	法医学杂志	第2期
绍兴市无名尸体法医学检验127例分析	程　钢　王成毅	法医学杂志	第2期
腰椎压缩性骨折并许莫氏结节形成伤残评定1例	程荷英　黄建松　李春晓　鲁勇虎	法医学杂志	第2期
骶管灌注治疗后发现脊髓栓系综合征医疗纠纷1例	程亦斌　施燮民	法医学杂志	第2期
法医学鉴定中神经传导检测不同参考值的比较	高　东　田　东　夏　晴　朱广友　范利华	法医学杂志	第2期
甲基苯丙胺的中毒机制及中毒死亡法医学鉴定	高卫民　宛　洋　毛瑞明　米　丽　杜中波　曹志鹏　朱宝利	法医学杂志	第2期
低体积PCR扩增用于单细胞分离和检验	韩俊萍　李彩霞　严　红　朱　典　李艮平　胡　兰	法医学杂志	第2期
肠道病毒71型在脑干脑炎婴幼儿脑干中的分布及感染机制	郝　博　高　迪　汤大为　王小广　刘水平　孔小平　刘　超　黄京璐　毕启明　权　力　罗　斌	法医学杂志	第2期
肌注鱼腥草和头孢拉定致过敏性休克死亡1例	何海燕　苏　敏　田东萍	法医学杂志	第2期

续表

文章名	作者	刊物	期次
距骨骨折成伤机制分析1例	何新爱　孟武庆　霍家润	法医学杂志	第2期
腰部过伸致脊髓损伤法医学鉴定2例	胡志强　李　影　宋世强	法医学杂志	第2期
次级骨化中心发育异常致腰椎横突裂1例	黄莉娜　施　群	法医学杂志	第2期
老年女性杀人1例	黄　雯　李学建　张春梅　马志军　徐宏云	法医学杂志	第2期
STR分型技术应用于白血病患者个人识别1例	赖　力　薛士杰　金静君	法医学杂志	第2期
人类岩藻糖基转移酶5特异性分布及其在精细胞的表达与定位	李冯锐　周懿舒　朱兰卉　崔洪刚　王保捷　丁　梅　庞　灏	法医学杂志	第2期
铁路交通事故尸体检验1例	刘　钢　陈宝琦　王　岩　杨　光	法医学杂志	第2期
创伤后三尖瓣关闭不全法医学鉴定1例	刘　莉　赵　敏　刘　勇　刘慧芝　张　奎　余　舰	法医学杂志	第2期
《人体重伤鉴定标准》出台过程	陆　晓	法医学杂志	第2期
超声法测量角膜厚度推断死亡时间	吕国丽　姜富学　许心舒　蒋拥军　李志刚　王　欣　石　河　余礼聪　许传超	法医学杂志	第2期
双足踝全肌瘫法医学鉴定1例	吕　铭　李春晓　张运阁　鲁勇虎	法医学杂志	第2期
膝关节痛风性病变误诊为骨折1例	潘光军　张丽娟	法医学杂志	第2期
小鼠皮肤烫伤模型的建立	任　鹏　官大威　赵　锐　马文翔　张书韬	法医学杂志	第2期
颅底脊索瘤猝死1例	孙　勇　韩志杰　王子慎	法医学杂志	第2期
应用EZ-tape胶带分离提取混合斑精细胞	王玉健　王　斌　马　妍　杨志勇	法医学杂志	第2期
氯胺酮与酒精对小鼠学习记忆行为的影响	杨美玉　丁　飞　蒋小岗　吴勰星　顾振纶　郭次仪　卞士中	法医学杂志	第2期

续表

文章名	作者	刊物	期次
产褥期肺动脉血栓栓塞猝死1例	于天水　王福远　张海东　百茹峰	法医学杂志	第2期
颈-眼动脉瘤破裂致蛛网膜下腔出血死亡1例	张　吉　董红梅　宋玉成　任　亮	法医学杂志	第2期
实时RT-PCR常用内对照在死亡早期人心肌内的稳定性	张　萍　马开军　张　恒　王慧君　沈忆文　陈　龙	法医学杂志	第2期
白骨化尸体的法医学检验与现场分析2例	张延波	法医学杂志	第2期
增强化学发光法检测基质金属蛋白酶-11鉴定月经血	章雅清　陆惠玲　姚亚楠	法医学杂志	第2期
全同胞与半同胞关系甄别中似然比的算法	赵书民　张琳娜　张素华　张　娜　赵珍敏　李成涛	法医学杂志	第2期
持锐器自断双手7指1例	艾斯喀尔　徐旭东	刑事技术	第2期
应用DNA Typer15™ Direct试剂盒对河南地区汉族人群14个基因座遗传多态性的调查	白　雪　姜成涛　赵兴春　张　建　赵　蕾　孙　敬　欧　元　亢　斌　叶　健	刑事技术	第2期
指纹系统与关联系统信息联用破案2例	陈大方　冯　巍　金建伟	刑事技术	第2期
发光光谱成像检验人民币真伪研究	陈　强　杨志超　孙　阳　曹广涛　李　然	刑事技术	第2期
糖尿病酮症酸中毒死亡1例	陈　锐　唐剑频　赖小平　卢庆林　许传超	刑事技术	第2期
毒品稀释剂N-异丙基苄胺的检验	邸玉敏　张　凯　肖　楠	刑事技术	第2期
常州市武进区5年94例已破命案的回顾性研究	丁煜炜　孙婷怡　梁　曼　卓　莘　白英杰　刘　良	刑事技术	第2期
使用电吹风显现传真文件	杜　龙	刑事技术	第2期
测量笔画增宽度判断激光打印文件朱墨时序初探	冯　超　刘坤明　李　静	刑事技术	第2期
批量提取微量DNA在案件检验鉴定中的应用3例	冯　燕	刑事技术	第2期

续表

文章名	作者	刊物	期次
油浸法测定玻璃折射率的不确定度评定	郭洪玲 权养科 陶克明	刑事技术	第2期
浙江汉族人群D1S1656、SE33和D2S1338基因座的遗传多态性调查	郝宏蕾 吴微微 吕德坚 任文彦 苏艳佳 叶新斌	刑事技术	第2期
GC/MS分析毒品海洛因稀释液	何亮 马非非 李一鸣	刑事技术	第2期
分散固相萃取-GC/MS法测定人血中啶虫脒的含量	侯宏安 张卫兵 苏国宝	刑事技术	第2期
汽车后备箱中涉毒物证提取及甲卡西酮检验	黄星 王蔚昕 张春水	刑事技术	第2期
人像面貌差异点在破案工作中的运用	李爱民 张丽	刑事技术	第2期
1例植物整体分离痕迹的检验	李文辉 陈林	刑事技术	第2期
视频监控系统在现场重建工作中的应用	李彦雷 杨冀虎	刑事技术	第2期
"鉴证科学"与"法庭科学"之辩	李兆隆 周静 刘耀	刑事技术	第2期
自发性心脏破裂死亡法医学分析3例	梁小飞	刑事技术	第2期
心理测试协助破获杀人抛尸案1例	梁学文 刘锋	刑事技术	第2期
多Web应用服务器在指掌纹系统中的应用初探	刘洁	刑事技术	第2期
藻酸盐材料在提取深色织物上潜血足迹的应用	刘赛 罗亚平	刑事技术	第2期
超声波清除锈迹在刑事技术领域中的应用展望	刘岩 王明直 冯祖祎	刑事技术	第2期
基于GC-MS的血液气味识别模型	龙成生 王辛 吴德华 强京宁 张汇东 顾劲乔 刘锁英	刑事技术	第2期

续表

文 章 名	作 者	刊 物	期 次
二分髌骨误诊为髌骨骨折1例	麻林广 汤世勇	刑事技术	第2期
1例胃穿孔法医学尸体检验	毛云峰 李 昭 海 云 余绍明	刑事技术	第2期
指纹乳突纹线密度的性别差异初探	倪萍娅 戈文东 裴 黎	刑事技术	第2期
肱骨内外上髁发育异常误为撕脱骨折1例	唐 晋 李长荣 唐田丰	刑事技术	第2期
夜间视频交通案处理1例	唐 永 董庆东 梁培龙 白 羽	刑事技术	第2期
掠入射加分色照相法拍摄彩色瓷砖上潜灰指印	王 伟	刑事技术	第2期
变异指纹检验2例	杨 雄 肖 晖 唐益明	刑事技术	第2期
汉语普通话音高模式在话者鉴别中的应用	张红兵	刑事技术	第2期
网约集体自杀1例	张少实 王玉洲 张继宗 李默言 李敬亮	刑事技术	第2期
原子力显微镜在法庭科学中的应用及展望	张 颖	刑事技术	第2期
硅藻检验方法综述	赵 建 胡孙林 刘 超 温锦锋 张又川 苏会芳	刑事技术	第2期
刑事鉴定制度修改的背景、争议及解读	郭 华	证据科学	第2期
刑事证据制度修改的亮点与难点	陈卫东 柴煜峰	证据科学	第2期
尸食性蝇类的调查与研究内容	陈禄仕	中国法医学杂志	第2期
判别函数在同胞鉴定中的应用	陈子翔 王福振 陆惠玲 章雅清	中国法医学杂志	第2期
肺表面活性物质相关蛋白A与肺损伤	程文斌	中国法医学杂志	第2期

续表

文章名	作　者	刊　物	期　次
绳索与人分离自缢现场分析	崔　瑶	中国法医学杂志	第2期
创伤失血性休克法医学鉴定分析	樊文忠	中国法医学杂志	第2期
弥漫性轴索损伤致植物状态1例	冯宗美　陈玉林	中国法医学杂志	第2期
严重碳化脊柱DNA分型检验1例	何松国　黄新凤　郑可芳	中国法医学杂志	第2期
三棱刮刀损伤1例	侯孝川　徐胜银　彭小东	中国法医学杂志	第2期
遭牛攻击致死分析	金洪年　周　晖	中国法医学杂志	第2期
固相萃取/LC－MS/MS测定血液中的白藜芦醇	李　丽　张文芳　杨士云　张大明　常红发	中国法医学杂志	第2期
西南地区成人面颅骨的性别判定	李　明　范英南　喻永敏　夏　鹏　李红卫　代国新	中国法医学杂志	第2期
鼓膜四处穿孔法医学鉴定1例	李　秦　佘晓欣　崔家贵　王沁德　李万辅	中国法医学杂志	第2期
铁路线路上自杀1例分析	刘　钢　吴艳红　杨　光　王　岩	中国法医学杂志	第2期
喉钝挫伤3例	刘　莹　张　鑫　白　洁　封　华　王晓明	中国法医学杂志	第2期
环境激发吗啡CPP复燃大鼠杏仁核PSD－95的表达	鲁　琴　韩军鸽　沈苗刚　楼旭晨　陈　翎　朱　华	中国法医学杂志	第2期
13岁少年急性胰腺炎猝死1例	吕　成　闫　杰　杨真真　陈新山	中国法医学杂志	第2期
全身尸蜡尸体的法医学鉴定1例	司付海　田瑞民	中国法医学杂志	第2期
指甲内附着物DNA分型鉴定1例	宋方明　刘雁军　张天林　王英元	中国法医学杂志	第2期
青少年心脏抑制死1例	宋建兵	中国法医学杂志	第2期
产妇患甲型H1N1流感合并肺炎死亡1例	苏　波　张燕翔　汪　浩　孟祥志	中国法医学杂志	第2期
微波消解－扫描电镜联用法在溺死诊断中的应用	苏会芳　刘　超　胡孙林　何树文　李向阳　温锦锋　刘　宏　赵　建	中国法医学杂志	第2期

续表

文章名	作者	刊物	期次
家兔死后离体血液 ATP 含量变化与放置时间的关系	孙婷怡 刘 良 杨天潼 张海东	中国法医学杂志	第 2 期
同一环境导致不同 CO 中毒后果法医学分析	汤家全	中国法医学杂志	第 2 期
新疆维吾尔族 20 个 STR 基因座遗传多态性	图尔逊·尼亚孜比力盖 古力娜尔·库尔班 张丽萍	中国法医学杂志	第 2 期
口服硫酸铜死亡 1 例	汪冠三 刘 超 石 河	中国法医学杂志	第 2 期
离子色谱法分析稻草中矮壮素	王淑真 陈祥国 张银华 吕纪忠	中国法医学杂志	第 2 期
心肌缺血猝死心肌中高迁移率族蛋白 B－1 的表达研究	王文靖 高铁磊 靳占峰 彭 雪 付志军	中国法医学杂志	第 2 期
潍坊汉族男性 34 个 X－STR 基因座遗传多态性	王新杰 张立军 刁立江 冯建忠 罗莉静	中国法医学杂志	第 2 期
颅底骨折损伤机制分析	魏海鹏 李长荣 王北榆 刘桂文 崔际论 薛成海	中国法医学杂志	第 2 期
掌骨二次骨折法医学鉴定 1 例	吴坤兴 李慧敏 陈德有	中国法医学杂志	第 2 期
肋软骨骨折损伤程度评定 1 例	徐传宝	中国法医学杂志	第 2 期
多种方式自杀法医学分析	徐东升	中国法医学杂志	第 2 期
液相电喷雾离子质谱技术在法医 DNA 中的应用	许 淼 李淑瑾 丛 斌 马春玲	中国法医学杂志	第 2 期
新生儿先天性膈肌缺损伴巨大膈疝 1 例	许小明 胡金花 李艳红	中国法医学杂志	第 2 期
骶骨骨折法医学鉴定 1 例	杨 丽 陈溪萍 张 路 何颂跃	中国法医学杂志	第 2 期
67 例皮肤接触样本的采集及 DNA 提取方法的比较分析	袁家龙 袁 红 赵春鹤 曲春冰 巫家盛 张国翔 李 杰 张 何	中国法医学杂志	第 2 期
21 三体综合征 STR 分型异常 1 例	张 杰 王河涛 贺 仲 王晓军 赵英建	中国法医学杂志	第 2 期

续表

文　章　名	作　　者	刊　物	期　次
斑蝥素中毒检验1例	张蕾萍　于忠山　董　颖　崔　巍　杜鸿雁	中国法医学杂志	第2期
致心律失常性右室心肌病的研究进展	张明昌　程思思　李备栩　赵子琴	中国法医学杂志	第2期
手足口病死亡1例	张燕翔　李广涛　苏　波　汪　浩　孟祥志	中国法医学杂志	第2期
腹腔连续注射低剂量氯胺酮后大鼠海马LC3和Beclin1的表达	张　阳　曹甲甲　陆俊龙　赵彦伯　卞士中	中国法医学杂志	第2期
陈旧性眼眶内侧壁骨折鉴定1例	赵　彬　耿海伟　贾　宁　王红健　贾雪峰	中国法医学杂志	第2期
腰椎融合畸形误诊腰椎骨折分析	赵小林	中国法医学杂志	第2期
适配体技术研究现状与法庭科学应用展望	赵兴春　宫荣彬　王　乐　季安全　叶　健	中国法医学杂志	第2期
枢椎先天发育畸形误诊寰枢椎半脱位1例	赵　永　刘兴本　徐晓明　郑传斐	中国法医学杂志	第2期
阴道内异物存留继发感染法医学鉴定1例	周文武　赵永斌　单振强	中国法医学杂志	第2期
CdTe量子点溶液显现非渗透性客体上血手印初探	杨瑞琴　夏彬彬　王彦吉　刘建军	公安大学学报（自）	第2期
画报表面潜在指纹的光学显现	高树辉　陈　龙　王　磊	公安大学学报（自）	第2期
遮光定向反射镜用于同轴光源摄影的实验	康　卫	公安大学学报（自）	第2期
朱墨时序的表观特征及其判定	谢　朋　李　彪　罗　琼	公安大学学报（自）	第2期
添加法变造打印文件的鉴别	林　红　林丽萍　张　雷	公安大学学报（自）	第2期
复印文件底灰特征的定量化检验	于　彬	公安大学学报（自）	第2期
改制射钉枪的法庭科学鉴定	季　峻	公安大学学报（自）	第2期

续表

文章名	作者	刊物	期次
斑蝥的滥用及检测	白　璐　王玉瑾　颜有仪	中国司法鉴定	第2期
司法鉴定技术指导工作研讨会在司鉴所召开	蔡莉萍　王　洁	中国司法鉴定	第2期
我国刑事司法鉴定制度的新发展与新展望	陈光中　吕泽华	中国司法鉴定	第2期
中国司法鉴定救助制度的实证研究	陈如超	中国司法鉴定	第2期
由非行为人精子佐证的卖淫案1例	崔建磊　尹桂双　李小廷　丁连发	中国司法鉴定	第2期
软件侵权计算机取证方法的法律推理	龚德忠	中国司法鉴定	第2期
动物DNA分析在法庭科学中的应用	郭　宏　李　丽　杨　辰　徐红星　王　玮	中国司法鉴定	第2期
《刑事诉讼法》有关鉴定问题的修改与评价	郭　华	中国司法鉴定	第2期
医疗纠纷鉴定体制思考	黄　闯	中国司法鉴定	第2期
试析民间借贷纠纷案件中的文书司法鉴定	贾晓光	中国司法鉴定	第2期
以保险理赔为视角论司法鉴定的规范化建设	江乐盛　吴海波	中国司法鉴定	第2期
略述司法会计鉴定若干实务问题	金建文　金鸣晨	中国司法鉴定	第2期
HPLC－MS法测定鲜鱼中河豚毒素	金玉娥　马佳鸣　熊丽蓓　汪国权	中国司法鉴定	第2期
香港司法鉴定制度的启示与借鉴	李春晓　蒋玉琴	中国司法鉴定	第2期
论医疗事故技术鉴定人制度之完善	李　立	中国司法鉴定	第2期
影响真空镀膜显现手印效果的因素分析	李孝君　刘　丹　王鸿飞　刘坤明	中国司法鉴定	第2期
QQ取证及其司法鉴定方法研究	隆　波　肖　扬　麦永浩	中国司法鉴定	第2期

续表

文章名	作者	刊物	期次
对当前加强司法鉴定工作的几点思考	陆晓明 陈胜泉	中国司法鉴定	第2期
交通事故中轮胎爆破痕迹的检验与应用	欧阳常青	中国司法鉴定	第2期
对尸体指纹种类认定依据的研究	潘自勤	中国司法鉴定	第2期
SEM/EDS法和XRF法在电工胶带检验中的应用	孙振文 权养科 陶克明	中国司法鉴定	第2期
规制电子证据鉴定的几个基本问题	台治强	中国司法鉴定	第2期
交通伤后遗智力缺损或精神障碍伤残评定资质问题探讨	汤 涛 张钦廷 管 唯	中国司法鉴定	第2期
高坠现场勘验及相关痕迹分析对案件性质判定的证据价值	王方宝 张本勇	中国司法鉴定	第2期
论鉴定人拒绝出庭作证法律后果的立法定位	王俊民	中国司法鉴定	第2期
打印变造文书的检验流程及要旨	王 跃	中国司法鉴定	第2期
我国司法会计鉴定机构制度模式的评述	徐艳琳	中国司法鉴定	第2期
手术误切睾丸致医疗纠纷法医学鉴定1例	张 鹏 章如光 张忠林	中国司法鉴定	第2期
论司法精神病鉴定听证制度构建	张 艳 李 东 葛鲁邹 张 吉 常 林	中国司法鉴定	第2期
子宫切除术后输尿管阴道瘘、肾积水医疗纠纷1例	左 亮	中国司法鉴定	第2期
音节音联在语音鉴别中的应用研究	曹巧玲等	中国刑警学院学报	第2期
“全、深、细、特”——笔迹鉴定选取特征、把握书写人书写习惯四字法	陈明春 陈 雷	中国刑警学院学报	第2期

续表

文章名	作者	刊物	期次
浅谈绳结检验方法	姜文锋　张书杰	中国刑警学院学报	第2期
多光谱成像技术检验富士施乐C2220彩色激光打印机	梁立峥	中国刑警学院学报	第2期
论指纹的拓扑性质	刘持平	中国刑警学院学报	第2期
六四式手枪射击弹头上的坡膛痕迹	吕雪平等	中国刑警学院学报	第2期
濒危者笔迹的检验	王艳玲	中国刑警学院学报	第2期
护栏痕迹特征在交通事故现场勘查中的应用	武磊等	中国刑警学院学报	第2期
常见木屑浸提成分的气相色谱分析	许江萍等	中国刑警学院学报	第2期
浅谈案犯心态对足迹反映的影响	薛亚龙　岳　佳	中国刑警学院学报	第2期
点痕特征量化分析的研究与实现	于　彬	中国刑警学院学报	第2期
共振峰动态特征在法庭话者鉴别中的应用研究	张翠玲　苏　斌	中国刑警学院学报	第2期
结核性脑膜炎漏诊误治引起医疗纠纷1例	程亦斌　施燮民	法医学杂志	第3期
皮匠刀杀人1例	房　伟　邵　壮	法医学杂志	第3期
胸主动脉假性动脉瘤破入食管死亡1例	郭思云　骆成勇	法医学杂志	第3期
过敏性休克大鼠血嗜碱性粒细胞CD63的表达	景丽霞　郭相杰　靳茜茜　黄苗苗　高彩荣	法医学杂志	第3期
X－STR分型在特殊二联体亲子鉴定中的应用1例	赖　力　薛士杰　金静君　张　韬	法医学杂志	第3期
窒息死大鼠肌肉傅里叶变换红外光谱变化与死亡时间的关系	黎世莹　邵　煜　李正东　刘宁国　邹冬华　秦志强　陈忆九　黄　平	法医学杂志	第3期

续表

文章名	作者	刊物	期次
锐器自伤致心脏破裂死亡1例	刘铁柱　王学鸿　宁少辉	法医学杂志	第3期
河豚毒素在死后豚鼠组织和体液中的分布	刘　伟　达　情　沈　敏	法医学杂志	第3期
生物脱落细胞提取仪联合 EZ－tape 胶带侦破命案1例	刘亚举　孙现锋　徐　超　王　辉	法医学杂志	第3期
利用 Y－STR 检验侦破杀人抛尸案1例	刘　颖　曹　刚　陈伟玓　曹　锋　宋喜彬　邢锦山	法医学杂志	第3期
肌注盐开水致重伤法医学鉴定1例	刘子军	法医学杂志	第3期
外伤性锁骨下动脉破裂修补术后继发脑梗死1例	楼迪栋　崔茂常　王　杰　汪元河　官志忠　陈新山	法医学杂志	第3期
儿童下肢长骨骨折后过度生长成因分析1例	马静媛　顾珊智　马德刚　张转利	法医学杂志	第3期
大鼠急性心肌缺血后血管内皮生长因子的表达变化	毛瑞明　杜中波　高卫民　米　丽　朱宝利	法医学杂志	第3期
妊娠晚期淋巴细胞性垂体炎猝死1例	邵　翔　朱　华	法医学杂志	第3期
GABRB3 基因启动子区 rs4906902 和 rs8179184 位点遗传多态性与精神分裂症的相关性	孙雪菲　丁　梅　孙　颖　庞　灏　宣金锋　邢嘉鑫　李春梅　王保捷	法医学杂志	第3期
利用 STR 和 Y 染色体二等位基因标记鉴定同胞兄弟关系	汤美云　黄　健　蔡金洪　黄晓松　徐　玮　瞿志雄　单飞豹　陆惠玲	法医学杂志	第3期
神经性阴茎勃起功能障碍检测进展	王飞翔　朱广友	法医学杂志	第3期
血清总 IgE、类胰蛋白酶和类糜蛋白酶在药物过敏性休克死亡鉴定中的应用	王红杰　宋纬平　阳　宇　黄京璐　郝　博　高　迪　汤大为　王小广　刘水平　权　力　罗　斌	法医学杂志	第3期
阑尾切除术后腹部切口疝医疗纠纷1例	王亚辉　夏文涛　朱广友	法医学杂志	第3期

续表

文 章 名	作 者	刊 物	期 次
钢锤打击后皮肤遗留金属颗粒成分检测	王 阳 赵春梅 王 琦 刘 力	法医学杂志	第3期
输卵管妊娠组织中绒毛DNA的提取	吴元明 张晓楠 李雪姣 王国霞 吴 丹 孙 茂	法医学杂志	第3期
应用多焦视诱发电位进行视野客观评定1例	项 剑 郭兆明 王 旭 于丽丽 刘 会	法医学杂志	第3期
前列腺素 D_2、羧肽酶A3和血小板活化因子在过敏性休克豚鼠体内含量变化	杨 凯 郭相杰 闫学斌 高彩荣	法医学杂志	第3期
慢性硬脑膜下血肿的损伤程度鉴定	余 松 黄 炬 徐代化	法医学杂志	第3期
泼洒氢氟酸伤害致人死亡1例	张宏生 徐文彬 江文军	法医学杂志	第3期
水中尸体脱落细胞DNA检验1例	张 辉 王 波 王群凯	法医学杂志	第3期
肋骨细微骨折MSCT的最佳检查时间	张明贵 孔江明 郑 勇 潘孝根 张少青	法医学杂志	第3期
X－STR分型用于祖孙关系鉴定1例	张胤鸣 刘素娟 吴小洁 陈 勇 沈煜恺 韦晓铸 孙宏钰	法医学杂志	第3期
12例外伤后死亡医疗纠纷鉴定分析	张运楼 陈益民 王立新 吴 建 赵春连	法医学杂志	第3期
磁共振弥散张量成像与质子磁共振波谱技术在脑损伤鉴定中的应用	赵 兆 于建云 吴昆华 余化霖 刘翱翔 李玉华	法医学杂志	第3期
X－STR分型在亲子鉴定案件中的应用1例	赵珍敏 柳 燕	法医学杂志	第3期
合体滋养细胞在羊水栓塞鉴定中的应用1例	白英杰 卓 荦 刘鸿霞 孙婷怡 刘 良	刑事技术	第3期
从法医学角度分析亲情杀人案特点	陈德京	刑事技术	第3期
1例火药枪致死案的性质判定	陈家祥 刘从勇	刑事技术	第3期

续表

文章名	作者	刊物	期次
如何从一起杀人抛尸案准确解读现场物证信息	陈 林	刑事技术	第3期
根据衣服刺创口痕迹推断刺切顺序与刺器宽度	党盼峰 王希月	刑事技术	第3期
手机物证检验原则	丁红军 范 玮	刑事技术	第3期
快速溶剂萃取法提取血中的有机磷类农药	杜鸿雁 董 颖 张蕾萍 崔 巍	刑事技术	第3期
硝酸银显现胶带指印1例	宫志鹏 景元娜 蒋静泉 程继华	刑事技术	第3期
利用新型电子物证检材破案2例	郭文举	刑事技术	第3期
澳大利亚联邦警察局法医DNA实验室管理与质量控制简介	郭燕霞	刑事技术	第3期
绑架案件现场胶带纸上指纹提取1例	黄其钦 刘 伟	刑事技术	第3期
数据碎片提取技术破案2例	康艳荣 范 玮 周冬林 郭丽莉	刑事技术	第3期
影像检验技术在侦查中的综合应用	李爱民	刑事技术	第3期
猥亵幼女案与强奸成年妇女案之心理测试比较	梁学文 刘 锋 朱桂生	刑事技术	第3期
502胶熏显提取透明塑料布上手印	廖晓宁	刑事技术	第3期
探讨EOS染色剂对血迹DNA检验的影响	刘 峰 李栽儿 肖 斌 肖鑫磊	刑事技术	第3期
广州非洲籍人群15个STR基因座多态性分析	刘 宏 刘长晖 胡 兰 李彩霞 刘 超 李 越	刑事技术	第3期
固相吸附-GC/MS法检验鱼塘水中农药氰戊菊酯	刘 民 张世楠 尹 娟	刑事技术	第3期
压敏胶粘取易脱落血指纹	罗瑞彪	刑事技术	第3期

续表

文章名	作者	刊物	期次
利用收银软件打击黑网吧1例	罗文彬　周际云	刑事技术	第3期
去除火场锁具弹子表面黑色粘附物方法1例	马元元　敖　琪	刑事技术	第3期
伤害案致伤物的检验鉴定	毛文智　吴汉源	刑事技术	第3期
GC/MS检验1－苯基－1－丙酮和1－苯基－2－丙酮	钱振华　徐　鹏	刑事技术	第3期
顶空GC/MS法检验血液中的硫化氢	乔　静　杨士云	刑事技术	第3期
北京周边水域冬季常见硅藻的初步调查	任　贺　张　旭　刘国伟　徐晓玲　吴巧雯	刑事技术	第3期
荧光粉末显现指纹1例	邵永凡　罗宏斌	刑事技术	第3期
高效液相色谱法分析蓝黑墨水墨迹	史晓凡　张海鹏　许英健	刑事技术	第3期
SYBR Green Ⅰ实时荧光PCR技术在人类DNA定量中的应用	史月群　胡　兰	刑事技术	第3期
耻骨年龄推断方法的研究进展	王福磊　王　刚　田雪梅　韩　冰	刑事技术	第3期
精神病人杀人案特点及现场分析	夏洪涛　余　斌　陈利婷	刑事技术	第3期
食用羊肉引起阿托品中毒1例	薛锦锋　田琳琳　刘明明	刑事技术	第3期
断头痕迹检验判明案件性质1例	杨宇波　高海怒	刑事技术	第3期
多波段光源显现衣服上潜在车轮印痕1例	于　堃	刑事技术	第3期
ASE和GPC方法检验非苯二氮卓类催眠药	张蕾萍　舒翠霞　杜鸿雁	刑事技术	第3期
“PS”软件在手印检验中的应用	张　玲　胡海林	刑事技术	第3期
金属表面DNA提取检测方法	张子龙　孙红兵　盛清平　杨　鑫	刑事技术	第3期
基于DNA预测人类可见外表特征的综述	赵文杰　邓淑娇　黄桂清　黄景杰	刑事技术	第3期

续表

文 章 名	作 者	刊 物	期 次
FTA 卡直接扩增缓冲增强剂的研制	赵兴春 姜伯玮 叶 健	刑事技术	第3期
检验纺织品缝线痕迹破案1例	赵长磊 李 雷	刑事技术	第3期
涉讼司法鉴定收费制度的检视与重构	拜荣静	证据科学	第3期
死刑复核中法医鉴定结论审查的特点与建议——基于634例统计分析	李永良	证据科学	第3期
医疗纠纷诉讼证据问题与对策——对病历-鉴定-审判模式的反思	肖柳珍	证据科学	第3期
论我国立法和司法对法定外在标准的过度依赖——以我国医疗损害责任鉴定与诉讼实践为例	赵西巨	证据科学	第3期
医疗过错鉴定规则体系研究	刘 鑫 高鹏志	证据科学	第3期
氯化琥珀胆碱急性中毒死亡1例	畅守鹏 张 宏 董晓丽	中国法医学杂志	第3期
microRNAs 及其法医学应用前景	陈 琦 易少华 黄代新	中国法医学杂志	第3期
HPLC-UVD/FLD 法测定血中氟乙酸类杀鼠剂	陈学国 朱 昱 姚伟宣 许英健	中国法医学杂志	第3期
CYP450 在大鼠肝内氯胺酮 N-去甲基代谢中的作用	代 晶 廖林川	中国法医学杂志	第3期
焦磷酸测序分析短片段牙釉质蛋白基因进行性别鉴定	冯 婷 李淑瑾 丛 斌 娄春光 付丽红 张晓静 马春玲	中国法医学杂志	第3期
排便后擦拭手纸 DNA 检验1例	谷建立 金 阳 廖燕妮 杨 军	中国法医学杂志	第3期
免疫磁珠技术和精子抗原研究进展与法医学应用	郭 磊 刘晓芳 韩 莹 王 燕 赵兴春 叶 健	中国法医学杂志	第3期
四川汉族群体19个 STR 基因座遗传多态性	江继平 王庆红 张海军 杜 宏 魏 伟	中国法医学杂志	第3期

续表

文章名	作者	刊物	期次
五色荧光标记20个基因座复合扩增体系及法医学应用	姜先华 贾菲 赵金玲 沈红缨 陈初光 金萍 郭飞 李秋阳 邵武 于蛟	中国法医学杂志	第3期
法医SNP复合检测体系的构建及应用	李彩霞 于子辉 贾竟 魏以梁 胡兰 万立华	中国法医学杂志	第3期
氨基比林中毒死亡1例	李鹏 仲伟龄	中国法医学杂志	第3期
DNAIQ™ System试剂盒用于精斑检验1例	刘峰 李栽儿 尹路 陈爱萍	中国法医学杂志	第3期
坐位和蹲位被火车撞击法医学分析2例	刘钢 王岩 李洪波 史洪圆	中国法医学杂志	第3期
蛔虫阻塞呼吸道致窒息死亡1例	刘海军 王勇 沈超 尹显洪 艾如纲 夏成楠	中国法医学杂志	第3期
闭合性胸外伤致主动脉夹层动脉瘤1例	刘铁健 刘晶 李永祥	中国法医学杂志	第3期
SPECT/CT在法医鉴定中应用初探	刘雅洁 许小飞 张铁利 盛丹丹 艾慧芳 高建英	中国法医学杂志	第3期
河南汉族人群PentaD和PentaE基因座遗传多态性	刘亚举 郭利红 张博 刘海 李效阳	中国法医学杂志	第3期
D2S1338基因座遗传不符1例	孟庆丽 于卫建 王旻 陈玫	中国法医学杂志	第3期
他杀方式法医学分析1例	欧文勇 邹华明 胡丽梅 张瑞 张自雄 向峰	中国法医学杂志	第3期
AGCUMini系统在法医学中的应用	苏艳佳 吴微微 郝宏蕾 任文彦 郁丽娟 叶新斌	中国法医学杂志	第3期
房室结脂肪浸润猝死1例	汤家全 赵传清 黄瑞润	中国法医学杂志	第3期
持枪杀人抢劫案现场法医学分析1例	田三虎 杨广宏 杨佳 高刚 谢淳 刘莎	中国法医学杂志	第3期
国产试剂盒Goldeneye™ 20A在亲权鉴定中的应用评估	王洁 焦章平 黄艳梅 张庆霞 张新宁 唐晖 刘雅诚 冀晗	中国法医学杂志	第3期

续表

文　章　名	作　　者	刊　物	期　次
冷冻尸体颅骨骨缝分离骨折1例	王　勇　李红卫　喻永敏 夏　鹏　赵　爽　闫　伟	中国法医学杂志	第3期
月经期子宫内充气致空气栓塞死亡1例	王紫剑　李广财	中国法医学杂志	第3期
146例他杀尸检资料法医学分析	吴坤兴　曾江海　李慧敏 陈德有	中国法医学杂志	第3期
肌腱断裂延期修复术后损伤程度鉴定1例	徐传宝	中国法医学杂志	第3期
辽宁汉族人群5个miniSTR基因座遗传多态性	徐国昌　任　甫　刘海东	中国法医学杂志	第3期
岩石磨擦致骨质缺损与锐器砍削创鉴别1例	许昆丽　沈荣昌　赵敢生	中国法医学杂志	第3期
先天性右冠状动脉开口狭窄猝死1例	许小明　胡金花　郑　剑 李艳红	中国法医学杂志	第3期
白骨化上附着致密结缔组织DNA检验1例	杨　电　朱小畴　向　轲 刘　超	中国法医学杂志	第3期
mtDNA COI和ND5基因用于鉴别常见嗜尸性蝇类	杨静波　姜建军　王江峰	中国法医学杂志	第3期
10个STR基因座荧光复合扩增体系的研制	袁　丽　姜成涛　叶　健 鲁　涤　白　雪　杨　雪	中国法医学杂志	第3期
股骨骨折后合并脑梗死死亡1例	张　吉　李保六　董红梅 任　亮　朱少华	中国法医学杂志	第3期
液相色谱/质谱法检测血液中的艾司佐匹克隆	张蕾萍　周　红　张榆梓 舒翠霞	中国法医学杂志	第3期
福州晋安河水域浮游微藻种群18SrDNA分析	张书田　卞　戈　黄和鸣 陈乃宁　李　军　刘　泓 郑　武	中国法医学杂志	第3期
浮游生物PCR检测及其在溺死鉴定中的研究进展	张又川　王会品　胡孙林 苏会芳　赵　建　刘　超	中国法医学杂志	第3期
Yq11.21区域内5个Y-STR基因座等位基因缺失1例	赵　奭　欧　元　石　屹 涂　政　郭红玲　张　硕	中国法医学杂志	第3期

续表

文章名	作者	刊物	期次
GC/MS 法检测全血中的奥氮平	赵 霞 梁武斌	中国法医学杂志	第3期
骨盆骨折并后尿道损伤致勃起功能障碍1例	赵 永	中国法医学杂志	第3期
腹部闭合性损伤致膈肌破裂1例	郑 剑 朱承仁 张丰收 许小明 李艳红	中国法医学杂志	第3期
TH01 基因座等位基因丢失1例	钟 磊 陈旭东 李 钊 曹小于 鲜仲淑	中国法医学杂志	第3期
改良醋酸铵盐析法提取福尔马林固定石蜡包埋组织 DNA	周勤虎 丁 梅 王保捷 庞 灏 徐振亮 张 晨 冯春梅 王巍巍	中国法医学杂志	第3期
物理显影液显现潜在手印机理再分析	罗亚平 赵雅彬	公安大学学报（自）	第3期
交通事故导致男性阴茎勃起功能障碍的法医学鉴定分析	黎宇飞 武全震	公安大学学报（自）	第3期
交通肇事案件中汽车塑料物证的提取和检验	孙振文 权养科 陶克明	公安大学学报（自）	第3期
显微拉曼光谱仪分析红色印迹	陈 宁	公安大学学报（自）	第3期
同树种不同产地木屑的气相色谱分析	许江萍 史晓凡 郭东东 郭 浩 刘文文	公安大学学报（自）	第3期
犯罪现场勘验 DNA 物证污染的防控	皮建华 龙 兵 代 勇	公安大学学报（自）	第3期
荧光分光光度法测定死亡机体中腐胺含量	张艳林	公安大学学报（自）	第3期
SPE－GC－MS/MS－SRM 法快速检测尿液中12种常见毒品成分及代谢物	魏万里	公安大学学报（自）	第3期
502 真空熏显手印条件研究	陈振乾 徐钒堡	公安大学学报（自）	第3期
爆炸物品爆炸燃烧销毁研究	王新建	公安大学学报（自）	第3期

续表

文章名	作者	刊物	期次
溶栓与“烟雾病”医疗纠纷司法鉴定1例	毕 洁 霍家润	中国司法鉴定	第3期
解读新《刑事诉讼法》推进司法鉴定制度建设	卞建林 郭志媛	中国司法鉴定	第3期
鉴定人出庭作证新论——兼论新《刑事诉讼法》的相关条款	陈邦达	中国司法鉴定	第3期
法医毒物学数据库构建及电子信息平台系统的实现	陈 航 沈 敏 向 平 戴广宇	中国司法鉴定	第3期
SPME－GC－MS及相似度计算法对内衣中人体气味的分析鉴别	代 勇 王彦吉 孙 琴 孟品佳	中国司法鉴定	第3期
知识产权诉讼中鉴定意见的司法评价	董文涛	中国司法鉴定	第3期
醪糟中混入灭多威投毒杀人1例	冯宗美 陈玉林	中国司法鉴定	第3期
商业秘密司法鉴定探讨	黄 荔 罗苏平	中国司法鉴定	第3期
刍议物证与物证特征的系统分类	李 彪 王相臣 于 彬 李志荣 王 虹	中国司法鉴定	第3期
常染色体STR和X染色体STR联合应用于姑侄和叔侄关系鉴定	李 莉 刘俊宏 柳 燕 赵珍敏	中国司法鉴定	第3期
2011年度全国法医类、物证类、声像资料类司法鉴定情况统计分析	李 禹 党凌云	中国司法鉴定	第3期
《建设工程司法鉴定程序规范》课题组分别在上海、重庆召开座谈会和统稿会	刘钧凯 朱晋峰 蔡莉萍	中国司法鉴定	第3期
交通伤后视觉功能障碍伤残评定	刘瑞珏	中国司法鉴定	第3期
上海地区水域中硅藻的基本分布调查	马开军 李 衆 张晓东 余永安 徐尚贵 赵 海 陈 新 阎建军	中国司法鉴定	第3期
论实物证据的鉴真与鉴定——以美国法为参照的分析	牟绿叶	中国司法鉴定	第3期

续表

文 章 名	作 者	刊 物	期 次
司法鉴定机构的性质、功能与设置模式探索	沙奇志	中国司法鉴定	第3期
论道路交通事故鉴定的现状、问题与对策	邵祖峰　王秀华　邵　超	中国司法鉴定	第3期
司法鉴定技术考察团赴澳大利亚考察报告	司法鉴定技术考察团 周晓蓉　陈忆九　沈　敏	中国司法鉴定	第3期
浅谈司法鉴定助理人才的培养	宋祥和　蔡红星　丁凤云 谷振勇　蔡云辉　张先扬	中国司法鉴定	第3期
膝关节置换失败后截肢司法鉴定1例	宋秀娟　邵黎明	中国司法鉴定	第3期
精神病司法鉴定的多维分析	宋远升	中国司法鉴定	第3期
新型亲油性纳米二氧化硅粉末在手印显现中的应用	王鸿飞　徐　尉　李孝君 常柏年　孙振文 欧阳维佳	中国司法鉴定	第3期
证据视角下的计算机取证过程分析	王　骄	中国司法鉴定	第3期
论“有专门知识的人”制度的完善——关于新《刑事诉讼法》第192条的思考	吴高庆　齐培君	中国司法鉴定	第3期
某框架梁板裂缝原因及结构安全质量鉴定	吴国强　郑　科	中国司法鉴定	第3期
谈刑事责任能力评定时“疑病从无”的法律意义	吴　真　吴家声	中国司法鉴定	第3期
绘画类试卷案件鉴定	杨圣军　王　炜	中国司法鉴定	第3期
足弓破坏法医临床学鉴定的影像学理论与实践	应充亮　万　雷	中国司法鉴定	第3期
刑事司法精神疾病鉴定法律规范的几个问题	张小宁　张轶琛	中国司法鉴定	第3期
LC－ESI－MS/MS法分析爆炸尘土中的硝化甘油	张榆梓　周　红　孙玉友	中国司法鉴定	第3期

续表

文　章　名	作　　者	刊　物	期　次
法医学鉴定中“鉴定时机”的选择与规制	章礼明	中国司法鉴定	第3期
中性墨水笔墨迹中甘油成分的气相色谱分析及历时性变化初探	赵鹏程　史晓凡　温　雯	中国司法鉴定	第3期
司法鉴定意见纠错机制及制度探讨——以面向社会服务的鉴定机构和鉴定人为视野	朱　兰	中国司法鉴定	第3期
建筑工程质量司法鉴定实践过程中若干问题探讨	左勇志　刘育民　白正仙 陈鸣飞　宗娜娜	中国司法鉴定	第3期
同源印章印文鉴别方法研究	崔　岚	中国刑警学院学报	第3期
紫外线下各种潜在手纹的显现效果及原理	窦海明	中国刑警学院学报	第3期
硅藻种群及数量变化规律的法医学研究	杜　宇等	中国刑警学院学报	第3期
汽车轮胎冲上台阶力学过程分析	贾常明	中国刑警学院学报	第3期
数字水印防伪技术在换页打印文件中的应用	林　红等	中国刑警学院学报	第3期
铁质金属表面潜在冲压字迹显现的研究	宋庆芳	中国刑警学院学报	第3期
基于MATLAB的低分辨率图像增强处理	孙殿臣	中国刑警学院学报	第3期
三起添加文件案件的检验	万　婕	中国刑警学院学报	第3期
谱减法增强语音证据技术研究	王华朋等	中国刑警学院学报	第3期
海量监控视频快速回放与检索技术	周渝斌	中国刑警学院学报	第3期

续表

文章名	作者	刊物	期次
Time - Dependent FTIR Spectral Changes in Rats of Massive Hemorrhage Death during the Later Postmortem Period	LI Shi - ying SHAO Yu LI Zheng - dong LI Li CHEN Yuan - yuan CHEN Yi - jiu HUANG Ping	法医学杂志	第4期
Long - Term Trend of Bone Development in the Contemporary Teenagers of Chinese Han Nationality	WANG Ya - hui YING Chong - liang WAN Lei ZHU Guang - you	法医学杂志	第4期
精神障碍者受审能力标准化评定研究进展	陈晓冰　蔡伟雄	法医学杂志	第4期
大前庭导水管综合征法医学鉴定1例	陈　钰　胡丰涵	法医学杂志	第4期
头套塑料袋自杀1例	陈　赟　薛　峰	法医学杂志	第4期
COMT基因与精神分裂症的相关性及法医学意义	丁春丽　周　雪　王保捷 丁　梅　庞　灏	法医学杂志	第4期
钳刮术引产致宫颈肿瘤出血死亡1例	段祎杰　李　志　李上勋 王　昊　邢景军　周亦武	法医学杂志	第4期
新生儿先天性膈疝伴双肺发育不良死亡1例	胡　旻　颜峰平	法医学杂志	第4期
艾司唑仑和胰岛素致死后碎尸1例	姜瑞东　刘立鸿　李红卫 刘鹤丹　王　平	法医学杂志	第4期
死亡时间推断研究进展	黎增强　左卫东　张　付 李冬日　王慧君	法医学杂志	第4期
北京中心城区水域硅藻的分布	李立平　孙婷怡　刘鸿霞 张海东　白英杰　王荣帅 刘　良	法医学杂志	第4期
应用磁共振弥散张量成像诊断大鼠锥体束损伤	李上勋　山　黛　段祎杰 邢景军　丁　杨　周亦武	法医学杂志	第4期

续表

文 章 名	作　　者	刊　物	期 次
醉酒状态下轻微外伤后蛛网膜下腔出血的法医学鉴定	刘建锋　卞　蕾　罗良鸣　朱　华	法医学杂志	第4期
保外就医工作中法医应起技术支持作用	吕　凌　吴娟美　王立新	法医学杂志	第4期
盘状半月板损伤法医学鉴定2例	阮建民　洪　翔	法医学杂志	第4期
应用16SrDNA短序列片段鉴定常见嗜尸性丽蝇	石　坚　郭亚东　匡栩源　兰玲梅　蔡继峰　王红杰	法医学杂志	第4期
脾切除、脾片移植术后伤残等级鉴定1例	孙会艳　夏文涛　张丽敏　彭向东　安　平　陈　佳	法医学杂志	第4期
肥厚型心肌病左心室心肌纤维化及骨桥蛋白表达变化	汤大为　林国生　黄京璐　刘　超　郝　博　余彦耿　孔小平　权　力　廖信彪　罗　斌	法医学杂志	第4期
扩张型心肌病心肌Fas蛋白表达	魏淑荣　陈新山　陈煌峰　孙许朋　黄光照	法医学杂志	第4期
针极肌电图与神经传导检测的法医学应用	夏　晴　高　东　朱广友　范利华	法医学杂志	第4期
监狱警察和精神科医护人员职业倦怠调查分析	谢家玲　潘奎琼　刘世华	法医学杂志	第4期
夏季室内烧炭自杀1例	熊　枫　郭亚东　刘小霞　陈水金　蔡继峰	法医学杂志	第4期
大鼠脑挫伤后脑与其他器官组织中TNF－α表达的比较	严　治　孙小丽　胡玉莲　刘　敏	法医学杂志	第4期
扼颈后窒息法医学鉴定1例	郑开颜　徐永城	法医学杂志	第4期
掌击致单耳鼓膜多处穿孔1例	朱新菊　胡治国　房　伟　陈　俊　万苏春	法医学杂志	第4期
腐败气泡形成类似吹溅状血迹1例	柏天福　董学金　李红云　钱春荣　普加贵　李连山　李发富	刑事技术	第4期
硫磺制模法提取雪地足迹的优势	常　冉　罗亚平	刑事技术	第4期

续表

文章名	作者	刊物	期次
化学显色法分析喷墨打印机黑色墨水的种类	崔连义	刑事技术	第4期
浅析监控视频鉴定	段成阁 倪萍娅 张国臣 康艳荣	刑事技术	第4期
提取焚毁炭化尸体DNA1例	樊 磊 彭俊志 丁根元	刑事技术	第4期
对群体行为模式的研究及其意义	付旭东 张 伟 辛瑞鹏	刑事技术	第4期
1例射钉器改制枪支、自制枪弹检验	宫志鹏 戴 林 朱 君	刑事技术	第4期
2例颅顶骨额中缝未闭的法医学检验	韩 锴	刑事技术	第4期
利用现场血迹分析犯罪行为	姜集良 郭立凯 李建军	刑事技术	第4期
常见油漆稀料的GC/MS的检验及分类研究	李胜林 李 鑫 徐建中	刑事技术	第4期
成伤机制认定伪造绑架案1例	李勇垒 胡 劲 霍立文 张名忠	刑事技术	第4期
机械性窒息与氰化物中毒并存的尸检分析1例	梁 希 成 静	刑事技术	第4期
玻璃中痕量金属元素检测方法研究	刘伟兵 陈晓华	刑事技术	第4期
一起盗窃案指纹漏检的启示	卢元明 龙 云 缪世强 何 勇	刑事技术	第4期
从一起杀人碎尸案谈如何提高心理测后谈话交待率	马晓锋 康永乐	刑事技术	第4期
成像技术用于锁骨年龄推断的研究进展	苗春雨 张胤鸣 李相尔	刑事技术	第4期
可卡因对小鼠离体腹腔巨噬细胞功能的影响	牛 勇 孙文平 江 南	刑事技术	第4期
利用食品袋上电子计价标签破案1例	申国华 唐展辉	刑事技术	第4期

续表

文章名	作者	刊物	期次
LAB图像处理模式区分黑色圆珠笔字迹的方法验证	孙华清　梁鲁宁　林雷祥　董　军　邹积鑫	刑事技术	第4期
热处理方法恢复PVC胶带分离缘形态	田　蕊　崔　佳　唐　寅　班茂森	刑事技术	第4期
物证时间信息检验	王桂强	刑事技术	第4期
尸体检验活动在刑事案件诉讼中的法律定位问题的探讨	王敏杰	刑事技术	第4期
交通肇事逃逸案件法医学鉴定1例	王山青　石向东	刑事技术	第4期
致伤工具微量残留物提取和检验研究	王希钢　薛　建　王繁泷　赵春梅	刑事技术	第4期
简述对两人合作签名的检验	尉迟凯　崔宗兰	刑事技术	第4期
DNA分析技术检验粪便2例	吴绪尧　曾国文　陈馨扬	刑事技术	第4期
废旧激光打印机墨粉用于手印显现	徐桂森　王延声　程继华　景元娜　马泽彬	刑事技术	第4期
1例利用木纤维认定纸张整体分离检验	徐　剑　朱　洪	刑事技术	第4期
TFD-2纸张手印快速显现系统的应用	徐　尉　常柏年　王鸿飞　李孝君	刑事技术	第4期
条码信息的识读及应用	许士国	刑事技术	第4期
7周胚胎鉴定亲子关系1例	于树振　李锦坤	刑事技术	第4期
刀鞘上脱落细胞STR检验1例	张　辉	刑事技术	第4期
气相色谱-负化学源质谱法检测生物样品中佐匹克隆	张蕾萍　舒翠霞　杜鸿雁	刑事技术	第4期
一种用于现场痕迹提取的护管消毒棉签	张　竹	刑事技术	第4期
二十年来法医学之进步	林　几	证据科学	第4期
法庭科学的真谛——重温林几教授《二十年来法医学之进步》	黄瑞亭	证据科学	第4期

续表

文章名	作者	刊物	期次
指纹鉴定标准及鉴定结论概率化研究	胡卫平	证据科学	第4期
肺动脉血栓栓塞的法医学鉴定	曹喆 贺书涛 朱宝利	中国法医学杂志	第4期
强酸液体中保存型尸体1例	董文彬 柯伟力 胡小雄 叶光华 喻林升	中国法医学杂志	第4期
刺器致脊髓损伤死亡机制分析2例	冯新建	中国法医学杂志	第4期
流行性脑脊髓膜炎猝死1例	葛延昌 吴荣奇 马开军	中国法医学杂志	第4期
350例道路交通事故膝关节损伤伤残评定分析	郭娟宁 汤政 樊爱英	中国法医学杂志	第4期
鼻及背部刀刺伤损伤程度鉴定1例	黄恩泽 樊则兵 范汜 张荆	中国法医学杂志	第4期
利用12S rRNA基因序列鉴定动物制品种属1例	黄娅琳	中国法医学杂志	第4期
头面部被动入水溺死2例	姜瑞东 刘立鸿 赵金忠 刘鹤丹 王平	中国法医学杂志	第4期
心脏破裂迟发性死亡法医学分析1例	蒋艳伟 王旭 杨振来	中国法医学杂志	第4期
利用闭室引流装置检验气胸的方法	赖小平 陈锐 于晓军 徐小虎	中国法医学杂志	第4期
灌食米糊致吸入性窒息死亡1例	李登新 王云云 隋卫东 董红梅 任亮 刘茜 朱少华	中国法医学杂志	第4期
Goldeneye™ 20A－M试剂盒在数据库建设中的应用	李秋阳 金萍 沈红缨 于蛟 郭飞 姜先华	中国法医学杂志	第4期
1对同卵双生新生儿DNA甲基化谱差异分析	李淑瑾 关亚卿 张贺玲 付丽红 张晓静 马春玲 丛斌	中国法医学杂志	第4期
铁道线路不同位置行走被撞损伤特征分析333例	刘钢 陈宝琦 王岩 李洪波 史洪圆	中国法医学杂志	第4期

续表

文章名	作者	刊物	期次
拳脚打击胸部致上腔静脉破裂1例	刘　杰　李　伟　王振宏	中国法医学杂志	第4期
蝶窦骨折法医学鉴定1例	刘　军　刘　伟	中国法医学杂志	第4期
双侧枕骨髁骨折损伤机制分析1例	刘　军　余　波　杨少永　马开军	中国法医学杂志	第4期
外伤性硬膜下积液演变为慢性颅内血肿1例	刘　莉　张　奎　刘　勇　余　舰	中国法医学杂志	第4期
HPLC－MS/MS方法检验血液中可待因	罗敬锋　郭东东　王绘军	中国法医学杂志	第4期
原发性单纯型脑干损伤法医学鉴定分析4例	施建松　窦国宴　方　超　邢　庭　顾晓生	中国法医学杂志	第4期
可卡因对小鼠离体脾细胞功能的影响	孙文平　江　南　卢延旭　朱晓凯	中国法医学杂志	第4期
IgE升高非过敏性猝死1例	孙　勇　韩志杰　徐剑锋	中国法医学杂志	第4期
常染色体STR检验认定祖孙亲缘关系1例	唐泽英　陆惠玲	中国法医学杂志	第4期
胸骨形态变化与年龄关系的研究进展	王福磊　李海田　田雪梅　韩　冰	中国法医学杂志	第4期
利用切割机切颈自杀1例	王福远　郑玲武　刘之江　徐永城	中国法医学杂志	第4期
外伤致多生牙折断法医学鉴定1例	王立广　董文武	中国法医学杂志	第4期
骨砍创金属颗粒的检测	王　琦　赵春梅　薛　健　王　旭　王　阳　刘　力	中国法医学杂志	第4期
GC/MS衍生化测定精浆中游离支链氨基酸和果糖	王姝姗　潘伯臣　刘世庆　王声祥　高利娜　祝　娟　刘俊亭	中国法医学杂志	第4期
活埋杀人法医学鉴定1例	王卫军　韦　娜　艾绍安　王振原	中国法医学杂志	第4期
根据损伤特征分析交通事故过程1例	王　勇　李红卫　周艳玲　喻永敏　夏　鹏　郭　琦　刘海军	中国法医学杂志	第4期

续表

文章名	作者	刊物	期次
GC/MS 法测定人体血液和肾、肝组织中的丙泊酚	王智慧 颜有仪 詹兰芬 唐群星 赵俊红 王 薇 廖林川	中国法医学杂志	第4期
用 Y-STR 单倍型推断男性个体来源的分析	吴微微 周安居 郝宏蕾 任文彦 吕德坚	中国法医学杂志	第4期
倒置体位致窒息死亡1例	杨本新	中国法医学杂志	第4期
多温度下死后心血 pH 值随时间变化的三维拟合函数研究	杨天潼 于永光 孙婷怡 白 敬 张海东 白英杰 刘 良	中国法医学杂志	第4期
体内藏匿海洛因致死1例	姚 钢 张 波 柳 庆	中国法医学杂志	第4期
造作伤法医学分析1例	余延和 卢水发 彭 辉	中国法医学杂志	第4期
组织 RNA 检测用于死亡时间推断的研究进展	张 恒 李文灿 张 萍 陈 龙	中国法医学杂志	第4期
血液中杀鼠剂大隆检验分析1例	张蕾萍 张云峰 于忠山 何 毅 王芳琳	中国法医学杂志	第4期
正常人长潜伏期听觉诱发电位的法医学应用价值	张馨元 刘 昕 尚笑平 关楠思 梁宇光 刘技辉	中国法医学杂志	第4期
根据损伤特点分析确定摩托车驾乘关系1例	张星平	中国法医学杂志	第4期
山羊 10 个 STR 基因座遗传多态性	张 颖 程文科 裴 黎 戈文东	中国法医学杂志	第4期
Photoshop 图像分析法在不规则瘢痕鉴定中应用	张永吉	中国法医学杂志	第4期
亲子鉴定 DNA 检验结果分析1例	张 宇 张 涛	中国法医学杂志	第4期
焚烧骨骼 DNA 检验1例	赵 霖 李晓明 付 永 何海军 李 花 刘 谦 邵 俊	中国法医学杂志	第4期
脑外伤后综合症法医学鉴定1例	周勤虎 张金良 卢 涌 杨小强 张明阳	中国法医学杂志	第4期
$Zn_{0.77}Cd_{0.23}Se$ 量子点溶液显现手印应用研究	杨瑞琴 王 珂 吴明健	公安大学学报（自）	第4期

续表

文章名	作者	刊物	期次
关于染料比值—薄层色谱扫描法中展开剂优化的研究——在印文相对盖印时间鉴定中的应用	牛 凡 黄建同	公安大学学报(自)	第4期
塑料袋表面502熏显指印的光学加强方法研究	杨飞黄 高树辉	公安大学学报(自)	第4期
原子锁技术性破坏痕迹的研究	李廉三 王 洋 于 洋	公安大学学报(自)	第4期
“十一五”期间公安科技获奖成果分析	张金山 逯永超	公安大学学报(自)	第4期
iOS设备取证技术研究	彭建新 周元建	公安大学学报(自)	第4期
基于数据挖掘技术的网络取证系统模型研究	杜 威 杨奕琦	公安大学学报(自)	第4期
保持边缘的快速图像实时放大增强算法	李春宇 安海彬 杨宇红	公安大学学报(自)	第4期
一种从高维向低维扫描的Apriori改进算法	刘骋昊 王靖亚	公安大学学报(自)	第4期
满12分驾驶人艾森克人格特征分析	赵圆圆	公安大学学报(自)	第4期
国产狙击步枪射击玻璃后目标的准确性与杀伤力初探	常小龙 郭 威 周 鹏	公安大学学报(自)	第4期
道路交通事故现场碰撞接触点确认方法研究	邵祖峰 李玉琴	公安大学学报(自)	第4期
受阻车辆总延误时间的计算方法	董玉波	公安大学学报(自)	第4期
侵入性创伤的微分析——死亡方式的多学科综合分析法	P. D. 佐恩 R. R. R. 杰莱森 S. B. C. G. 张 I. 凯威 R. 彼得蒙 E. J. 弗枚 黄 平	中国司法鉴定	第4期

续表

文章名	作者	刊物	期次
用于证据评价的似然比模型	安娜贝尔·博尔克 雷纳尔德·D. 斯图尔 艾维·艾林克 马里安·谢尔普斯 张　娜	中国司法鉴定	第4期
有机爆炸物的现场非介入性检测——顶空固相微萃取－真空气相色谱质谱法	安希·史霍英娜 蒂姆·派奇 简·戴尔莫兰 马特思·库柏 埃里安·范·艾斯坦 杰普·德·泽休 斯考特·格鲁斯曼 孙其然	中国司法鉴定	第4期
从一起经济纠纷案看电子证据司法鉴定	畅　斌	中国司法鉴定	第4期
浅谈人体伤残鉴定标准的统一	陈庆沐　李　惟　陈剑彬	中国司法鉴定	第4期
纸上静态签名笔迹动态特征的提取和分析	陈晓红　贾玉文　杨　旭 徐　彻　崔　岚　卞新伟 罗仪文	中国司法鉴定	第4期
现场分析处理技术的研究与思考	董亚枚　王洁秋	中国司法鉴定	第4期
货车侧翻与车辆改装及超载的因果关系分析	傅和平	中国司法鉴定	第4期
简析新《刑事诉讼法》对司法鉴定工作的影响	胡占山	中国司法鉴定	第4期
心理测试技术在检察机关应用的理念与机制	黄世军　包朝胜　洪　翔 陈　静	中国司法鉴定	第4期
利用DNA鉴定方法破获一起假冒涮羊肉案	黄娅琳	中国司法鉴定	第4期
电子邮件真实性鉴定方法探索	李　岩　施少培　杨　旭 卞新伟　陈晓红　卢启萌	中国司法鉴定	第4期
完善刑事司法鉴定体制的新思考	李　禹	中国司法鉴定	第4期
试论如何正确应用DNA证据	梁权赠　田　野　石美森	中国司法鉴定	第4期

续表

文章名	作者	刊物	期次
外伤性硬膜下积液转为慢性颅内血肿鉴定	刘莉 刘勇 刘慧芝 张奎 余舰	中国司法鉴定	第4期
法医精神病司法鉴定现状和执业规范——以湖北省为视角	刘卫平	中国司法鉴定	第4期
2例亲权鉴定案中的嵌合体STR谱分析	柳燕 赵珍敏 林源	中国司法鉴定	第4期
论我国司法鉴定人对鉴定事项的释明	栾时春 张明泽	中国司法鉴定	第4期
基于Volatility的内存信息调查方法研究	罗文华 汤艳君	中国司法鉴定	第4期
数字图像技术辅助二次短路熔痕金相组织定量分析研究	莫善军 沈浩 张珺	中国司法鉴定	第4期
设计签名的特点和鉴定方法	潘溪	中国司法鉴定	第4期
论纸张上潜在指印显现效果的影响因素及对策	钱煌贵	中国司法鉴定	第4期
掌骨骨折致伤方式法医学鉴定附27例分析	王飞翔 夏文涛 程亦斌 应充亮	中国司法鉴定	第4期
心理测试技术的误差分析	王攀锋 范刚	中国司法鉴定	第4期
论提高司法鉴定公信力	王瑞恒 任媛媛	中国司法鉴定	第4期
对交通肇事逃逸案件中车体修复痕迹的检验与应用	夏小玲 宦小答 刘伟平	中国司法鉴定	第4期
检察技术在案件中的审查监督作用不可小觑	尤建节	中国司法鉴定	第4期
刑事数字图像增强、复原处理一般方法初论	张大治	中国司法鉴定	第4期
壁冠状动脉伴冠状动脉粥样硬化狭窄猝死1例分析	张政权 李艳明 李桢	中国司法鉴定	第4期
医疗过错鉴定中因果关系结论亟待统一和完善	赵典 葛力 雷沙 周琦 杨智曦	中国司法鉴定	第4期

续表

文章名	作者	刊物	期次
有待于完善的改革——对《民事诉讼法修正案（草案）》的评析与建议	赵 杰	中国司法鉴定	第4期
道路交通事故中涉案者交通行为方式的法医学鉴定	赵丽萍 洪仕君 熊亚明 任 莉 杨 荣 教富源 韩晓华 甘建骏	中国司法鉴定	第4期
医疗损害司法鉴定研讨会在哈尔滨召开	朱晋峰 蔡莉萍	中国司法鉴定	第4期
新《刑事诉讼法》有关鉴定规定几个重点问题的理解	邹明理	中国司法鉴定	第4期
“形、力、神”——签名笔迹鉴定三要素	陈 雷 陈明春	中国刑警学院学报	第4期
铝箔纸工具开锁痕迹检验技术的研究	戴 林 王梓人	中国刑警学院学报	第4期
浅析仿真枪鉴定	苟益博等	中国刑警学院学报	第4期
四种氨基甲酸酯类杀虫剂分子印迹聚合物的合成及识别性能研究	姜兆林等	中国刑警学院学报	第4期
显微分光技术判定朱墨时序的初步研究	李 彪	中国刑警学院学报	第4期
一种基于复合混沌序列的检材样本图像加密算法	李 震	中国刑警学院学报	第4期
荧光复合材料在手印显现中的应用研究	刘 丽等	中国刑警学院学报	第4期
利用77式手枪进膛痕迹判断弹头发射顺序的研究	吕晓森等	中国刑警学院学报	第4期
衬垫物缺陷对橡胶砍切痕迹影响的实验研究	马 竞等	中国刑警学院学报	第4期
微波消解ICP/AES标准加入法测定骨中金属毒物	吴玉红等	中国刑警学院学报	第4期
胶带粘面指纹的光学显现方法研究	于捷年等	中国刑警学院学报	第4期

续表

文 章 名	作 者	刊 物	期 次
16BT 试剂盒在 DNA 检验鉴定中的应用	张 璐等	中国刑警学院学报	第4期
Assessment of a Sudden Death Case due to Coronary Artery Disease Based on the PMCT and Forensic Autopsy	WAN Lei ZHANG Jian - hua HUANG Pin YING Chong - lian LIU Ning - gu ZHU Guang - you	法医学杂志	第5期
Pulmonary Hemorrhagic Infarction due to Fat Embolism and Thrombo-embolism after Maxillofacial Plastic Surgery: A Rare Case Report	ZOU Dong - hua SHAO Yu ZHANG Jian - hua QIN Zhi - qiang LIU Ning - guo HUANG Ping CHEN Yi - jiu	法医学杂志	第5期
小肠憩室并发急性肠梗阻死亡1例	白英杰 董红梅 任 亮 梁 曼 刘 良	法医学杂志	第5期
冷冻研磨联合超声波技术处理指甲检材	陈 航 向 平 孙其然 沈 敏	法医学杂志	第5期
机械性窒息死亡尸体征象的死后变化分析1例	陈 鹏 许岁生 罗良鸣 刘建锋 卞 蕾 谢耀耀	法医学杂志	第5期
主动脉窦瘤破裂死亡1例	陈志刚 赵欢欢 胡晓飞 郭恒军	法医学杂志	第5期
大鼠急性心肌缺血早期缺氧诱导因子-1α的表达	杜中波 毛瑞明 高卫民 米 丽 曹志鹏 朱宝利	法医学杂志	第5期
甲状腺癌早期孤立性心脏转移致死1例	龚道银 汪立兵 许光亚 刘晓菲 张冬雪 曹 楠 黄飞骏	法医学杂志	第5期
16个Y-STR基因座在广西苗族、瑶族、侗族人群中的遗传多态性	焦 伟 刘 斐 黎海澜 伍焕秀 蓝 娇 肖瑞平 秦 岭 江 斌	法医学杂志	第5期

续表

文章名	作者	刊物	期次
外伤后脑梗死因果关系鉴定1例	金子波 王 刚	法医学杂志	第5期
颅骨解剖学变异影响骨折形态尸检1例	康智华	法医学杂志	第5期
窒息死大鼠肝脾傅里叶变换红外光谱变化与死亡时间的关系	黎世莹 邵 煜 李正东 邹冬华 秦志强 陈忆九 黄 平	法医学杂志	第5期
生前溺死者左胫腓骨骨折成伤机制分析1例	李 凯 葛延昌 马开军	法医学杂志	第5期
电击损伤后大鼠CK－MB及HSP60的水平变化	刘慧通 付高文 赵 泽 丁素真 王乔峰 陈 蕾 谢亚男 王振原	法医学杂志	第5期
“7·23”甬温线重特大高速铁路交通事故的法医学鉴定	刘建锋 郑瓯翔 谢耀耀	法医学杂志	第5期
颈部盲管创损伤程度鉴定1例	刘金彦 陈 静	法医学杂志	第5期
分子解剖技术在遗传性心律失常猝死鉴定中的应用	吕叶辉 李文灿 陈 龙	法医学杂志	第5期
静脉滴注抗生素致大疱性表皮坏死松解型药疹死亡1例	秦志强 李正东 张建华	法医学杂志	第5期
高等医学院校非法医学专业的法医学教学模式改革	王保捷 丁 梅 官大威 庞 灏 刘兴本 张国华 胡 姝 邢佳鑫 宣金锋	法医学杂志	第5期
外周血和月经血鉴别的新方法	王颖希 朱晓君 焦章平 路志勇 王伟妮 刘雅诚 唐 晖	法医学杂志	第5期
骨折后多器官脂肪栓塞死亡1例	谢良兴 罗 浩 于晓军 朱光辉	法医学杂志	第5期
间接外力致上颌窦后壁单纯性骨折法医学鉴定1例	徐传宝	法医学杂志	第5期
表观遗传学在法医学中的应用研究进展	杨雅冉 王鹏翔 方向东 严江伟	法医学杂志	第5期

续表

文　章　名	作　　者	刊　物	期　次
甲醛固定组织中士的宁与马钱子碱的 LC－MS/MS 分析	詹兰芬　刘明东　颜有仪　叶　懿　王　薇　王智慧　赵俊红　廖林川	法医学杂志	第5期
两种方式自杀1例	张宏生　张庆文　吴晓龙　江文军	法医学杂志	第5期
Investigator HDplex 试剂盒在华东汉族人群中的法医学应用价值	张素华　张喆人　孙　宽　赵珍敏　李成涛	法医学杂志	第5期
青壮年猝死综合征钾离子通道 KCNQ1、KCNH2、KCNE1 和 KCNE2 基因的变异	赵乾皓　刘　超　卢龙武　吕国丽　刘　宏　唐双柏　权　力　成建定	法医学杂志	第5期
单纯性心脏房间隔缺损猝死1例	祝志伟　葛延昌　马开军	法医学杂志	第5期
水溶性碲化镉量子点溶液显现血潜指纹	蔡铠阳　杨瑞琴　王彦吉	刑事技术	第5期
激光显微切割技术与低体系扩增方法的法医学应用探索	曾宪海　李　斌	刑事技术	第5期
推断工具种类1例	陈小松	刑事技术	第5期
GC/MS 法检验罂粟壳	邸玉敏　张　凯　马　华	刑事技术	第5期
耳廓缺损面积的测量	丁传乐　张鹏坤	刑事技术	第5期
非正常自慰致意外死亡1例	丁金金　罗　喜　陈　瑞　齐瑞麟	刑事技术	第5期
超快速气相色谱电子鼻分析技术在汽油标号判定中的应用研究	傅得锋　沈卫东　莫卫民　宣　宇　韩斌龙	刑事技术	第5期
两例 STR 三带型的分析	高瑞祥　孙耀东	刑事技术	第5期
特殊撬压工具检验1例	宫志鹏　冯剑超　徐桂森	刑事技术	第5期
交通肇事逃逸案件中微量物证的应用1例	何　平	刑事技术	第5期
氯胺酮体内分布综述	黄　明　周安居　孙林峰　张　声	刑事技术	第5期
利用离子色谱法检测微量氰化物1例	黄思成　舒　鹏	刑事技术	第5期

续表

文章名	作者	刊物	期次
口服联邦止咳露后溺死1例	季 斌	刑事技术	第5期
红外光谱法检验硼砂中毒1例	蒋泽良 欧晃栋 洪 鹏	刑事技术	第5期
优化AMDIS软件建库自动筛选常见有机毒物	黎 乾 黄 炜 赖文彬 戴维列 温锦锋 王松才 张小婷	刑事技术	第5期
自制小装置成功解决高倍显微镜检材固定难题	林 燕 张海澜	刑事技术	第5期
白骨化尸体推断自杀1例	刘方磊 杨 兵	刑事技术	第5期
葡萄胎的DNA检验	刘世杰 王 伟	刑事技术	第5期
银锭照片与银锭实物的比对检验	毛文智 王景龙	刑事技术	第5期
1892份疑难生物检材DNA检验的回顾性研究	牟月新 朱传红 王海生 周 静	刑事技术	第5期
酸性黄显现非渗透性客体上血潜手印初步探究	水晶晶 罗亚平 王明超	刑事技术	第5期
伪造2005版100元人民币水印特征初探	孙华清 梁鲁宁 张翎飞 田丽丽 林雷祥	刑事技术	第5期
失踪人员被害现场的勘验	王承宇 贺雨华 樊俊丹	刑事技术	第5期
油印印文检验1例	王进江 黄 娜 杨 晶	刑事技术	第5期
道路交通事故现场死亡者骨折特点的法医学分析	王山青 张 弢	刑事技术	第5期
无交叉笔画状态下激光打印文字与中性笔书写文字形成时序的实验研究	王少仿	刑事技术	第5期
利用GSR自动分析技术检验射击残留物1例	王小波 裴茂清 胡浩浪	刑事技术	第5期
现场勘查结合尸体检验判定案件性质1例	王 勇 周 洋 余 聪 闫 伟 刘海军 赵 爽 喻永敏 代国新	刑事技术	第5期
92例鼓膜穿孔造作伤法医学分析	王余兵 陆跃中 刘海波	刑事技术	第5期

续表

文章名	作者	刊物	期次
变形指纹鉴定1例	肖 坤 吴 正 戈晓红	刑事技术	第5期
以太网网络接口卡 MAC 永久地址与 MAC 当前地址的检验方法综述	徐 炼 张国臣	刑事技术	第5期
几种常见潮湿客体汗潜手印的显现	杨海东 蓝 斌 李峙强	刑事技术	第5期
运用关键字搜索法进行硬盘录像的底层恢复	姚 波 贾永生 宋 润	刑事技术	第5期
强奸致孕形成部分性葡萄胎的检验分析	苑美青 周 毅 石 屹 韦方年 李彩霞 李万水	刑事技术	第5期
荧光黄湿粉显现手印方法的初步研究	张晓梅	刑事技术	第5期
电流密度对电化学显现金属铜表面油潜手印效果的影响	张晓顺 张忠良 张丽梅 刘 丽	刑事技术	第5期
GC/MS 法联合分析生物检材中的尼美舒利、二氧丙嗪	张兆宏 刘春芳 李国庆	刑事技术	第5期
鼻腔塞入 K 粉方式进行系列麻醉强奸5例	朱传红 李先强 李 娟 许帆叶 孙 婧	刑事技术	第5期
《国际功能、残疾和健康分类》评述及其法医临床学应用价值	杨天潼 王 旭	证据科学	第5期
证人记忆的影响因素及认知神经科学检测方法探新	王 龙 刘洪广	证据科学	第5期
论技侦手段所获材料的证据使用	程 雷	证据科学	第5期
司法鉴定意见争议评价机制研究——以浙江省司法鉴定管理模式为视角	潘广俊	证据科学	第5期
DNA Typer^{TM} 15 plus 直扩试剂盒在 DNA 数据库建设中的应用	白 雪 姜成涛 赵兴春 孙 敬 张 建 欧 元 王 乐 赵 蕾 亢 斌 叶 健	中国法医学杂志	第5期

续表

文章名	作者	刊物	期次
高效液相色谱法测定卡西酮	常　颖　高利生	中国法医学杂志	第5期
磁共振测量软组织内创道长度37例分析	陈为军　孙永青　夏　伟　王素玉　马红强　张林医　崔现成　杨　益	中国法医学杂志	第5期
刀刺伤致脊髓损伤并颅内积气1例	杜成祝　刘　波　郭晓云	中国法医学杂志	第5期
无免疫力低下全身播散性隐球菌病致死1例	龚道银　汪立兵　许光亚　李　斌　张冬雪　曹　楠　黄飞骏	中国法医学杂志	第5期
MagAttract M48试剂盒在案例骨骼检验中的应用	何凤琴　陈　玲　周超东　孙　飞　侯庆唐　杨玉玲	中国法医学杂志	第5期
特殊体位性窒息1例	黄恩泽　许恩联　张　荆	中国法医学杂志	第5期
特殊方式相约自杀1例	黄　立　郭远苗　张云君	中国法医学杂志	第5期
我国仵作职业研究（1）	黄瑞亭　周安居	中国法医学杂志	第5期
ABO基因分型与多重STR联合检测在法医学中的应用	姜先华　贾　菲　沈红缨　于　蛟　金　萍	中国法医学杂志	第5期
亚硝酸盐中毒法医学分析1例	孔维刚　张志国　杨　旭	中国法医学杂志	第5期
毒性甲状腺腺瘤患者胫腓骨骨折脂肪栓塞死亡1例	赖小平　陈　锐　唐剑频　许传超　邱升元	中国法医学杂志	第5期
作案工具使用过程中的特征变异法医学分析1例	李　军　王　磊　姬少光　魏泽红	中国法医学杂志	第5期
大鼠脑外伤后脑组织MMP－9的表达与损伤时间相关性	李小林　王毓平　欧阳剑　廖家万　孙朝越　张晓春　万立华	中国法医学杂志	第5期
辽宁汉族、广西壮族人群LMP2、LMP7遗传多态性	李志强　杨艳艳　刘奉君　赵金玲　刘利民	中国法医学杂志	第5期
Cathepsin－L在缺血心肌中的表达	梁　正　刘瑞清　路一凡　唐田丰　张更谦　王英元	中国法医学杂志	第5期
D2S1338基因座等位基因丢失1例	林正志　王　科　张立臣	中国法医学杂志	第5期

续表

文 章 名	作 者	刊 物	期 次
固视性质分析在视力客观评估中的法医学价值	刘 会 郭兆明 项 剑 王 旭	中国法医学杂志	第5期
外伤后流产法医学鉴定1例	马文静 张 吉 汪春果 张玲莉	中国法医学杂志	第5期
刀刺伤颈髓致躯体偏身感觉障碍1例	默改霞	中国法医学杂志	第5期
GC/MS法测定血液中的米氮平	乔 静 杨士云 杨继锋	中国法医学杂志	第5期
PowerPlex®18D直扩法与磁珠法用于血斑检验的比较	曲春冰 袁 红 袁家龙 巫家盛 张国翔 江煜灵	中国法医学杂志	第5期
13岁少年会阴部损伤伤残评定1例	孙瑞云 郑新民 徐景东	中国法医学杂志	第5期
人工呼吸致肺肝积气分析1例	唐 谷 于晓军 杨含金 吕俊耀	中国法医学杂志	第5期
CT技术在法医人类学研究中应用的进展	汪冠三 苗春雨 王福磊 田雪梅	中国法医学杂志	第5期
AmpFISTR Sinofiler快速PCR扩增初探	王鸿迪 董海成 于俊峰 邵 武	中国法医学杂志	第5期
曲马多依赖大鼠动物模型建立的实验研究	王华新 王 玲 官大威 侯震寰 甄 博	中国法医学杂志	第5期
少量外伤性蛛网膜下腔出血法医学鉴定分析24例	王 力 李彦明 杜德启	中国法医学杂志	第5期
潍坊地区汉族人群25个Y－STR遗传多态性	王新杰 黄 磊 鞠 兰 罗莉静 许 欣 魏金叶	中国法医学杂志	第5期
外伤协同脑桥中央髓鞘溶解症死因分析1例	吴军峰 钱傲兵 于晓军 吕俊耀	中国法医学杂志	第5期
多种损伤因素致多系统器官衰竭死亡1例	邢 庭 方 超 顾晓生	中国法医学杂志	第5期
无电流斑电击伤的研究进展	杨超朋 肉孜·巴依斯 田雪梅 王福磊 闫换芳 李 琳 张 田 李 峰	中国法医学杂志	第5期

续表

文章名	作者	刊物	期次
2种陈旧骨骼、牙齿DNA纯化方法的比较	杨　电　刘　超　李振营　胡慧英　陈向红　黄永华　李中红	中国法医学杂志	第5期
多重置换扩增技术及其法医学应用展望	杨华昕　丁　梅　王保捷　庞　灏　姜航航　刘　欣	中国法医学杂志	第5期
实验性大鼠弥漫性轴索损伤的傅里叶红外光谱检测	杨天潼　何光龙　孙婷怡　张海东　曹洪林　李　玲	中国法医学杂志	第5期
亲缘鉴定发现D7S820基因座基因变异1例	姚伟静　左　林	中国法医学杂志	第5期
电击致广泛性电烧伤1例	张　波　姚　钢　柳　庆	中国法医学杂志	第5期
血液和尿液中右旋佐匹克隆鉴定1例	张蕾萍　周　红　董　颖　舒翠霞　张榆梓	中国法医学杂志	第5期
荧光STR直接复合扩增试剂缓冲体系的研制	赵兴春　姜伯玮　季安全　叶　健	中国法医学杂志	第5期
红外显微光谱技术分析陈旧性心肌梗死酰胺特征	郑　娜　梁　曼　杨天潼　张海东　刘鸿霞　刘　良	中国法医学杂志	第5期
GC/MS法检测案例检材中毒鼠强及类似化合物	周海梅　李　朴　马锦琦　吕　坪	中国法医学杂志	第5期
法医精神病学能力验证相关问题探讨	蔡伟雄　方建新　管　唯　张钦廷	中国司法鉴定	第5期
论虚假保外就医鉴定中的鉴定人法律责任——以“林崇中、刘益民违法保外就医案”为视角	蔡文霞	中国司法鉴定	第5期
我国民事诉讼领域有关鉴定的问题与对策	陈　刚	中国司法鉴定	第5期
测谎仪的历史溯源及在美国的发展	崔海英　张　蕾	中国司法鉴定	第5期
荷兰刑事鉴定制度介评	冯俊伟	中国司法鉴定	第5期
基层法院对外委托鉴定工作存在的问题及建议	冯雪梅	中国司法鉴定	第5期

续表

文章名	作者	刊物	期次
假冒水稻种子经济损失农业司法鉴定案例分析1例	顾双平　蔡立旺　姚立生	中国司法鉴定	第5期
指纹鉴定标准研究述评	胡卫平	中国司法鉴定	第5期
日本法医尸体检验制度的现状与展望	霍塞虎	中国司法鉴定	第5期
我国医疗损害鉴定体系的现状及思考	兰玲梅　彭钰龙　郭亚东 杨　振　陈水金　蔡继峰	中国司法鉴定	第5期
第六届欧洲司法鉴定协会会议在荷兰海牙召开——司鉴所组团赴会	李成涛　冯　浩	中国司法鉴定	第5期
Exif信息在数码照片真实性鉴定中的应用	卢启萌　施少培	中国司法鉴定	第5期
基于纤维二次转移确定纤维屑作为示踪物质的探讨	马赫·H. 邓马赫雅 泽塔·Y. 范赞登 保罗·范德霍芬 卡拉·G. 德巴恩 雅普·范德韦尔德 罗仪文	中国司法鉴定	第5期
急性重型肝炎并发肝肾综合征死亡尸体解剖1例	秦志强　刘宁国	中国司法鉴定	第5期
论司法鉴定人知情权及其限制——以笔迹鉴定为视角	饶舒梦	中国司法鉴定	第5期
CT技术的应用对鼻区骨折法医学鉴定意见的影响	阮建民　洪　翔	中国司法鉴定	第5期
法医毒物鉴定的发展及其问题分析	沈　敏	中国司法鉴定	第5期
神经功能障碍遗留日常活动能力轻度受限理解与适用	史格非　朱广友	中国司法鉴定	第5期
2005式9mm警用转轮手枪射击弹壳痕迹研究	寿远景　郑筱春　徐　孛	中国司法鉴定	第5期
利用特征性损伤痕迹鉴定摩托车驾车人	唐永强　卢继超　吴　宣 何泓销　肖　遥　贺　欢	中国司法鉴定	第5期

续表

文章名	作者	刊物	期次
日本法医解剖法律制度及特点	唐泽英	中国司法鉴定	第5期
浅析农业生态环境损失评估司法鉴定	王 伟	中国司法鉴定	第5期
海峡两岸司法鉴定合作途径新探——以统一司法鉴定证据使用为视角	翁 里 罗凌方	中国司法鉴定	第5期
论我国刑事鉴定意见审查判断权的实现	吴常青 王 彪	中国司法鉴定	第5期
论民事司法鉴定制度的修改与完善——以新《民事诉讼法》为视角	吴高庆 齐培君	中国司法鉴定	第5期
交通伤致手功能丧失的伤残评定	夏 晴 范利华 吴 军	中国司法鉴定	第5期
检察机关法医文证审查的监督意义	徐跃灵君 于红卫 江东华	中国司法鉴定	第5期
基于 YouTube 的视频源鉴别	亚尼克·斯凯林 尤·范德列里 芝诺·胡拉茨 马塞尔·瓦林 卢启萌	中国司法鉴定	第5期
茚三酮薰显法在人体接触细胞发现采集中的应用	杨 电 刘 超 徐曲毅 张 翼	中国司法鉴定	第5期
外伤后大面积脑梗死法医学鉴定1例	杨 丽 陶陆阳 张 路 何颂跃	中国司法鉴定	第5期
尸温相关因素推断死亡时间的研究	杨宇雷 吴荣奇 费 耿 林中圣 施 群 肖 碧 王黎扬 葛延昌 孟 航 马开军 陈 新	中国司法鉴定	第5期
检材指纹与样本指纹变化的分析研究	张亚萍 党盼峰 傅晓海	中国司法鉴定	第5期
交通事故中车辆安全技术状况检验及典型案例车速计算	张志勇	中国司法鉴定	第5期

续表

文 章 名	作 者	刊 物	期 次
GC - MS/MS 法测定人头发中的大麻酚类及其代谢物	赵 晖 卓先义 向 平 严 慧 沈保华	中国司法鉴定	第5期
网络犯罪分析：用户及系统的多视图分析方法	邹锦沛 何思乐 许志光 姚兆明 黎耀明 许榕生 麦永浩 范晓曦	中国司法鉴定	第5期
Stature Estimation Based on the Length of Tibia and Fibula Measured by Digital X - ray in Chinese	Han Teenagers WANG Yu - zhuo HUANG Yu ZHOU Xiao - rong DENG Zhen - hua	法医学杂志	第6期
Numerical Reconstruction and Injury Biomechanism in a Car - Pedestrian Crash Accident	ZOU Dong - hua LI Zheng - dong SHAO Yu FENG Hao CHEN Jian - guo LIU Ning - guo HUANG Ping CHEN Yi - jiu	法医学杂志	第6期
高坠致贯通伤死亡1例	白英杰 翁义星 刘 茜 王荣帅 高 东 刘 良	法医学杂志	第6期
滥用海洛因和口服可待因者尿液中吗啡和可待因的比较	卜 俊 展长淑	法医学杂志	第6期
混合人血清诱发豚鼠过敏反应死亡模型的改良	陈炯垣 赖 跃 李冬日 岳 霞 王慧君	法医学杂志	第6期
无脾综合征伴复杂心脏畸形尸检1例	龚道银 李 聪 刘 珂 曹 楠 张冬雪 黄飞骏	法医学杂志	第6期
左心发育不良综合征猝死1例	李华平 许福顺 范积兵	法医学杂志	第6期
上海市27例弃婴死亡案件的法医学鉴定分析	李 凯 吴玉锋 葛延昌 马开军	法医学杂志	第6期
利用肿瘤体积倍增时间分析体检引发医疗纠纷1例	鲁 涤	法医学杂志	第6期

续表

文章名	作者	刊物	期次
顶空气相色谱法测定血液、尿液中的乙腈	骆如欣　卓先义　沈保华	法医学杂志	第6期
致死性家族性失眠症死亡1例	吕　成　陈新山　杨真真　闫　杰　朱少华　周　军　肖庚富　金　锐　吴克兰	法医学杂志	第6期
腹腔镜胆囊切除术后胆漏医疗纠纷1例	王亚辉　夏文涛　朱广友	法医学杂志	第6期
28例摔跌致死的法医学分析	魏　明　吴荣奇　陈　新	法医学杂志	第6期
吸毒后杀人并食尸致机械性窒息死亡1例	吴荣奇　魏　明　李　桀　江　涛　杨　军　董利民　陈　新	法医学杂志	第6期
晚期尸体现象推断死亡时间49例分析	吴玉锋　祝志伟　潘莲莲　周佳丽	法医学杂志	第6期
损伤分析在命案侦查中的应用	肖　雄	法医学杂志	第6期
房室结动脉重度狭窄猝死1例	邢景军　段祎杰　李　智　王　昊　丁　扬　李上勋　周亦武	法医学杂志	第6期
5-HTT基因3个SNP位点遗传多态性与偏执型精神分裂症的相关性	宣金锋　丁　梅　庞　灏　邢佳鑫　孙溢华　姚　军　赵　怡　李春梅　王保捷	法医学杂志	第6期
二核苷酸STR基因座D6S261的多态性检测	杨　鹏　刘亚楠　聂燕钗　周怀谷　赵子琴	法医学杂志	第6期
21例主动脉夹层死亡引发纠纷案例分析	杨嵩民　张广政	法医学杂志	第6期
听力障碍法医学鉴定355例分析	杨小萍　周晓蓉　董大安　范利华	法医学杂志	第6期
D19S433等位基因“丢失”1例	张庆霞　任　贺　王　静　唐　晖　刘雅诚　焦章平　徐隆昌	法医学杂志	第6期
血液和尿液中元素ICP-MS分析研究进展	张素静　卓先义　马　栋	法医学杂志	第6期

续表

文章名	作者	刊物	期次
新疆喀什地区维吾尔族18个STR基因座的遗传多态性	张晓红 李平 翁玮霞 刘长晖 刘宏 唐建新 刘超	法医学杂志	第6期
交通事故致外伤性面瘫的法医学鉴定5例	周萍 何蓉 胡绚丽 蔡小强	法医学杂志	第6期
Expressmarker 22 STR荧光检测试剂盒的法医学应用	邹凯南 曹禹 夏子芳 郑卫国 周怀谷	法医学杂志	第6期
重物挤压伤致全身大面积水泡形成1例	柏天福 董学金 李红云 钱春荣 普加贵 李连山 李发富	刑事技术	第6期
利用泥土成分比对检验破获杀人抛尸案1例	陈林	刑事技术	第6期
97例失血性休克的临床法医学鉴定	代浪 李建强 龙均	刑事技术	第6期
检测过程中敌百虫分解可能性的因素探讨	杜松 杨俊 周家庆	刑事技术	第6期
Rolando骨折成伤机制的法医学研究	杜宇 周哲	刑事技术	第6期
疑似交通事故、高坠命案现场分析	樊文忠 额日和巴特尔 孟永平	刑事技术	第6期
重症敌百虫中毒引发迟发性急性死亡1例	高鑫 尹海涛 杨夏超 王家敏	刑事技术	第6期
气相色谱法同时测定血清中甲醇、乙醇、正丙醇	郝红霞 杜然 陈新明 赵敬真	刑事技术	第6期
交通肇事鉴定1例	何平	刑事技术	第6期
大量环已胺中甲基苯丙胺的定性分析	黄星 王蔚昕 张春水	刑事技术	第6期
罕见鼓膜穿孔1例	黄志平 胡丹 袁永生 张惟 崔亚杰	刑事技术	第6期
利用反码显现检验原始车辆识别号码1例	姜涛 王敏	刑事技术	第6期

续表

文章名	作者	刊物	期次
室内干尸形成且同居半年1例	李福华　程文斌　于　涛　张　宇	刑事技术	第6期
国外法庭真菌学研究进展	李　蕾　何洪源	刑事技术	第6期
染色-折光法显现深色麻面客体上血手印破案1例	李孝君　孙秋芬　罗瑞彪	刑事技术	第6期
机制版假币票面上印刷疵点的检验	梁鲁宁　林雷祥　苏　丽　孙华清　文东宇	刑事技术	第6期
根据血迹特点确定作案人数1例	刘东明	刑事技术	第6期
BOLD-fMRI在肇事肇祸精神分裂症研究中综述	刘黎明　曹佩青　李　煜	刑事技术	第6期
利用微量物证破获交通肇事逃逸致人死亡1例	刘立志	刑事技术	第6期
DFO/PVP试剂显现热敏纸上汗潜指纹方法研究	刘　赛　罗亚平　冯雅娴　韩世恒　宋　璿	刑事技术	第6期
二轮摩托车驾乘死亡者骨折特点的法医学分析	史立辉　王山青　闫　荣　张伯旸	刑事技术	第6期
“502”加膜-染色法显现油质手印	宋　健	刑事技术	第6期
同源激光雕刻橡塑印章印文的鉴别方法	王长亮　周光磊　顾会泳　李　明　刘　萍　陈伟民　薛建国	刑事技术	第6期
一起两种自杀方式并用的案例分析	许卓越　周　聪	刑事技术	第6期
毒品MDPV的检验	阎仁信　石建忠	刑事技术	第6期
案件照片内容真实性检验初探	杨璐铭　杨武杰	刑事技术	第6期
肝中杀鼠酮硅藻土提取高效液相色谱检测法研究	于蔚常	刑事技术	第6期
混合样本拆分查询犯罪嫌疑人的应用研究	苑美青　李万水　康艳荣　刘　冰　彭建雄　李　盛　谢　群　赵　钊	刑事技术	第6期

续表

文章名	作者	刊物	期次
汽车安全气囊爆炸致驾驶人死亡1例	岳　挺　符胜建	刑事技术	第6期
伪装自杀命案现场勘查分析1例	张建雄	刑事技术	第6期
3种常见体表痕迹接触性DNA的检验	张晓红　吴微微	刑事技术	第6期
自动褪色魔术笔书写字迹的检验	周远萍　孙　琼	刑事技术	第6期
联苯胺预试验处理血痕后样本DNA定量的研究	朱传红　郑道利　倪尧志　王海生　宁　平　方　慧　刘　艳	刑事技术	第6期
遗传标记分析对DNA证据的影响	袁　丽	证据科学	第6期
刑事诉讼中精神病鉴定的程序保障实证调研报告	郭志媛	证据科学	第6期
英国专家证人制度对完善我国司法鉴定人制度之借鉴	杜春鹏　李　尧	证据科学	第6期
疑难父系半同胞亲缘关系鉴定1例	毕　洁　孙　波　周　雪　郭静松　余纯应　蒯应松	中国法医学杂志	第6期
常用女性青少年骨龄评定方法的比较	曹志华	中国法医学杂志	第6期
MA与HIV－Tat协同作用致大鼠相关脑区ROS、GSH－PX和SOD的变化	曾晓锋　段晓飞　张　晶　李　桢	中国法医学杂志	第6期
车祸致主动脉夹层法医学鉴定1例	陈宝生　秦豪杰　张　振　莫耀南	中国法医学杂志	第6期
四川彝族人群15个常染色体STR基因座遗传多态性	陈　丹　白小刚　李庆庆　王　惠　毛　炯	中国法医学杂志	第6期
毒物代谢动力学研究在法庭科学中的应用	陈　跃　朱　军　于忠山　喻洪江　刘　耀	中国法医学杂志	第6期
口服百草枯中毒死亡1例	董文彬　王新苗　柯伟力　胡小雄	中国法医学杂志	第6期

续表

文章名	作者	刊物	期次
啶虫脒中毒检验1例	杜鸿雁 张蕾萍 董 颖 于忠山 何 毅 王芳琳	中国法医学杂志	第6期
原发性脑室出血猝死1例	段祎杰 翁义星 周亦武 刘 茜	中国法医学杂志	第6期
实质性辨认能力与刑法学中的辨认能力之差异探讨	高北陵 李学武 李 毅 王 轶 胡 峰	中国法医学杂志	第6期
顶骨额中缝未愈合尸检2例	韩 锴	中国法医学杂志	第6期
溴敌隆中毒研究进展	韩奇杰 李凯平 赖 跃 罗 斌 张 磊	中国法医学杂志	第6期
我国仵作职业研究（2）	黄瑞亭 周安居	中国法医学杂志	第6期
N－甲基－3，4－亚甲二氧基卡西酮的确证	黄 星 王蔚昕 徐 鹏 赵 阳 张春水 朱 军 高利生	中国法医学杂志	第6期
两个X－STR基因座变异亲子鉴定1例	赖 力 薛士杰 金静君	中国法医学杂志	第6期
上半规管裂综合症医疗过错司法鉴定1例	李 秦 佘晓欣 王沁德 唐承汉 崔家贵	中国法医学杂志	第6期
陕西安康地区汉族人群15个STR基因座遗传多态性	廖 高 柳 俊 杨 芳 何 峰	中国法医学杂志	第6期
男性个体Amelogenin基因座变异1例	刘亚举 张俊涛 徐 超 岳俊涛	中国法医学杂志	第6期
重型颅脑损伤数字计算ERP特征及与智商的相关性	刘子龙 吴静铭 陈晓瑞 赵小红 李 晖 饶广勋 刘 良	中国法医学杂志	第6期
通过尸体检验认定交通事故1例	柳建新 肖昭镜	中国法医学杂志	第6期
从ICE看缴获毒品检验的发展趋势	钱振华 高利生	中国法医学杂志	第6期
原发性脑干损伤合并冠状动脉粥样斑块出血死亡1例	施建松 徐理想 窦国宴 周盛斌 方 超 邢 庭 顾晓生	中国法医学杂志	第6期

续表

文章名	作者	刊物	期次
胸部贯通伤法医学鉴定1例	石宏峰　安永明	中国法医学杂志	第6期
法医DNA标准物质备选细胞STR等位基因片段长度的定值	孙　敬　赵兴春　印　佳　王　燕　姜伯玮　高运华　叶　健	中国法医学杂志	第6期
交通事故致阴茎勃起功能障碍法医学鉴定分析54例	王飞翔　黄瑞润　沈　彦　朱广友	中国法医学杂志	第6期
静脉滴注门冬氨酸钾镁致过敏性猝死1例	王华新　甄　博　王　梅　黄玉红　范姝君　于晓棠　邹向阳	中国法医学杂志	第6期
男性样本Amel基因座Y片段引物结合区变异1例	王克杰　杨继全　武红艳　张　林	中国法医学杂志	第6期
交通事故致脾破裂的伤残评定1例	王立广　王子兴	中国法医学杂志	第6期
印记基因5个SNP分型及亲代来源的检测	王伟妮　杨雅冉　严江伟　刘雅诚	中国法医学杂志	第6期
红外数码照相快速显现血迹1例	王　旭　薛　建	中国法医学杂志	第6期
中国汉族人群17个Y-STR基因座突变情况分析	吴微微　郝宏蕾　任文彦　苏艳佳　吕德坚	中国法医学杂志	第6期
氰化物中毒迟发性死亡法医学分析1例	邢景军　王博维　李　智　段　杰　丁　杨　李上勋　周亦武	中国法医学杂志	第6期
UFLC法测定新型“spike99”香料中JWH-073的含量	徐　鹏　李晓娜　刘克林　凌笑梅　卢　炜	中国法医学杂志	第6期
新一代高通量测序技术及其法医学应用前景	严江伟	中国法医学杂志	第6期
134例高坠死亡案件鉴定分析	喻永敏　常红发　夏　鹏　王　灿　代国新	中国法医学杂志	第6期
载距突骨折的法医学鉴定分析	张　川　徐传宝	中国法医学杂志	第6期
舟山群岛汉族人群15个STR基因座遗传多态性	张　辉　王　波	中国法医学杂志	第6期

续表

文章名	作者	刊物	期次
人类 CCK－45C/T 遗传多态性及与抑郁症的相关性	张　璐　王保捷　丁　梅　庞　灏　王春红　李春梅　邢佳鑫　宣金锋	中国法医学杂志	第6期
熊袭击致人死亡1例	张书韬　王　剑　张晓红	中国法医学杂志	第6期
STRtyper－10F/G 联合 CODIS 系统鉴定突变三联体和二联体	张艳萍　王　琳　王　毅　王晓梅　陈先丽　程　捷　刘　庆　马　旭	中国法医学杂志	第6期
手术刀片断端从体循环进入肺循环1例	照日格图　刘新俭	中国法医学杂志	第6期
根据骨骺愈合程度推断青少年年龄	郑　瑜　宋宏伟	中国法医学杂志	第6期
颈脊髓损伤后躯体活动能力丧失法医学鉴定2例	陈　鹏　朱　华　刘建锋　卞　雷　金建伟　徐永春	中国司法鉴定	第6期
荧光法判断激光打印文件朱墨时序的研究	程向炜　章仕龙　褚建新　陈月萍　孟伟红	中国司法鉴定	第6期
住宅渗漏引发纠纷的司法鉴定	崔　云	中国司法鉴定	第6期
缩宫素使用不当引发医疗纠纷的因果关系分析	高　峻　郭晓伟　张建华　陈忆九	中国司法鉴定	第6期
新《民事诉讼法》中鉴定制度的适用——中国民事诉讼法学研究会2012年年会简讯	宫　雪	中国司法鉴定	第6期
司法精神鉴定中毒品所致精神障碍的诊断	管　唯　张钦廷　汤　涛　黄富银	中国司法鉴定	第6期
论司法鉴定管理领域的治理范式	郭　华	中国司法鉴定	第6期
电子数据证据的可采性与证明力	黄道丽　金　波	中国司法鉴定	第6期
医患纠纷鉴定意见的形成及其认证	黄婷婷　刘　婧　汤纪东	中国司法鉴定	第6期
书写习惯多样性的同一认定研究	贾治辉	中国司法鉴定	第6期
糖尿病胃转流术后韦尼克氏脑病医疗纠纷1例	李鸿翼　蒙　博　于立娜	中国司法鉴定	第6期

续表

文章名	作者	刊物	期次
医疗事故技术鉴定规则研究	李　立	中国司法鉴定	第6期
关于车辆碾压人体的鉴定	李丽莉　王建军	中国司法鉴定	第6期
新诉讼法规制下的鉴定制度评析	李学军　朱梦妮	中国司法鉴定	第6期
下肢有限元模型的建立及损伤机制重建	李正东　刘宁国　黄　平　邵　煜　黄伟华　万　雷　邹冬华　陈忆九	中国司法鉴定	第6期
同源光敏印章印文鉴别方法的研究	林　红　王长亮　周光磊　顾会泳　李　明　刘　萍　陈伟民　薛建国	中国司法鉴定	第6期
鉴定机构共享高校大型仪器的法律路径探索	刘建华	中国司法鉴定	第6期
同胞鉴定中风险与对策的思考	刘俊宏　林　源　张素华　李　莉	中国司法鉴定	第6期
显微激光拉曼光谱鉴别直接染料及其染色纤维	罗仪文　孙其然　奚建华　徐　彻	中国司法鉴定	第6期
建设工程质量司法鉴定实践综述	马德云　左勇志　白常举　南　锟	中国司法鉴定	第6期
交通事故致精神损伤后的护理依赖等级评定浅析	马丽琴　黄洪溪　毛峥嵘	中国司法鉴定	第6期
曲形槽状齿钥匙被增配痕迹的实验研究	马元元　贺雨华	中国司法鉴定	第6期
论司法鉴定资质延续许可制度的完善	马志云　许文琼	中国司法鉴定	第6期
CT技术在骨骼年龄推断研究中应用的进展	苗春雨　杨　科　李建波　王福磊　石学志　张惠芹	中国司法鉴定	第6期
制动协调时间在车速鉴定中的运用	潘少猷　冯　浩　张志勇　陈建国	中国司法鉴定	第6期
建筑工程质量司法鉴定要注重证据链的完整性	阮炯正	中国司法鉴定	第6期
入字笔顺识别方法	申泽波	中国司法鉴定	第6期

续表

文 章 名	作 者	刊 物	期 次
以能力验证引领司法鉴定机构的科学发展	沈 敏	中国司法鉴定	第6期
性倾向损伤的犯罪行为刻画及其心理模式分类的探讨	石学志 吴德清 于晓军 唐 谷 李 猛 章学栋 徐小虎	中国司法鉴定	第6期
当法医病理鉴定遭遇穆斯林风俗习惯时	宋国建 范少罡	中国司法鉴定	第6期
浅议签订司法会计鉴定业务委托书的策略	唐立新 杨华华	中国司法鉴定	第6期
我国电子数据司法鉴定人准入管理制度的完善	王 俊 常 娟	中国司法鉴定	第6期
电子数据鉴定相关问题探讨	吴常青 王 彪	中国司法鉴定	第6期
试论民办司法鉴定机构的规范化管理——以福建省民办司法鉴定机构为视角	谢步高	中国司法鉴定	第6期
论司法鉴定技术标准的运行	徐为霞 孙延庆 王定辉	中国司法鉴定	第6期
尸体解剖在医疗纠纷中的法律意义	徐长苗 黄光照 戴佳丽 张勤建 黄钱军	中国司法鉴定	第6期
民事案件中左手伪装笔迹的检验1例	许爱东 关颖雄	中国司法鉴定	第6期
司法会计鉴定的若干本质特征	杨为忠	中国司法鉴定	第6期
对民事诉讼活动中多次鉴定机制的反思与重构	易 旻 孙 涓 邱炳辉	中国司法鉴定	第6期
金纳米材料在潜在指纹显现中的应用	喻彦林	中国司法鉴定	第6期
死后伤软组织出血机理研究	张洪浩 齐 麟 孟 航	中国司法鉴定	第6期
从“医疗事故”鉴定向“医疗过错”鉴定的演变	张 傑 张 路 孔令杰 薛 维 程子惠 何颂跃	中国司法鉴定	第6期
绳索上脱落细胞STR检验1例	张 竹 李小强	中国司法鉴定	第6期

续表

文 章 名	作　　者	刊　物	期　次
新《刑事诉讼法》：法治社会发展的新里程碑——中国刑事诉讼法学研究会2012年年会简讯	朱晋峰	中国司法鉴定	第6期
新《民事诉讼法》司法鉴定立法的进步与不足——对新民诉法涉及修改鉴定规定的几点认识	邹明理	中国司法鉴定	第6期

说明：(1) 本统计表中所列期刊论文目录，只限于以下期刊：《法医学杂志》、《中国法医学杂志》、《刑事技术》、《证据科学》、《中国司法鉴定》、《中国人民公安大学学报》(自然科学版) 和《中国刑警学院学报》。

(2) 本统计表中论文的排列顺序为：第一顺序为期次，第二顺序为刊物名称。

附录 2

证据科学研究生学位论文目录

附录 2.1 证据法学研究生学位论文目录（2012）

论文题目	作　者	指导教师	学位类型	学位授予单　位
论我国刑事诉讼证人保护制度	王文群	尹春丽	硕士	安徽大学
品格证据研究	窦　珂	郭志远	硕士	安徽大学
我国司法鉴定人助理制度构建研究	李　果	郭志远	硕士	安徽大学
刑事诉讼证明标准在经侦中的重新构建	马　晶	华国庆	硕士	安徽大学
刑事证据开示制度研究	王　军	王圣扬 唐保银	硕士	安徽大学
证据相关性研究	乔福香	郭志远	硕士	安徽大学
电子聊天记录的证据地位——以 QQ 聊天记录为例	马上云	汪建成	硕士	北京大学
论刑事诉讼中的非法证据排除规则——以两个《证据规定》为视角	倪　虎	孙晓宁	硕士	北京大学
我国刑事证人证言真实性保障制度研究	李　艳	孙晓宁	硕士	北京大学
我国反垄断私人诉讼中实行证据开示制度的探讨	蔡锦青	张瑞萍	硕士	北京交通大学
刑事诉讼取证主体的分析及立法完善	王兆横	谢　彤	硕士	北京林业大学
构建侦查人员出庭作证制度	钟璐璐	刘广三	硕士	北京师范大学
关键证人出庭作证制度研究	周　清	刘广三	硕士	北京师范大学
我国刑事非法证据排除的程序研究	金　琦	宋英辉	硕士	北京师范大学
言词证据采信规范化研究——以刑事错案为视角	黄帅燕	宋英辉	硕士	北京师范大学
侦查实验结论的证据化研究	宋　超	刘广三	硕士	北京师范大学
专家辅助人制度探究——以民事诉讼为视角	李　悦	熊跃敏	硕士	北京师范大学
刑事证明力研究——兼论刑事证明构成体系	张晓亮	宋英辉	博士	北京师范大学

续表

论文题目	作　者	指导教师	学位类型	学位授予单　位
信息视角下的证据生成研究	王　静	熊志海	硕士	重庆邮电大学
电子物证的法律地位及运用	傅俊博	王云飞	硕士	大连海事大学
会计证据在职务犯罪案件中的法律适用	宋　洁	王利民	硕士	大连海事大学
论刑事诉讼中证人的伪证行为及其预防	宋祥羊	金万红	硕士	大连海事大学
论行政诉讼证据的合法性	张　梦	王世涛	硕士	大连海事大学
计算机犯罪取证证据分析的研究	韩宝昌	王德广	硕士	大连交通大学
司法鉴定人出庭作证制度研究	张　妮	王利民	硕士	大连海事大学
司法鉴定人民事责任制度研究	侯磊磊	尹伟民	硕士	大连海事大学
基于 Windows 平台主动取证系统的电子证据保全研究	李中兴	刘乃琦	硕士	电子科技大学
生命权合法剥夺之证据法限制——《关于办理死刑案件审查判断证据若干问题的规定》之解读	王道彬	孟　红	硕士	东南大学
电子邮件作为司法证据之证明力评价体系结构研究	宋鹏超	凌　力 施　蓓	硕士	复旦大学
非法证据证明制度研究	胡　图	马贵翔	硕士	复旦大学
合同证明责任分配问题研究——以罗森贝克证明责任分配理论为基础	吴彩丽	段厚省	硕士	复旦大学
环境侵权证明责任的研究	胡家扬	冯忠秋	硕士	复旦大学
论非法证据的证明	谢　燕	马贵翔	硕士	复旦大学
行政诉讼证明标准的类型化研究	陈　淳	潘伟杰	硕士	复旦大学
证据法中的事实推定问题	虞修秀	段厚省	硕士	复旦大学
证据法范畴下的犯罪构成研究	王　鹏	杜　宇	硕士	复旦大学
证据关联性规则研究	王秋荣	马贵翔	博士	复旦大学
论我国确立沉默权制度的困境	范冬冬	魏清沂	硕士	甘肃政法学院
民事诉讼证人制度研究	程筠婷	焦盛荣	硕士	甘肃政法学院
人权保障视野下的强制采样探究	郭陈碧	邓立军	硕士	广东商学院

续表

论文题目	作　者	指导教师	学位类型	学位授予单　位
试论民事诉讼中司法鉴定程序的启动权之完善	农茈淳	吴小英	硕士	广西大学
论我国犯罪主观方面证明的完善	廖明超	杨建生	硕士	广西师范大学
刑事证人作证的权利与义务研究	蒙丽莎	蒋人文	硕士	广西师范大学
巨额财产来源不明罪证明责任研究	王海恩	童伟华 黎其武	硕士	海南大学
我国刑事传闻证据规则构建探讨	王丹凤	宋　强	硕士	海南大学
论民事诉讼中的摸索证明	严　洁	柯阳友	硕士	河北大学
论我国民事证据失权制度之完善	鄢鸣俊	柯阳友 王越飞	硕士	河北大学
民事诉讼非法证据排除规则探析	常　颖	柯阳友 甄树清	硕士	河北大学
污点证人作证豁免制度研究	封丽媛	冯惠敏	硕士	河北大学
刑事非法证据排除规则及其在我国的构建	郭　辉	陈玉忠 王恒勤	硕士	河北大学
FZ优势证据规则的理论与实证研究	王增艳	柯阳友 王越飞	硕士	河北大学
专家证人制度及其对我国民事鉴定人制度之借鉴意义	郭温馨	柯阳友 甄树清	硕士	河北大学
以司法公正为视角论我国刑事证据制度的改革与完善	麻志发	甘　玲	硕士	河北科技大学
环境民事侵权诉讼证明责任分配问题研究	韩姨那	吴泽勇 郝振江	硕士	河南大学
论民事诉讼中的证人出庭作证制度	李　红	许红霞	硕士	河南大学
我国医疗损害过错推定制度研究	高　洁	吴泽勇 郑金玉	硕士	河南大学
证人证言与刑事错案问题研究	刘晶晶	吴泽勇	硕士	河南大学
非法证据排除规则研究	张丽娟	刘彦辉	硕士	黑龙江大学

续表

论文题目	作　者	指导教师	学位类型	学位授予单　位
论民事诉讼中专家证人制度	袁冬梅	于海生	硕士	黑龙江大学
论刑事证人出庭作证制度	刘冠缨	韩　红	硕士	黑龙江大学
量刑事实证明责任研究	张岩华	姜志刚	硕士	湖南大学
论我国刑事专家证人制度的确立	王丽芬	姜志刚	硕士	湖南大学
民事当事人证据收集的程序保障研究	郝道明	陈锦红	硕士	湖南大学
我国刑事诉讼非法证据排除规则及实施研究	杨勤钛	邓祥瑞	硕士	湖南大学
污点证人作证豁免制度探讨	彭　璐	邓祥瑞	硕士	湖南大学
刑事证据展示制度研究	杨　菲	姜志刚	硕士	湖南大学
侦查视角下毒品犯罪证据问题研究	李卓瑞	黎四奇	硕士	湖南大学
民事诉讼证明妨碍制度研究	唐仕义	肖　晗	硕士	湖南师范大学
技术侦查证据若干问题研究	廖书祥	刘　健	硕士	湖南师范大学
刑事非法证据的认定研究	彭　程	肖　晗	硕士	湖南师范大学
论民事诉讼“新的证据”制度的完善	卜庆芳	肖　晗	硕士	湖南师范大学
论我国刑事鉴定启动权的反思与重构	汪文清	沈红卫	硕士	湖南师范大学
论我国刑事诉讼中伤情鉴定制度的完善	楚　圣	蔡雪冰	硕士	湖南师范大学
论污点证人刑事责任豁免制度在我国的构建	王　佳	朱立恒	硕士	湖南师范大学
论刑事非法证据的证明	刘　娟	肖　晗	硕士	湖南师范大学
民事电子证据收集制度研究	吴乔淞	肖　晗	硕士	湖南师范大学
司法鉴定人的民事责任研究	陈楠楠	王葆莳	硕士	湖南师范大学
论医疗损害赔偿诉讼中的证明责任分配	杨　波	王学棉	硕士	华北电力大学
民事诉讼非法证据排除问题研究	李正阳	王学棉	硕士	华北电力大学
国际商事仲裁证据规则研究	曾如钰	刘晓红	硕士	华东政法大学
检察机关审前阶段非法及瑕疵证据处理机制研究	刘志超	孙剑明	硕士	华东政法大学

续表

论文题目	作 者	指导教师	学位类型	学位授予单 位
鉴定意见基本属性的程序性保障——以刑事诉讼为视角	朱晋峰	王俊民 王永杰	硕士	华东政法大学
论反倾销调查程序中证据规则的应用	鲍 冉	丁 伟	硕士	华东政法大学
论非法证据排除规则	王佳慧	孙剑明	硕士	华东政法大学
论我国民事诉讼专家辅助人制度的完善	叶 蕾	蒋集跃	硕士	华东政法大学
论刑事瑕疵证据的可采性	王 佩	杨可中	硕士	华东政法大学
论自由心证原则在我国司法中的理解与把握	方小宇	谢文哲	硕士	华东政法大学
民事诉讼中的鉴定人制度若干问题的探讨	何明辉	蒋集跃	硕士	华东政法大学
庭前会议程序与非法证据排除研究	高 敏	王俊民 王永杰	硕士	华东政法大学
我国劳动争议诉讼证明责任分配问题初探	黄建兵	牟逍媛	硕士	华东政法大学
我国民事诉讼证据收集制度的反思与完善	陈玉雪	牟逍媛	硕士	华东政法大学
刑事瑕疵证据补正机制研究	刘亚琳	杨可中	硕士	华东政法大学
刑事证人强制出庭作证问题研究	詹安乐	王俊民	硕士	华东政法大学
知识产权诉讼中的证据保全研究	刘肖琛	何 敏	硕士	华东政法大学
专家辅助人的诉讼地位	温婷婷	王俊民	硕士	华东政法大学
论容隐制度的合理性	张文英	张国安	硕士	华侨大学
论电子证据在民事诉讼中的运用	郑晓薇	彭世忠	硕士	华南理工大学
从证据视角论我国司法鉴定制度的完善	罗军华	齐海滨	硕士	华中科技大学
论我国刑事诉讼中的非法证据排除规则	郑建明	郑平安	硕士	华中科技大学
刑事诉讼证人保护制度初探	韩华君	唐永忠	硕士	华中科技大学
论我国民事诉讼证据开示制度的完善	徐 俊	刘元璋	硕士	华中师范大学
人性视野之我国沉默权制度的构建	任素娟	黄新民	硕士	华中师范大学
我国非法证据排除规则构建的易得性串联理论分析	郭敬琦	刘元璋	硕士	华中师范大学

续表

论文题目	作　者	指导教师	学位类型	学位授予单　位
自白补强证据规则研究	王　维	黄新民	硕士	华中师范大学
论我国民事诉讼中的证据失权制度	李　娜	车传波	硕士	吉林大学
论我国刑事证人出庭制度及其完善	彭　华	王　充	硕士	吉林大学
民事诉讼证明责任问题研究	张慧英	赵惊涛	硕士	吉林大学
行政诉讼证据制度若干问题研究	高　丹	周晓虹	硕士	吉林大学
中国古代证据制度及其理据研究	祖　伟	霍存福	博士	吉林大学
刑事诉讼法修正案中证人作证制度研究	向　静	高生发	硕士	吉首大学
我国司法会计鉴定人制度探讨	陈　磊	张　蕊	硕士	江西财经大学
刑事证据制度的法美学思考	王娇妮	李振宇	硕士	江西农业大学
我国环境诉讼证明责任分配制度研究	高飞龙	宋　蕾	硕士	昆明理工大学
沉默权法律问题研究——以人权保障为视角	徐涌耀	康　健	硕士	辽宁大学
法定证据制度与自由心证制度比较研究	何晓燕	俞树毅	硕士	兰州大学
李庄伪造证据、妨害作证案分析	令红彦	马明贤	硕士	兰州大学
刘涌案非法证据认定与排除的法律分析	任广崎	俞树毅	硕士	兰州大学
论我国民事证人制度的现状及建议	杨　勇	刘光华	硕士	兰州大学
论我国受贿犯罪证据的认定与审查	程春辉	周桂党	硕士	兰州大学
论污点证人刑事豁免制度	商　晓	刘绍斌	硕士	兰州大学
我国电子证据适用规则研究	孙晓芳	刘志坚	硕士	兰州大学
我国民事诉讼证明责任分配中法官自由裁量权分析	刘华鑫	胡　珀	硕士	兰州大学
我国刑事司法精神病鉴定结论质证机制研究——由杭州“体彩杀人案”引出的思考	李国伟	陈　航	硕士	兰州大学
刑事诉讼司法鉴定程序的案例分析与研究	王　鹏	贾登勋	硕士	兰州大学
论我国民事诉讼当事人证据收集制度的完善	刘新秀	李丽峰	硕士	辽宁大学

续表

论文题目	作　者	指导教师	学位类型	学位授予单　位
论刑事诉讼品格证据规则	侯　峰	侯德福	硕士	辽宁大学
问题与对策：离婚损害赔偿诉讼的证据规则研究	马　弘	李丽峰	硕士	辽宁大学
事件后信息与认知方式对目击证人辨认影响的研究	王　婧	常若松	硕士	辽宁师范大学
汉代诉讼证据制度研究	姜　洋	李炳泉	硕士	鲁东大学
民事诉讼中电子证据证明力问题研究	朱小平	刘冬京	硕士	南昌大学
我国刑事司法鉴定制度研究	贺　楠	刘本燕	硕士	南昌大学
新产品制造方法专利侵权诉讼中相关证明问题研究	李海洲	胡学军	硕士	南昌大学
刑事非法证据排除规则研究	李志亮	刘本燕	硕士	南昌大学
医疗损害责任的归责原则与证明责任分配	李　菲	胡学军	硕士	南昌大学
刑事诉讼中电子证据的认证规则探究——由两个《规定》展开	成　岗	张复友	硕士	南京大学
医疗侵权诉讼中的证明责任分配研究	徐文静	严仁群	硕士	南京大学
反对强迫自证其罪原则研究	狄春欢	李建明	硕士	南京师范大学
论我国行政程序中的证据规则	史晓清	杨登峰	硕士	南京师范大学
论刑事诉讼中的证据展示	艾立奎	赵　杰	硕士	南京师范大学
美国非法证据排除规则研究	徐小龙	李建明	硕士	南京师范大学
排除合理怀疑：有罪判决证明标准研究	陆元桔	程德文	硕士	南京师范大学
我国基层法庭民事诉讼证据收集制度的研究	陈娟娟	李　浩	硕士	南京师范大学
我国刑事司法鉴定中立性问题研究	朱敏芳	赵　杰	硕士	南京师范大学
刑事被告人证明责任研究	张　宁	李建明	硕士	南京师范大学
刑事诉讼专家辅助人制度若干问题探讨	李　江	王　俊 张　镭	硕士	南京师范大学

续表

论文题目	作　者	指导教师	学位类型	学位授予单　位
论民事诉讼专家证人制度	于　涛	高芙蓉 王旭军	硕士	内蒙古大学
论隐蔽作证制度的构建	张丽珺	张树军 李生晨	硕士	内蒙古大学
民事诉讼电子证据效力问题研究	王怀坤	高芙蓉	硕士	内蒙古大学
民事证据失权制度研究	王　慧	付冬梅 陈　鑫	硕士	内蒙古大学
民事证据收集制度研究	辛　菊	付冬梅	硕士	内蒙古大学
民事证人出庭作证制度研究	田　莹	高芙蓉	硕士	内蒙古大学
试论死刑案件证明标准	郜玉花	李卫东	硕士	内蒙古大学
我国民事审前证据交换制度研究	张晓旭	付冬梅 柴欣荣	硕士	内蒙古大学
我国刑事诉讼司法鉴定人出庭作证制度研究	高军军	张树军 李生晨	硕士	内蒙古大学
刑事审判中的供证关系认定	刘　波	张树军	硕士	内蒙古大学
论刑事非法证据排除规则	刘　丛	秦瑞基	硕士	青岛大学
论刑事诉讼证人保护制度	范爱丽	谢鹏程	硕士	青岛大学
我国侦查阶段沉默权制度研究	郑　华	汪　岚	硕士	青岛大学
公诉案件事实认定中言词证据采信之探讨	梁国华	丁　杰	硕士	山东大学
口供补强证据规则研究	杜　娟	丁　杰	硕士	山东大学
论测谎结论作为证据的价值	张　坤	丁　杰	硕士	山东大学
论民事诉讼中之当事人陈述	唐秋菊	秦　伟	硕士	山东大学
论受贿罪侦查取证中的问题及对策	能昌银	王瑞君	硕士	山东大学
论司法裁判中法律事实的建构——主要以刑事诉讼为视角	李玉飞	魏治勋	硕士	山东大学
论我国的证据不足不起诉制度	扆晓婷	胡常龙	硕士	山东大学

续表

论文题目	作　者	指导教师	学位类型	学位授予单　位
论我国举证责任分配的理论完善	胡　伟	许庆坤	硕士	山东大学
论刑事瑕疵证据	裴　婷	胡常龙	硕士	山东大学
论刑事诉讼中的交叉询问制度	曹方超	丁　杰	硕士	山东大学
论刑讯逼供行为的成因及其防范	王　超	冯殿美	硕士	山东大学
论隐蔽作证制度的构建	黄　娟	王瑞君	硕士	山东大学
论证人的拒绝作证权	李治升	张晏瑲	硕士	山东大学
民事诉讼书证制度研究	于瑞松	张海燕	硕士	山东大学
民事证据契约制度研究	张艳丽	丁　杰	硕士	山东大学
品格证据规则研究	彭　宁	丁　杰	硕士	山东大学
浅析沉默权制度在中国的确立	李　媛	姜　峰	硕士	山东大学
我国民事证据保全制度研究	刘万圣	张海燕	硕士	山东大学
刑事诉讼中未成年证人证言研究	魏玉君	丁　杰	硕士	山东大学
刑事诉讼证人免证权研究	刘恩滕	田荔枝	硕士	山东大学
刑事诉讼中的证人保护	边荣灿	胡常龙	硕士	山东大学
刑事诉讼中科技证据规制问题研究	张国亮	田荔枝	硕士	山东大学
中德刑事司法鉴定程序之比较研究	肖　露	丁　杰	硕士	山东大学
论我国非法证据排除规则的完善	赵琳琳	朱玉玲	硕士	山东科技大学
“两个证据规定”对反贪工作的影响与对策	刘　申	林喜芬	硕士	上海交通大学
警察出庭作证问题研究	沈　晔	林喜芬	硕士	上海交通大学
论测谎结论在民事诉讼中的应用	刘明洋	叶永禄	硕士	上海交通大学
私录视听资料证据效力研究	杨大伟	叶永禄	硕士	上海交通大学
刑事鉴定意见的法庭质证研究	刘　静	孙维萍	硕士	上海交通大学
证明责任实践问题及理论辨析	汤淡宁	杨　力	硕士	上海交通大学
论我国医疗损害责任鉴定制度的完善	刘晶晶	姜立文	硕士	上海师范大学

续表

论文题目	作　者	指导教师	学位类型	学位授予单　位
论法官自由心证的限制	刘　震	金永恒 郑根堂	硕士	山西大学
论口供的审查运用	于瑞婷	薛　荣	硕士	山西大学
论刑事证据裁判原则	李　阳	李　麒	硕士	山西大学
论医疗纠纷的证明责任分配	刘　芳	马爱萍	硕士	山西大学
论证明责任分配的依据	姚　晓	马爱萍	硕士	山西大学
刑事辨认程序研究	冯　涛	李　麒	硕士	山西大学
刑事证人保护制度的构建	许鹏飞	薛　荣 姚　锦	硕士	山西大学
刑事证人作证特免权	姚　霖	薛　荣 赵安灵	硕士	山西大学
侦查人员出庭作证制度构建	王振朝	薛　荣 赵安灵	硕士	山西大学
海关办理走私案件中刑事案件转为行政案件证据研究	焦　洋	田鹏辉	硕士	沈阳师范大学
论民事证据收集制度	程诗乐	陈凤贵	硕士	沈阳师范大学
民事证据交换制度的法律问题研究	王　琳	陈凤贵	硕士	沈阳师范大学
我国沉默权制度研究	张　雪	田鹏辉	硕士	沈阳师范大学
表见证明的理论与实务	杨梦玉	张永泉	硕士	苏州大学
催眠技术及其在刑事侦查中的运用探究	朱　强	刘　文	硕士	苏州大学
论民事诉讼非法证据排除规则	王　娜	殷爱荪	硕士	苏州大学
论证明妨碍行为的构成及其法律后果	张纪红	张永泉	硕士	苏州大学
国家意义的刑事证人问题研究	杜玉兰	张成敏	硕士	苏州大学
刑事诉讼中被告人品格证据的禁止与例外	王友云	张成敏	硕士	苏州大学
行政程序证据收集制度探析	佟艳秋	黄学贤	硕士	苏州大学
专家证据的采信标准研究——以美国专家证据制度为研究对象	章冠宇	刘　磊	硕士	苏州大学

续表

论文题目	作 者	指导教师	学位类型	学位授予单位
非法证据排除规则研究	董 倩	姚宪弟	硕士	太原科技大学
论侵权诉讼中的证明责任分配问题	赵琛敏	郭小冬 赵棣中	硕士	天津师范大学
试论电子证据的采集和使用	任景云	刘丹冰	硕士	西北大学
精神疾病司法鉴定制度研究	侯彩军	张朝霞	硕士	西北民族大学
民事证据调查权配置的法理及其路径选择	朱 丽	杜睿哲	硕士	西北师范大学
我国民事举证时限制度研究	孙 霞	杜睿哲	硕士	西北师范大学
公证证据审查研究	康 宏	唐清利	硕士	西南财经大学
秘密侦查证据的证据能力研究	李 季	汤火箭	硕士	西南财经大学
论民事诉讼中的非法证据排除规则	逯 姣	喻 敏 辜明安	硕士	西南财经大学
论审查起诉阶段非法证据排除制度研究	李勇军	雷建昌	硕士	西南财经大学
论我国民事诉讼程序中鉴定结论的证据效力	申 慧	陶维东	硕士	西南财经大学
论亲亲相隐在当代刑事法律中的批判性继承	李雪莹	廖 斌	硕士	西南科技大学
On Pragmatic Presupposition of Leading Questions in Courtroom Interaction	毛璐瑶	王 建	硕士	西南政法大学
半文盲笔迹鉴定研究	庄 浩	贾治辉	硕士	西南政法大学
“两个规定”视角下证据收集的调查分析	董 迪	郑 海	硕士	西南政法大学
《两个证据规定》实物证据排除规则研究	李晓燕	李昌盛 胡洪军	硕士	西南政法大学
非法证据排除的典范	罗 雪	潘金贵 吴 雯	硕士	西南政法大学
国际仲裁中涉及贿赂的证明标准适用研究	宁青青	陈咏梅	硕士	西南政法大学

续表

论文题目	作　者	指导教师	学位类型	学位授予单　位
口供中心主义评析——以我国口供规则实施问题为视角	闫召华	孙长永	硕士	西南政法大学
两个证据《规定》适用效果的实证研究	杨保清	施鹏鹏 刘　晴	硕士	西南政法大学
论电子商务民事诉讼中电子证据的认定规则	张笛瑶	肖　晖	硕士	西南政法大学
论民事诉讼中的探索证明	周　璇	段文波	硕士	西南政法大学
论民事诉讼中的专家辅助人制度	马惠琳	唐　力	硕士	西南政法大学
论司法鉴定质量控制	李　健	潘自勤	硕士	西南政法大学
论特殊侦查措施收集的证据材料的运用——评《办理死刑案件证据规定》第35条	刘晓蕾	孙长永	硕士	西南政法大学
论现代型诉讼证明责任的减轻	俞　涛	赵泽君	硕士	西南政法大学
南京国民政府时期的自由心证制度	毕凌雪	曾代伟	硕士	西南政法大学
日本民事诉前证据收集制度研究	吴红梅	李祖军	硕士	西南政法大学
视频监控电子人像证据鉴定研究	蔡　鑫	张凌燕	硕士	西南政法大学
我国司法鉴定人出庭质证制度研究——以出庭质证保障为视角	张梦露	潘自勤	硕士	西南政法大学
刑事案件中“情况说明”研究	卢海燕	孙长永	硕士	西南政法大学
刑事鉴定意见认证制度研究	吴　卫	贾治辉	硕士	西南政法大学
刑事推定适用中的证明责任与证明标准问题研究	俞树保	莫丹谊	硕士	西南政法大学
刑事庭审中证人证言质证问题的实证研究	唐丽芝	高　峰 杨洪广	硕士	西南政法大学
行政诉讼第三人举证责任问题研究	邹加沅	刘泽刚	硕士	西南政法大学
虚假自白的形成机理	李明伟	李昌盛	硕士	西南政法大学
医疗纠纷诉讼证据保全研究	陈光旭	廖中洪	硕士	西南政法大学
证据共通原则之于我国民事诉讼	段　莉	李祖军	硕士	西南政法大学

续表

论文题目	作　者	指导教师	学位类型	学位授予单　位
中国古代证人制度及其现代借鉴意义	王宗其	王　斌	硕士	西南政法大学
中外司法鉴定证据规则比较研究	郭　琦	贾治辉	硕士	西南政法大学
证人宣誓制度考	李　沙	肖　晖	硕士	西南政法大学
我国刑事被告人质证权研究	王晓华	孙长永	博士	西南政法大学
传闻证据规则发展趋势及其启示	李　宁	齐树洁	硕士	厦门大学
论我国刑事诉讼证据开示制度之构建	邱远典	齐树洁	硕士	厦门大学
论刑事非法证据的司法认定——兼评《关于办理刑事案件排除非法证据若干问题的规定》	陈小菊	陆而启	硕士	厦门大学
论医疗损害责任的举证衡平——以规范说和危险领域说为视角	林清毅	张　榕	硕士	厦门大学
相关性规则与我国刑事证据制度改革	刘振威	张泽涛	硕士	厦门大学
刑事调查中电子证据的发现、收集、认定	李潘新	刘学敏	硕士	厦门大学
侦查人员出庭作证制度的实践与探索	黄　威	郭春镇	硕士	厦门大学
司法公正视野下对我国刑事证人保护制度的思考	刘晓梅	俞春生	硕士	新疆大学
论行政诉讼证明标准多元化构建	王　进	尹茂国	硕士	延边大学
论我国民事诉讼法院调查取证制度的完善	刘如菊	李明芳	硕士	燕山大学
论我国民事诉讼勘验笔录的法律地位	李保永	王继福	硕士	燕山大学
论我国民事诉讼审前证据交换制度的完善	李　娜	汪吉友	硕士	燕山大学
论我国民事诉讼视听资料证据制度的完善	陈　雪	王继福	硕士	燕山大学
死刑案件的证明标准研究	张洪涛	刘立霞	硕士	燕山大学
我国民事诉讼举证时限制度的再完善	霍丽颖	王继福	硕士	燕山大学
我国民事诉讼专家辅助人制度研究	张　莉	王继福	硕士	燕山大学

续表

论文题目	作　者	指导教师	学位类型	学位授予单　位
我国司法鉴定人制度对专家证人制度的借鉴	陈国丽	王继福	硕士	燕山大学
刑事关键证人出庭作证制度研究	刘名倩	房保国 陈海平	硕士	燕山大学
刑事诉讼中的证人特免权制度研究	丁　锐	房保国	硕士	燕山大学
刑事主观构成要件证明问题研究	胡艺馨	宋英辉 刘立霞	硕士	燕山大学
间接证据在刑事司法实务中的合理运用	张洪云	邱爱民	硕士	扬州大学
论补强证据规则及其在民事诉讼中的运用	王珊珊	邱爱民	硕士	扬州大学
对刑事证据采纳和采信的研究	黄　维	王启梁	硕士	云南大学
非法证据排除规则研究——以检察工作为视角	李　霓	罗　刚	硕士	云南大学
论我国刑事非法证据排除规则——兼评刑诉法第二修正案的有关规定	李　昀	牟　军	硕士	云南大学
非法证据排除规则的适用分析	王　春	林劲松	硕士	浙江大学
论犯罪认定中的品格因素	卞海龙	林劲松	硕士	浙江大学
关于刑事非法证据排除程序的探讨	黄卓娅	谭世贵	硕士	浙江工商大学
民事诉讼证明妨碍制度研究	章舒炜	杨燮蛟	硕士	浙江工业大学
刑事证据规则与刑讯逼供治理研究	陈正运	单　勇	硕士	浙江工业大学
意见证据规则在我国的理性构建	王　媛	丁　娟	硕士	浙江工业大学
腐败犯罪证明制度研究	崔晓倩	吴高庆	硕士	浙江工商大学
中美鉴定制度比较研究	吕易泽	李昌钰	硕士	浙江工商大学
沉默权制度之比较研究	牛草萌	郭德香	硕士	郑州大学
论电子证据——以刑事诉讼为视角	卢　喆	马春娟	硕士	郑州大学
论我国刑事证人出庭作证制度	王　璐	马春娟	硕士	郑州大学
论我国刑事证人特免权制度的立法完善	赵瑞平	王长水	硕士	郑州大学

续表

论文题目	作　者	指导教师	学位类型	学位授予单　位
司法鉴定人制度研究	李传阳	马春娟	硕士	郑州大学
我国民事证据失权制度的反思与完善	沈鹏娟	张嘉军	硕士	郑州大学
行政诉讼证明标准研究	黄晓玉	宋雅芳	硕士	郑州大学
自白补强问题研究	刘　佳	贺恒扬	硕士	郑州大学
测谎结论的证据法学研究	谢欣雨	唐东楚	硕士	中南大学
非法言词证据排除规则研究	雷　蕾	伍浩鹏	硕士	中南大学
公益诉讼证明责任研究	刘慧芳	颜运秋	硕士	中南大学
论我国死刑案件定案证据标准之完善	林　枝	张善燚	硕士	中南大学
论刑事司法鉴定启动程序	刘　波	张善燚	硕士	中南大学
论刑事证据的有效性	肖其斌	张善燚	硕士	中南大学
同案被告人作证问题研究	郭梦月	张善燚	硕士	中南大学
我国死刑定案证据标准研究	郭俊彦	张善燚	硕士	中南大学
刑事证据制度的伦理审视	黄晓权	吕耀怀	博士	中南大学
环境侵权诉讼证明标准研究	彭　景	向佐群	硕士	中南林业科技大学
民事再审新证据的认定及适用	柯玉茹	徐合平	硕士	中南民族大学
我国提起公诉证据标准之反思	王　萌	刘之雄	硕士	中南民族大学
证人出庭率低的根源及出路——以作证方式多元化为目标	张勤亮	黄　霞	硕士	中国地质大学
对我国民事诉讼证明标准的再认识	王　微	于晓艺	硕士	中国海洋大学
论刑事非法证据排除规则	谭洪军	阳露昭	硕士	中国海洋大学
论我国非法证据排除规则的完善	赵　耿	孙　远	硕士	中国青年政治学院
论阅卷权的范围与主体	杨会娜	孙　远	硕士	中国青年政治学院
刑事鉴定意见的法律规制	孙　鹏	孙　远	硕士	中国青年政治学院

续表

论文题目	作　者	指导教师	学位类型	学位授予单　位
论反垄断私人诉讼举证责任制度的困境及其对策	张　轩	王晓晔	硕士	中国社会科学院研究生院
论建立行政处罚证据规则的必要性	周一麟	莫纪宏	硕士	中国社会科学院研究生院
遏制刑讯逼供的对策研究	郝　瑜	祁建建	硕士	中国社会科学院研究生院
中国反垄断民事诉讼证据制度研究	王伟伟	王晓晔	硕士	中国社会科学院研究生院
测谎结论的可采性研究	谭建华	沈　政	硕士	中国政法大学
重复鉴定问题研究	强　卉	张保生	硕士	中国政法大学
法学视角下精神障碍者作证能力探析	周其钦	胡纪念	硕士	中国政法大学
非法证据排除规则的救济程序研究——以刑事上诉程序为视角	孙　军	杨宇冠	硕士	中国政法大学
检察机关诉前非法证据拔除研究——以新《刑事诉讼法》相关规定为依据	古国宁	顾永忠	硕士	中国政法大学
警察出庭作证制度研究	方野帆	刘金友	硕士	中国政法大学
鉴定意见质证问题研究	谢亚平	鲁　涤 房保国	硕士	中国政法大学
举证时限制度研究	李　玲	王　娣	硕士	中国政法大学
量刑证明问题研究	裴爱敏	汪海燕 王　晶	硕士	中国政法大学
论被追诉人精神病的证明责任——以美国法为视角	王星译	郑　旭	硕士	中国政法大学
论非法证据之证明责任	赵培显	洪道德	硕士	中国政法大学
论构建我国证人豁免制度——以污点证人为视角	陈西岚	洪道德	硕士	中国政法大学
论环境民事侵权诉讼中的证明责任之分配	谷　丹	杨秀清	硕士	中国政法大学

续表

论文题目	作 者	指导教师	学位类型	学位授予单 位
论检察机关排除非法证据	卢冰雁	王进喜	硕士	中国政法大学
论量刑程序中的证明	练 斌	洪道德 鲁 杨	硕士	中国政法大学
论律师—委托人特免权	贾晶晶	张保生 满运龙	硕士	中国政法大学
论推定之间的冲突	刘 宁	王进喜	硕士	中国政法大学
论我国量刑程序中品性证据规则的构建	赵英男	王进喜	硕士	中国政法大学
论我国民事诉前证据保全制度的构建	花秀艳	肖建华	硕士	中国政法大学
论我国司法鉴定的功能及其实现	鲁跃晗	常 林	硕士	中国政法大学
论我国医疗损害鉴定主体的改革	梁俊超	刘 鑫	硕士	中国政法大学
论刑事案件司法鉴定启动程序之改革	马志文	霍宪丹	硕士	中国政法大学
论证据的有限可采性	敖 意	满运龙	硕士	中国政法大学
论证明妨碍在医疗诉讼中的适用	张 彬	肖建华	硕士	中国政法大学
民事非法证据排除规则探究	孙玉宁	石美森	硕士	中国政法大学
民事诉讼法院调查取证制度研究	赫广晓晔	宋朝武	硕士	中国政法大学
民事推定的功能与规制	单程程	王进喜	硕士	中国政法大学
浅议非法证据排除规则在我国的构建——以刑事诉讼为视角	高大伟	霍宪丹	硕士	中国政法大学
事后补救措施规则研究	徐 磊	满运龙	硕士	中国政法大学
事实认定中的科学证据运用	林子旭	张保生	硕士	中国政法大学
试论交通肇事案件中阻却理论及专家辅助人制度的构建	李 丹	郭志媛	硕士	中国政法大学
试论刑事证据开示制度在中国的建立	薛 津	洪道德	硕士	中国政法大学
司法鉴定投诉的实证研究	范加庆	常 林	硕士	中国政法大学
司法鉴定意见争议解决机制研究	黄 闯	霍宪丹	硕士	中国政法大学
司法鉴定再鉴定问题研究	沈 奇	常 林	硕士	中国政法大学
刑事推定论	靳凌飞	王 平	硕士	中国政法大学

续表

论文题目	作　者	指导教师	学位类型	学位授予单　位
刑事证人诉讼权利保障研究	尹泽贤	卫跃宁	硕士	中国政法大学
寻找“失踪”的亲属关系特免权	徐　蕾	张保生 王明达	硕士	中国政法大学
医疗损害纠纷诉讼中的证明责任分配	宋少华	宋朝武	硕士	中国政法大学
侦查人员出庭作证制度研究	顾　明	鲁　杨	硕士	中国政法大学
证明责任和举证责任比较研究	胡晓楠	张　力	硕士	中国政法大学
论证据的完整性	杜国栋	王进喜	博士	中国政法大学
欧盟证据法一体化趋势研究	冯俊伟	张保生	博士	中国政法大学
实物证据鉴真制度研究	邱爱民	常　林	博士	中国政法大学
死刑控制之证据研究	石　岩	刘金友	博士	中国政法大学
刑事侦查电子取证研究	戴　莹	樊崇义	博士	中国政法大学
中国刑事非法证据排除规则研究	左　宁	顾永忠	博士	中国政法大学
对秘密监听资料证据能力的分析	沈　辉	黄建武	硕士	中山大学
论侦查人员出庭作证制度的构建	李　鹏	杨建广	硕士	中山大学
民事诉讼证据开示制度功能性构建	徐水根	蔡彦敏	硕士	中山大学
民事诉讼中证人拒绝作证权制度研究	罗　甜	蔡彦敏	硕士	中山大学
我国刑事冤案的成因及其防范——以言词证据的生成为视角	徐顺欣	郭天武	硕士	中山大学
论刑讯逼供的遏制	黄江虹	赵小锁	硕士	中央民族大学
民事诉讼庭前证据交换制度研究——以《民事诉讼法》的修改为背景	芦　红	张艳蕊	硕士	中央民族大学
轻罪逮捕证据审查研究——以检察院为视角	毛慧勇	韩　铁	硕士	中央民族大学

附录2.2 法庭科学研究生学位论文目录（2012）

论文题目	作　者	指导教师	学位类型	学位授予单　位
我国司法鉴定人助理制度构建研究	李　果	郭志远	硕士	安徽大学
刑事司法精神病鉴定制度研究	郭　艳	王圣扬	硕士	安徽大学
九种毒品及蜂蜜中5－羟甲基糠醛标准物质定值	张　盼	杨　晶	硕士	北京化工大学
针对图像篡改处理痕迹的检测技术研究	何小艳	卢燕飞	硕士	北京交通大学
电子物证的法律地位及运用	傅俊博	王云飞	硕士	大连海事大学
司法鉴定人民事责任制度研究	侯磊磊	尹伟民	硕士	大连海事大学
辽宁省司法鉴定管理现状及对策研究	赵文娟	郭玉坤	硕士	大连理工大学
我国医疗损害事件的原因分析及对策研究	王云波	王正洪	博士	第四军医大学
字迹风格对字迹识别影响的眼动研究	黄志平	刘旭峰	硕士	第四军医大学
计算机印鉴甄别系统设计与实现	巨　星	祁康成 刘兆宏	硕士	电子科技大学
我国刑事科学技术工作管理模式创新研究	曹海军	孔兆政	硕士	东北师范大学
致心律失常性右室心肌病病理学特征及其与桥粒蛋白的相关性研究	张明昌	赵子琴	博士	复旦大学
基于有限元法的交通伤致伤方式及生物力学研究	李正东	陈忆九	硕士	复旦大学
HPCE－TOF/MS技术在常见有毒生物碱分析中的研究与应用	余祝宏	郁韵秋	硕士	复旦大学
针对计算机信息来源的电子物证技术研究	吴丽娜	傅晓海	硕士	甘肃政法学院

续表

论文题目	作　者	指导教师	学位类型	学位授予单　位
土壤物证分析测定及其应用研究	严春雷	李重阳	硕士	甘肃政法学院
签名笔迹特征鉴定价值分析	许燕燕	沙万中	硕士	甘肃政法学院
颅脑损伤的法医学鉴定	崔晶晶	石恩林	硕士	甘肃政法学院
人权保障视野下的强制采样探究	郭陈碧	邓立军	硕士	广东商学院
几种滥用药物在大鼠体内代谢产物的检测研究	张思敏	林翠梧 黄克建	硕士	广西大学
试论民事诉讼中司法鉴定程序的启动权之完善	农进淳	吴小英	硕士	广西大学
我国认定公民无民事行为能力程序研究	余正源	吴小英	硕士	广西大学
非法行医罪研究	高雪雷	张鸿巍	硕士	广西大学
医患纠纷的法律规制研究	汪　雪	刘雪松	硕士	哈尔滨商业大学
防伪印鉴的自动生成与识别系统研究	高　森	李　钢	硕士	合肥工业大学
Ag（Ⅲ）化学发光分析新方法建立及其在法医毒物分析中的应用研究	徐向东	康维钧	博士	河北医科大学
SNaPshot 方法构建 20 个 X－SNPs 复合分型体系及河北汉族人群遗传学调查	王　茜	丛　斌	硕士	河北医科大学
7 个 X－STR 基因座在中国北方汉族人群的多态性调查研究	许　淼	丛　斌	硕士	河北医科大学
昆明市环保局诉三农农牧和羊甫牧业环境公益诉讼案评析	刘　婷	陈运来	硕士	湖南大学
论我国刑事专家证人制度的确立	王丽芬	姜志刚	硕士	湖南大学
全信息比对法在指纹识别处理中的应用	鲍钦何	李丽娟	硕士	湖南大学
论我国刑事诉讼中伤情鉴定制度的完善	楚　圣	蔡雪冰	硕士	湖南师范大学

续表

论文题目	作 者	指导教师	学位类型	学位授予单位
司法鉴定人民事责任研究	陈楠楠	王葆莳	硕士	湖南师范大学
论我国注册会计师虚假陈述的民事责任	王圆圆	王葆莳	硕士	湖南师范大学
刑事责任能力评定研究	孙大明	杜志淳	博士	华东政法大学
新产品制造方法专利保护判例研究	闵森森	何 敏	硕士	华东政法大学
论我国民事诉讼专家辅助人制度的完善	叶 蕾	蒋集跃	硕士	华东政法大学
财务舞弊行为与会计司法鉴定	骞 雨	景 莉	硕士	华东政法大学
印刷文件朱墨时序特征的实验研究	王小怡	施少培	硕士	华东政法大学
专家辅助人的诉讼地位	温婷婷	王俊民	硕士	华东政法大学
鉴定意见基本属性的程序性保障	朱晋峰	王俊民 王永杰	硕士	华东政法大学
著作权侵权鉴定的边界	龚 艳	王永全	硕士	华东政法大学
对零星贩毒特点及打击对策的思考	吴国聪	肖庆平	硕士	华东政法大学
左手伪装笔迹鉴定实证研究	沈臻懿	许爱东	硕士	华东政法大学
自我临摹的正写汉字签名笔迹鉴定的实证研究	庄 嘉	许爱东	硕士	华东政法大学
吸毒人员刑事责任研究	袁 婷	薛进展	硕士	华东政法大学
历时性笔迹变化规律的研究	陆春晨	杨 旭	硕士	华东政法大学
自然图像复制—粘贴篡改检测技术研究	刘 丹	胡永健	硕士	华南理工大学
精神障碍者的权利保护问题研究	吴敏茹	李 强	硕士	华侨大学
北京中心城区硅藻分布的调查研究及破机罐消化法在溺死鉴定中的应用	李立平	刘 良	博士	华中科技大学
弥漫性轴索损伤弥散张量成像及免疫组织化学研究	李上勋	周亦武	博士	华中科技大学
情绪相关 ERP 的检测及法医学应用	李 晖	陈晓瑞	硕士	华中科技大学

续表

论文题目	作　者	指导教师	学位类型	学位授予单　位
溺死大鼠肺表面活性物质相关蛋白A和水通道蛋白5表达的初步研究	张　吉	董红梅	硕士	华中科技大学
工具加工痕迹图像比对系统的设计	鲁明涛	樊慧津	硕士	华中科技大学
2种减肥药物的联合分析及芬氟拉明在中毒大鼠体内的分布研究	金　铮	金　鸣	硕士	华中科技大学
数字虚拟切片技术在武汉水域硅藻调查中的应用及破机罐消化法最佳破机时间的研究	白英杰	刘　良	硕士	华中科技大学
从证据视角论我国司法鉴定制度的完善	罗军华	齐海滨	硕士	华中科技大学
TMS－MEP评价大鼠脊髓损伤后运动功能障碍程度的研究	马文静	张玲莉	硕士	华中科技大学
心脏性猝死与非心脏性猝死心传导系统RyR2增龄性表达的初步研究	邢景军	周亦武	硕士	华中科技大学
SCN5A基因多态性与心脏性猝死的相关性研究	李登新	朱少华	硕士	华中科技大学
一元处理机制下医疗损害责任制度研究	张　英	马新彦	博士	吉林大学
故意伤害罪司法适用研究	赵　丹	徐　岱	博士	吉林大学
人民法院司法鉴定管理问题研究	张博轩	霍存福	硕士	吉林大学
指纹信息采集系统的设计与实现	张博知	贾海洋	硕士	吉林大学
法医DNA常量检材Chelex－100提取法研究	王　岩	周　杰	硕士	吉林大学
我国司法会计鉴定人制度探讨	陈　磊	张　蕊	硕士	江西财经大学
我国刑事司法精神病鉴定结论质证机制研究	李国伟	陈　航	硕士	兰州大学
刑事诉讼司法鉴定程序的案例分析与研究	王　鹏	贾登勋	硕士	兰州大学

续表

论文题目	作　者	指导教师	学位类型	学位授予单　位
人身损害赔偿诉讼中司法鉴定调查分析	朱福高	刘绍彬	硕士	兰州大学
聋哑人刘强等盗窃案法律分析	王珊珊	吴双全	硕士	兰州大学
我国司法鉴定制度改革问题研究	刘　贺	丁　慧	硕士	辽宁师范大学
精神分裂症血清多肽和 MicroRNA 表达差异研究	程　松	王开正	硕士	泸州医学院
医疗损害责任的归责原则与证明责任分配	李　菲	胡学军	硕士	南昌大学
我国刑事司法鉴定制度研究	贺　楠	刘本燕	硕士	南昌大学
我国司法鉴定制度若干问题研究	黄港清	刘冬京	硕士	南昌大学
深圳地区成年汉族人群数字全颌曲面断层片同一认定的研究	王　尧	赖　跃	硕士	南方医科大学
24 个 Y - STR 基因座荧光标记复合检测体系的建立及其法医学应用	刘　宏	马文丽	硕士	南方医科大学
能动司法的理论探讨与制度改革	刘　政	谭世贵	博士	南京理工大学
刑事诉讼专家辅助人制度若干问题探讨	李　江	王　俊 张　镭	硕士	南京师范大学
我国刑事司法鉴定中立性问题研究	朱敏芳	赵　杰	硕士	南京师范大学
医疗损害鉴定司法实务问题研究	柳海梅	海　棠	硕士	内蒙古大学
我国刑事诉讼司法鉴定人出庭作证制度研究	高军军	张树军 李生晨	硕士	内蒙古大学
多层螺旋 CT 后处理技术在鼻骨骨折的应用价值	渐　楠	毕万利	硕士	山东大学
中德刑事司法鉴定程序之比较研究	肖　露	丁　杰	硕士	山东大学
医疗纠纷鉴定的现状分析与对策研究	林　静	姜　杰	硕士	山东大学
精神障碍者刑事责任能力相关问题研究	张旭宏	刘善华	硕士	山东大学

续表

论文题目	作　者	指导教师	学位类型	学位授予单　位
潍坊市公安局物证管理系统的设计与实现	王志国	史清华	硕士	山东大学
大鼠脑挫伤后细胞间粘附因子1的表达与损伤时间推断的研究	顾均连	焦　炎	硕士	山西医科大学
利用SEM/EDX进行锤类致伤工具认定的研究	王　阳	刘　力	硕士	山西医科大学
RNA用于体液鉴别的方法学建立及其法医学应用研究	王颖希	唐　晖	硕士	山西医科大学
激光显微捕获切割技术在脱落细胞类检材中的方法学建立及其法医学应用研究	俞丽娟	唐　晖	硕士	山西医科大学
关于急性心肌缺血早期标记物的研究	梁　正	王英元 张更谦	硕士	山西医科大学
利眠宁的法医毒物动力学研究	张晓飞	贠克明	硕士	山西医科大学
氧化乐果的法医毒物动力学（二）	朱培培	贠克明	硕士	山西医科大学
车辆轮胎痕迹图像增强及识别方法的研究	郭　春	艾玲梅	硕士	陕西师范大学
公安物证管理系统的设计与实现	张晓中	姜丽红 袁志军	硕士	上海交通大学
文字作品网络传播与版权保护技术研究	马　亮	李　芳 许　林	硕士	上海交通大学
论精神障碍司法鉴定制度的完善	袁海波	林喜芬	硕士	上海交通大学
刑事鉴定意见的法庭质证研究	刘　静	孙维萍	硕士	上海交通大学
医疗纠纷鉴定机制研究	张德雨	王福华	硕士	上海交通大学
论我国医疗损害责任鉴定制度的完善	刘晶晶	姜立文	硕士	上海师范大学
不同视野脑认知事件相关电位初步研究	刘小琴	陈溪萍	硕士	苏州大学
电流损伤皮肤中金属元素分析研究	张建华	陈忆九	硕士	苏州大学

续表

论文题目	作　者	指导教师	学位类型	学位授予单　位
成人3种频率特异性听觉诱发电位的比较	陈　芳	范利华 杨小萍 周晓蓉	硕士	苏州大学
专家证据的采信标准研究	章冠宇	刘　磊	硕士	苏州大学
非法证据排除规则研究	董　倩	姚宪弟	硕士	太原科技大学
基于磁性微粒纯化法医样本DNA方法的建立	邓　晨	崔亚丽	硕士	西北大学
精神疾病司法鉴定制度研究	侯彩军	张朝霞	硕士	西北民族大学
汽车—电动自行车碰撞事故再现分析与研究	尹学杨	黄海波	硕士	西华大学
论我国民事诉讼程序中鉴定结论的证据效力	申　慧	陶维东	硕士	西南财经大学
保外就医鉴定人制度规范研究	曾红彬	文海林	硕士	西南财经大学
家庭暴力立法与实践研究	罗　杰	陈　苇	博士	西南政法大学
刑事侦查中的司法精神病学问题实证研究	曾德梅	何　恬	硕士	西南政法大学
论医疗过错的认定	孙　燕	何　恬	硕士	西南政法大学
论医疗过错的认定	何　琼	侯国跃	硕士	西南政法大学
中外司法鉴定证据规则比较研究	郭　琦	贾治辉	硕士	西南政法大学
高水平模仿笔迹鉴定研究	廖晋豪	贾治辉	硕士	西南政法大学
刑事鉴定意见认证制度研究	吴　卫	贾治辉	硕士	西南政法大学
物证鉴定样本提存制度研究	俞　敏	贾治辉	硕士	西南政法大学
复核鉴定制度研究	张　超	贾治辉	硕士	西南政法大学
半文盲笔迹鉴定研究	庄　浩	贾治辉	硕士	西南政法大学
《两个证据规定》实物证据排除规则研究	李晓燕	李昌盛	硕士	西南政法大学
论司法鉴定质量控制	李　健	潘自勤	硕士	西南政法大学
论民事诉讼中的专家辅助人制度	马惠琳	唐　力	硕士	西南政法大学

续表

论文题目	作　者	指导教师	学位类型	学位授予单　位
中国古代仵作生态研究与历史观照	汤　茜	王旭东	硕士	西南政法大学
非诉讼鉴定制度研究	万　林	张凌燕	硕士	西南政法大学
论现代型诉讼证明责任的减轻	俞　涛	赵泽君	硕士	西南政法大学
基于维吾尔文笔迹特征的身份鉴别关键技术研究	沈　洁	卡米力·木依丁	硕士	新疆大学
医疗损害责任研究	熊　勇	陈　彤	硕士	新疆师范大学
大鼠颅脑损伤后 Caspase－9、MMP－3 和 NGB 表达变化的研究	李志恒	金茂强	硕士	新疆医科大学
Y 染色体 6 个 STR 基因座在中国朝鲜族男性和汉族男性人群中遗传多态性	段洪瑞	张永吉	硕士	延边大学
论我国民事诉讼勘验笔录的法律地位	李保永	王继福	硕士	燕山大学
我国民事诉讼专家辅助人制度研究	张　莉	王继福	硕士	燕山大学
完善我国司法鉴定制度的思考	肖海生	姜　昕	硕士	云南大学
海峡两岸刑事鉴定制度比较研究	罗凌方	翁　里	硕士	浙江大学
论我国刑事司法鉴定制度的完善	姜严丹	单　勇	硕士	浙江工业大学
环保法庭设置研究	赵苹苹	李明华	硕士	浙江农林大学
法医学常用 15 个 STRs 的检测及其应用于人群遗传关系推断的研究	王文菲	曾昭书	硕士	郑州大学
司法鉴定人制度研究	李传阳	马春娟	硕士	郑州大学
《法医科学导论》第十章的汉译报告	冯　茜	赵德玉	硕士	中国海洋大学
论反垄断私人诉讼举证责任支付的困境及其对策	张　轩	王晓晔	硕士	中国社会科学院研究生院
论我国应对非法人体医学实验的刑事诉讼策略	徐立安	熊秋红	硕士	中国社会科学院研究生院
司法鉴定再鉴定问题研究	沈　奇	常　林	硕士	中国政法大学

续表

论文题目	作　者	指导教师	学位类型	学位授予单　位
试论交通肇事案件中阻却理论及专家辅助人制度的构建	李　丹	郭志媛	硕士	中国政法大学
常见嗜尸性麻蝇分子标记的检测及地区基因库的建立	郭亚东	文继舫 蔡继峰	博士	中南大学
应用细胞色素氧化酶亚基 I 鉴定蝇科常见嗜尸性蝇种	熊　枫	蔡继峰	硕士	中南大学
湖南汉族人群 16 个 Y - STR 基因座遗传多态性研究	杨　立	文继舫	硕士	中南大学
论刑事司法鉴定启动程序	刘　波	张善燚	硕士	中南大学
基于双序混合最优码本的声纹识别系统研究	张转侠	李勇明	硕士	重庆大学
基于多因子的指纹图像质量评价方法研究	张祖泷	杨永明	硕士	重庆大学
应用 LCM 技术对早期流产组织胚胎成份分离检验	李艮平	万立华	博士	重庆医科大学
5 个 miniSTR 基因座四色荧光复合扩增体系的建立及应用	何寨寨	万立华	硕士	重庆医科大学
5 个 miniSTR 基因座位点复合扩增体系的检验和鉴定	唐祥勇	万立华	硕士	重庆医科大学
4 个 MiniSTR 位点的遗传学调查	姚　岚	万立华	硕士	重庆医科大学
过敏性休克死亡豚鼠血清 IL - 10、IgE 的表达及其法医学意义	李　航	余　舰	硕士	遵义医学院
豚鼠过敏性休克死亡 IL - 4、IL - 13 与 IgE 的表达及其法医学意义	刘　勇	余　舰	硕士	遵义医学院

说明：本统计表中学位论文的排列顺序为：第一顺序为学位授予单位名称，第二顺序为学位类型。

附录3

证据科学学术著作目录

附录3.1　证据法学学术著作目录（2012）

书　　名	作　　者	出　版　社
非法证据排除规则实证研究	卞建林　杨宇冠	中国政法大学出版社
经验法则：自由心证的尺度	张亚东	北京大学出版社
证明责任：事实判断的辅助方法	肖建国　包建华	北京大学出版社
心证形成过程实证研究：以刑事诉讼程序为主线	黄维智	中国检察出版社
不正当竞争诉讼证据实务操作指引	李雪宇	知识产权出版社
言词证据研究	房保国	知识产权出版社
证据法学案例教程（第2版）	卞建林　刘　玫	知识产权出版社
贪污贿赂犯罪证明结构与证据标准	杨远波	中国检察出版社
神探李昌钰破案实录系列3：让证据说话	李昌钰等著，吴丹红译	中国政法大学出版社
图解立案证据定罪量刑标准与法律适用（第3分册）	本书编写组	中国法制出版社
痕迹检验实验教材	朱　兰	法律出版社
法医学	王旭东	法律出版社
证据法学	廖永安　李　蓉	厦门大学出版社
美国《联邦证据规则》（2011年重塑版）条解	王进喜	中国法制出版社
证据故事	［美］理察德·伦伯特编，魏晓娜译	中国人民大学出版社
自白任意性规则研究	刘英俊	四川大学出版社
中国指导案例、参考案例判旨总提炼·合同纠纷（一）：主体、管辖、证据	胡凤滨	法律出版社
职业病鉴定与处理	庄洪胜	中国法制出版社

续表

书　名	作　者	出 版 社
论自由心证与法定证据法制及其发展趋势：以两岸民事诉讼法制为中心	姜礼增	厦门大学出版社
司法鉴定专家辅助人制度研究	常　林	中国政法大学出版社
新刑事诉讼法证据制度解读与适用	冯承远	中国检察出版社
刑诉法学典存：民刑诉讼证据法论	蒋沣泉编著，吴宏耀、魏晓娜点校	中国政法大学出版社
WTO 争端解决机制证明负担规则研究	高田甜	法律出版社
职务犯罪案件证明规范及实例指导	李富城　郭　冰	中国人民公安大学出版社
文件的科学检验：方法与技术（第3版）	［英］大卫·艾伦著，黄建同等译	中国人民公安大学出版社
法医活体损伤鉴定脊柱影像学	依伟力等	中国人民公安大学出版社
法医活体损伤鉴定四肢影像学	刘大荒等	中国人民公安大学出版社
图解立案证据定罪量刑标准与法律适用（第5分册）（根据新刑事诉法修订）	刘灿华　杨建军	中国民主法制出版社
证据学论坛：前沿·实务·文摘（第17卷）	李学军	法律出版社
刑事证据制度发展与适用	樊崇义　兰跃军　潘少华	人民法院出版社
民事科技证据研究	王继福等	知识产权出版社
刑事推定的基本理论：以中国问题为中心的理论阐释	褚福民	中国人民大学出版社
刑事证明标准研究	邱福军	中国人民公安大学出版社
刑事证据规则适用	刘玉民　于海侠	中国民主法制出版社

续表

书　名	作　者	出版社
司法证明的逻辑	栗　峥	中国人民公安大学出版社
诉讼证明中的推定研究	焦　鹏	法律出版社
司法证明过程论：以系统科学为视角	封利强	法律出版社
科学证据采信基本原理研究	张　斌	中国政法大学出版社
证据理论与科学：第三届国际研讨会论文集	常　林　张　中	中国政法大学出版社
中国证据法治发展报告（2010）	张保生　常　林	中国政法大学出版社
刑事证据法学	陈瑞华	北京大学出版社
火灾痕迹与检测	刘义祥　赵术学	中国石化出版社
司法鉴定证据研究	刘　红　纪宗宜　姚　澜	法律出版社
2011 司法鉴定能力验证鉴定文书评析	司法部司法鉴定科学技术研究所（上海法医学重点实验室）	科学出版社
实用尸检病理学	郭慕依	复旦大学出版社
马萨诸塞州证据规则指南	廖永安等译，陈子豪校	湘潭大学出版社
英美专家证人制度研究	周湘雄	中国检察出版社
刑事证据审查判断精细化过程因素与进路	李树真	中国人民公安大学出版社
民事证人调查研究	周成泓	法律出版社
国际法院证据问题研究：以领土边界争端为视角	张卫彬	法律出版社
民事诉讼证据制度研究	武文举	中国政法大学出版社
科学证据研究	房保国	中国政法大学出版社
证据分析（第2版）	［美］特伦斯·安德森、［美］戴维·舒姆、［英］威廉·特文宁等著，张保生、朱婷、张月波等译	中国人民大学出版社
实物证据鉴真制度研究	邱爱民	知识产权出版社

续表

书　　名	作　　者	出 版 社
证据法学：问题与阐述	叶青等	北京大学出版社
行政证据规则应用	沈志先	法律出版社
计算机司法鉴定：理论探讨	廖根为	法律出版社
统一司法鉴定管理体制改革的新探索	司法部司法鉴定管理局	中国政法大学出版社
统一司法鉴定管理体制发展的创新	司法部司法鉴定管理局	中国政法大学出版社
痕迹物证司法鉴定实务	王成荣	法律出版社
文书物证司法鉴定实务	邹明理　杨　旭	法律出版社
虚拟尸检方法：法医 3D 光学和放射学扫描与重构	［美］ Michael J. Thali、［美］ Richard Dirnhofer、［美］ Peter Vock 编，张惠芹译	中国人民公安大学出版社
法医 DNA 证据相关问题研究	鲁　涤	中国政法大学出版社
让证据为你松绑：新时期宁波刑辩律师经典案例选	宁波市律师协会	宁波出版社
刑诉法学典存：证据法学	东吴大学法学院编，吴宏耀、魏晓娜点校	中国政法大学出版社
刑诉法学典存：证据法要论	周荣编著，吴宏耀点校	中国政法大学出版社
被告人作证制度研究：以英美法为中心展开的比较法考察	纪　虎	法律出版社
职务犯罪案件证据参考标准与审查运用	马剑萍	中国检察出版社
法医毒物学手册	沈　敏　向　平	科学出版社
生物学证据研究与应用	石美森	法律出版社
让证据说话，我们愿意为您辩护：刘少雄律师刑事案件辩护专辑	刘少雄	法律出版社
证据法学（第 5 版）	樊崇义	法律出版社

续表

书　　名	作　　者	出 版 社
品性证据：一种设证法理论	［加］道格拉斯·沃尔顿著，张中译	中国人民大学出版社
物证技术学	许爱东	法律出版社
与骸骨交谈：我希望每一个案件都有答案	［美］威廉姆·R. 美普斯、布朗宁著，尚晓蕾译	法律出版社
司法精神医学	闵银龙	法律出版社
X染色体上的遗传标记及法医生物学应用	李　莉　林　源　孙宏钰	群众出版社
英国证据法实务指南（第4版）	［英］克里斯托弗·艾伦著，王进喜译	中国法制出版社
刑事证明方法与技巧（修订版）	陈为钢　张少林	中国检察出版社
诉讼证明责任与证明标准研究	王圣扬	中国人民公安大学出版社
书面证言使用规则研究：程序法规视野下的证据问题	颜　飞	中国法制出版社
鉴证实录：50年代司法鉴定案例精选	司法部司法鉴定科学技术研究所	科学出版社
诉讼视角下的司法鉴定制度研究	王素芳	上海大学出版社
精神疾病与司法鉴定	周　鑫	湖北人民出版社
法医告诉你：维权与鉴定实用指南	邓建强　甘建一	海南出版社
刑事诉讼中的严格证明	胡　帅	人民法院出版社
民事诉讼证明权研究	肖　晗	知识产权出版社
辩方证人：一个心理学家的法庭故事	［美］伊丽莎白·罗芙托斯、［美］凯萨琳·柯茜著，浩平译	中国政法大学出版社
论证据的完整性	杜国栋	中国政法大学出版社
司法鉴定概论（第2版）	杜志淳　闵银龙	法律出版社
颅面部损伤影像诊断与司法鉴定	陈祥民　刘增胜	人民卫生出版社

续表

书　　名	作　　者	出 版 社
法庭审判中的科学证据	叶自强	中国社会科学出版社
法官证据评判研究	陈惊天	中国人民公安大学出版社
短缺证据与模糊事实：证据学精要	何家弘	法律出版社
精细化司法证明中逻辑与经验基本问题研究	李树真	中国社会科学出版社
美国法庭科学的加强之路	美国国家科学院国家研究委员会等著，王进喜等译	中国人民大学出版社
证据法学论丛（第1卷）	潘金贵	中国检察出版社
美国证据法	马　跃	中国政法大学出版社
鉴定意见研究	房保国　陈宏钧	中国政法大学出版社
民事诉讼案件事实认定机制研究	张海燕	中国政法大学出版社
法医鉴定文书制作理论与实践	程亦斌　李孝鹏　张晓彤	科学出版社
精神病司法鉴定与强制医疗	庄洪胜	中国法制出版社
司法会计鉴定实务操作指南	北京注册会计师协会	经济科学出版社

附录3.2　法庭科学学术著作目录（2012）

书　　名	作　　者	出 版 社
续增洗冤录辨证参考	（清）李璋煜原编，韦以宗主校	北京科学技术出版社
医疗纠纷案例评析	王　岳	对外经济贸易大学出版社
法医学	王旭东主编	法律出版社
计算机司法鉴定：理论探索	廖根为	法律出版社
生物学证据研究与应用	石美森	法律出版社

续表

书　　名	作　　者	出 版 社
与骸骨交谈：我希望每一个案件都有答案	[美] 威廉姆·R. 美普斯、布郎宁著，尚晓蕾译	法律出版社
司法鉴定概论（第2版）	杜志淳主编	法律出版社
司法鉴定证据研究	刘　红　纪宗宜　姚　澜	法律出版社
物证技术学	许爱东主编	法律出版社
中国精神障碍者刑事责任能力评定与司法审判实务指南	纪术茂、高北陵、张小宁主编	法律出版社
痕迹物证司法鉴定实务	王成荣主编	法律出版社
痕迹检验实验教材	朱兰主编	法律出版社
法医病理学司法鉴定实践	侯碧海编著	广西科学技术出版社
法医告诉你——维权与鉴定实用指南	邓建强、甘建一编译	海南出版社
精神疾病与司法鉴定	周　鑫	湖北人民出版社
法医毒物学手册	沈敏、向平主编	科学出版社
法医鉴定文书制作理论与实践	程亦斌、李孝鹏、张晓彤主编	科学出版社
鉴证实录：50年代司法鉴定案例精选	司法部司法鉴定科学技术研究所主编	科学出版社
司法鉴定能力验证鉴定文书评析	司法部司法鉴定科学技术研究所编著	科学出版社
英汉法医遗传学词典	李成涛、侯一平主编	科学出版社
X染色体上的遗传标记及法医生物学应用	李莉、林源、孙宏钰编著	群众出版社
法医现场学	万立华主编	人民卫生出版社
法医组织病理彩色图谱	夏胜海、宋旭东主编	人民卫生出版社
颅面部损伤影像诊断与司法鉴定	陈祥民、刘增胜主编	人民卫生出版社
诉讼视角下的司法鉴定制度研究：以刑事诉讼为出发点	王素芳	上海大学出版社
历代珍稀司法文献·第九册·洗冤录汇校（上）	杨一凡主编	社会科学文献出版社

续表

书　　名	作　　者	出 版 社
历代珍稀司法文献·第十册·洗冤录汇校（下）	杨一凡主编	社会科学文献出版社
谋杀手段：用刑侦科学破解致命罪案	［德］马克·贝尼克著，李响译	生活·读书·新知三联书店
致命元素：毒药的历史	［英］约翰·埃姆斯利著，毕小青译	生活·读书·新知三联书店
职业病鉴定与处理	庄洪胜编著	中国法制出版社
精神病司法鉴定与强制医疗	庄洪胜编著	中国法制出版社
法医 DNA 证据相关问题研究	鲁　涤	中国政法大学出版社
法医活体损伤鉴定脊柱影像学	依伟力、刘大荒、陈德良主编	公安大学出版社
法医活体损伤鉴定四肢影像学	依伟力、刘大荒、陈德良主编	公安大学出版社
虚拟尸检方法——法医 3D 光学和放射学扫描与重建	［美］迈克尔·泰利、理查德·德恩胡佛、彼得·沃克著，张惠芹主译	公安大学出版社
医疗纠纷立法与处理专题整理	邱爱民、郭兆明编著	公安大学出版社
神探李昌钰破案实录 1：世纪奇案	［美］李昌钰、杰瑞·拉比欧拉著，罗芳芳译	中国政法大学出版社
神探李昌钰破案实录 2：血液吐真言	［美］李昌钰、托马斯·W. 奥尼尔著，陈琴译	中国政法大学出版社
神探李昌钰破案实录 3：让证据说话	［美］李昌钰、杰瑞·拉比欧拉著，吴丹红译	中国政法大学出版社
神探李昌钰破案实录 4：重返犯罪现场	［美］李昌钰、杰瑞·拉比欧拉著，廖明译	中国政法大学出版社
神探李昌钰破案实录 5：神秘血手印	［美］李昌钰、托马斯·W. 奥尼尔著，刘为军译	中国政法大学出版社
神探李昌钰破案实录 6：犯罪密码	［美］李昌钰、伊莱恩·M. 帕格利亚诺、凯瑟琳·瑞姆丝兰著，李鑫、郑曦译	中国政法大学出版社
神探李昌钰破案实录 7：完美谋杀	［美］李昌钰、杰瑞·拉比欧拉著，季美君译	中国政法大学出版社

续表

书　　名	作　　者	出 版 社
优秀司法鉴定文书汇编－第二届“鼎永杯”优秀司法鉴定文书评选文集	郭兆明、常林主编	中国政法大学出版社
鉴定意见研究	房保国、陈宏钧主编	中国政法大学出版社
司法鉴定专家辅助人制度研究	常　林	中国政法大学出版社
统一司法鉴定管理体制发展的创新	司法部司法鉴定管理局组编	中国政法大学出版社

说明：(1) 本统计表中图书的排列顺序为出版社名称。

(2) 中国人民公安大学出版社，简称“公安大学出版社”。

附录4

证据科学学术会议一览表（2012）

会议名称	时间、地点	主办单位	主　题
“两个证据规定”实施状况评估研讨会	2月25日，海南海口	中国人民大学诉讼制度与司法改革研究中心、海口市中级法院	非法证据排除规则的实践与完善、非法证据排除规则与刑事诉讼法再修改的关系以及死刑案件证据规定第35条的实践与技侦证据的使用等问题
“刑事诉讼法实施与未成年人司法工作机制创新”研讨会	4月14～15日，江苏常州	北京师范大学刑事法律科学研究院、《检察日报》社、江苏省常州市人民检察院	未成年人适用非羁押措施、合适成年人参与机制、律师在未成年人刑事司法中的作用、附条件不起诉、刑事记录封存机制和未成年人矫正机制等六项内容
新《刑事诉讼法》贯彻实施研讨会	4月28日，北京	中国政法大学诉讼法学研究院	审前程序、审判程序、证据制度
宋慈雕像揭幕仪式暨法庭科学文化研讨会	5月20日，北京	中国政法大学证据科学研究院	法庭科学文化研究
“刑事审判程序及其改革比较研究暨中国刑事诉讼法修正案实施问题”国际研讨会	5月26～27日，浙江杭州	浙江大学光华法学院	中国刑事审前程序的修改对刑事审判的影响、中国证据制度的修改对刑事审判的影响、中国刑事审判程序的变革、美国和港台刑事司法体系对中国刑事司法改革的借鉴和启示等
新《刑事诉讼法》系列研究之一强制措施、侦查措施专题研讨会	6月15日，上海	上海市法学会	新《刑事诉讼法》中关于逮捕、监视居住、取保候审新规定的理解与执行，以及讯问录音录像等侦查措施的规范与执行等问题
修改后《刑事诉讼法》专题研讨会	7月5日，陕西延安	公安部刑侦局	《刑事诉讼法》中的审讯、取证工作，侦查人员、鉴定人出庭作证等专题

续表

会议名称	时间、地点	主办单位	主　　题
郑州犯罪心理画像协会年会暨行为证据分析研讨会	7月7日，河南郑州	郑州市公安局	行为证据概念界定、行为证据的表现形式、行为证据分析在侦查工作中的重要价值及其作为诉讼证据进入刑事审判程序的必要性与可行性等问题
2012年国家社会科学基金重点项目“刑事证据规则研究”开题论证会	7月20日，北京	中国政法大学法律实证研究中心	国家社会科学基金重点项目“刑事证据规则研究”如何具体开展
预防刑事错案国际研讨会	8月6~8日，吉林长春	中国人民大学刑事法律科学研究中心、吉林大学法学院	完善司法制度，预防刑事错案
2012大成刑事论坛：非法证据排除规则与律师辩护	8月15日，北京	北京市大成律师事务所	非法证据排除规则与律师辩护
全国第十五次法医临床学学术研讨会暨中国法医学会法医临床专业委员会工作会议	8月20~22日，辽宁大连	中国法医学会	我国法医临床学司法鉴定实践中遇到的诸如现行司法鉴定标准（损伤程度、伤残程度）、现行司法鉴定体制、人体损伤程度鉴定中存在的难点和医疗损害司法鉴定中存在的问题等
新《刑事诉讼法》系列研究之二“未成年人刑事诉讼特别程序”专题研讨会	9月3日，上海	上海法学会和上海市检察院研究室未检处指导，上海社科院法学所、闸北区人民检察院、华东政法大学诉讼法研究中心	“未成年人附条件不起诉制度的理解与适用”、“未成年人犯罪记录封存制度的构建与完善”、“未成年人羁押审查制度的实践操作与运行”等三个方面议题
电子证据保全研讨会	10月15日，上海	上海市律师协会与上海市东方公证处	讨论当前电子证据保全的法理问题、趋势、技术，以及电子证据在民事、商事、知识产权等业务领域的应用等

续表

会议名称	时间、地点	主办单位	主　题
中国刑事诉讼法学研究会2012年年会	10月19日，浙江杭州	中国刑事诉讼法学研究会	新《刑事诉讼法》程序的改革和完善、新《刑事诉讼法》与司法解释的关系、刑事强制措施制度、举证责任与证明责任、刑事辩护制度等
民事诉讼中的“伪证泛滥”与舆论监督研讨会	11月11日，上海	华东政法大学等	民事诉讼中的“伪证泛滥”与舆论监督
2012年全国证据科学博士生学术论坛	11月30日至12月2日，北京	国务院学位委员会办公室、教育部学位管理与研究生教育司	证据科学
四届全国法医DNA检验技术研讨会暨2012法医遗传学新进展国际研讨会	12月9～13日，福建福州	中国法医学会	法医DNA检验技术、法医遗传学新进展
第六届全国公安院校刑事科学技术研讨会暨刑事科学技术教育论坛	12月11～13日，浙江杭州	浙江警察学院	“刑事科学技术人才培养及专业综合改革研究”、“公安视听技术专业建设及发展概况”、“视频侦查技术与应用”、“刑事技术人才培养模式思考”以及“人像的同一认定程序”等专题
“刑事证据法”国际研讨会	12月15～16日，重庆	西南政法大学诉讼法与司法改革研究中心	外国刑事证据法、非法证据排除规则、不被强迫自证其罪原则、证人作证与证人保护、证明标准及其他
新刑事诉讼法实施与在押人员权利保障学术研讨会	12月22日，北京	公安监管部门、中国人民大学诉讼制度和司法改革研究中心	进一步贯彻落实修改后的刑事诉讼法及如何进一步加强在押人员权利保障问题

附录5

证据科学研究项目一览表

附录5.1　国家自然科学基金项目证据科学研究课题立项一览表（2012）

附录5.2　国家社会科学基金证据科学研究课题立项一览表（2012）

附录5.3　教育部人文社会科学研究项目证据科学研究课题立项一览表（2012）

附录5.4　最高人民检察院实证项目证据科学研究课题立项一览表（2012）

附录5.5　最高人民法院实证项目证据科学研究课题立项一览表（2012）

附录5.1　国家自然科学基金项目证据科学研究课题立项一览表（2012）

项目名称	项目批准号	项目负责人	依托单位	批准金额（万元）	项目起止年月
现场指纹识别的关键词问题研究	61203263	陈芳林	中国人民解放军国防科学技术大学	24	2013－01至2015－12
miRNA在人类生物性液体中的法医学鉴定研究	81202387	白　鹏	四川大学	23	2013－01至2015－12
法医物证学	81222041	李成涛	司法部司法鉴定科学技术研究所	100	2013－01至2015－12
基于HRM技术的分子种属鉴定及海南岛独特自然环境法医昆虫学系统研究	81260465	邓建国	海南医学院	48	2013－01至2016－12
建立云南汉族和特有少数民族男性人群Y－SPNs基础DNA数据库以及法医学应用研究	81260467	许冰莹	昆明医科大学	50	2013－01至2016－12
基于现代光谱检测技术研究温度等关键因素对死亡时间推断的影响	81273335	王振原	西安交通大学	70	2013－01至2016－12
弥漫性轴索损伤分子标记物的研究	81273336	周亦武	华中科技大学	70	2013－01至2016－12
心源性猝死心肌组织中BNP的变化规律及法医学应用	81273343	朱宝利	中国医科大学	65	2013－01至2016－12
体液斑的microRNA和DNA复合分析探索	81273349	侯一平	四川大学	75	2013－01至2016－12
微生物对尸体腐解和昆虫演替的影响及其对死亡时间的推断的价值研究	81273352	王江峰	广东警官学院	70	2013－01至2016－12

说明：本统计表来源于国家自然基金委员会网站（http：//www.nsfc.gov.cn），排列程序为“项目批准号”。

附录 5.2 国家社会科学基金证据科学研究课题立项一览表（2012）

<table>
<tr><td rowspan="10">国家社科基金项目</td><td>重点项目</td><td>刑事证据规则研究</td><td>樊崇义</td><td>中国政法大学</td></tr>
<tr><td>后期项目</td><td>刑事证明中的事实研究</td><td>周洪波</td><td>西南民族大学</td></tr>
<tr><td rowspan="2">一般项目</td><td>科学化司法证明中的逻辑与经验研究</td><td>栗　峥</td><td>中国政法大学</td></tr>
<tr><td>实体法和程序法双重视角下的民事推定制度研究</td><td>张海燕</td><td>山东大学法学院</td></tr>
<tr><td rowspan="6">青年项目</td><td>律师伪证罪的程序设计与证据考察</td><td>王永杰</td><td>华东政法大学</td></tr>
<tr><td>最佳证据规则研究</td><td>邓晓霞</td><td>华东政法大学</td></tr>
<tr><td>可信电子证据的技术和法律规制问题研究</td><td>刘志军</td><td>湖北警官学院</td></tr>
<tr><td>刑事诉讼中程序法事实证明问题研究</td><td>王满生</td><td>江西师范大学</td></tr>
<tr><td>证人证言可信性研究</td><td>姜丽娜</td><td>杭州电子科技大学</td></tr>
</table>

附录 5.3 教育部人文社会科学研究项目证据科学研究课题立项一览表（2012）

<table>
<tr><th>项目来源</th><th>项目类型</th><th>项目名称</th><th>承担人</th><th>单　位</th></tr>
<tr><td rowspan="9">教育部社科项目</td><td>重点基地项目</td><td>传闻证据规则的理论与实践——以刑诉法修订为视角</td><td>刘　玫</td><td>中国政法大学</td></tr>
<tr><td rowspan="3">规划项目</td><td>目击证人辨认问题研究</td><td>陈晓云</td><td>福建警察学院</td></tr>
<tr><td>医疗纠纷的证明责任分配研究</td><td>马爱萍</td><td>山西大学</td></tr>
<tr><td>犯罪主观要件的证明问题研究——从技术和制度的角度</td><td>阮堂辉</td><td>中南民族大学</td></tr>
<tr><td rowspan="4">青年项目</td><td>量刑证据：基础理论与实证研究</td><td>贺小军</td><td>甘肃政法学院</td></tr>
<tr><td>行政调查中的诱惑取证研究</td><td>吴　亮</td><td>华东理工大学</td></tr>
<tr><td>中国传统证据文化研究</td><td>郑牧民</td><td>吉首大学</td></tr>
<tr><td>电子证据认证规则研究——以三大诉讼法修改为背景</td><td>刘显鹏</td><td>武汉工程大学</td></tr>
</table>

续表

项目来源	项目类型	项目名称	承担人	单　位
法学会项目	青年项目	行政诉讼法修改中的证据问题研究	王振宇	最高法院行政庭
		公安机关侦查人员合法取证指引	李玉华	中国人民公安大学
	一般项目	医疗诉讼证明责任分配的实证研究	张永泉	苏州大学
		医疗诉讼证明责任分配的实证研究	王国征	湘潭大学
	自选项目	死刑的证据问题研究	吕泽华	北京师范大学
		司法证明的推理机制及其影响因素研究	封利强	浙江工商大学
		民事证明妨碍推定的法理及适用条件研究	赵信会	山东财经大学
		法官在案件事实认定中的地位和作用	季桥龙	中国社科院法学所

附录5.4　最高人民检察院实证项目证据科学研究课题立项一览表（2012）

项目名称	项目批准号	项目类型	负责人	工作单位
检察环节非法证据排除实证研究	GJ2012C11	一般课题	戴　萍	重庆市北碚区人民检察院
量刑证明研究	GJ2012C12	一般课题	吕泽华	北京师范大学刑事法律科学研究院
量刑证明研究	GJ2012C13	一般课题	闵春雷	吉林大学法学院
故意伤害罪量刑证明实证研究	GJ2012D02	一般课题	董桂武	青岛大学法学院
犯罪主观要件证明方法研究——以间接证据运用为核心	GJ2012D13	自筹经费课题	阮堂辉	中南民族大学法学院
庭审阶段再生证据运用实证研究	GJ2012D15	自筹经费课题	蔡艺生	西南政法大学

附录5.5 最高人民法院实证项目证据科学研究课题立项一览表（2012）

项目来源	项目类型	项目名称	承担人	单　位
最高法重大课题	司法调研重大课题	关于知识产权审判证据规则的调研	李玉生 陈惠明	江苏省高院、浙江省绍兴市中院
		关于行政诉讼证据规则有关问题的调研	池寒冰 吉罗洪	安徽省高院、北京市高院

《中国证据法治发展报告2012》是一部集体合作研究成果，它凝聚了司法文明协同创新中心、中国政法大学证据科学教育部重点实验室师生的共同努力和心血。我们在此衷心感谢课题组全体成员为本书出版所做的贡献。本书分工如下：

张保生、常林：序言：2012年中国证据法治前进的步伐。

张中：第一篇中证据立法进展综述（一）法律，（二）司法解释；第二篇中证据法学研究进展（八）法院取证与证据保全。

简乐伟（湖北省襄阳市人民检察院）：第一篇中证据立法进展综述（三）行政法规、部门规章。

房保国：第一篇中证据立法进展综述（四）地方性证据规定，证据司法实践发展综述（三）公安机关证据制度建设。

冯俊伟：第一篇中证据立法进展综述（五）国际条约，以及第二篇中证据法学研究进展（一）证据法理论基础和体系。

郑飞：第一篇中证据司法实践发展综述（一）人民法院证据制度建设。

李训虎：第一篇中证据司法实践发展综述（二）人民检察院证据制度建设。

常林、王世凡（甘肃省高级人民法院高级法官、中国政法大学兼职教授）：第一篇中司法鉴定制度建设综述。

樊传明：第一篇中非法证据排除规则适用案例分析；附录1.2。

王世凡：第二篇中证据科学研究成果选介（三）法庭科学著作选介；附录1.3，附录2.2，附录3.2。

李苏林、常林：第二篇中证据法学研究进展（四）科学证据与司法鉴定。

张伟、张保生：第二篇中证据科学研究进展。

黄石：第二篇中证据法学研究进展（二）证据属性与事实认定。

张洪铭：第二篇中证据法学研究进展（三）证据开示，证据科学教育进展（一）证据科学研究项目之实证研究项目；附录5。

吴丹红：第二篇中证据法学研究进展（五）言词证据。

吴洪淇：第二篇中证据法学研究进展（六）证据排除规则，证据科学教育进展（一）证据科学研究项目之基础研究项目。

戴锐：第二篇中证据法学研究进展（七）证明责任与证明标准。

尚华：第二篇中证据法学研究进展（九）质证与认证，证据科学教育进展（二）证据科学学科建设和人才培养，（三）证据科学课程和教材建设。

褚福民：第二篇中证据法学研究进展（十）推定与司法认知；附录1.1，附录2.1，附录3.1，附录4。

于天水：第二篇中法庭科学研究进展（一）法医病理学。

杨天潼：第二篇中法庭科学研究进展（二）法医临床学。

胡纪念：第二篇中法庭科学研究进展（三）司法精神病学。

鲁涤：第二篇中法庭科学研究进展（四）法医生物学。

刘建伟：第二篇中法庭科学研究进展（五）文件检验学。

郝红霞：第二篇中法庭科学研究进展（六）毒物和毒品检验学。

王元凤：第二篇中法庭科学研究进展（七）微量物证检验学。

刘斌：第二篇中法庭科学研究进展（八）痕迹检验学。

程刚：第二篇中法庭科学研究进展（九）交通事故鉴定。

曹洪林：第二篇中法庭科学研究进展（十）声像资料鉴定。

许晓东：第二篇中法庭科学研究进展（十一）电子数据鉴定。

杨天潼：第二篇中法庭科学研究进展（十二）医疗损害鉴定。

证据法学部分秘书：褚福民。

法庭科学部分秘书：袁丽。

张保生　常林

2014年2月15日

图书在版编目（CIP）数据

中国证据法治发展报告. 2012/张保生，常林主编. —北京：中国政法大学出版社，2014. 3
ISBN 978-7-5620-5306-4

Ⅰ. ①中…　Ⅱ. ①张…　②常…　Ⅲ. ①证据－法律－研究报告－中国－2012
Ⅳ. ①D925. 013. 4

中国版本图书馆CIP数据核字(2014)第043895号

出版者　中国政法大学出版社
地　址　北京市海淀区西土城路25号
邮寄地址　北京100088信箱8034分箱　邮编100088
网　址　http://www.cuplpress.com（网络实名：中国政法大学出版社）
电　话　010-58908289(编辑部)　58908334(邮购部)
承　印　固安华明印业有限公司
开　本　720mm×960mm　1/16
印　张　30.75
字　数　500千字
版　次　2014年3月第1版
印　次　2016年5月第2次印刷
定　价　66.00元